中国老教材封面图录

第三卷

ZHONGGUO
LAO JIAOCAI
FENGMIAN
TULU

李保田 主编

GUANGXI NORMAL UNIVERSITY PRESS
广西师范大学出版社
·桂林·

图书在版编目（CIP）数据

中国老教材封面图录：全五卷 / 李保田主编． —桂林：广西
师范大学出版社，2019.9
ISBN 978-7-5598-1436-4

Ⅰ．①中… Ⅱ．①李… Ⅲ．①教材－封面－中国－清代－图录
②教材－封面－中国－民国－图录 Ⅳ．①G423.3-092

中国版本图书馆 CIP 数据核字（2018）第 282580 号

广西师范大学出版社出版发行

（广西桂林市五里店路 9 号　邮政编码：541004　）
　网址：http://www.bbtpress.com
出版人：张艺兵
全国新华书店经销
广西广大印务有限责任公司印刷
（桂林市临桂区秧塘工业园西城大道北侧广西师范大学出版社
集团有限公司创意产业园内　邮政编码：541199）
开本：787 mm × 1 092 mm　1/16
印张：157.5　　　　　字数：1100 千字
2019 年 9 月第 1 版　　2019 年 9 月第 1 次印刷
定价：1980.00 元（全五卷）

目 录

④ 格致、理科、博物类教材

①格致、理科教材
②教授法
③初中博物教材

书名：共和国教科书新理科（高等小学校用）

著者：樊炳清 / 编纂

出版印行：商务印书馆

出版时间：民国元年（1912）初版　民国二年（1913）32版

册数：六

高等小學校用

共和國教科書 新理科 一

上海商務印書館出版

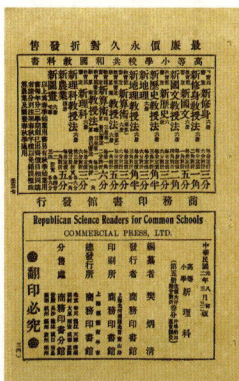

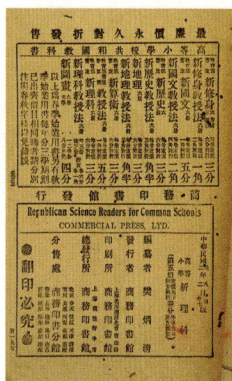

1022　书名：中华民国高等小学格致课本

著者：吴传绂、吴家煦 / 编辑　沈恩孚、华国铨 / 校订

出版印行：中国图书公司

出版时间：民国二年（1913）改正11版

册数：不详

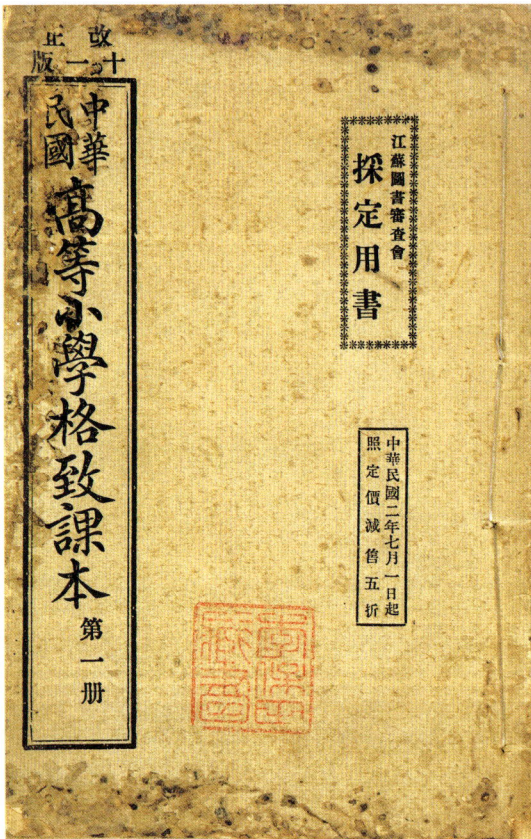

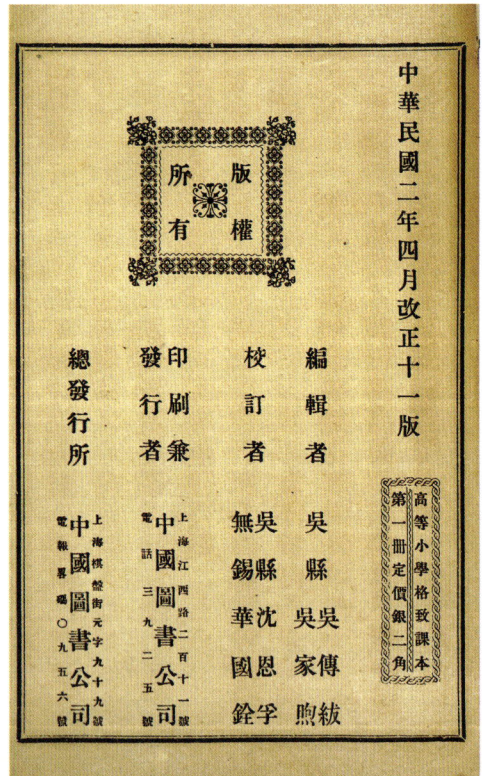

书名：中华民国新理科（高等小学校教科书）
著者：钱承驹 / 著
出版印行：文明书局
出版时间：民国二年（1913）初版
册数：六

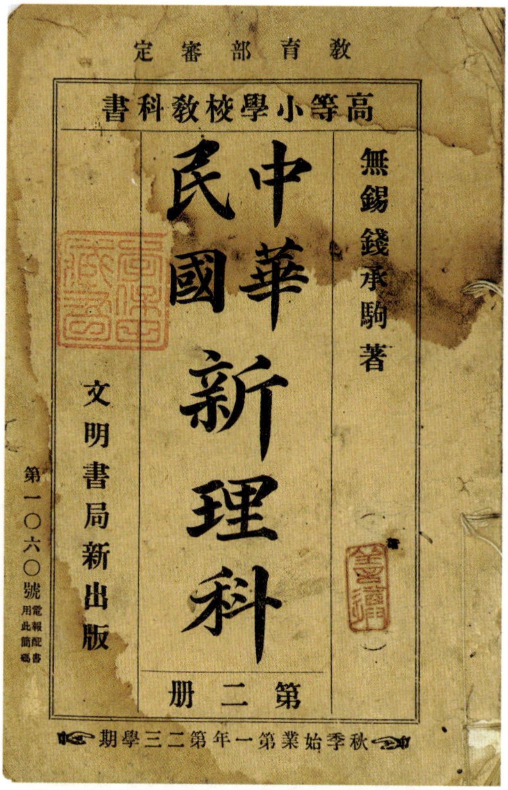

教育部審定

高等小學校教科書

無錫 錢承駒 著

中華民國新理科

文明書局新出版

第一〇六〇號電報用此簡略暢

第二冊

秋季始業第一年第二三學期

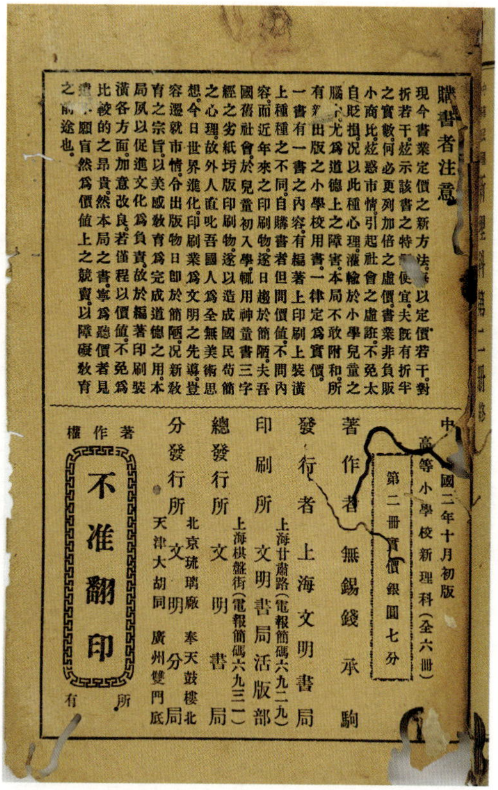

購書者注意

著作權 不准翻印 所有

發行者　上海文明書局

印刷所　上海廿蔵路（電報舊碼六九二九）文明書局活版部

總發行所　上海棋盤街（電報簡碼六九三二）文明書局

分發行所　北京琉璃廠　奉天鼓樓北　天津大胡同　廣州雙門底

著作者　無錫錢承駒

中國二年十月初版

高等小學校新理科（全六冊）

第二冊實價銀圓七分

1024　书名：新编中华理科教科书（春秋始业高等小学校用）

　　　著者：顾树森、丁锡华 / 编

　　　出版印行：中华书局

　　　出版时间：民国二年（1913）发行　民国八年（1919）18版

　　　册数：六

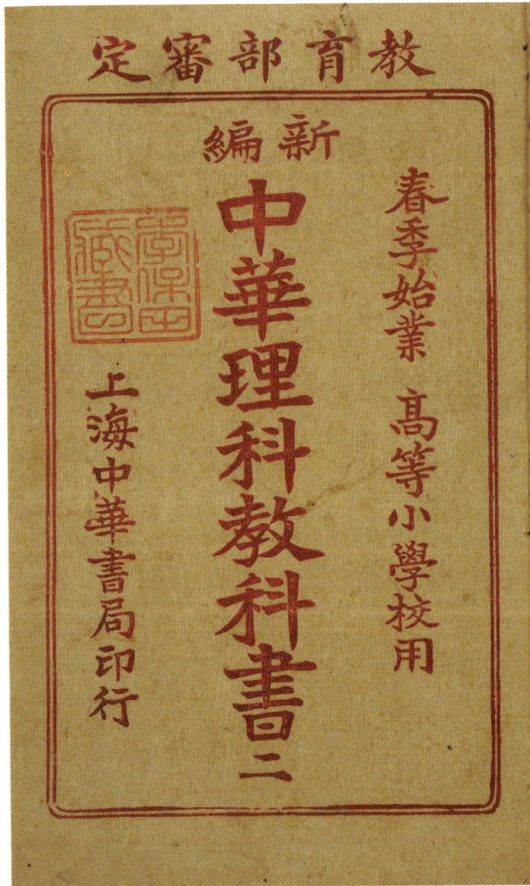

书名：高等小学新理科教科书（秋季始业学生用书）
著者：吴家煦、吴传绂 / 编辑　王朝阳 / 校订
出版印行：中国图书公司和记
出版时间：民国二年（1913）初版　民国八年（1919）6版
册数：九

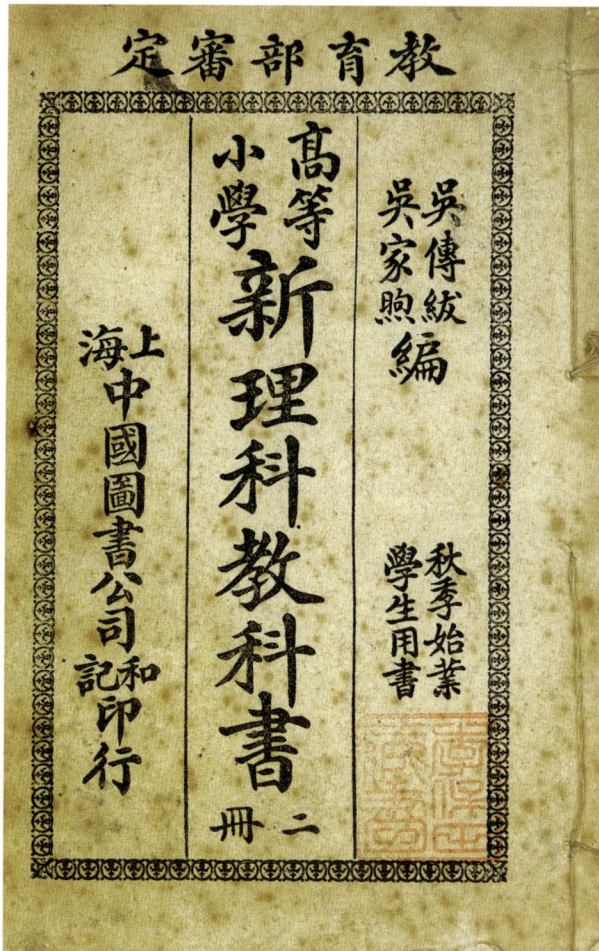

教育部審定

高等小學新理科教科書　册二

吴傳緩　吴家煦　編

秋季始業學生用書

上海中國圖書公司和記印行

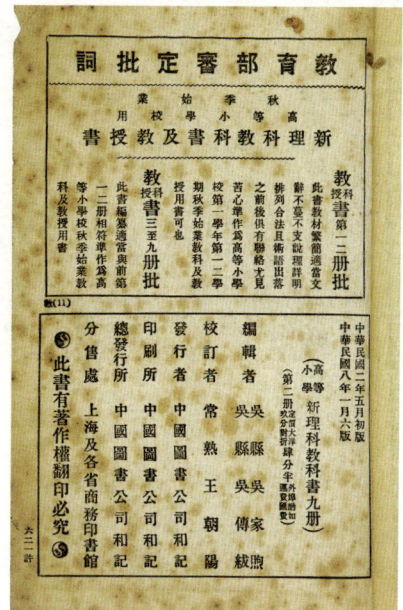

教育部審定批詞

高等小學　秋季始業　用校

新理科教科書及教授書

教科書第一二册批

此書教材繁簡適當文辭不蕪不支說理詳明排列合法且術語出當之前後俱有聯絡尤見苦心僅作爲高等小學校第一學年第一二學期秋季始業教科及授用書可也

教科書三至九册批

此書編纂通當與前第一二册相符庫作爲高等小學校秋季始業教科及教授用書

中華民國二年五月初版
中華民國八年一月六版
（第二册　教分教學緯球分平系統質）

（高等小學）新理科教科書九册

編輯者　吴縣　吴家煦
校訂者　常熟　王朝陽
發行者　中國圖書公司和記
印刷所　中國圖書公司和記
總發行所　中國圖書公司和記
分售處　上海及各省商務印書館

此書有著作權翻印必究

1026 | 书名：新制中华理科教科书（高等小学校用）
著者：顾树森、戴克敦、沈颐、陆费逵 / 编
出版印行：中华书局
出版时间：民国二年（1913）初版　民国二年（1913）3版
册数：九

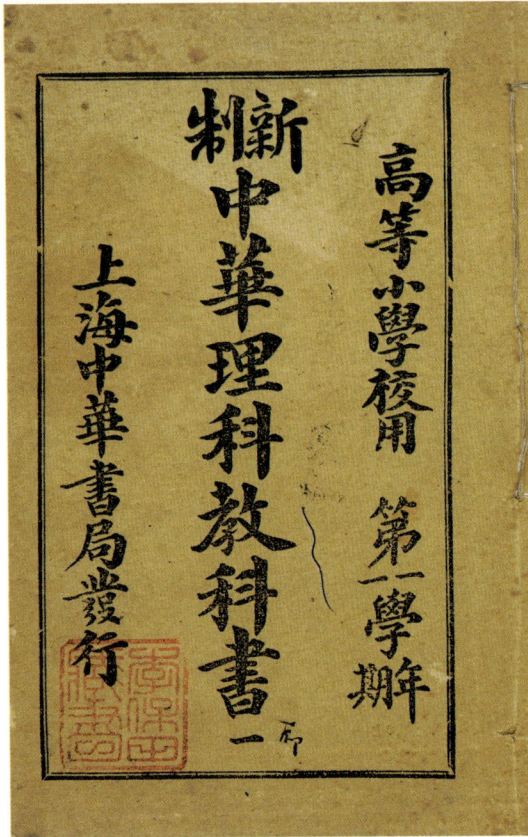

书名：新式理科教科书（高等小学校用）

著者：蓝田屿 / 编辑　吴家煦 / 阅订

出版印行：中华书局

出版时间：民国五年（1916）发行　民国十一年（1922）33版

册数：六

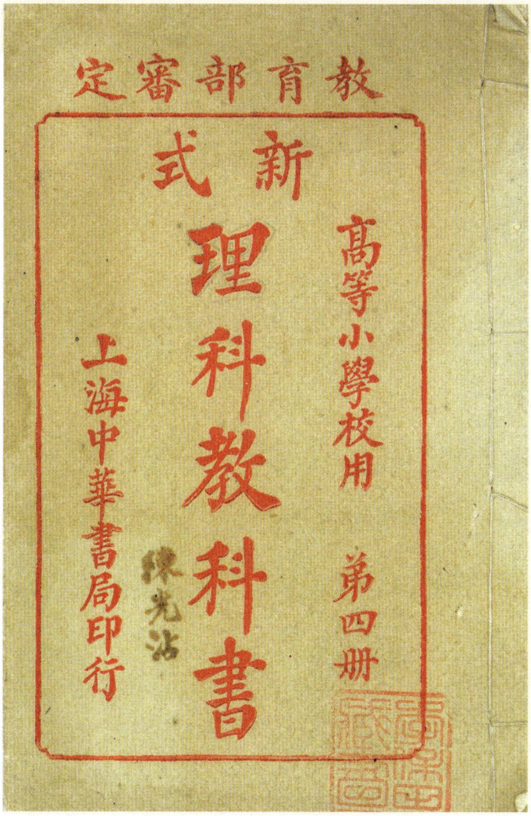

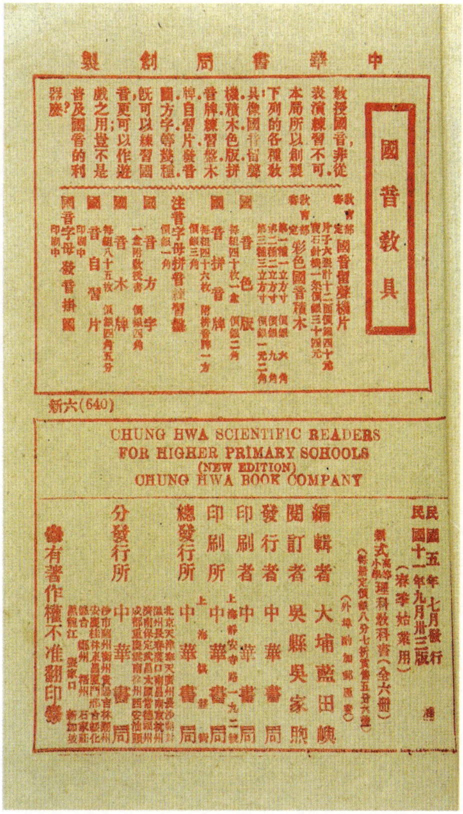

1028

书名：新法理科教科书（高等小学学生用秋季始业）

著者：凌昌焕／编纂　杜亚泉、吴家煦／校订

出版印行：商务印书馆

出版时间：民国九年（1920）初版　民国九年（1920）5版

册数：六

书名：新教育教科书理科（高等小学校春季始业用）
著者：吴传绂、陆叔千、华襄治、黄以增、张鹏飞 / 编辑及校阅
出版印行：中华书局
出版时间：民国十年（1921）发行　民国十年（1921）3版
册数：六

1030 | 书名：新法理科教科书（新学制小学后期用）
著者：凌昌焕、杜亚泉／编纂
出版印行：商务印书馆
出版时间：民国十一年（1922）初版　民国十二年（1923）20版
册数：四

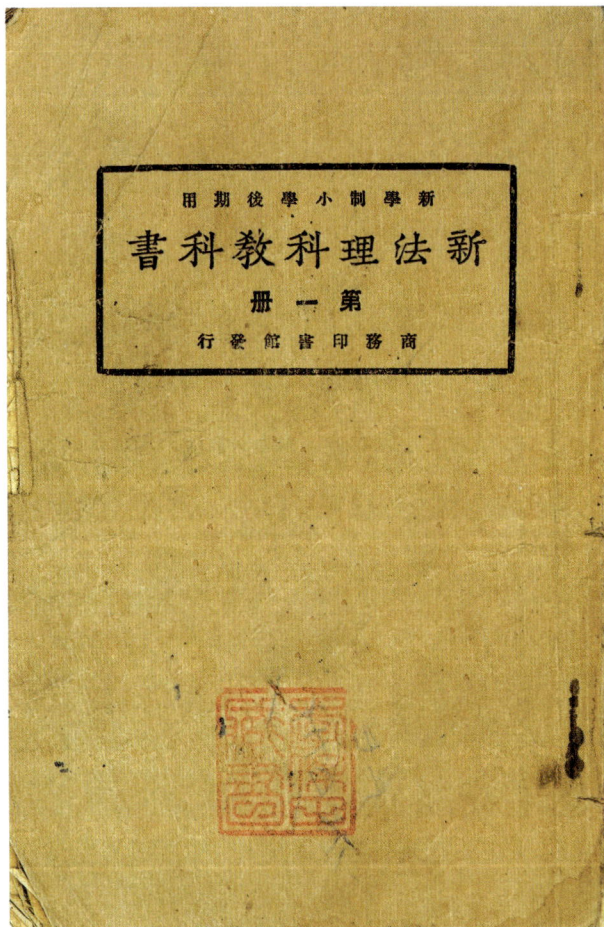

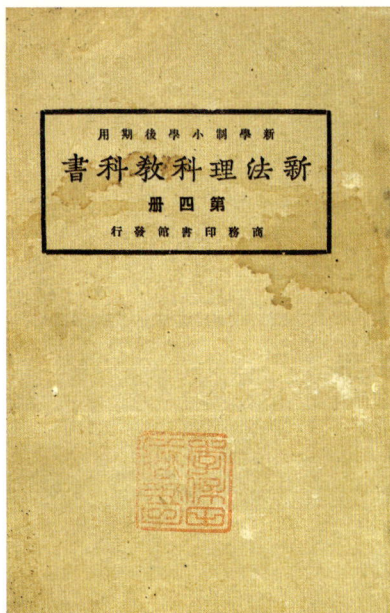

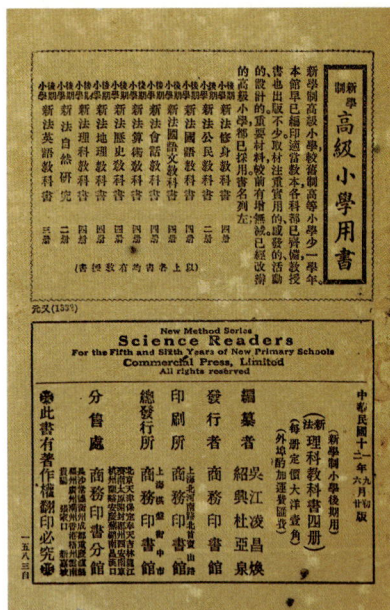

新學制小學後期用
新法理科教科書
第四册
商務印書館發行

新學制小學後期用
新法理科教科書
第一册
商務印書館發行

书名：新小学教科书理科课本（新学制适用）

著者：钟衡臧、蒋镜芙、陆仲贤／编　　戴克敦、陆费逵／校

出版印行：中华书局

出版时间：民国十二年（1923）发行　　民国十五年（1926）18版

册数：四

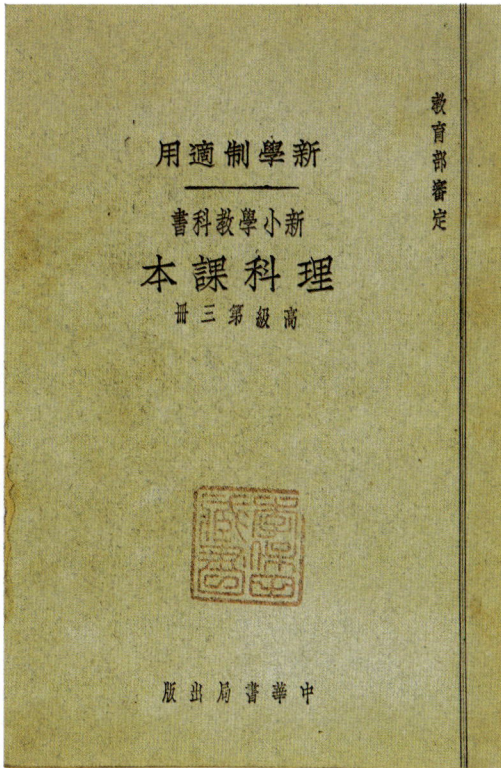

1031

书名：新中学教科书初级混合理科

著者：钟衡臧 / 编　金兆梓、张相、华襄治 / 校

出版印行：中华书局

出版时间：民国十三年（1924）发行　民国十四年（1925）4版

册数：六

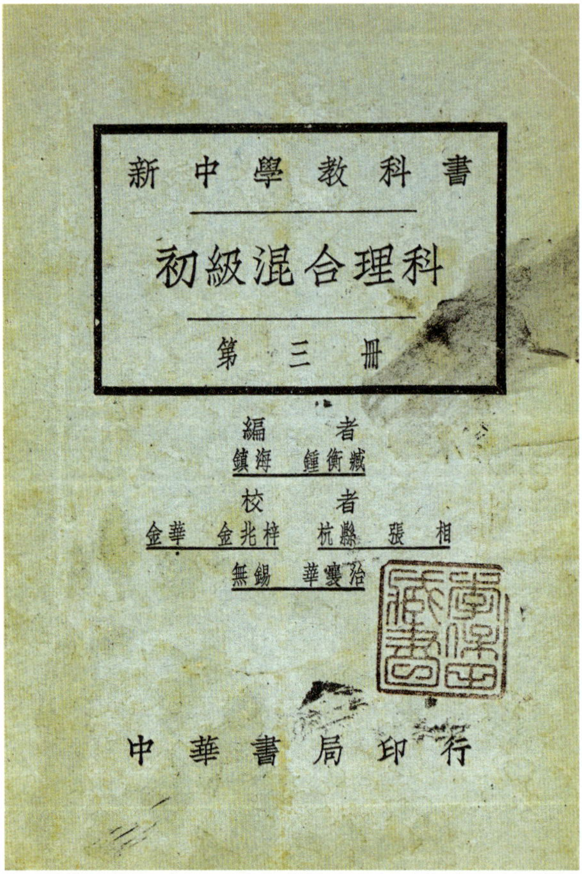
新中學教科書
初級混合理科
第三冊
編者
鎮海　鍾衡臧
校者
金華　金兆梓　杭縣　張相
無錫　華襄治
中華書局印行

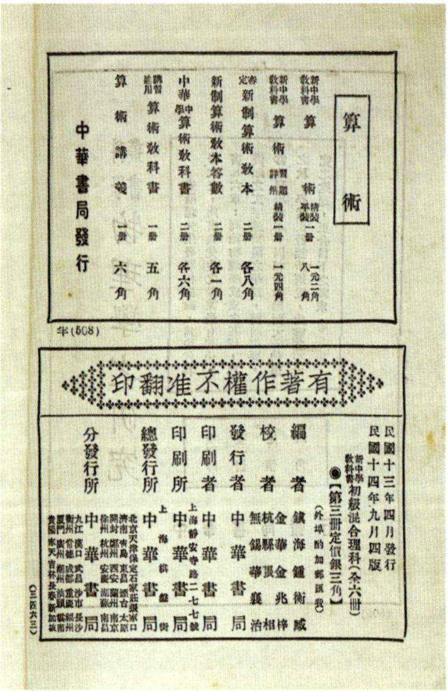
算術

新中學教科書　算術　精裝／平裝　一冊　一元二角／八角
新中學教科書　算術習題詳解　精裝一冊　一元四角
審定　新制算術教本　二冊　各八角
新制算術教本答數　二冊　各一角
中華中學算術教科書　二冊　各六角
講習適用　算術教科書　一冊　五角
算術講義　一冊　六角

中華書局發行

民國十三年四月發行
民國十四年九月四版
新中學教科書初級混合理科（全六冊）
●【第三冊定價銀三角】
（外埠酌加郵匯費）

編者　鎮海　鍾衡臧
校者　金華　金兆梓　杭縣　張相　無錫　華襄治
發行者　中華書局
印刷者　中華書局
印刷所　上海靜安寺路二七七號　中華書局
總發行所　上海棋盤街　中華書局
分發行所　北京　天津　保定　石家莊　張家口　濟南　青島　東昌　煙台　太原　開封　鄭州　西安　蘭州　南京　徐州　杭州　安慶　蕪湖　南昌　九江　漢口　武昌　沙市　長沙　衡州　常德　成都　重慶　福州　廈門　廣州　梧州　汕頭　雲南　貴陽　奉天　吉林　長春　新加坡　中華書局

书名：实用理科讲义（师范讲习所用）
著者：吴家煦
出版印行：中华书局
出版时间：不详
册数：二

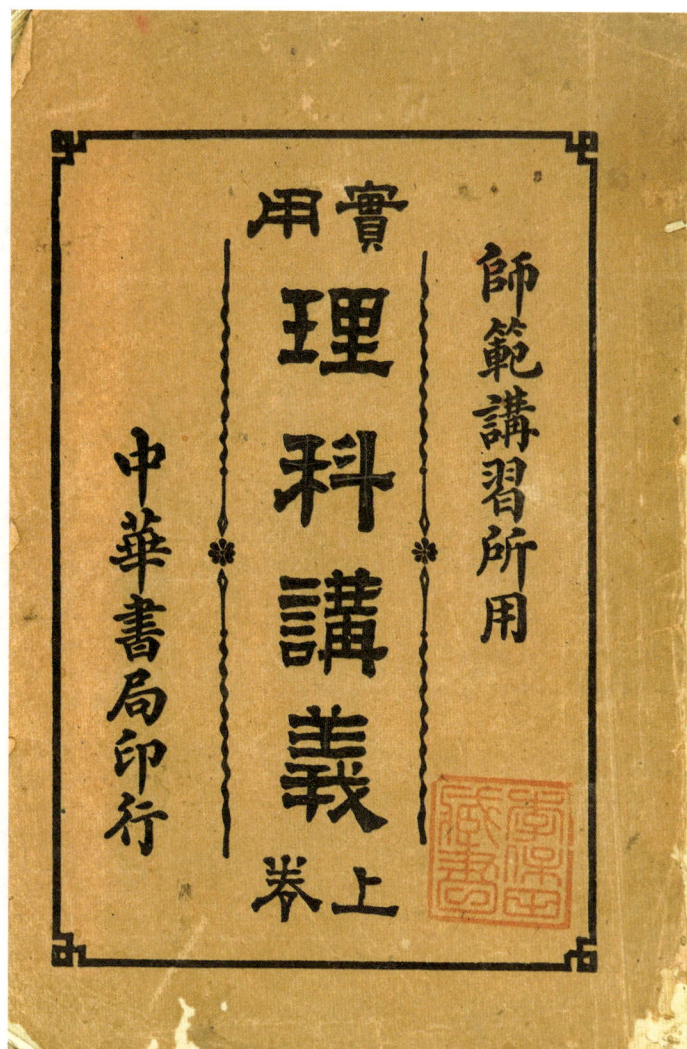

1034　书名：共和国教科书新理科教授法（高等小学校春季始业教员用）

著者：杜亚泉、杜就田／编纂

出版印行：商务印书馆

出版时间：民国元年（1912）初版　民国五年（1916）12版

册数：六

② 教授法

教育部審定

共和國
教科書新理科教授法

高等小學校　春季始業　第一冊　教員用

商務印書館發行

教育部審定批詞

高等小學　共和國教科書　新理科

第一至四冊批

高等小學校新理科
教科書選擇教材排
列亦甚合法教授
書解釋詳明又加
頗得要領教材排
筆記及復習以助
記憶尤見苦心

第五六冊批

所選教材應有盡
有排列次序先後
適宜類合高等小
學程度教授法亦
解釋詳明文辭修
潔尤便教師參考

張(40)

RAPUBLICAN SERIES
Methods for Teaching the Science Readers
FOR HIGHER PRIMARY SCHOOLS
(for Two Semesters)
Approved by the Board of Education
COMMERCIAL PRESS, LTD.

編纂者　紹興杜亞泉
　　　　紹興杜就田

發行者　商務印書館

印刷所　商務印書館

總發行所　商務印書館

分售處　商務印書館分館

中華民國元年十月十九日偹鈞文字第十五號執照十一月十九日偹鈞文字第十五號執照

中華民國元年七月初版
五年三月十二版

（共和國教科書新理科教授法）（高等小學校用）

（第一冊定價大洋壹角 外埠酌加）

新理科教授法第一冊終

春季始業

书名：新理科教授书（高等小学校用书）
著者：钱承驹 / 著　张景良 / 校订
出版印行：文明书局
出版时间：民国二年（1913）初版
册数：六

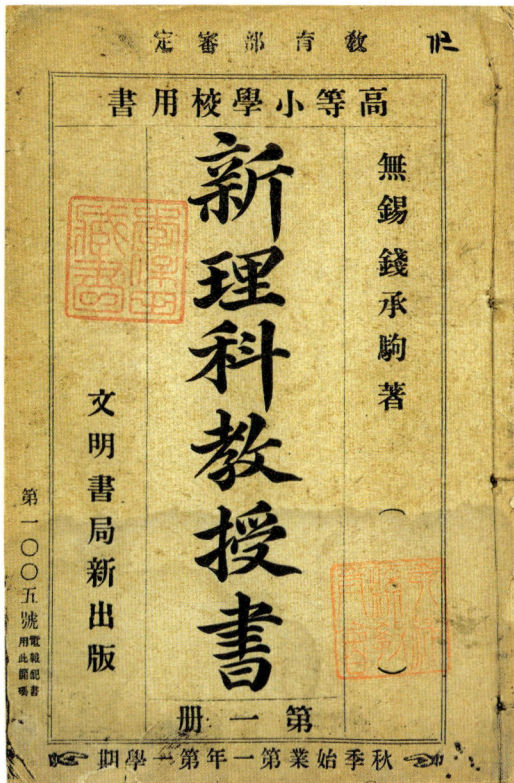

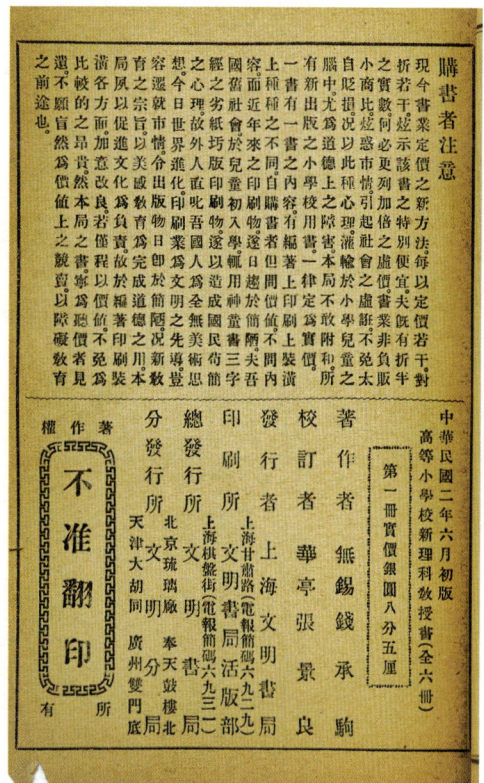

1036

书名：新制中华理科教授书（高等小学校用）

著者：顾树森

出版印行：中华书局

出版时间：1913年

册数：九

书名：新法理科教授书（高等小学教员用秋季始业）

著者：吴家煦、凌昌焕／编纂

出版印行：商务印书馆

出版时间：民国十年（1921）初版　民国十一年（1922）10版

册数：六

新法理科教授书

高等小学教员用　秋季始业

商务印书馆出版

二

此書有著作權翻印必究

八二七〇頁

中華民國十一年七月初版

（高等小學教員用）

（新　理科教授書六册）

（第二册定價大洋肆角實售舊七折）

（外埠酌加運費匯費）

秋季

編纂者　吳縣　吳家煦

　　　　吳江　凌昌焕

發行者　商務印書館

印刷所　上海北河南路北首寶山路

　　　　商務印書館

總發行所　上海棋盤街中市

　　　　商務印書館

分售處　北京　天津　保定　奉天　吉林　龍江

　　　　濟南　太原　開封　南昌　西安　南京

　　　　杭州　廣州　南寧　桂林　昌安　成都

　　　　貴陽　雲南　蘭州　長沙　漢口

　　　　蕪湖　安慶　重慶

商務印書館分館

1038

书名：初中博物纲要

著者：贾祖璋 / 编著

出版印行：开明书店

出版时间：民国三十六年（1947）初版

册数：一

③初中博物教材

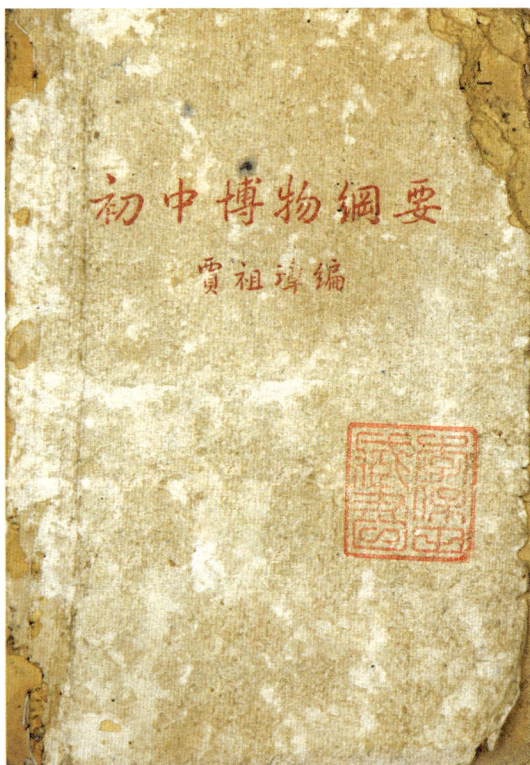

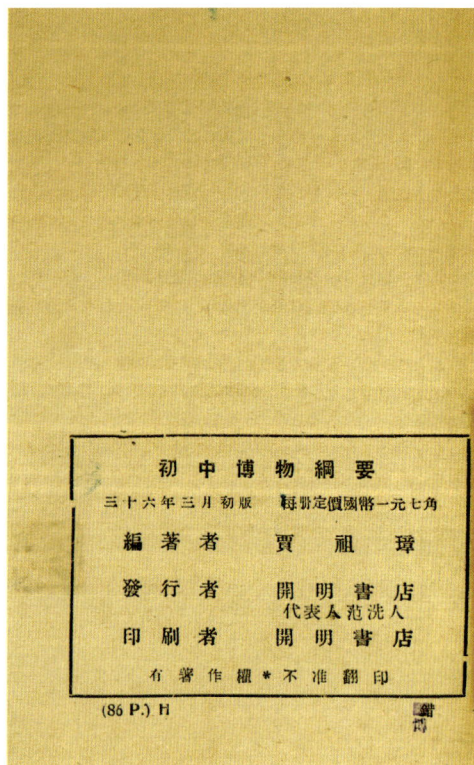

初中博物纲要

贾祖璋编

初 中 博 物 纲 要

三十六年三月初版　　暂定价国币一元七角

編著者　　贾　祖　璋

發行者　　開　明　書　店
　　　　　代表人范洗人

印刷者　　開　明　書　店

有著作權 * 不准翻印

(86 P.) H

5 常识类教材

书名：新学制常识教科书（小学校初级用）

著者：范祥善 / 编纂　任鸿隽、王岫庐 / 校订

出版印行：商务印书馆

出版时间：民国十二年（1923）初版　民国十二年（1923）16版

册数：八

第三册　小学校初级用

新學制常識教科書

商務印書館出版

商務印書館發行

新學制 高級小學用書

以下各書教材程度均與新學制高級小學課程綱要符合上接初中下承初小均極適宜編校者均係富有學識經驗之教育專家所有各科教科書教授書一律出齊中有多種業經教育部審定書名列下

新法國語教科書　四冊
新法國語文教科書　二冊
新法公民教科書　四冊
新法歷史教科書　四冊
新法地理教科書　四冊
新法算術教科書　四冊
新法理科教科書　四冊
新法自然研究　二冊
新法衛生教科書　二冊
新法英語教科書　二冊

（以上各書均有教授書）

易承本埠及郵購書呢

元叉（1382）

New System Series
Textbooks on Common Knowledge
For Lower Primary Schools
Commercial Press, Limited
All rights reserved

中華民國十二年九月六版

（新學制常識教科書八冊）（小學校初級用）

（第三冊定價大洋壹角實售七折）（外埠酌加運費酌費鈔）

編纂者　范祥善
校訂者　王岫廬　任鴻雋
發行者　商務印書館
印刷所　商務印書館
總發行所　商務印書館
　　　　　上海棋盤街中市
分售處　北京天津奉天保定太原開封濟南青島杭州南昌安慶南京蕪湖南寧廣州長沙漢口重慶成都貴陽雲南
　　　　　上海北河南路
　　　　　商務印書分館

此書有著作權翻印必究

1042　书名：新学制小学教科书初级常识课本
　　　著者：董文 / 编辑　秦同培、范祥善、张肇熊 / 参订
　　　出版印行：世界书局
　　　出版时间：民国十三年（1924）初版　民国十六年（1927）47版
　　　册数：八

作文用書

文文新倣白白言學兒新普語
言言文白話話文生童式通彙
白白學語文文對作作體收
話話作文法秘照文文文段
新新法秘初法古百入初範大節
法法入訣法古百門步本全全全文
作作文百文華本全全
文文指華法法百
訣指南篇法百篇
缺南………百……篇……
……………篇…………
……一………四一價三每
二二角五冊八册
角角角角分角角

學生作文的第一助手

讀了下列話者：
可以觸發新思十分通暢
可以鍛練文句十分精警
可以運用氣勢十分緊湊

作文措思
作文措詞
作文佈局

凡我青年學生尤宜購讀

USEFUL KNOWLEDGE SERIES (ILLUSTRATED):
BOOK I–VIII
Specially Compiled under the New System
For the use of Lower Primary Schools
THE WORLD BOOK CO., LTD.
All Rights Reserved

編輯
參訂
供給教材者
印刷者
印刷所
發行者
發行所
總發行所
分發行所
此書有著作權翻印必究

董　文
秦同培　范祥善　張肇熊
世界書局編輯所
世界書局
世界書局
世界書局
上海　世界書局
北京　天津　武昌　長沙　南昌　蘇州　杭州　廣州等處世界書局

中華民國十三年六月初版
中華民國十六年五月四十七版

翻製小學初級常識課本八册
學制教科書

初級常識課本八册
（一册至八册每册定價銀一角）
（外埠酌加郵費銀圆）

（右侧书页）
國語科有文稿；
常識科、藝術科，
算學科有演草，
也有陳列品不少。
要讀大家……

书名：新撰常识教科书（新学制小学校初级用）

著者：计志中 / 编纂　朱经农、王岫庐 / 校订

出版印行：商务印书馆

出版时间：民国十五年（1926）初版　民国十五年（1926）40版

册数：八

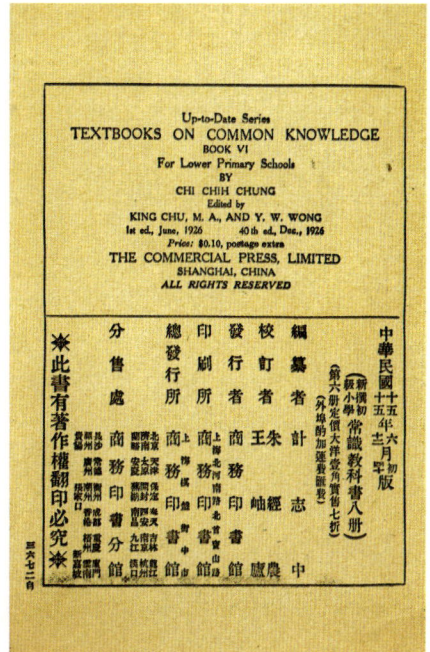

书名：新时代常识教科书（小学校初级用）

著者：王强／编纂　杨杏佛、王云五／校订

出版印行：商务印书馆

出版时间：民国十六年（1927）初版　民国二十一年（1932）国难后第44版

册数：八

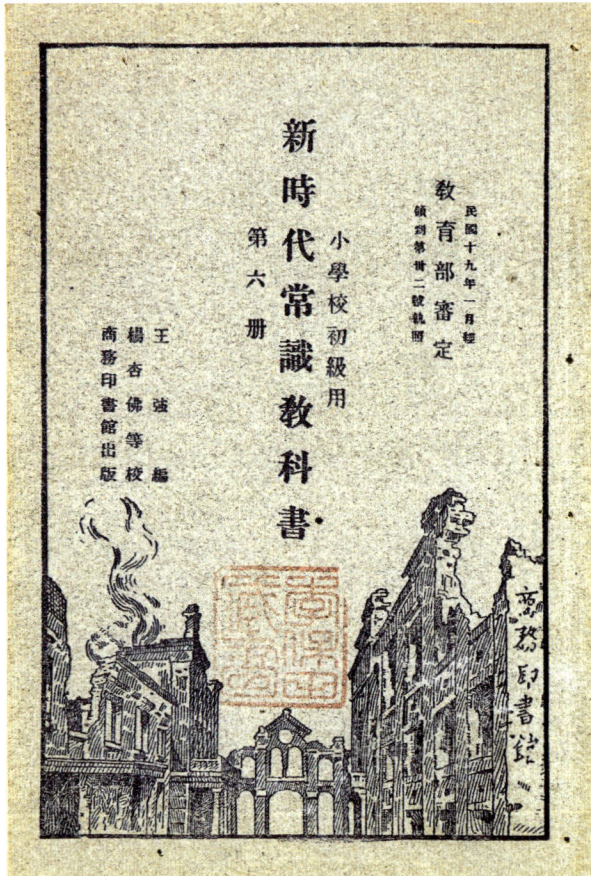

新時代常識教科書·

第六册

小學校初級用

教育部審定

民國十九年一月經
領到審字第二號執照

王　強　編
楊杏佛　等校
商務印書館出版

书名：新中华教科书常识课本（小学校初级用）
著者：蒋镜芙、吴桂仙 / 编校
出版印行：中华书局
出版时间：民国十七年（1928）发行　民国十八年（1929）27版
册数：八

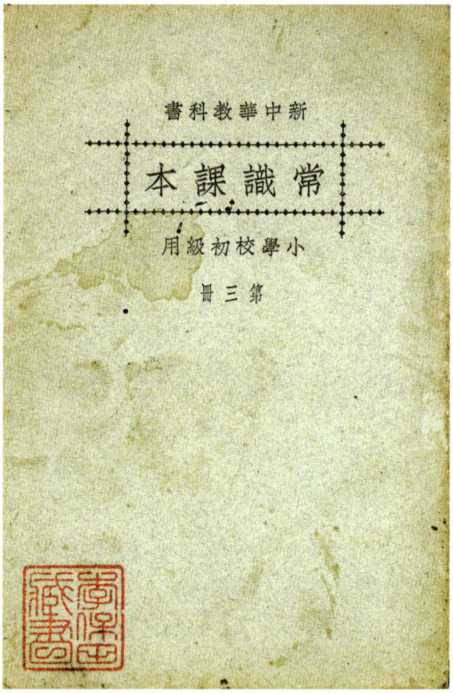
新中華教科書
常識課本
小學校初級用
第三冊

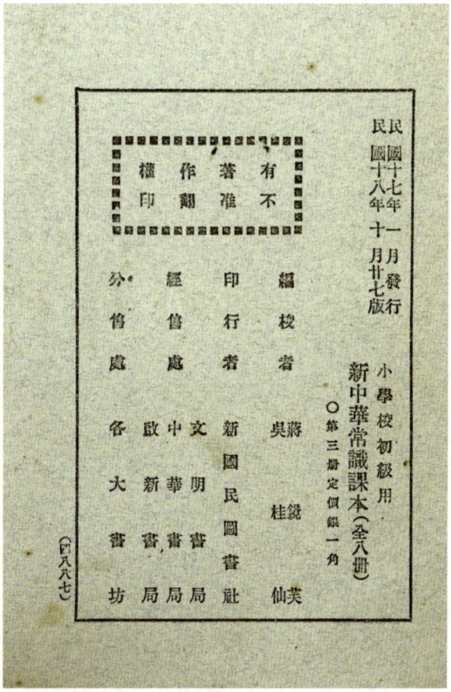
民國十七年一月發行
民國十八年十一月廿七版
小學校初級用
新中華常識課本（全八冊）
○第三冊定價銀一角
編校者 蔣鏡芙 吳桂仙
印行者 新國民圖書社
經售處 文明書局 中華書局 啟新書局
分售處 各大書坊
有著作權 不准翻印
（四八八七）

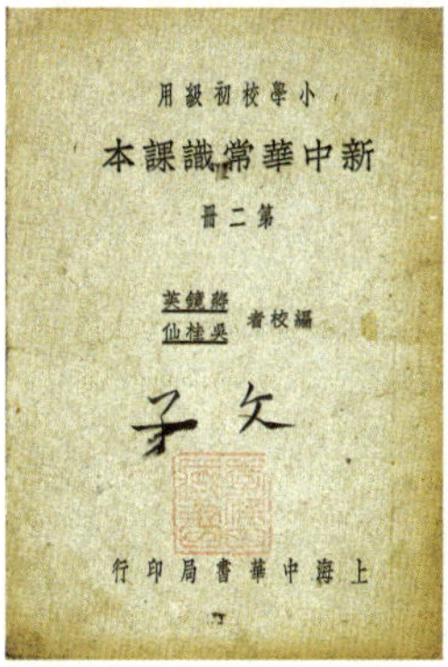
小學校初級用
新中華常識課本
第二冊
編校者 蔣鏡芙 吳桂仙
上海中華書局印行

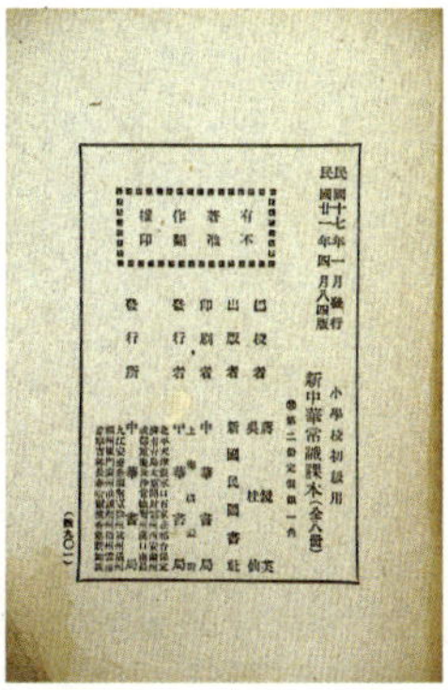
有著作權 不准翻印
小學校初級用
新中華常識課本（全八冊）

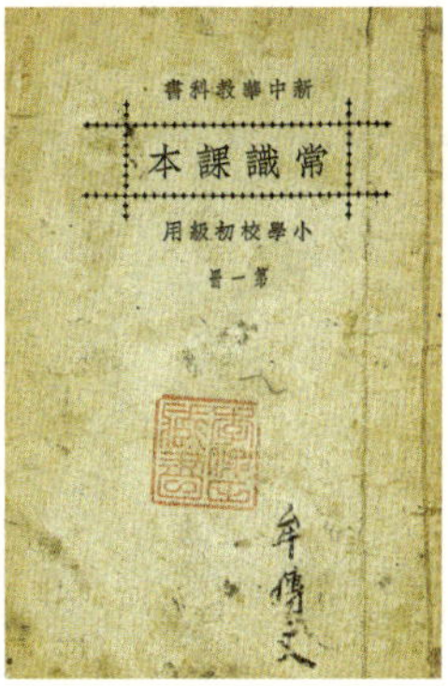
新中華教科書
常識課本
小學校初級用
第一冊

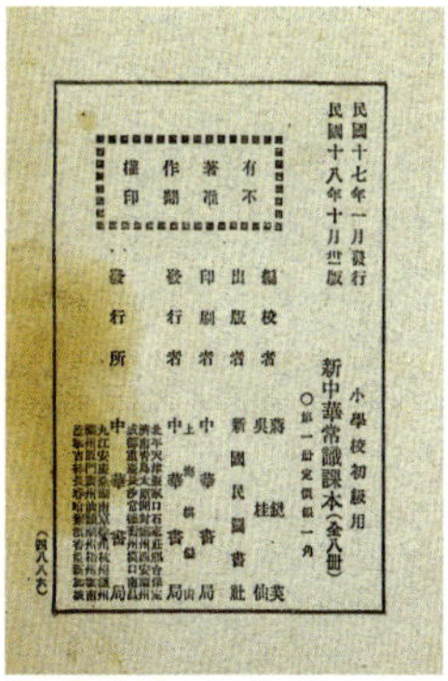
民國十七年一月發行
有著作權 不准翻印
小學校初級用
新中華常識課本（全八冊）

1046 书名：新时代民众学校常识课本
著者：计志中／编纂　王云五、何炳松／校订
出版印行：商务印书馆
出版时间：民国十八年（1929）初版　民国廿三年（1934）国难后第16版
册数：不详

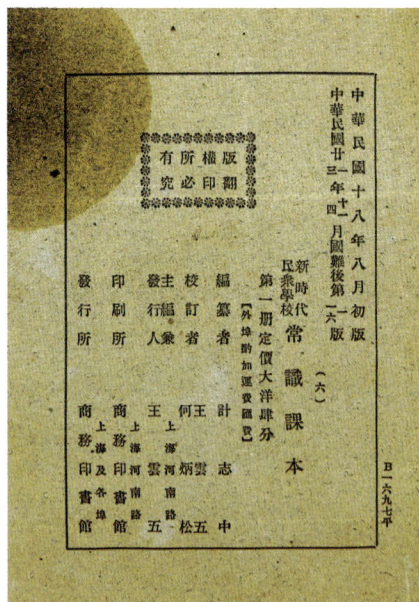

书名：基本教科书常识（小学校初级用）

著者：计志中 / 编辑　何炳松 / 校订

出版印行：商务印书馆

出版时间：民国二十年（1931）初版

册数：八

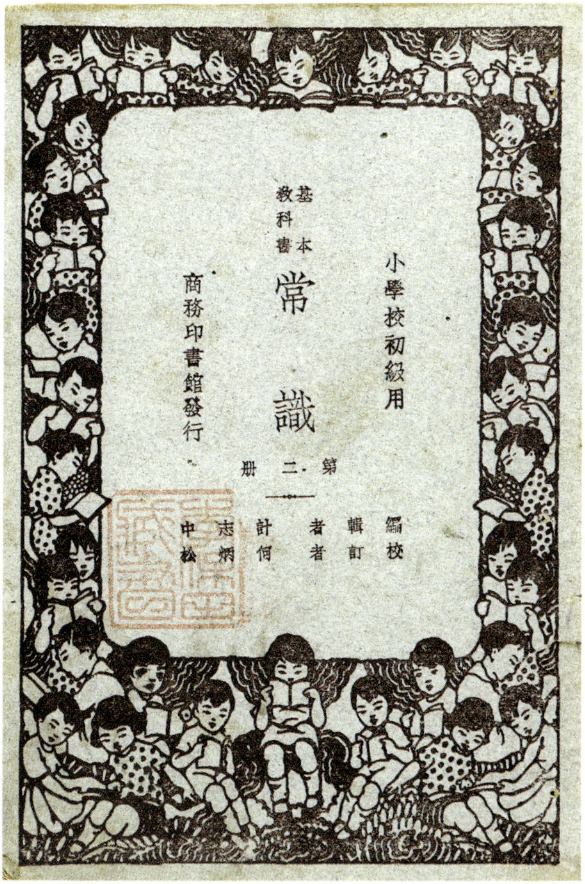

小學校初級用

基本教科書

常識

第二冊

編輯者　計志中

校訂者　何炳松

商務印書館發行

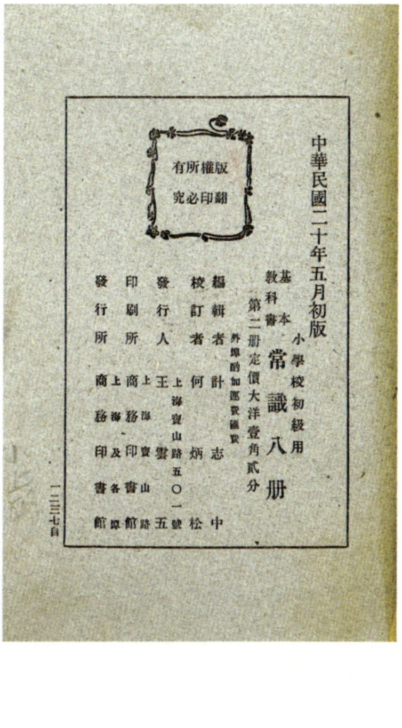

中華民國二十年五月初版

基本教科書　小學校初級用　常識八冊

第二冊定價大洋壹角貳分

外埠酌加郵費匯費

編輯者　計志中

校訂者　何炳松

發行人　王雲五　上海寶山路五〇一號

印刷所　商務印書館　上海寶山路

發行所　商務印書館　上海及各埠

版權所有　翻印必究

书名：开明常识课本（小学初级学生用）

著者：傅彬然 / 编纂　叶绍钧 / 缮写　都冰如 / 绘画

出版印行：开明书店

出版时间：民国二十一年（1932）初版　民国廿二年（1933）12版

册数：八

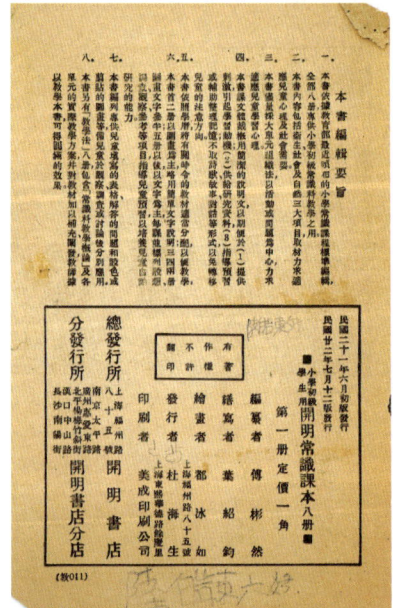

书名：新课程常识课本（小学初级学生用）

著者：徐学文 / 编辑　范祥善 / 校订

出版印行：世界书局

出版时间：民国二十一年（1932）初版　民国二十一年（1932）18版

册数：八

备注：编辑者封面记载董文和徐学文两人。

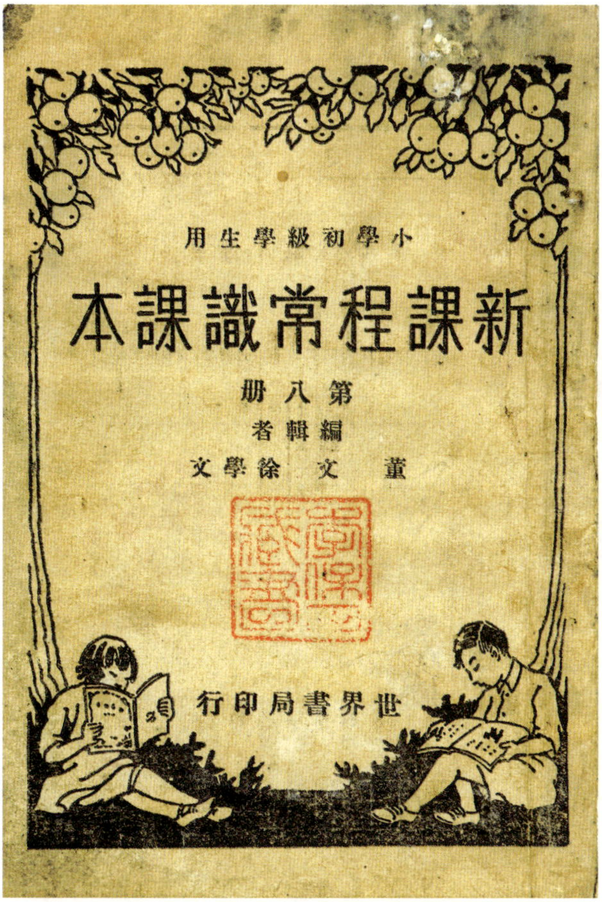

小學初級學生用

新課程常識課本

第八册

編輯者

董文　徐學文

世界書局印行

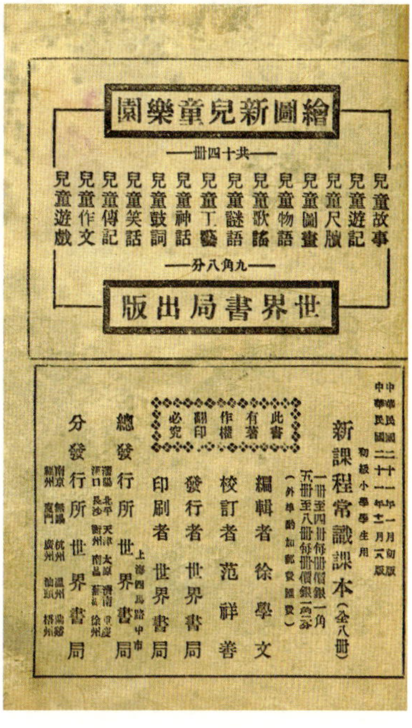

繪圖新兒童樂園

——共十四册——

兒童故事
兒童遊記
兒童尺牘
兒童圖畫
兒童物語
兒童歌謠
兒童謎語
兒童工藝
兒童神話
兒童笑話
兒童傳記
兒童作文
兒童遊戲

——九角八分——

世界書局出版

新課程常識課本（全八册）

編輯者　徐學文

校訂者　范祥善

發行者　世界書局

印刷者　世界書局

總發行所　世界書局

分發行所　世界書局

书名：新生活教科书常识（新课程标准适用）

著者：朱荄阳、黄刚 / 编辑　蒋息岑、陆并谦 / 校阅

出版印行：大东书局

出版时间：民国二十三年（1934）6版

册数：八

中華民國二十三年七月六版

新生活教科書 小學校初級用 常識（全八冊）

◎第八冊定價大洋一角二分（外埠酌加郵費匯費）

此書有著作權不准翻印

編輯者 朱荄陽 黃剛

校閱者 蔣息岑 陸并謙

發行人 沈駿聲 上海北福建路三三一號

印刷所 大東書局 上海北福建路三三一號

總發行所 大東書局 上海四馬路三一〇號

分發行所 南京 開封 長沙 徐州 汕頭 安慶 北平 濟南 南昌 廣州 常州 天津 漢口 雲南 哈爾濱 無錫 瀋陽 梧州 杭州 信陽 西安 廈門 重慶 新嘉坡

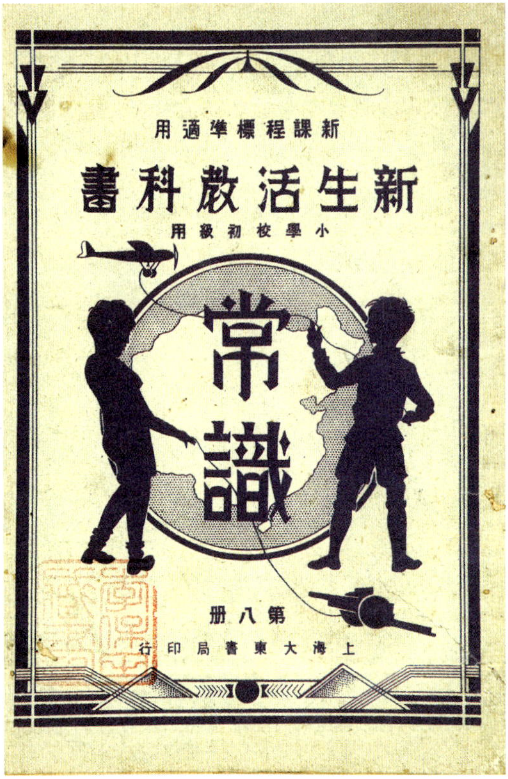

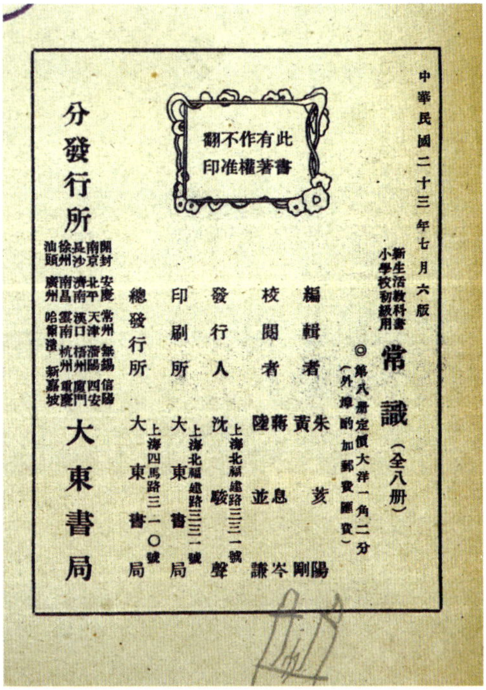

书名：小学常识课本（新课程标准适用）
著者：蒋镜芙、吴桂仙 / 编　孙世庆、鞠承颖、张相 / 校
出版印行：中华书局
出版时间：民国二十三年（1934）发行　民国二十四年（1935）7版
册数：八

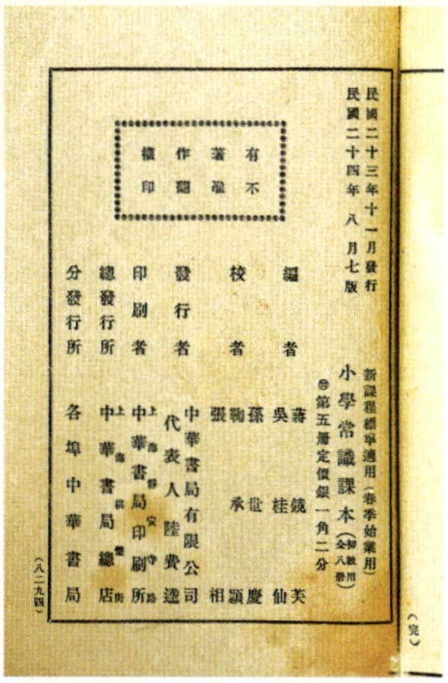

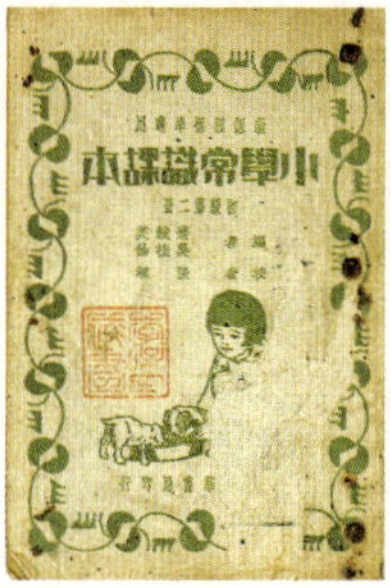

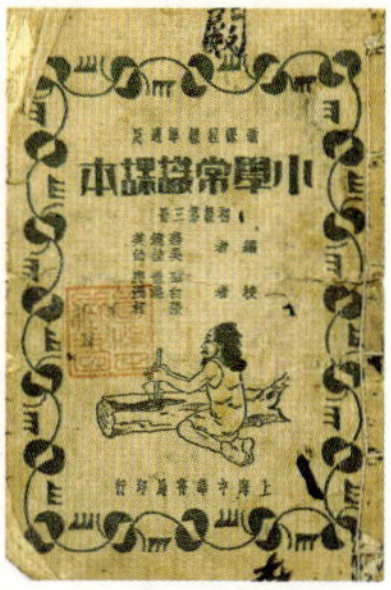

1052 | 书名：复兴常识课本（新课程标准适用）
著者：马精武、孙慕坚、沈百英 / 编校　王云五 / 主编兼发行
出版印行：商务印书馆
出版时间：民国二十三年（1934）初版
册数：八

新課程標準適用

復興常識課本

初小第五册

編校者 馬精武 孫慕堅 沈百英

商務印書館發行

小學校
初級用 常識課本

編輯大意

（一）本書遵照教育部正式頒布有小學課程標準編輯全書八册供初級小學四學年之用。
（二）本書依據春季始業編輯期於各時令教材都支配在相當地位使教者可以利用時機引起兒童研究之興趣。
（三）本書內容包括社會自然衞生三大類教材其分量支配各有適當比例。
（四）本書取材力求適合兒童生活祖社會環境並力注意於內容的充實。
（五）本書編輯注意觀察調查實驗工作……等活動以期養成兒童自動研究的習慣。
（六）本書插圖豐富描繪正確方法新穎可以輔助兒童的觀察和研究。
（七）本書另編指導法一至詳載各課相關方法及參考材料以供教師應用。

中華民國二十三年二月初版
（二一七）
小學校初級用（春季）
復興常識課本八册
第五册定價大洋壹角貳分
外埠的加運費匯費

編校者　孫慕堅　馬精武　沈百英
主編兼發行人　王雲五
印刷所　上海河南路　商務印書館
發行所　上海及各埠　商務印書館

版權所有翻印必究

一四九二上

书名：新课程标准世界教科书常识课本（初级小学学生用）

著者：王剑星 / 编辑　董文、范祥善 / 校订　金少梅、汪静轩 / 绘图

出版印行：世界书局

出版时间：民国二十五年（1936）79版

册数：八

教育部审定

新课程标准世界教科书

初小四年级下学期用

常識課本

第八册

編輯者 王劍星

世界書局印行

生活叢書

世界書局出版

每種一册　每册五角

孫中山生活	徐遫軒
孔子生活	徐遫軒
諸葛孔明生活	徐遫軒
教科書生活	趙麟
兒童的生活	朱兆萃
鳥的生活	彭兆良
猛獸生活	華汝成

新64.7

中華民國二十五年六月充版

初級小學學生用

教育部審定　常識課本（全八册）

（每册定價洋一角二分）

（外埠酌加郵費匯費）

編輯者　王劍星

校訂者　董文　范祥善

繪圖者　金少梅　汪靜軒

發行人　沈知方

印刷者　世界書局

總發行所　世界書局　上海四馬路中市

分發行所　各省世界書局

中華民國二十二年九月五日教育部審定

中華民國二十三年二月十六日内政部註冊領到第二五號執照

此書有著作權翻印必究

1054　书名：新课程标准大众教科书常识（小学初级用）
著者：张诵诗、龚万、钱挹清 / 主编　薛德煊、钱少华 / 校订
出版印行：大众书局
出版时间：民国二十六年（1937）
册数：八

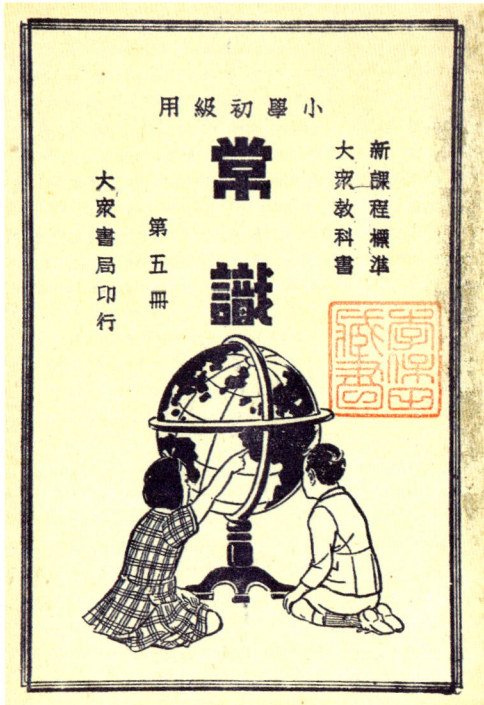
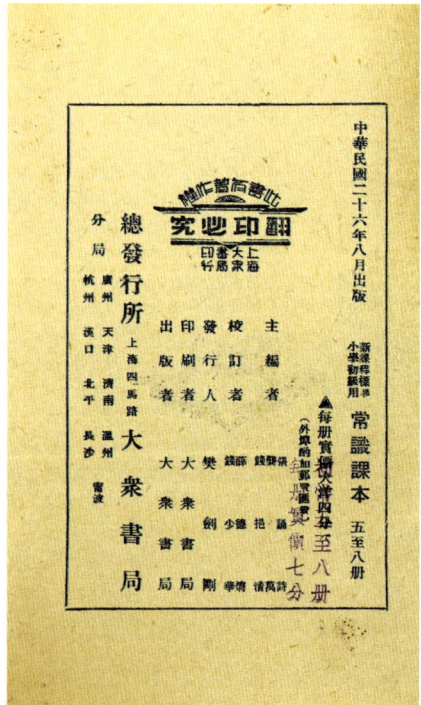
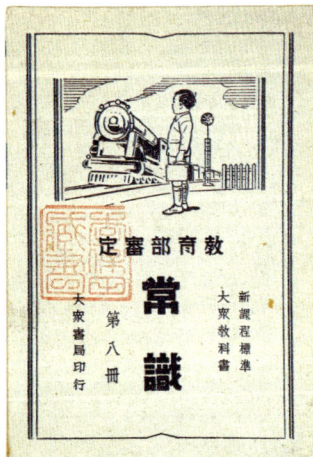
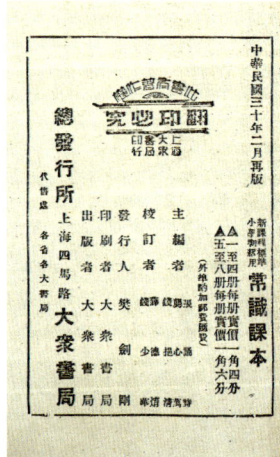

书名：新课程标准世界教科书初小新常识

著者：董文 / 编辑

出版印行：世界书局

出版时间：民国二十六年（1937）初版　　民国二十七年（1938）新15版

册数：八

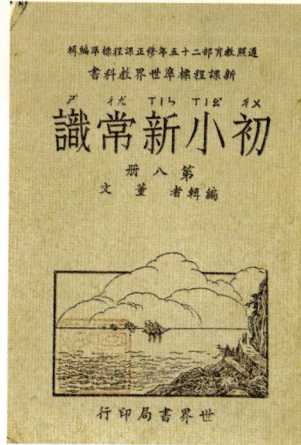

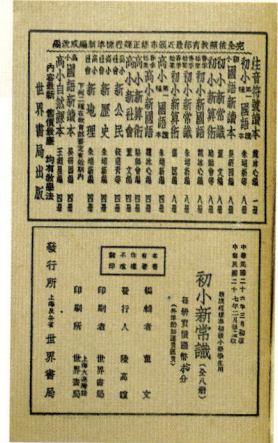

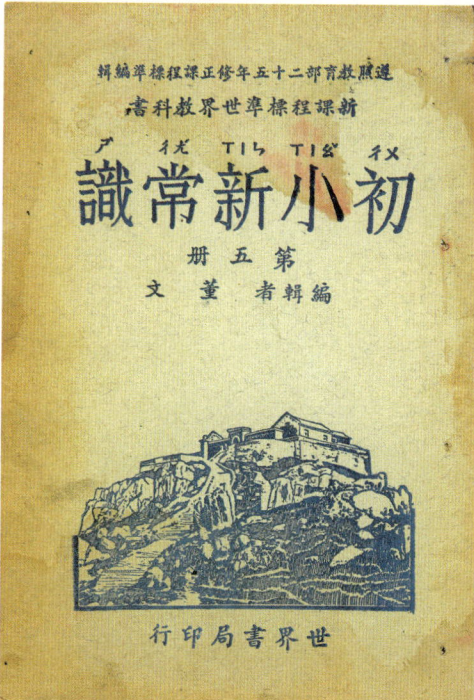

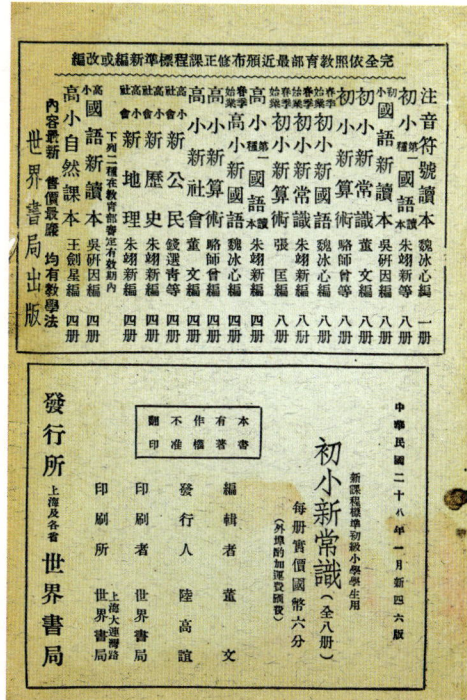

书名：复兴常识教科书（小学校初级用）

著者：吕金录、宗亮寰、徐映川、韦悫／编校　　王云五／主编兼发行

出版印行：商务印书馆

出版时间：民国二十六年（1937）审定本第1版　　民国二十八年（1939）审定本第556版

册数：八

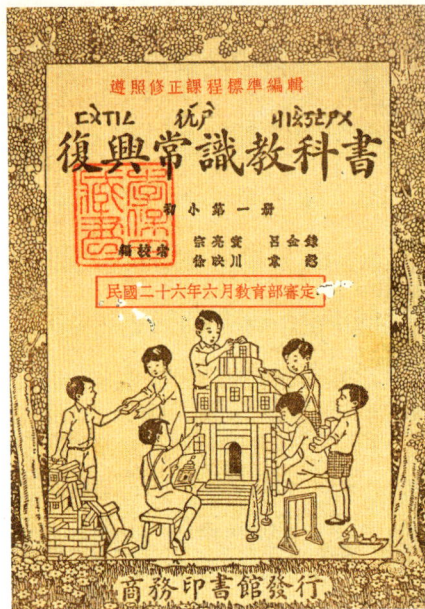

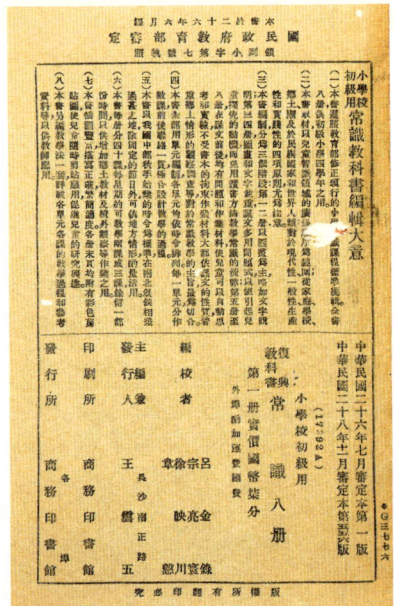

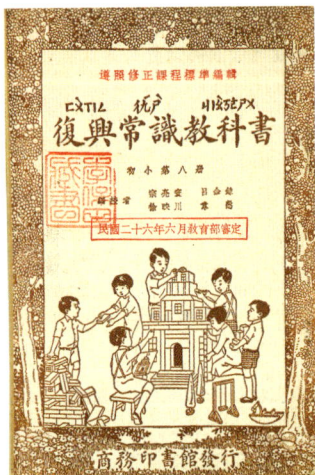

书名：新编初小常识课本（修正课程标准适用）

著者：蒋镜芙、徐亚倩、吕伯攸、杨复耀 / 编　金兆梓、朱文叔 / 校

出版印行：中华书局

出版时间：民国三十年（1941）初版

册数：八

修正課程標準適用

新編

初小常識課本（五）

教育部審定

初審複定本

編者　蒋鏡芙　徐亞倩　吕伯攸　楊復耀

校者　金兆梓　朱文叔

上海　中華書局　印行

原澤藏書

民國三十年九月二九一版

修正課程標準適用

新編初小常識課本（全八冊）

⊙ 第五冊原定價國幣七分

同業公議加八發售實售國幣一角二分六厘

（郵運匯費另加）

有著作權不准翻印

編者　蒋鏡芙　徐亞倩　吕伯攸　楊復耀

校者　金兆梓　朱文叔

發行者　中華書局有限公司

代表人　路錫三

印刷者　中華書局印刷所

香港九龍北帝街

總發行處　中華書局發行所

分發行處　各埠中華書局

42（一二六一九）

1058　书名：新修正标准常识教科书（初级小学用）
著者：许汉宾、王淡明／编辑
出版印行：大东书局
出版时间：民国三十年（1941）51版
册数：八

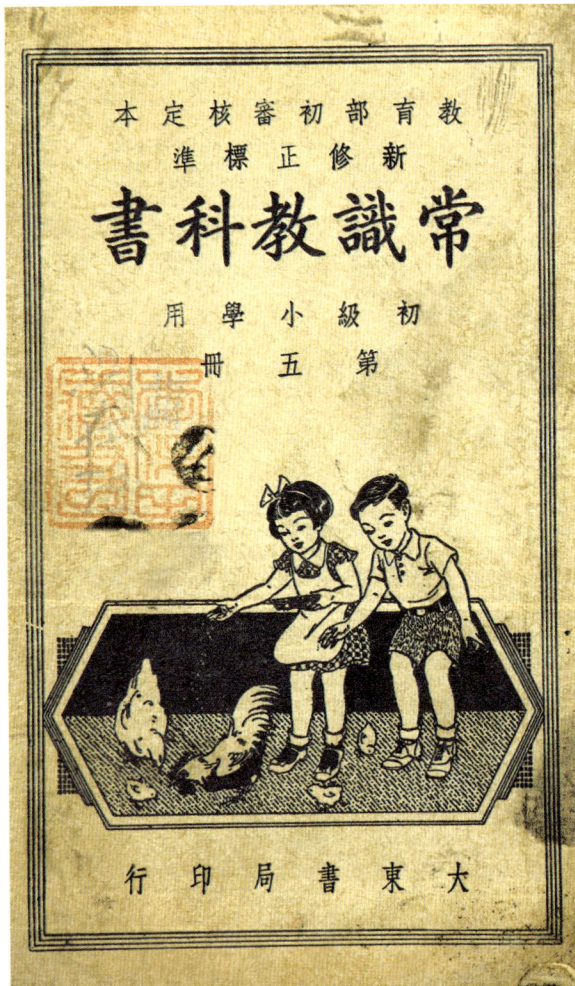

教育部初审核定本

新修正標準

常識教科書

初級小學用

第五冊

大東書局印行

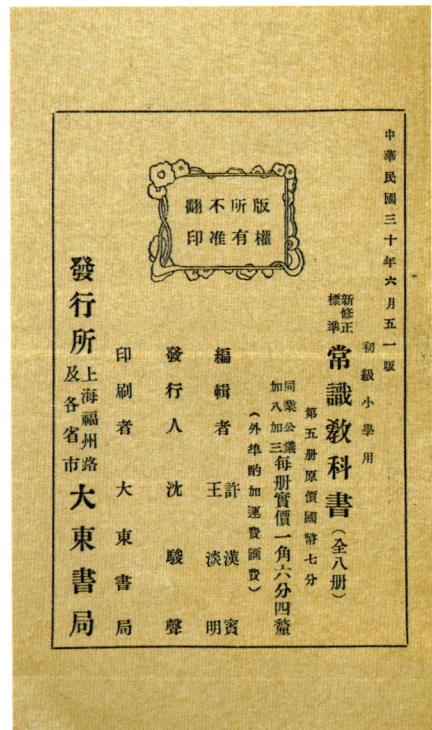

中華民國三十年六月五一版

新修正標準

常識教科書（全八冊）

第五冊原價國幣七分

同業公議加八加三每冊實價一角六分四釐

（外埠酌加運費匯費）

版權所有　翻印不准

編輯者　許漢賓　王淡明

發行人　沈駿聲

印刷者　大東書局

發行所　上海福州路及各省市　大東書局

书名：新时代国民常识

著者：不详

出版印行：中国图书公司

出版时间：民国三十五年（1946）

册数：八

1060

书名：国民学校副课本常识

著者：许汉宾、王淡明 / 编辑　董文 / 修订

出版印行：大东书局

出版时间：民国三十七年（1948）7版

册数：八

国民学校副课本

常識

第　五　册

三　年　級　上　學　期　用

國民學校
副課本

常識編輯大意

（一）本書全八冊係就本局審定本小學常識
教科書加以改編。該書於民國二十六
年經教育部審定，編制精審，選材適
當。茲復詳加校訂，增添新教材，益
求完善。

（二）本書教材，除依照常識科作業要項及
教學要點第一項所規定之四項原則，
精密選取外，隨時顧及兒童實際生活
之需要，並採抗戰後應有之新教材，
依共年級，分配進程。

（三）本書各課均有相當聯絡，內容注重具
體事項，以便觀察、研究、討論、實
驗等工作。

（四）本書插圖豐富，注意簡單生動而有意
義，藉以輔助兒童之觀察研究。

（五）本書另編教學指引八冊供教師參考。

版　權　所　有
不　准　翻　印

中華民國三十七年十一月七版

國民學校
副課本　常 · 識（全八冊）

第五冊定價金圓七分
（外埠的加郵運匯繁致）

編輯者　　許　漢　賓

修訂者　　董　　　文

發行人　　杜　　　鏞

印刷者　　大　東　書　局

發行者　　大　東　書　局
　　　　　上海福州路三一〇號

發行所　　大　東　書　局
　　　　　上海福州路及各省市

书名：抗战建国初小新常识
著者：赵功甫 / 编辑
出版印行：服务印刷所
出版时间：不详
册数：不详

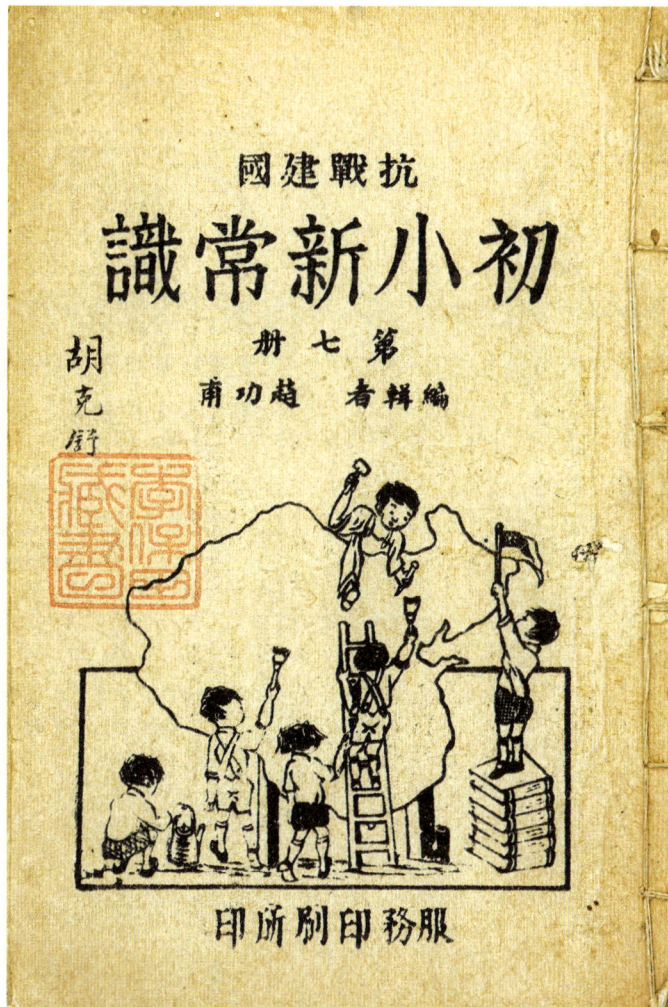

书名：新学制常识教授书（小学校初级用）

著者：范祥善、计志中 / 编纂

出版印行：商务印书馆

出版时间：民国十二年（1923）初版　民国十四年（1925）30版

册数：八

② 常识教授法

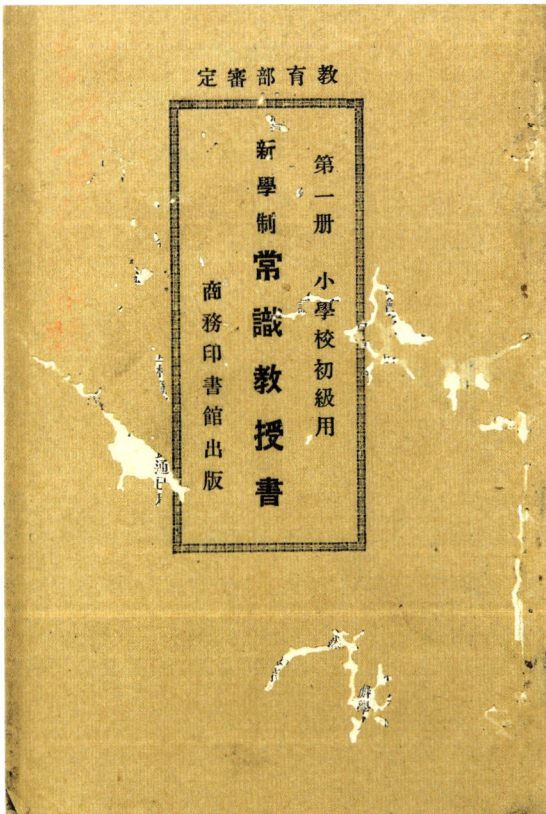

书名：初级常识课本教学法（新学制小学教员用书）
著者：李乃培、董文、陆泰生 / 编辑　范祥善、魏冰心 / 校订
出版印行：世界书局
出版时间：民国十三年（1924）初版　民国十三年（1924）再版
册数：八

1064 | 书名：新学制常识教授书（小学校初级用）
著者：计志中、卫楚材／编纂　朱经农／校订
出版印行：商务印书馆
出版时间：民国十三年（1924）初版
册数：八

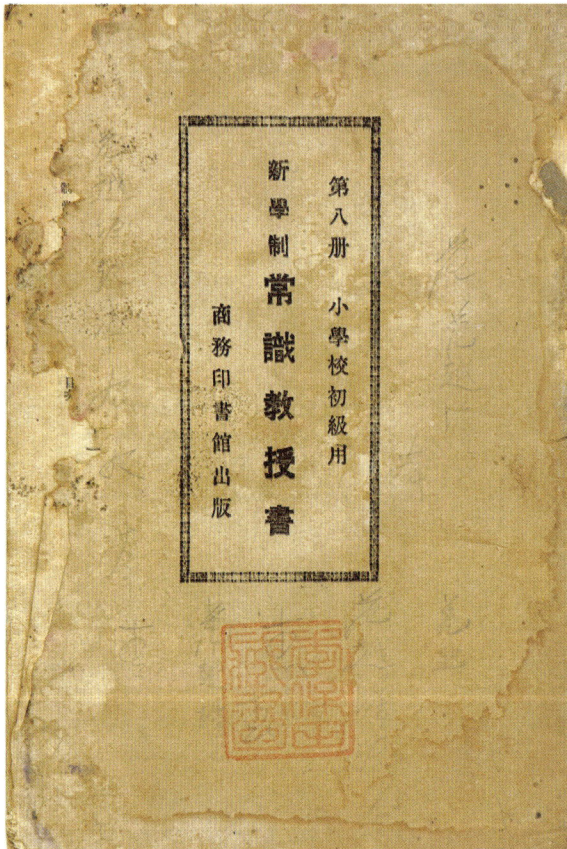

新學制 常識教授書

第八冊 小學校初級用

商務印書館出版

商務印書館發行

（教育部審定）

新學制初經通過本館印若干編輯此審各科齊備出版最早而內容亦盡與新學制高小課程相要贈合各校可按當地情形酌量採用

新法自然研究 衛生教科書 算術教科書 地理教科書 歷史教科書 公民教科書 國語文教科書 國語教科書

（書概教育均書務上蓋）

先及（1042）

New System Series
Textbook on Common Knowledge: Teacher's Manual
For Lower Primary Schools
The Commercial Press, Limited
All rights reserved

中華民國十三年九月初版
新學制 常識教授書（小學校初級用）
（第八冊常識教授書八冊）
（外埠酌加運費照卷）

編纂者　計志中
　　　　衛楚材
校訂者　朱經農
發行者　商務印書館
印刷所　商務印書館
總發行所　商務印書館
分售處　商務印書分館
　　　　（各埠均有）

★此書有著作權翻印必究★

六九六八白

书名：新小学教科书常识课本教授书（新学制适用）　　　　　　　　　　　1065
著者：吕伯攸、徐迥千、杨干青、赵侣青、赵光荣、郑叔璜 / 编著
　　　陆费逵、陆衣言、戴克敦、蒋镜芙 / 校阅
出版印行：中华书局
出版时间：民国十三年（1924）初版
册数：八

新學制適用

新小學教科書

常識課本教授書

初級第五冊

中華書局出版

TEACHER'S MANUAL FOR
NEW EDUCATIONAL SYSTEM
GENERAL KNOWLEDGE READERS
FOR LOWER PRIMARY SCHOOLS
CHUNG HWA BOOK COMPANY LTD.

有著作權不准翻印

分發行所　總發行所　印刷所　印刷者　發行者　校閱者　編著者

中華書局　中華書局　中華書局　戴克敦　中華書局　陸費逵　趙光榮
九江 南昌 長沙 成都 重慶 常德 開封 太原 濟南 天津 北京 徐州 蘇州 杭州 揚州 南京 蕪湖 安慶 漢口 宜昌 沙市 貴陽 雲南 桂林 梧州 廣州 汕頭 福州 廈門 長春 吉林 奉天 哈爾濱

中華民國十三年二月發行
民國十三年二月初版

新小學常識課本教授書（初）（全八册）
第五册定價與三角（以總發售處多少為序）
呂伯攸
徐迥千
楊干青
趙侣青
鄭叔璜
蔣鏡芙

（三七二）

1066　书名：新时代常识教授书（小学校初级用）
　　　　著者：方新／编辑
　　　　出版印行：商务印书馆
　　　　出版时间：民国十七年（1928）初版　民国十七年（1928）8版
　　　　册数：八

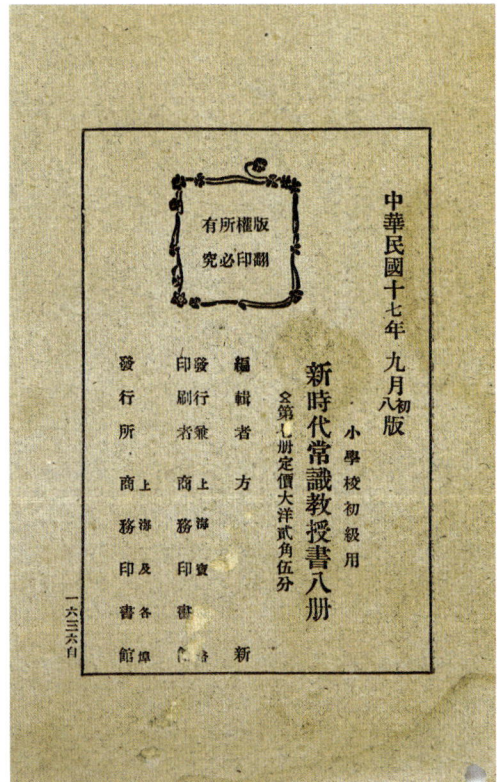

书名：前期小学常识课本教学法（新主义教科书教员用书）

著者：董文／编辑　魏冰心／校订

出版印行：世界书局

出版时间：民国十八年（1929）出版　民国二十年（1931）修正9版

册数：八

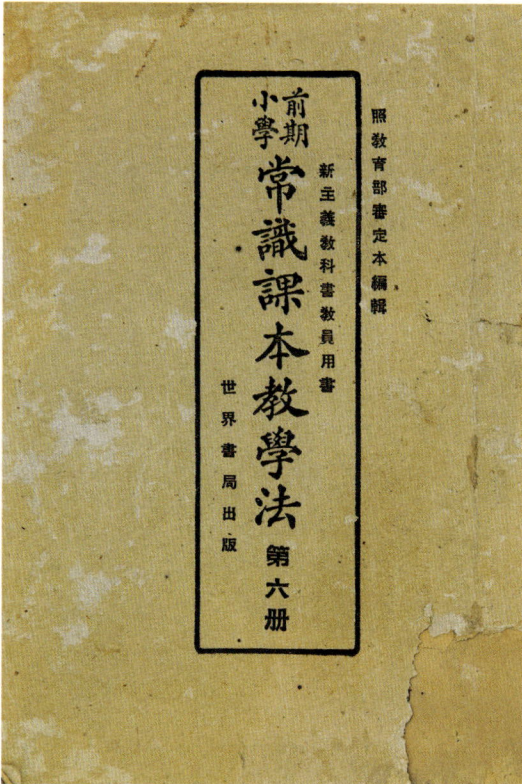

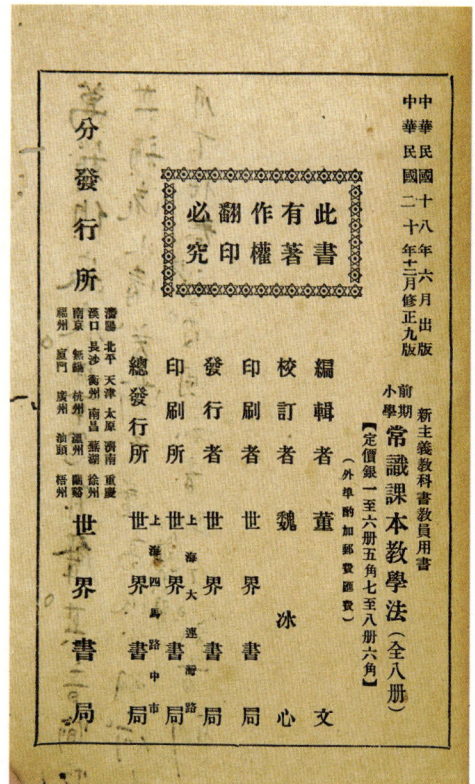

1068 | 书名：小学常识课本教学法（新课程标准适用）

著者：吴桂仙、翁理之、梅龚儒、曾寿康、黄人济、蒋卓慕、蒋鉴秋、顾元培、顾君璞 / 编

施仁夫、蒋镜芙、张相 / 校

出版印行：中华书局

出版时间：民国二十二年（1933）发行　民国二十三年（1934）3版

册数：八

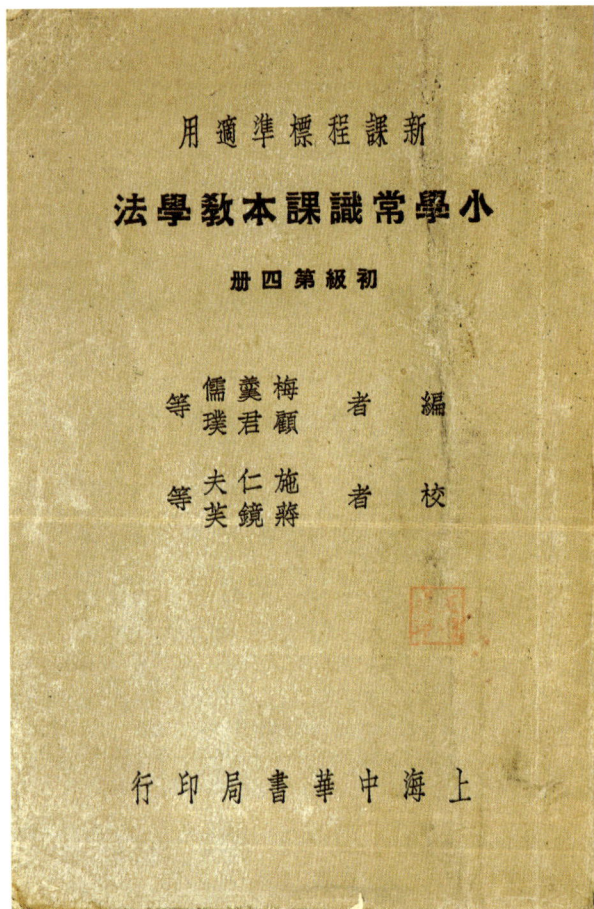

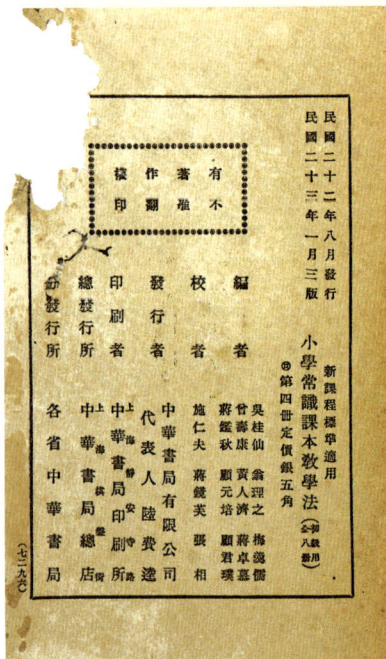

书名：初小常识教学法（新课程标准教科书教员用书）

著者：王剑星、商致中／编辑　范祥善／校订

出版印行：世界书局

出版时间：民国二十三年（1934）初版　民国二十三年（1934）6版

册数：八

教師參考用書

教育測驗概要　一册四角

黨義教育ABC　一册五角

三民主義教育概要　一册四角

教育史ABC　一册五角

學校衞生寶鑑　一册七角

學校衞生概要　一册四角

兒童自治指導書　一册八角半

兒童心理的研究　一册六角

兒童生活　一册五角

教書生活　一册五角

現行教育法令大全　一册一元

世界書局出版

第64.33

新課程標準小學教科書用　常識課本教學法（全八册）

中華民國二十三年三月六版

初錄　中華民國二十三年二月初版

有著作權

翻印必究

編輯者　王劍星

　　　　商致中

校訂者　范祥善

發行人　沈知方

印刷所　世界書局　上海大連灣路

總發行所　世界書局　上海福州路中市

分發行所　世界書局　南京　杭州　漢口　北平　長沙　天津　濟南　宜昌　廣州　徐州　潮州　汕頭　九江　太原　瀋陽　桂林　梧州

一至四册　每册定價洋五角六分

五六册　每册定價洋六角

七八册　每册定價洋七角

（外埠酌加郵費匯費）

照教育部審定本編輯

新課程標準教科書教員用書

初小常識教學法

第四册

王劍星　商致中編輯　范祥善校訂

世界書局印行

书名：新编初小常识课本教学法（修正课程标准适用）
著者：王人济 / 编　施仁夫、蒋镜芙 / 校
出版印行：中华书局
出版时间：民国二十六年（1937）6版
册数：八

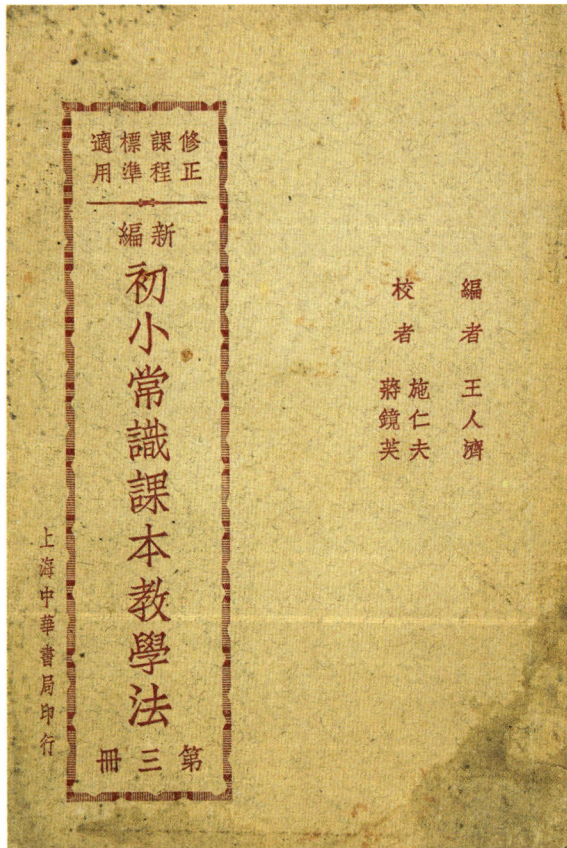

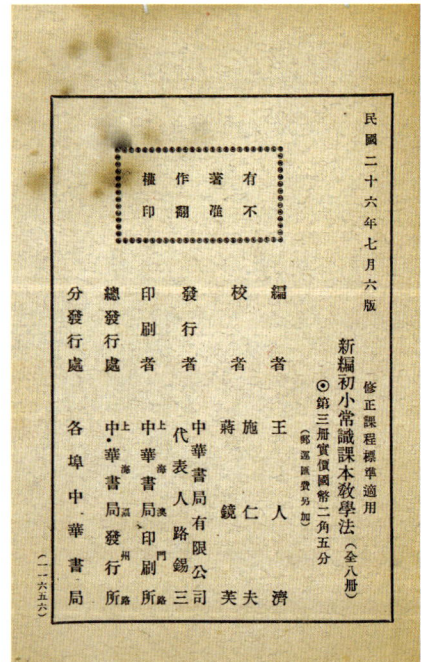

书名：小学补充教材战时常识（高年级用）

著者：吕金录、谭勤馀 / 编辑

出版印行：商务印书馆

出版时间：民国二十六年（1937）初版　民国二十八年（1939）19版

册数：一

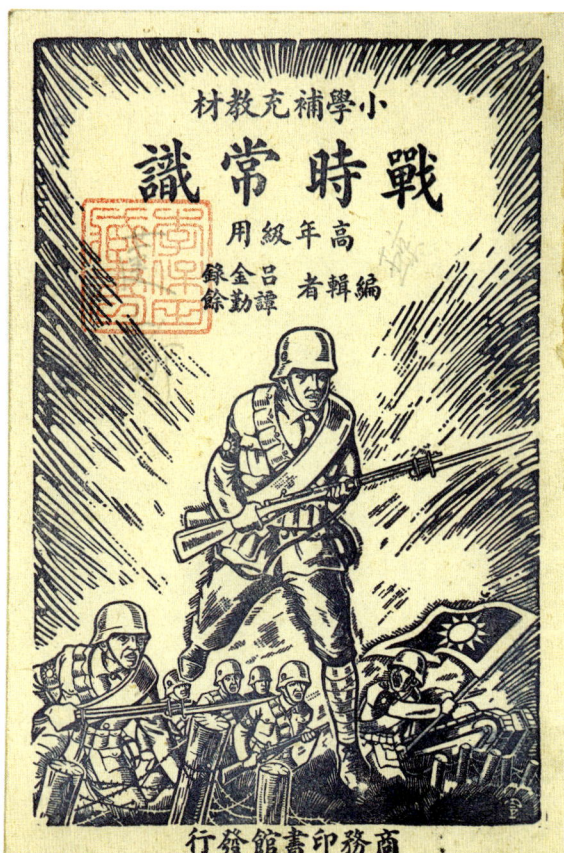

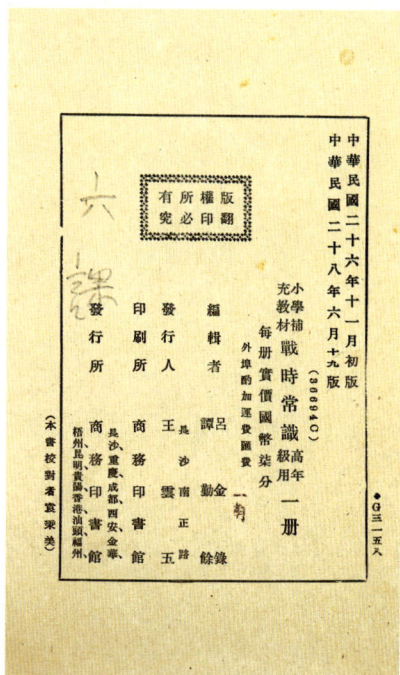

1072　书名：抗战建国读本补充教材常识（初小）
　　　　著者：严中坚／编校
　　　　出版印行：战时儿童教育社
　　　　出版时间：民国三十年（1941）4 版
　　　　册数：不详

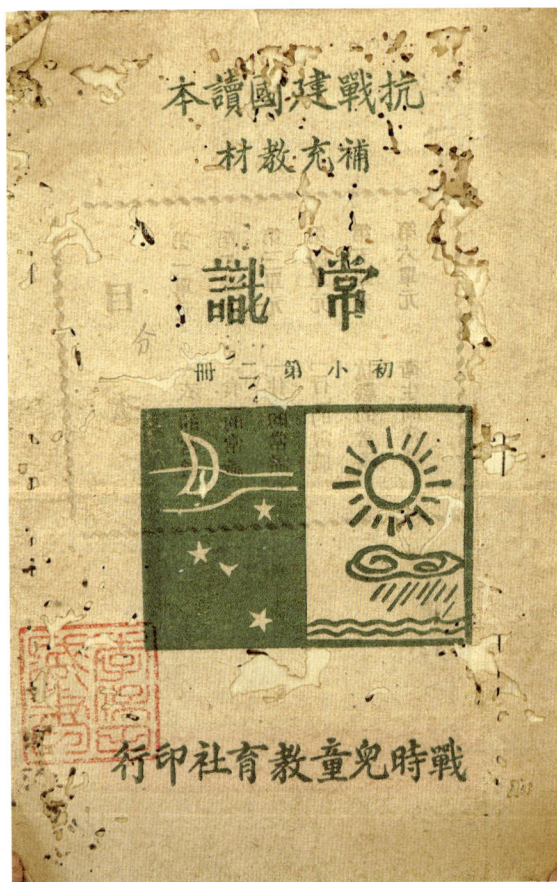

⑥ 社会类教材

书名：新学制社会教科书（小学校初级用）
著者：丁晓先 / 编纂　朱经农、王云五 / 校订
出版印行：商务印书馆
出版时间：民国十二年（1923）初版　民国十八年（1929）265版
册数：八

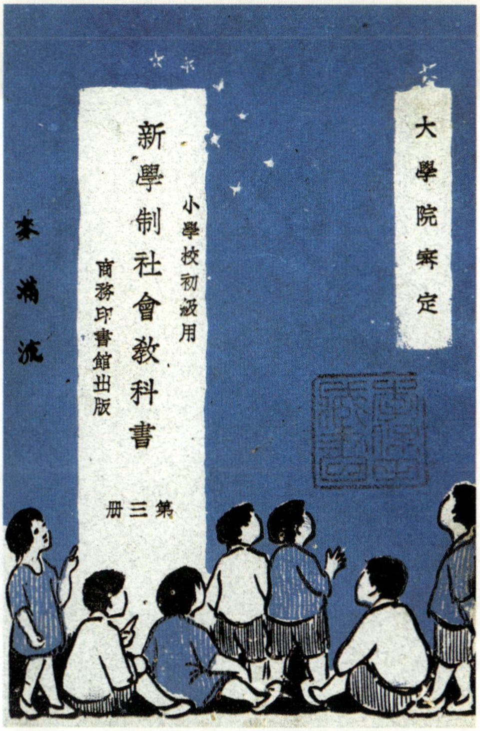

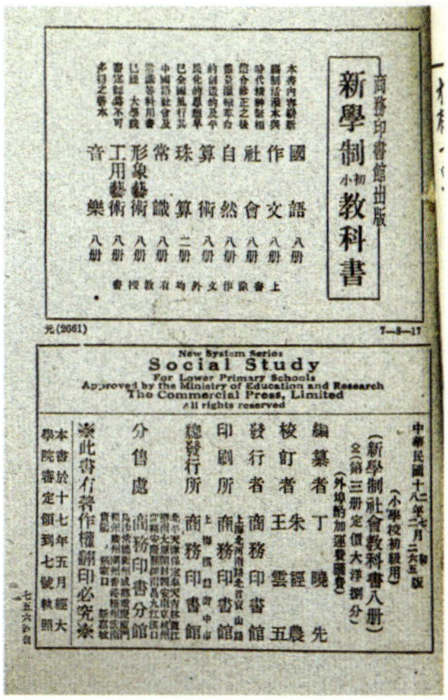

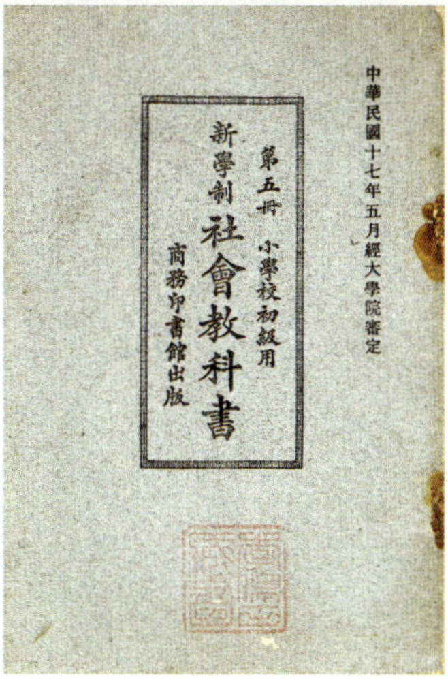

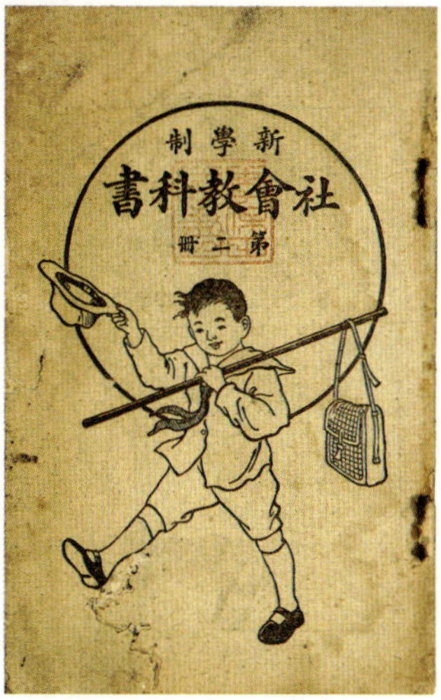

1076 　书名：新小学教科书社会课本（新学制适用）
　　　　著者：陆衣言、陆费逵、蒋镜芙、魏冰心、戴克敦/编校
　　　　出版印行：中华书局
　　　　出版时间：民国十四年（1925）
　　　　册数：八

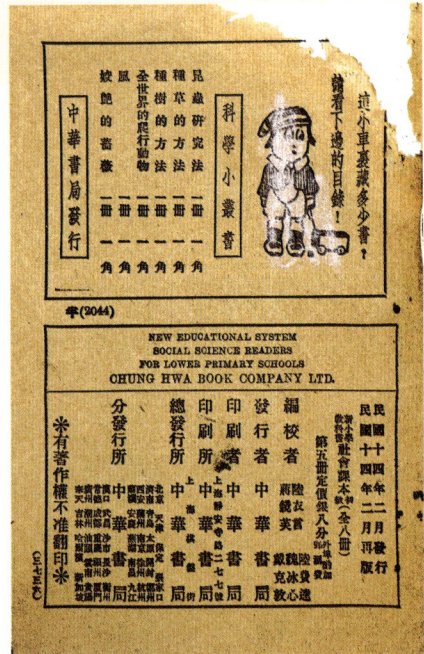

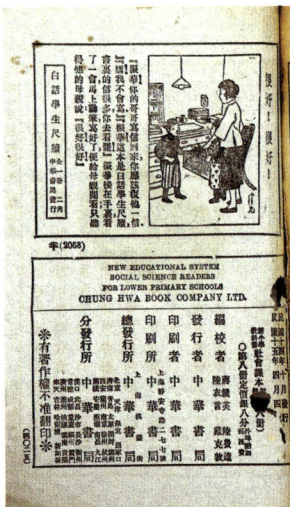

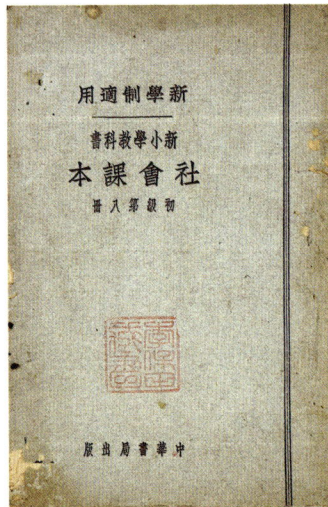

书名：新时代社会教科书（小学校初级用）
著者：丁尧章 / 编纂　吴稚晖、王云五 / 校订
出版印行：商务印书馆
出版时间：民国十六年（1927）初版　民国十八年（1929）160版
册数：八

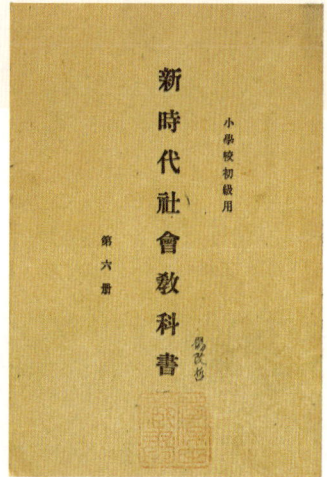

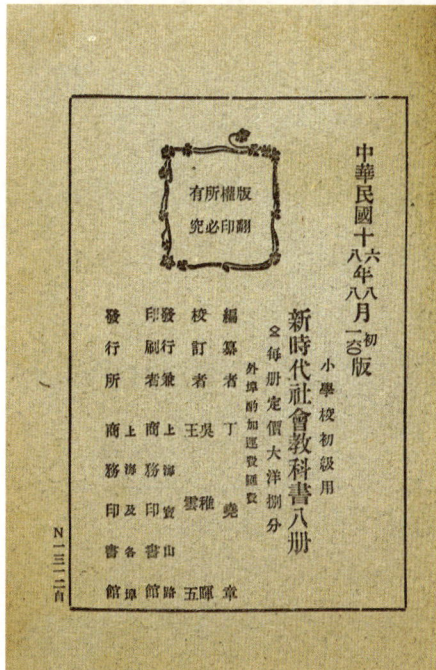

1078　书名：新主义社会课本（小学初级学生用）
著者：朱翊新／编辑　魏冰心、范祥善／校订　于右任／校阅
出版印行：世界书局
出版时间：民国十七年（1928）审定　民国十九年（1930）32版
册数：八

中華民國十七年五月經民政府大學院審定

小學初級學生用

新主義社會課本

第五冊

編輯者　朱翊新

上海世界書局印行

中楷範本　世界書局

希世的墨寶

字體……都是好的
練習……進步最快

每種一冊每冊二角

中楷龍門二十品精華
中楷忠武王碑精華
中楷張猛龍碑精華
中楷鳴沙寶塔碑精華
中楷孔子廟堂碑精華
中楷皇甫君碑精華
中楷九成宮碑精華
顏體多寶塔碑精華
虞體廟堂碑精華
歐體皇甫君碑精華
歐體九成宮碑精華

▶此書有著作◀
翻印必究

編輯者　朱翊新
校訂者　魏冰心　范祥善
校閱者　于右任
發行者　世界書局
印刷者　世界書局
總發行所　上海四馬路中市世界書局
分發行所　各省世界書局

新主義教科書
小學　社會課本（全八冊）
（一冊至八冊每冊定價銀八分）
（外埠的加郵費運費）

中華民國十七年五月審定
中華民國十九年十月三十二版

书名：新主义教科书前期小学社会课本 1079

著者：朱翊新 / 编辑　魏冰心、范祥善 / 校订　于右任 / 校阅

出版印行：世界书局

出版时间：民国十七年（1928）审定　民国十八年（1929）11版

册数：八

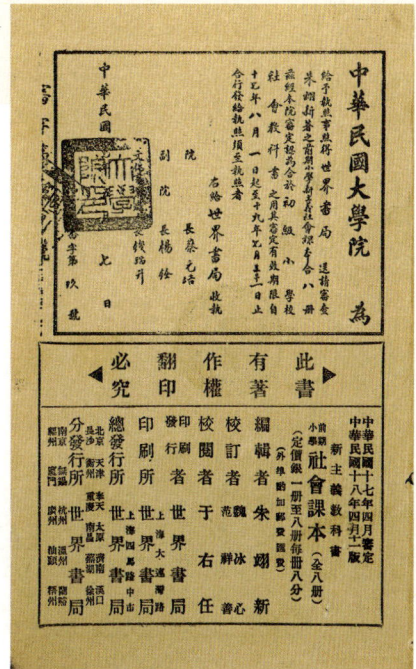

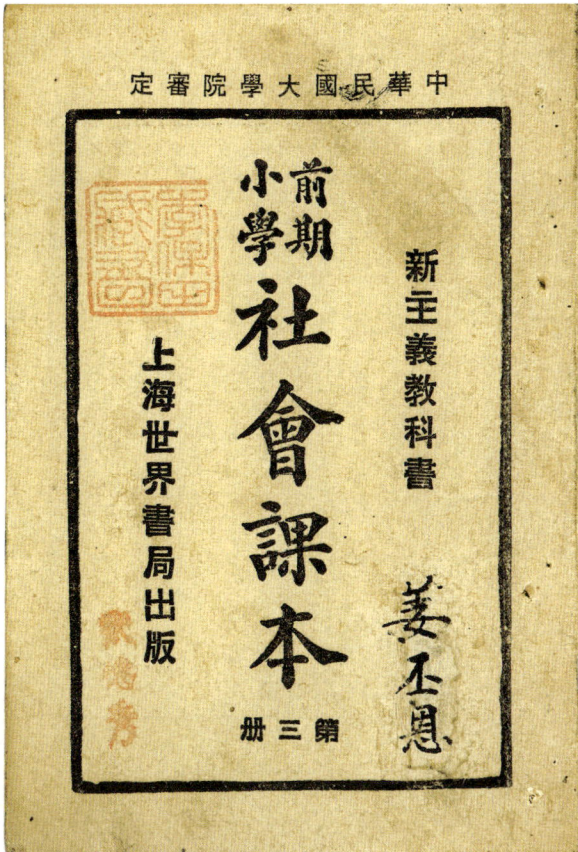

1080　书名：新中华社会课本（小学校初级用）
　　　著者：蒋镜芙 / 编辑　何鲁 / 校阅
　　　出版印行：中华书局
　　　出版时间：民国十九年（1930）15版
　　　册数：八

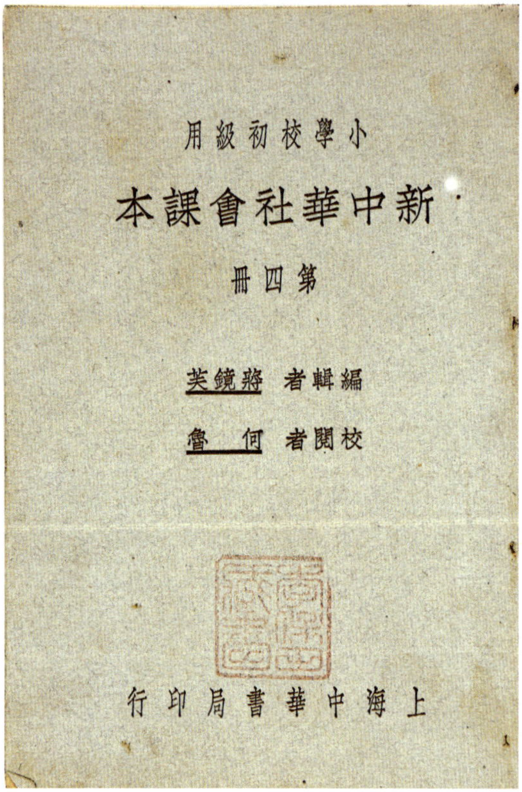

小學校初級用
新中華社會課本
第四冊

編輯者　蒋鏡芙
校閱者　何魯

上海中華書局印行

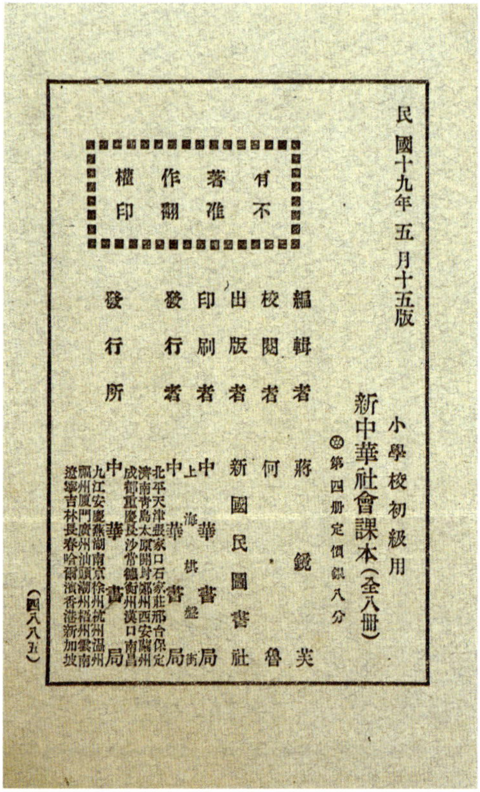

民國十九年 五月十五版

小學校初級用
新中華社會課本（全八冊）
第四册定價銀八分

編輯者　蒋鏡芙
校閱者　何魯
出版者　新國民圖書社
印刷者　中華書局
發行者　中華書局
發行所　中華書局

上海棋盤街
北平天津保定
九江安慶南京徐州杭州
成都重慶太原開封鄭州石家莊邢台
濟南青島濟寧漢口長沙西安南昌合保
遼寧吉林長春哈爾濱廣州汕頭香港雲南加拨
廈門漳州潮州温州新加坡

（圖八八五）

書名：基本教科书社会（小学校初级用）

著者：计志中／编纂　何炳松／校订

出版印行：商务印书馆

出版时间：民国二十年（1931）初版　民国廿一年（1932）国难后第3版

册数：八

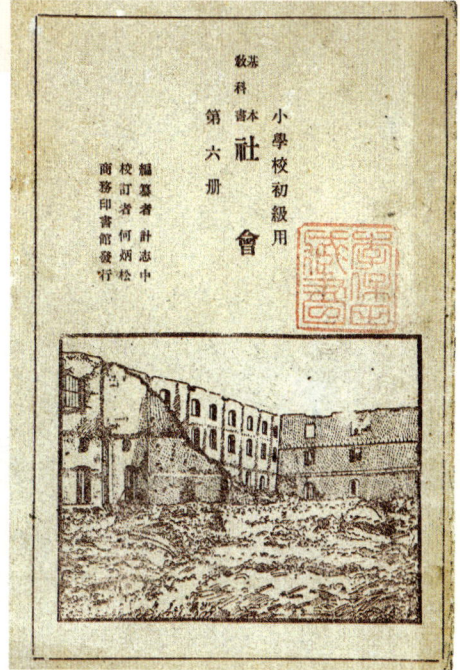

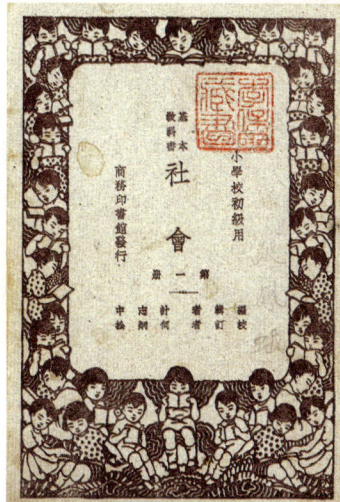

1082 书名：新课程社会课本（小学初级学生用）
著者：顾诗灵、朱翊新／编辑　范祥善／校订
出版印行：世界书局
出版时间：民国二十年（1931）初版　民国廿一年（1932）5版
册数：八

小學初級學生用

新課程社會課本

第八册

編輯者

顧詩靈　朱翊新

李隨長

上海世界書局印行

民衆學校用書

世界書局出版版

民衆黨義課本　一册定價八分
民衆常識課本　一册定價八分
民衆珠算課本　一册定價一角
民衆算術課本　二册每册九分
民衆尺牘課本　一册定價八分
民衆歷史課本　一册定價六分
民衆地理課本　一册定價六分

各科均有教學法

中華民國二十年三月初版
中華民國廿一年六月五版

初級小學學生用

新課程社會課本（全八册）

【一册至八册每册銀價八分】

（外埠的加郵費匯費）

編輯者　顧詩靈　朱翊新

校訂者　范祥善

此書有著作權翻印必究

發行者　世界書局

印刷者　世界書局

總發行所　上海四馬路市　世界書局

分發行所　南京　顧州　長沙　漢口　北平　天津　太原　濟南　衡州　重慶　南昌　蕪湖　廈門　廣州　杭州　徐州　無錫　汕頭　溫州　蚌埠　梧州

世界書局

书名：世界第一种社会课本（初级小学学生用）

著者：董文 / 编辑　范祥善 / 校订

出版印行：世界书局

出版时间：民国廿二年（1933）初版　民国廿五年（1936）73版

册数：八

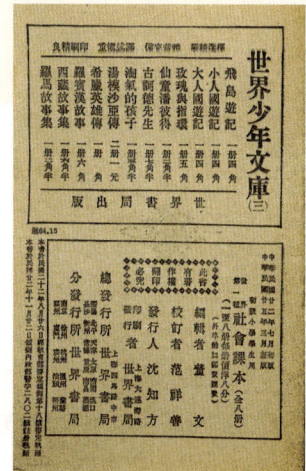

书名：世界第二种社会课本（初级小学学生用）

著者：王味辛 / 主编　万九光、王一士、崔芸珠、赵淑华、刘秀贞 / 助编

出版印行：世界书局

出版时间：民国廿三年（1934）初版

册数：八

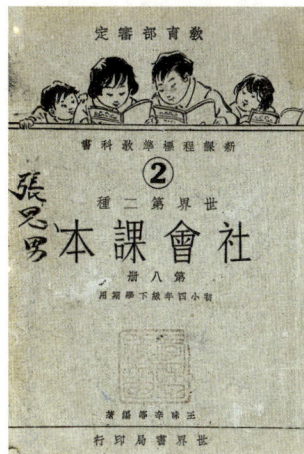

1084

书名：新生活教科书社会（小学校初级用）

著者：王味辛 / 编辑　沈麓元 / 绘图

出版印行：大东书局

出版时间：民国二十二年（1933）第20版

册数：八

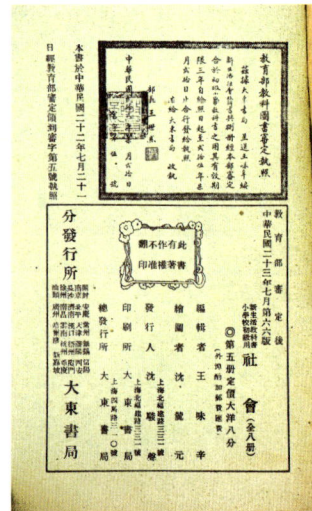

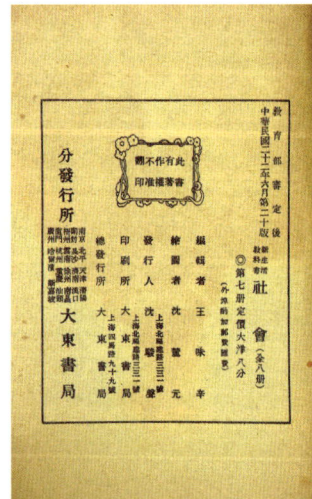

书名：复兴社会教科书（小学校初级用）

著者：马精武、王志成 / 编著　王云五、傅纬平 / 校订

出版印行：商务印书馆

出版时间：民国二十二年（1933）初版　民国二十二年（1933）185版

册数：八

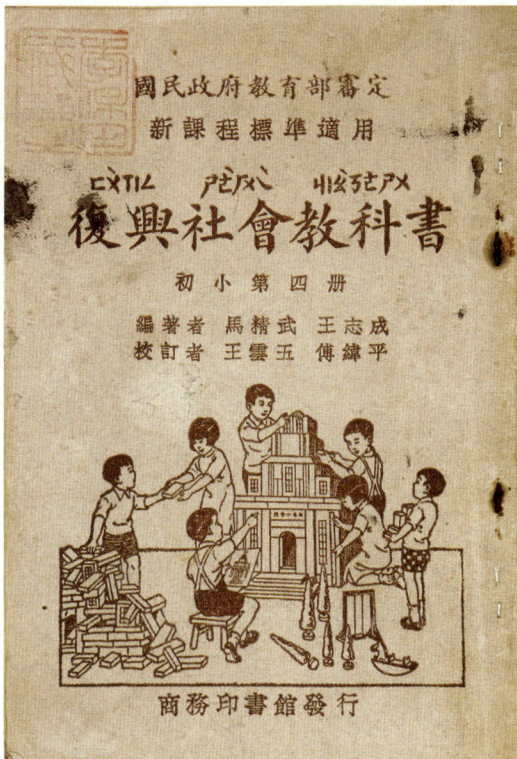

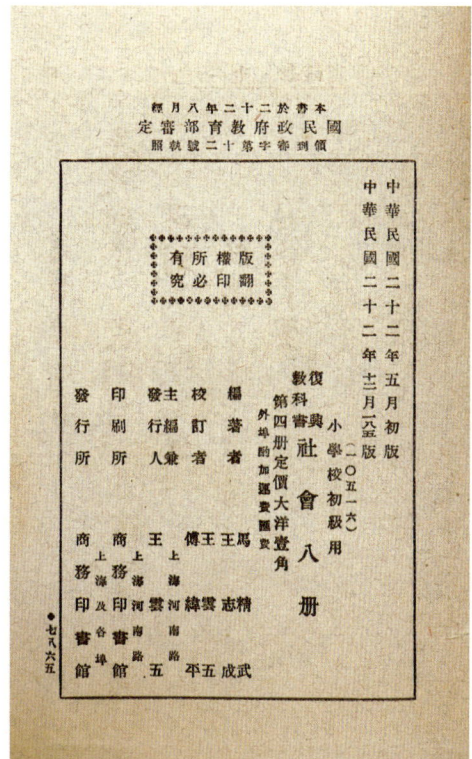

1086 书名：小学社会课本（新课程标准适用）

著者：王志瑞、韦息予 / 编　吕伯攸 / 校

出版印行：中华书局

出版时间：民国二十二年（1933）发行　民国二十三年（1934）59 版

册数：八

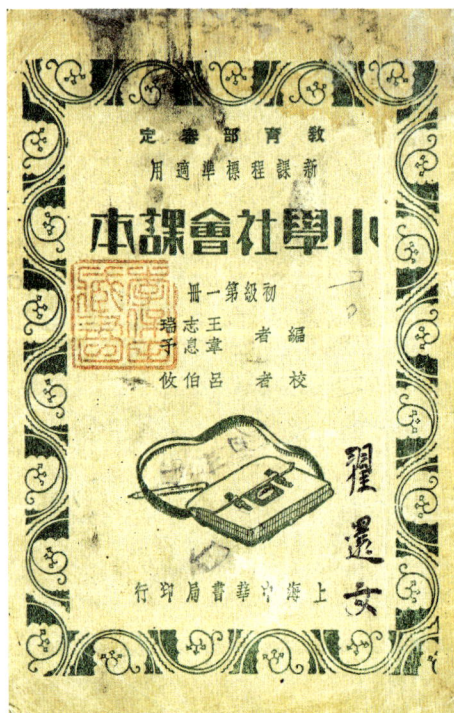

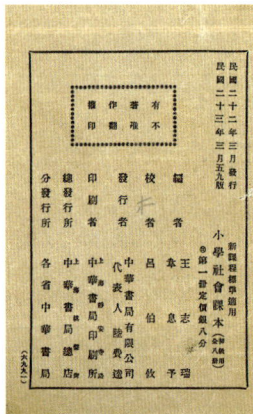

书名：基本教科书社会（小学校高级用）

著者：韦息予 / 编纂　杨铨、吴研因 / 校订

出版印行：商务印书馆

出版时间：民国二十年（1931）初版　民国廿一年（1932）国难后第16版

册数：四

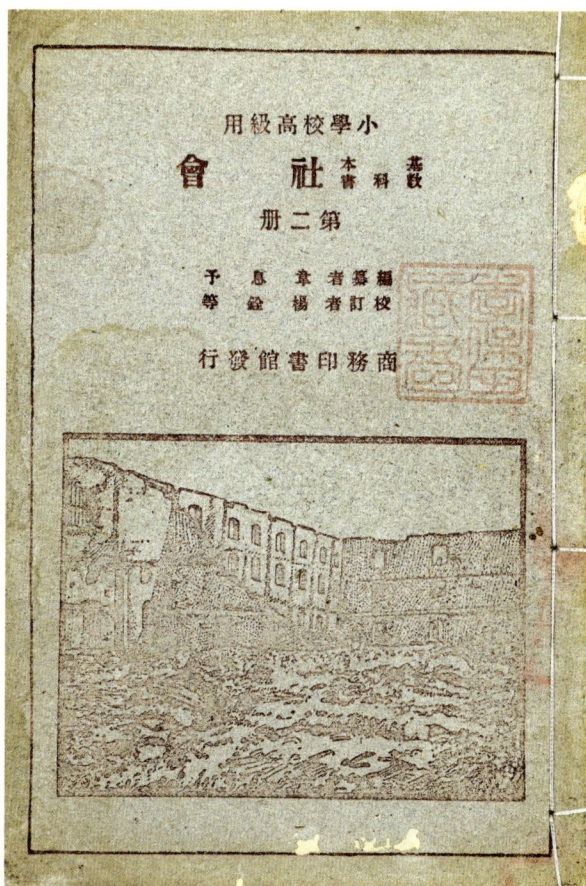

书名：高小社会课本历史编

著者：储祎 / 编辑　杨人梗 / 校

出版印行：上海青光书局

出版时间：民国二十一年（1932）初版　民国廿三年（1934）再版

册数：四

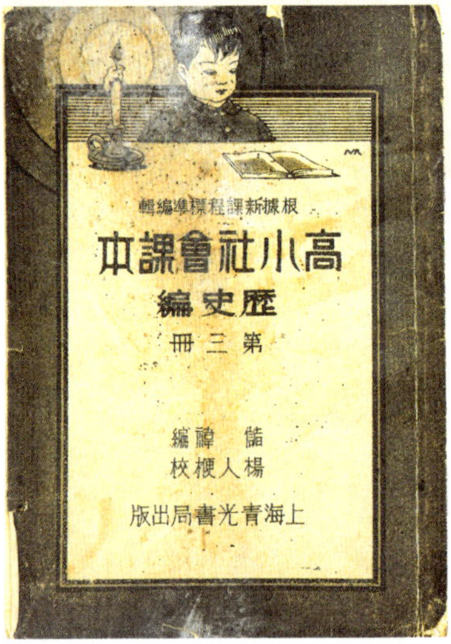

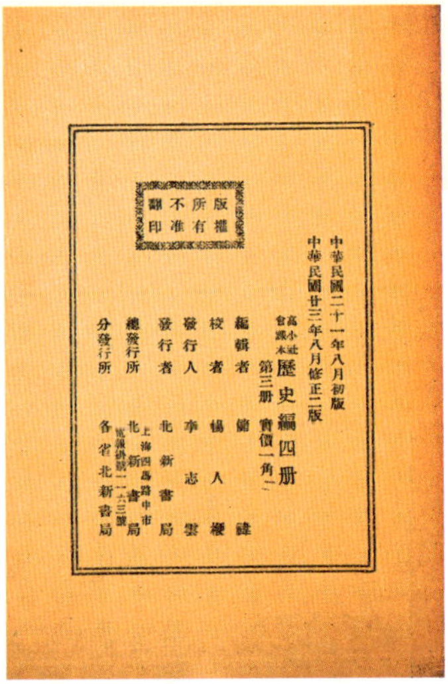

书名：高小社会课本地理编

著者：邹茂之 / 编　周容 / 校订

出版印行：上海青光书局

出版时间：民国二十二年（1933）初版　民国廿三年（1934）修正版

册数：四

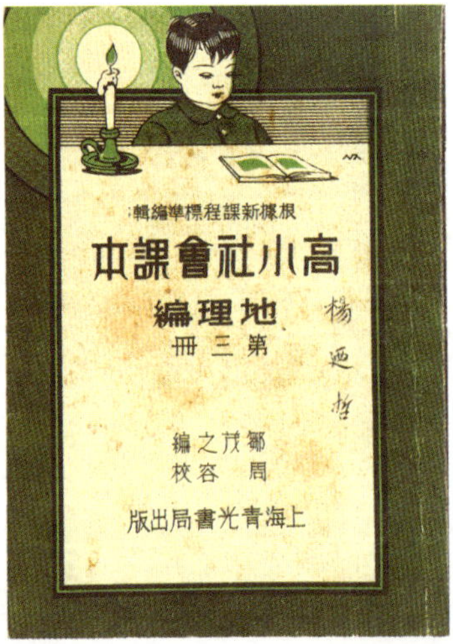

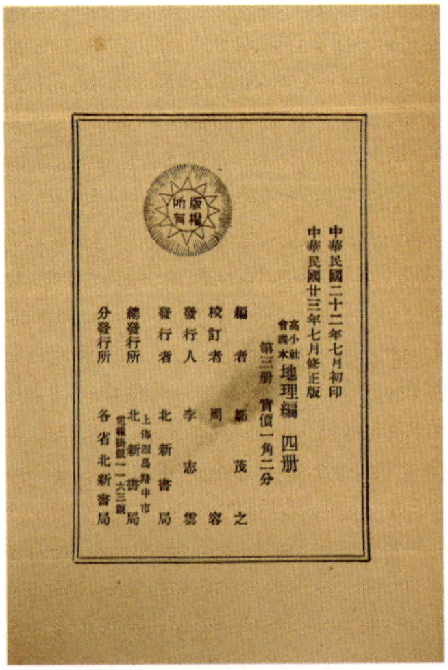

书名：新生活教科书社会（小学校高级用）

著者：李煜亭、周景濂 / 编辑

出版印行：大东书局

出版时间：民国二十二年（1933）再版

册数：四

1089

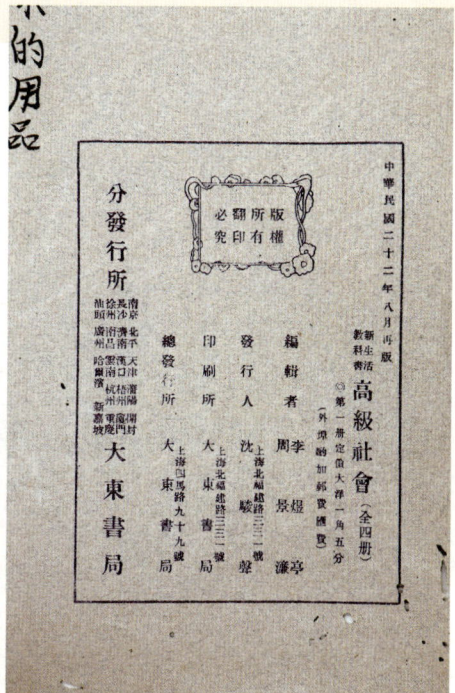

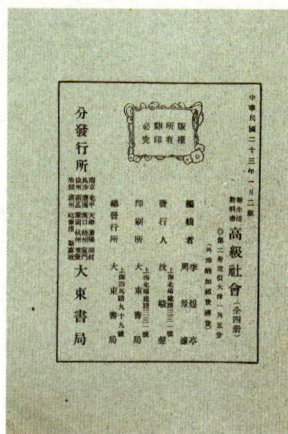

1090

书名：社会课本公民编（小学高级学生用）

著者：宋子俊 / 编辑　董文、范祥善 / 校订

出版印行：世界书局

出版时间：民国廿二年（1933）初版　民国廿二年（1933）8版

册数：四

新课程标准世界教科书

小學高級學生用

社會課本

公民編

第三冊

宋子俊編輯　董文　范祥善校訂

世界書局印行

◀必究　翻印　作權　有著　此書▶

分發行所

南京
郑州　廣州　溫州　蕪湖　鎮州

世界書局

總發行所

上海

世界書局

印刷所

上海
西門外

世界書局

出版者

世界書局

發行人

沈知方

校訂者

董文　范祥善

編輯者

宋子俊

新課程標準
增教科書
高級小學學生用

社會課本公民編

全四冊一二册價洋各八分
三四册價洋各一角
（外埠酌加郵費匯費）

中華民國廿二年五月初版
中華民國廿二年八月八版

书名：社会课本历史编（小学高级学生用）
著者：朱翊新、宋子俊／编辑　范祥善／校订
出版印行：世界书局
出版时间：民国廿二年（1933）初版　民国廿二年（1933）13版
册数：四

新課程標準世界教科書

小學高級學生用

社會課本

歷史編

第二冊

朱翊新　宋子俊編輯　范祥善校訂

世界書局印行

現代高小學生文範

世界書局出版

平裝四冊
五角

依據最近
教育合趣勢
適合高小
學生文學力
富有文學物
趣味讀物

取材：極其廣博
文體：應有盡有
每篇之後，附有各
種指示文章的材料

◀ 此書有著作權翻印必究 ▶

編輯者　宋子俊　朱翊新
校訂者　范祥善
發行者及人　沈知方
印刷所　世界書局
總發行所　世界書局　上海北京路
　　　　　漢口　　　　　
分發行所　世界書局　　廣州　南京　蕪湖　鎮江　九江　杭州　梧州　濟南　……

高級小學學生用
社會課本歷史編

全四冊二冊價洋各八分
（外埠酌加郵費匯費）

中華民國廿二年五月初版
中華民國廿二年九月三版

1092　书名：复兴社会教科书（新课程标准适用）

　　　　著者：顾缉明、顾曾华 / 编著　王云五、傅纬平 / 校订

　　　　出版印行：商务印书馆

　　　　出版时间：民国二十二年（1933）初版　民国二十三年（1934）110版

　　　　册数：四

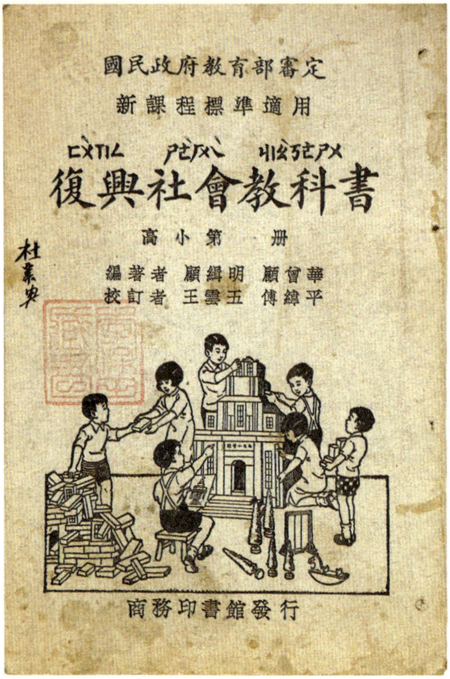

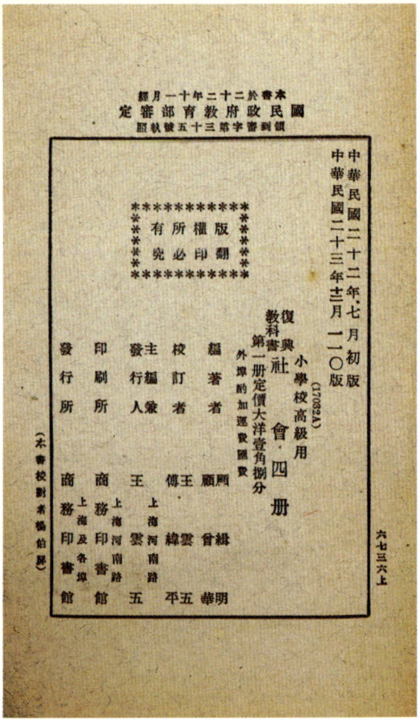

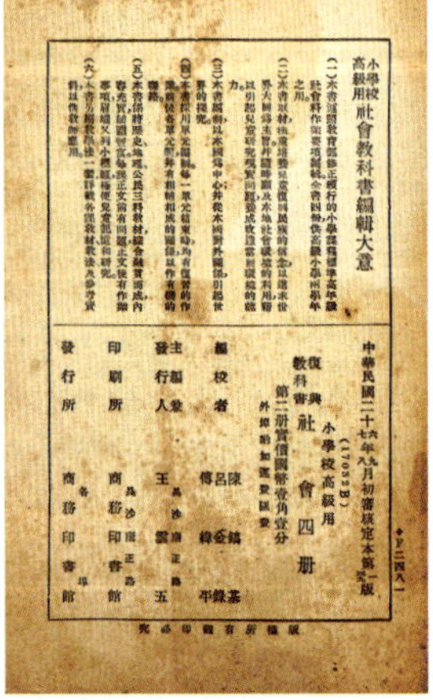

书名：开明社会课本（小学高级学生用）
著者：傅彬然 / 编纂　沈振黄 / 绘画
出版印行：开明书店
出版时间：民国二十三年（1934）初版
册数：四

1094　书名：大众教科书社会（新课程标准适用；高级小学用）

著者：喻正潮、杨则夫、黄舍石、吴荃若、胡伯绳、钱重六／编辑　戴渭清／校订

出版印行：大众书局

出版时间：民国二十三年（1934）

册数：四

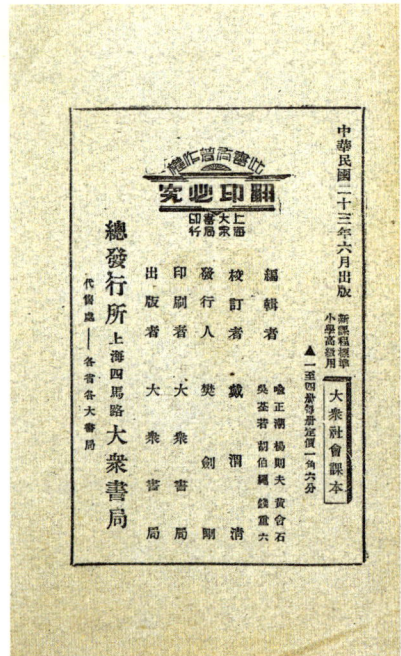

书名：社会课本地理编（小学高级学生用）
著者：宋子俊 / 编辑　董文、范祥善 / 校订
出版印行：世界书局
出版时间：民国廿四年（1935）修正47版
册数：四

教育部審定
新課程標準世界教科書
小學高級學生用
社會課本
地理編
第一冊
宋子俊編輯　董文校訂
世界書局印行

小學生
小弟弟 是你的好朋友
小妹妹

他有許多玩藝給你看
他有許多笑話給你聽
他有許多謎子給你猜
他有許多歌曲教你唱

你要結交這個好朋友快
到世界書局買部小學生

縮圖
小學生
全十二冊九角六分
小游戲
小魔術
小唱歌
小劇本
小謎語
小笑話
一冊一角六分
一冊一角六分
一冊一角六分
一冊一角六分
一冊一角六分
一冊一角六分
世界書局

▶ 此書　有著作權　翻印必究 ◀

中華民國廿四年五月修正印版
高級小學學生用
新課程標準教科書
社會課本 地理編
全四冊一二冊價洋各八分
三四冊價洋各一角
（外埠酌加郵费匯選）

編輯者　宋子俊
校訂者　董文　范祥善
發行人　沈知方
出版及印刷所　世界書局
總發行所　世界書局
分發行所　世界書局

中華民國廿二年十二月二十三日教育部審定執照第三四二九九號
中華民國廿三年六月十一日內政部註冊執照第一第三四二九九號

1096 书名：新编高小社会课本（修正课程标准适用）

著者：马精武 / 编　金兆梓 / 校

出版印行：中华书局

出版时间：民国二十六年（1937）32版

册数：四

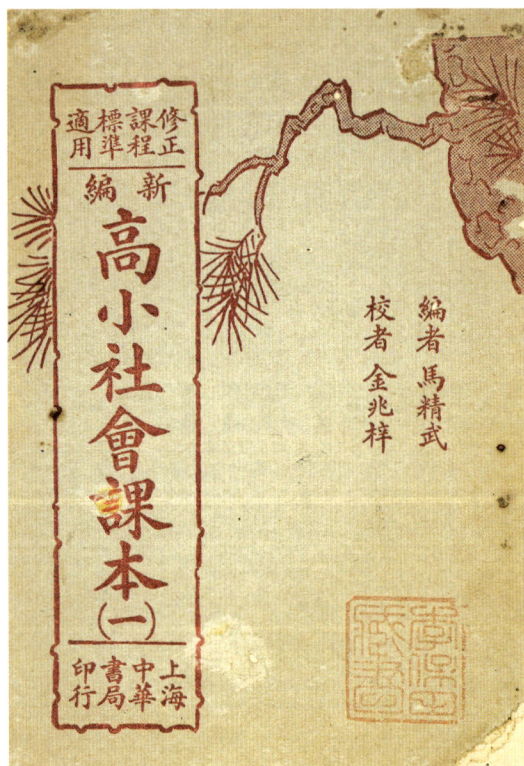

书名：新课程标准世界教科书高小新社会

著者：董文 / 编辑

出版印行：世界书局

出版时间：民国二十六年（1937）初版　民国二十六年（1937）3版

册数：四

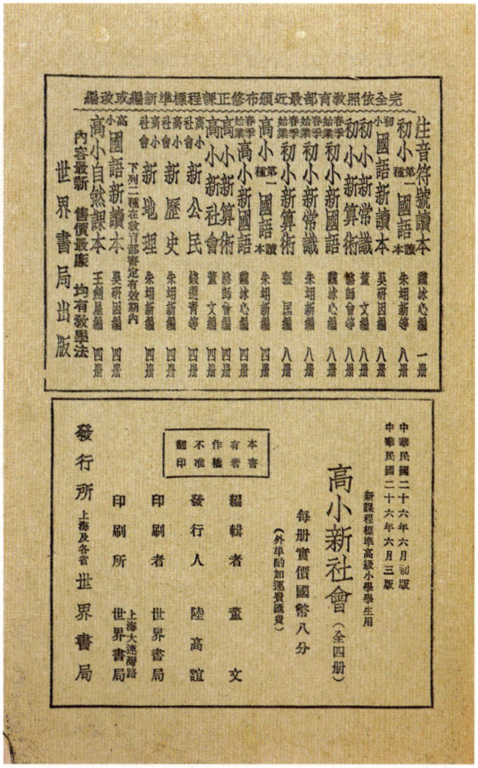

1098　书名：小学社会科教学法（万有文库）

　　　著者：沈百英／著

　　　出版印行：商务印书馆

　　　出版时间：民国十八年（1929）初版

　　　册数：不详

③社会教材教授法

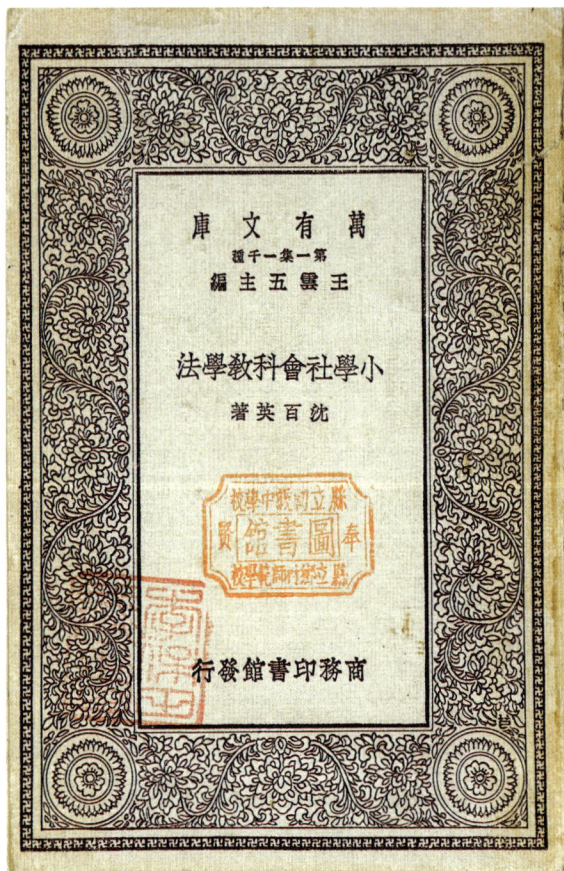

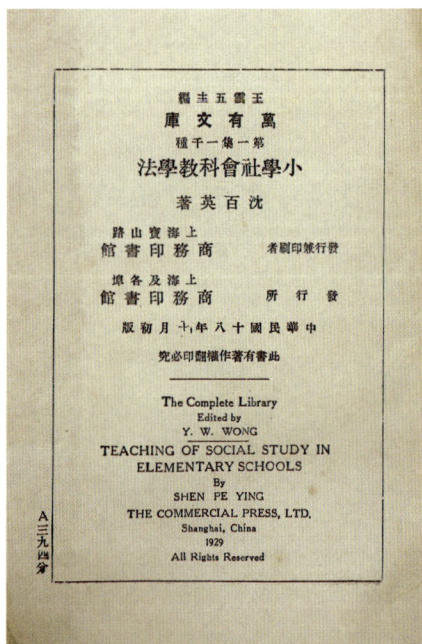

王雲五主編

萬有文庫

第一集一千種

小學社會科教學法

沈百英 著

上海寶山路

商務印書館　發行兼印刷者

上海及各埠

商務印書館　發行所

中華民國十八年十月初版

此書有著作權翻印必究

The Complete Library
Edited by
Y. W. WONG
TEACHING OF SOCIAL STUDY IN
ELEMENTARY SCHOOLS
By
SHEN PE YING
THE COMMERCIAL PRESS, LTD.
Shanghai, China
1929
All Rights Reserved

A 三九四分

萬有文庫

第一集一千種

王雲五主編

小學社會科教學法

沈百英 著

商務印書館發行

书名：前期小学社会课本教学法（新主义教科书教员用书）

著者：唐卢锋、戴渭清 / 编辑　朱翊新 / 校订

出版印行：世界书局

出版时间：民国十九年（1930）6版

册数：八

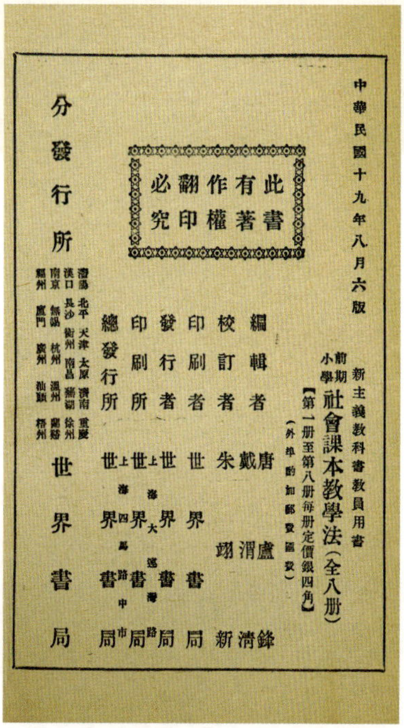

中華民國十九年八月六版

新主義教科書教員用書
前期小學社會課本教學法（全八册）
【第一册至第八册每册定價銀四角】
（外埠酌加郵費匯費）

此書有著作權翻印必究

編輯者　唐盧鋒　戴渭清
校訂者　朱翊新
印刷者　世界書局
發行者　世界書局（上海大連灣路）
印刷所　世界書局（上海大連灣路）
總發行所　世界書局（上海四馬路中市）

分發行所　世界書局
瀋陽　北平　天津　太原　濟南　重慶
漢口　長沙　衡州　南昌　蕪湖　徐州
南京　無錫　杭州　溫州　蘭谿
福州　廈門　廣州　汕頭　梧州

新主義教科書教員用書

前期小學社會課本教學法　第五册

遵照中華民國大學院審定本編輯

世界書局出版

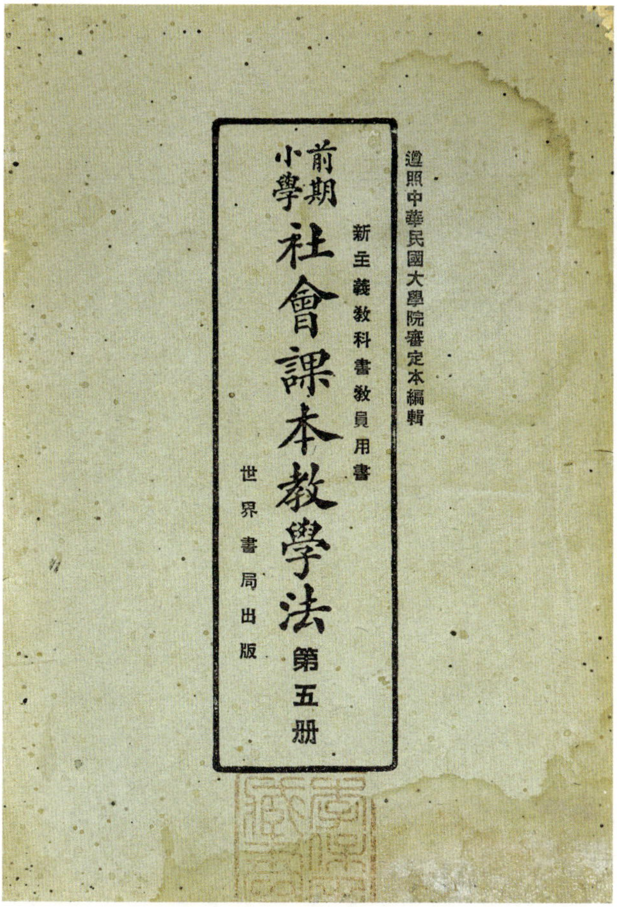

1100

书名：世界第一种初小社会教学法（新课程标准教科书教员用书）

著者：王铭玉、张钦兰、张苕芬、赵启人、顾曾华、顾辑明、顾汉槎 / 编辑　朱翊新、吴增芥 / 校订

出版印行：世界书局

出版时间：民国二十二年（1933）初版　民国二十三年（1934）3版

册数：八

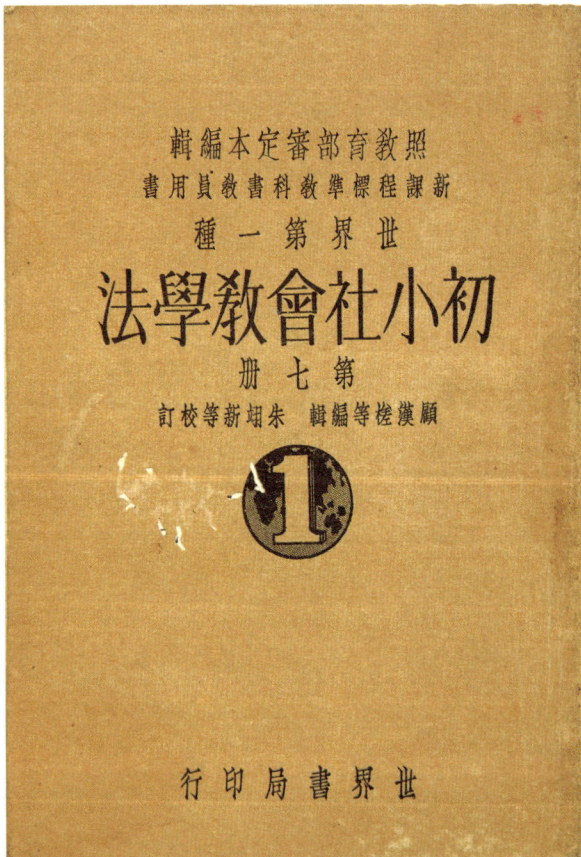

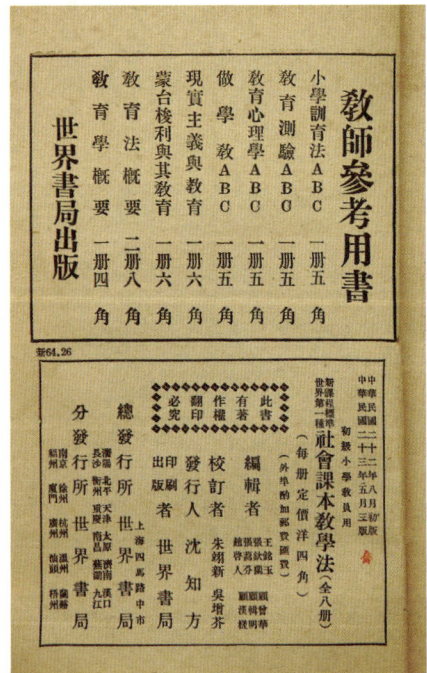

书名：小学社会课本教学法（新课程标准适用）

著者：赵体真、马彭年／编　韦息予、吕伯攸／校

出版印行：中华书局

出版时间：民国二十二年（1933）发行　民国二十三年（1934）再版

册数：八

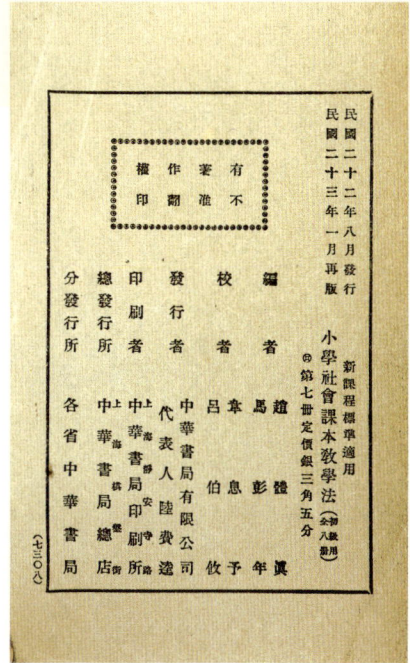

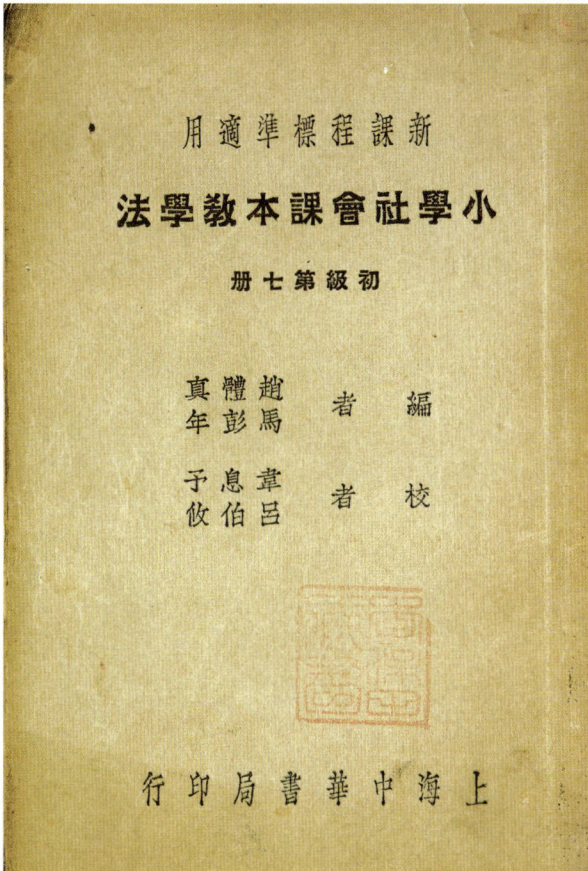

⑦ 农、林、牧、畜类教材

①中小学教材

②中等学校教材

③师范学校教材

④专科学校教材

⑤教授法

书名：订正农业教科书（高等小学用）

著者：陈耀西 / 编纂　杜亚泉、严保诚 / 校订

出版印行：商务印书馆

出版时间：戊申年（1908）初版　民国二年（1913）9版

册数：四

中华民国高等小学用

訂正農業教科書 一

上海商務印書館出版

永朝

商務印書館出版

桐鄉陸費逵編

正訂 最新商業教科書

一册一角　二册一角　三册二角　四册二角

我國之人擅長商業爲世界各國所驚服然無學以輔之遂不得不敗北於商戰之場本書於貿易運輸銀行貨幣大小商業之事項商用之文字法規皆就我國情形述其大要如發票提單保險單稅單等皆示其雛形兼及中西簿記之法尤注重涵養商業道德務擴充國民天才養成完全商人一洗數千年賤末之積習可充高等小學及初等商業學校教科之用其他從事商業者若能人手一册亦可助其事業之昌盛

壬六五五籤

CHINESE COMMON SCHOOL

NEW AGRICULTURAL READERS

(Revised Edition)

COMMERCIAL PRESS, LTD.

編纂者　侯官陳耀西

校訂者　山陰杜亞泉　暨陽嚴保誠

印刷所　商務印書館

發行者　商務印書館

總發行所　商務印書館　上海四馬路中市

分售處　商務印書分館
上海北河南路北首　奉天　龍江　天津　濟南
太原　西安　成都　重慶　漢口　長沙　常德　南昌　福州　廣州　潮州

◎ 翻印必究

戊申年十月初版

中華民國二年五月九版

（訂正高等小學農業敎科書四册）

（第一册定價大洋壹角伍分）

二六六

1106

书名：新制中华农业教科书（高等小学校用）

著者：沈慰宸、丁锡华 / 编　戴克敦、范源廉、沈颐、陆费逵 / 阅

出版印行：中华书局

出版时间：民国二年（1913）初版

册数：六

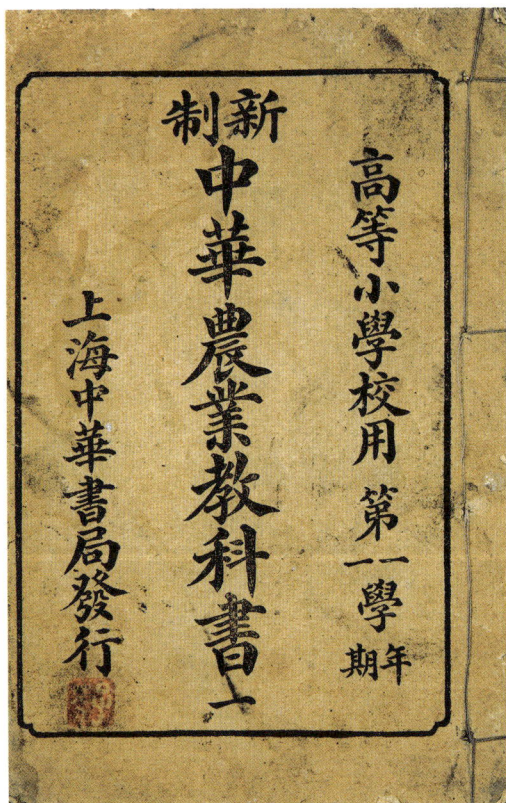

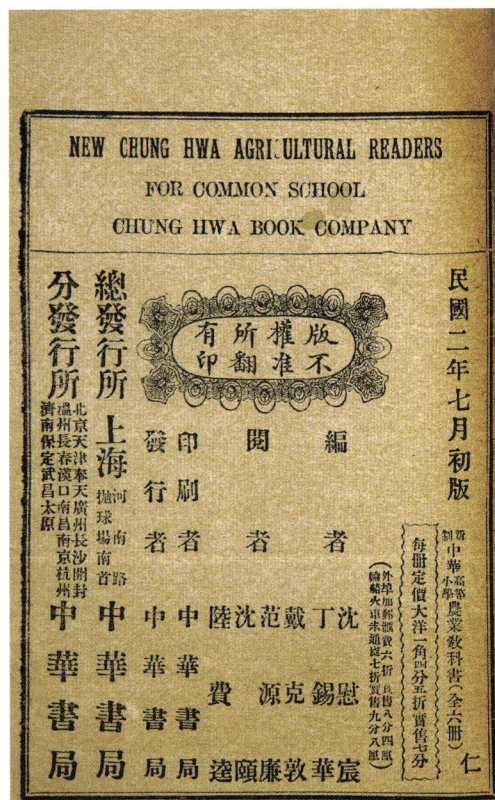

书名：共和国教科书新农业（高等小学校秋季始业学生用）

著者：樊炳清 / 编纂

出版印行：商务印书馆

出版时间：民国二年（1913）初版　民国五年（1916）6版

册数：四

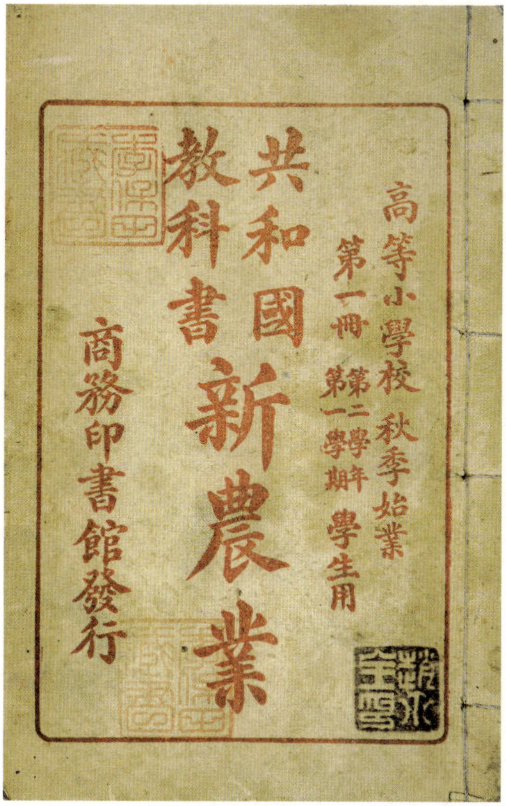
高等小學校 秋季始業 第二學年第一學期 學生用

第一冊

共和國教科書 新農業

商務印書館發行

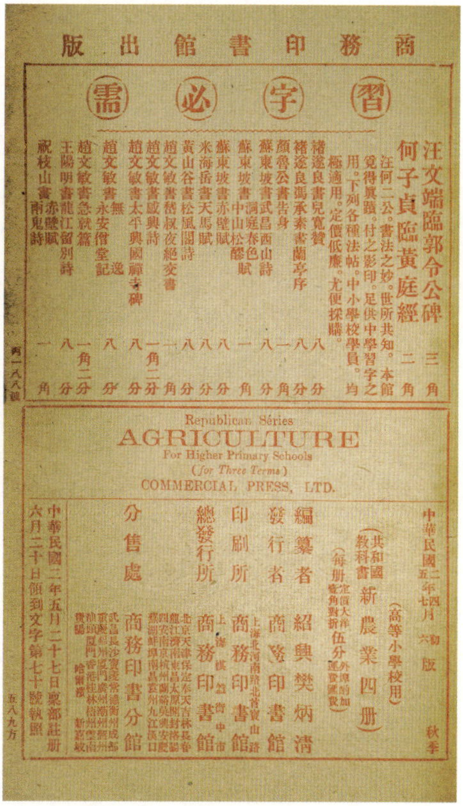
商務印書館出版

習字必需

汪文端臨郭令公碑	三角
何子貞臨黃庭經	二角

汪何二公。書法之妙。世所共知。本館覓得眞蹟。付之影印。足供中學習字之用。下列各種法帖。中小學校學員。均極適用。定價低廉。尤便採購。

褚遂良書兒寬贊	八分
褚遂良寫承素書蘭亭序	八分
顏魯公書告身	一角
蘇東坡書武昌西山詩	八分
蘇東坡書洞庭春色賦 中山松醪賦	一角
蘇東坡書赤壁賦	八分
米海岳書天馬賦	八分
黃山谷書松風閣詩	八分
趙文敏書秋夜絕交書	一角
趙文敏書感興詩	一角二分
趙文敏書太平興國禪寺碑	八分
趙文敏書無逸 永安僧堂記	八分
趙文敏書急就篇	一角二分
王陽明書龍江留別詩	八分
祝枝山書兩鬼詩 赤壁賦	一角

Republican Séries
AGRICULTURE
For Higher Primary Schools
(for Three Terms)
COMMERCIAL PRESS, LTD.

中華民國二年四月初版
中華民國五年七月六版
秋季

(高等小學校用)
(共和國教科書) 新農業 四冊
(每冊定價大洋壹角伍分 外埠酌加運費匯費)

編纂者　紹興樊炳清
發行者　商務印書館
印刷所　上海北河南路北首寶山路 商務印書館
總發行所　上海棋盤街中市 商務印書館
分售處　商務印書館分館

中華民國二年五月二十七日稟部註冊
六月二十日領到文字第七十號執照

1108

书名：新式农业教科书（高等小学校用）

著者：丁锡华

出版印行：中华书局

出版时间：民国五年（1916）

册数：四

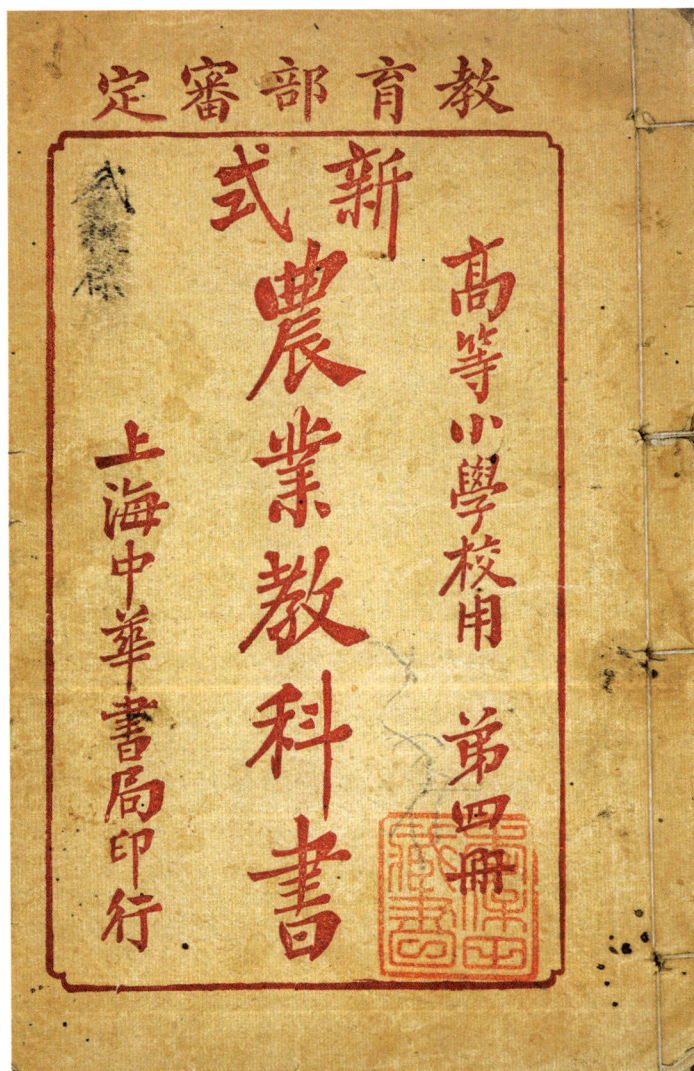

书名：新法农业教科书（高等小学学生用）
著者：刘大绅／编纂　吴研因／校订
出版印行：商务印书馆
出版时间：民国十一年（1922）初版　民国十二年（1923）6版
册数：四

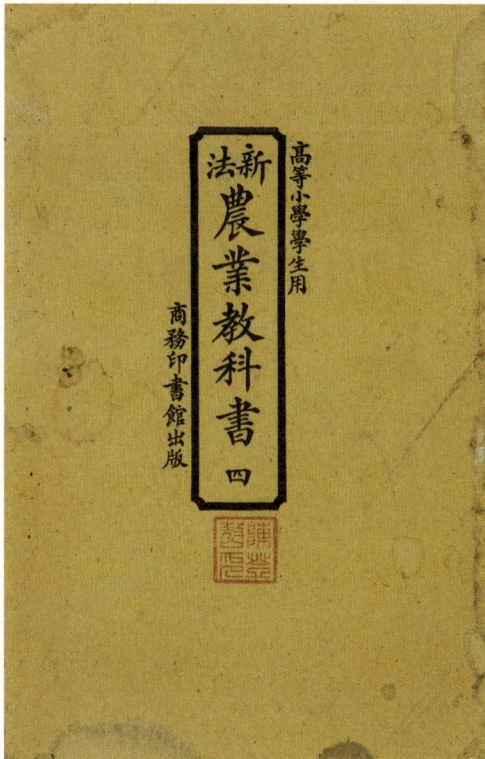

新法
農業教科書 四

高等小學學生用

商務印書館出版

商務印書館書發行

新制高級小學用書

以下各書教材程度均與新學制高級小學課
程綱要符合上接初中下承初小均極適宜編
校者均係富有學識經驗之教育專家所有各
科教科書教授書一律出齊中有多種業經教
育部審定書名列下。

新法國語教科書　四冊
小學高級後學期
新法國語文教科書　二冊
小學後學期
新法公民教科書　四冊
小學高級後學期
新法歷史教科書　四冊
小學後學期
新法地理教科書　四冊
小學後學期
新法算術教科書　四冊
小學高級後學期
新法理科教科書　四冊
小學後學期
新法自然研究　二冊
小學高級後學期
新法衛生教科書　四冊
小學後學期
新法英語教科書　二冊
小學高級後學期

（以上各書均有教授書）

如蒙承索本館樂於
函贈

元叉（1382）

New Method Series

Agriculture

For Higher Primary Schools
Commercial Press, Limited
All rights reserved

中華民國十二年八月六版
（新法）
農業教科書四冊
（高等小學學生用）
（第一冊定價大洋壹角貳分實售七折）
（外埠酌加運費匯費）

編纂者　丹徒劉大紳
校訂者　江陰吳研因
發行者　商務印書館
印刷所　商務印書館
總發行所　上海棋盤街
　　　　　商務印書館

分售處　北京天津保定奉天吉林哈爾濱
　　　　濟南太原開封西安蘭州
　　　　杭州南京安慶南昌福州廣州
　　　　長沙常德衡州成都重慶瀘州
　　　　貴陽雲南梧州香港漢口宜昌
　　　　新州汕頭南寧

商務印書分館

二三四一等

1110 | 书名：新学制农业教科书（小学校高级用）

著者：万国鼎 / 编纂

出版印行：商务印书馆

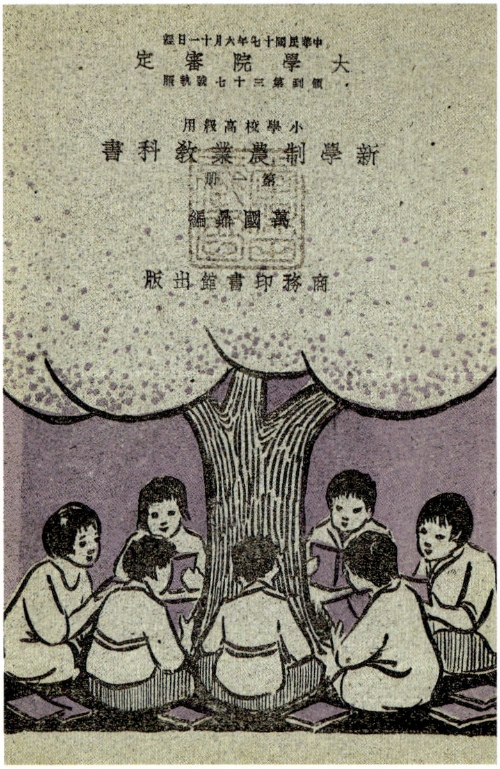

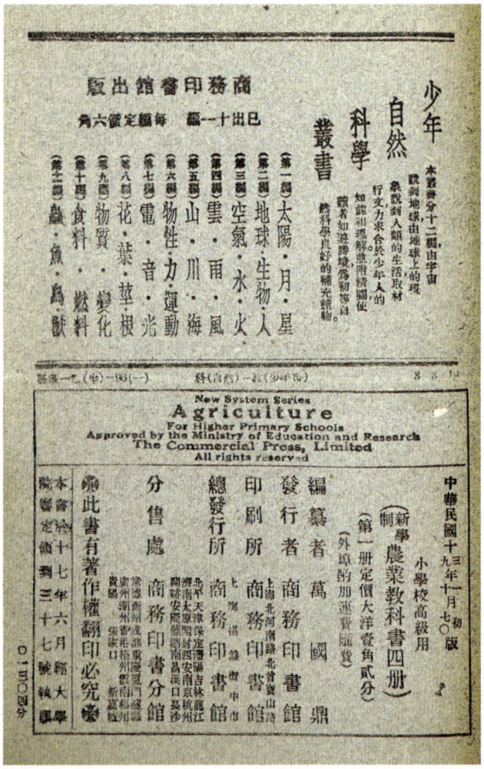

出版时间：民国十三年（1924）初版　民国十九年（1930）70版

册数：四

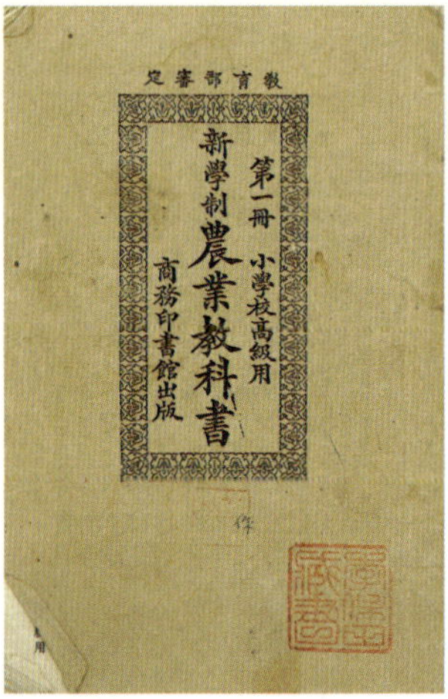

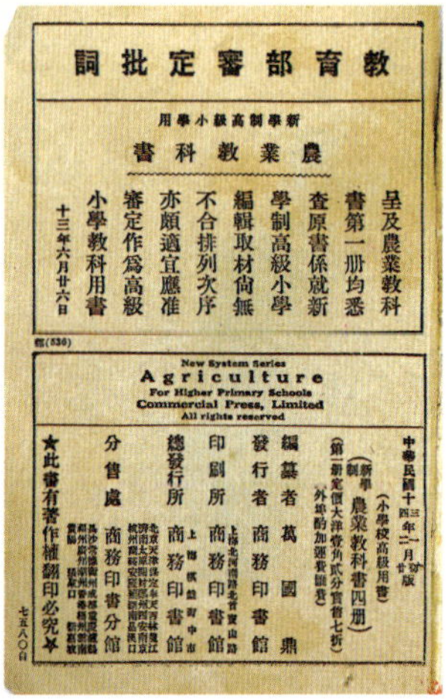

书名：新中华园艺课本（小学校高级用）
著者：怀桂琛、陆费执 / 编校
出版印行：中华书局
出版时间：民国十六年（1927）初版　民国二十年（1931）13版
册数：四

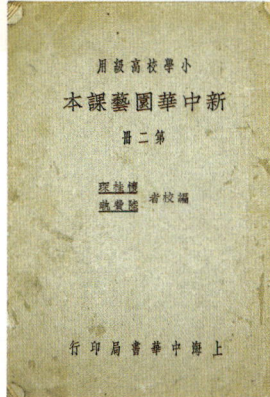

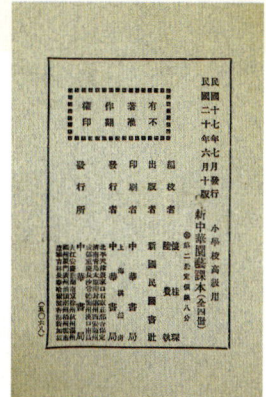

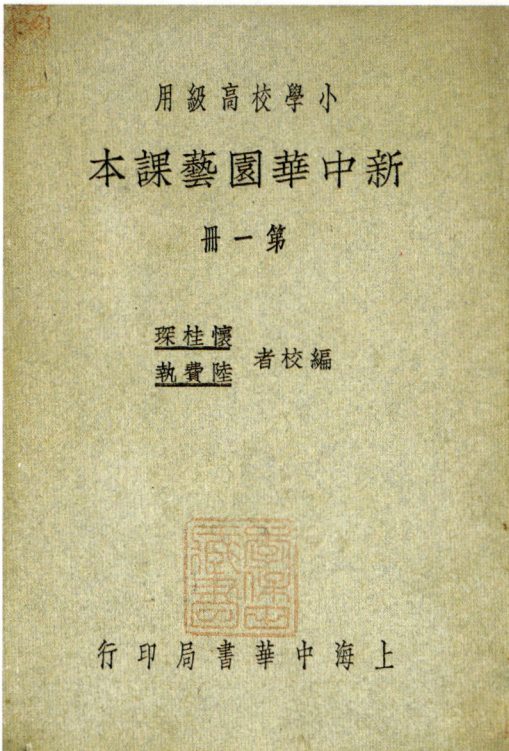

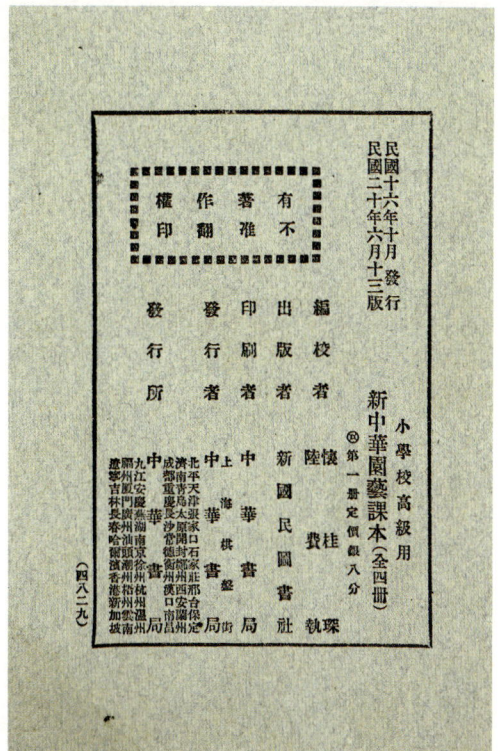

1112 　书名：初中劳作教本农业

著者：杨国藩 / 编著

出版印行：大华书局

出版时间：民国二十四年（1935）初版

册数：一

本書有著作權及版權不准抄襲及翻印		
書　名	初　中　農　業 下册	
編著者	楊　國　藩	
出版者	上海公平路三十四號 大　華　書　局	
印刷者	上海大華印刷公司	
出版日期	中華民國二十四年二月印刷 中華民國二十四年二月初版	
裝訂册數	平　裝　一　册	
定　價	大　洋　八　角	
總發行所	上海公平路三十四號 大　華　書　局	
分發行所	世界書局及各大書局	
本書編號	242	

书名：作物泛论教科书（中等农学校用）
著者：[日]佐佐木祐太郎 / 原著　沈化夔 / 译述　周世棠 / 校阅
出版印行：新学会社
出版时间：民国二年（1913）初版　民国四年（1915）3 版
册数：不详

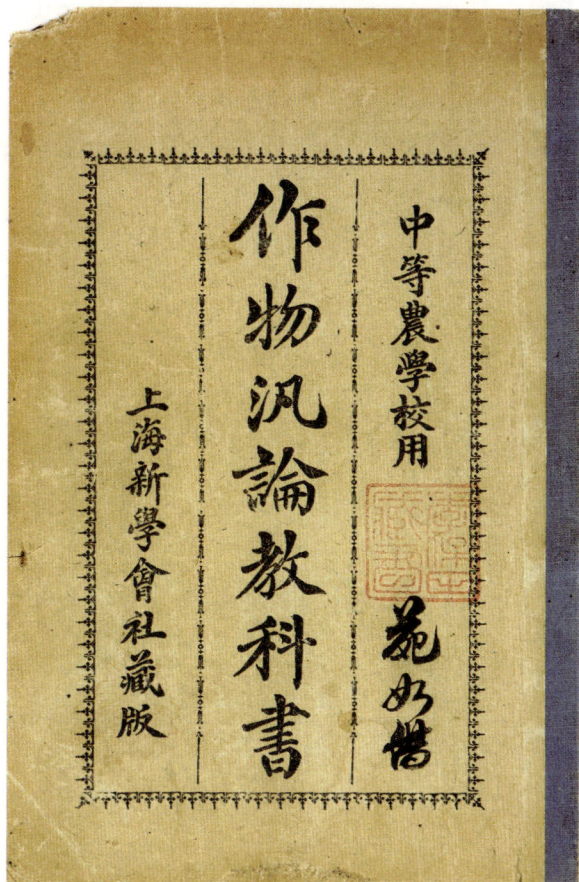

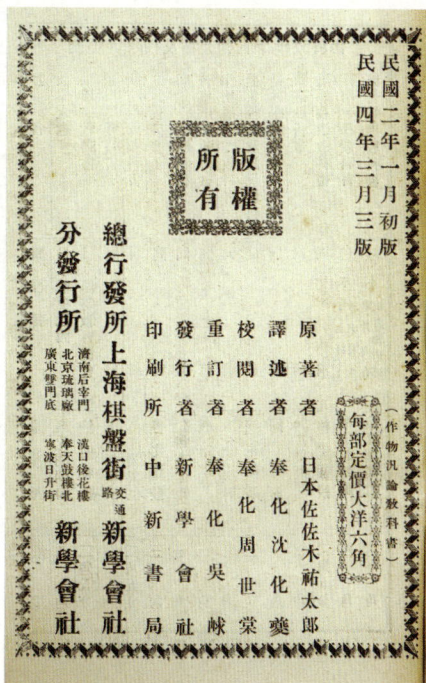

1114　书名：作物各论教科书（中等农学校用）

著者：［日］佐佐木祐太郎／原著　沈化夔／译述　杨占春／校订

出版印行：新学会社

出版时间：民国十一年（1922）4版

册数：不详

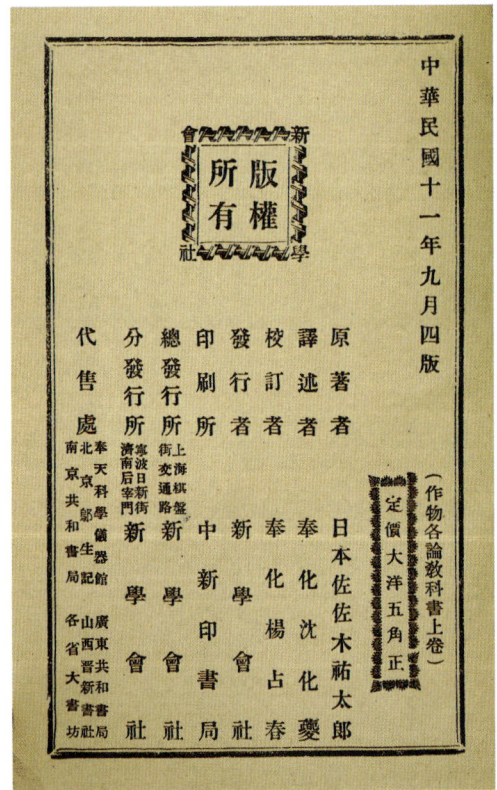

书名：畜产丛书（中等农学校用）

著者：黄毅/编辑　庄景仲/校阅

出版印行：新学会社

出版时间：民国三年（1914）初版

册数：不详

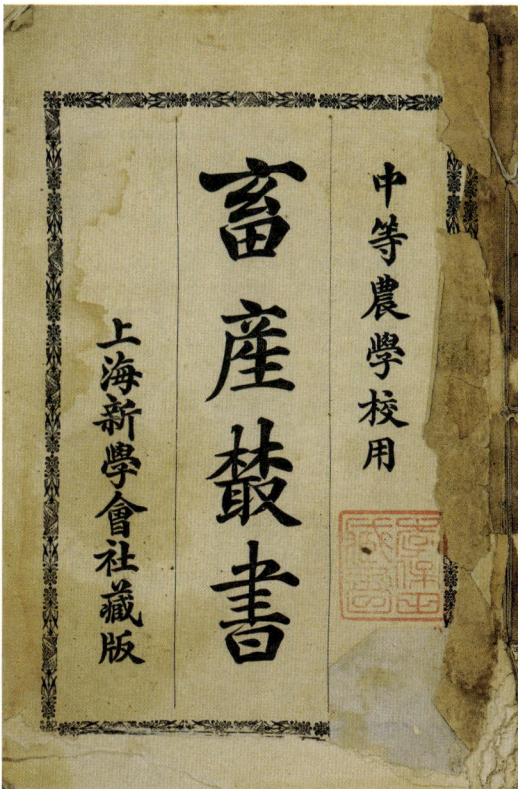

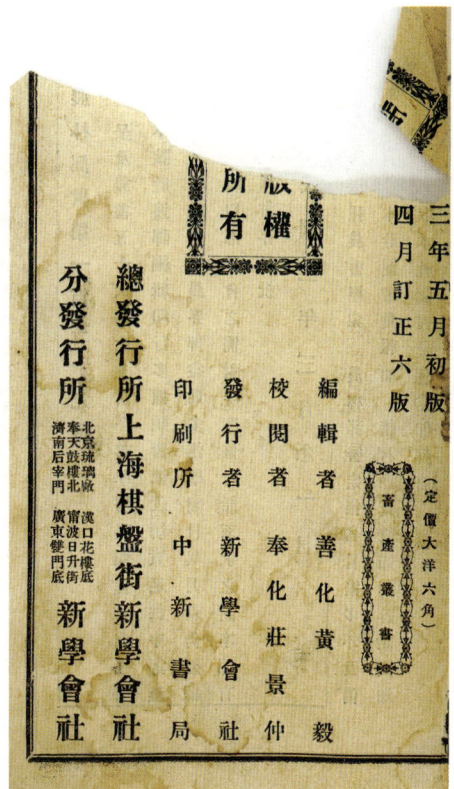

中等農學校用

畜產叢書

上海新學會社藏版

三年五月初版

四月訂正六版

（定價大洋六角）

畜產叢書

版權所有

編輯者　善化黃毅

校閱者　奉化莊景仲

發行者　新學會社

印刷所　中新書局

總發行所上海棋盤街新學會社

分發行所

北京琉璃廠　漢口花樓底

奉天鼓樓北　甯波日升街

濟南后宰門

廣東雙門底　新學會社

1116

书名：中等林学大意

著者：殷良弼 / 编　梁希 / 校

出版印行：中华书局

出版时间：民国十四年（1925）发行　民国廿一年（1932）14版

册数：一

科學小叢書

中華書局發行

昆蟲研究法	糧草的方法	糧樹的方法	種花的方法	種菜的方法	世界上的爬行動物	鳳飽的薔薇	校庀的薔薇	奇妙的地球	美麗的蝴蝶
一冊	一冊	一冊	一冊	一冊	一冊	一冊	一冊	一冊	一冊
角	角	角	角	角	角	角	角	角	角

(156)

有著作權不准翻印

國民政府內政部註冊　民國二十年一月十日赣圖第六〇五號

中等林學大意（全一冊）

民國十四年三月發行

民國廿一年六月吉版

◎【定價銀三角五分】

（外埠另加郵費匯費）

編　者　無錫殷良弼

校　者　吳興梁希

發行者　中華書局

印刷者　中華書局

總發行所　中華書局　上海静安寺路同孚路口

分發行所　中華書局

（三七八）

（十七年六月十一日）大學院審定

中等林學大意

全一冊

編 者 殷良弼

校 者 梁希

上海中華書局印行

书名：中等农学通论

著者：陆费执、陈赓扬 / 编

出版印行：中华书局

出版时间：民国十五年（1926）发行　民国廿二年（1933）19版

册数：一

園藝

中華書局發行

種樹的方法　一冊　一角
種草的方法　一冊　一角
種花的方法　一冊　一角
種菜的方法　一冊　一角
姣艷的蓄養　一冊　三角
花卉盆栽法　一冊　一角半
園藝一班　二冊　一角
簡明園藝學　二冊　二角
果樹盆栽　　一冊　二角

（382）

有著作權不准翻印

國民政府內政部註冊
民國廿二年三月二十三日註冊警字第六五五號

編　　者
桐鄉陳庚颺
長沙陸費執

民國十五年四月發行
民國廿二年三月尤版

中等農學通論（全一冊）
定價洋四角
（外埠另加郵匯費）

發行者
中華書局

印刷所
中華書局

總發行所
上海棋盤街
中華書局

分發行所
上海
北平　天津　保定　開封　太原　濟南　漢口　長沙　南昌　重慶　成都
南京　杭州　安慶　蕪湖　蘇州　鎭江　揚州　廣州　汕頭　桂林　梧州
九江　吉安　福州　廈門　雲南　昆明　貴陽　蘭州　西安　香港　南寧
中華書局

（四一九）

大學院審定（十七年六月十一日）

中等農學通論

全一冊

陸費執
陳庚颺　編者

上海中華書局印行

1118

书名：中等园艺学
著者：陆费执 / 编
出版印行：中华书局
出版时间：民国十五年（1926）发行　民国三十六年（1947）23版
册数：一

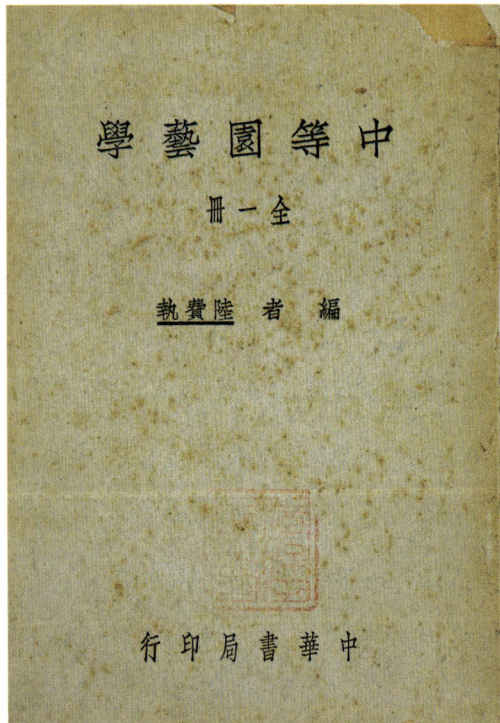

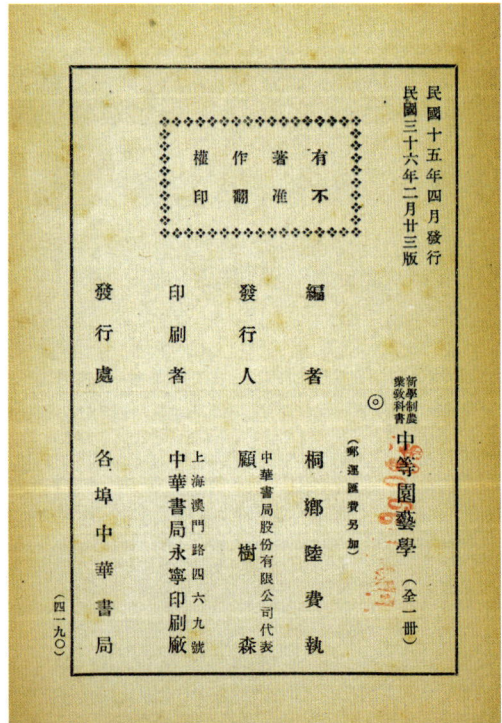

书名：新学制农业教科书中等家禽学

著者：梁华 / 编　陆费执 / 校

出版印行：中华书局

出版时间：民国十六年（1927）发行　民国十八年（1929）再版

册数：一

新学制

农业教科书

中等家禽学

上海

中华书局印行

科学丛书

物理学之研究

费辩编　一册四角

宏辩坦先生发明相对论，为现代科学大家。此费与先生之研究有关係，书凡六章，列论物理学成立之基础，以德国之文字编著贺之学说，简明扼要，当此科学根本困相对新理出而大为翻译之状，此费最宜研无所适从，此费最宜示究之益群，盍会且下之制求。

中华书局发行

(161)

民国十六年十一月发行
民国十八年十月再版
新学制中等教科书
中等家禽学（全一册）
（外埠酌加邮费分）
定价银三角五分

编者　黄岩梁华
校者　桐乡陆费执
印刷者　中华书局
发行者　上海静安寺路二七四号　中华书局
总发行所　中华书局
分发行所　上海　中华书局

1120

书名：新学制农业教科书中等畜产学

著者：梁华 / 编　陆费执 / 校

出版印行：中华书局

出版时间：民国十六年（1927）发行　民国十八年（1929）再版

册数：一

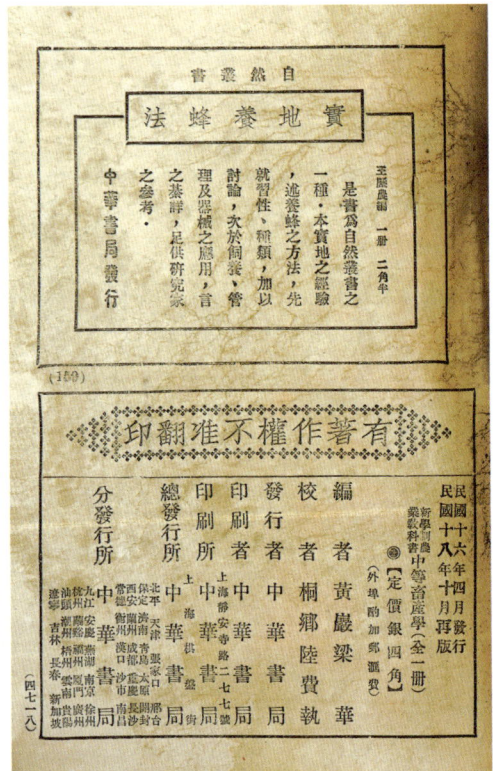

书名：中等造花课本
著者：阮达人 / 编　姜丹书、朱稣典 / 校
出版印行：中华书局
出版时间：民国十七年（1928）发行　民国十九年（1930）再版
册数：一

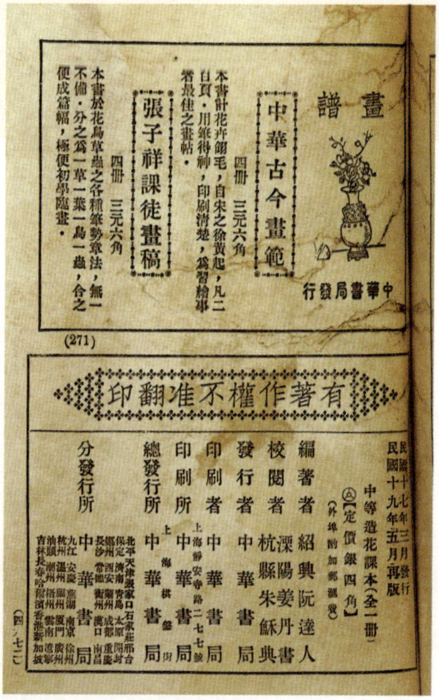

畫譜

中華古今畫範

四冊　三元六角

本書計花卉翎毛，自宋之徐黃起，凡二百頁．用筆得神，印刷清楚，爲習繪事者最佳之畫帖．

張子祥課徒畫稿

四冊　三元六角

本書於花鳥草蟲之各種筆勢章法，無一不備．分之爲一草一葉一鳥一蟲，合之便成篇幅，極便初學臨畫．

中華書局發行

(271)

有著作權不准翻印

民國十七年三月發行
民國十九年五月再版

中等造花課本（全一冊）
（定價銀四角）
（外埠酌加郵匯費）

編著者　紹興阮達人
校閱者　溧陽姜丹書　杭縣朱穌典
發行者　中華書局
印刷者　中華書局
印刷所　上海靜安寺路二七七號　中華書局
總發行所　上海棋盤街　中華書局
分發行所　北平　天津　張家口　石家莊　邢台　保定　濟南　青島　太原　開封　鄭州　西安　蘭州　成都　重慶　長沙　常德　衡州　漢口　南昌　九江　安慶　蕪湖　南京　徐州　杭州　溫州　福州　廈門　廣州　汕頭　潮州　梧州　雲南　遼寧　吉林　長春　哈爾濱　香港　新加坡　中華書局

（四ノ七二）

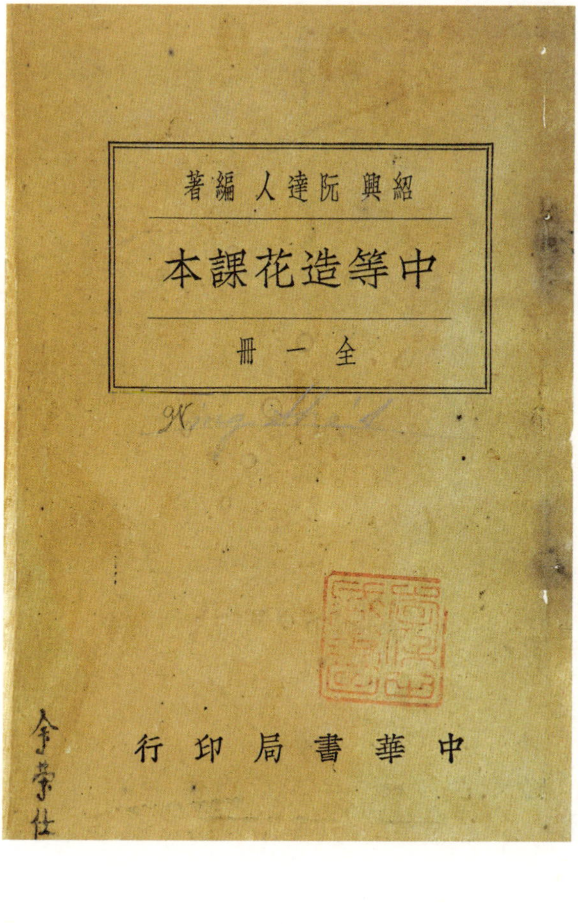

1122　书名：新学制农业教科书中等肥料学

著者：不详

出版印行：中华书局

出版时间：不详

册数：不详

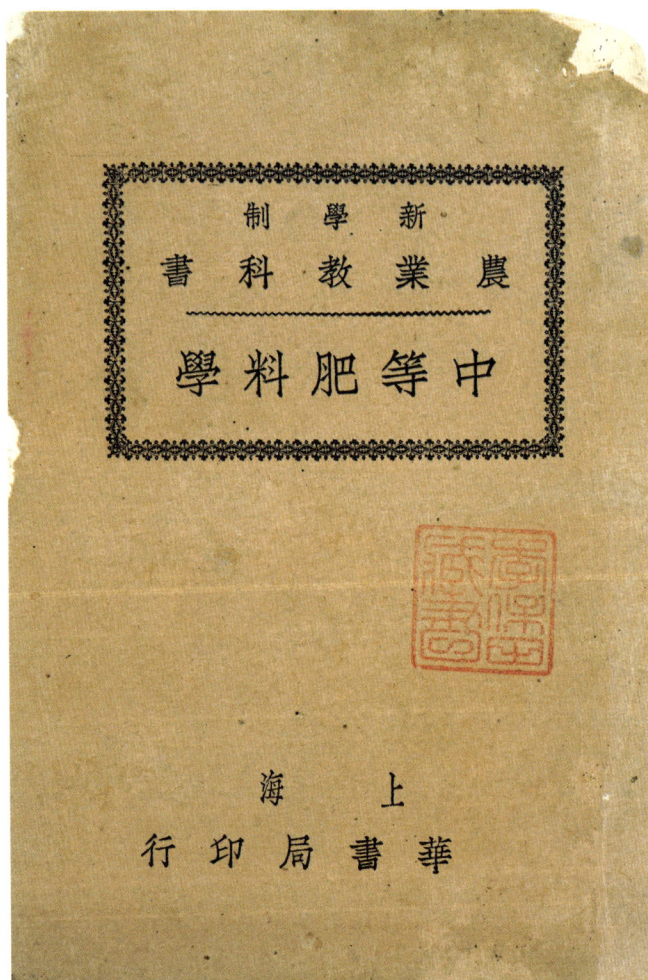

③师范学校教材

书名：师范学校新教科书农业（本科用）
著者：刘大绅 / 编纂　赵钲铎 / 校订
出版印行：商务印书馆
出版时间：民国三年（1914）初版　民国十年（1921）9 版
册数：二

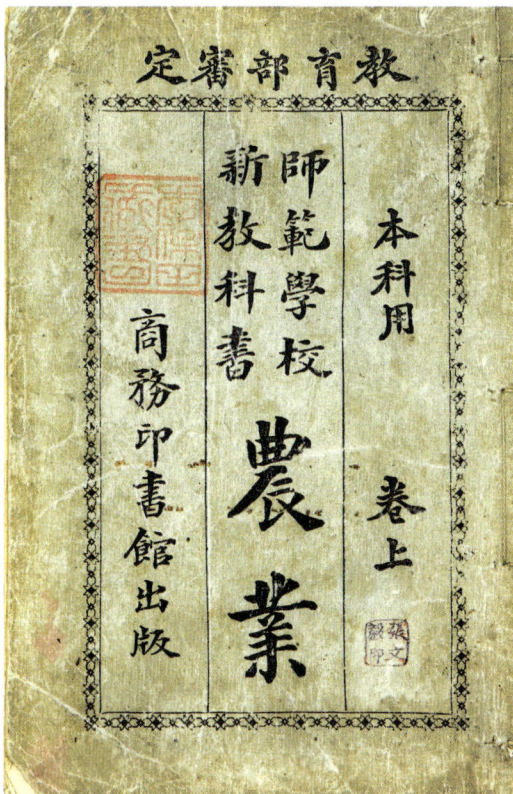

教育部審定

師範學校
新教科書
農業

本科用

卷上

商務印書館出版

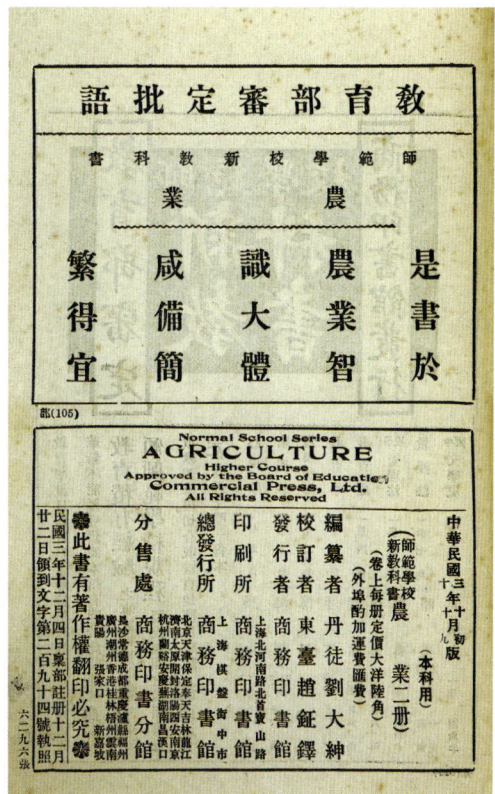

教育部審定批語

師範學校新教科書

農業

是書於農業智識大體咸備簡繁得宜

部（105）

Normal School Series
AGRICULTURE
Higher Course
Approved by the Board of Educatie
Commercial Press, Ltd.
All Rights Reserved

中華民國三年十月初版

（師範學校
新教科書農
業一冊）

（卷上每册定價大洋陸角
（外埠酌加運費匯費）

（本科用）

編纂者　丹徒劉大紳

校訂者　東臺趙鉦鐸

發行者　商務印書館

印刷所　上海北河南路北首寶山路
　　　　商務印書館

總發行所　上海棋盤街中市
　　　　　商務印書館

分售處　商務印書館分館

此書有著作權翻印必究

民國三年十二月四日禀都註册十二月
廿二日傾到文字第二百九十四號執照

1124　书名：新体农业讲义（师范讲习科用）

著者：师范讲习社、唐昌治 / 编纂　刘大绅 / 校订

出版印行：商务印书馆

出版时间：民国七年（1918）初版　民国十二年（1923）6版

册数：一

教育部審定批詞

師範講習科用

新體農業講義

據呈及新體
農業講義一
冊均悉查是
書體例尚佳
應准審定作
爲師範講習
科用書此批

七年十二月三日

瓲(435)

New Method Series

Lectures on Agriculture

Approved by the Board of Education

Commercial Press, Limited

All rights reserved

中華民國十二年三月六版

（新體農業講義一冊）

（每冊定價大洋叁角伍分

外埠酌加運費匯費）

編纂者　師範講習社

校訂者　唐昌治

發行者　劉大紳

印刷所　商務印書館

總發行所　商務印書館

上海棋盤街中市　商務印書館

分售處　商務印書分館

北京天津保定奉天吉林龍江開封歸德濟南濰縣太原杭州蕪湖安慶南昌九江長沙常德衡州成都重慶廣州汕頭桂林梧州雲南貴陽西安

★此書有著作權翻印必究★

二〇五一號

定審部育教

師範講習科用

新體農業講義

商務印書館發行

书名：新师范农业概要

著者：顾复 / 编　陆费执 / 校

出版印行：中华书局

出版时间：民国十五年（1926）发行　民国廿三年（1934）17版

册数：六

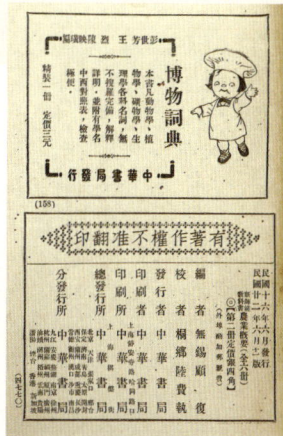

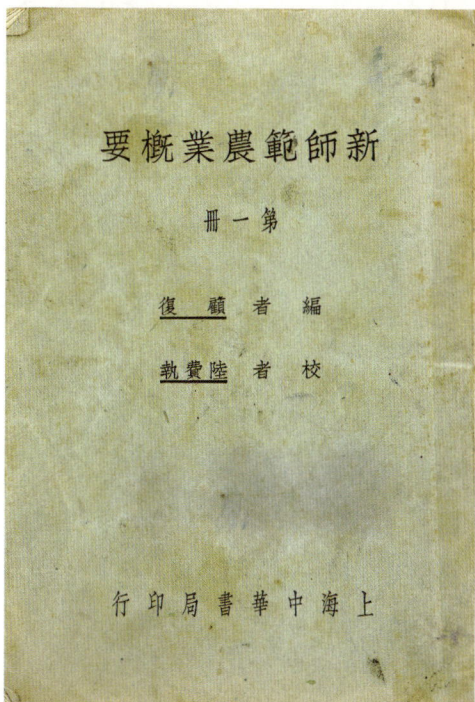

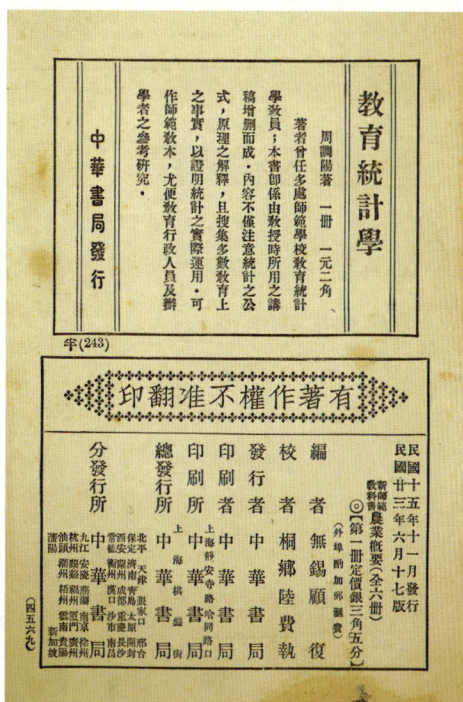

1126　书名：农业及实习（新课程标准乡村师范学校适用）
　　　著者：刘崇佑、汤锡祥、陆费执、顾华孙、孙宗复／编
　　　出版印行：中华书局
　　　出版时间：民国二十六年（1937）4版
　　　册数：三

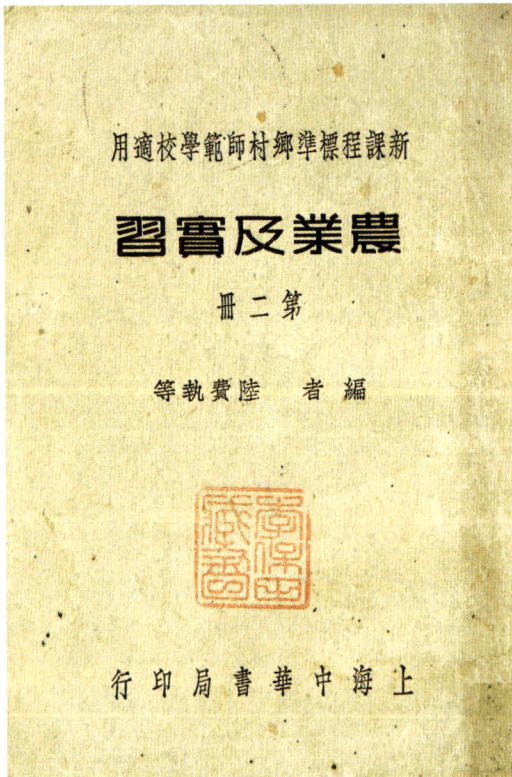

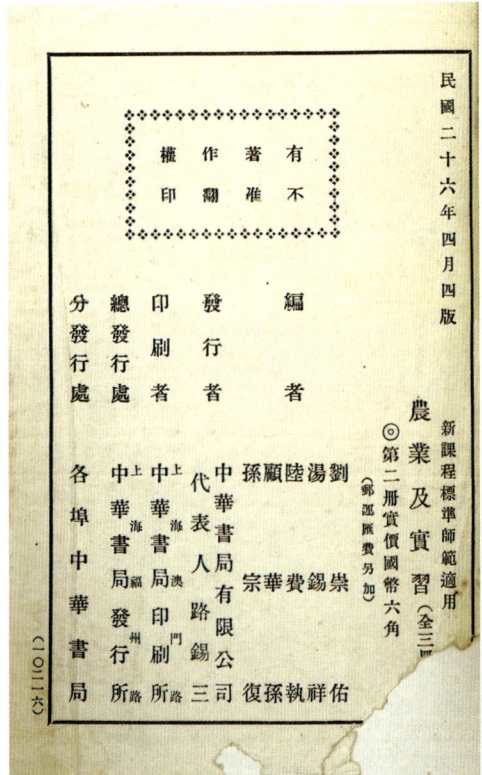

民國二十六年四月四版

新課程標準師範適用

農業及實習（全三冊）

◎第二冊實價國幣六角

（郵運匯費另加）

〔一〇二〕

編　者　　　劉崇佑　汤錫祥　陸費執　顧華孫　孫宗復

發行者　　　中華書局有限公司

印刷者　　　代表人　路錫

　　　　　　上海　中華書局印刷所　澳門路

總發行處　　上海　中華書局發行所　福州路

分發行處　　各埠中華書局

新課程標準鄉村師範學校適用

農業及實習

第二冊

編者　陸費執等

上海中華書局印行

书名：蚕体解剖论

著者：余宗农 / 编辑　庄景仲 / 初校

　　　陈奭棠 / 改正　江起鲲 / 复校

出版印行：新学会社

出版时间：宣统元年（1909）初版　民国四年（1915）4版

册数：不详

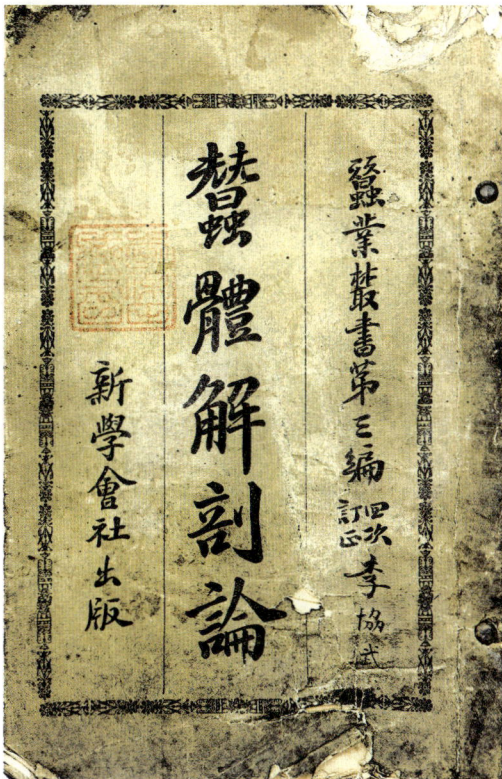

蠶業叢書第三編　訂正　李協武

蠶體解剖論

新學會社出版

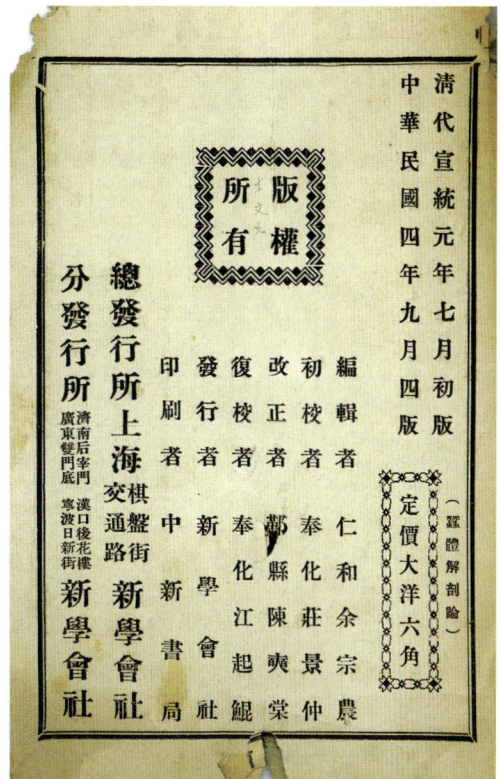

清代宣統元年七月初版

中華民國四年九月四版

（蠶體解剖論）

定價大洋六角

版權所有

編輯者　仁和余宗農

初校者　奉化莊景仲

改正者　鄞縣陳奭棠

復校者　奉化江起鯤

發行者　新學會社

印刷者　中新書局

總發行所上海棋盤街交通路新學會社

分發行所　濟南后宰門　漢口後花樓　寧波日新街　廣東雙門底　新學會社

1128　书名：农学大意（普通应用）
著者：[日]稻垣乙丙／原著　胡朝阳／编译　庄景仲／校阅
出版印行：新学会社
出版时间：宣统三年（1911）初版　民国六年（1917）4版
册数：不详

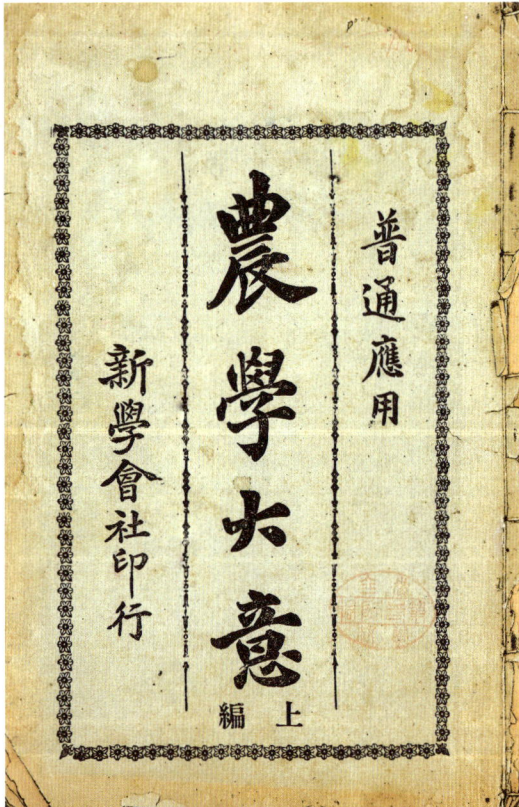

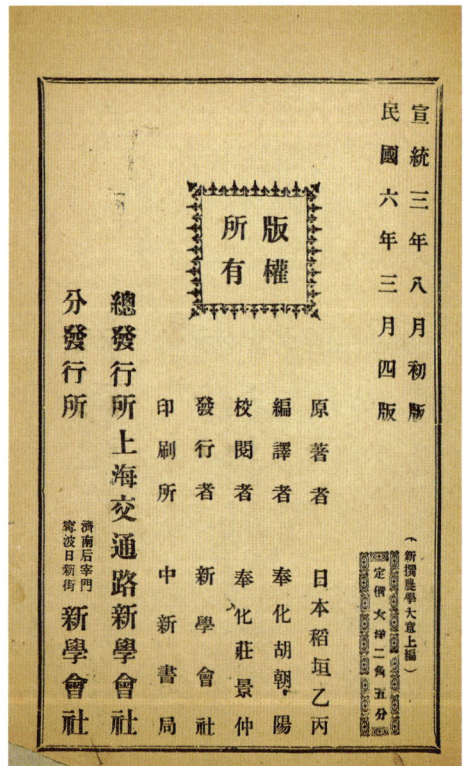

书名：农业经济及法规教科书（乙种农学校用）

著者：孙铖 / 编纂　庄景仲 / 校阅

出版印行：新学会社

出版时间：宣统三年（1911）初版　民国十年（1921）5版

册数：一

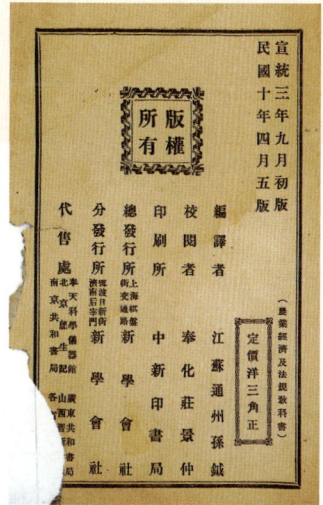

书名：农业气象教科书（乙种农学校用）

著者：[日] 驹井春吉、小西德治郎 / 原著　叶与仁 / 译述　杨熙光 / 修正　江起鲲 / 校订

出版印行：新学会社

出版时间：民国元年（1912）初版　民国四年（1915）再版

册数：一

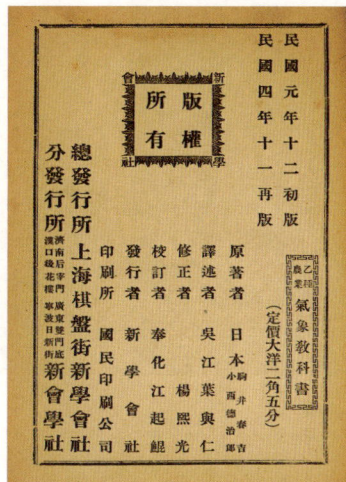

1130　书名：农产制造教科书（乙种农学校用）
　　　著者：日本农业教育协会 / 原著　黄毅 / 编译
　　　出版印行：新学会社
　　　出版时间：民国元年（1912）初版　民国六年（1917）3版
　　　册数：不详

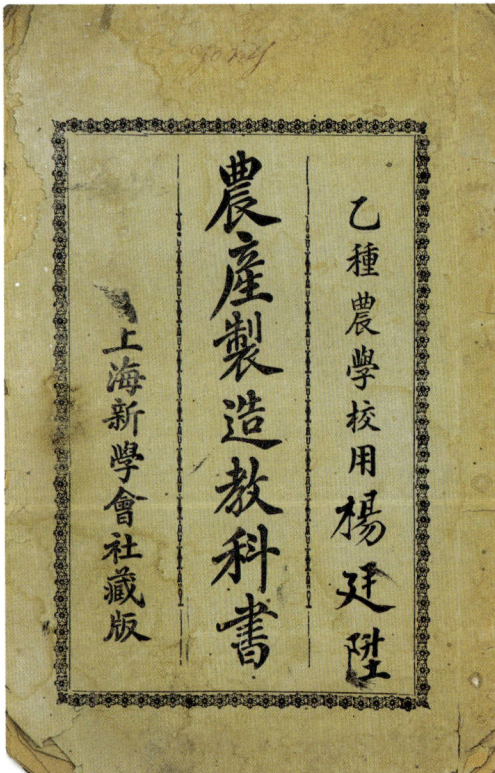

乙種農學校用　楊廷陛
農產製造教科書
上海新學會社藏版

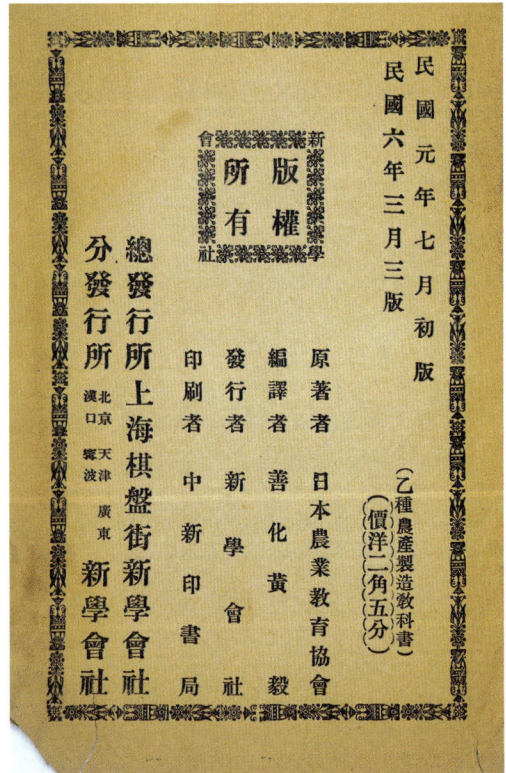

民國元年七月初版
民國六年三月三版

（乙種農產製造教科書）
（價洋二角五分）

版權所有

新學會社

原著者　日本農業教育協會
編譯者　善化黃毅
發行者　新學會社
印刷者　中新印書局
總發行所上海棋盤街新學會社
分發行所　北京　天津　廣東　漢口　寧波　新學會社

书名：养蚕教科书（农学校用）

著者：[日]松永伍作／原著　郑辟疆／编译

出版印行：新学会社

出版时间：民国元年（1912）初版

册数：一

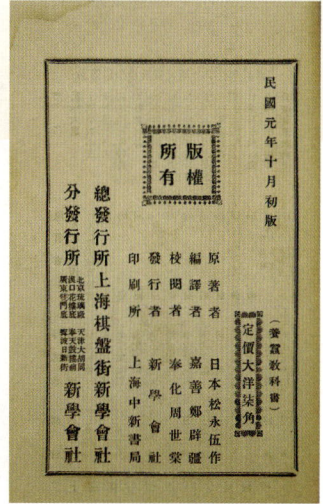

书名：兽医学教科书（农学校用）

著者：[日]生驹藤太郎／原著　赖昌／译述

出版印行：新学会社

出版时间：民国二年（1913）初版

册数：一

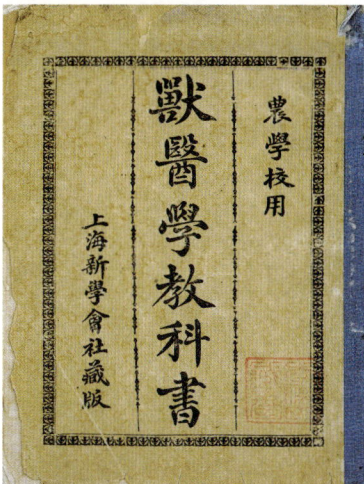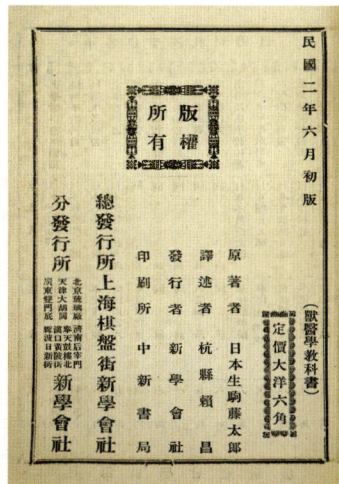

书名：制丝教科书（蚕业学校用）

著者：郑辟疆／编纂

出版印行：商务印书馆

出版时间：民国四年（1915）初版　民国九年（1920）5版

册数：一

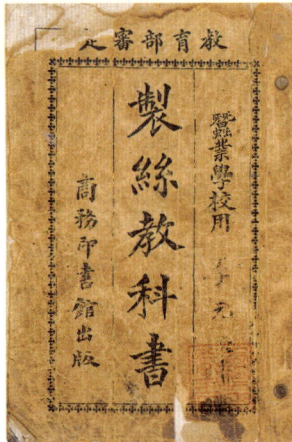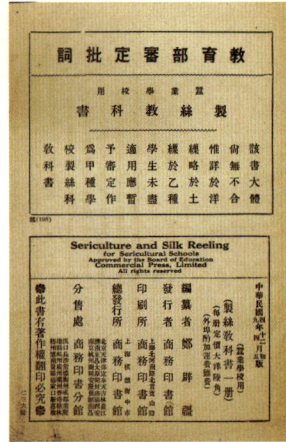

书名：桑树栽培教科书（蚕业学校用）

著者：郑辟疆／编纂

出版印行：商务印书馆

出版时间：民国六年（1917）初版　民国十四年（1925）9版

册数：一

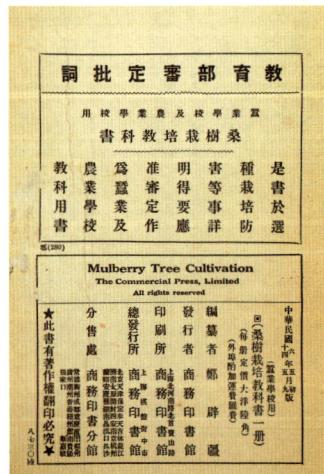

书名：作物学（农业学校用）

著者：凌昌焕/编纂　刘大绅、蒋维乔/校订

出版印行：商务印书馆

出版时间：民国六年（1917）初版

册数：一

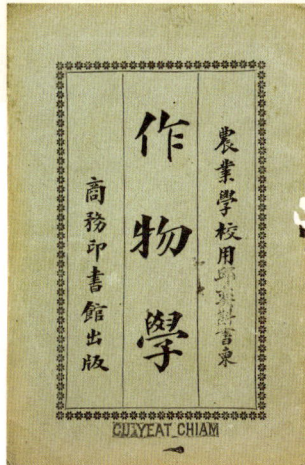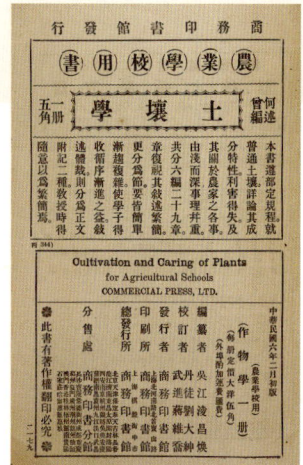

书名：气象学（农业学校用）

著者：李松龄/编纂

出版印行：商务印书馆

出版时间：民国六年（1917）初版　民国十年（1921）4版

册数：一

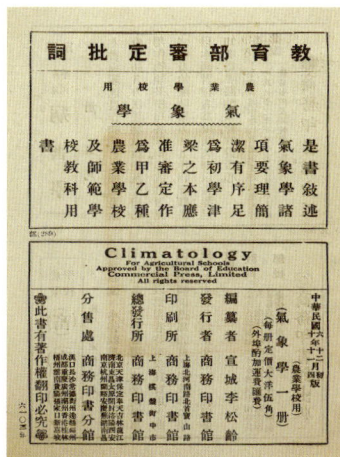

书名：蚕体生理教科书／蚕体病理教科书（蚕业学校用）

著者：郑辟疆／编纂

出版印行：商务印书馆

出版时间：民国六年（1917）初版　民国八年（1919）3版

册数：一

 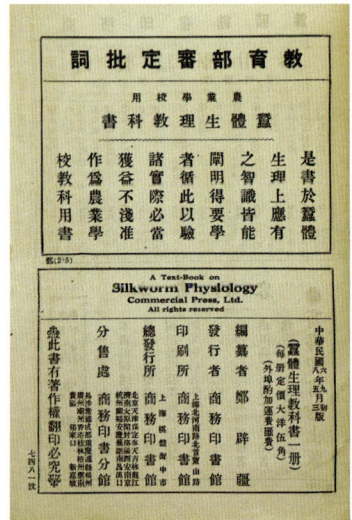

书名：蚕体病理教科书（蚕业学校用）

著者：郑辟疆／编纂

出版印行：商务印书馆

出版时间：民国六年（1917）初版　民国九年（1920）4版

册数：一

 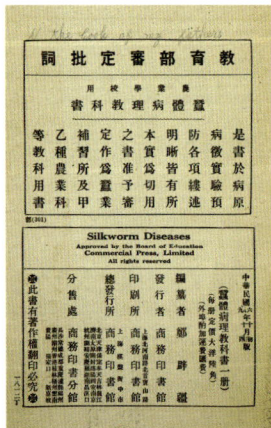

书名：兽医学大意（农业学校用）
著者：关鹏万 / 编纂　罗福成、刘大绅 / 校订
出版印行：商务印书馆
出版时间：民国七年（1918）初版　民国九年（1920）3版
册数：一

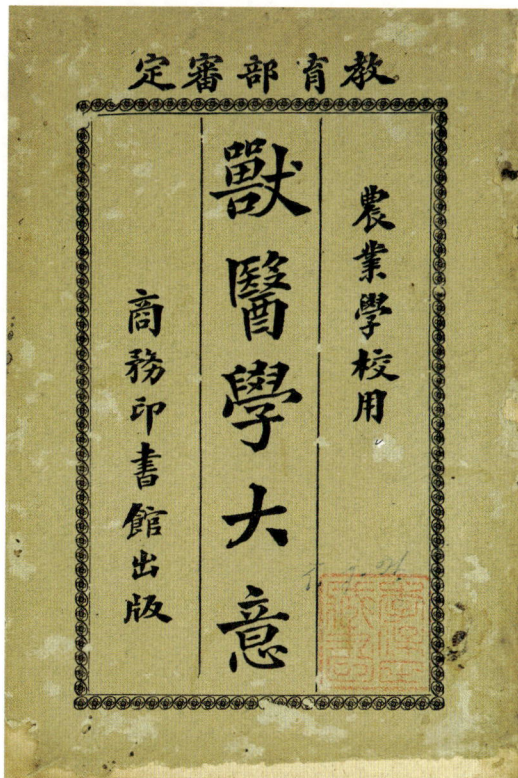

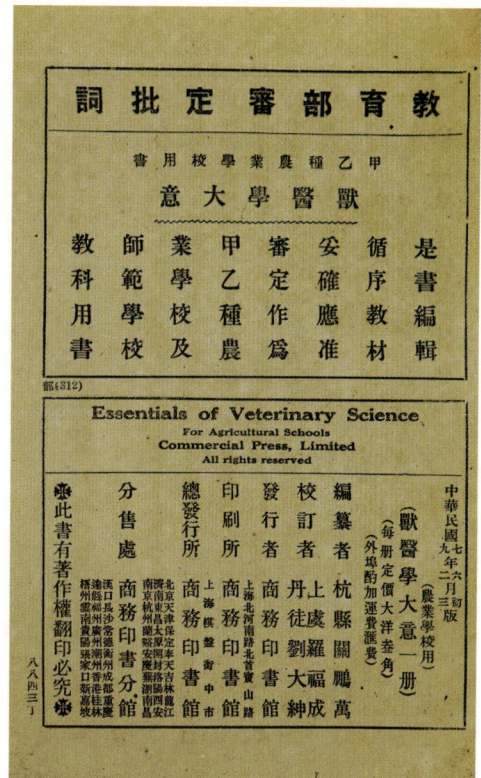

1136 书名：初级农业学校教科书家禽病害

著者：徐正铿／编纂　万国鼎／校订

出版印行：商务印书馆

出版时间：民国十三年（1924）初版　民国二十四年（1935）国难后第2版

册数：一

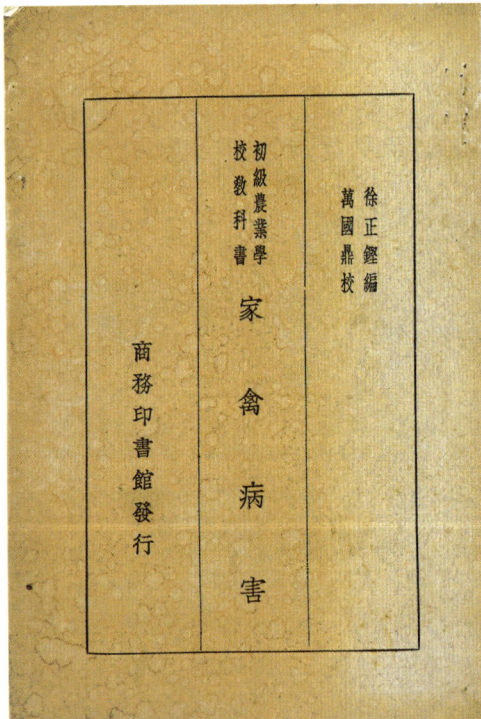

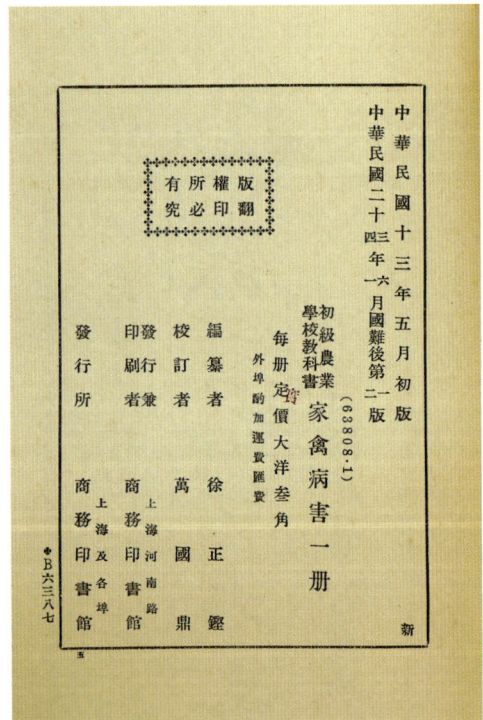

书名：新学制高级农业学校教科书作物学通论
著者：黄绍绪 / 编辑
出版印行：商务印书馆
出版时间：民国十四年（1925）初版
册数：一

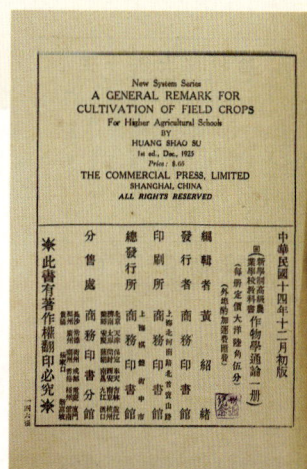

书名：新学制初级农业学校教科书农作物害虫学
著者：谢申图 / 编辑　刘大绅、龚厥民 / 增订
出版印行：商务印书馆
出版时间：民国十五年（1926）初版
册数：一

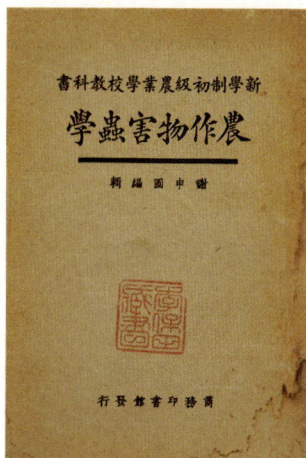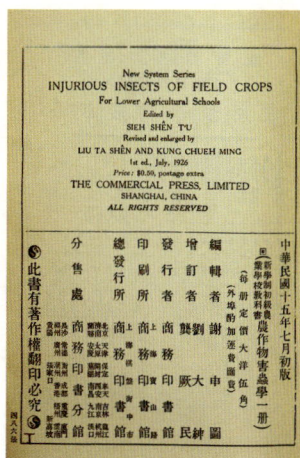

1138　书名：初级农业职业学校教科书园艺学
　　　著者：刘大绅 / 编纂　龚厥民 / 增订
　　　出版印行：商务印书馆
　　　出版时间：民国十五年（1926）初版　民国三十七年（1948）第19版
　　　册数：一

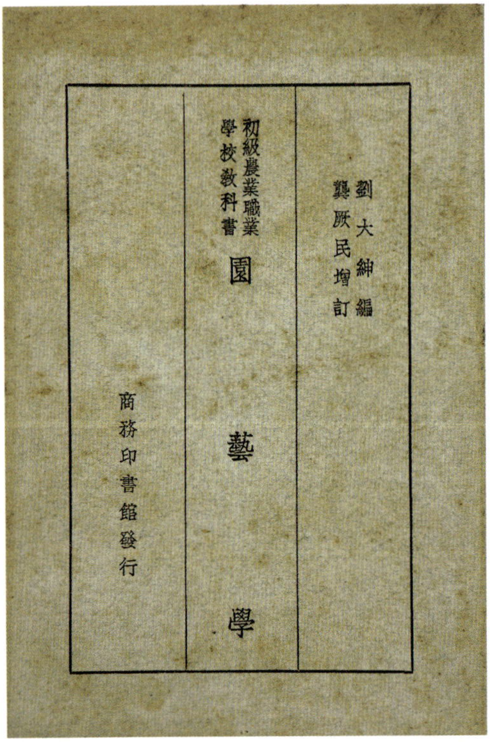

初級農業職業
學校教科書

劉大紳編
龚厥民增訂

園藝學

商務印書館發行

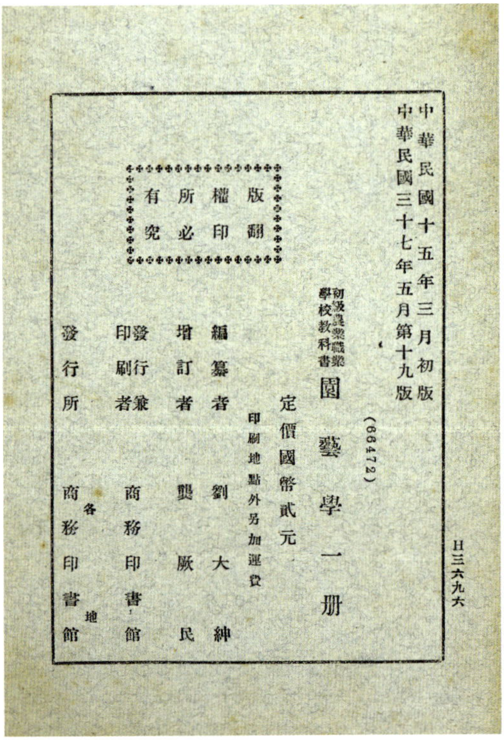

中華民國十五年三月初版
中華民國三十七年五月第十九版

初級農業職業
學校教科書
園藝學一冊

（66412）

版權所有
翻印必究

定價國幣貳元
印刷地點外另加運費

編纂者　劉大紳
增訂者　龚厥民
印刷發行者兼　商務印書館
發行所　各地商務印書館

H三六九六

书名：新学制初级农业学校教科书园艺学

著者：刘大绅 / 编纂　龚厥民 / 增订

出版印行：商务印书馆

出版时间：民国十五年（1926）初版　民国二十二年（1933）国难后第5版

册数：一

民國十七年九月經
大學院審定
價到九十五號執照

新制初級農業學校教科書

園藝學

劉大紳編纂
龔厥民增訂

商務印書館發行

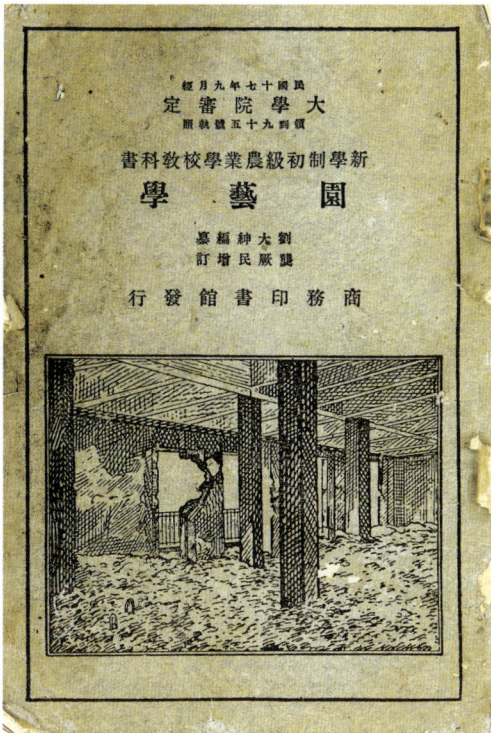

民國二十一年一月二十九日
敝公司突遭國難總務處印刷
所編譯所書棧房均被炸發附
設之涵芬樓東方圖書館尚公
小學亦遭殃及盡付焚如三十
五載之經營燬於一旦迭蒙
各界慰問督望速圖恢復詞意
懇摯銜感何窮敝館雖處境艱
困不不勉為其難因將學校
需用各書先行覆印其他各書
亦將次第出版惟是圖版裝製
不能盡如原式事勢所限想承
鑒原謹布下忱統祈垂鑒

上海商務印書館謹啟

有所　版權

中華民國十五年一月初版
民國二十一年八月印行國難後第二版
十月印行國難後第五版
（一二八）

新學制初級農業教科書

園藝學

每冊定價大洋肆角
外埠酌加運費匯費

編纂者　劉大紳

增訂者　龔厥民

發行兼印刷者　商務印書館
上海河南路

發行所　商務印書館　上海及各埠

本書於十七年九月經大學
院審定領到九十五號執照

四八六七

1140　书名：初级农业学校教科书肥料学

著者：陆旋 / 编　凌昌焕、龚厥民 / 校订

出版印行：商务印书馆

出版时间：民国十五年（1926）初版　民国二十三年（1934）国难后第4版

册数：一

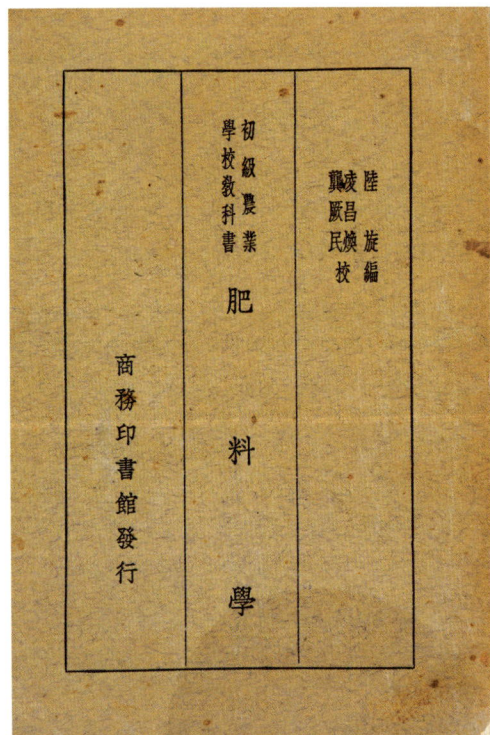

初級農業
學校教科書

陸　旋　編
凌昌焕
龔厥民　校

肥料學

商務印書館發行

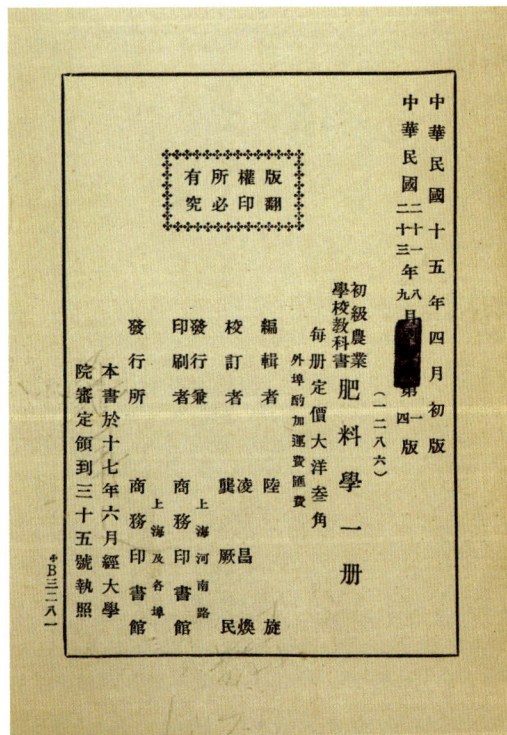

中華民國十五年四月初版
中華民國二十三年九月國難後第四版
（一二八六）

初級農業
學校教科書　肥料學　一册

每册定價大洋叁角
外埠酌加運費匯費

編輯者　　陸　旋
校訂者　　凌昌焕
　　　　　龔厥民
發行兼　　上海河南路
印刷者　　商務印書館
發行所　　上海及各埠
　　　　　商務印書館

本書於十七年六月經大學
院審定領到三十五號執照

版權所有
翻印必究

中B三二八一

书名：初级农业学校教科书农作物病害学

著者：陆旋／编纂　龚厥民／增订

出版印行：商务印书馆

出版时间：民国十五年（1926）初版　民国二十四年（1935）国难后第5版

册数：一

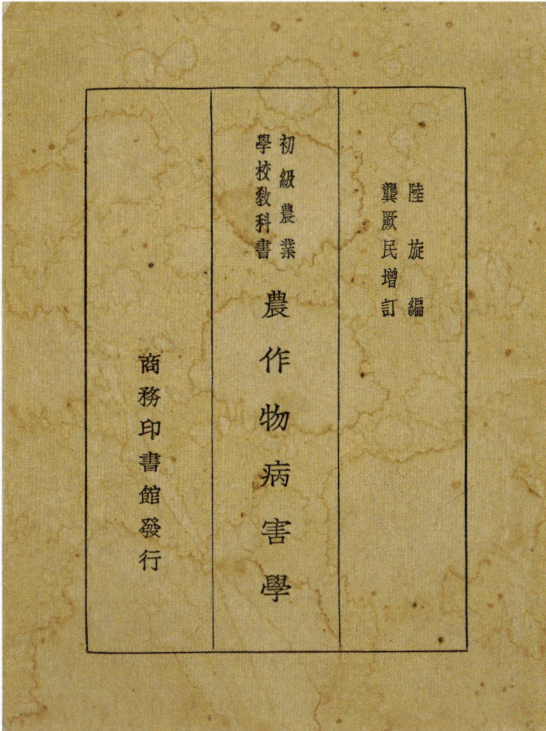

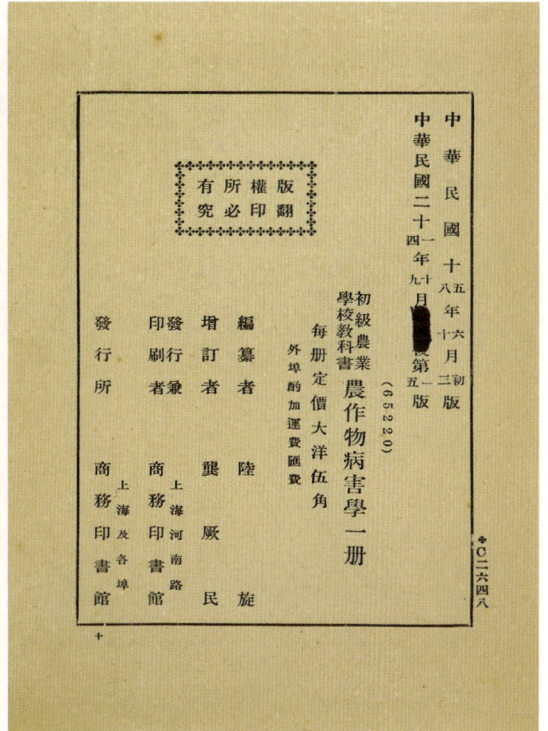

1142　书名：初级农业职业学校教科书农作物害虫学
　　　著者：谢申图／编纂　刘大绅、龚厥民／增订
　　　出版印行：商务印书馆
　　　出版时间：民国十五年（1926）初版　民国三十七年（1948）第14版
　　　册数：一

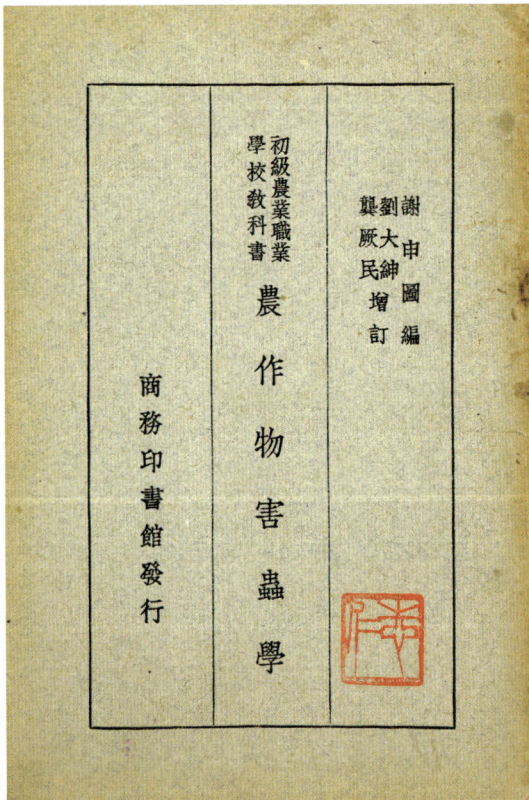

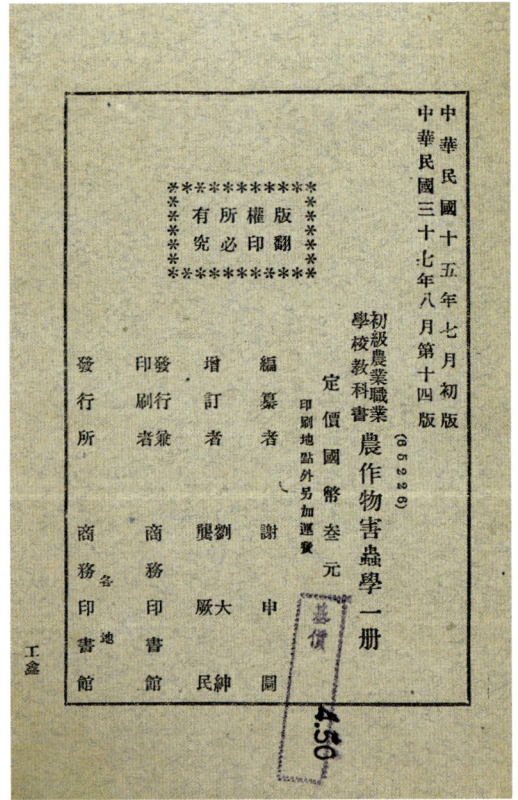

书名：新学制高级农业学校教科书养蚕学

著者：龚厥民 / 编辑　夏诒彬 / 校订

出版印行：商务印书馆

出版时间：民国十七年（1928）初版　民国十九年（1930）再版

册数：不详

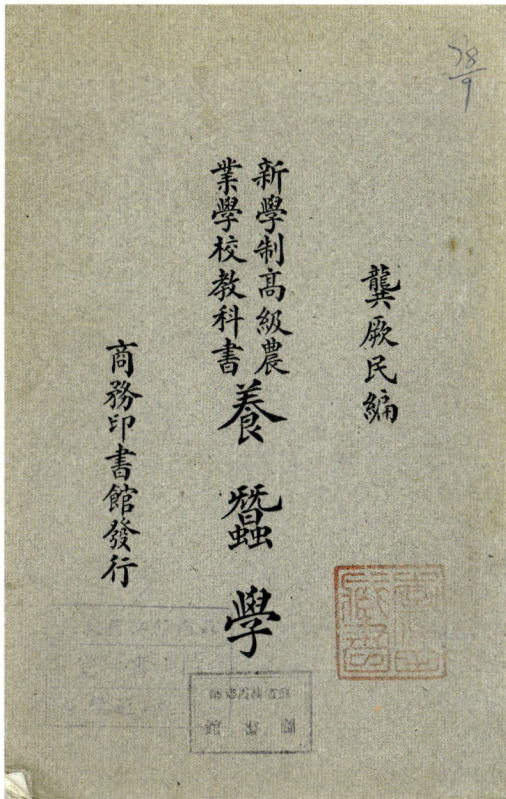

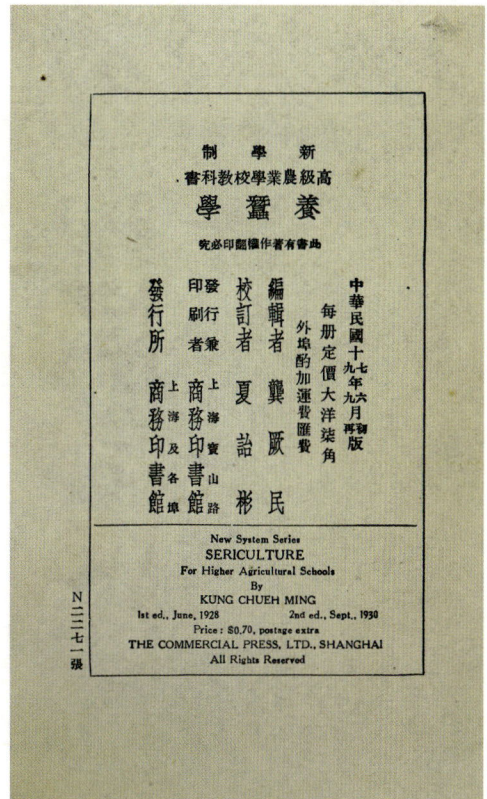

1144　书名：初级农业学校教科书土壤学
著者：褚乙然 / 编纂
出版印行：商务印书馆
出版时间：民国二十二年（1933）初版　民国二十四年（1935）4版
册数：一

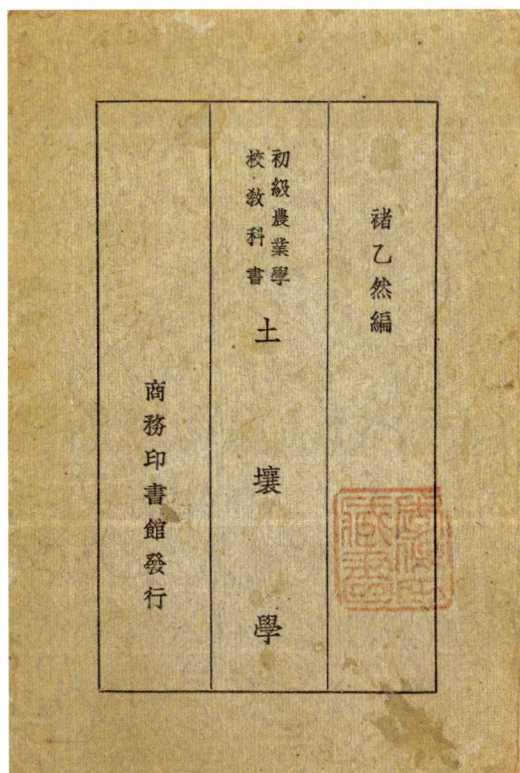

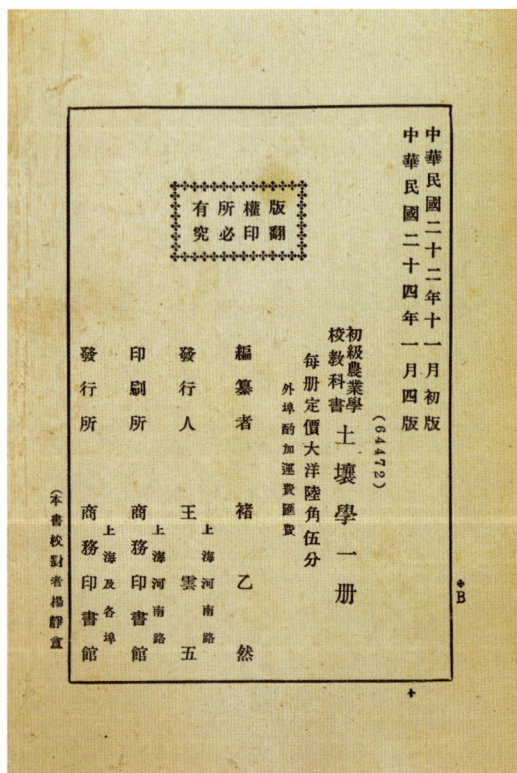

书名：高级农业学校教科书苗圃学

著者：李驹 / 编纂

出版印行：商务印书馆

出版时间：民国二十四年（1935）初版

册数：一

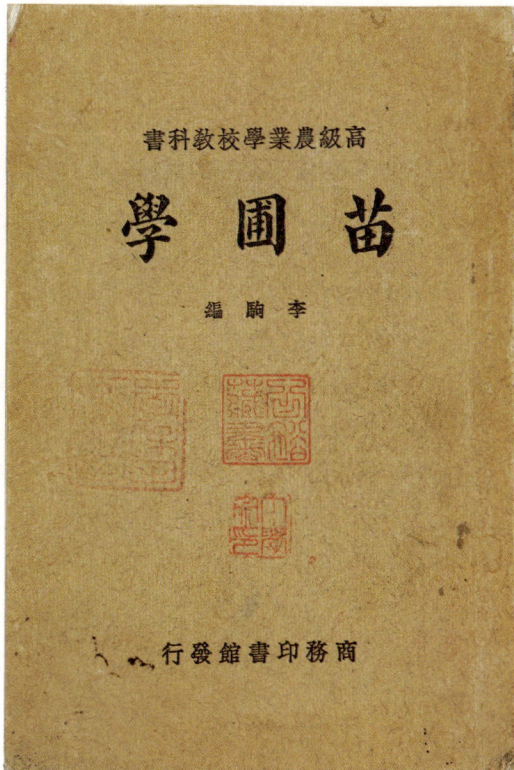

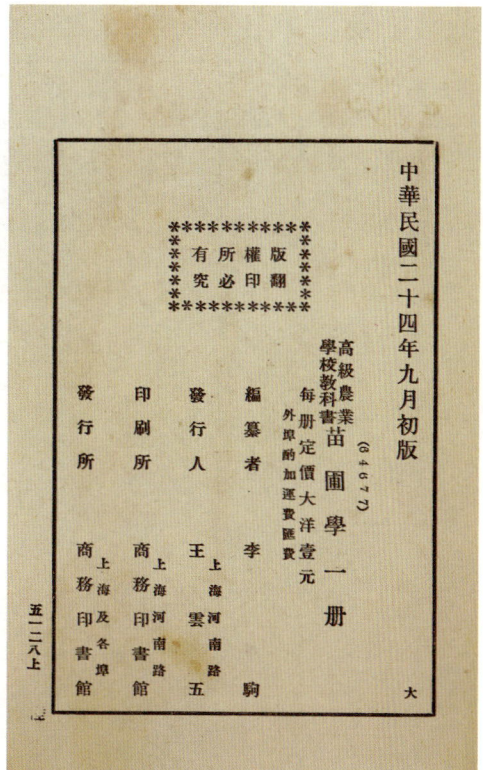

高級農業學校教科書

苗圃學

李駒 編

商務印書館發行

中華民國二十四年九月初版

（84671）

高級農業學校教科書苗圃學一册

每册定價大洋壹元

外埠的加運費匯費

編纂者　　　李　駒

發行人　　　王雲五　　上海河南路

印刷所　　　商務印書館　上海河南路五

發行所　　　商務印書館　上海及各埠

＊＊＊＊＊＊＊＊＊＊＊＊
版權所有
翻印必究
＊＊＊＊＊＊＊＊＊＊＊＊

五一二八上

大

1146　書名：初级农业职业学校教科书气象学
　　　著者：李松龄 / 编
　　　出版印行：商务印书馆
　　　出版时间：不详
　　　册数：一

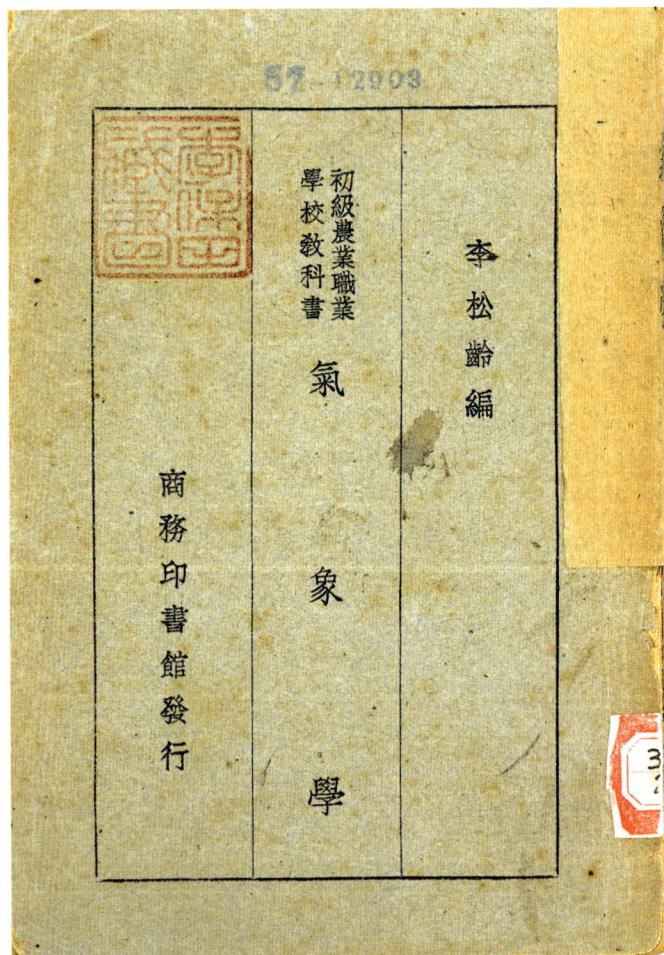

初級農業職業
學校教科書

氣

象

學

李松齡編

商務印書館發行

书名：初级农业职业学校教科书作物学
著者：凌昌焕 / 编 龚厥民 / 增订
出版印行：商务印书馆
出版时间：不详
册数：一

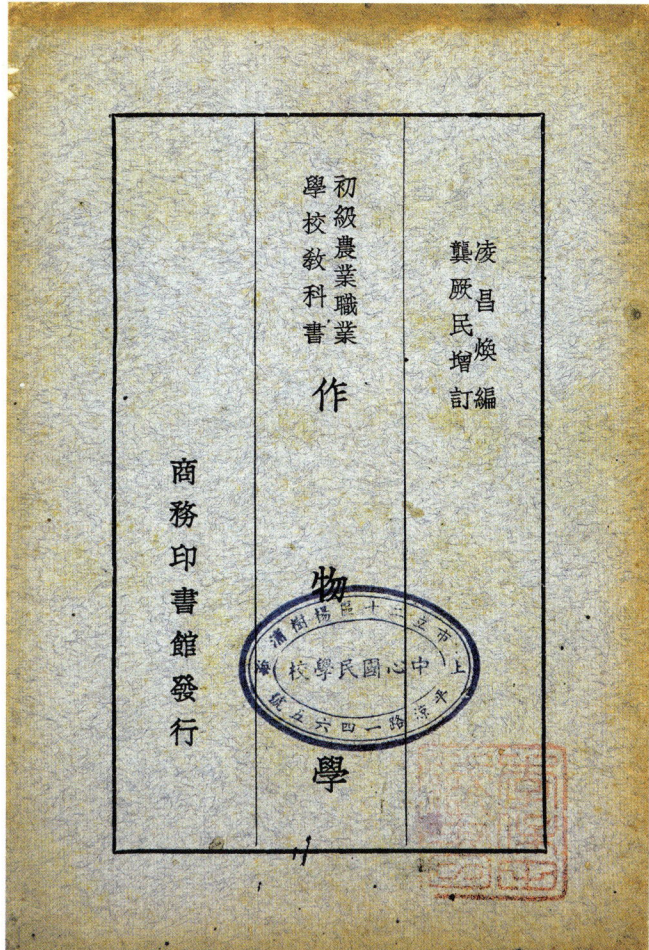

1148 　书名：林业教科书／植棉教科书

著者：不详

出版印行：不详

出版时间：不详

册数：不详

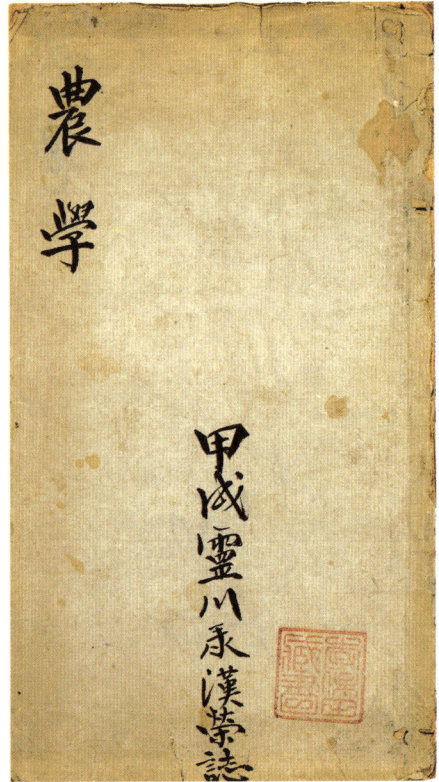

书名：林学教科书林学通论

著者：不详

出版印行：新学会社

出版时间：不详

册数：不详

书名：共和国教科书新农业教授法（高等小学校秋季始业教员用）
著者：刘大绅 / 编纂
出版印行：商务印书馆
出版时间：民国五年（1916）初版　民国八年（1919）4版
册数：四

⑤教授法

共和國教科書 新農業教授法
高等小學校　秋季始業
第二冊　第三學期　教員用
上海商務印書館出版

教育部審定
鄺璷 編纂
農業學校及農業學校蠶業科教授用校
桑樹栽培教科書
一冊　六角
是書專供甲種乙種蠶業學校及農業學校蠶業科教授之用　書中於桑樹栽剪方法以及病害霜害蟲害等之驅除悉本最新學說而材料則取諸本國實爲近今最新式最切用之書　商務印書館出版

頁(764)
Republican Ser's
Methods for Teaching Agriculture
For Higher Primary Schools
For Three Terms
Commercial Press, Limited
All rights reserved

（共和國新農業教授法四册）（高等小學校用）

中華民國八年九月四版

編纂者　丹徒劉大紳
發行者　商務印書館
印刷所　商務印書館
總發行所　上海棋盤街　商務印書館
分售處　商務印書分館
此書有著作權翻印必究　秋季

共和國教科書 新農業教授法
高等小學校　秋季始業
第一冊　第一學期　教員用
商務印書館發行

8 手工与劳作类教材

书名：共和国教科书新手工（国民学校学生用）

著者：赵传璧／编纂　秦同培／校订

出版印行：商务印书馆

出版时间：民国三年（1914）初版　民国八年（1919）4版

册数：四

國民學校學生用　第一冊

共和國教科書新手工

商務印書館發行

商務印書館發行

教育部審定

●國民學校

共和國教科書新手工　四册　實價八分

手工教授法　四册折各一角半

●高等小學

共和國教科書新手工　四册折各一角六

手工教授法　四册折各一角半

第一篇香摺紙圖說　一册　二角五分

手工平面物標本　一册　三角

●中學師範

共和國新手工　三册折各八分

手工教授法

手工平面物標本　一册　三角五分

附　手工參考書　一册　四角

兩（433）

Republican Series

Manual Training

For Lower Primary Schools

Commercial Press, Limited

All rights reserved

共和國教科書　新手工　四册（國民學校用）

（每册定價大洋壹角捌分　外埠另加　郵費遞增）

編纂者　靑浦趙傳璧

校訂者　無錫秦同培

發行者　商務印書館

印刷所　商務印書館

總發行所　上海棋盤街中市　商務印書館

分售處　商務印書館分館

1154　书名：师范学校新教科书手工（本科用）

　　　　著者：桂绍烈 / 编纂　蒋维乔 / 校订

　　　　出版印行：商务印书馆

　　　　出版时间：民国四年（1915）初版　民国四年（1915）再版

　　　　册数：四

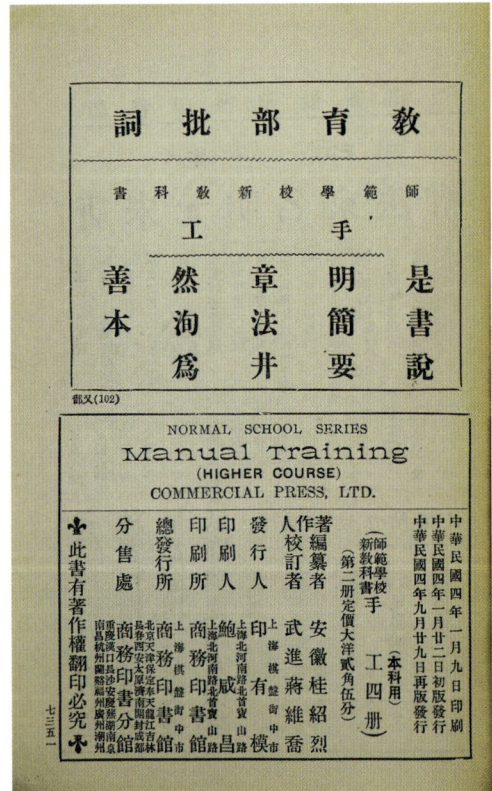

书名：实用教科书手工（中学校用）　　　　　　　　　　　　　　1155
著者：孙捷／编纂　蒋维乔／校订
出版印行：商务印书馆
出版时间：民国四年（1915）初版
册数：四

中學校用　第二冊

實用教科書手工

商務印書館出版

版　出　館　書　印　務　商

遵照部章最新編纂

師範學校新教科書

（教育部審定）

歷	地	哲	論	心	教	教	學	農	商	手	樂	體	（附誌
史	理	學	理	理	育	育	校	業	業	工	典	操	修生幾圖

全書四冊　全書四冊　發凡　學　史學　管理法

一二冊　三四冊　每册　一册　一册　一册　二册　二册　三册　四册　一册　一册　本科用一册

各六角　各八角　一角半　四角　五角　五角　五角　各六角　各六角　各六角　四角半　四角　三角

壬又一六四號

PRACTICAL SERIES

MANUAL TRAINING

FOR MIDDLE SCHOOLS

COMMERCIAL PRESS, LTD.

編纂者	校訂者	發行者	印刷所	總發行所	分售處
武進孫捷	武進蔣維喬	商務印書館	商務印書館	商務印書館	商務印書館分館

分售處

上海棋盤街市

商務印書館分館

北京天津保定太原奉天吉林長春江寧安慶常德天津林長春武昌長沙常德南昌成都重慶開封九江封州杭州廣州汕頭桂林梧州太原安慶重慶佛山汕頭廣門哈爾濱新加坡雲南貴陽吉林新加坡

中華民國四年十二月初版

（中學校用）

實用教科書手工四冊

（第二冊定價大洋伍角）

此書有著作權翻印必究

十六一

书名：新学制工用艺术教科书（小学校初级用）

著者：熊翥高、王欣渠 / 编纂　王岫庐、吴研因 / 校订

出版印行：商务印书馆

出版时间：民国十三年（1924）初版

册数：八

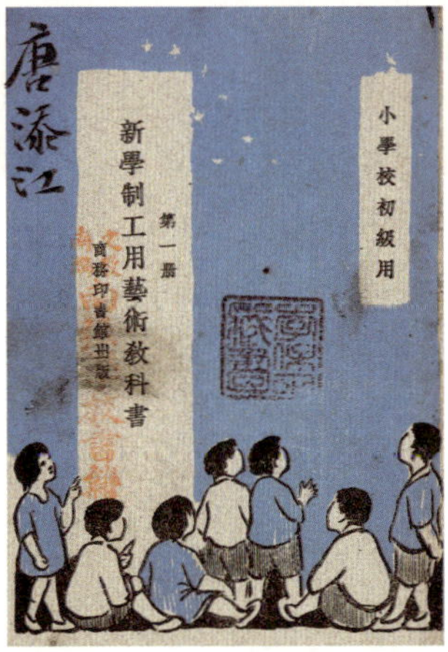

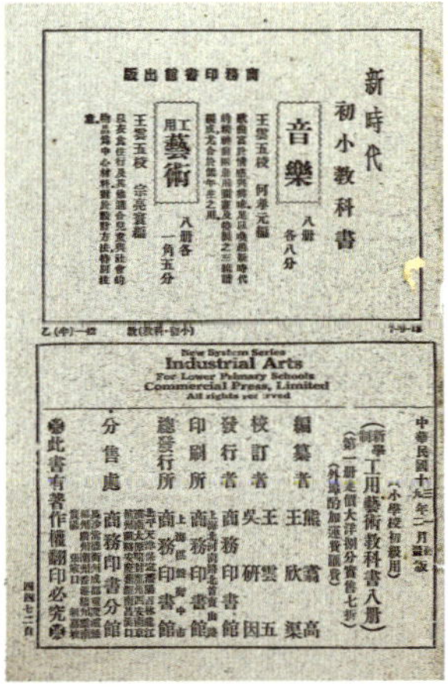

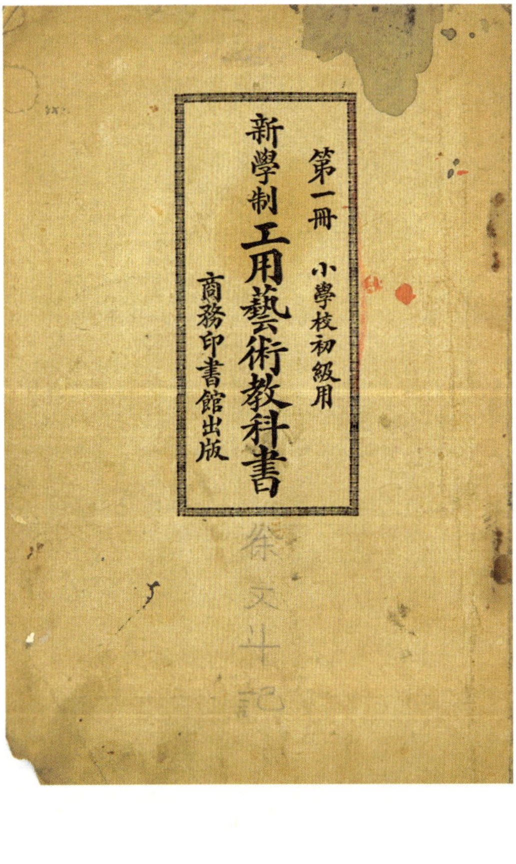

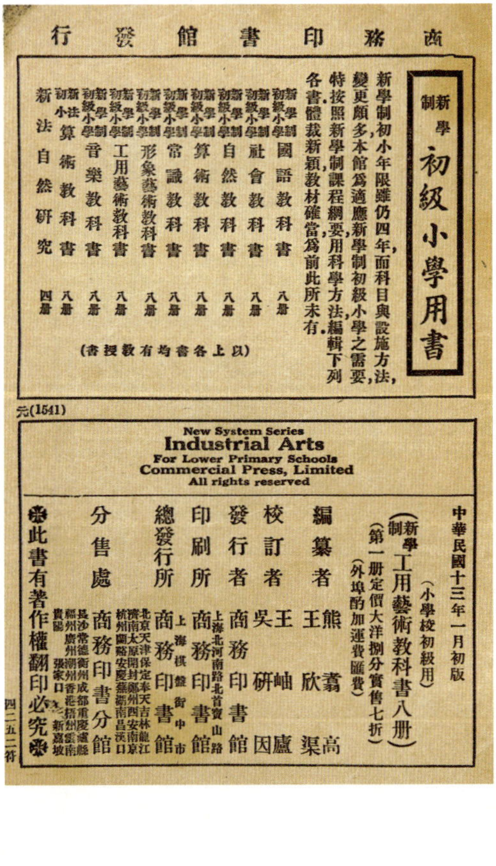

商務印書館發行

新學制 初級小學用書

新學制初小年限雖仍四年，而科目與設施方法，變更頗多，本館爲適應新學制初級小學之需要，特按照新學制課程綱要，用科學方法，編輯下列各書。體裁新穎，教材確當，爲前此所未有。

- 新學制初級小學國語教科書　八冊
- 新學制初級小學社會教科書　八冊
- 新學制初級小學自然教科書　八冊
- 新學制初級小學算術教科書　八冊
- 新學制初級小學常識教科書　八冊
- 新學制初級小學形象藝術教科書　八冊
- 新學制初級小學工用藝術教科書　八冊
- 新學制初級小學音樂教科書　八冊
- 新法初小算術教科書　八冊
- 新法自然研究　四冊

（以上各書均有教授書）

元(1541)

New System Series
Industrial Arts
For Lower Primary Schools
Commercial Press, Limited
All rights reserved

中華民國十三年一月初版

（新學制工用藝術教科書八冊）（小學校初級用）

（第一冊定價大洋捌分實售七折）

（外埠酌加運費匯費）

編纂者　熊翥高　王欣渠

校訂者　王岫廬　吳研因

發行者　商務印書館

印刷所　上海北河南路北首寶山路 商務印書館

總發行所　上海棋盤街中市 商務印書館

分售處　北京 天津 保定 奉天 吉林 龍江 濟南 太原 開封 鄭州 西安 南京 杭州 蘭谿 安慶 蕪湖 南昌 漢口 長沙 常德 衡州 成都 重慶 瀘縣 福州 廣州 潮州 香港 梧州 雲南 貴陽 張家口 新嘉坡 商務印書分館

※此書有著作權翻印必究※

四二五二符

书名：新中华教科书工用艺术课本（小学校初级用）
著者：朱稣典、姜丹书、王隐秋／编辑
出版印行：新国民图书社
出版时间：民国十八年（1929）再版
册数：八

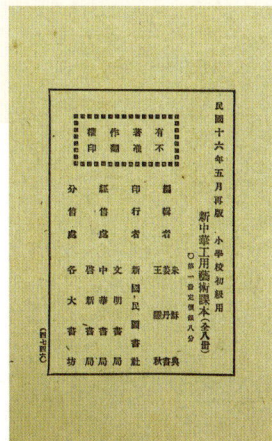

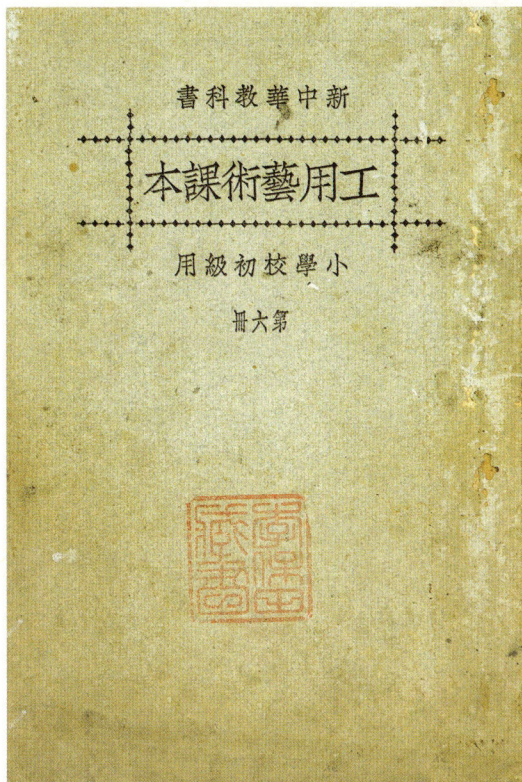

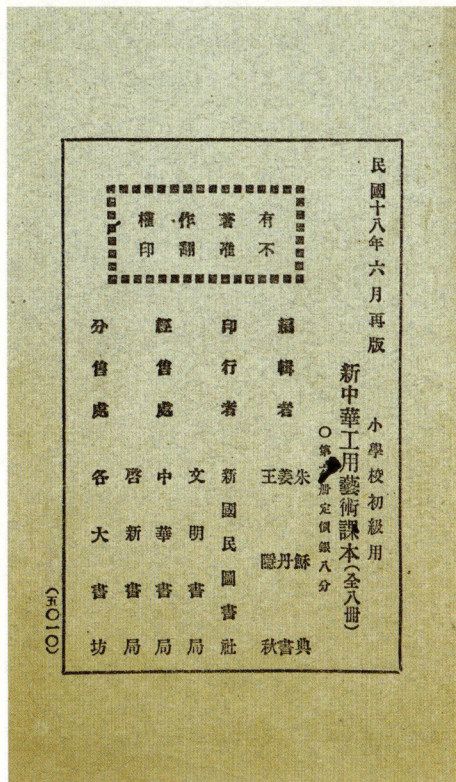

1158 书名：新中华小学教师应用工艺（高级中学师范科用）

著者：姜丹书 / 编

出版印行：新国民图书社 / 出版　中华书局 / 印行

出版时间：民国二十一年（1932）初版　民国二十二年（1933）再版

册数：一

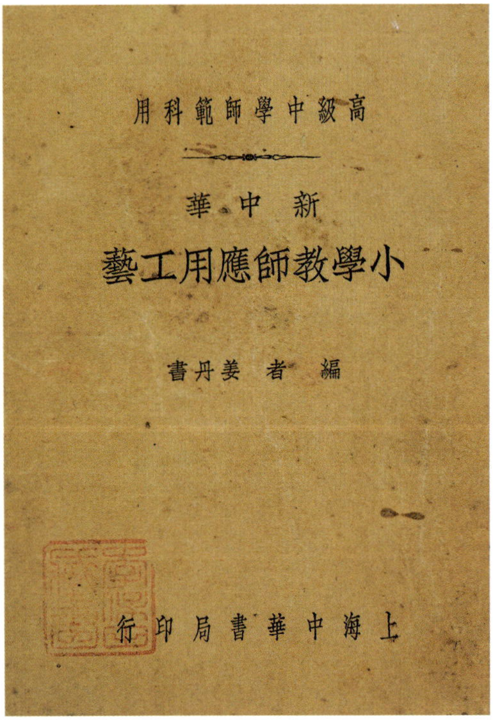

高級中學師範科用

新中華

小學教師應用工藝

編者 姜丹書

上海中華書局印行

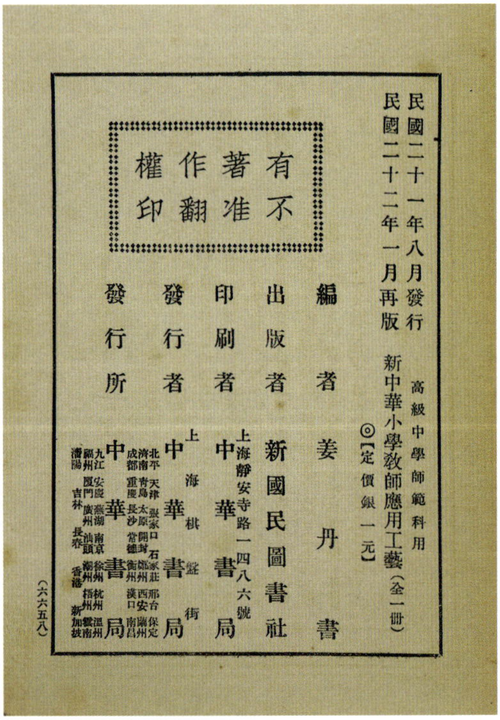

民國二十一年八月發行

民國二十二年一月再版

高級中學師範科用

新中華小學教師應用工藝（全一冊）

◎【定價銀一元】

有著作權 不准翻印

編者 姜丹書

出版者 新國民圖書社

印刷者 上海靜安寺路一四八六號 中華書局

發行者 上海棋盤街 中華書局

發行所 北平 天津 張家口 石家莊 邢台 保定 濟南 青島 太原 開封 鄭州 西安 成都 重慶 長沙 常德 衡州 蘭州 南昌 九江 安慶 蕪湖 南京 徐州 杭州 溫州 漢口 廣州 汕頭 潮州 梧州 雲南 瀋陽 吉林 長春 香港 新加坡 中華書局

（六六五八）

书名：绘图新手工
著者：大东书局编辑所 编著
出版印行：大东书局
出版时间：民国二十一年（1932）8版
册数：一

繪圖
新手工
上海大東書局印行

中華民國二十一年九月八版

新手工（全一册）

（每部定價大洋八分）
（外埠酌加郵費滙費）

版權所有　翻印必究

本書於民國二十一年七月經內政部註冊領到第一四三九號准予照軌

編著者　大東書局編輯所

發行人　沈　駿聲
上海北福建路二號

印刷所　大東書局
上海北福建路二號

總發行所　大東書局
上海四馬路九十九號

分發行所　大東書局

南京　漢口　長沙
北平　重慶　天津
蘇州　廣州　常德
杭州　梧州　南昌
汕頭　徐州　開封

1160 书名：复兴劳作教本（新课程标准适用）
著者：宗亮寰 / 编著　王云五 / 主编兼发行
出版印行：商务印书馆
出版时间：民国二十二年（1933）初版　民国二十二年（1933）9版
册数：八

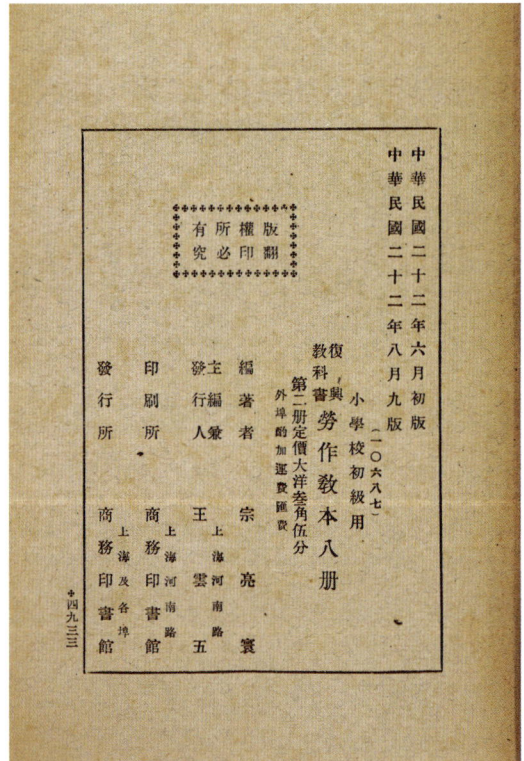

书名：小学工用艺术科教学法（万有文库）

著者：何明斋 / 著

出版印行：商务印书馆

出版时间：民国二十二年（1933）初版

册数：不详

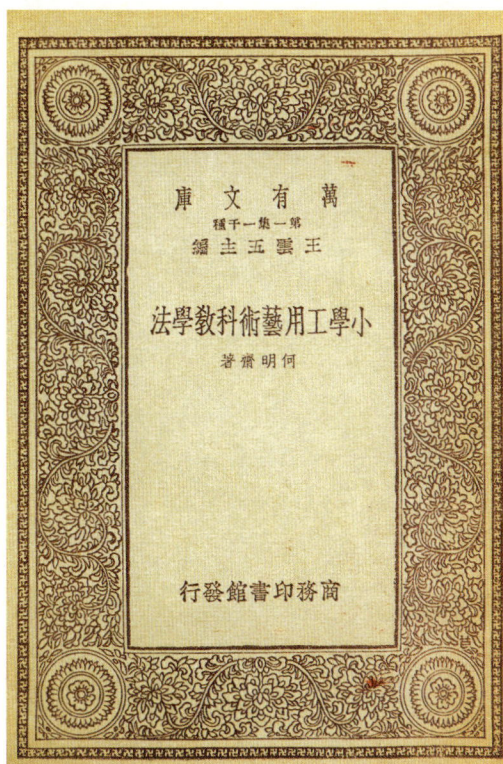

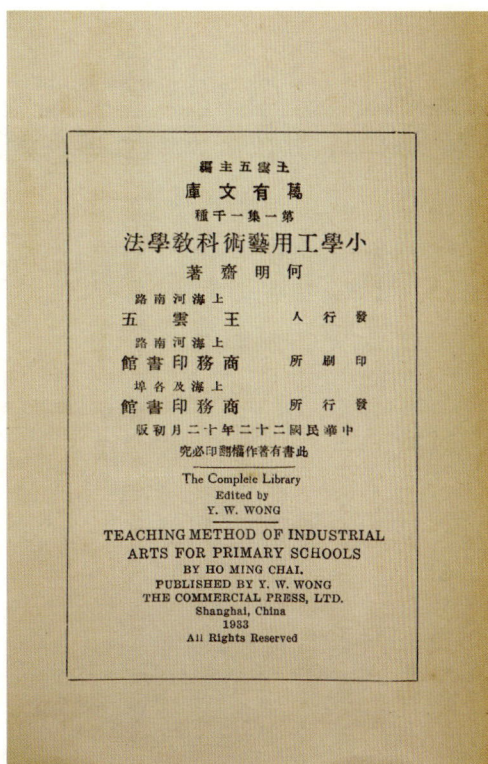

1162 书名：初小劳作课本（初级小学学生用）
著者：杨彬如 / 编辑
出版印行：世界书局
出版时间：民国二十三年（1934）初版　民国二十三年（1934）再版
册数：四

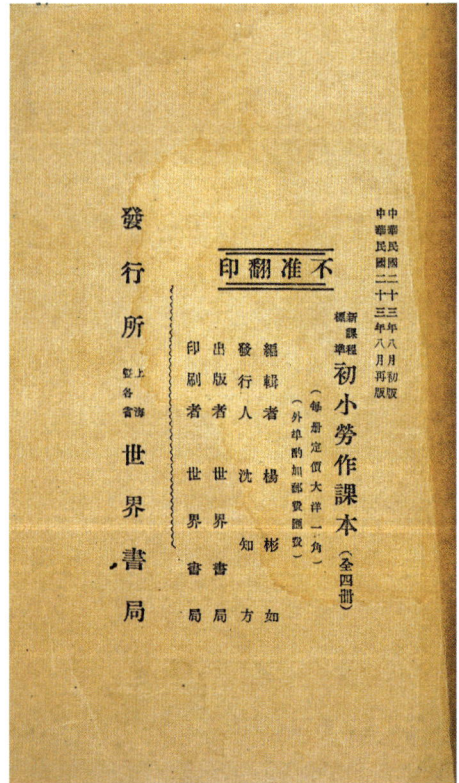

书名：初中劳作家事（修正课程标准适用）

著者：何明斋／编　舒新城／校

出版印行：中华书局

出版时间：民国二十六年（1937）初版

册数：三

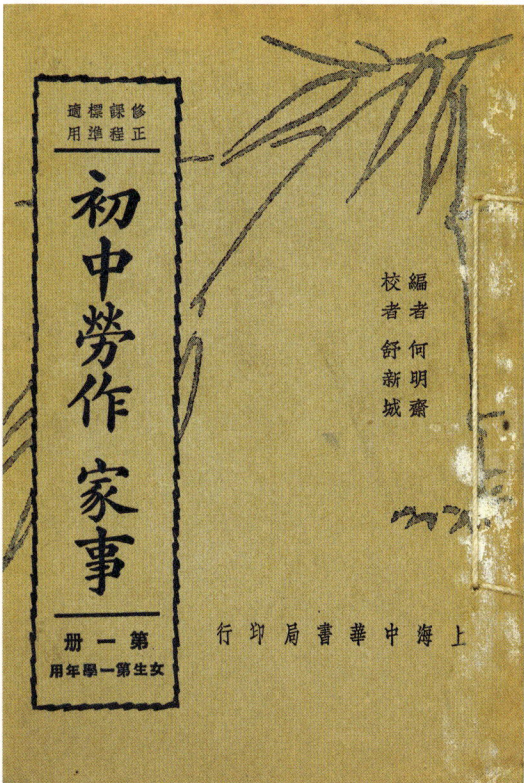

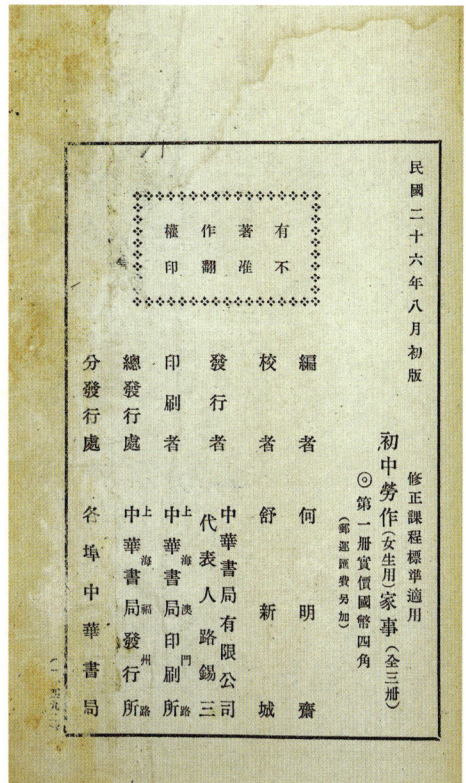

1164 | 书名：袖珍本手工讲义
著者：王笑若 / 编纂
出版印行：诚文信书局
出版时间：民国二十八年（1939）
册数：一

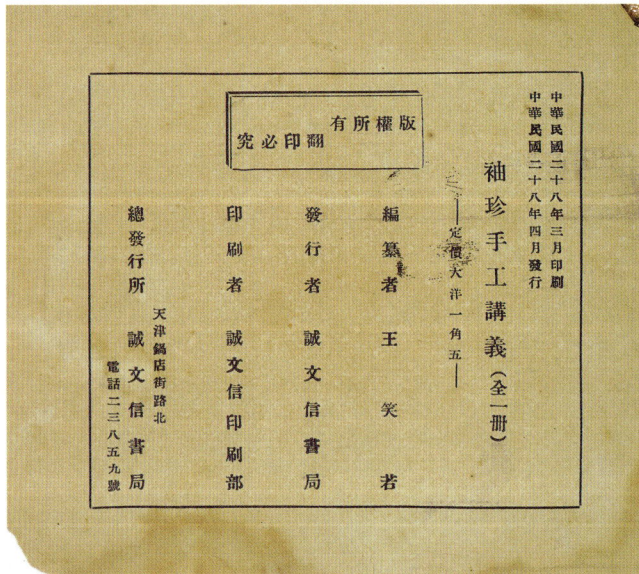

中華民國二十八年三月印刷
中華民國二十八年四月發行

袖珍手工講義（全一冊）

——定價大洋一角五——

有所權版
究必印翻

編纂者　王　笑　若

發行者　誠文信書局

印刷者　誠文信印刷部

總發行所　誠文信書局
天津鍋店街路北
電話二三八五九號

书名：废物利用（新小学文库）

著者：林履彬 / 编辑　宗亮寰 / 校订

出版印行：商务印书馆

出版时间：民国三十六年（1947）文库本第1版

册数：不详

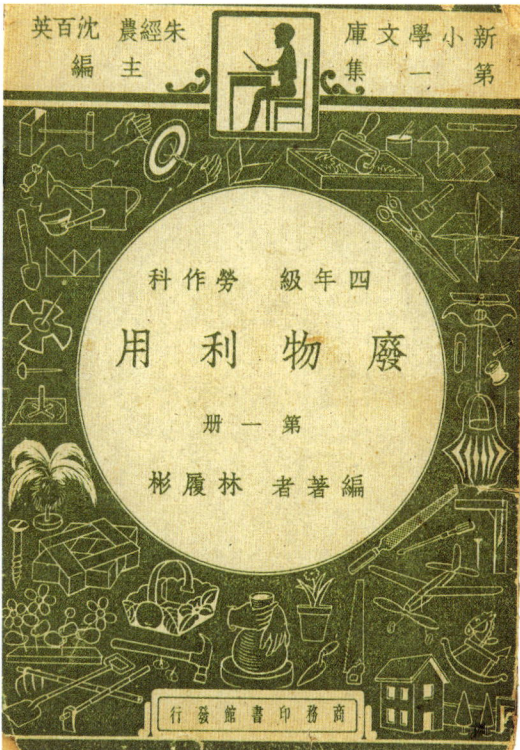

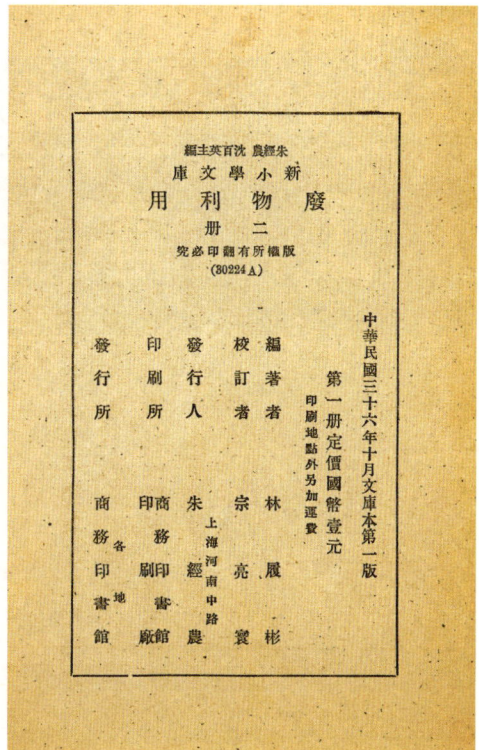

1166 | 书名：木工（新儿童基本文库）
著者：不详
出版印行：大东书局
出版时间：民国三十六年（1947）初版
册数：不详

书名：实用手工参考书
著者：熊嚳高 / 编
出版印行：商务印书馆
出版时间：不详
册数：不详

教育部審定

實用手工參攷書

第二冊

貼紙部

組紙部

上海商務印書館出版

1168 | 书名：学生手工范本
著者：宋春轩 / 著
出版印行：诚文信书局
出版时间：不详
册数：二

不許翻印

學生手工範本（上）

【全三冊定價大洋四角】
【外埠酌加運費匯費】

著作人　宋　春　軒
安東縣財神廟街第五十九號

發行人　劉　祥　亭
安東縣財神廟街第八十五號

印刷人　孫　春　生
安東縣財神廟街第五十九號

印刷所　誠文信印刷部
安東縣財神廟街第五十九號

總發行所　誠文信書局
安東縣財神廟街
電話一二一號

⑨ 历史类教材

书名：民国初等小学教科书第一简明历史启蒙

著者：胡朝阳／原著　江起鹏／二次订正

　　　周世棠／三次订正　江起鲲／四次订正

出版印行：新学会社

出版时间：光绪三十四年（1908）初版　民国十三年（1924）41版

册数：二

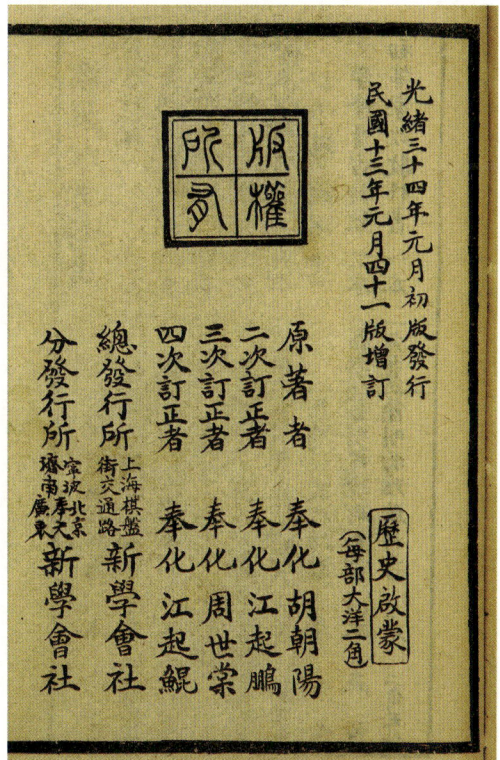

1172

书名：中华高等小学历史教科书

著者：汪楷、华绍昌、潘武 / 编

出版印行：中华书局

出版时间：民国元年（1912）初版　民国二年（1913）7版

册数：四

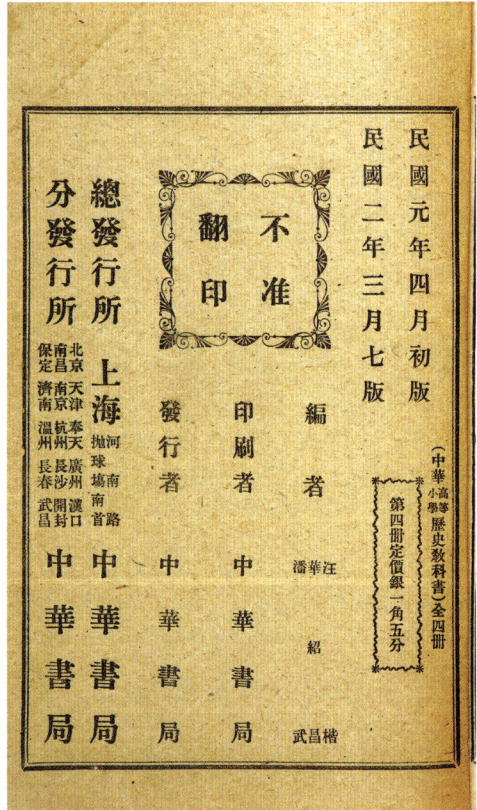

书名：订正初等小学中国历史教科书
著者：杜芝庭、蔡元培 / 编校
出版印行：上海会文堂书局
出版时间：民国元年（1912）订正初版　民国十五年（1926）22版
册数：三

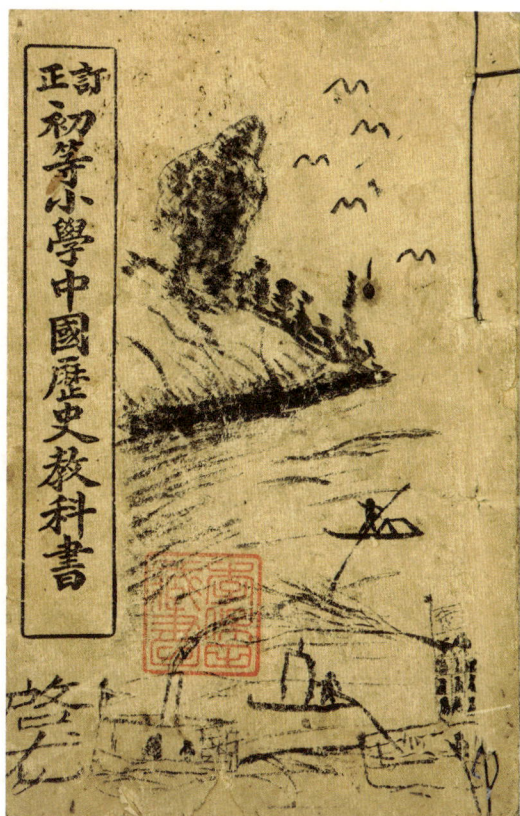

中華民國元年一月訂正初版
中華民國十五年二月二十二版
（訂正初等小學中國歷史教科書三冊）

版權所有

定價大洋三角
（外埠酌加寄費）

編校者　紹興　蔡元培　杜芝庭

印刷者　上海會文堂書局

發行者　上海會文堂書局

分發行所
漢口黃陂街
廣東雙門底
北京楊梅竹斜街
天津北門東
本京大街
西門大街
濟南院西大街
南陽
長沙

總發行所上海河南路拋球場會文堂書局

1174　书名：新编中华历史教科书（春季始业高等小学校用）

　　　著者：潘武、章嶔 / 编　范源廉、沈颐 / 阅

　　　出版印行：中华书局

　　　出版时间：民国二年（1913）发行　民国八年（1919）17版

　　　册数：六

教育部审定

新编

中華歷史教科書 三

春季始業　高等小學校用

上海中華書局印行

NEW CHUNG HWA HISTORY

FOR HIGHER PRIMARY SCHOOLS

(THIRD SERIES)

CHUNG HWA BOOK COMPANY

有著作權　不准翻印

民國二年十一月印刷
民國八年七月十七版

新編中華歷史教科書（全六冊）

（春季始業用）

每冊定價銀八分五折實售四分

（外埠酌加郵費）

分發行所　上海　河南路棚角路　中華書局

總發行所　上海　福州路　中華書局

印刷所　上海棋安寺路一九二號　中華書局

發行者　中華書局

編著者　潘武　章嶔

閱者　范源廉　沈頤

书名：高等小学新历史教科书（秋季始业学生用书）
著者：赵钲铎 / 编辑
出版印行：中国图书公司和记
出版时间：民国二年（1913）初版　民国八年（1919）12版
册数：六

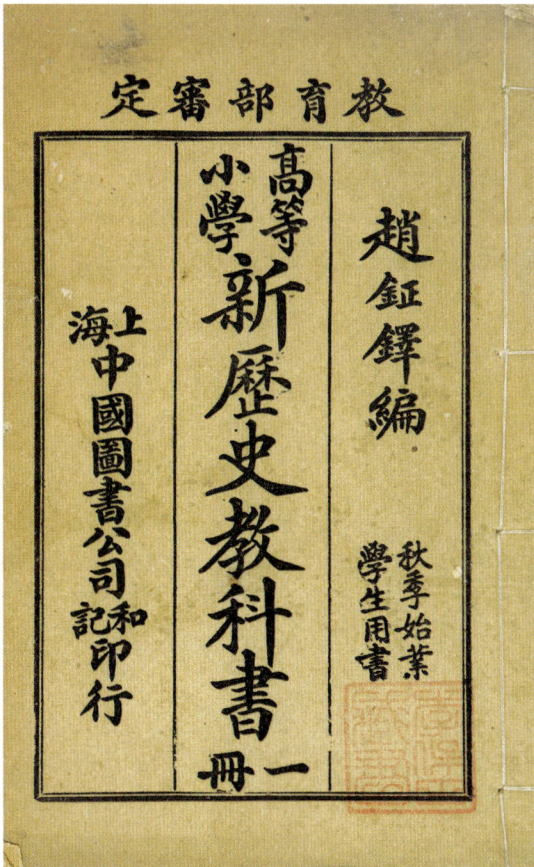

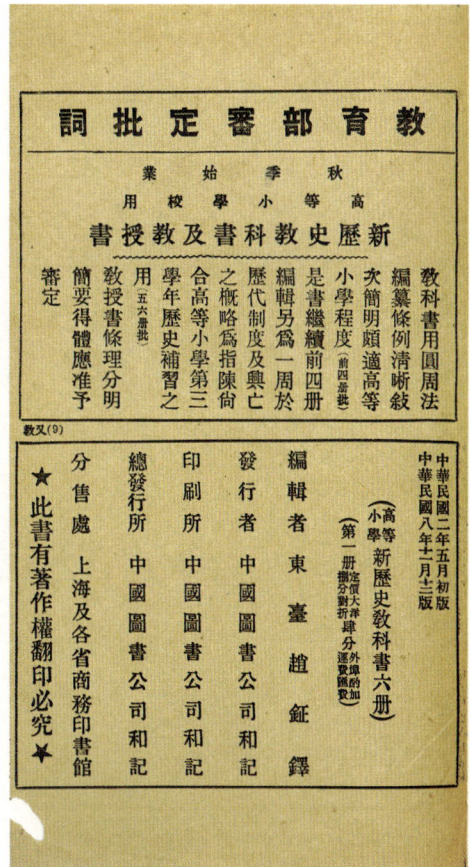

教育部審定

高等小學新歷史教科書　一冊

趙鉦鐸編

秋季始業　學生用書

上海中國圖書公司和記印行

教育部審定批詞

秋季始業
高等小學校用
新歷史教科書及教授書

教科書用圓周法
編纂條例清晰絞
次簡明顯適高等
小學程度（前四冊）
是書繼續前四冊
編輯另爲一周於
歷代制度及興亡
之概略爲指陳尙
合高等小學第三
學年歷史補習之
用〔五六兩冊批〕
教授書條理分明
簡要得體應准予
審定

教又(9)

中華民國二年五月初版
中華民國八年十二月十二版

（高等小學新歷史教科書六冊）
（第一冊定價大洋肆分外埠的加
郵費分折郵費總數）

編輯者　東臺　趙鉦鐸
發行者　中國圖書公司和記
印刷所　中國圖書公司和記
總發行所　中國圖書公司和記
分售處　上海及各省商務印書館

1176

书名：共和国教科书新历史（高等小学校秋季始业）

著者：傅运森 / 编纂　高凤谦、张元济 / 校订

出版印行：商务印书馆

出版时间：民国二年（1913）初版　民国八年（1919）36版

册数：六

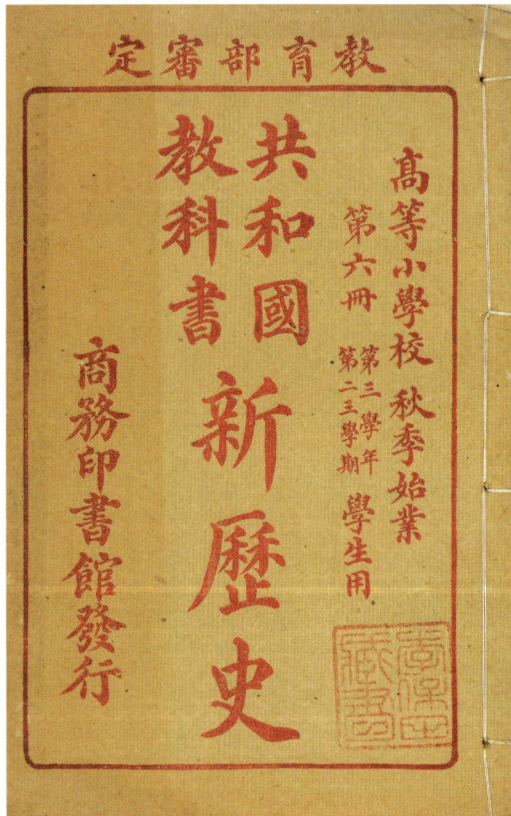

教育部審定

共和國教科書新歷史

高等小學校 秋季始業
第六冊
第三學年 第二三學期 學生用

商務印書館發行

教育部審定批詞

秋季始業

高等小學和共國教科書

新歷史教科書及教授法

本冊分配課數春季始業各合之秋季始業之用以便授法教授例井亦頗適於高等小學之教員之用

Republican Series

Chinese History

For Higher Primary Schools For Three Semesters

Approved by the Board of Education

Commercial Press, Ltd.

All rights reserved

共和國教科書新歷史六冊（每冊定價大洋 分 外埠另加運費匯費）

中華民國八年八月三十六版（高等小學校用）秋季

編纂者　寧鄉傅運森
校訂者　海鹽張元濟 長樂高鳳謙
發行者　上海商務印書館
印刷所　商務印書館
總發行所　商務印書館
分售處　商務印書館各分館

中華民國二年六月七日嘉郡註冊八月二十五日領到文字第八十五號執照

书名：新制中华历史教科书（高等小学校用）

著者：汪楷、章嵲、华绍昌／编　戴克敦、沈颐、陆费逵／阅

出版印行：中华书局

出版时间：民国二年（1913）初版　民国二年（1913）2版

册数：九

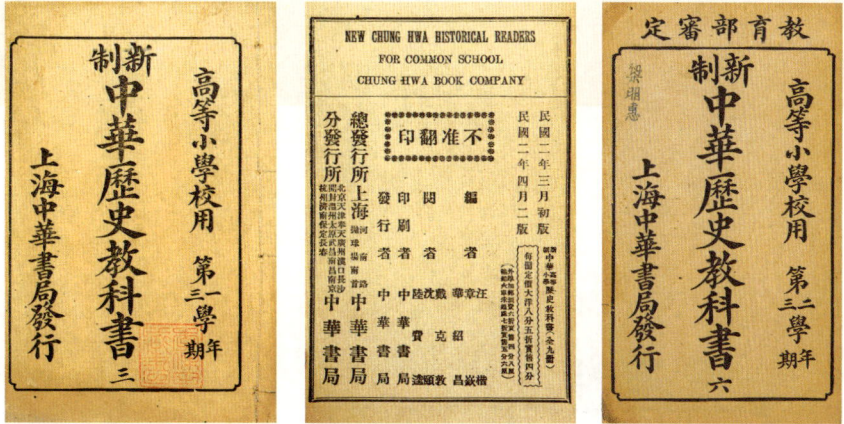

书名：订正新制历史教科书（高等小学校用）

著者：章嵲、丁锡华／编　戴克敦、沈颐、陆费逵／阅

出版印行：中华书局

出版时间：不详

册数：九

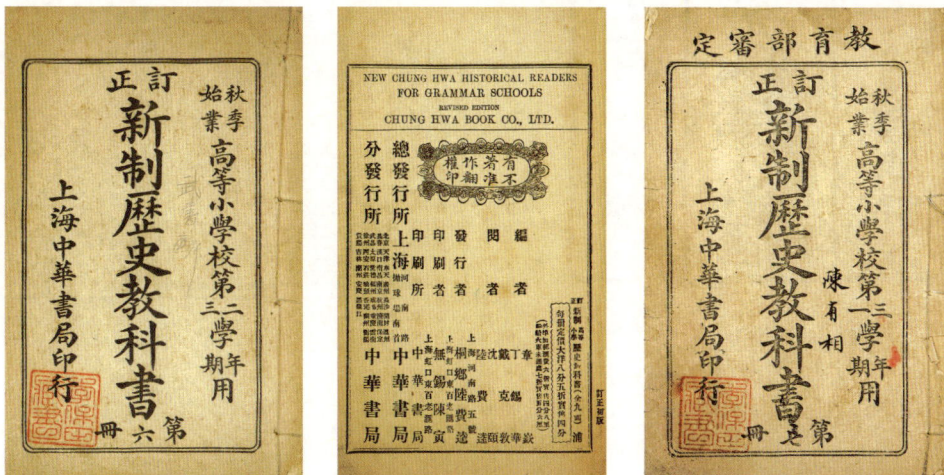

1178

书名：实用历史教科书（高等小学校学生用）
著者：北京教育图书社 / 编纂　王凤岐、邓庆澜、赵玉森 / 校订
出版印行：商务印书馆
出版时间：民国四年（1915）初版　民国五年（1916）25版
册数：六

教育部審定

實用歷史教科書

高等小學校　學生用　第一冊

上海商務印書館出版

教育部審定詞批

高等小學校用

實用歷史教科書暨教科書授書

一二三册批

第四五册批

教科書　取材簡要，措詞明顯，於每時期之末，各附以總述，簡表俾學生聯絡統系之觀念深合歷史教法。

教授書　亦詳明適用准作爲高等小學校歷史教科書及教授書之用。

備應予審定爲高等小學歷史教科書及教授書

普(38)

PRACTICAL SERIES
HISTORY OF CHINA
For Higher Primary Schools
COMMERCIAL PRESS, LTD.

中華民國四年十二月初版
中華民國五年四月廿五版
（高等小學實用歷史教科書六册）
（第一册定價大洋肆分 外埠酌加運費照算）

編纂者　北京教育圖書社
校訂者　天津王元氏／丹徒趙玉森／鄧慶瀾
發行者　商務印書館
印刷所　商務印書館
總發行所　上海商務印書館
分售處　商務印書分館

此書有著作權翻印必究

书名：新式历史教科书（高等小学校用）

著者：杨喆、庄启传 / 编辑　沈颐、范源廉、沈恩孚、崔景元 / 阅订

出版印行：中华书局

出版时间：民国五年（1916）初版　民国六年（1917）4版

册数：六

教育部審定

新式

歷史教科書

高等小學校用

第二冊

上海中華書局印行

新式

歷史教科書

高等小學校用

第六冊

上海中華書局印行

CHUNG HWA HISTORICAL READERS
FOR HIGHER PRIMARY SCHOOLS
(NEW EDITION)
CHUNG HWA BOOK CO., LTD.

（新式高等小學歷史教科書）全六冊 毛

每冊定價大洋八分五折實售四分

（外埠加郵匯費六折實售四分八厘 輪船火車未通處七折實售五分六厘）

民國五年七月印刷

民國五年七月發行

民國六年二月四版

有著作權 不准翻印

編輯者 武進楊喆 丹徒莊啟傳

閱訂者 武進沈頤 湘陰范源廉 吳縣沈恩孚 南海崔景元

發行者 桐鄉陸費逵

印刷者 無錫俞復

印刷所 上海靜安寺路一九二號 中華書局

總發行所 上海福州路河南路轉角 中華書局

分發行所 北京 天津 奉天 廣州 長沙 開封 溫州 長春 漢口 南昌 南京 杭州 濟南 保定 武昌 太原 常德 福州 成都 重慶 雲南 徐州 西安 汕頭 香港 蘭州 衡陽 貴陽 吉林 潮州 安慶 桂林 東昌 廈門 蘭谿 石家莊 黑龍江 張家口 哈爾濱 新加坡 中華書局

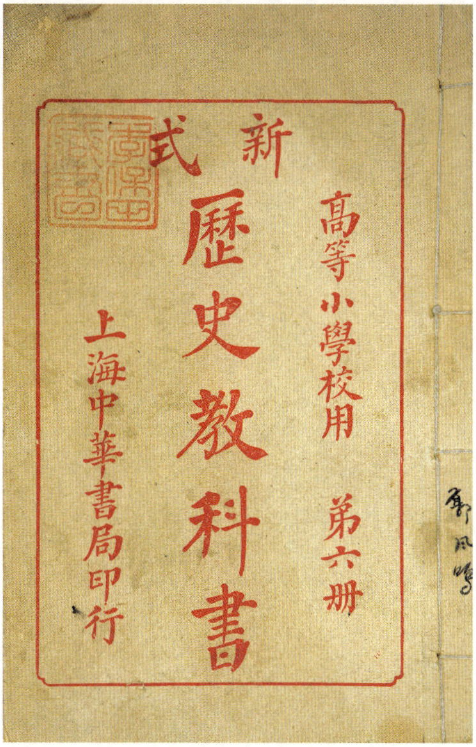

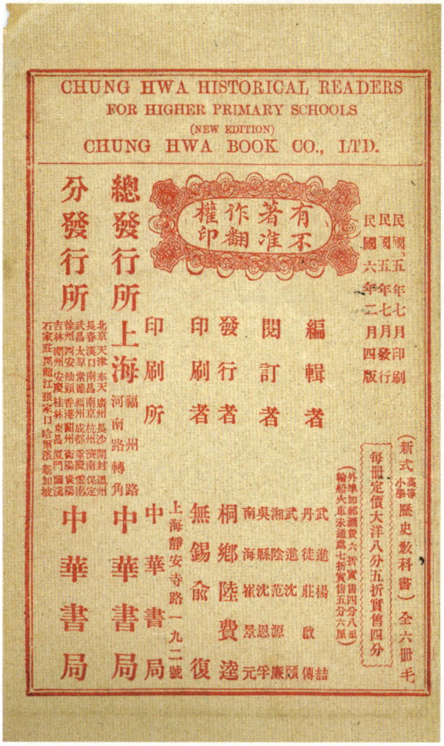

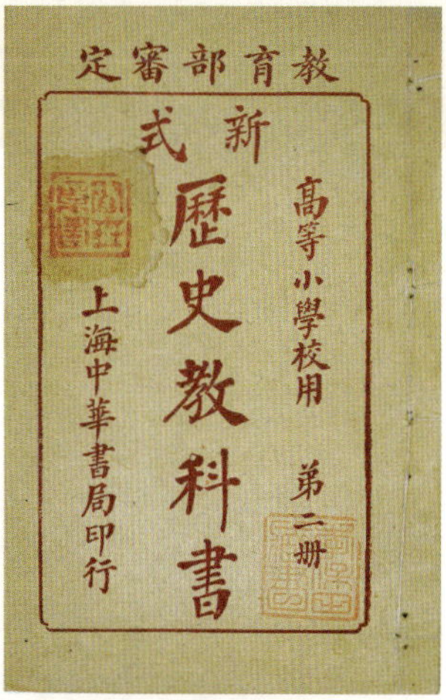

1180　书名：新法历史教科书（高等小学学生用）

　　　　著者：吴研因／编纂　庄俞、吕思勉、范祥善、高凤谦／校订

　　　　出版印行：商务印书馆

　　　　出版时间：民国九年（1920）初版　民国九年（1920）17版

　　　　册数：六

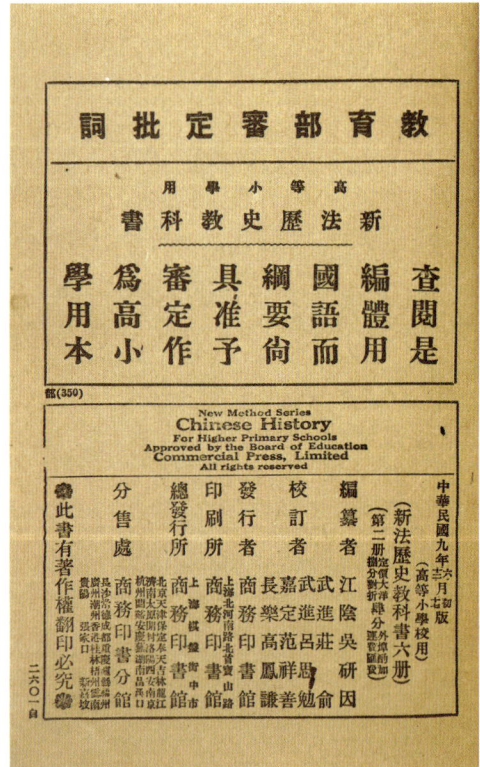

书名：新教育教科书历史（高等小学校用）
著者：洪鋆、朱文叔、李廷翰、陆费逵、李直、张相 / 编辑及校阅
出版印行：中华书局
出版时间：民国十年（1921）发行　民国十二年（1923）12版
册数：六

教育部審定

新教育教科書

歷史

一

高等小學校用

中華書局印行

另售有教科備鉴教員用

國恥小史

全一冊　一角半

小朋友！這個人受著的痛苦，多麼可憐哎！這個人還是糊糊塗塗

唯小朋友你們知道我們中華民國受著的痛苦嗎趕快到中華

書局去買兩本國恥小史看看！

兒牢(9)

NEW EDUCATIONAL HISTORICAL READERS
FOR HIGHER PRIMARY SCHOOLS
CHUNG HWA BOOK COMPANY LTD

新教育教科書　歷　史　（高等小學校用）（全六冊）

民國十年一月發行
民國十二年七月十二版

（每冊定價銀八分五分六釐）

（外埠酌加寄滙費）

編輯及　洪鋆　李廷翰　張相　陸費逵　朱文叔

校閲者

發行者　中華書局

印刷所　上海　中華書局

總發行所　中華書局

分發行所　中華書局

※有著作權不准翻印※

1182

书名：新法历史教科书（新学制小学后期用）

著者：傅运森 / 编纂

出版印行：商务印书馆

出版时间：民国十一年（1922）初版　民国十三年（1924）46版

册数：四

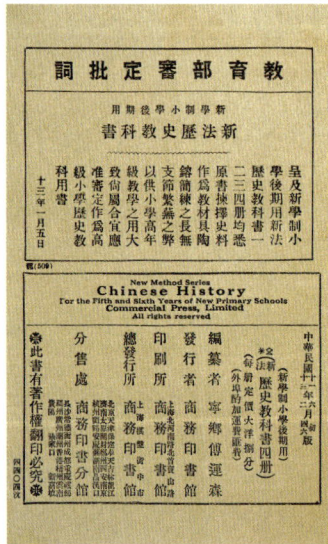

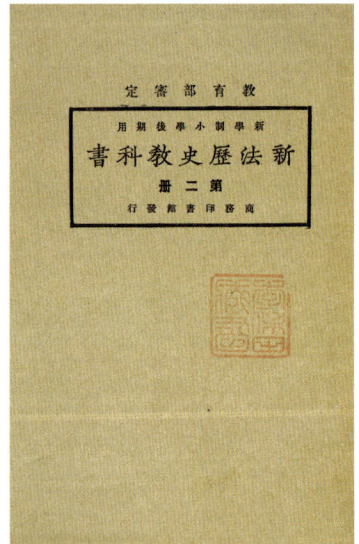

书名：新小学教科书历史课本（新学制适用）

著者：金兆梓、洪鋆／编　陆费逵、朱文叔、戴克敦、张相／校

出版印行：中华书局

出版时间：民国十二年（1923）发行　民国十五年（1926）19版

册数：四

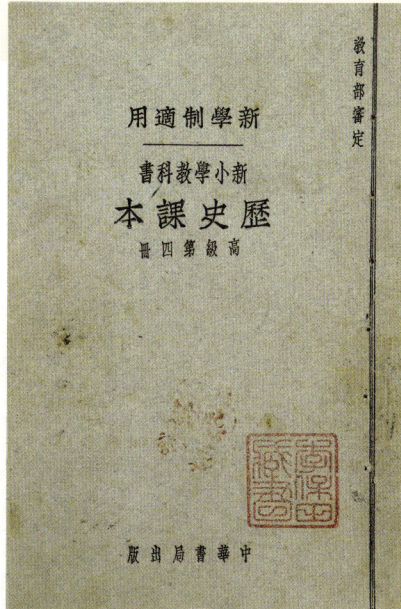

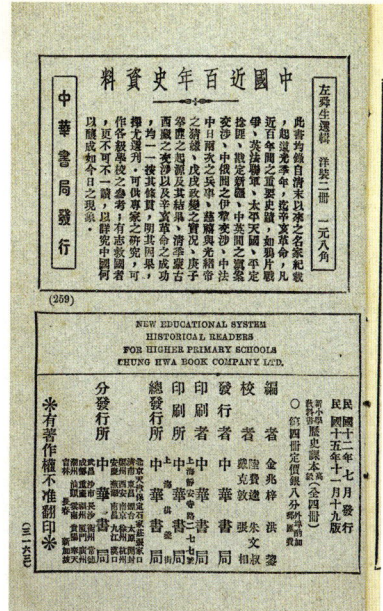

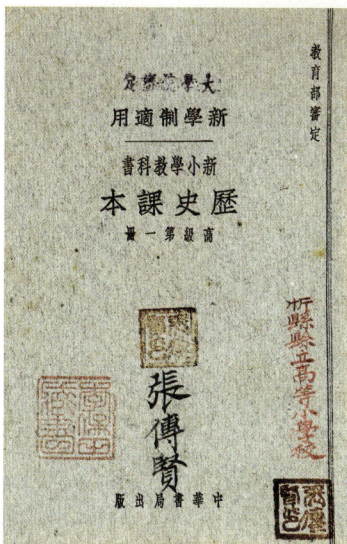

1184　书名：文体历史教科书（新学制适用小学高级）

著者：张鸿英 / 编

出版印行：中华书局

出版时间：民国十三年（1924）初版　民国十五年（1926）4版

册数：四

新學制適用

小學高級

文體歷史教科書

第四冊

張鴻英編

中華書局印行

半(2039)

NEW EDUCATIONAL SYSTEM
HISTORICAL READERS
FOR HIGHER PRIMARY SCHOOLS
CHUNG HWA BOOK COMPANY LTD.

※有著作權不准翻印※

分發行所　中華書局

北京天津保定石家正張家口
南京南昌青島
西安濟南
漢口蕪湖九江杭州紹興
廣州潮州成都重慶
常德沙市
天津汕頭長沙
吉林雲南昆明門州
哈爾濱加貴陽衡州
奉天安慶加開封徐州

印刷所　上海靜安寺路一九二號　中華書局

印刷者　中華書局

發行者　中華書局

總發行所　上海棋盤街　中華書局

編者　張鴻英

小學文體歷史教科書（全四冊）
高級第四冊定價銀八分郵埠酌加

民國十三年十二月發行
民國十五年一月四版

书名：新撰历史教科书（新学制小学校高级用）

著者：傅运森 / 编纂

出版印行：商务印书馆

出版时间：民国十三年（1924）初版　民国十五年（1926）35版

册数：四

商務印書館出版

教育部審定　高等小學用

共和國教科書

新修身　法制大意　新國文　新歷史　新地理　新算術　新算術　新理科　新理科筆記　理科掛圖　新農業　新商業　英文讀本　新圖畫　新圖畫　新手工　新縫紉　新唱歌　新體操

（加＊之編有春季秋季兩種餘春秋季通用）

元(1929)

Up-to-date Series
Chinese History
For Higher Primary Schools
The Commercial Press, Limited
All rights reserved

中華民國十三年六月初版
十五年二月三五版

（小學校高級用書）

（新撰歷史教科書四冊）

（第一冊定價大洋捌分實售七折）

（外埠酌加運費匯費）

編纂者　傅運森

發行者　商務印書館

印刷所　上海北河南路北首寶山路　商務印書館

總發行所　上海棋盤街中市　商務印書館

分售處　北京　天津　保定　奉天　吉林　龍江　濟南　太原　開封　西安　南京　杭州　蘭谿　安慶　蕪湖　南昌　漢口　長沙　常德　衡州　成都　重慶　福州　廣州　潮州　香港　梧州　雲南　貴陽　張家口　新嘉坡　商務印書館分館

※此書有著作權翻印必究※

九九二白

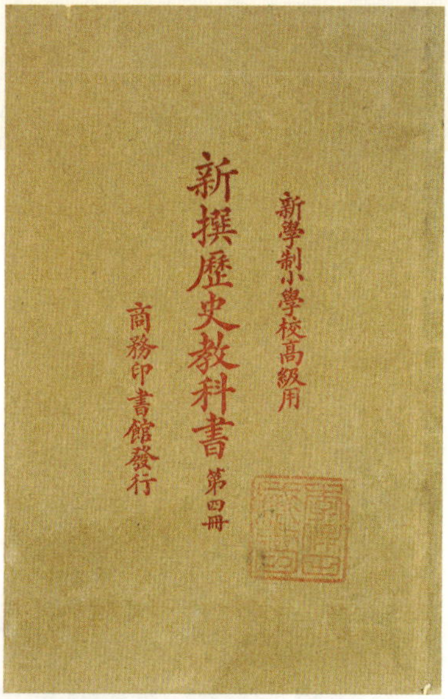

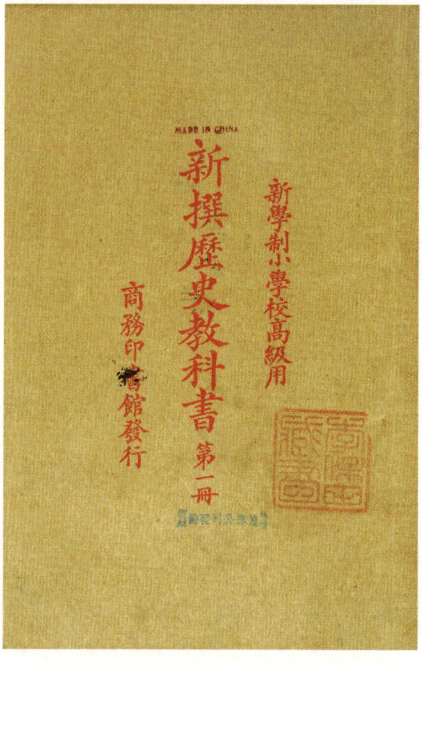

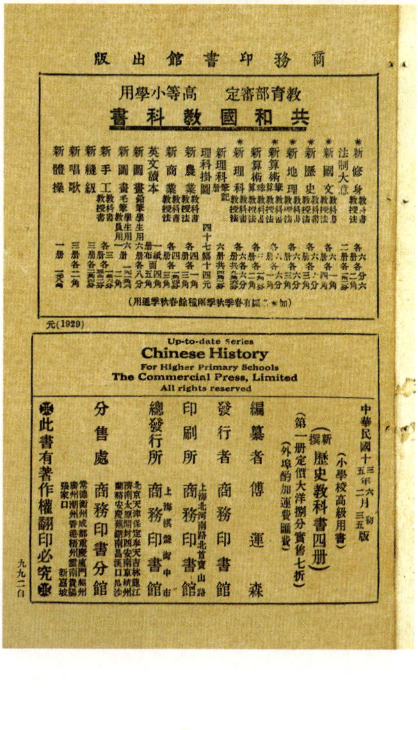

1186 | 书名：新学制历史教科书（小学校高级用）
著者：傅运森 / 编纂　朱经农、王云五 / 校订
出版印行：商务印书馆
出版时间：民国十三年（1924）初版　民国十七年（1928）110 版
册数：四

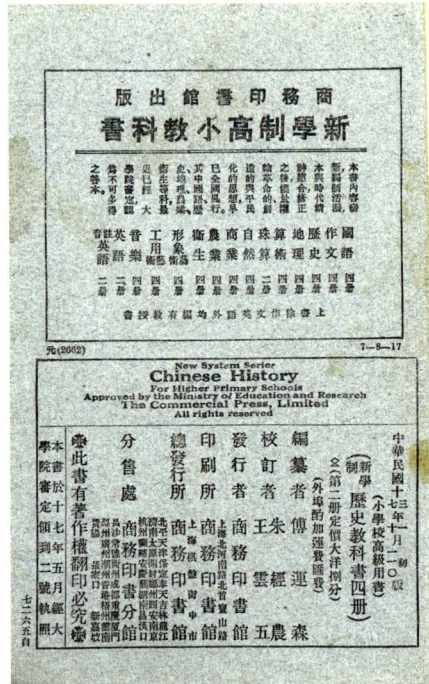

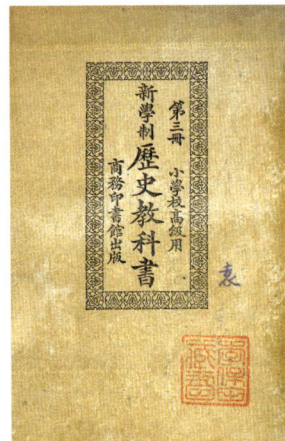

书名：新学制小学教科书高级历史课本

著者：杨喆、朱翊新 / 编辑　范祥善、董文 / 校订

出版印行：世界书局

出版时间：民国十四年（1925）初版　民国十五年（1926）16版

册数：四

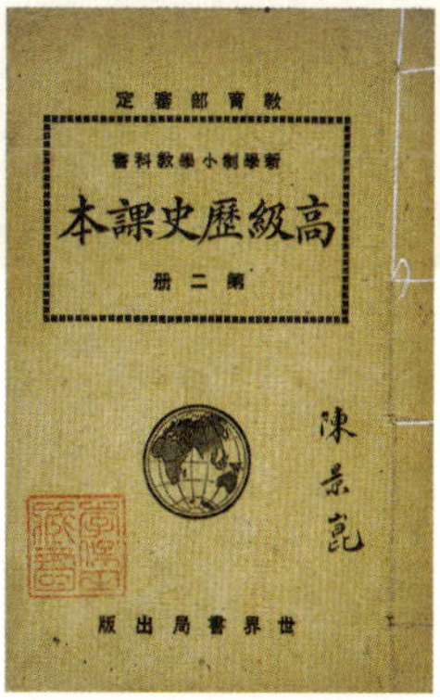

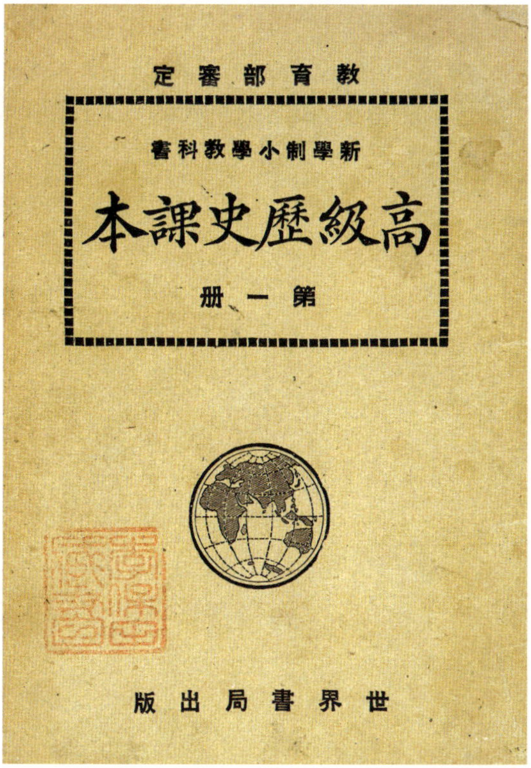

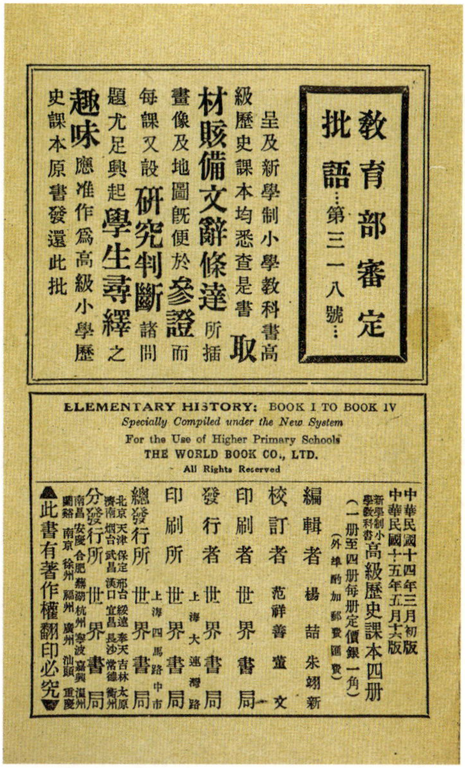

教育部審定批語…第三一八號…

呈及新學制小學教科書高級歷史課本均悉查是書取材賅備文辭條達所插畫像及地圖既便於參證而每課又設研究判斷諸問題尤足興起學生尋繹之趣味應准作為高級小學歷史課本原書發還此批

ELEMENTARY HISTORY: BOOK I TO BOOK IV
Specially Compiled under the New System
For the Use of Higher Primary Schools
THE WORLD BOOK CO., LTD.
All Rights Reserved

中華民國十四年三月初版
中華民國十五年五月十六版

新學制小學教科書高級歷史課本四冊
（一冊至四冊每冊定價銀一角）
（外埠酌加郵費匯費）

編輯者　楊喆　朱翊新
校訂者　范祥善　董文
印刷者　世界書局
發行者　上海大連灣路　世界書局
印刷所　上海四馬路中市　世界書局
總發行所　世界書局
分發行所　北京　天津　保定　邢台　綏遠　奉天　吉林　太原　濟南　烟台　武昌　漢口　宜昌　長沙　常德　衡州　南昌　安慶　合肥　蕪湖　杭州　寧波　嘉興　溫州　蘭谿　南京　徐州　福州　廣州　汕頭　重慶　世界書局

1188

书名：新时代历史教科书（小学校高级用）

著者：傅林一／编纂　王云五／校订

出版印行：商务印书馆

出版时间：民国十六年（1927）初版　民国十八年（1929）150版

册数：四

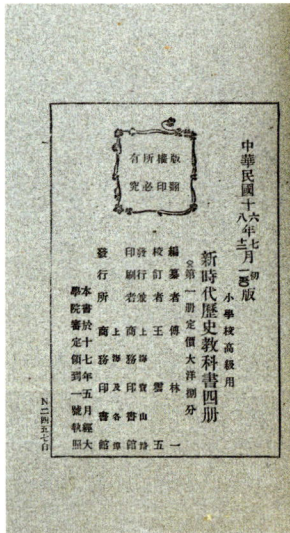

书名：新中华历史课本（小学校高级用）
著者：郑昶、洪鋆 / 编　陈棠、张相 / 校
出版印行：中华书局
出版时间：民国十七年（1928）初版　民国二十年（1931）22版
册数：四

小學校高級用

新中華歷史課本

第三冊

編者　鄭昶　洪鋆

校者　陳棠　張相

教育部審定（民國十九年五月十二日）

上海中華書局印行

國民政府內政部註冊　民國二十年一月二十四日執照第六五一號

民國十七年十二月發行
民國二十年十一月廿二版

小學校高級用

新中華歷史課本（全四冊）

(三) 第三冊定價銀八分

編者　鄭昶　洪鋆

校版者　陳棠　張相

出版者　新國民圖書社

印刷者　中華書局

發行者　中華書局

發行所　上海　北平　天津　濟南　青島　南京　武昌　漢口　長沙　常德　廣州　汕頭　成都　重慶　九江　安慶　蕪湖　南昌　杭州　溫州　紹興　加拿大　新嘉坡　香港　吉隆　梧州　廈門　福州　哈爾濱　奉天

有著作權　不准翻印

（四九四五）

1190　书名：新主义历史课本（小学高级学生用）
　　　著者：朱翊新 / 编辑　魏冰心、范祥善 / 校订
　　　出版印行：世界书局
　　　出版时间：民国十九年（1930）审定　民国二十年（1931）5版
　　　册数：四

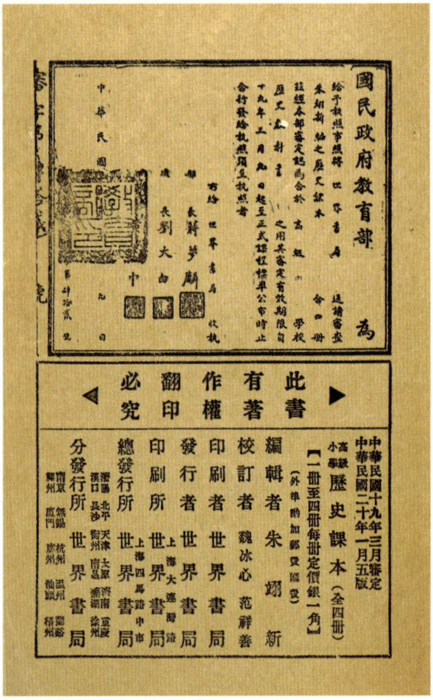

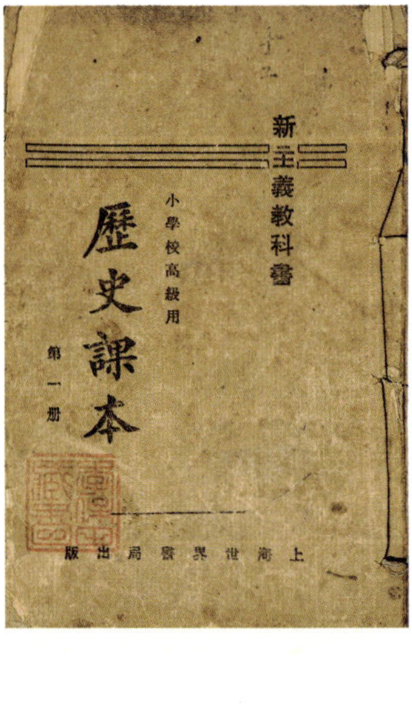

书名：新小学历史读本
著者：陆保璿、张兆瑢 / 著　许慕羲 / 校订
出版印行：广益书局
出版时间：民国二十一年（1932）4 版
册数：二

1191

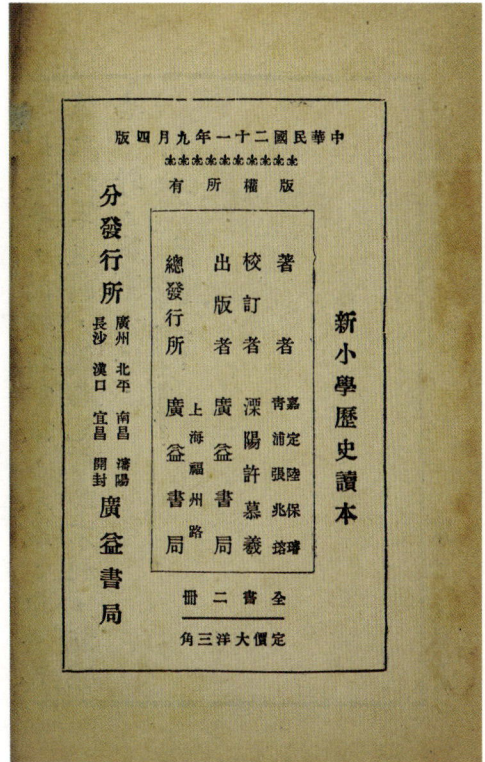

1192　书名：复兴历史教科书（新课程标准适用）

著者：徐映川 / 编著　王云五、傅纬平 / 校订

出版印行：商务印书馆

出版时间：民国二十二年（1933）初版　民国二十二年（1933）65版

册数：四

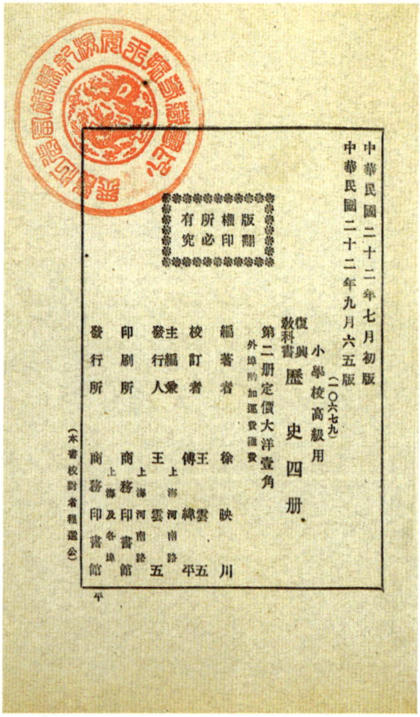

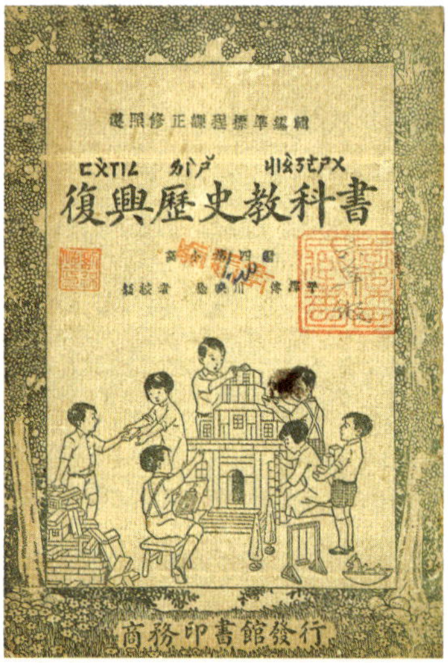

书名：小学历史课本（新课程标准适用） 1193
著者：姚绍华 / 编　金兆梓 / 校
出版印行：中华书局
出版时间：民国二十二年（1933）发行　民国二十四年（1935）48版
册数：四

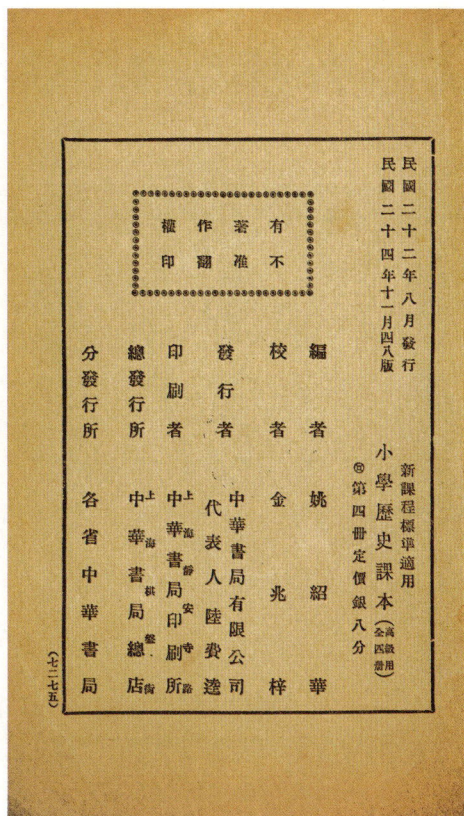

书名：高小新历史（新课程标准高级小学学生用）
著者：朱翊新 / 编辑
出版印行：世界书局
出版时间：民国二十六年（1937）初版　民国二十七年（1938）新8版
册数：四

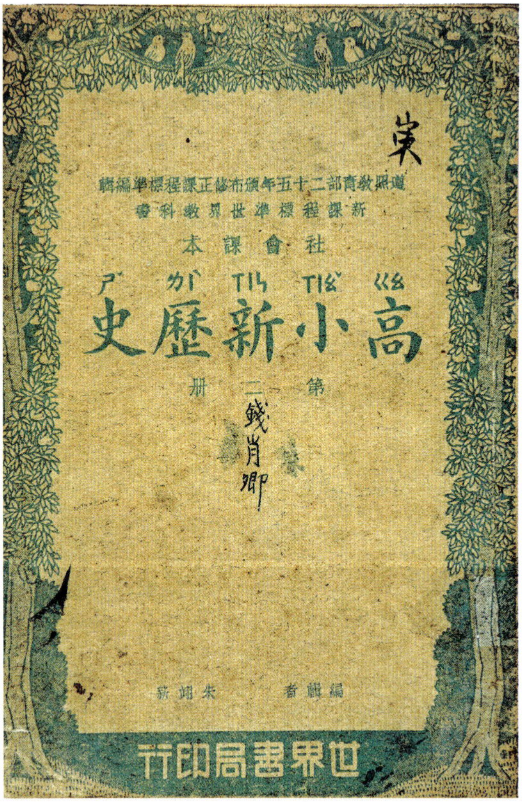

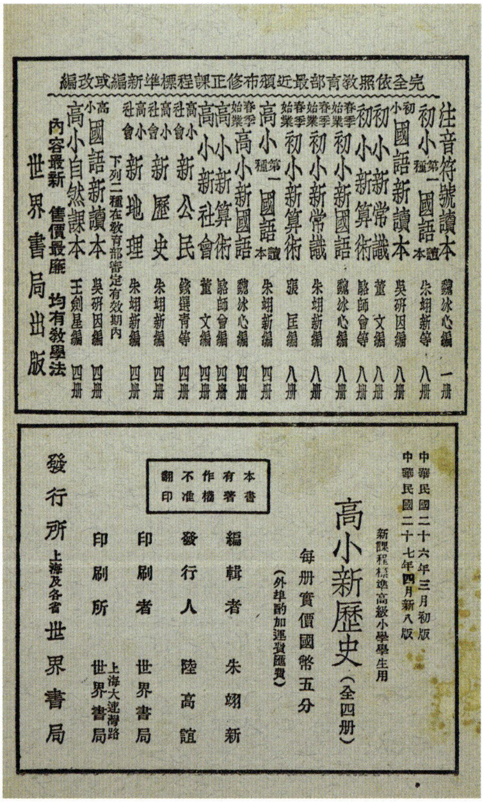

完全依照教育部最近頒布修正課程標準新編或改編

注音符號讀本	魏冰心編	一冊
初小國語讀本（第一種）	朱翊新等	八冊
初小國語新讀本	吳研因編	八冊
初小新常識	董文編	八冊
初小新算術	駱師曾等	八冊
初小新國語（春季始業）	魏冰心編	八冊
初小新常識（春季始業）	朱翊新編	八冊
初小新算術（春季始業）	張匡編	八冊
高小國語讀本（第一種）	朱翊新編	四冊
高小新國語（春季始業）	魏冰心編	四冊
高小新算術	駱師曾編	四冊
高小新社會	董文編	四冊
高小社會 新公民	錢選青等	四冊
高小社會 新歷史	朱翊新編	四冊
高小社會 新地理	朱翊新編	四冊
下列二種在教育部審定有效期內		
高小國語新讀本	吳研因編	四冊
高小自然課本	王劍星編	四冊

內容最新　售價最廉　均有教學法

世界書局出版

中華民國二十六年三月初版
中華民國二十七年四月新八版

新課程標準高級小學學生用

高小新歷史（全四冊）

每冊實價國幣五分
（外埠酌加運費匯費）

本書有著作權不准翻印

編輯者 朱翊新
發行人 陸高誼
印刷者 世界書局
印刷所 上海大連灣路 世界書局
發行所 上海及各省 世界書局

书名：高小历史课本（修正课程标准适用）

著者：范作乘 / 编　姚绍华 / 校

出版印行：中华书局

出版时间：民国三十年（1941）97版

册数：四

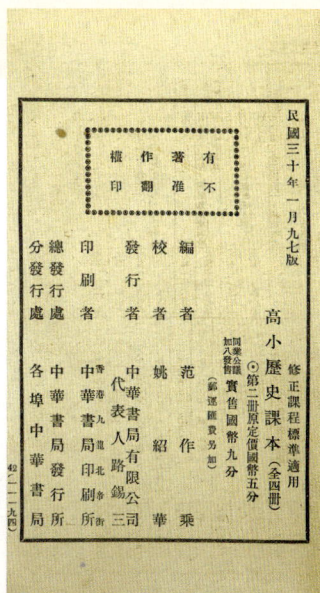

1196　书名：高级小学历史
　　　　著者：国立编译馆 / 主编　蒋子奇、聂家裕 / 编辑　金兆梓、邓广铭 / 校阅
　　　　　　　沈麓元、计维新、唐冠芳 / 绘图
　　　　出版印行：大东书局
　　　　出版时间：民国三十六年（1947）第二次修订本
　　　　册数：四

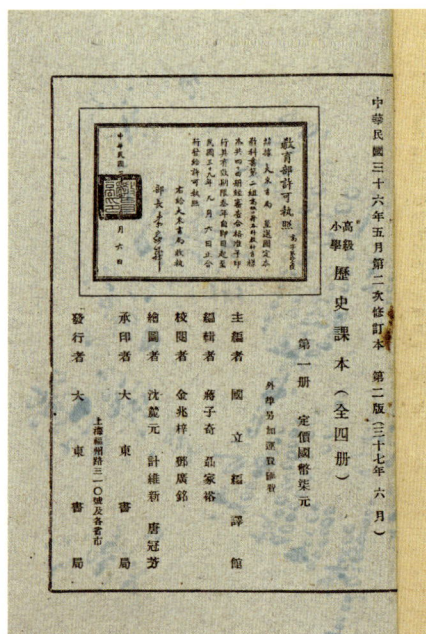

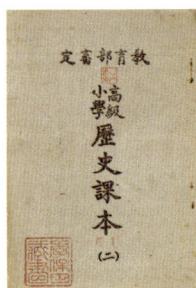

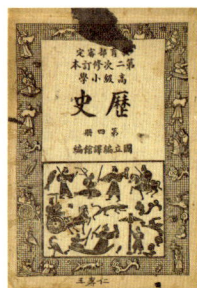

书名：高级小学历史

著者：国立编译馆 / 主编　　吴鼎、俞焕斗、陈伯吹、张超、潘仁 / 编辑

　　　金兆梓、陈子展、罗根泽 / 修订

出版印行：国定中小学教科书联合供应处

出版时间：民国三十七年（1948）修订本粤白报纸本第3版

　　册数：四

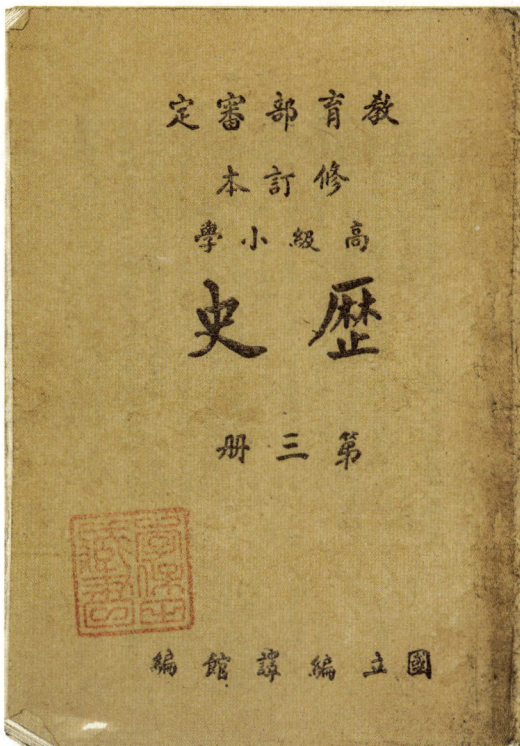

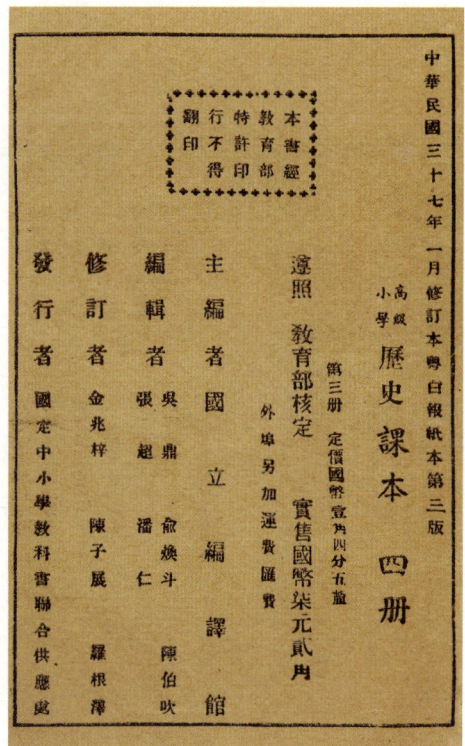

书名：中华中学历史教科书（本国之部）

著者：潘武 / 编

出版印行：中华书局

出版时间：不详

册数：不详

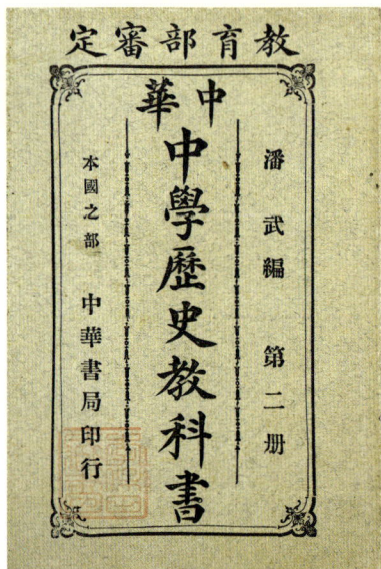

书名：中华中学历史教科书（西洋之部）

著者：张相 / 编译　戴克敦、姚汉章、陆费逵 / 阅

出版印行：中华书局

出版时间：民国元年（1912）初版

　　　　　民国四年（1915）9版

册数：四

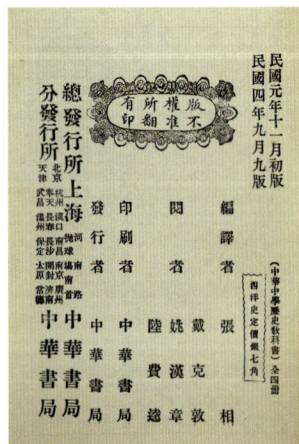

书名：新学制历史教科书（初级中学用）

著者：傅运森 / 编辑　朱经农、胡适、王云五 / 校订

出版印行：商务印书馆

出版时间：民国十二年（1923）初版　民国十八年（1929）63版

册数：二

新學制
歷史教科書
下冊
初級中學用

編輯者　傅運森

校訂者　胡適　王岫廬　朱經農

商務印書館印行

大學院審定
三民主義教育適用

新時代
初級中學 教科書

三民主義
纂輯三民主義教本·現各三角
鏄紛五權憲法
教科書
國語
本國歷史教本
本國地理
世界史
世界地理

商務印書館出版

New System Series
History
For Junior Middle Schools
The Commercial Press, Limited
All rights reserved

中華民國十二年七月初版
（初級中學用）
歷史教科書一冊
（下冊定價大洋肆角）
（外埠酌加運費匯費）

編輯者　傅運森
校訂者　朱經農　胡適　王雲五
發行所　商務印書館
印刷所　商務印書館
總發行所　商務印書館
分售處　商務印書館

★ 此書有著作權翻印必究

教育部審定

新學制
歷史教科書
上冊
初級中學用

編輯者　傅運森

校訂者　胡適　王岫廬　朱經農

Li Shou Sun

商務印書館印行

书名：新中学教科书初级本国历史

著者：金兆梓 / 编　戴克敦、张相 / 校

出版印行：中华书局

出版时间：民国十二年（1923）发行　民国十八年（1929）28 版

册数：二

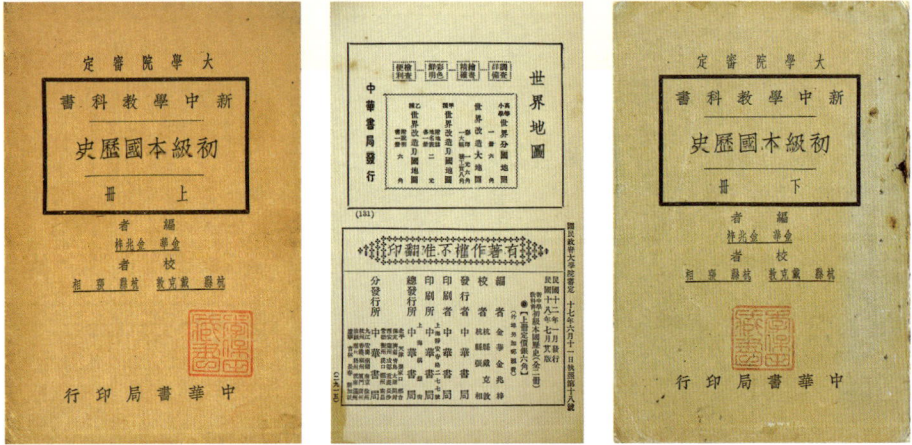

书名：新中学教科书初级世界史

著者：金兆梓 / 编　戴克敦、张相 / 校

出版印行：中华书局

出版时间：民国十三年（1924）发行　民国十四年（1925）6 版

册数：一

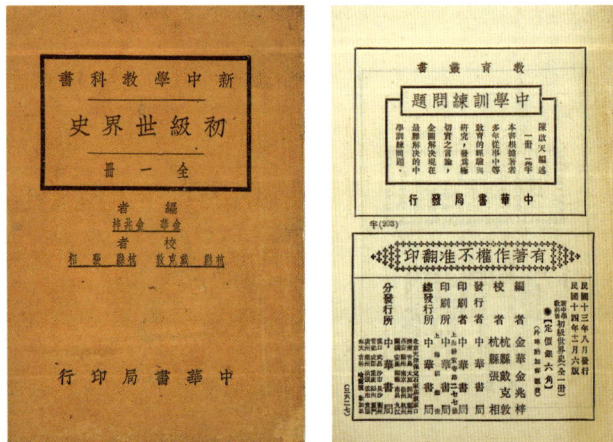

书名：新撰初级中学教科书本国史

著者：陆光宇 / 编辑

出版印行：商务印书馆

出版时间：民国十四年（1925）

册数：不详

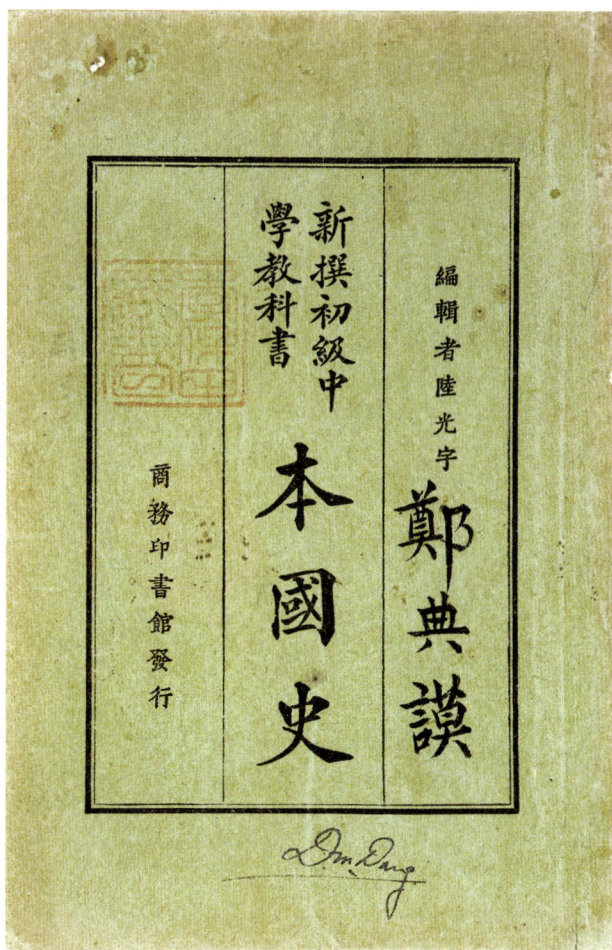

1202 | 书名：新撰初级中学教科书世界史
著者：周传儒 / 编辑　何炳松、王岫庐、朱经农 / 校订
出版印行：商务印书馆
出版时间：民国十四年（1925）初版　民国十五年（1926）11版
册数：二

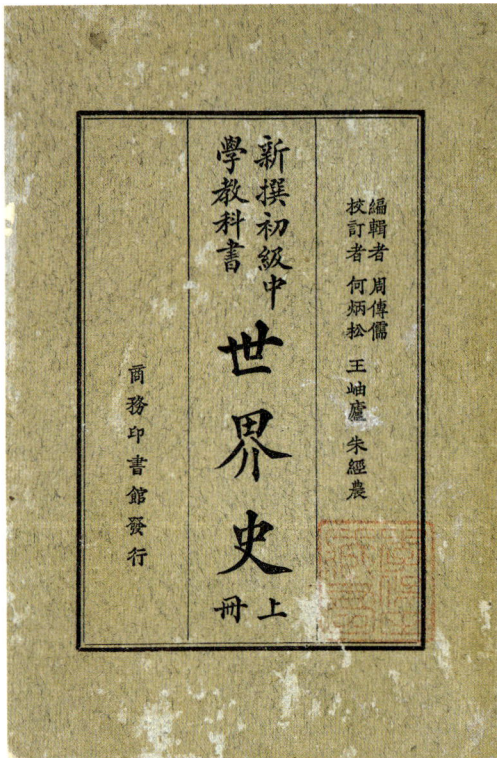

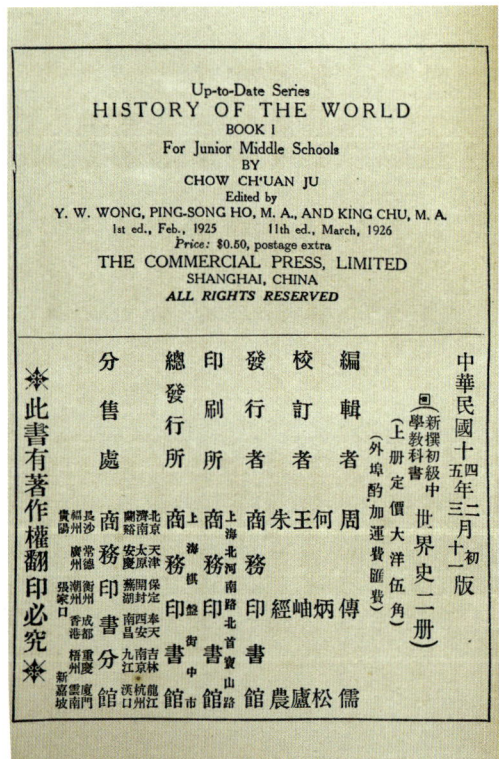

书名：现代初中教科书本国史

著者：顾颉刚、王钟麒 / 编辑　胡适 / 校订

出版印行：商务印书馆

出版时间：1925年

册数：三

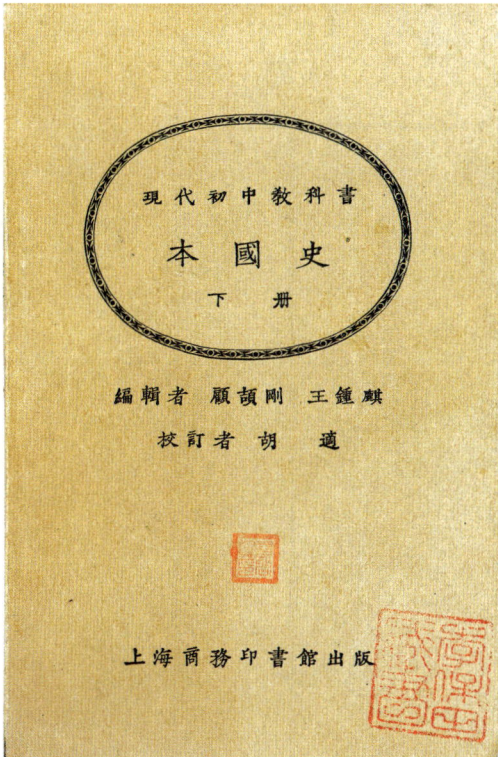

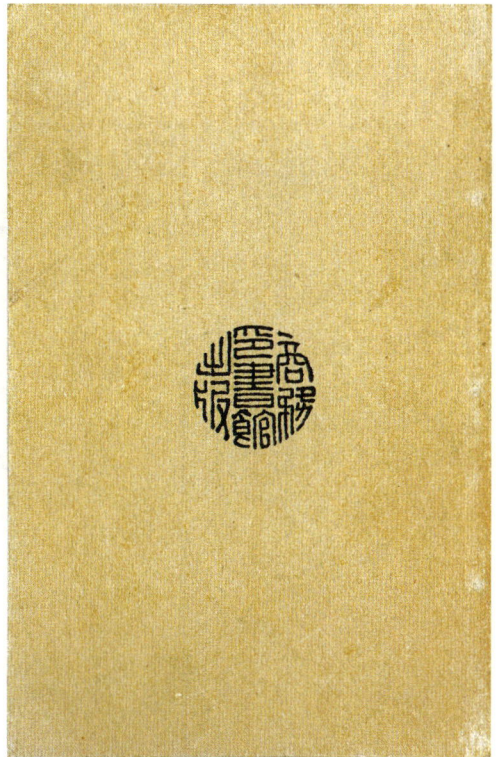

1204　书名：初中历史（初级中学学生用）

著者：沈味之、朱翊新、朱公振 / 编　董文、魏冰心 / 校

出版印行：世界书局

出版时间：民国十八年（1929）

册数：六

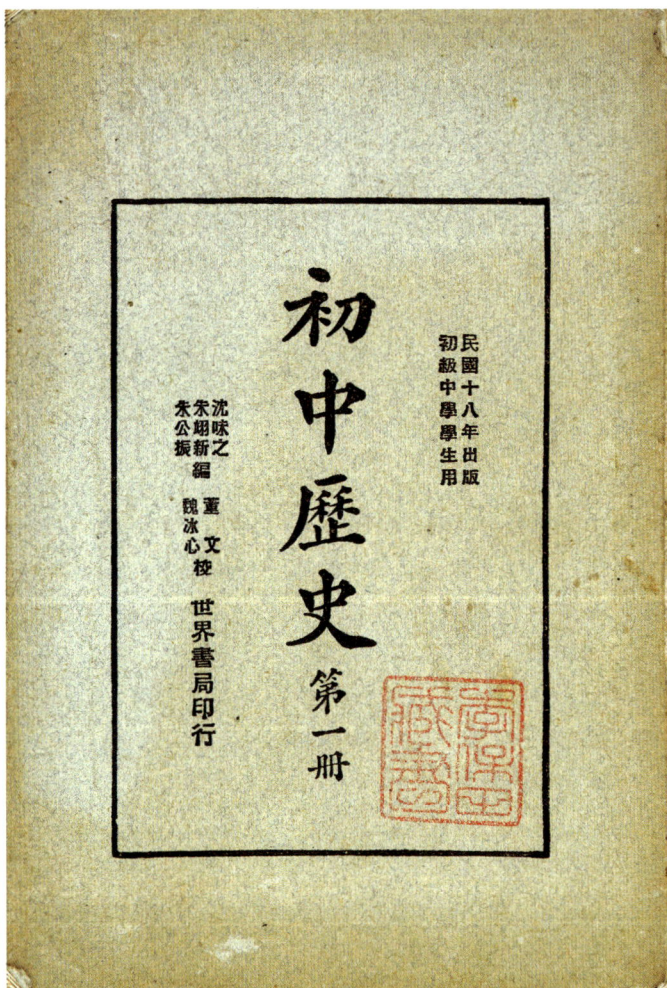

书名：初中本国史
著者：黄人济、朱翊新、陆并谦 / 编著
　　　范祥善 / 校阅
出版印行：世界书局
出版时间：民国廿一年（1932）订正 7 版
册数：四

书名：初中外国史
著者：黄人济、朱翊新、陆并谦 / 编著
　　　范祥善 / 校阅
出版印行：世界书局
出版时间：民国十九年（1930）
册数：二

1205

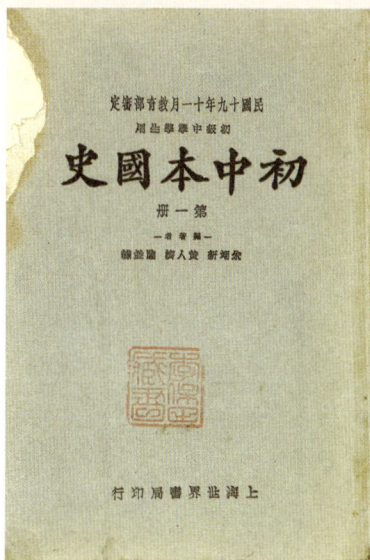

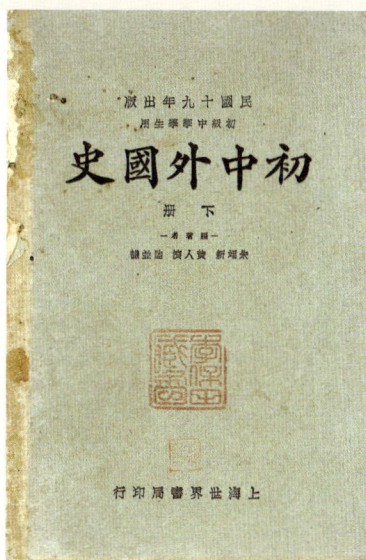

1206 书名：开明本国史教本（初级中学学生用）
著者：周予同 / 著
出版印行：立达学园
出版时间：民国二十年（1931）初版　民国二十年（1931）3版
册数：不详

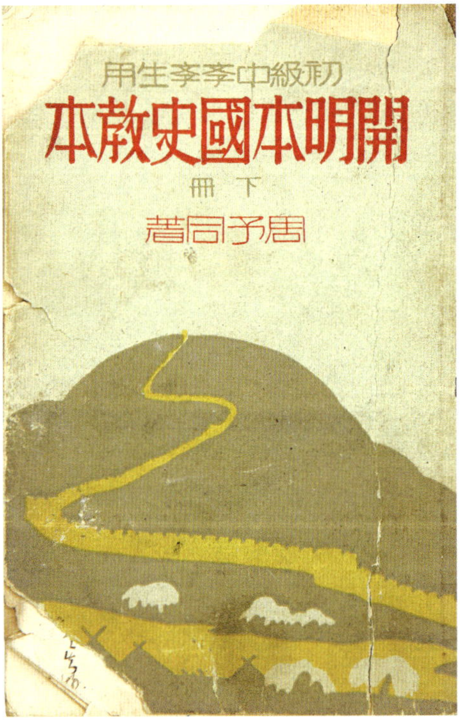

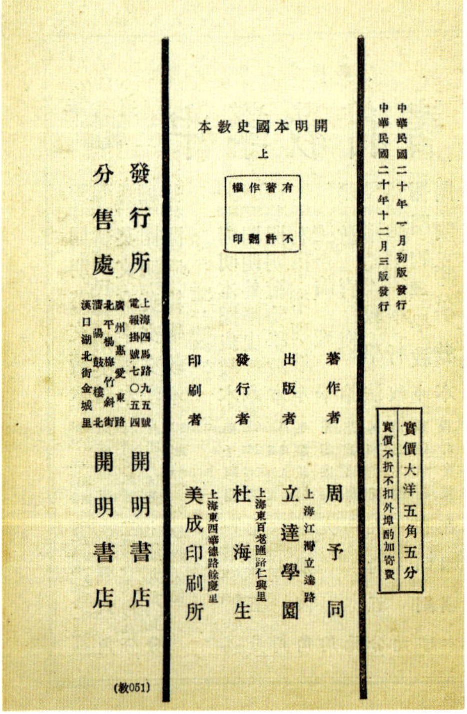

中華民國二十年一月初版發行
中華民國二十年十二月三版發行

實價大洋五角五分
實價不折不扣外埠酌加寄費

開明本國史教本
上

有著作權
不許翻印

著作者　周予同
出版者　立達學園　上海江灣立達路
發行者　杜海生　上海東百老匯路仁興里
印刷者　美成印刷所　上海東西華德路餘慶里

發行所　開明書店　上海四馬路九五號　電報掛號七〇五四
分售處　開明書店　廣州惠愛東路　北平楊梅竹斜街　瀋陽鼓樓北　漢口湖北街金城里

（教051）

书名：新中华本国史（语体；初级中学用）
著者：郑昶／编　金兆梓／校
出版印行：中华书局
出版时间：民国二十年（1931）发行　民国廿一年（1932）8版
册数：二
备注：语体，即白话文。

教育部審定（民國二十年六月十六日）

初級中學用

新中華本國史

（語體）

下冊

編者　鄭昶

校者　金兆梓

上海中華書局印行

有著作權
不准翻印

國民政府內政部註冊
二十一年六月十六日轅照警字第一四二八號

民國二十年一月發行
民國廿一年十一月八版

新中華本國史（全二冊）
初級中學用
◎〔下冊定價每六角〕

編者　鄭昶

校者　金兆梓

出版者　中華書局

印刷者　中華書局

發行者　新國民圖書社
上海靜安寺路一八六號

發行所　中華書局
上海
北平　天津　保定　太原　長沙　漢口　西安　重慶　成都　九江　南昌　安慶　蕪湖　蘇州　廣州　桂林　梧州　吉安　贛州　南寧

（六二三）

1208　书名：谢氏初中本国史（初级中学学生用）
　　　著者：谢兴尧 / 编著　朱翊新 / 校订
　　　出版印行：世界书局
　　　出版时间：民国二十二年（1933）
　　　册数：四

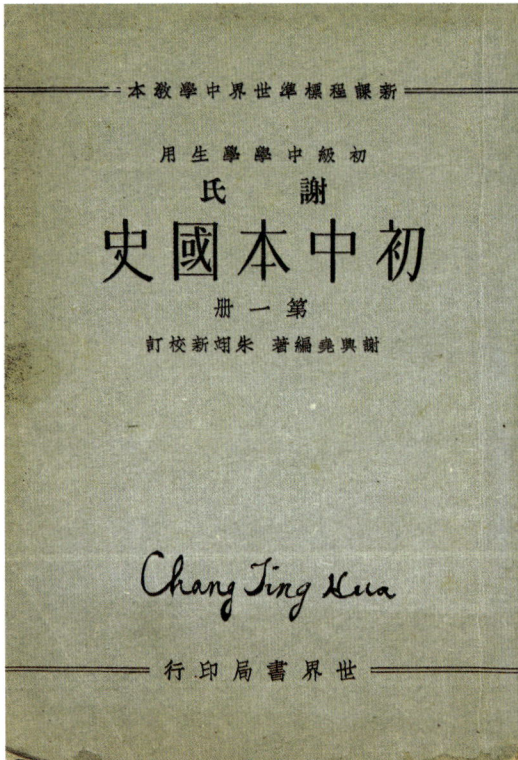

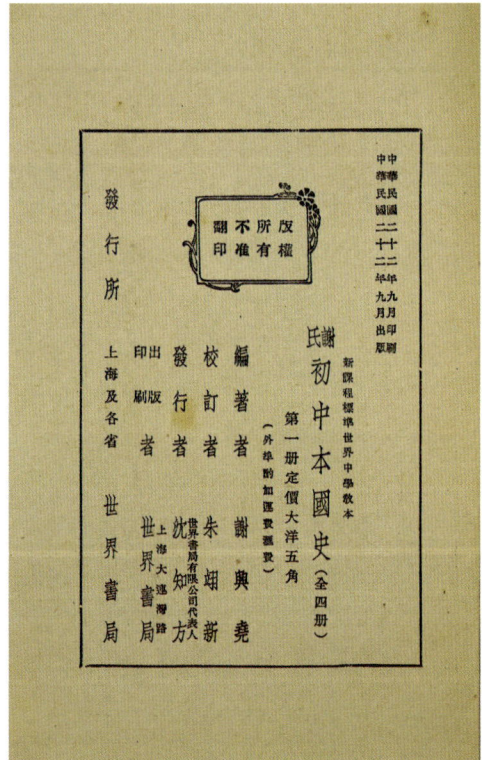

书名：复兴初级中学教科书本国史

著者：傅纬平／编著　王云五／主编兼发行

出版印行：商务印书馆

出版时间：民国二十二年（1933）初版　民国二十二年（1933）40版

册数：四

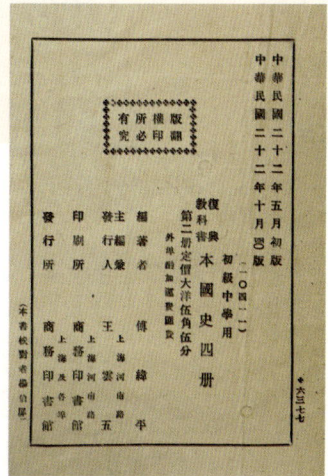

书名：复兴初级中学教科书外国史

著者：何炳松／编著　王云五／主编兼发行

出版印行：商务印书馆

出版时间：民国二十二年（1933）初版　民国二十三年（1934）40版

册数：三

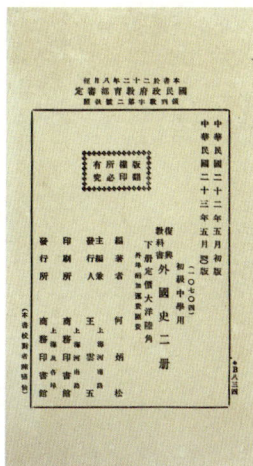

1210 书名：朱氏初中本国史（初级中学学生用）
著者：朱翊新 / 编著　陆光宇 / 校订
出版印行：世界书局
出版时间：民国二十二年（1933）初版　民国二十二年（1933）再版
册数：四

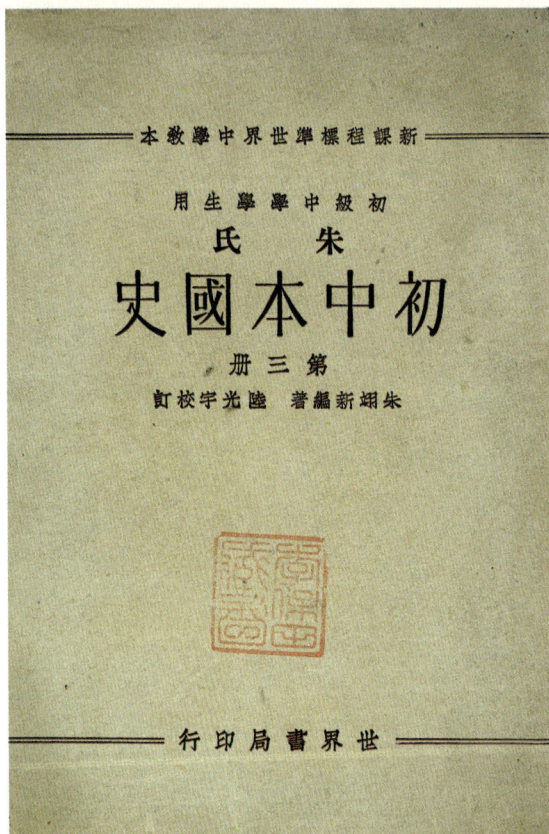

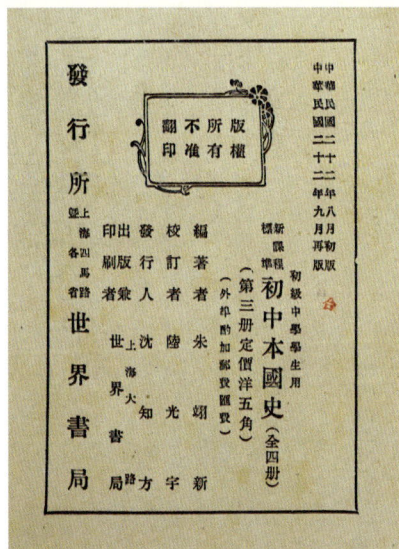

书名：初中本国史（新课程标准适用）
著者：姚绍华 / 编　金兆梓 / 校
出版印行：中华书局
出版时间：民国二十二年（1933）初版　民国二十二年（1933）6版
册数：四

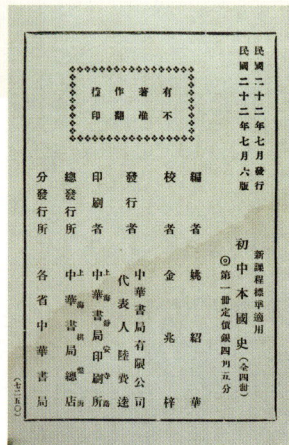

书名：初中外国史（新课程标准适用）
著者：郑昶 / 编　张相 / 校
出版印行：中华书局
出版时间：民国二十三年（1934）发行　民国二十五年（1936）10版
册数：二

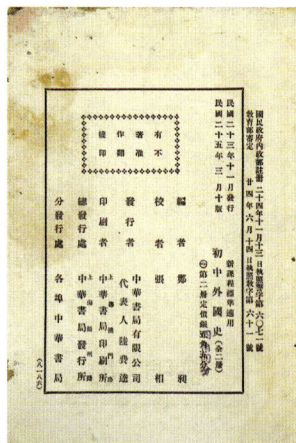
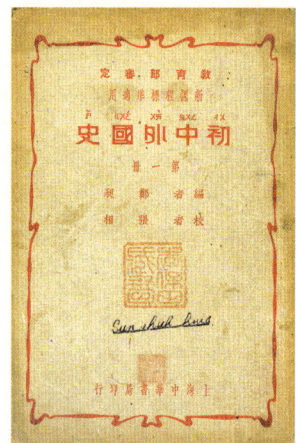

1212 书名：初中外国史（依照新课程标准编辑）
著者：杨人梗 / 编辑
出版印行：北新书局
出版时间：民国二十三年（1934）改版　民国二十三年（1934）5版
册数：不详

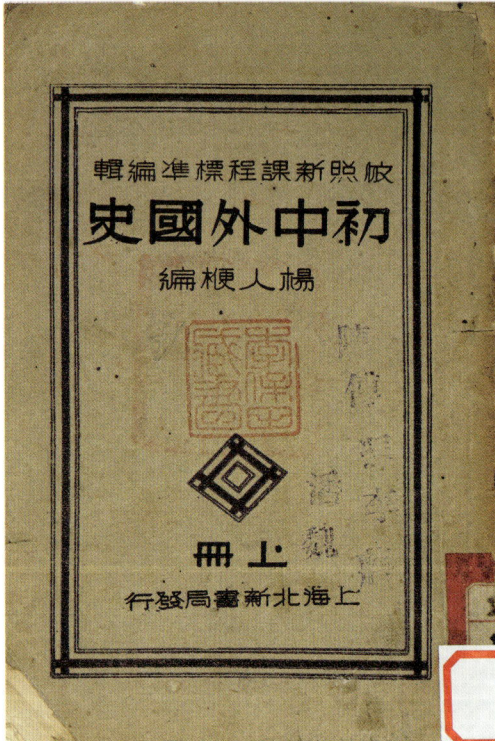

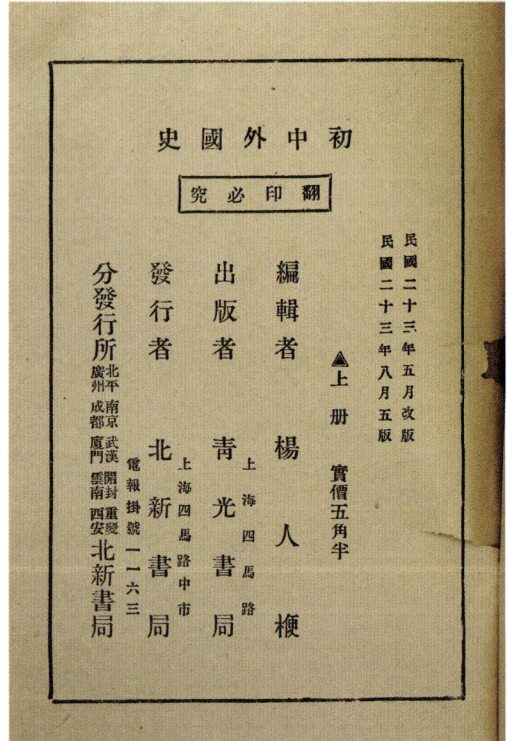

书名：初级中学外国史（新课程标准适用）　　　　　　　　　　　　1213
著者：陈祖源 / 编著
出版印行：正中书局
出版时间：民国二十四年（1935）初版
册数：不详

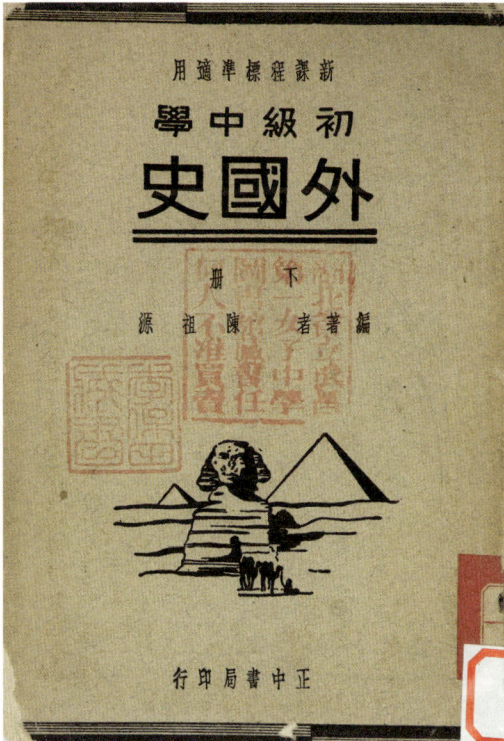

新課程標準適用

初級中學

外國史

下册

編著者　陳祖源

正中書局印行

改正定價
0.56元

有版
所權
究必
印翻

中華民國二十四年十二月初版

初中外國史

下册　定價銀七角
（外埠酌加寄費）

編著者　陳祖源

發行人　吳秉常
　　　　南京河北路本局

印刷所　正中書局
　　　　南京河北路豪家巷口

發行所　正中書局
　　　　上海福州路
　　　　南京太平路

（260）

4/1

1214　书名：建国教科书初级中学本国史
　　　　著者：应功九 / 编著
　　　　出版印行：正中书局
　　　　出版时间：民国二十五年（1936）初版　民国二十八年（1939）47 版
　　　　册数：不详

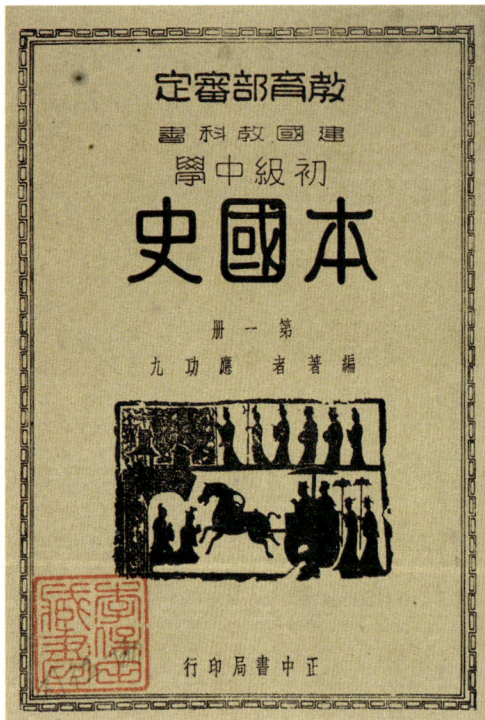

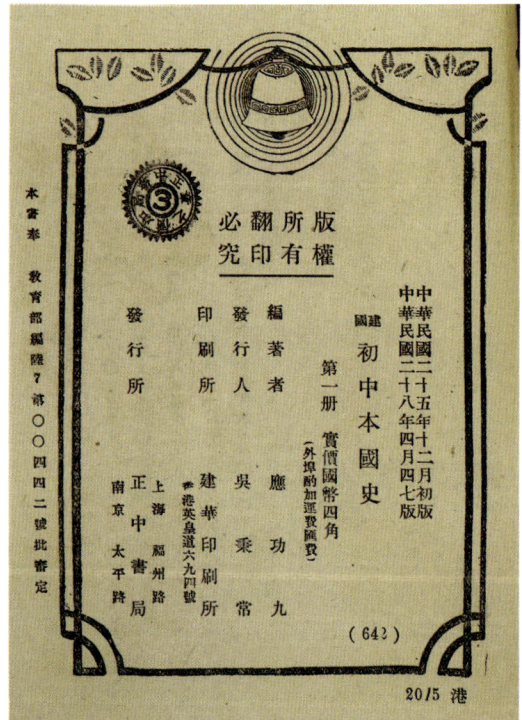

书名：修正标准初中教本本国史

著者：周予同 / 编著

出版印行：开明书店

出版时间：民国二十七年（1938）修正初版　民国三十二年（1943）湘2版

册数：不详

修正標準初中教本

本國史

第四册

周予同著

開明書店出版

修正標準初中教本

"本國史"

（第三册）

＊

著作權所有　不准翻印

民國廿七年七月修正初版發行

民國三十二年一月湘二版發行

實價國幣三角六分（另加郵滙費）

編著者	周予同
發行者	上海蘇州開明書店章錫琛
印刷者	開明書店

總發行所

電報掛號二〇二五　上海蘇州路八四六

開明書店

分發行所

衡陽　成都　重慶　桂林　貴陽　陝西都庆休　四川安路昌　西安漢路路　昆明武　金華昆编成　華郑編文西鄉安脚子路　昌脚卷路

開明書店

（68P.）

B標本史三

1216　书名：初中新本国史（初级中学学生用）

著者：蔡丏因／编著

出版印行：世界书局

出版时间：民国二十八年（1939）排版　民国二十九年（1940）4版

册数：四

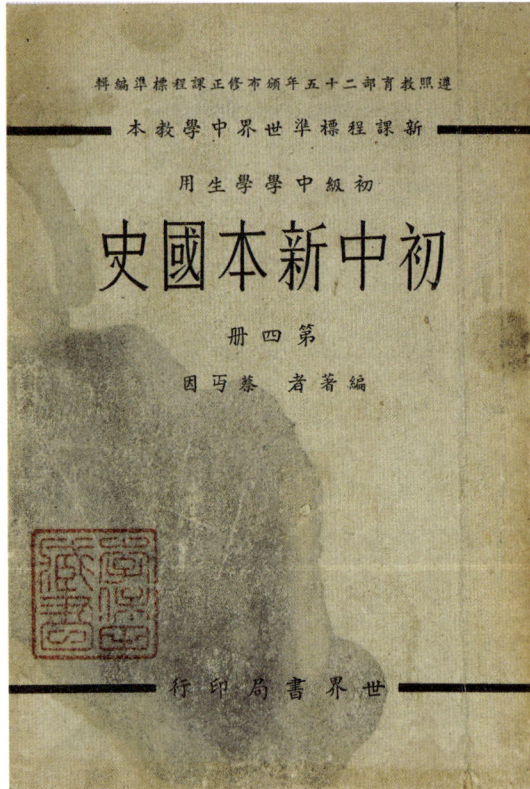

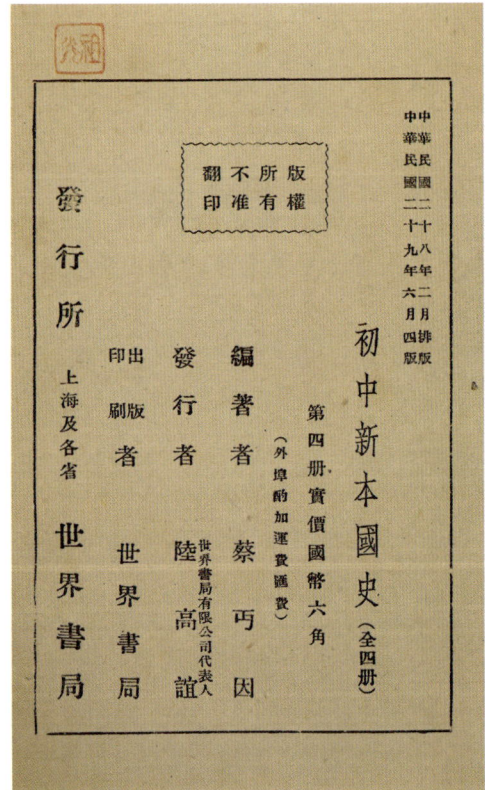

书名：初中外国历史（修正课程标准适用）
著者：卢文迪 / 编　金兆梓 / 校
出版印行：中华书局
出版时间：民国二十八年（1939）13版
册数：二

书名：初中本国历史（修正课程标准适用）
著者：姚绍华 / 编　金兆梓 / 校
出版印行：中华书局
出版时间：民国三十年（1941）51版
册数：四

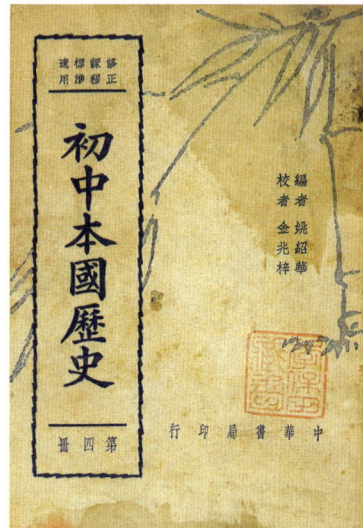

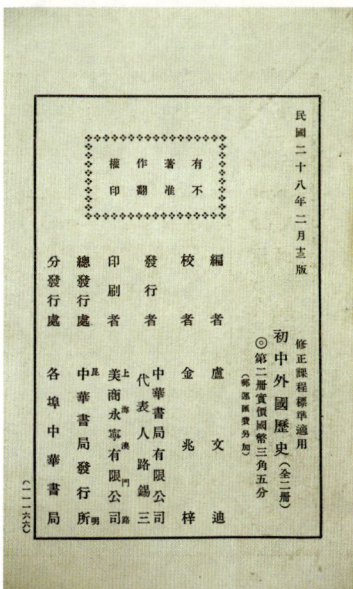

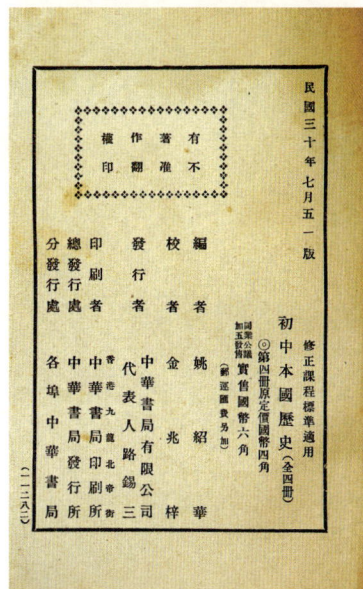

1218　书名：初级中学历史
著者：教育部／征选　教科用书编辑委员会、中华书局、正中书局／应选
　　　朱延庠、蒋子奇、刘祖泽、聂家裕／编辑　计维新、章高炜／绘图　国立编译馆／校订
出版印行：国定中小学教科书七家联合供应处
出版时间：民国三十五年（1946）重庆道林纸本第1版
册数：六

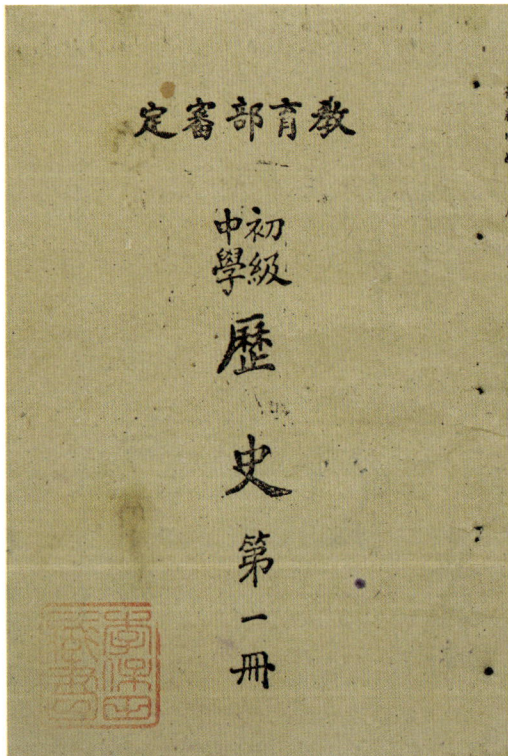

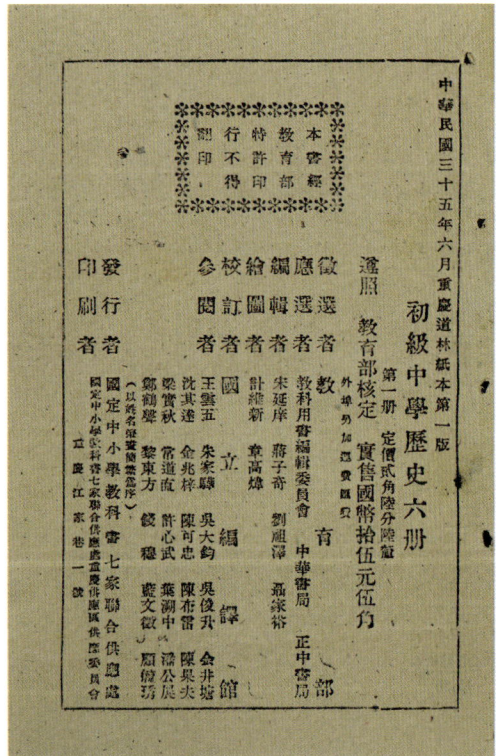

中華民國三十五年六月重慶道林紙本第一版

初級中學歷史六冊

第一冊　定價貳角陸分陸釐

遵照　教育部核定　實售國幣拾伍元伍分

外埠另加運費四分

徵選者　教育部

應選者　教科用書編輯委員會　中華書局　正中書局

編輯者　朱延庠　蒋子奇　劉祖澤　聶家裕

繪圖者　計維新　章高煒

校訂者　國立編譯館

參閱者　王雪五　沈其達　金兆梓　梁實秋　常道直　鄭鶴聲　黎東方　錢穆　盧文弨（以姓名筆畫多寡為序）

發行者　國定中小學教科書七家聯合供應處

印刷者　朱家驊　吳大鈞　吳俊升　陳可忠　陳布雷　陳果夫　許心武　葉溯中　潘公展　盧文弨　顧俊琦

书名：初中本国史
著者：易仁荄 / 编著
出版印行：不详
出版时间：民国三十五年（1946）7版
册数：五

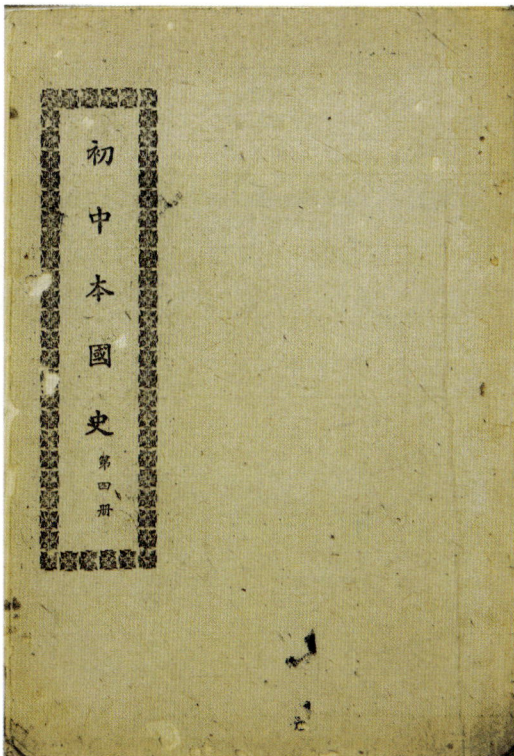

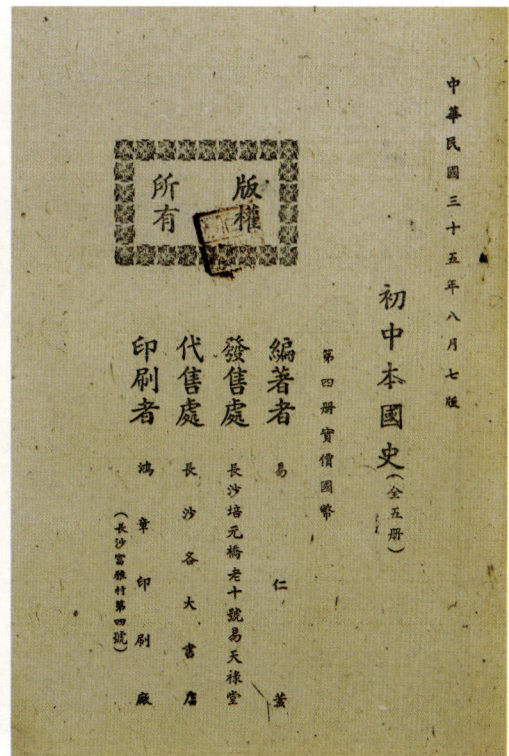

中華民國三十五年八月七版

初中本國史（全五冊）

第四册實價國幣

編著者　易　仁　荄

發售處　長沙培元橋老十號易天祿堂

代售處　長沙各大書店

印刷者　鴻章印刷廠
（長沙富雅村第四號）

版權所有

1220 书名：本国史（初级中学适用）
著者：傅纬平／编著
出版印行：商务印书馆
出版时间：民国三十六年（1947）修正第1版　民国三十七年（1948）修正第12版
册数：四

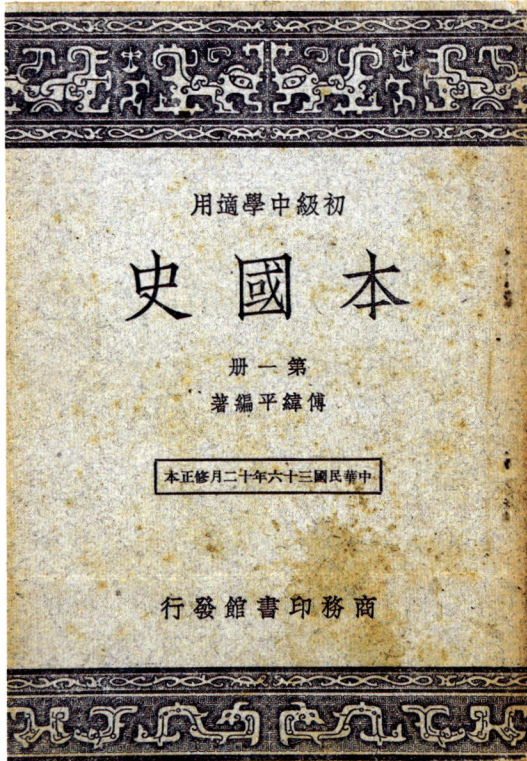

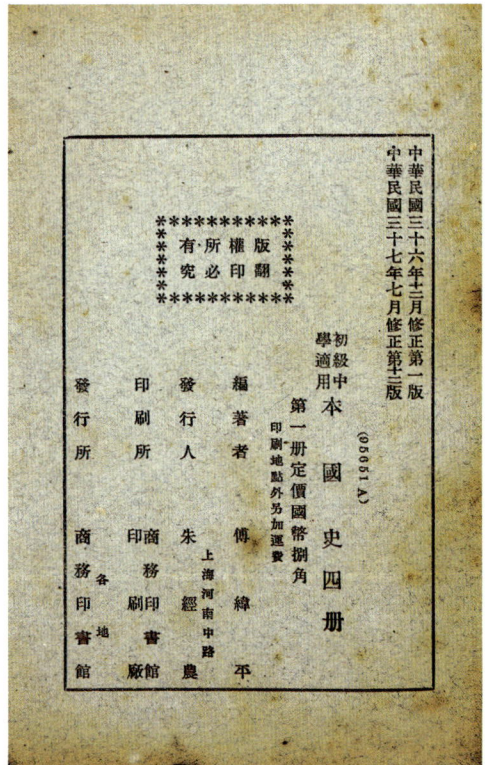

书名：中华本国历史（初中适用）
著者：姚绍华 / 编
出版印行：中华书局
出版时间：民国三十六年（1947）发行
　　　　　民国三十七年（1948）6—9版
　册数：四

书名：中华外国历史（初中适用）
著者：卢文迪 / 编
出版印行：中华书局
出版时间：民国三十六年（1947）
　　　　　民国三十七年（1948）8版
　册数：二

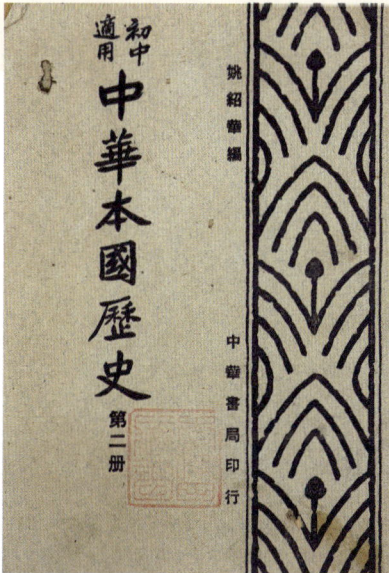

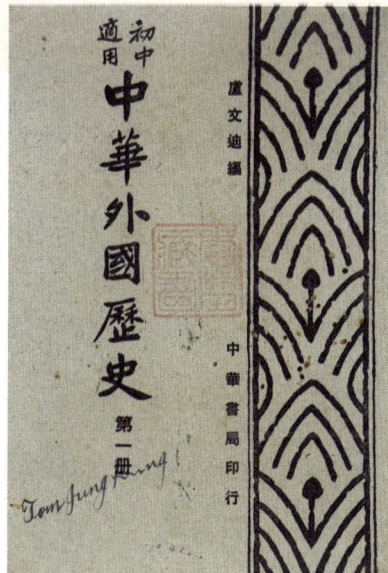

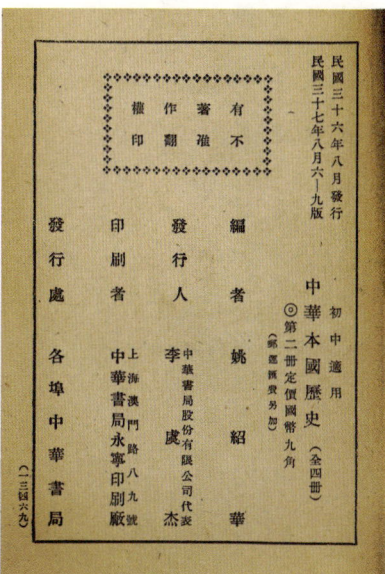

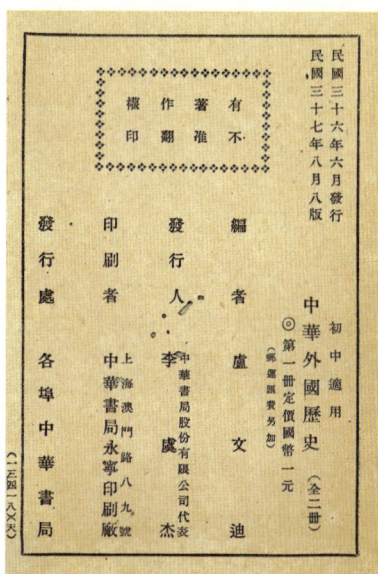

1222　书名：初中本国史（修正课程标准；初级中学学生用）
　　　著者：彭勋阁 / 编　萧和玉 / 校阅
　　　出版印行：艺文书社
　　　出版时间：不详
　　　册数：四

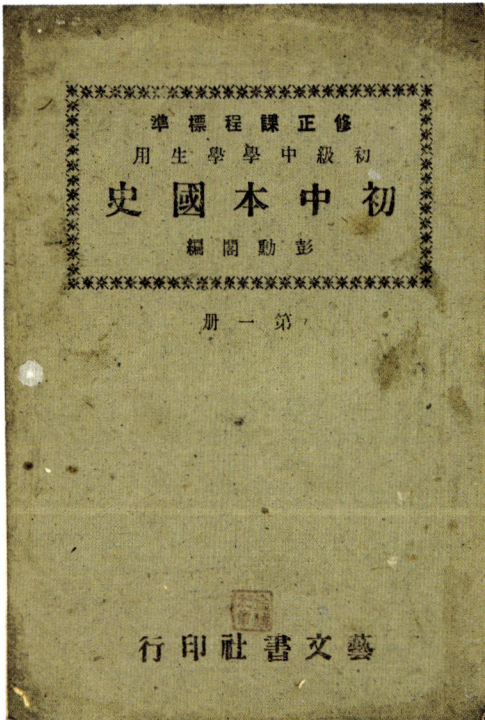

修正課程標準
初級中學學生用
初中本國史
彭勳閣 編
第一册
藝文書社印行

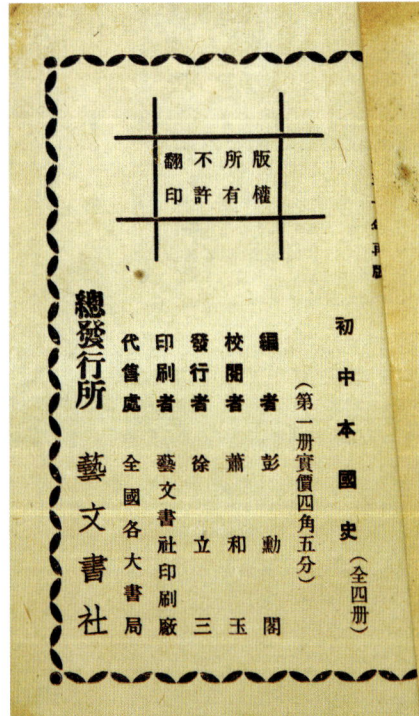

版權所有
翻印不許

初中本國史（全四册）
（第一册實價四角五分）

編　著　彭　勳　閣
校閱者　萧　和　玉
發行者　徐　立　三
印刷者　藝文書社印刷廠
代售處　全國各大書局
總發行所　藝文書社

书名：初中教本本国史（修正课程标准适用）
著者：吕思勉 / 编著
出版印行：上海中学生书局
出版时间：不详
册数：不详

书名：初中教本外国史
著者：高振清 / 编著
出版印行：上海中学生书局
出版时间：不详
册数：不详

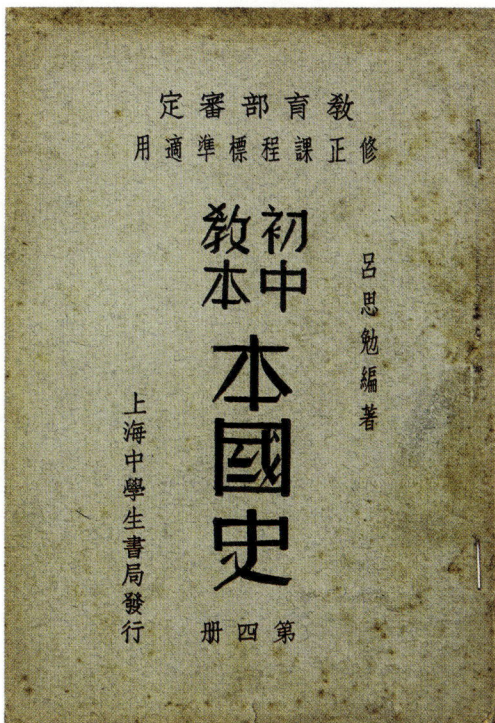

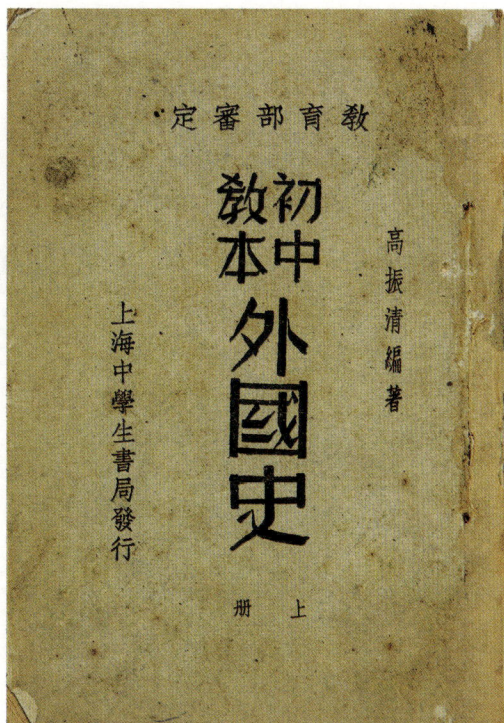

1224　书名：建国教科书初级中学外国史
著者：鄢远猷 / 编著
出版印行：正中书局
出版时间：不详
册数：不详

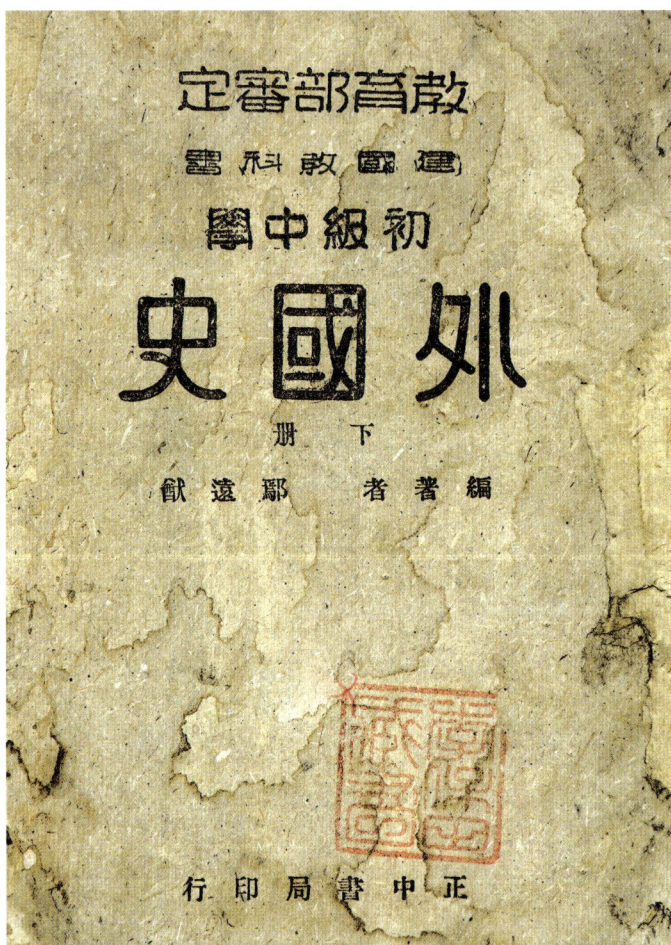

教育部審定

建國教科書

初級中學

外國史

下册

編著者　鄢遠猷

正中書局印行

书名：新学制高级中学教科书本国史

著者：吕思勉 / 编辑

出版印行：商务印书馆

出版时间：民国十三年（1924）初版　民国十七年（1928）8版

册数：一

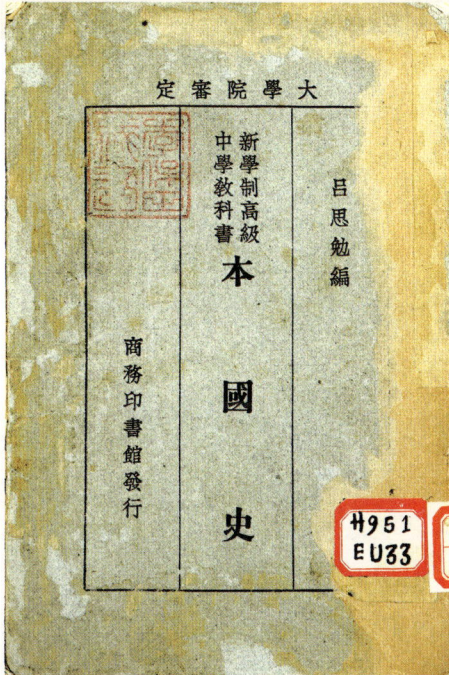

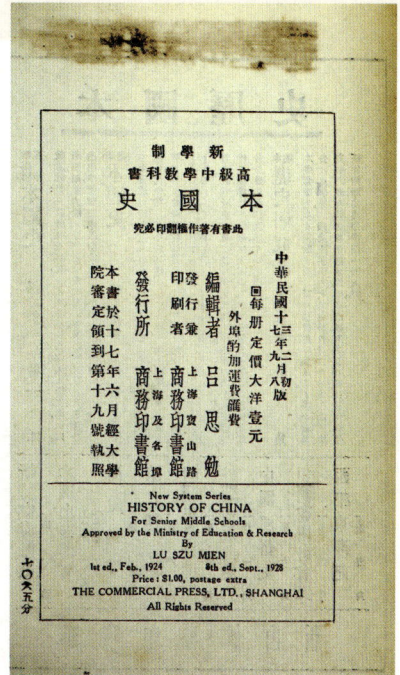

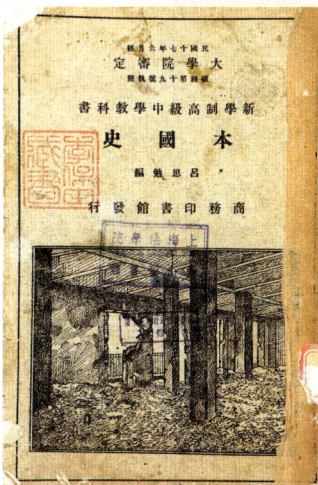

1226　书名：新时代外国史教科书（高级中学用）
　　　　著者：何炳松／编纂
　　　　出版印行：商务印书馆
　　　　出版时间：民国十八年（1929）初版
　　　　册数：二

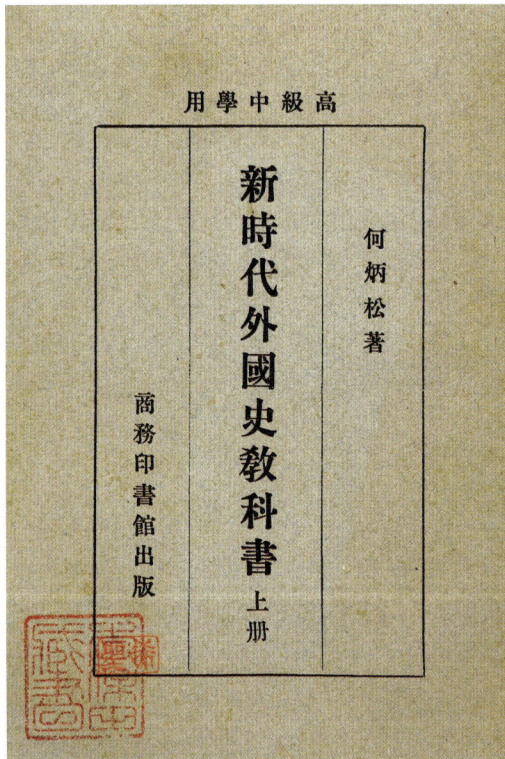

高級中學用

新時代外國史教科書 上冊

何炳松 著

商務印書館出版

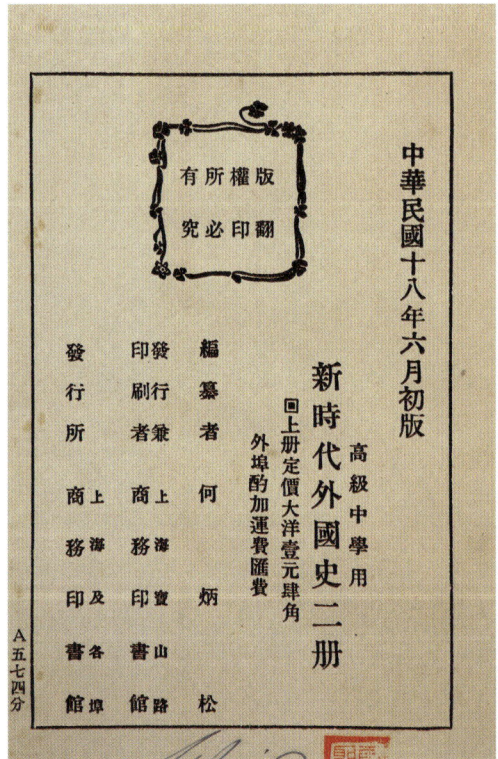

中華民國十八年六月初版

高級中學用

新時代外國史二冊

回上冊定價大洋壹元肆角
外埠酌加運費匯費

編纂者　何炳松

印刷者兼發行者　商務印書館　上海寶山路

發行所　商務印書館　上海及各埠

版權所有　翻印必究

A五七四分

书名：高中外国史

著者：杨人楩／编译

出版印行：北新书局

出版时间：1931年初版　1936年3版

册数：不详

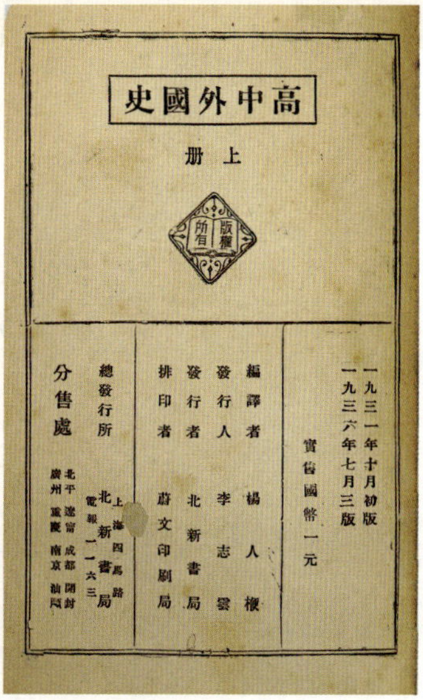

书名：高中本国史（高级中学学生用）
著者：余逊 / 编著
出版印行：世界书局
出版时间：民国二十一年（1932）
册数：二

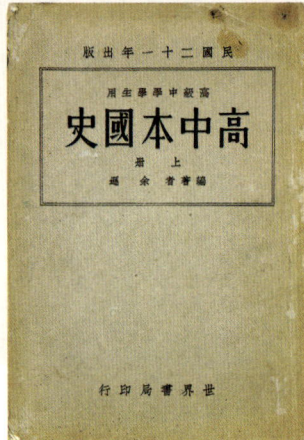

书名：高中新本国史（高级中学学生用）
著者：王芸庄 / 编著
出版印行：世界书局
出版时间：民国三十五年（1946）四版
册数：三

书名：高中本国史（高级中学学生用）
著者：陆东平 / 编　朱翊新 / 校
出版印行：世界书局
出版时间：民国十八年（1929）
册数：二

书名：陈氏高中本国史（高级中学学生用）
著者：陈登原 / 编著
出版印行：世界书局
出版时间：民国二十二年（1933）初版　民国二十三年（1934）6 版
册数：二

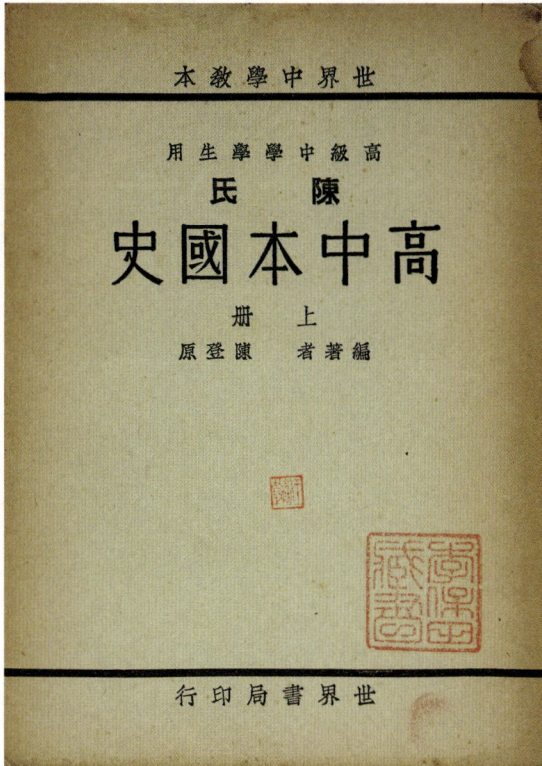

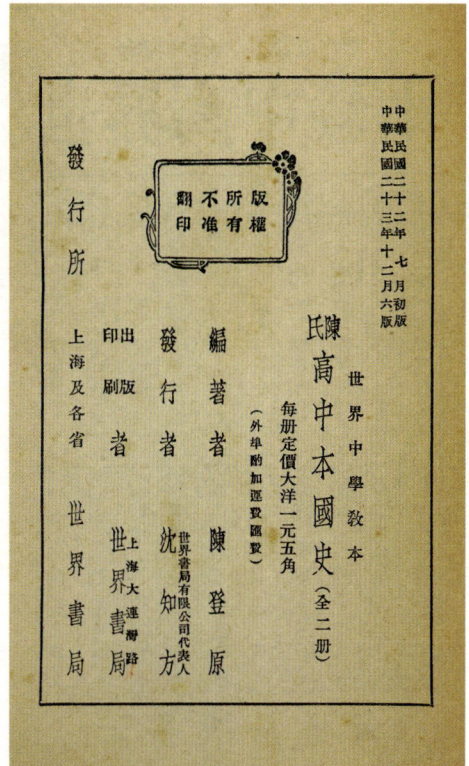

书名：复兴高级中学教科书本国史

著者：吕思勉 / 编著　王云五 / 主编

出版印行：商务印书馆

出版时间：民国二十三年（1934）初版　民国三十五年（1946）80 版

册数：二

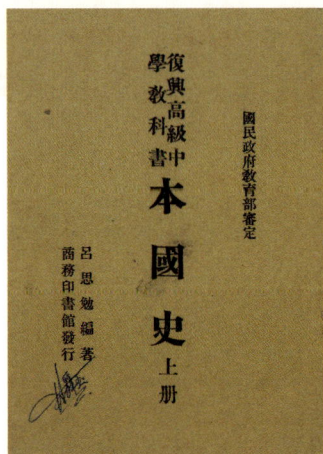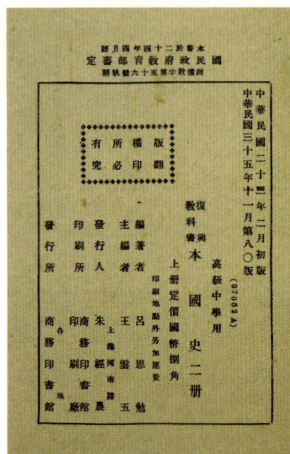

书名：复兴高级中学教科书外国史

著者：何炳松 / 编著

出版印行：商务印书馆

出版时间：民国二十三年（1934）初版　民国三十五年（1946）28 版

册数：二

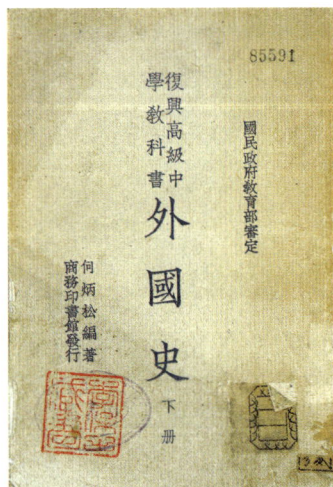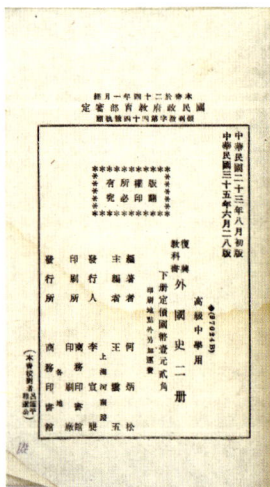

书名：高中本国史（高级中学学生用）
著者：罗元鲲／编著
出版印行：开明书店
出版时间：民国廿三年（1934）初版　　民国三十四年（1945）13版
册数：不详

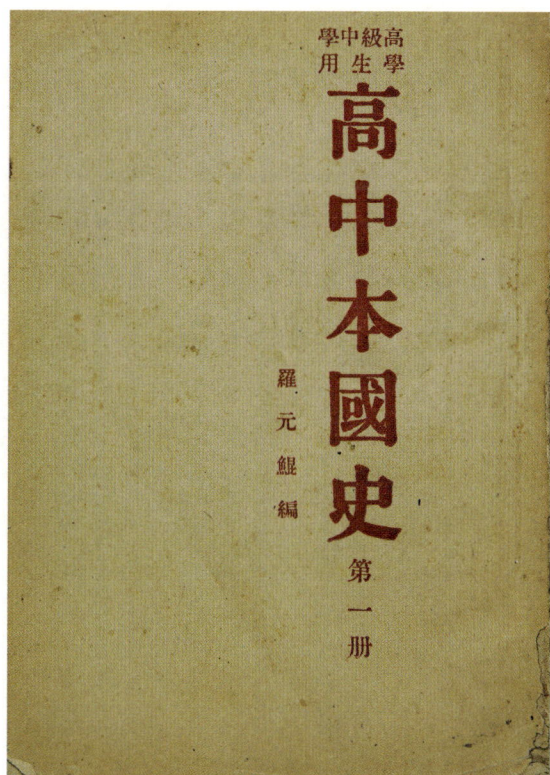

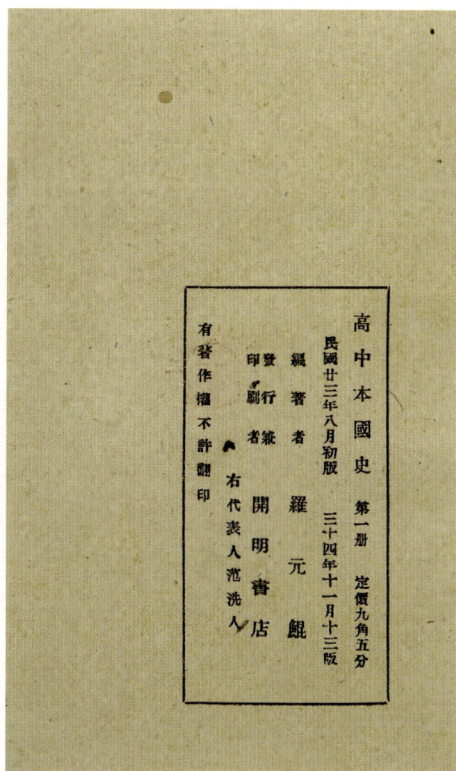

1232 | 书名：高中外国史（新课程标准适用）
著者：金兆梓 / 编
出版印行：中华书局
出版时间：民国二十四年（1935）初版
册数：三

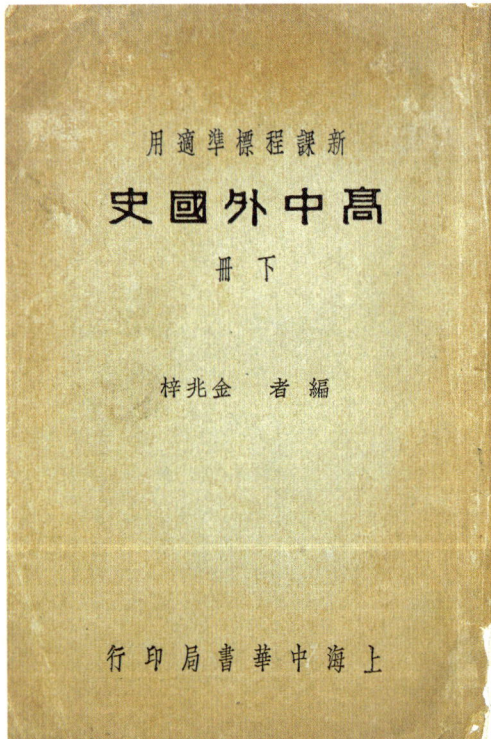

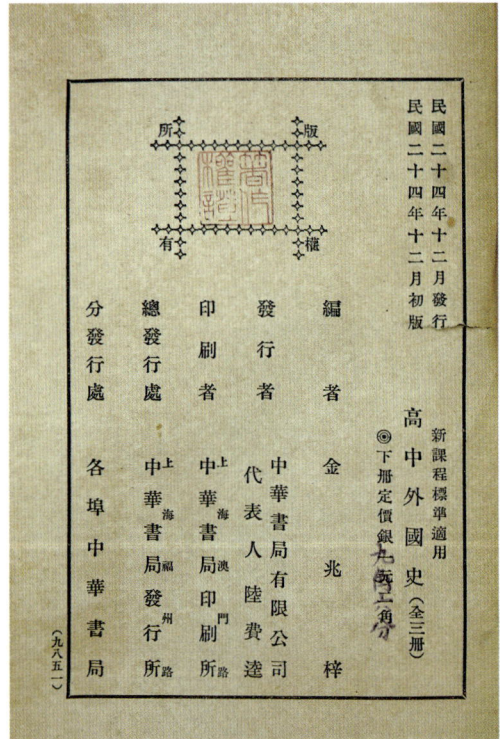

书名：高级中学本国史（新课程标准适用）

著者：罗香林／编著

出版印行：正中书局

出版时间：民国二十四年（1935）初版　民国二十八年（1939）18版

册数：三

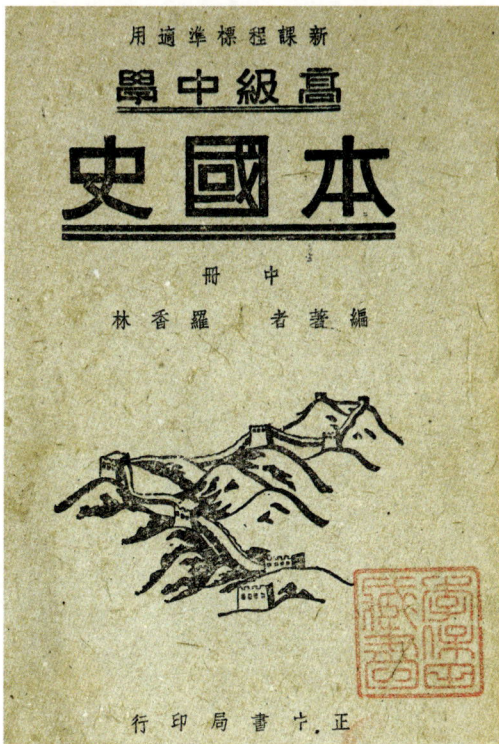

1234

书名：高中新外国史（修正课程标准适用）
著者：孙逸殊 / 编著
出版印行：世界书局
出版时间：民国二十六年（1937）印刷
　　　　　民国三十七年（1948）11版
册数：二

书名：高中外国史（高级中学学生用）
著者：李季谷 / 编著　朱翙新 / 校订
出版印行：世界书局
出版时间：民国二十二年（1933）修正
　　　　　民国三十四年（1935）3版
册数：二

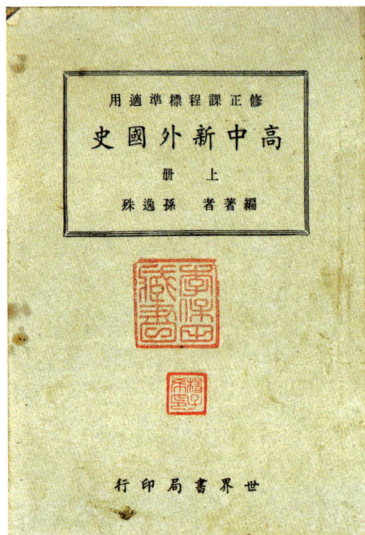

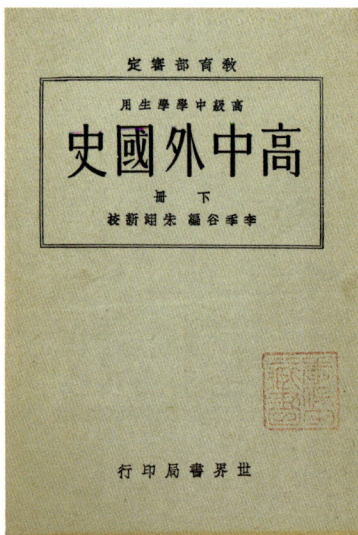

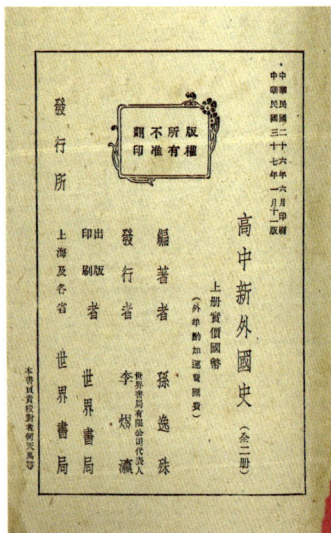

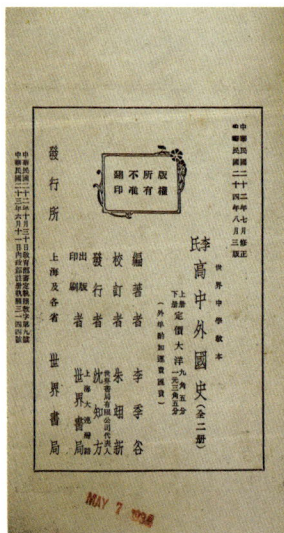

书名：新编高中本国史（修正课程标准适用）
著者：金兆梓 / 编
出版印行：中华书局
出版时间：民国二十八年（1939）8版
册数：三

教育部审定
新编 高中外國史 上册
修正課程標準適用
金兆梓編
上海中華書局印行

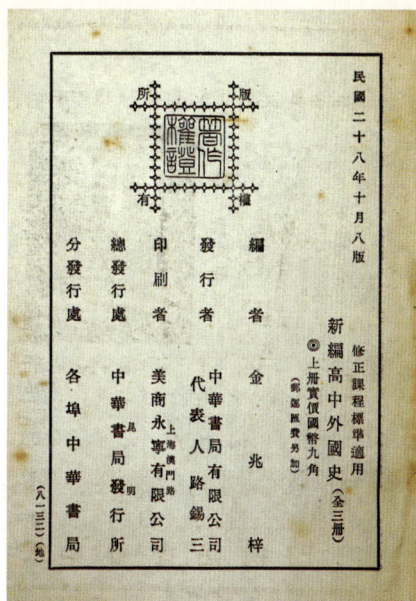

民國二十八年十月八版
修正課程標準適用
新編高中外國史（全三冊）
上册實價國幣九角
（郵版匯費另加）

編　者　金兆梓
發行者　中華書局有限公司
　　　　代表人路錫三
印刷者　上海横門路
　　　　美商永寧有限公司
總發行所　中華書局發行所
　　　　昆明
分發行處　各埠中華書局

版權所有

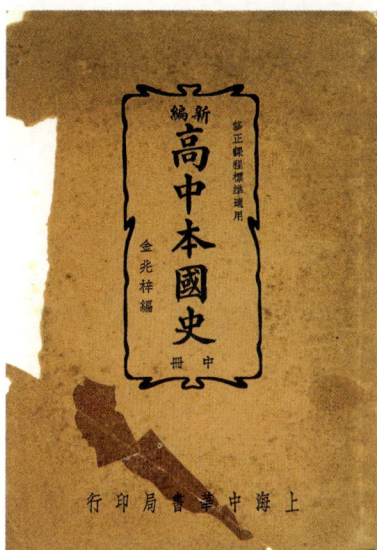

教育部審定
新編 高中本國史 中册
修正課程標準適用
金兆梓編
上海中華書局印行

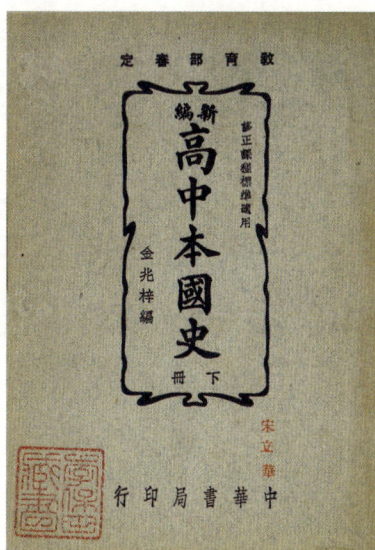

教育部審定
新編 高中本國史 下册
修正課程標準適用
金兆梓編
宋立華
中華書局印行

1236　书名：开明新编高级本国史
　　　　著者：杨东莼 / 编
　　　　出版印行：开明书店
　　　　出版时间：民国三十六年（1947）
　　　　册数：三

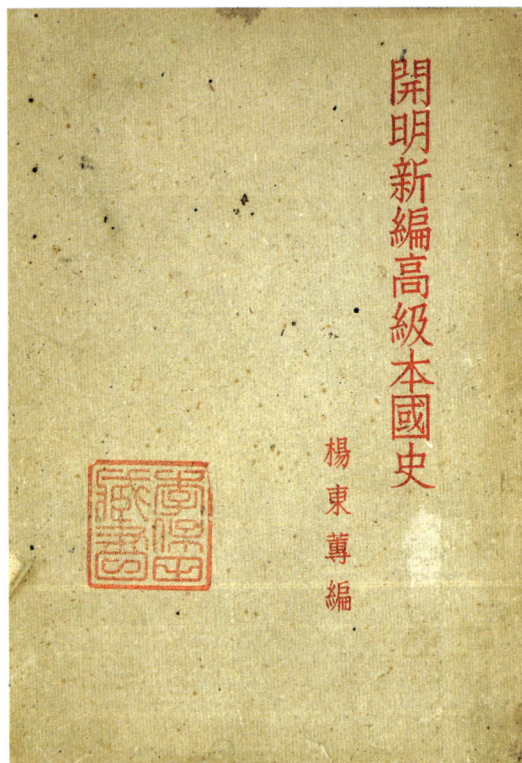

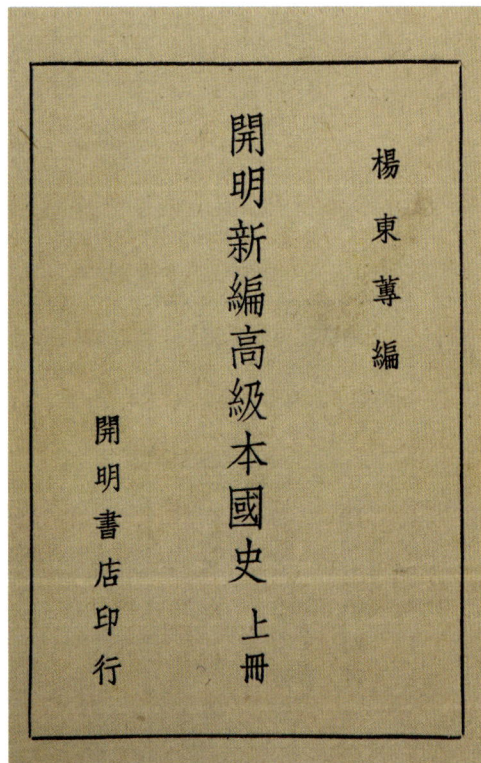

書名：共和国教科书本国史（中学校用）
著者：赵玉森 / 编纂　傅运森、蒋维乔 / 校订
出版印行：商务印书馆
出版时间：民国二年（1913）初版　民国七年（1918）29版
册数：二

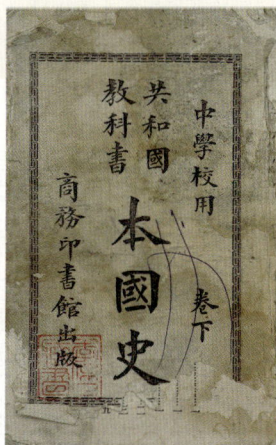

书名：共和国教科书东亚各国史（中学校用）
著者：傅运森 / 编纂
出版印行：商务印书馆
出版时间：民国二年（1913）初版　民国五年（1916）5版
册数：一

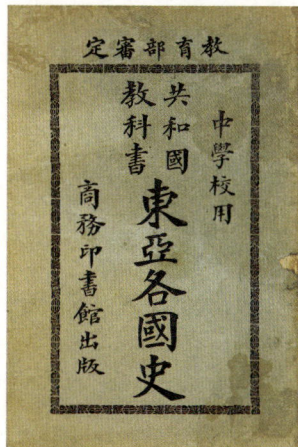

1238

书名：新制西洋史教本（中学校适用）
著者：张相 / 编　姚汉章 / 阅
出版印行：中华书局
出版时间：民国三年（1914）发行
　　　　　民国十年（1921）17 版
册数：二

书名：新制东亚各国史教本（中学校适用）
著者：李秉钧 / 编　范源廉、姚汉章 / 阅
出版印行：中华书局
出版时间：民国三年（1914）初版
　　　　　民国四年（1915）再版
册数：一

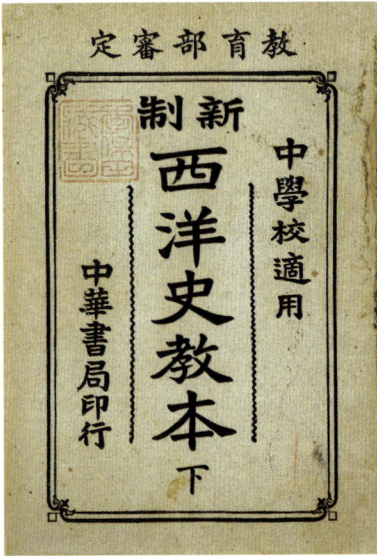

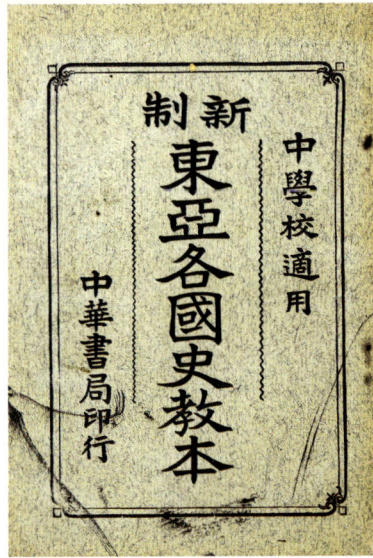

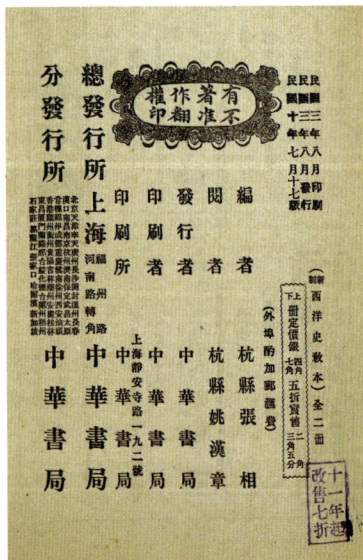

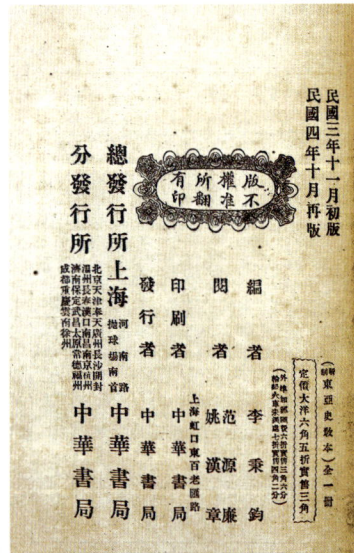

书名：师范学校新教科书历史（本科用）
著者：赵玉森／编纂　蒋维乔／校订
出版印行：商务印书馆
出版时间：民国三年（1914）初版　民国十年（1921）9版
册数：四

教育部審定

師範學校
新教科書
歷史
本科用　第一冊
商務印書館出版

教育部審定批詞

師範學校新教科書
歷史

第一二冊批
是書按照部定師範學校
課程標準編輯搜集教材
配合額定時數繁簡尚屬
適宜准作為師範學校本
國歷史教科書

第三冊批
查是書材料分配尚屬適
宜叙事亦明晰無荒應准
作為師範學校教科用書

第四冊批
是書繼續第三冊編輯材
料分晰選配均屬適宜至
於西洋民族之進化政體
之沿革尤能分合叙陳有
係不紊洵為合作應准作
為師範學校教科用書

郡（395）

Normal School Series
HISTORY
Higher Course
Approved by the Board of Education
Commercial Press, Ltd.
All rights reserved

中華民國三年九月初版

（師範學校
新教科書　歷史　本科用）
（第一冊定價大洋陸角）
（外埠酌加運費匯費）

編纂者　丹徒趙玉森
校訂者　武進蔣維喬
發行者　商務印書館
印刷所　商務印書館
上海北河南路北首寶山路
總發行所　商務印書館
上海棋盤街中市

分售處　商務印書館分館

此書有著作權翻印必究

中華民國三年九月十六日奉部註冊十
月二日領到文字第二百六十二號執照

五八四四丁

1240　书名：历史·本国史（新课程标准师范／乡村师范学校适用）
　　　　著者：卢文迪、丁绍桓／编
　　　　出版印行：中华书局
　　　　出版时间：民国二十五年（1936）初版
　　　　册数：三

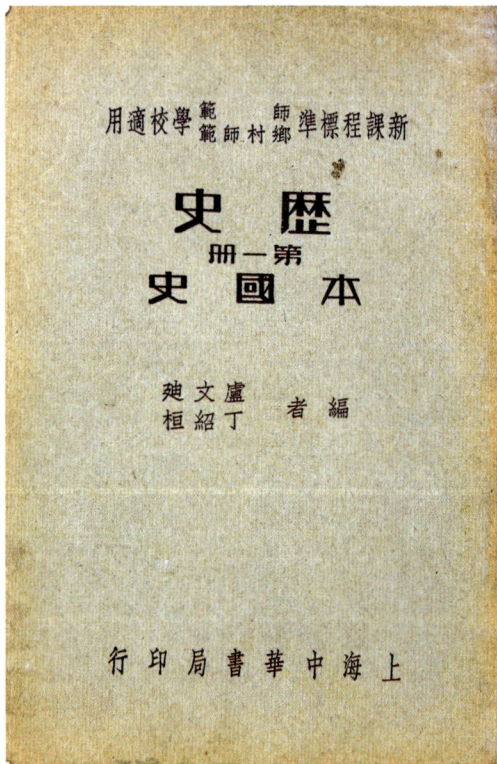

新課程標準師範鄉村師範學校適用

歷史

第一冊

本國史

編者　盧文迪
　　　丁紹桓

上海中華書局印行

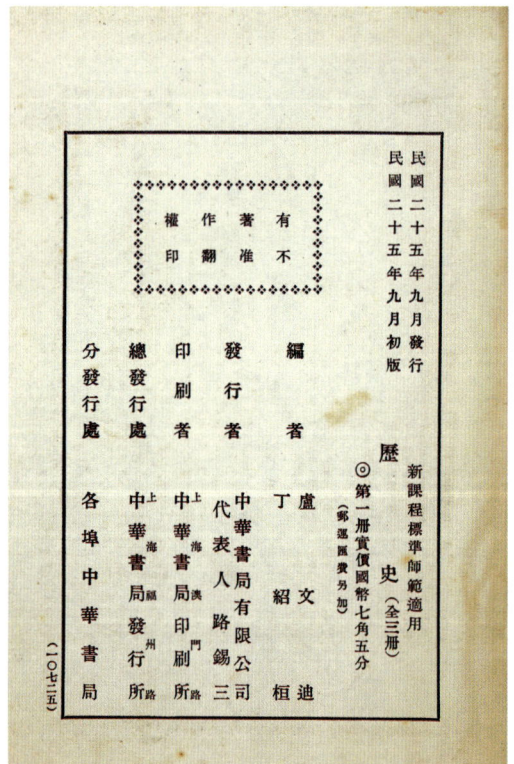

民國二十五年九月發行
民國二十五年九月初版

有著作權　不准翻印

歷史（全三册）

新課程標準師範適用

◎第一冊實價國幣七角五分
（郵運匯費另加）

編　者　盧文迪
　　　　丁紹桓

發行者　中華書局有限公司
　　　　代表人路錫三

印刷所　上海澳門路中華書局印刷所

總發行所　上海顧州路中華書局發行所

分發行處　各埠中華書局

（一〇七二五）

书名：订正简明中国历史教科书

著者：蒋维乔／编纂　高凤谦、张元济／校订

出版印行：商务印书馆

出版时间：戊申年（1908）初版　民国九年（1920）26版

册数：二

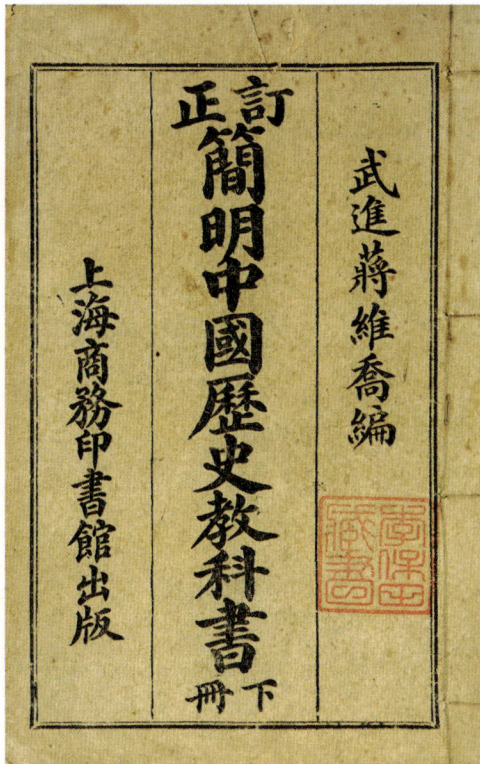

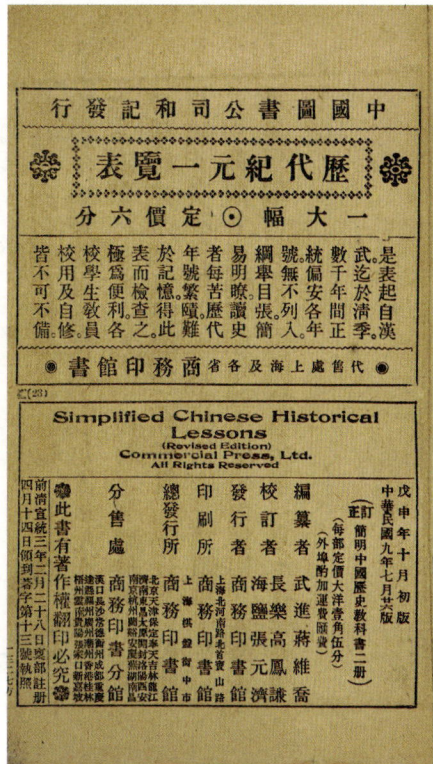

中國圖書公司和記發行

歷代紀元一覽表

一大幅 ◉ 定價六分

是表起自漢武迄於清季

統偏安各年號無不列入

綱舉目張數千年間正

易明瞭讀史年號歷代

於記憶此易苦難識此

表而檢查之極為便利

校學生教員

校用及自修

皆不可不備

商務印書館

上海各省

Simplified Chinese Historical
Lessons
(Revised Edition)
Commercial Press, Ltd.
All Rights Reserved

戊申年十月初版

中華民國九年七月廿六版

訂正簡明中國歷史教科書二冊

（每部定價大洋壹角伍分）

（外埠酌加運費匯寄）

編纂者　武進　蔣維喬

校訂者　海鹽　高鳳謙

　　　　　　　張元濟

發行者　商務印書館

印刷所　商務印書館

總發行所　商務印書館

分售處　商務印書分館

1242　书名：共和国教科书新历史教授法（高等小学校春季始业教员用）
　　　　著者：赵玉森 / 编纂　傅运森、谭廉 / 校订
　　　　出版印行：商务印书馆
　　　　出版时间：民国二年（1913）初版　民国九年（1920）34版
　　　　册数：六

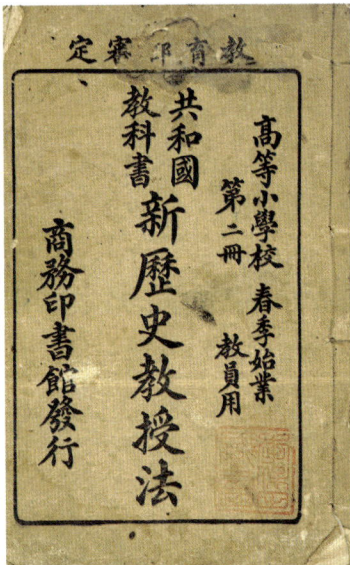

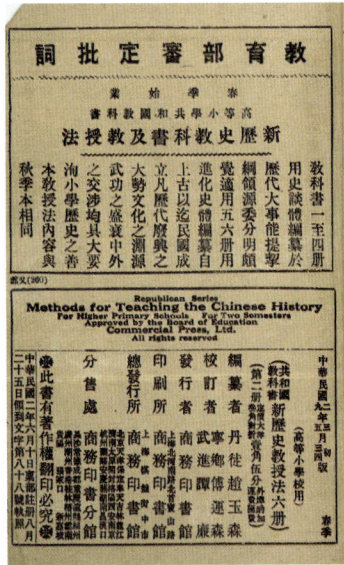

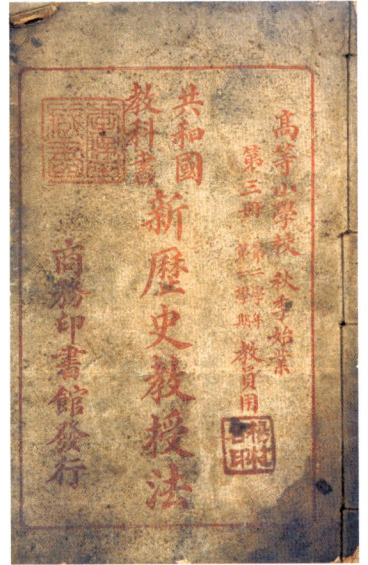

书名：丁张合编新历史教授书（高等小学校用书）
著者：丁宝书、张景良 / 合著
出版印行：文明书局
出版时间：民国三年（1914）初版
册数：六

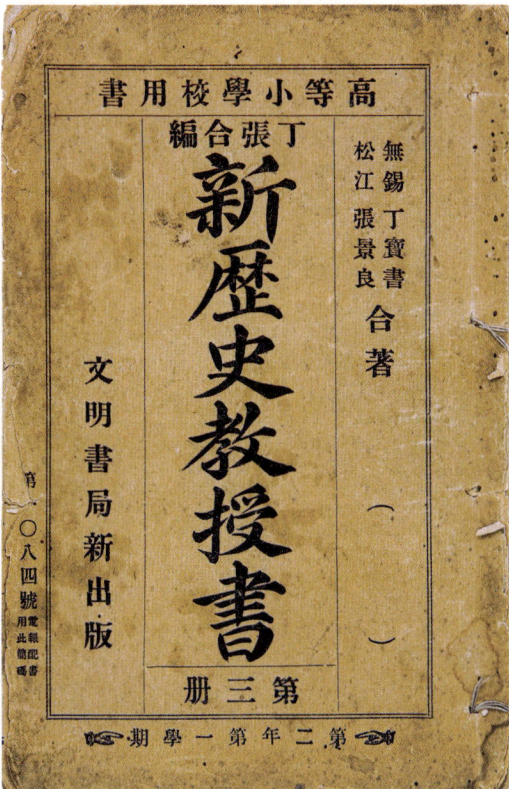

1244　书名：新制本国历史参考书
　　　著者：钟毓龙 / 著　张相 / 校阅
　　　出版印行：中华书局
　　　出版时间：民国四年（1915）发行　民国七年（1918）再版
　　　册数：三

新制本國歷史參攷書

中華書局印行

分發行所

總發行所上海　河南路轉角

印刷所　福州路

著作者　　杭縣鍾毓龍

校閱者　　杭縣張相

發行者　　中華書局

印刷者　　中華書局

上海靜安寺路一九二號

中華書局

中華書局

北京　天津　廣州　沙市　開封　溫州
南昌　南京　濟南　保定　武昌　太原
常德　成都　重慶　徐州　安慶　長春
漢口　杭州　雲陽　貴陽　西安　吉林
香港　福州　貴州　潮州　慶城　哈爾濱
蕪湖　廈門　邢台　汕頭　桂林　新州
常州　寧波　鎮江　化林　梧州　加拔州
東昌　黑龍江　張崎口　台北　顯原　被林
石家莊

民國四年十一月發行
民國四年十一月印刷
民國七年八月再版

有不著作翻印權准

（新制本國歷史參攷書）全三冊

每冊定價銀八角

书名：新法历史参考书（高等小学校用）
著者：吕思勉、吴研因、王芝九 / 编纂　范祥善 / 校订
出版印行：商务印书馆
出版时间：民国十年（1921）初版　民国十年（1921）3版
册数：六

高等小學校用
新法歷史參攷書 五
商務印書館出版

New Method Series
Chinese History: For Reference
For Higher Primary Schools
Commercial Press, Limited
All rights reserved

中華民國十年六月三版
（高等小學校用）
（新）歷史參攷書 六冊
（第五冊）

編纂者 武進呂思勉 江陰吴研因 吳縣王芝九
校訂者 嘉定范祥善
發行者 商務印書館
印刷所 商務印書館
總發行所 上海商務印書館
分售處 商務印書分館
☆此書有著作權翻印必究☆

四九七六自

1246　书名：新小学教科书历史课本教授书（新学制适用）

　　　著者：金兆梓、褚东郊、洪鋆、刘佩琥 / 编　戴克敦、张相 / 校

　　　出版印行：中华书局

　　　出版时间：民国十二年（1923）初版

　　　册数：四

新學制適用

新小學教科書

歷史課本教授書

高級第二冊

中華書局出版

中華書局發行

教育叢書

個性論

舒新城譯　一冊　二角

本書係美國有名心理學家桑代克教授所著以精密的科學態度作個性問題之探討發揮詳盡不僅為從事教育者所必讀且可應用於知人論世之各方面譯筆明暢

數六（11）

TEACHER'S MANUAL FOR
NEW EDUCATIONAL SYSTEM
HISTORICAL READERS
FOR HIGHER PRIMARY SCHOOLS
CHUNG HWA BOOK COMPANY LTD.

新小學歷史課本教授書

第二冊定價洋三角　外埠酌加

教科書　歷史課本教授書共四冊

民國十二年五月初版

民國十二年五月發行

編　者　金兆梓　褚東郊

校　者　洪鋆　劉佩琥

發行者　中華書局

印刷所　中華書局

印刷者　戴克敦　張相

總發行所　中華書局　上海河南路

分發行所　中華書局

（一〇六二）

※有著作權不准翻印※

书名：新时代历史教授书（小学校高级用）　　　　　　　　　　　　　1247

著者：徐景新 / 编纂

出版印行：商务印书馆

出版时间：民国十八年（1929）初版　　民国十八年（1929）10版

册数：四

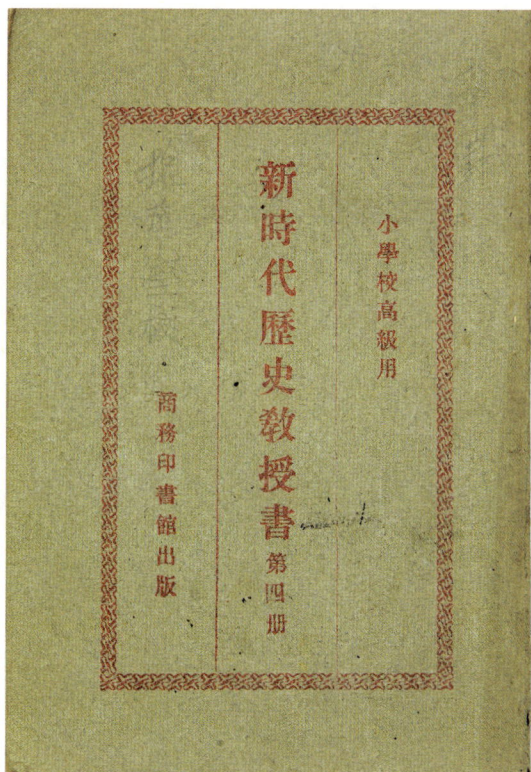

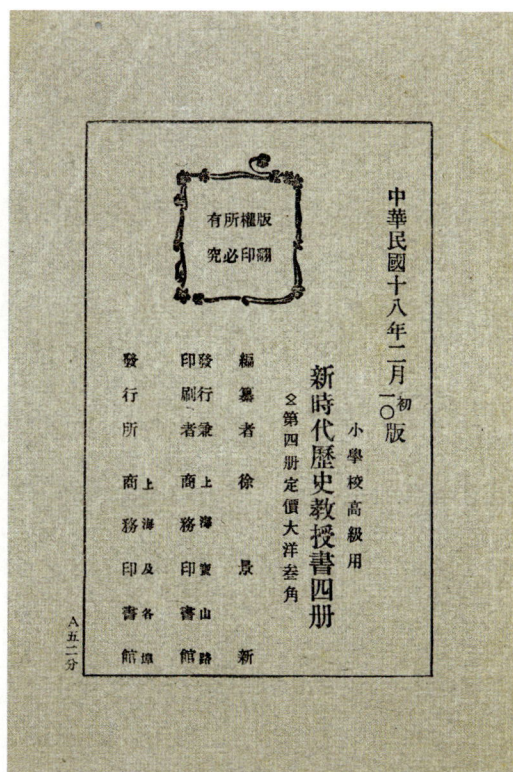

1248　书名：复兴历史教学法（高级小学适用）

著者：王志成、费燮威 / 编辑　王云五 / 主编兼发行

出版印行：商务印书馆

出版时间：民国二十六年（1937）改编本第1版　民国二十八年（1939）改编本第8版

册数：四

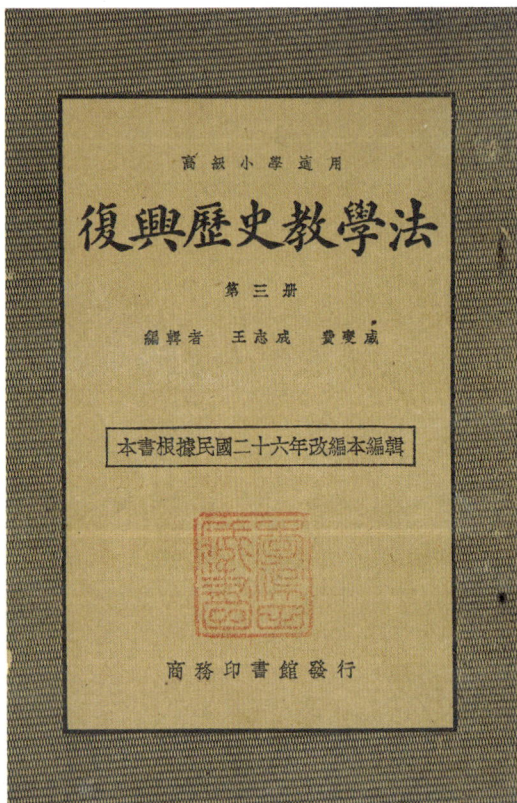

高級小學適用

復興歷史教學法

第三冊

編輯者　王志成　費燮威

本書根據民國二十六年改編本編輯

商務印書館發行

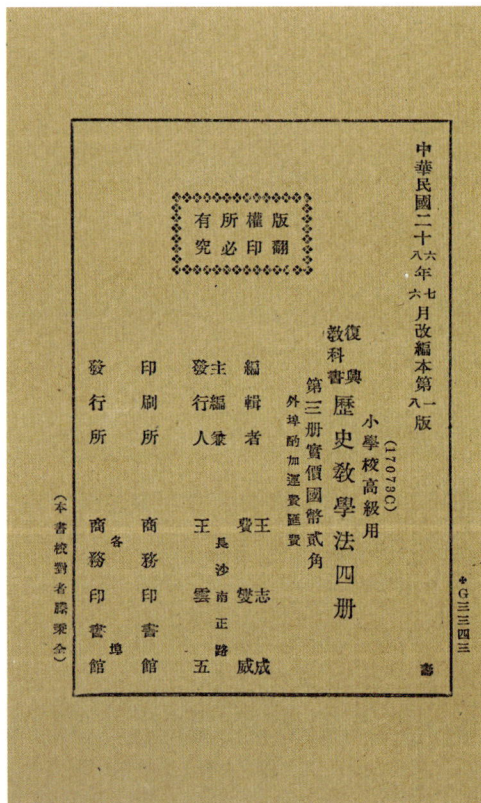

中華民國二十六年七月改編本第一版

中華民國二十八年七月改編本第八版

（17073C）

復興教科書

歷史教學法四冊

小學校高級用

第三冊實價國幣貳角

外埠酌加運費匯費

版權所有　翻印必究

編輯者　　王志成　費燮威

主編人兼發行人　　王雲五

印刷所　　商務印書館

發行所　　商務印書館　長沙南正路

　　　　　各埠

（本書校對者陳梁金）

☆G三三四三

书名：新中华教科书历史课本教授书（小学校高级用）

著者：不详

出版印行：商务印书馆

出版时间：不详

册数：不详

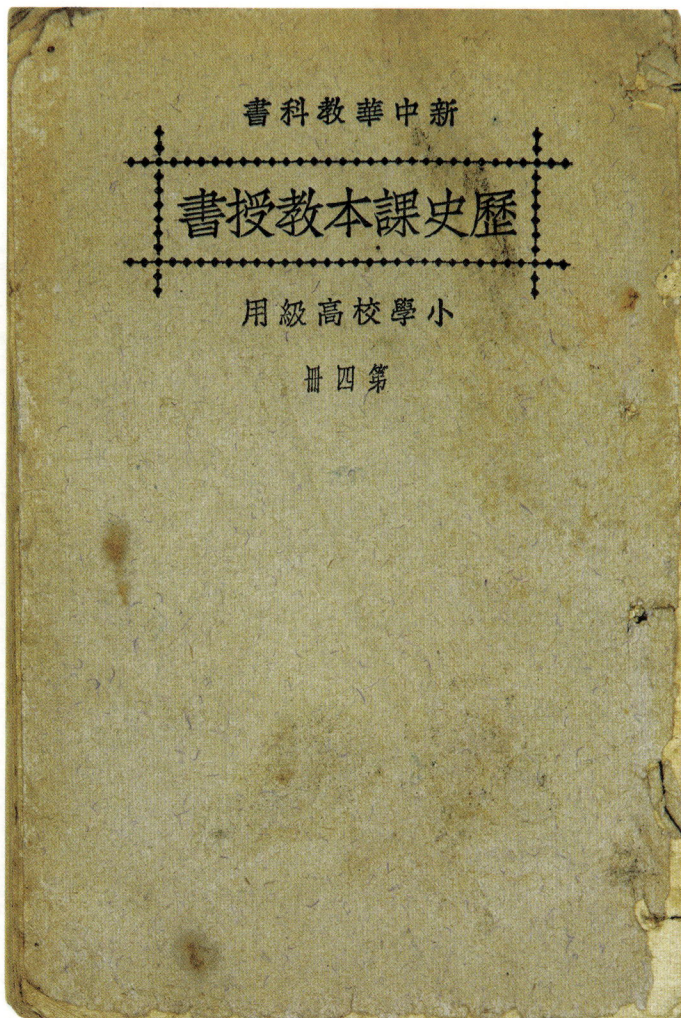

1250

书名：白话本国史（自修适用）

著者：吕思勉 / 著

出版印行：商务印书馆

出版时间：民国十二年（1923）初版　民国十五年（1926）4版

册数：四

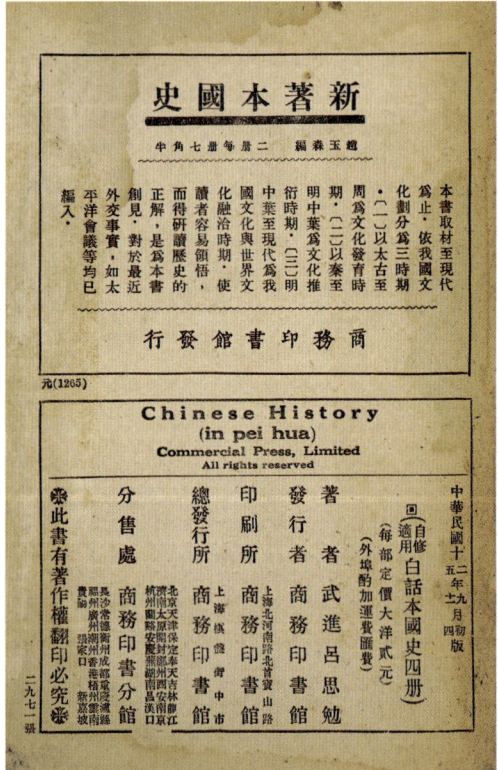

书名：初学简明历史指南

著者：陆保璿 / 著　王振铎 / 校订

出版印行：广益书局

出版时间：民国十八年（1929）修正

册数：四

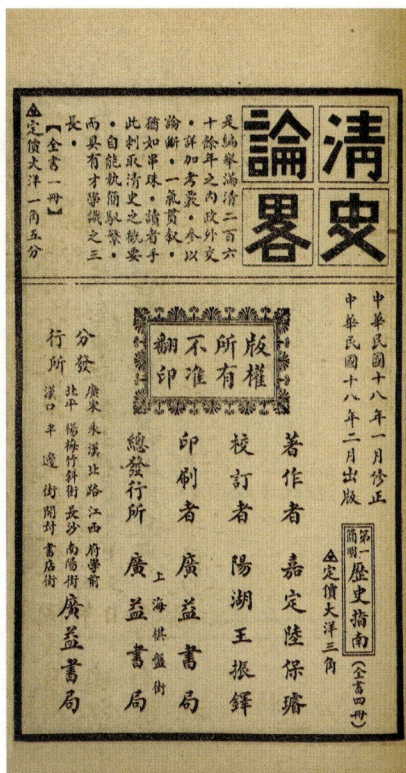

初學
簡明

歷史指南

上海廣益書局發行

陸保藏書

清史論畧

足徵學滿清二百六十餘年之內政外交

詳加考覈辭以論斷一氣賈敘讀者于

此刻取清史之鋭要而具有才學識之

猶如串珠瀏覽者能簡駭繁

而三長

△定價大洋一角五分
【全書一冊】

版權所有　不准翻印

著作者　嘉定陸保璿

校訂者　陽湖王振鐸

印刷者　廣益書局　上海棋盤街

總發行所　廣益書局

分發　廣東永漢北路江西府學前
　　　長沙南陽街

行所　北平楊梅竹斜街
　　　漢口平遠街　閣村書店街

中華民國十八年一月修正
中華民國十八年二月出版

第一　簡明　歷史指南　（全書四冊）
△定價大洋三角

1252 书名：最新增订历史启蒙

著者：不详

出版印行：新学会社

出版时间：民国十九年（1930）增订

册数：不详

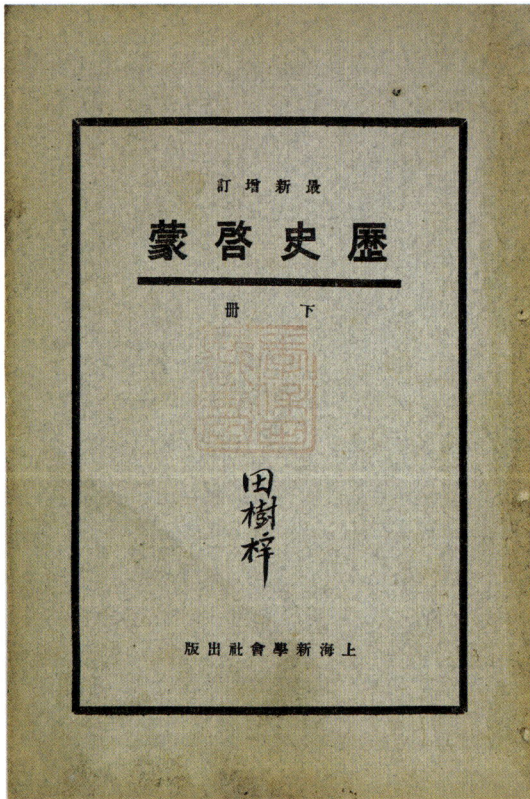

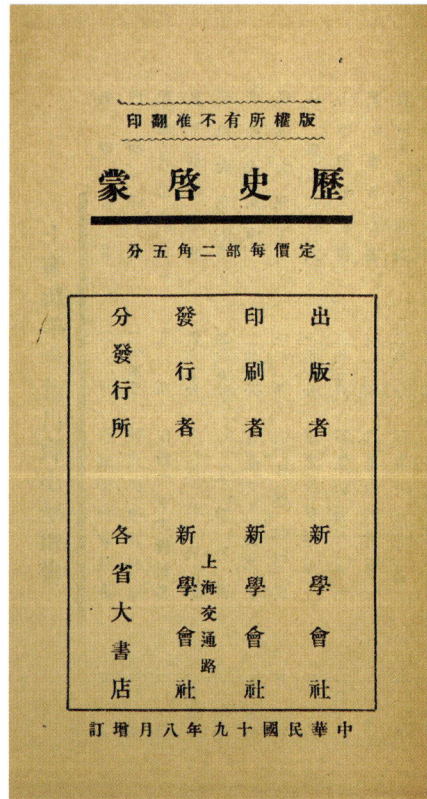

书名：学生基础历史
著者：赵诚之 / 主编
出版印行：上海南华书店
出版时间：1933年初版
册数：不详

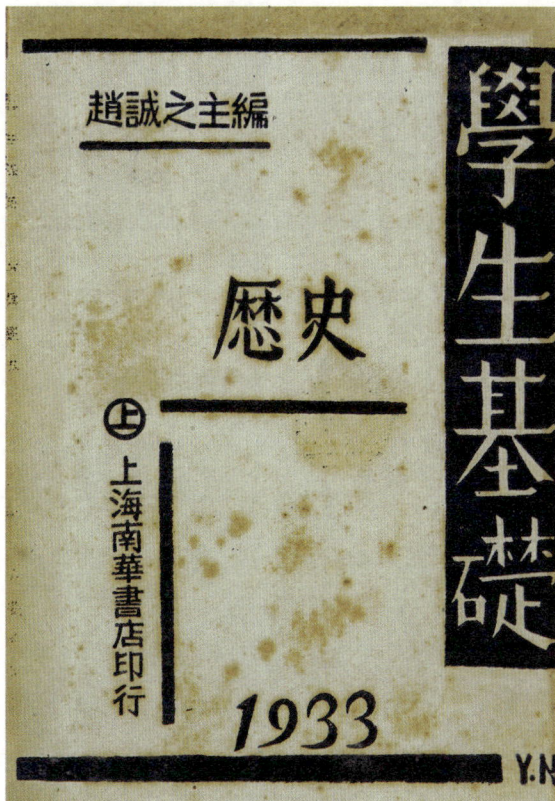

趙誠之主編

學生基礎

歷史

上 上海南華書店印行

1933

Y.N

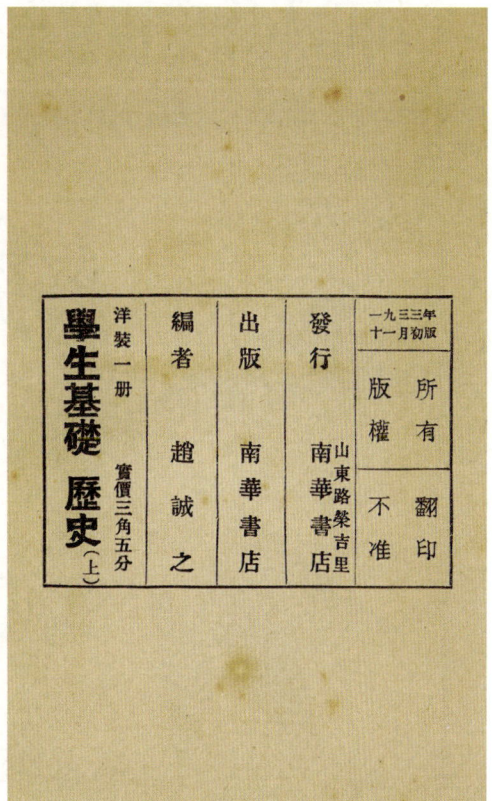

學生基礎 歷史（上）

洋裝一冊　實價三角五分

編者　趙誠之

出版　南華書店

發行　南華書店　山東路棨吉里

版權　所有　翻印　不准

一九三三年十一月初版

1254 书名：初中本国史复习指导
著者：胡嘉／主编
出版印行：现代教育研究社
出版时间：民国二十五年（1936）再版
册数：不详

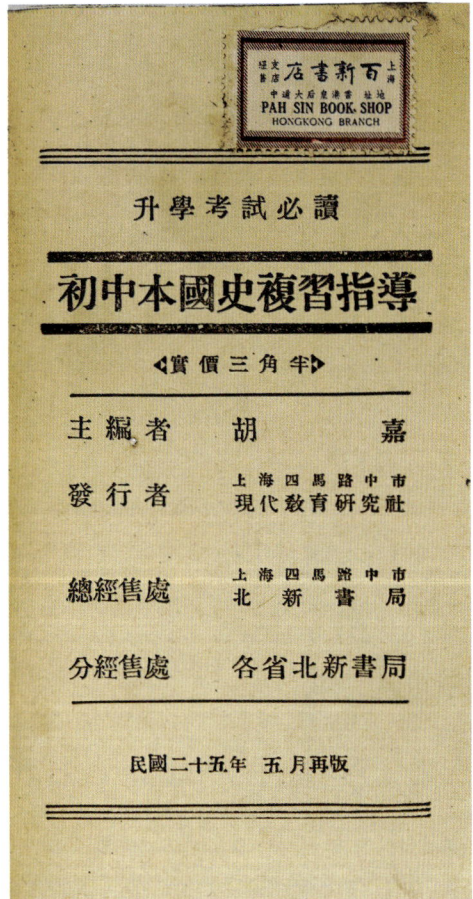

中學生升學必讀
初中本國史複習指導
胡　嘉編

現代
敎育研究社
出版

升學考試必讀
初中本國史複習指導
◀實價三角半▶

主編者	胡　　嘉
發行者	上海四馬路中市 現代敎育研究社
總經售處	上海四馬路中市 北　新　書　局
分經售處	各省北新書局

民國二十五年　五月再版

书名：中国近代史

著者：李鼎声 / 著

出版印行：光明书局

出版时间：民国三十年（1941）第9版　民国卅六年（1947）胜利第4版

册数：一

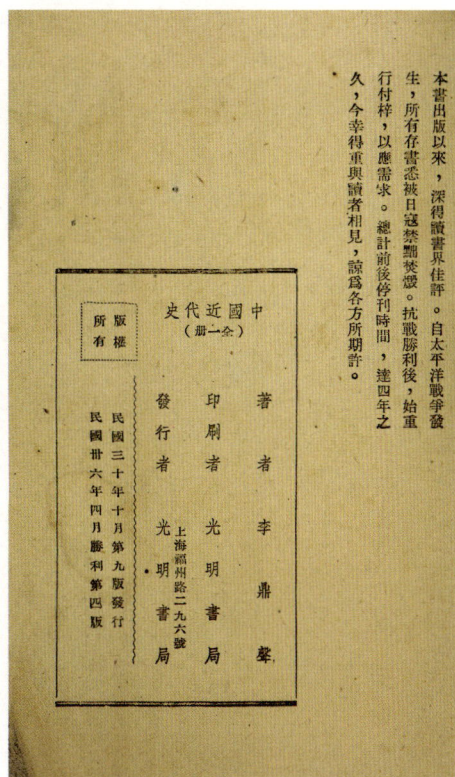

1256 书名：中国史
著者：王桐龄 / 著
出版印行：北平文化学社
出版时间：不详
册数：不详

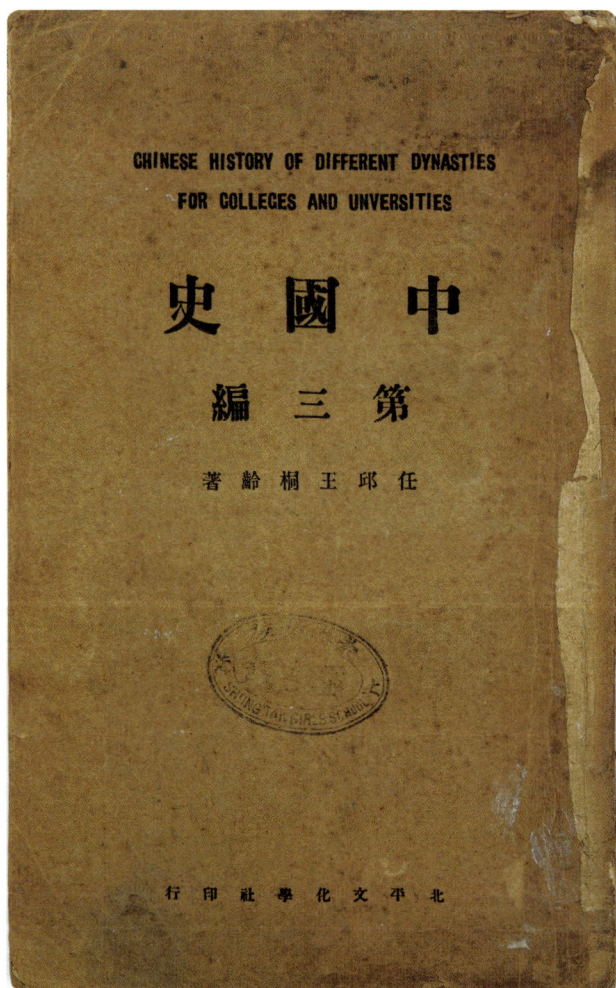

书名：中华民国绘图白话历史

著者：不详

出版印行：广益书局

出版时间：不详

册数：不详

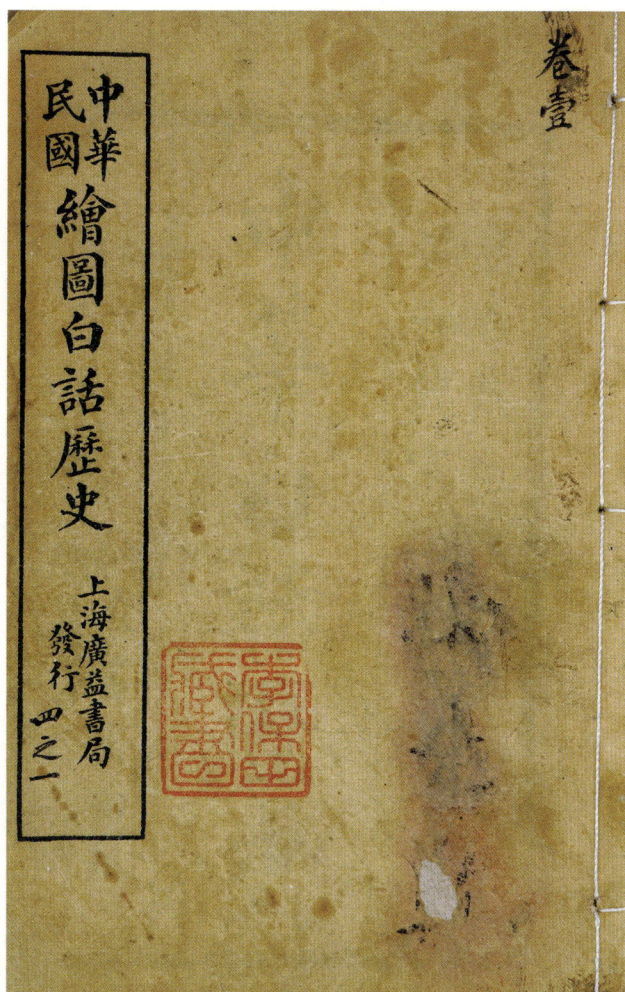

1258 书名：中华白话历史
著者：戴克敦、钱宗翰／合编
出版印行：彪蒙书室、广益书局
出版时间：不详
册数：不详

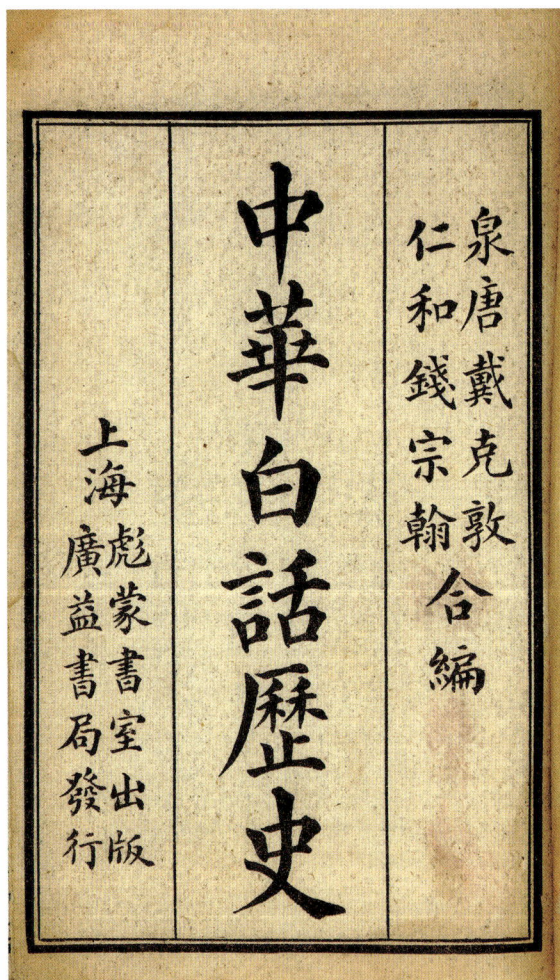

泉唐戴克敦
仁和錢宗翰
合編

中華白話歷史

上海彪蒙書室出版
廣益書局發行

书名：历史问答
著者：不详
出版印行：不详
出版时间：不详
册数：不详

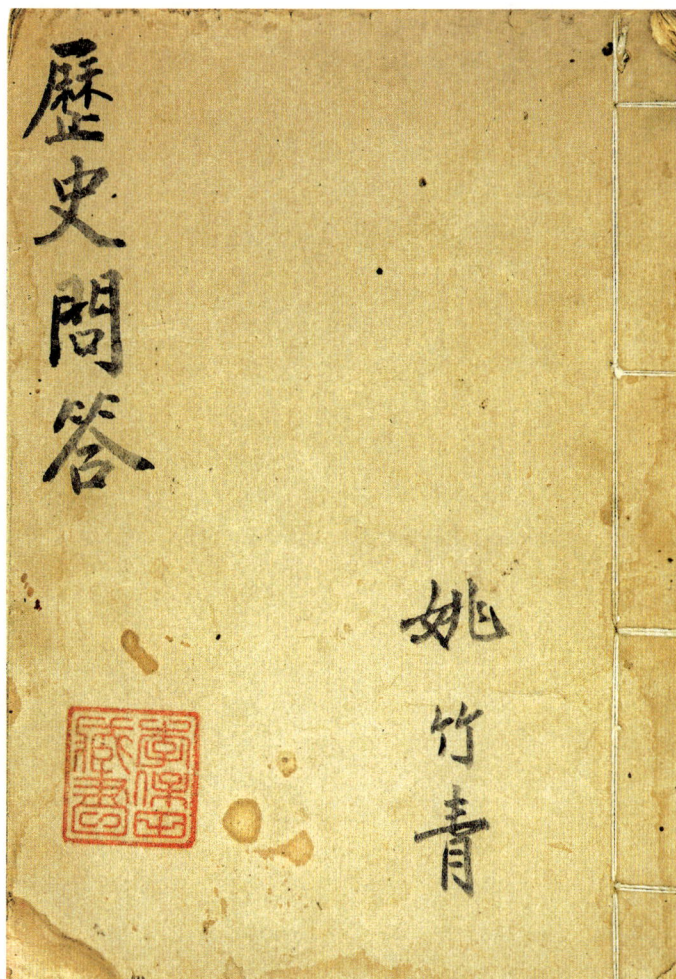

10 生理卫生类教材

①小学教材
②初中、高中教材
③师范、职业学校教材
④教授法

书名：高等小学卫生教科书
著者：胡宣明、杭海 / 编辑
出版印行：商务印书馆
出版时间：民国九年（1920）初版　民国十二年（1923）4版
册数：二

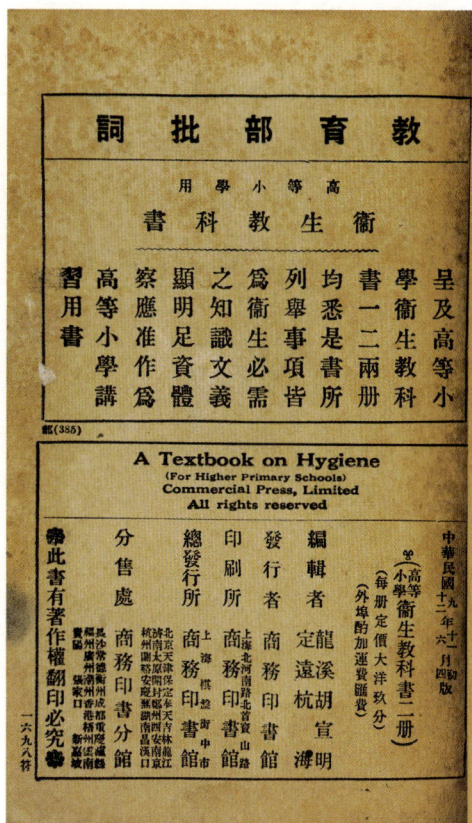

呈及高等小
學衛生教科
書一二兩册
均悉是書所
列舉事項皆
爲衛生必需
之知識文義
顯明足資
察應准作爲
高等小學講
習用書

A Textbook on Hygiene
(For Higher Primary Schools)
Commercial Press, Limited
All rights reserved

中華民國九
年六
月四版

（高等小學衛生教科書二册）
（每册定價大洋玖分）
（外埠酌加運費匯費）

編輯者　　龍溪胡宣明　定遠杭海

發行者　　商務印書館

印刷所　　上海北河南路北首寶山路
　　　　　商務印書館

總發行所　上海棋盤街中市
　　　　　商務印書館

分售處　　商務印書分館

1264 书名：新法卫生教科书（新学制小学后期用）

著者：程瀚章 / 编纂　顾寿白、王岫庐 / 校订

出版印行：商务印书馆

出版时间：民国十二年（1923）初版　民国十四年（1925）64版

册数：二

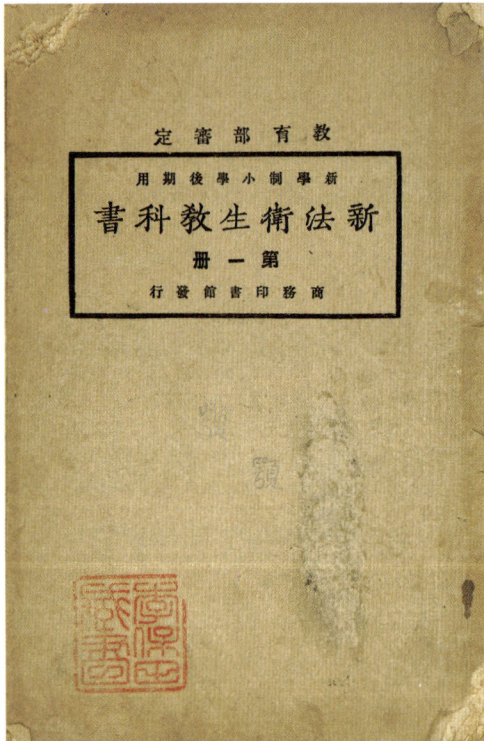

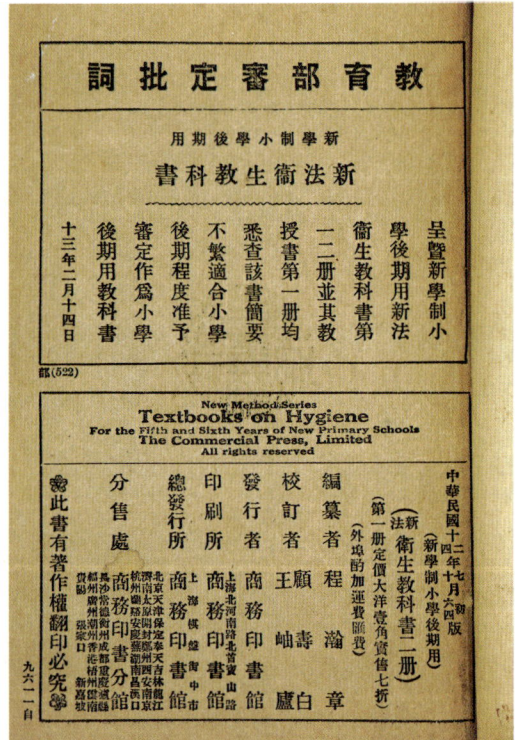

书名：新学制卫生教科书（小学校高级用）
著者：程瀚章/编纂　王岫庐、顾寿白/校订
出版印行：商务印书馆
出版时间：民国十三年（1924）初版　民国十五年（1926）60版
册数：四

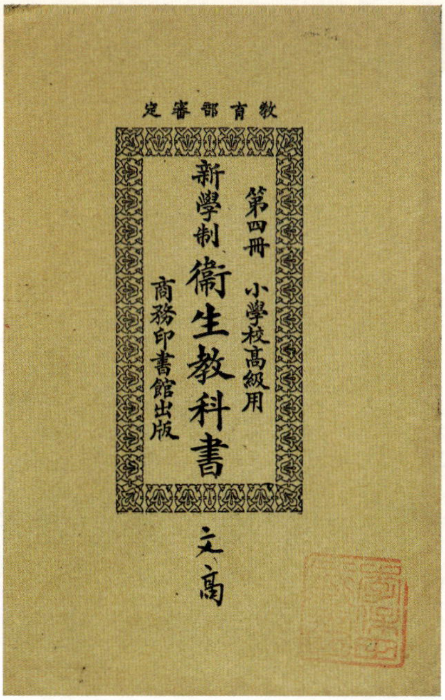

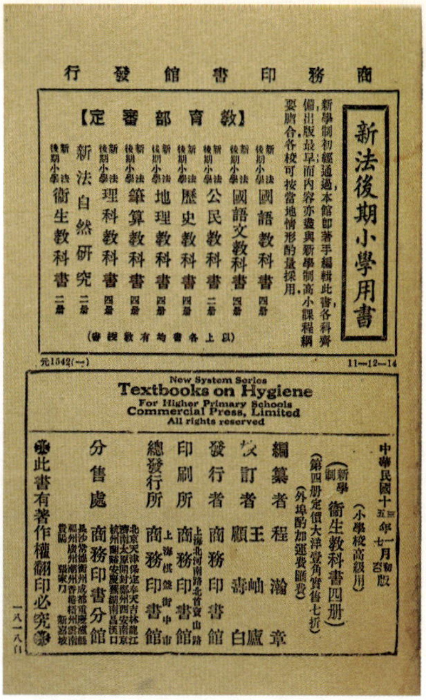

教育部審定
第四冊　小學校高級用
新學制 衞生教科書
商務印書館出版
高元

行　商務印書館發行

【教育部審定】
新法後期小學用書

New System Series
Textbooks on Hygiene
For Higher Primary Schools
Commercial Press, Limited
All rights reserved

中華民國十五年七月印刷

大學院審定
新學制衞生教科書
第一冊
小學校高級用
商務印書館出版

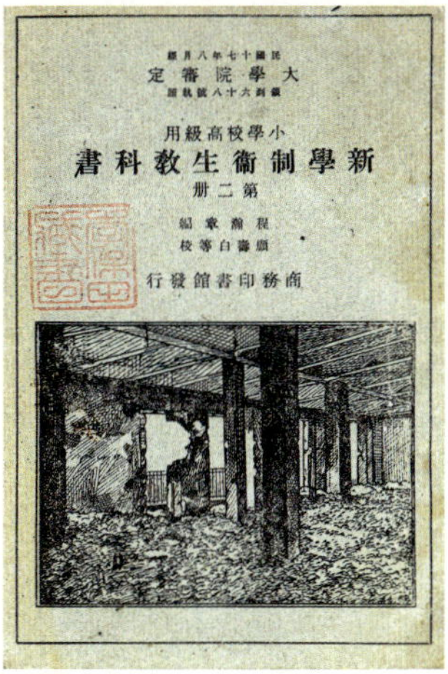

大學院審定
新學制衞生教科書
第二冊
小學校高級用
程瀚章　編纂
顧壽白等　校訂
商務印書館發行

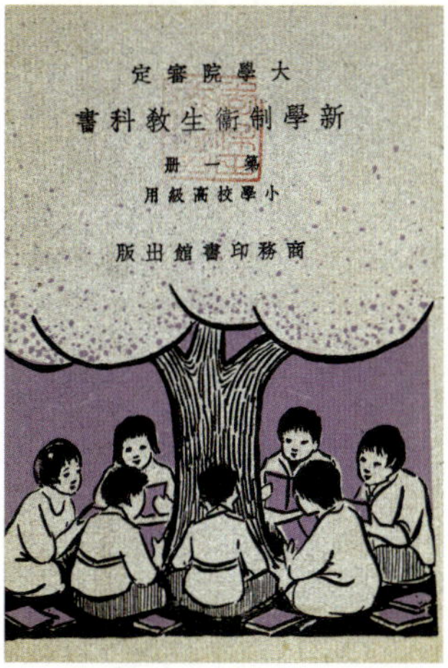

1266

书名：新小学教科书卫生课本（新学制适用）

著者：赵光荣 / 编　陆费逵、戴克敦 / 校

出版印行：中华书局

出版时间：民国十四年（1925）发行　民国十五年（1926）8 版

册数：四

教育部審定

新學制適用

新小學教科書

衛生課本

高級第二冊

中華書局出版

學校
衛生寶鑑
一角六分

爲甚麼要生病？

玉兒平日不肯講究衛生，所以常常生病。小朋友，我們要想不生病必須講究衛生；講究衛生必須購買中華書局新出版的

牛（2040）

NEW EDUCATIONAL SYSTEM
HEALTH AND HYGIENE
FOR HIGHER PRIMARY SCHOOLS
CHUNG HWA BOOK COMPANY LTD.

民國十四年二月發行
民國十五年三月八版

新小學教科書衛生課本高
教科書衛生課本高級
○第二冊定價銀六分外埠酌加（全四冊）

編　　者　趙　光　榮

校　　者　戴　克　敦
　　　　　陸　費　逵

發行者　中　華　書　局

印刷所　中華書局上海靜安寺路二七號

總發行所　中華書局上海棋盤街

分發行所　中　華　書　局

书名：新学制小学教科书高级卫生课本
著者：江效唐、朱翊新／编辑　魏冰心、范祥善／校订
出版印行：世界书局
出版时间：民国十四年（1925）初版　民国十四年（1925）3版
册数：四

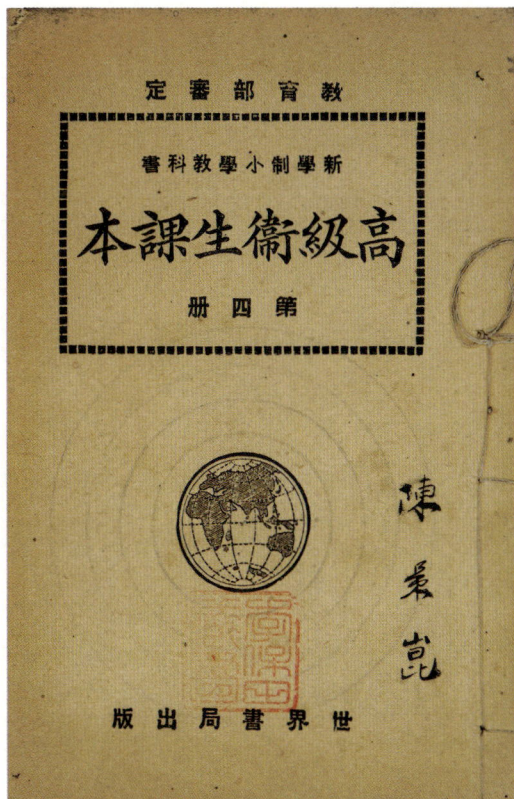

教育部審定

新學制小學教學教科書

高級衛生課本

第四冊

世界書局出版

1268　书名：新中华卫生课本（小学校高级用）

　　　　著者：糜赞治 / 编

　　　　出版印行：中华书局

　　　　出版时间：民国十七年（1928）发行　民国十九年（1930）13版

　　　　册数：四

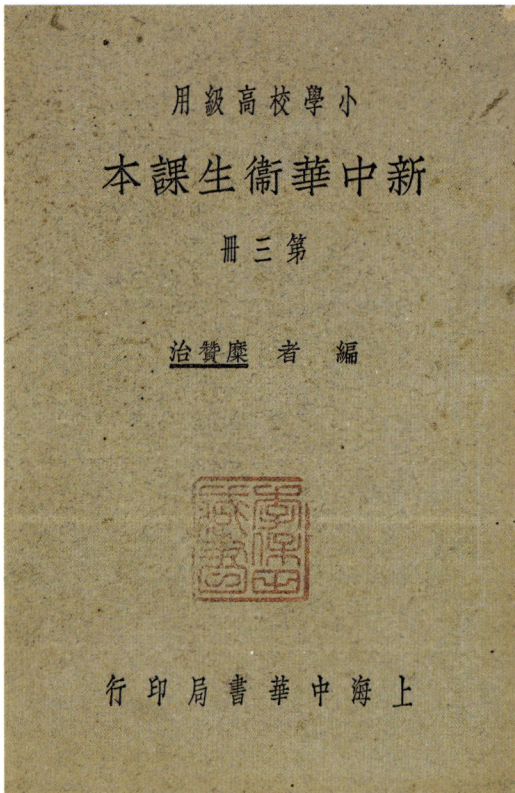

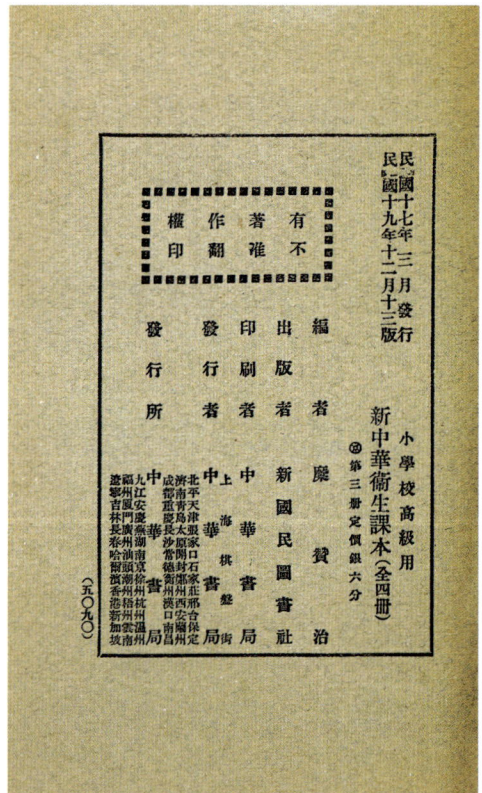

书名：新主义教科书卫生课本（小学校高级用）　　　　　　　　　　1269
著者：江效唐、朱翊新／编辑　魏冰心、范祥善／校订
出版印行：世界书局
出版时间：民国十八年（1929）10版
册数：四

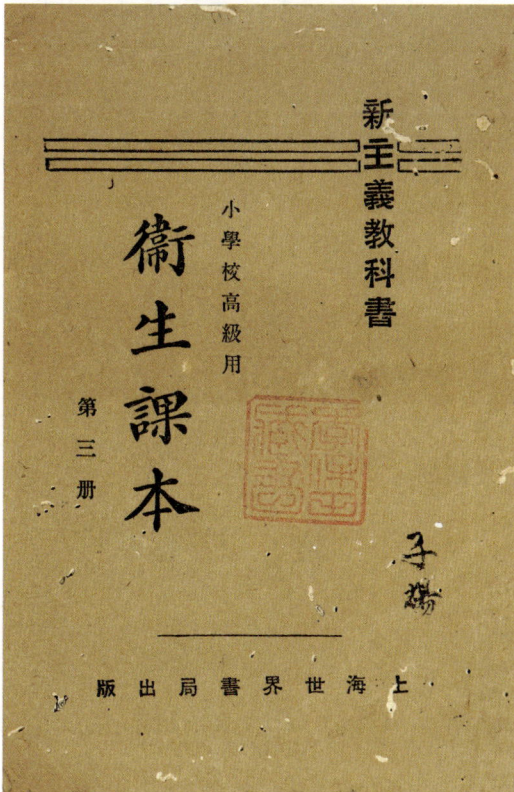

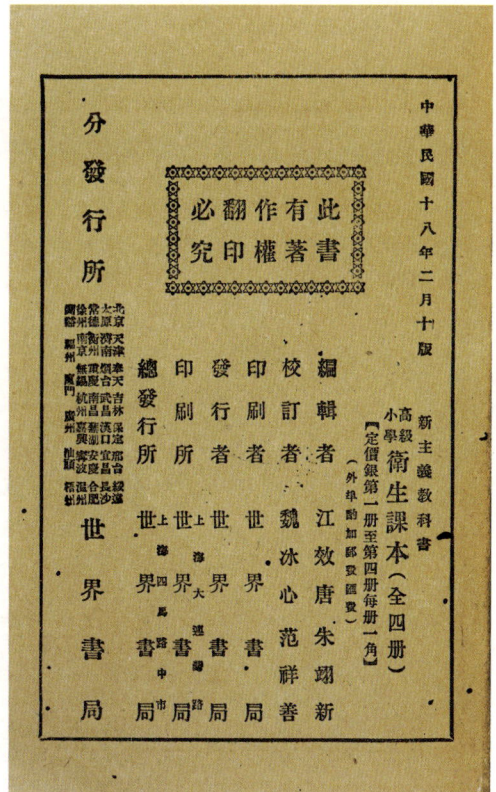

新主義教科書

小學校高級用

衞生課本

第三册

上海世界書局出版

中華民國十八年二月十版

新主義教科書
高級　小學校　衞生課本（全四册）
【定價銀第一册至第四册每册一角】
（外埠酌加郵費匯費）

編輯者　江效唐　朱翊新

校訂者　魏冰心　范祥善

印刷者　世界書局

發行者　世界書局

印刷所　世界書局

總發行所　世界書局

分發行所
北京　太原　常德
天津　濟南　徐州
南京　奉天　蘭州
無錫　煙臺　重慶
杭州　青島　成都
武昌　漢口　蕪湖
宜昌　南昌　紹興
宜昌　長沙　溫州
安慶　合肥

世界書局

书名：复兴卫生教科书（小学校初级用）

著者：沈百英 / 编著　王云五 / 校订

出版印行：商务印书馆

出版时间：民国二十三年（1934）初版　民国二十三年（1934）60 版

册数：八

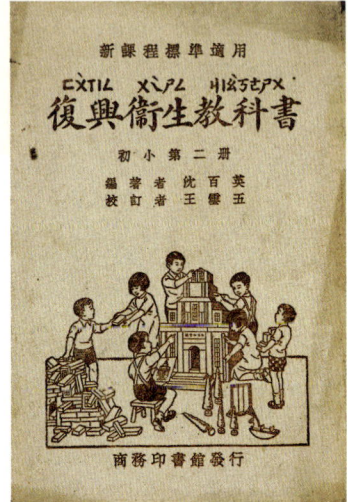

书名：复兴卫生教科书（小学校高级用）

著者：程瀚章 / 编著　王云五 / 校订

出版印行：商务印书馆

出版时间：民国二十二年（1933）初版　民国二十二年（1933）100 版

册数：四

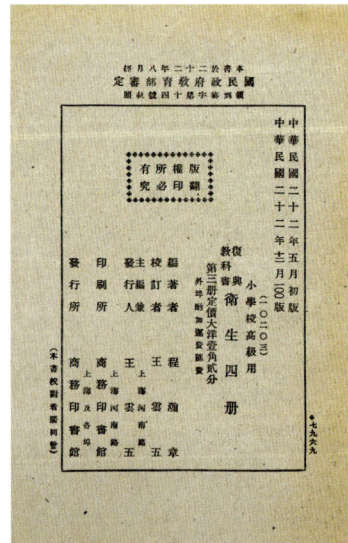

书名：小学卫生课本（新课程标准适用；初级用）

著者：华轶欧、徐允昭、赵堂构、李清悚、陈致中、李洁忱、华汝成／编

　　　华文祺、华襄治、糜赞治、杨卿鸿／校

出版印行：中华书局

出版时间：民国二十二年（1933）发行　民国二十三年（1934）59版

册数：八

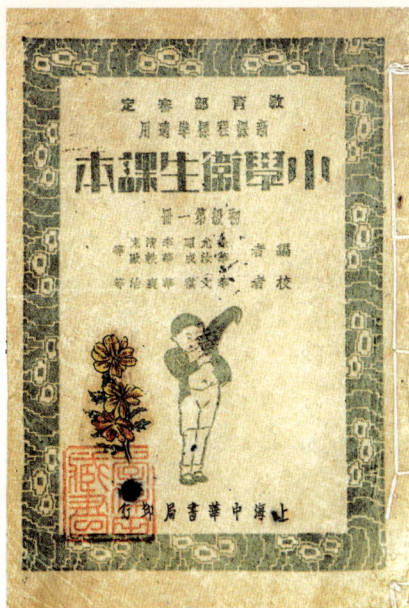
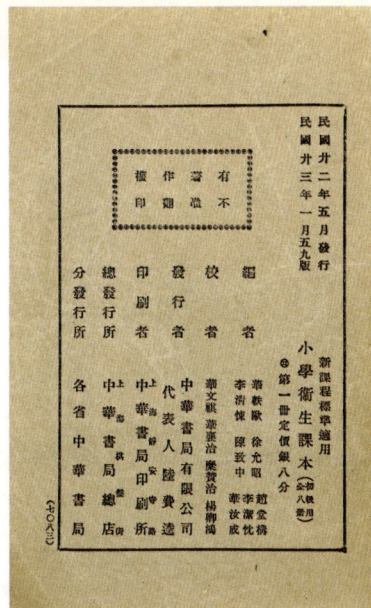

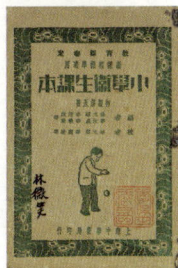

1272　书名：小学卫生课本（新课程准适用；高级用）

著者：徐允昭、华轶欧、李清悚、陈致中、赵堂构、李洁忱、华汝成／编

　　　华文祺、华襄治、糜赞治、杨卿鸿／校

出版印行：中华书局

出版时间：民国二十二年（1933）发行　民国二十二年（1933）16版

册数：四

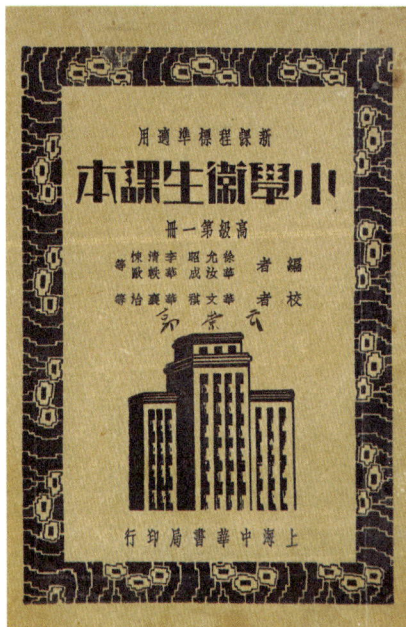

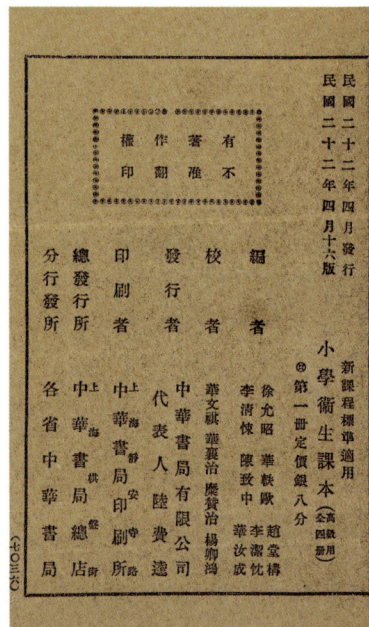

书名：卫生课本（初级小学学生用）
著者：董文／编辑　范祥善／校订
出版印行：世界书局
出版时间：民国廿二年（1933）初版　民国廿二年（1933）3版
册数：八

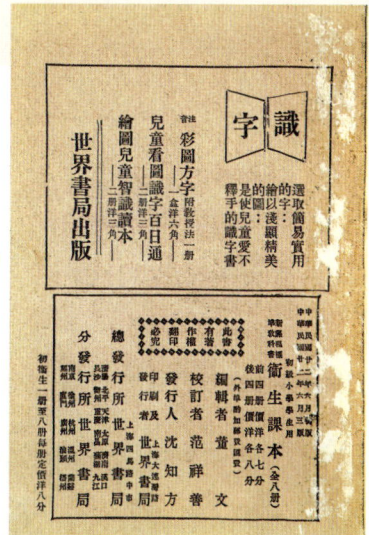

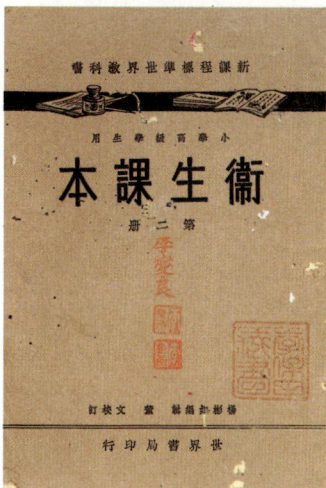

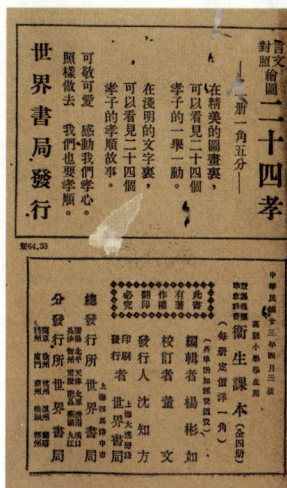

书名：卫生课本（高级小学学生用）
著者：杨彬如／编辑　董文／校订
出版印行：世界书局
出版时间：民国廿三年（1934）3版
册数：四

1274 书名：新生活教科书卫生（小学校高级用）
著者：马客谈、丁叔明 / 编辑
出版印行：大东书局
出版时间：民国二十三年（1934）3版
册数：四

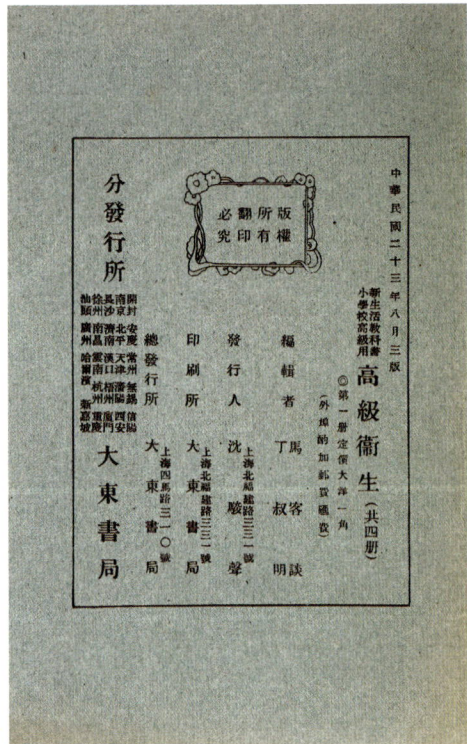

书名：中华中学生理教科书

著者：华文祺 / 编　戴克敦、姚汉章、陆费逵 / 阅

出版印行：中华书局

出版时间：民国二年（1913）发行　民国七年（1918）11 版

册数：一

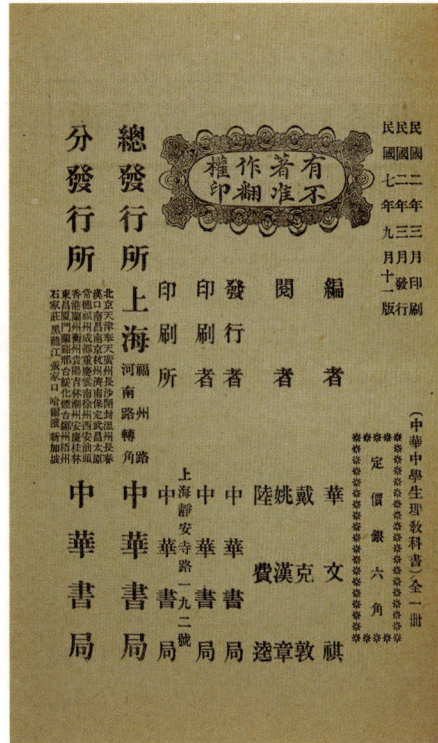

1276　书名：现代初中教科书生理卫生学
著者：顾寿白 / 编辑
出版印行：商务印书馆
出版时间：民国十二年（1923）初版　民国十五年（1926）78版
册数：一

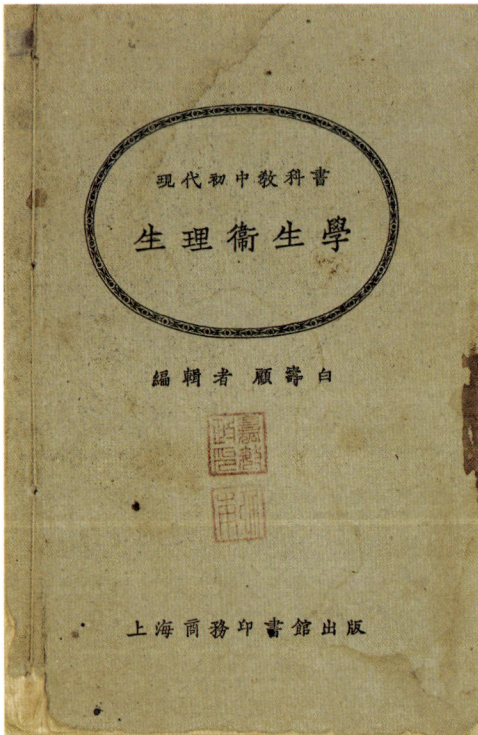

现代初中教科書
生理衞生學

編輯者 顧壽白

上海商務印書館出版

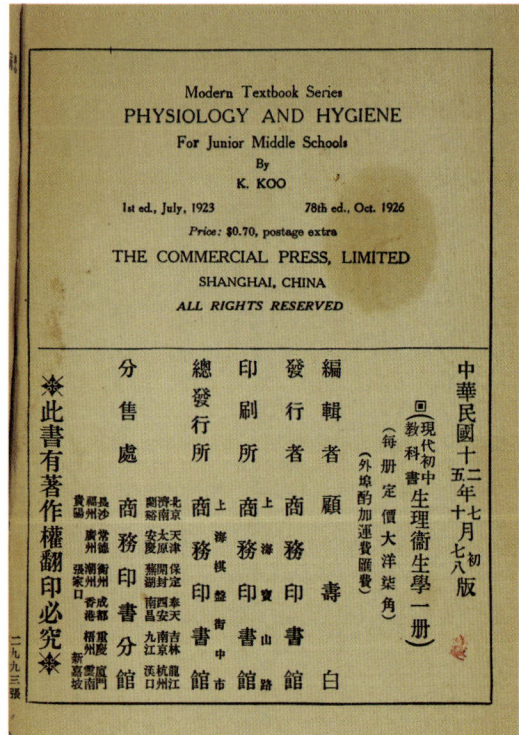

Modern Textbook Series
PHYSIOLOGY AND HYGIENE
For Junior Middle Schools
By
K. KOO
1st ed., July, 1923　　78th ed., Oct. 1926
Price: $0.70, postage extra
THE COMMERCIAL PRESS, LIMITED
SHANGHAI, CHINA
ALL RIGHTS RESERVED

中華民國十五年十月七八版初

（現代初中生理衞生學一册）
（教科書
（每册定價大洋柒角
（外埠酌加運費匯費）

編輯者　顧　壽　白

發行者　商務印書館

印刷所　商務印書館　上海寶山路

總發行所　商務印書館　上海棋盤街中市

分售處　商務印書分館

北京　天津　保定　奉天　吉林
濟南　太原　開封　南昌　南京
蕪湖　安慶　西安　九江　杭州
福州　常德　衡州　潮州　香港
廣州　潮州　梧州　重慶　龍江
長沙　成都　嘉門　沃口　新宫坡
貴陽　強家口　新嘉坡

※此書有著作權翻印必究※

二九〇三號

书名：新中学教科书生理卫生学
著者：宋崇义 / 编　钟衡臧、糜赞治 / 参订　谢恩增 / 阅
出版印行：中华书局
出版时间：民国十二年（1923）发行　民国十八年（1929）31版
册数：一

新中學教科書

生理衞生學

全一冊

編　者
上虞　宋崇義

參訂者
鎮海　鍾衡臧　無錫　糜贊治

閱　者
安慶　謝恩增

中華書局印行

吳毓傳譯　一冊六角

學生衞生寶鑑

中叙武士道衞生法、衞生自修法、健腦强記法、眼之攝生及運動法、長壽術等種種妙法、為學生衞生之秘笈、

中華書局發行

(300)

有著作權不准翻印

民國十二年二月發行
民國十八年二月卅版
新中學教科書
生理衞生學（全一冊）
定價銀九角
（外埠酌加郵費匯費）

編者　上虞　宋崇義
參訂者　無錫　糜贊治　鎮海　鍾衡臧
發行者　安慶　謝恩增
印刷者　上海靜安寺路　中華書局
印刷所　上海　中華書局
總發行所　上海　中華書局
分發行所　中華書局

（二九六七）

1278 　书名：新中学教科书初级生理卫生学
　　　　著者：张起焕／编　陈映璜／校
　　　　出版印行：中华书局
　　　　出版时间：民国十五年（1926）发行　民国十九年（1930）10版
　　　　册数：一

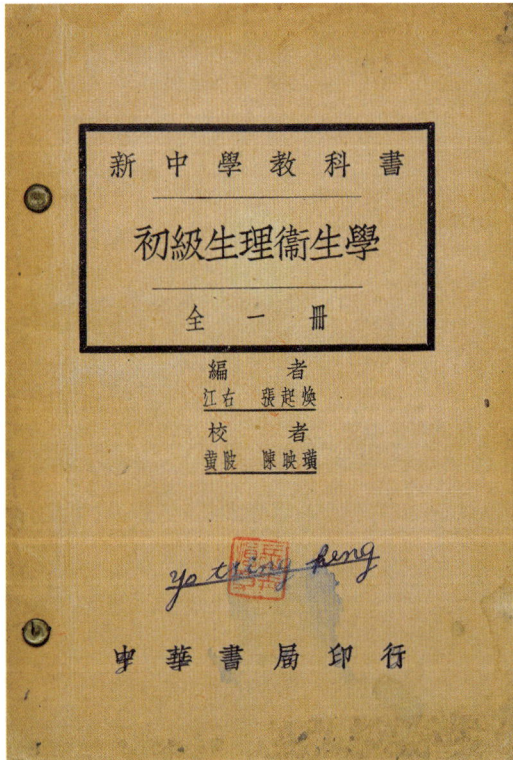

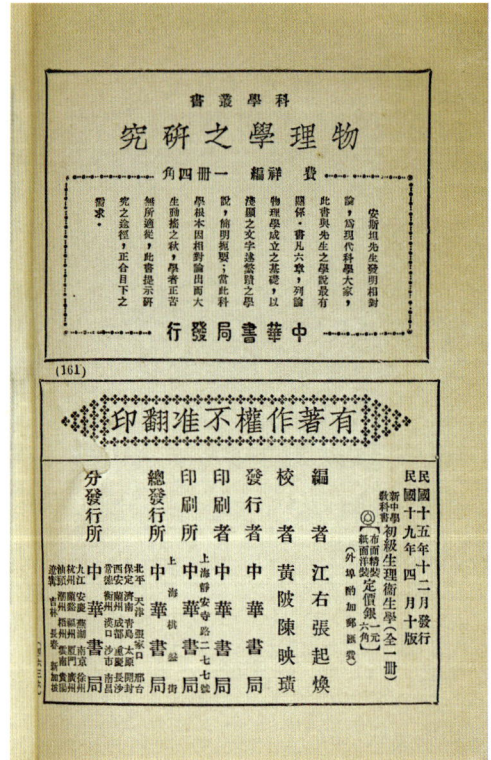

书名：初中生理卫生学（初级中学学生用）
著者：庄畏仲、龚昂云 / 编著　薛德焴 / 校订
出版印行：世界书局
出版时间：民国十九年（1930）初版　民国二十年（1931）6版
册数：一

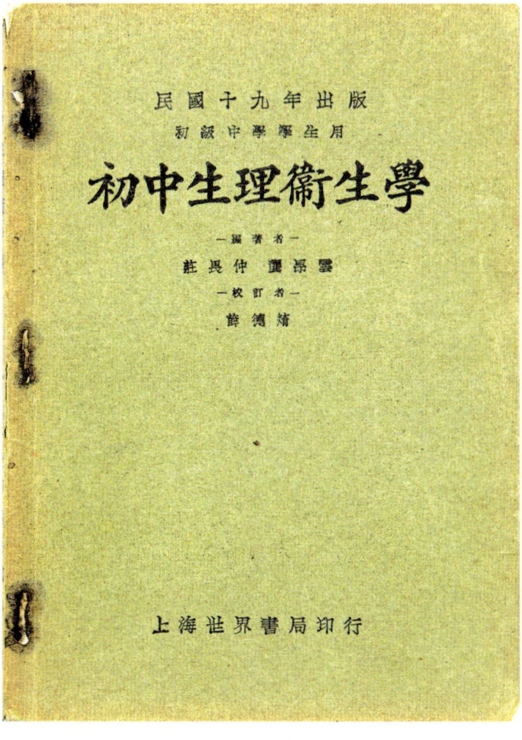
民國十九年出版
初級中學學生用
初中生理衛生學
—編著者—
莊畏仲 龔昂雲
—校訂者—
薛德焴
上海世界書局印行

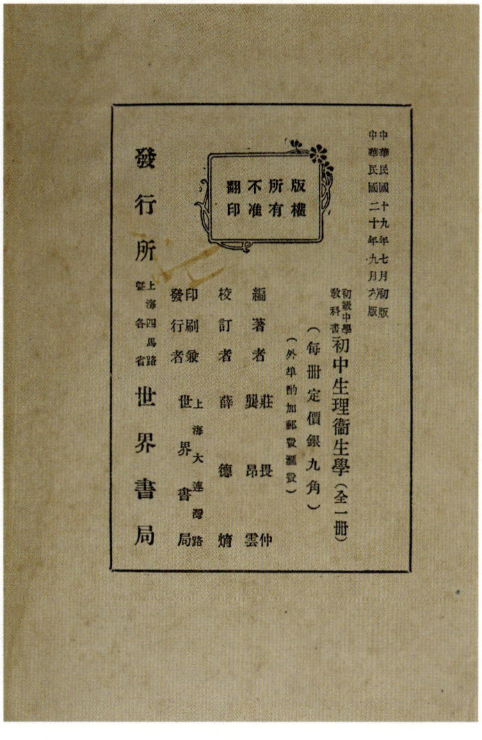
中華民國十九年七月初版
中華民國二十年九月六版
初級中學教科書 初中生理衛生學（全一冊）
（每冊定價銀九角）
（外埠酌加郵費匯費）
版權所有 不准翻印
編著者 莊畏仲 龔昂雲
校訂者 薛德焴
印刷發行者 上海大連灣路 世界書局
發行所 上海四馬路 各省 世界書局

1280 书名：新中华语体生理卫生（初级中学用）

著者：糜赞治 / 编　华文祺 / 校

出版印行：中华书局

出版时间：民国十九年（1930）发行　民国廿一年（1932）8版

册数：一

（教育部审定 民国二十年十一月二十日）

初级中学用

新中华生理卫生

（语体）

全一册

编　者　糜赞治

校　者　华文祺

张文明

上海中华书局印行

民國十九年七月發行
民國廿一年六月八版

新中華（语体）生理衞生教科書（全一冊）

◎【定價銀六角】

初級中學用

編　者　糜贊治

校　者　華文祺

出版者　新國民圖書社

印刷者　上海靜安寺路 中華書局

發行者　上海 中華書局

發行所　中華書局
九江　安慶　慶州　聚州　青科　廈門　廣州　漢州　北平　天津　聚家口　石家莊　邢台　保定　南京　濟南　重慶　青島　長沙　哈爾濱　開封　西安　漢口　杭州　溫州　桐州　德州　雲南　新加坡

（五八九四）

书名：新亚教本初中卫生

著者：薛德焴 / 编辑

出版印行：新亚书店

出版时间：民国二十二年（1933）初版　民国二十三年（1934）重版

册数：三

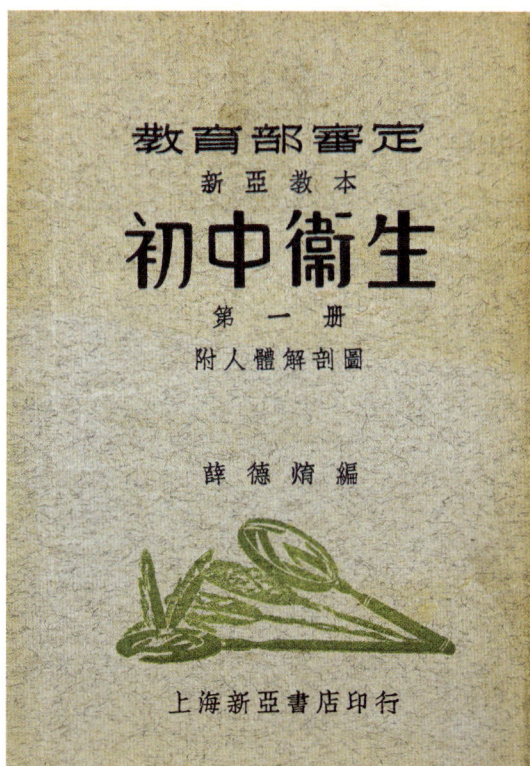

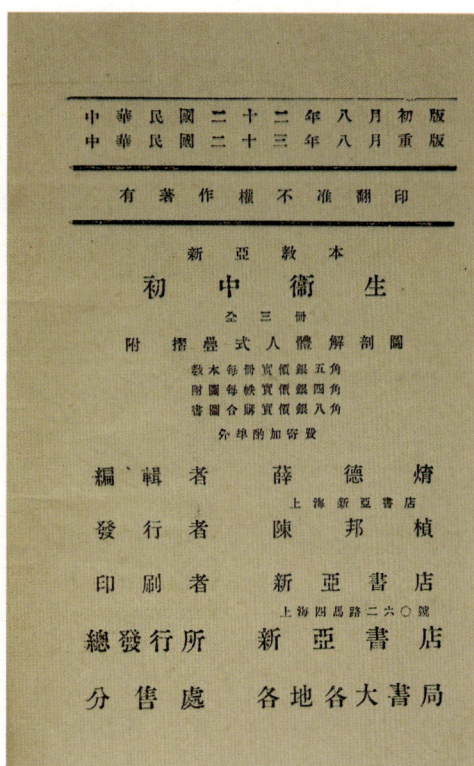

1282　书名：龚氏初中卫生（初级中学学生用）
　　　　著者：龚昂云／编著　洪式闾／校订
　　　　出版印行：世界书局
　　　　出版时间：民国二十二年（1933）初版　　民国二十三年（1934）7版
　　　　册数：三

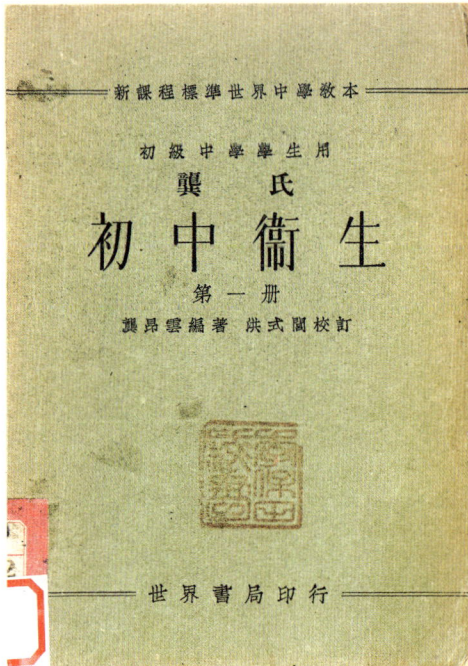

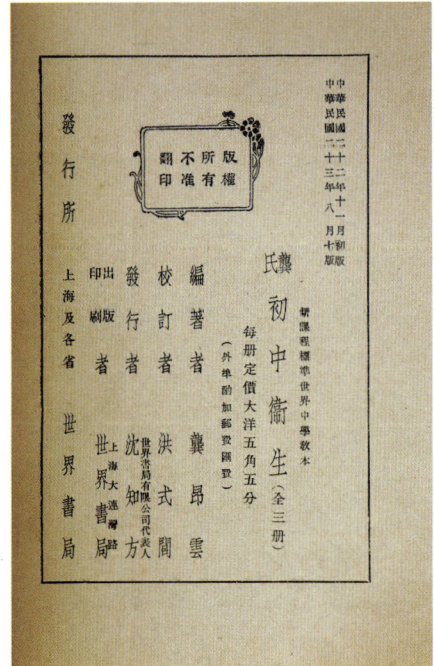

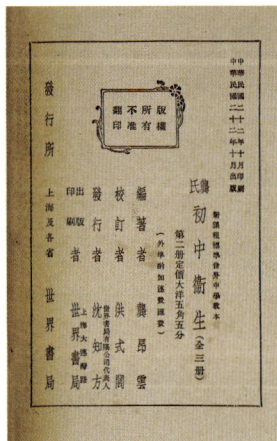

书名：复兴初级中学教科书卫生学

著者：程瀚章 / 编著　王云五 / 主编兼发行

出版印行：商务印书馆

出版时间：民国二十二年（1933）初版

册数：三

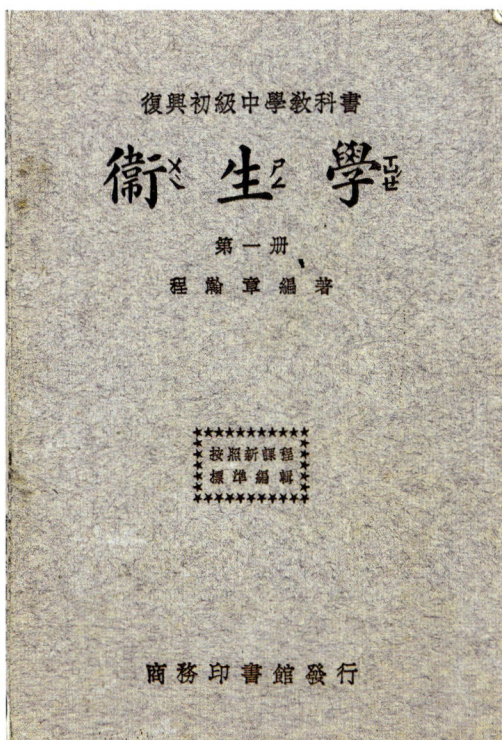

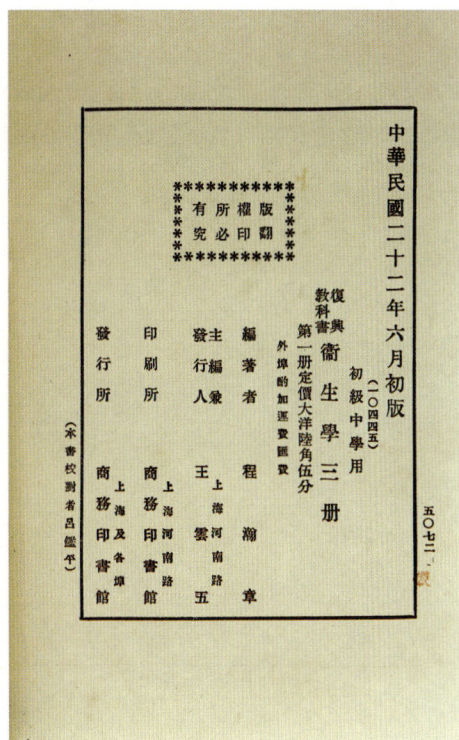

復興初級中學教科書

衛生學

第一册

程瀚章編著

★★★★★★★★
按照新課程
標準編輯
★★★★★★★★

商務印書館發行

中華民國二十二年六月初版

（一〇四四五）

初級中學用

復興
教科書
衛生學 三册

第一册定價大洋陸角伍分

外埠酌加運費匯費

★★★★★★★★★★★
有所權版
究必印翻
★★★★★★★★★★★

編著者　程瀚章

發行人兼　王雲五
主編

印刷所　商務印書館
　　　　上海河南路

發行所　商務印書館
　　　　上海及各埠

（本書校對者呂鑑平）

五〇七二

1284 书名：新编初中卫生学
著者：黎国昌 / 编著　刘祖霞、伍伯良、陶履通 / 校订
出版印行：天香书屋
出版时间：民国二十二年（1933）初版　民国二十四年（1935）5版
册数：不详

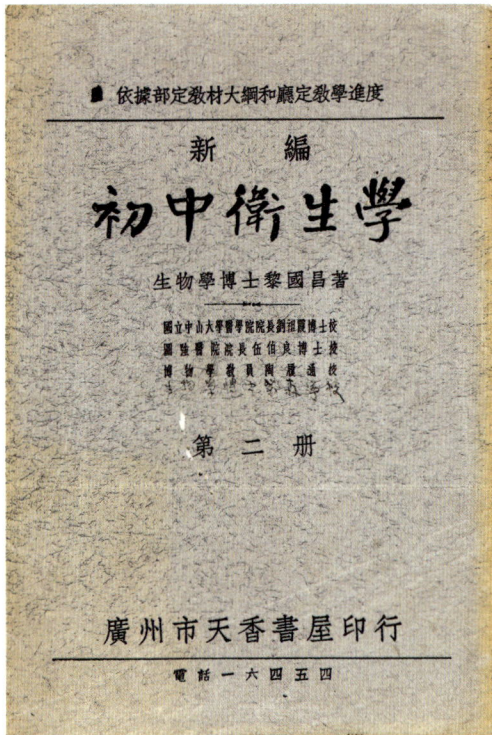

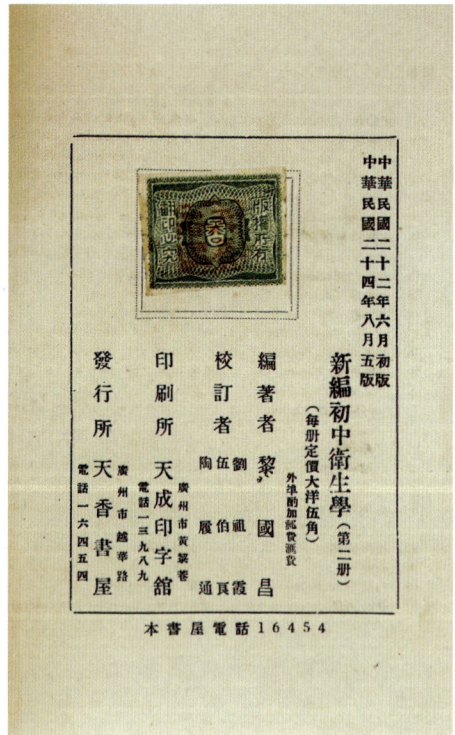

书名：复兴高级中学教科书卫生学

著者：程瀚章／编著　　王云五／主编兼发行

出版印行：商务印书馆

出版时间：民国二十三年（1934）初版　民国二十三年（1934）3版

册数：一

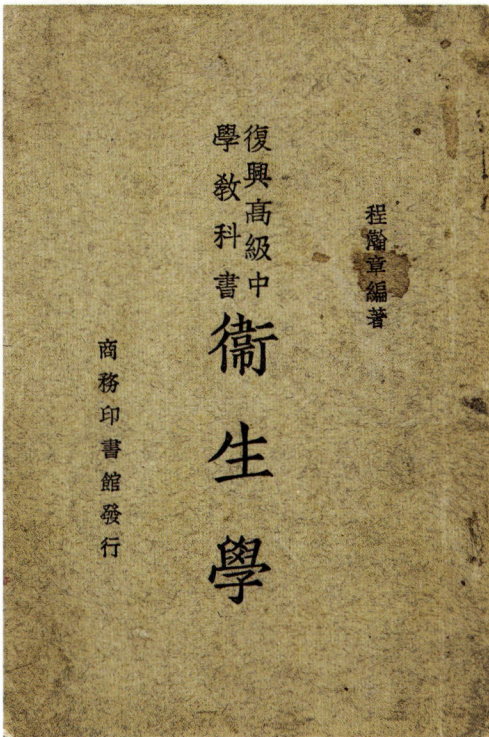

復興高級中學教科書

衛生學

程瀚章編著

商務印書館發行

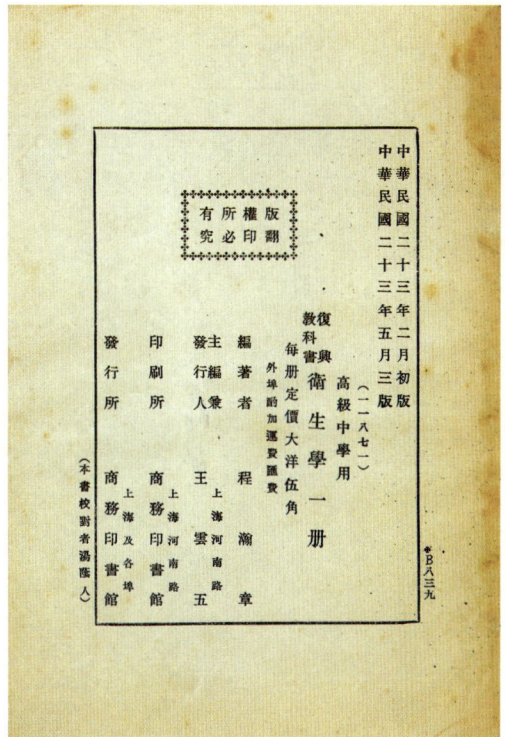

中華民國二十三年二月初版

中華民國二十三年五月三版

（二一八七一）

復興高級中學用

教科書 衛生學 一册

每册定價大洋伍角

外埠酌加運費匯費

編著者　　程瀚章

發行人　王雲五
上海河南路

主編兼　王雲五
上海河南路

印刷所　商務印書館
上海河南路

發行所　商務印書館
上海及各埠

版權所有
翻印必究

（本書校對者馮應人）

B八三九

1286   书名：初中教本最新生理卫生

著者：张重行 / 编

出版印行：中华科学教育改进社

出版时间：民国二十三年（1934）初版　民国二十四年（1935）再版

册数：不详

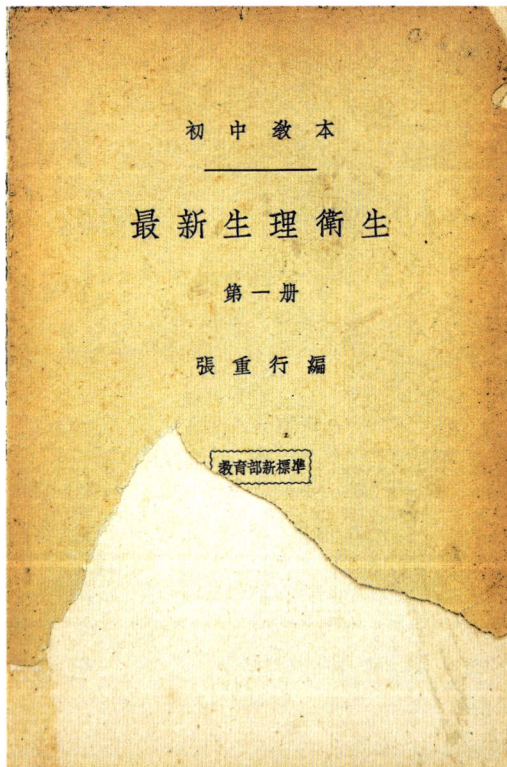

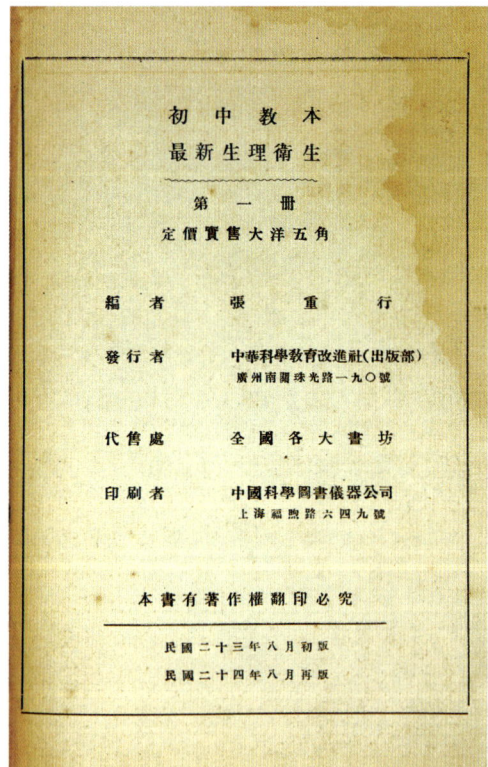

书名：建国教科书初级中学生理卫生学

著者：陈雨苍 / 编著　薛德焴 / 校订

出版印行：正中书局

出版时间：民国二十五年（1936）初版　民国二十六年（1937）78版

册数：一

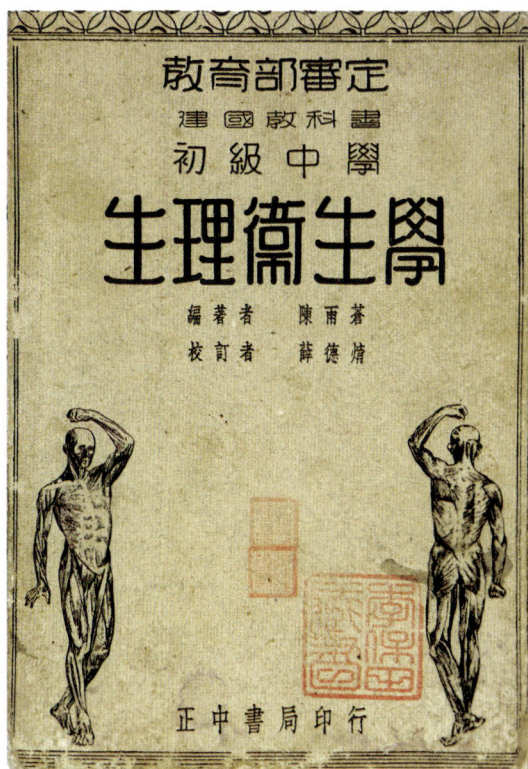

1288

书名：更新初级中学教科书生理卫生
著者：赖斗岩、王有琪 / 编纂
出版印行：商务印书馆
出版时间：民国三十年（1941）初版
册数：二

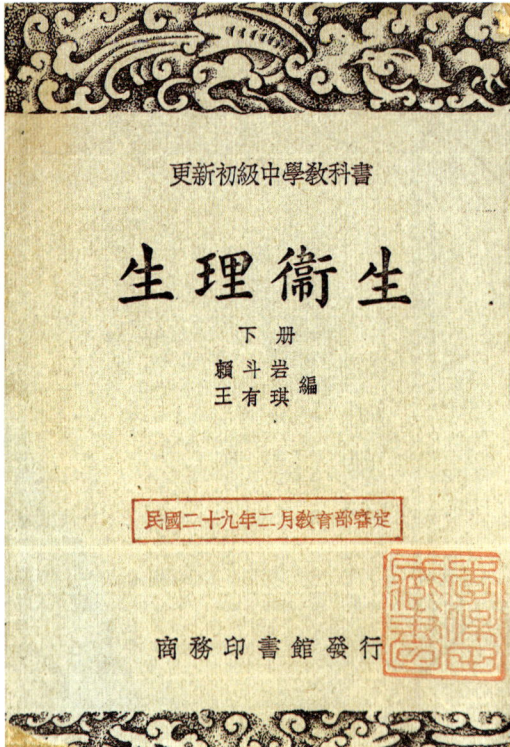

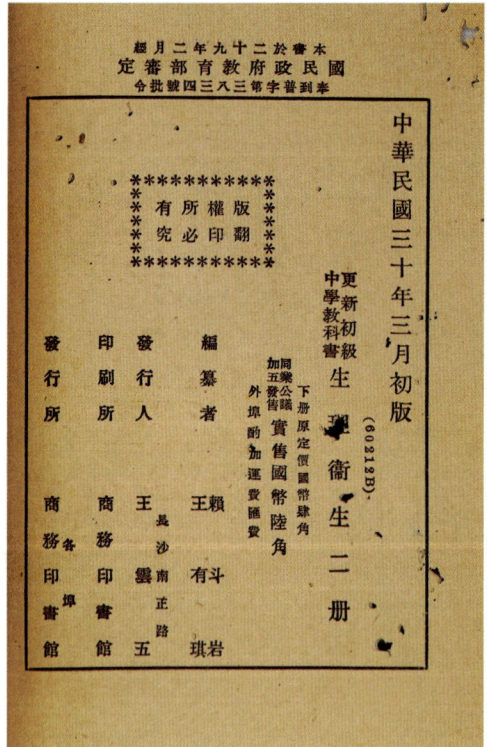

更新初級中學教科書

生理衞生

下 册

賴斗岩
王有琪 編

民國二十九年二月教育部審定

商務印書館發行

本書於二十九年二月經
國民政府教育部審定
奉到普字第三八三四號批令

中華民國三十年三月初版

更新初級
中學教科書
生理衞生
二册

（60212B）

＊＊＊＊＊＊＊＊＊＊＊
＊＊＊＊＊＊＊＊＊
＊ 有所權版 ＊
＊ 究必印翻 ＊
＊＊＊＊＊＊＊＊＊
＊＊＊＊＊＊＊＊＊＊＊

下册原定價國幣肆角
加五發售 實售國幣陸角
同業公議
外埠酌加運費匯費

編纂者　王有琪
　　　　賴斗岩

發行人　王雲五
　　　　長沙南正路

印刷所　商務印書館

發行所　商務印書館
　　　　各埠

　　　　商務印書館

书名：新中国教科书初级中学生理卫生学

著者：陈雨苍 / 编著

出版印行：正中书局

出版时间：民国三十三年（1944）初版　民国三十四年（1945）沪34版

册数：一

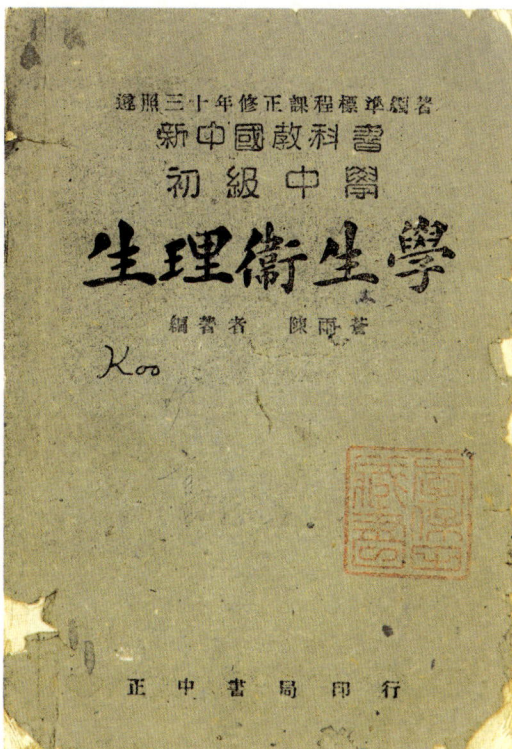

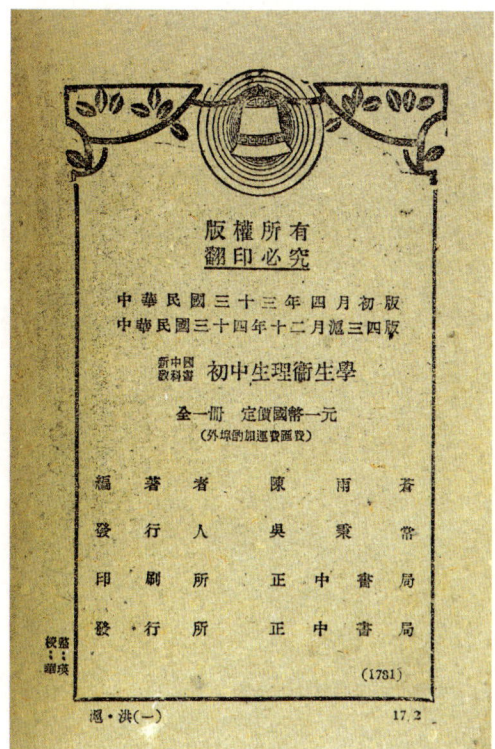

1290　书名：新编初中生理卫生（修正课程标准适用）
　　　著者：华汝成／编　廉赞治／校
　　　出版印行：中华书局
　　　出版时间：民国三十五年（1946）78版
　　　册数：二

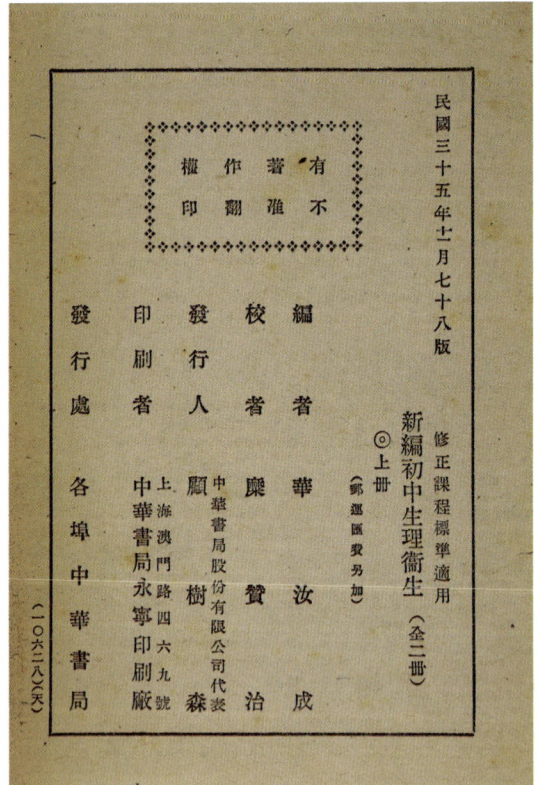

书名：民国新教科书生理及卫生学（中学校师范学校用）

著者：王兼善／编纂

出版印行：商务印书馆

出版时间：民国三年（1914）初版　民国十年（1921）8版

册数：一

教育部审定

中學校師範學校用

民國新教科書

生理及衞生學

英國愛丁堡大學格致科學士文藝科碩士王兼善編

上海商務印書館出版

教育部審定批語

中學師範用民國新國教科書

生理及衞生學

是書體例甚佳說明亦詳確

郵（82）

The New Scientific Series

Physiology and Hygiene

Approved by the Board of Education

Commercial Press, Limited

All rights reserved

中華民國十三年六月八版

民國新教科書生理及衞生學一冊

（教科書）

（每冊定價大洋壹元貳角）

（外埠酌加運費匯費）

編纂者　江蘇王兼善

發行者　商務印書館

印刷所　上海北河南路北首寶山路商務印書館

總發行所　上海棋盤街中市商務印書館

分售處　北京天津保定奉天吉林龍江濟南太原開封洛陽西安南京杭州廈門安慶蕪湖南昌長沙漢口廣州潮州香港桂林梧州雲南貴陽常德成都重慶道縣張家口新嘉坡

商務印書分館

三六八七白

1292　书名：新制生理学教本（中学校、师范学校适用）

　　　著者：顾树森 / 编辑　吴家煦 / 校阅

　　　出版印行：中华书局

　　　出版时间：民国六年（1917）发行　民国十年（1921）14版

　　　册数：一

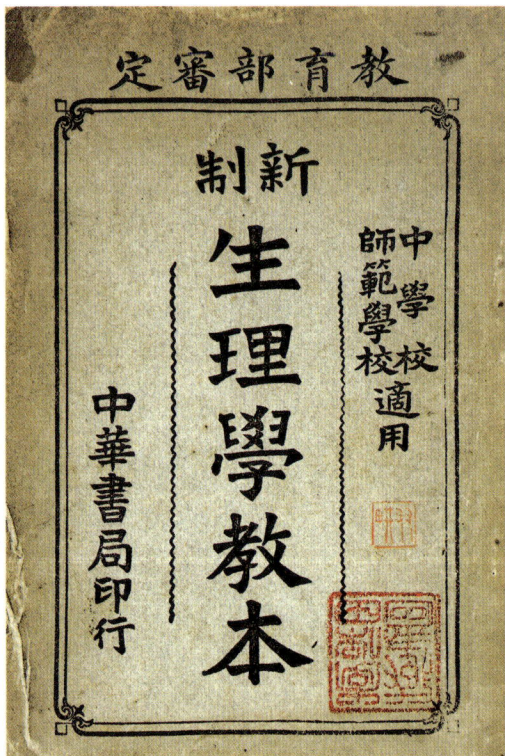

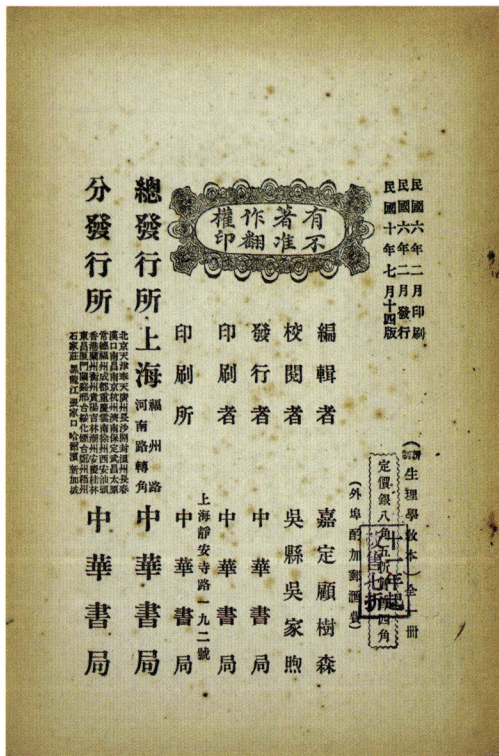

书名：新制生理学教本（中学校、师范学校适用）

著者：顾树森／编辑　吴家煦／校阅

出版印行：中华书局

出版时间：民国六年（1917）发行　民国十一年（1922）21版

册数：一

教育部審定

新制

生理學教本

中學校
師範學校適用

中華書局印行

有不
著准
作翻
權印
印

民國六年二月印刷
民國十一年十二月發行
民國十一年十二月廿一版

新制
生理學教本（全一冊）

定價銀八角五折實售四角

十一年起改售七折實價五角六分

（外埠酌加郵區費）

編輯者　　嘉定顧樹森

校閱者　　吳縣吳家煦

發行者　　中華書局

印刷者　　中華書局

印刷所　　中華書局　上海靜安寺路一九二號

總發行所　上海棋盤街　中華書局

分發行所　中華書局

北京　天津　漢口　廣州　長沙　開封　重慶　成都　保定　南昌　吉林　泰州　太原　安慶　杭州　貴陽　蘭州　桂林　雲南　石家莊　東昌　廈門　黑龍江　張家口　新加坡

1294　书名：生理学大意（医学小丛书）

　　　著者：戴棣龄／著

　　　出版印行：商务印书馆

　　　出版时间：民国二十年（1931）初版　民国二十四年（1935）国难后第4版

　　　册数：一

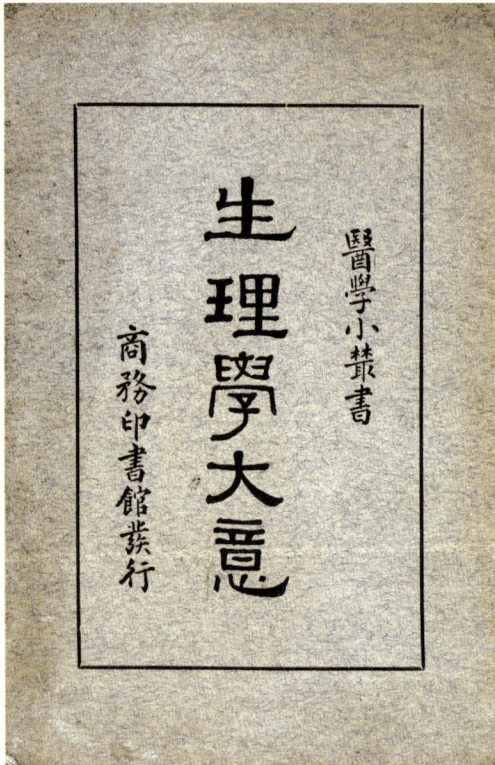

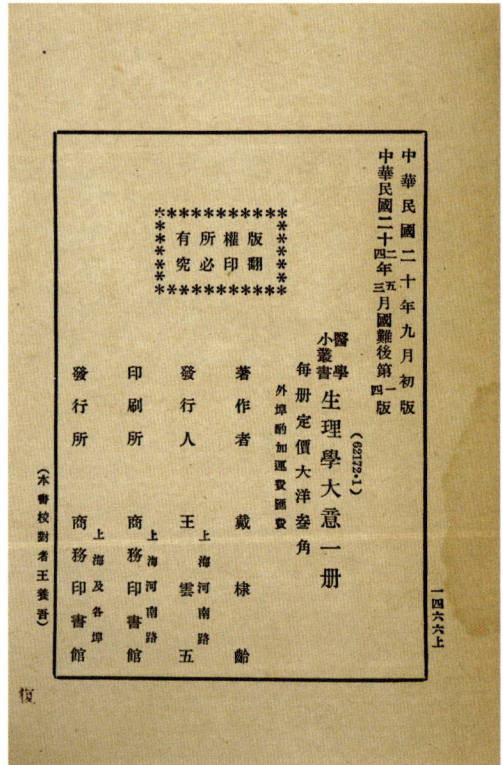

中華民國二十年九月初版
中華民國二十四年三月國難後第四版

醫學

小叢書 生理學大意 一冊

（621721）

每册定價大洋叁角

外埠酌加運費匯費

著作者　戴　棣　齡

發行人　王　雲　五

　　　上海河南路

印刷所　商務印書館

　　　上海河南路

發行所　商務印書館

　　　上海及各埠

**********翻版**********
**********印必究所權有**********
****

（本書校對者王養晉）

一四六上

书名：师范学校教科书卫生
著者：赖斗岩、苏德隆／编纂
出版印行：商务印书馆
出版时间：民国二十六年（1937）审定本第1版
册数：一

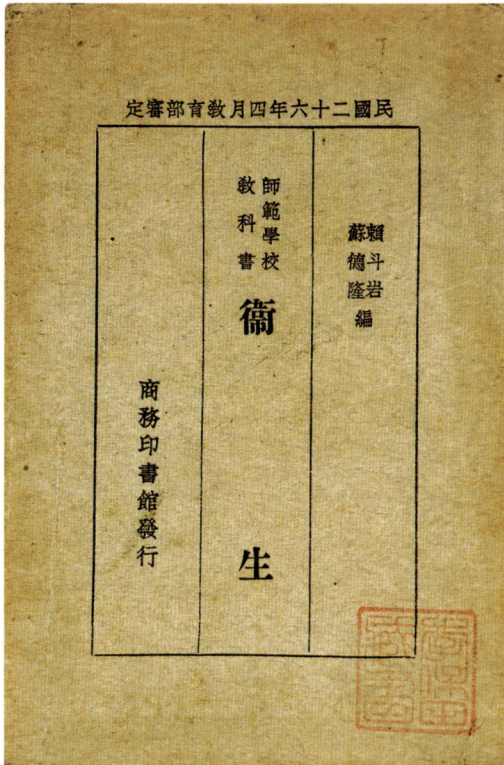

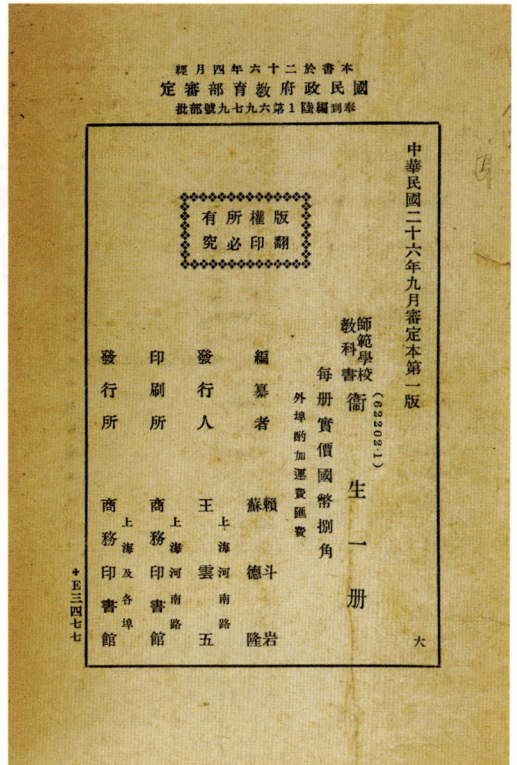

1296 | 书名：护士学校应用课本溶液论
著者：Elsie M.Smith,R.N./原著　吴建庵/翻译　中华护士学会/审订
出版印行：上海广协书局
出版时间：民国二十九年（1940）7版
册数：不详

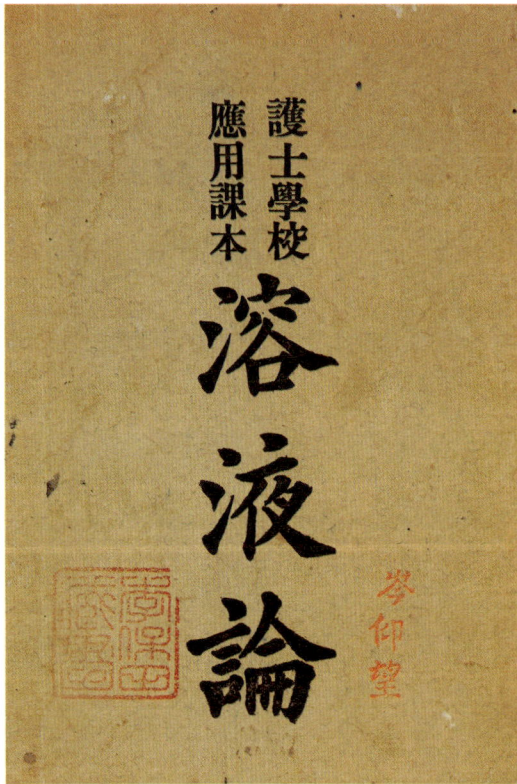

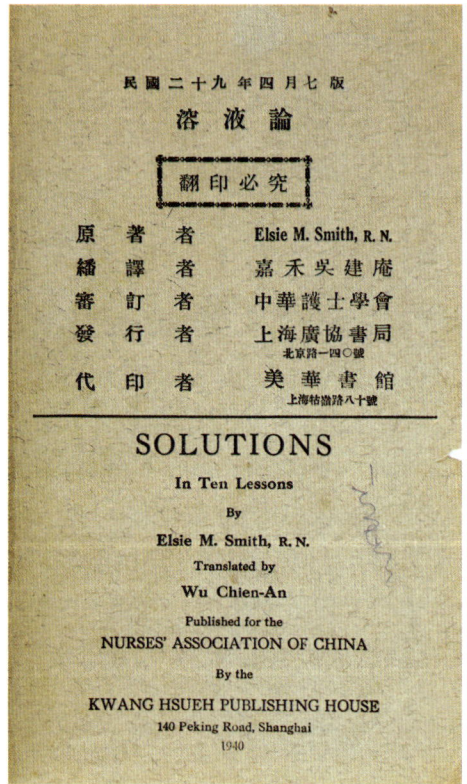

民國二十九年四月七版

溶 液 論

翻印必究

原　著　者	Elsie M. Smith, R.N.
繙　譯　者	嘉禾吳建庵
審　訂　者	中華護士學會
發　行　者	上海廣協書局 北京路一四〇號
代　印　者	美華書館 上海牯嶺路八十號

SOLUTIONS

In Ten Lessons

By

Elsie M. Smith, R.N.

Translated by

Wu Chien-An

Published for the

NURSES' ASSOCIATION OF CHINA

By the

KWANG HSUEH PUBLISHING HOUSE

140 Peking Road, Shanghai

1940

书名：助产学（高级助产学校适用）

著者：教育部医学教育委员会、助产教育专门委员会 / 主编　葛成慧 / 编著　汪黄瑛、林巧稚 / 校阅

出版印行：正中书局

出版时间：民国三十年（1941）渝初版　民国三十五年（1946）沪7版

册数：一

1297

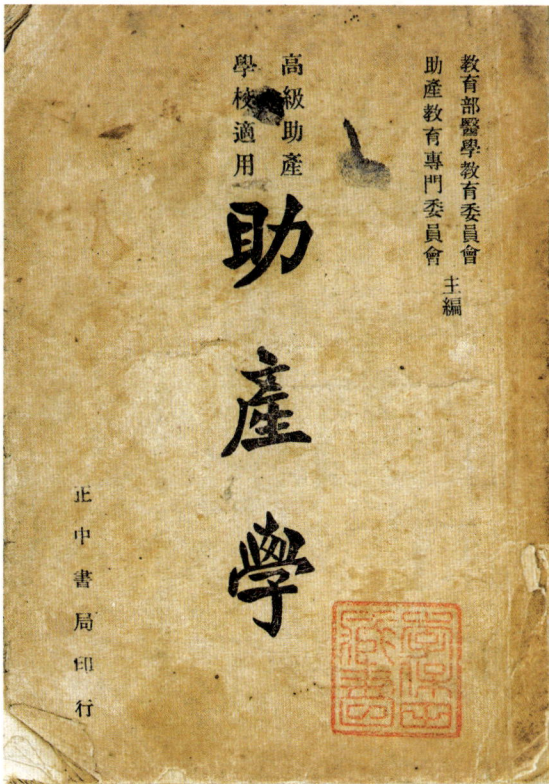

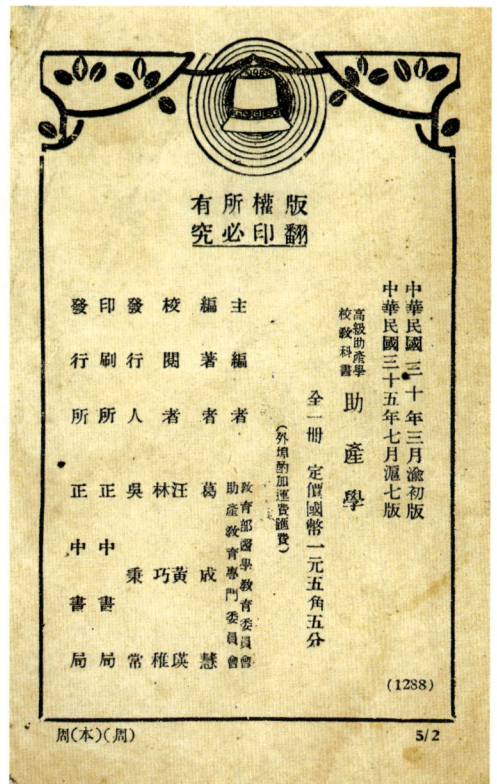

1298　书名：中医专科学校讲义药物学

　　　　著者：董德懋 / 编著　汪浩权、潘树仁、王健民、万毅贤 / 校阅

　　　　出版印行：中华医学杂志社

　　　　出版时间：民国三十七年（1948）

　　　　册数：一

中醫專科學校講義

藥物學

董德懋醫師編著

1948

北平中華醫學雜誌社出版

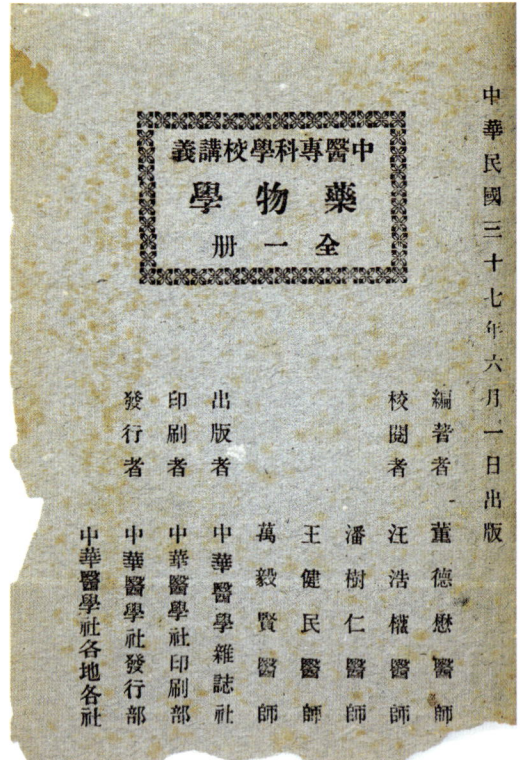

中醫專科學校講義

藥物學

全一册

中華民國三十七年六月一日出版

編著者　董德懋醫師

校閱者　汪浩權醫師
　　　　潘樹仁醫師
　　　　王健民醫師
　　　　萬毅賢醫師

出版者　中華醫學雜誌社

印刷者　中華醫學社印刷部

發行者　中華醫學社發行部

　　　　中華醫學社各地各社

书名：卫生（简易师范学校及简易乡村师范学校用）
著者：陈雨苍 / 编著　薛德焴 / 校订
出版印行：正中书局
出版时间：不详
册数：不详

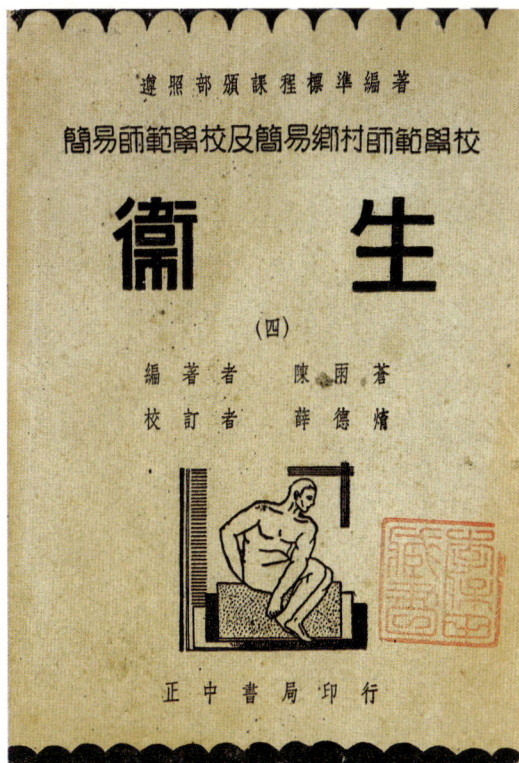

遵照部頒課程標準編著

簡易師範學校及簡易鄉村師範學校

衛生

（四）

編著者　陳雨蒼

校訂者　薛德焴

正中書局印行

版權所有
翻印必究

簡師
簡鄉師　衛生

第四冊　實價國幣三角五分
（外埠酌加運費國貨）

編著者　陳雨蒼
校訂者　薛德焴
發行人　吳秉常
印刷所　正中書局
發行所　正中書局

（930）

大　　　23,12,1/4 滬

1300　书名：新中华教科书卫生课本教授书（小学校高级用）
　　　著者：杨卿鸿、糜赞治／编
　　　出版印行：新国民图书社
　　　出版时间：民国十八年（1929）初版
　　　册数：四

④教授法

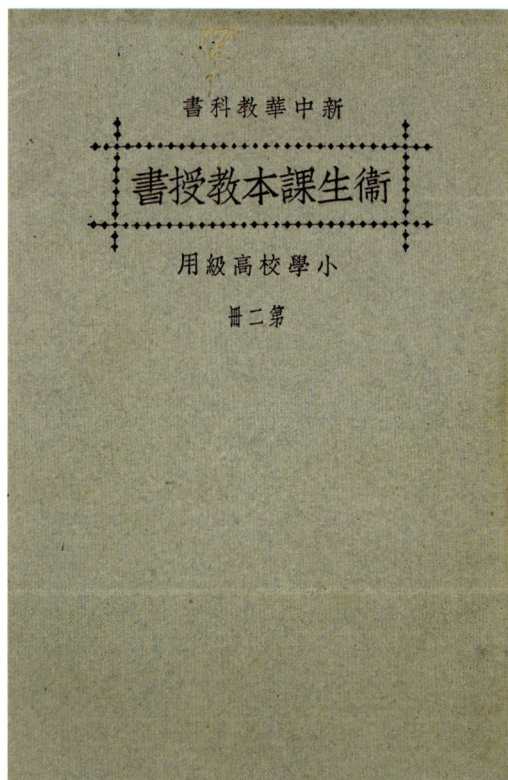

新中华教科书

衛生課本教授書

小學校高級用

第二冊

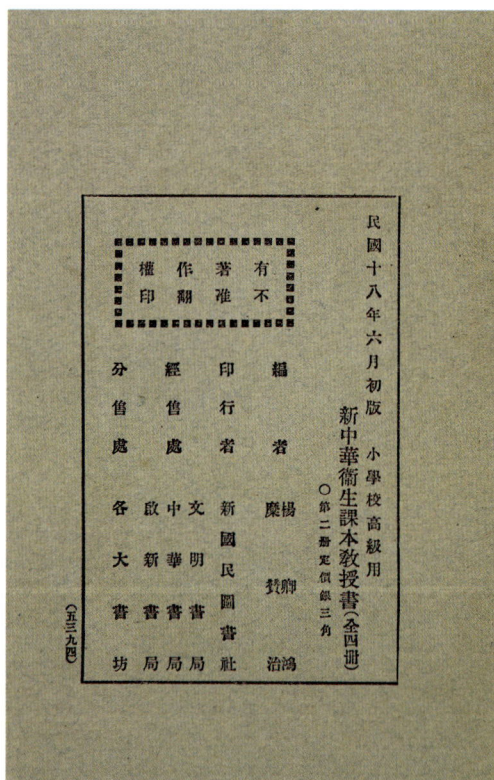

民國十八年六月初版　小學校高級用

新中華衞生課本教授書（全四冊）

○第二冊定價銀三角

有著不准翻印
作權印

編著者　糜贊治　揚卿鴻

印行者　新國民圖書社

經售處　中華書局　文明書局

分售處　各大書坊　啟新書局

（五三九四）

11 修身类教材

①初小、高小教材

②中学、师范学校教材

③教授法

④其他教材

书名：订正女子修身教科书（国民学校用）
著者：沈颐、戴克敦／编纂　高凤谦／校订
出版印行：商务印书馆
出版时间：戊申年（1908）初版　民国九年（1920）订正32版
册数：八

訂正女子修身教科書

國民學校用　賢

第一冊

上海商務印書館出版

中國圖書公司和記發行

一定價角　學生修養日記　一洋裝冊

性　爲要務然託諸空言不求實踐
先生所撰於日記之中寓修
品性何由面成本書爲松江陸規亮
學生在學校與家庭以養成品

養之法　首列示範夾爲空
格俾學生自行記載每日之下並

附格言　每冊可供半年之
用　各學校若用此冊令學生依法
作記則於道德教育必有良好之結
果教育家請留意焉

代售處上海各省商務印書館

Girl's Ethical Readers
For Lower Primary Schools
Revised Edition
Approved by the Board of Education
Commercial Press, Limited
All rights reserved

編纂　武進　沈頤
　　　　　　戴克敦
訂　　　　　長樂
校　　　　　戴克敦
　　　　　　高鳳謙
發行者　商務印書館
印刷所　上海寶山路
　　　　商務印書館
總發行所　上海棋盤街
　　　　商務印書館
分售處　商務印書館分館

訂正國民女子修身教科書八冊
（第一冊定價大洋捌分）
（外埠酌加運費派發）

戊申年九月初版
中華民國二年
正九年六月訂正三二版

1304　书名：订正简明修身教科书（初等小学用）

　　　著者：陆费逵、戴克敦／编纂　沈颐、高凤谦／校订

　　　出版印行：商务印书馆

　　　出版时间：民国元年（1912）订正3版

　　　册数：八

订正简明修身教科书第一册

中华民国初等小学用

上海商务印书馆出版

訂正簡明修身教科書第一冊

中華民國初等小學用

上海商務印書館出版

商務印書館出版

手工教科書

材料最富　彩圖精美

初等部一元

高等部一元三角

第七百三十二號

本地內可購書用郵票代錢另有章程載彙報中
館圖書彙報函索即寄贈

CHINESE PRIMAY SCHOOL
SIMPLIFIED ETHICAL READERS
(Revised Edition)
COMMERCIAL PRESS, LTD.

※翻印必究※

八四四九

中華民國元年三月訂正三版
《訂初等小學簡明修身教科書八冊》
（第一冊定價大洋陸分）

編纂者　桐鄉陸費逵　湖陽戴克敦

校訂者　錢塘沈頤　長樂高鳳謙

發行者　商務印書館

印刷所　商務印書館

總發行所　上海河南路北首　商務印書館

分售處　北京　天津　保定　太原　奉天　吉林　龍江　開封　濟南　西安　成都　重慶　漢口　南昌　九江　長沙　常德　衡州　蕪湖　安慶　杭州　寧波　溫州　福州　潮州　汕頭　香港　廣州　梧州　各商務印書分館

书名：共和国教科书新修身（国民学校春季始业学生用）

著者：沈颐、戴克敦 / 编纂　高凤谦 / 校订

出版印行：商务印书馆

出版时间：民国元年（1912）初版　民国八年（1919）447版

册数：八

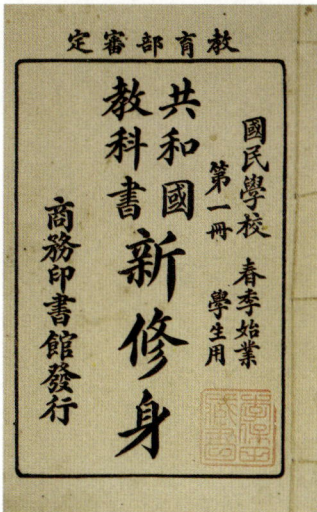

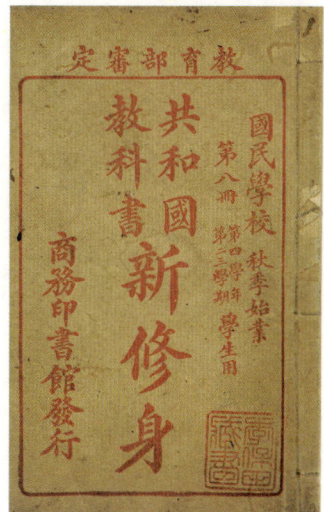

书名：中华初等小学修身教科书

著者：陈懋功、汪涛 / 编辑　侯鸿鉴、陆费逵、戴克敦、姚汉章 / 校订

出版印行：中华书局

出版时间：民国元年（1912）初版　民国二年（1913）45版

册数：八

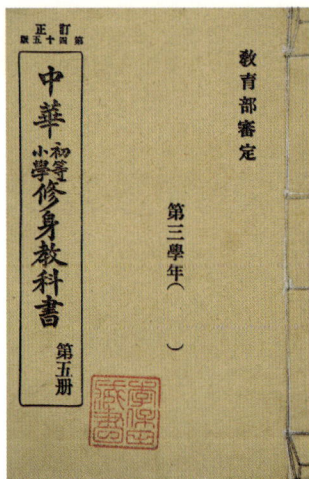 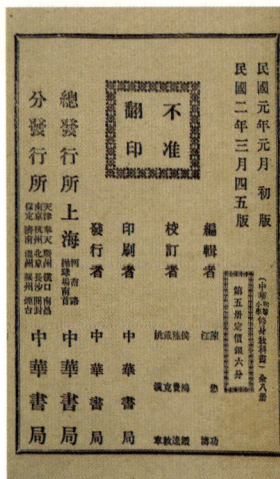

书名：中华高等小学修身教科书

著者：汪涛 / 编辑

出版印行：中华书局

出版时间：民国元年（1912）初版

册数：四

书名：新制中华修身教科书（初等小学校用）

著者：戴克敦、沈颐、陆费逵 / 编

出版印行：中华书局

出版时间：民国元年（1912）初版　民国二年（1913）18版

册数：十二

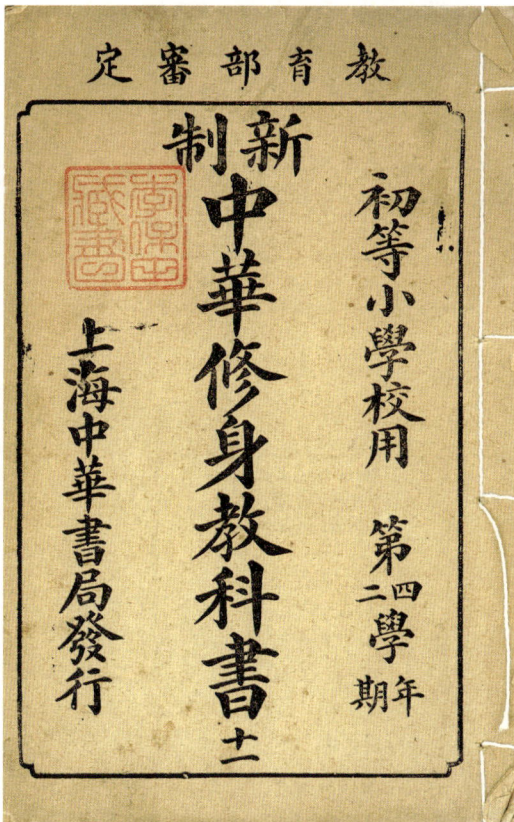

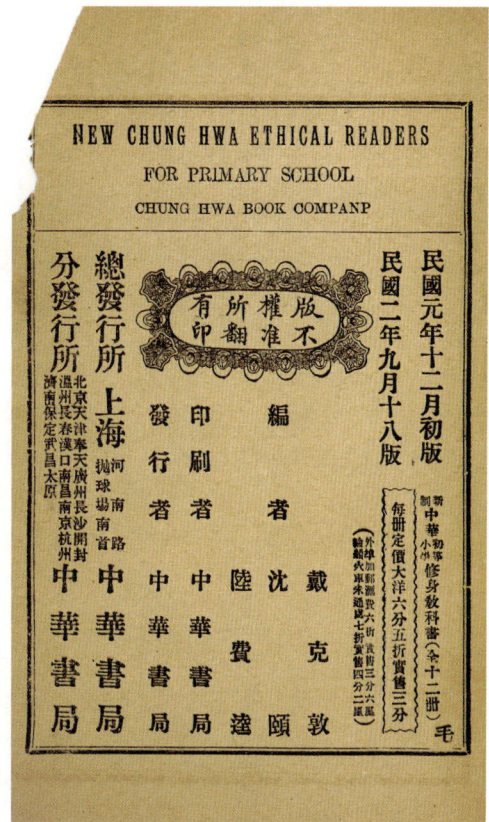

书名：新制中华修身教科书（高等小学校用）

著者：戴克敦、沈颐、陆费逵 / 编

出版印行：中华书局

出版时间：民国二年（1913）初版　民国四年（1915）7版

册数：九

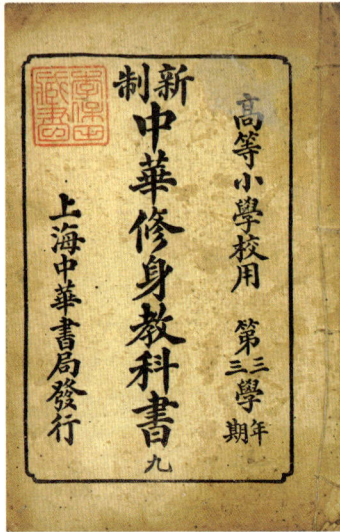

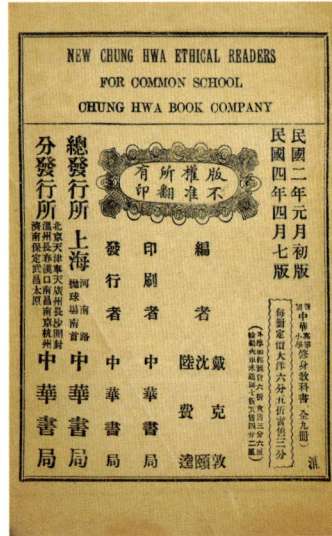

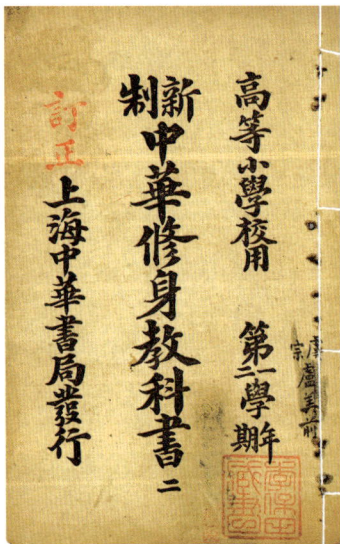

书名：共国和教科书新修身（高等小学秋季始业学生用）

著者：包公毅、沈颐／编纂　高凤谦、樊炳清／校订

出版印行：商务印书馆

出版时间：民国二年（1913）初版　民国六年（1917）47版

册数：六

左封面

教育部審定

共和國教科書新修身

商務印書館發行

高等小學校 秋季始業

第一冊 第一學年 學期 學生用

有才

右封面

教育部審定批詞

秋季始業

高等小學共和國教科書

新修身教科書及教授法

教科書用春季始
業本稍有增減按
各學期教授時間
分配課程以合每
年三學期之用顧
為便利所增諸課
亦願妥適應准作
高等小學校秋季
始業學生用書
教授法取材春季
之本稍加損益其
中可酌之處既經
改正准作高等小
學校秋季始業教
員用審

Republican Series

ETHICAL READERS

for Higher Primary Schools

for Three Terms

Approved by the Board of Education

COMMERCIAL PRESS, LTD.

中華民國六年九月 四七 新版

共和國新修身 六冊

（每冊 定價大洋 分 奇外單售 等分 運費酌加）

（高等小學校用）

編纂者　武進縣　包公毅　長樂　沈頤

校訂者　武進　高鳳謙　山陰　樊炳清

印刷所　商務印書館

發行者　紹興　樊炳清

總發行所　商務印書館

分售處　商務印書館分館

中華民國二年七月十五日 星期八月十八日陰曆

此書有著作權翻印必究

1310 书名：新编中华修身教科书（春季始业高等小学校用）
著者：戴克敦、沈颐、陆费逵 / 编　范源廉 / 阅
出版印行：中华书局
出版时间：民国二年（1913）发行　民国七年（1918）15 版
册数：六

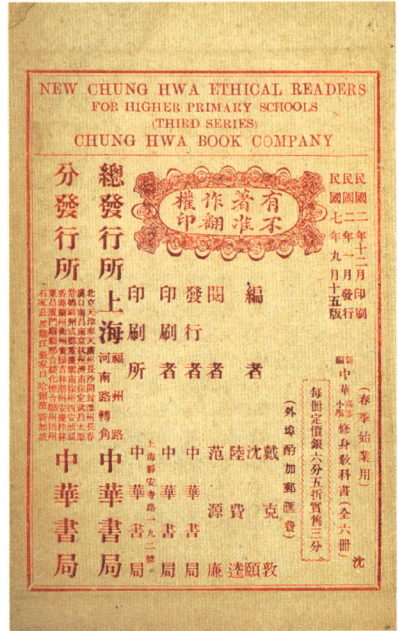

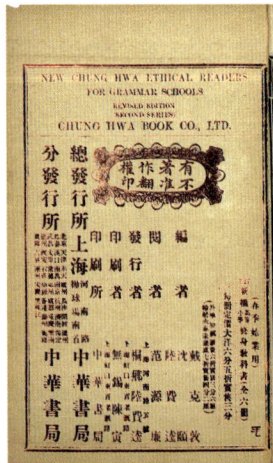

书名：新编中华修身教科书（春季始业国民学校用）

著者：沈颐、范源廉、董文 / 编

出版印行：中华书局

出版时间：民国二年（1913）发行　民国九年（1920）32版

册数：八

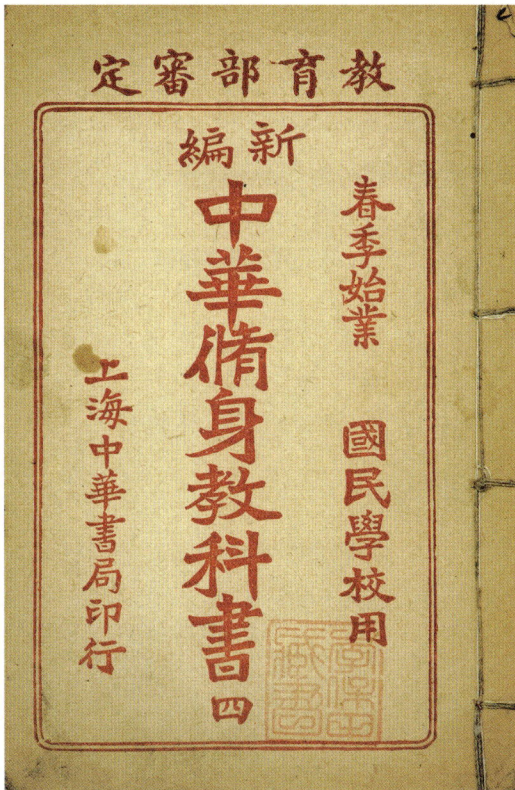

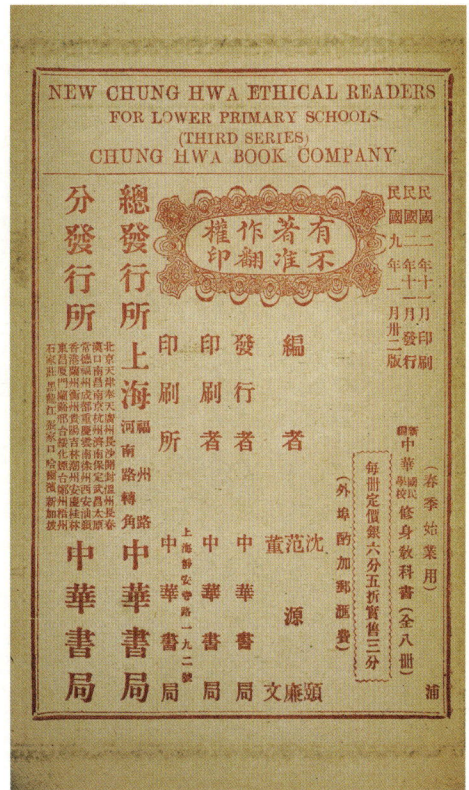

教育部審定

新編

春季始業

中華修身教科書 四

國民學校用

上海中華書局印行

NEW CHUNG HWA ETHICAL READERS

FOR LOWER PRIMARY SCHOOLS

(THIRD SERIES)

CHUNG HWA BOOK COMPANY

有不
著准
作翻
權印

民國二年十一月印刷
民國九年二月卅二版發行

編著者　沈頣　范源廉　董文頣

印刷者　中華書局
　　　　上海新安會路一九二號

發行者　中華書局

總發行所　上海福州路河南路轉角　中華書局

分發行所
北京天津奉天濟南開封口南昌南京成都
香港常德衡州福州廈門漳州貴州昆安重慶
東昌石昌汕頭桂林紹興蘇州杭州蕪湖安慶
長春太原保定武昌西安甯波溫州嘉興南京
新加坡

新中華國民學校修身教科書（全八冊）

（春季始業用）

每冊定價銀六分五折實售三分

（外埠酌加郵源費）

浦

1312　书名：修身教科书（讲习适用）

著者：周日济 / 编辑　潘武 / 参订　戴克敦、姚汉章、陆费逵 / 阅

出版印行：中华书局

出版时间：民国二年（1913）发行　民国九年（1920）14 版

册数：一

大興周日濟編輯

嘉定潘武叅訂

講習適用

修身教科書

中華書局印行

有著不
准作准
翻印權

民國二年十二月發行
民國九年七月十四版

民國二年十二月印刷

（講習適用 修身教科書）全一册

定價銀三角

編輯者　大興周日濟

叅訂者　嘉定潘武

閲　者　杭縣戴克敦
　　　　桐鄉姚漢章
　　　　陸費逵

發行者　中華書局
　　　　上海靜安寺路一九二號

印刷所　中華書局

總發行所　上海福州路河南路轉角

分發行所
北京　天津　奉天　開封
漢口　南昌　長沙　廣州
濟南　南京　杭州　成都
衡州　雲南　徐州　定州
嘉興　台州　西安　哈爾濱
常熟　蕪湖　溫州
香港　鎮江　貴陽
石家莊　龍江　宜昌
東昌　嘉興　九江
門頭溝　邢台　汕頭
紹興　湖南　太原　泰州
加格達奇　桂林
撫州　林西

中華書局

書名：单级修身教科书
著者：秦同培、王凤岐、费焯／编纂　高凤谦、陈宝泉、庄俞、张元济／校订
出版印行：商务印书馆
出版时间：民国二年（1913）初版　民国九年（1920）58版
册数：九

1313

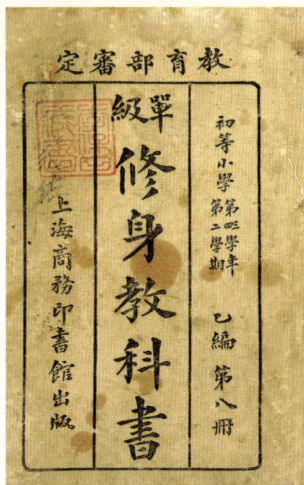

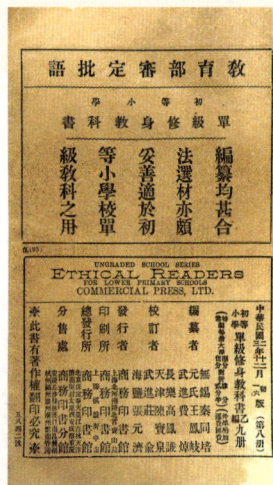

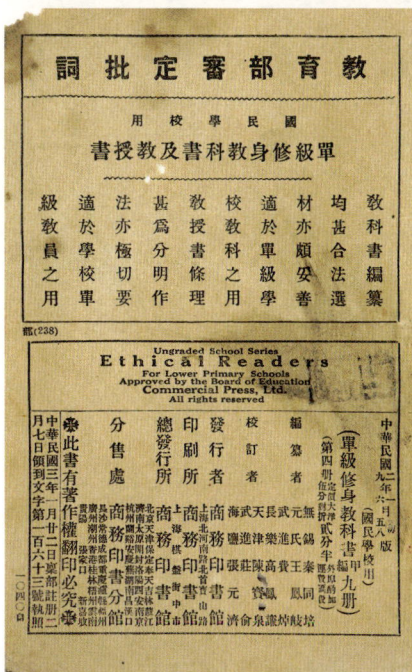

1314　书名：新制单级修身教科书（国民学校用）
　　　著者：沈颐、范源廉、方钧 / 编
　　　出版印行：中华书局
　　　出版时间：民国三年（1914）发行　民国八年（1919）24版
　　　册数：三

教育部審定

新制單級修身教科書

國民學校 第三學年合用

袁瑞賢 上海中華書局印行

甲編三冊

NEW ETHICAL READERS
FOR PRIMARY SCHOOLS
(SECOND SERIES)
CHUNG HWA BOOK COMPANY

有著作不准翻印權

民國三年五月印刷
民國八年八月廿四版發行

新制單級國民學校修身教科書（甲編各三冊）

每冊定價第一角二分五折實售六分
（外埠另加郵费）

編　著　　　沈頤　范源廉　方鈞

發行者　　中華書局

印刷者　　中華書局

印刷所　上海辣斐德路一九二號　中華書局

總發行所　上海棋盤街　中華書局

分發行所

北京天津廣州漢口南京開封杭州長沙太原蕪湖安慶福州廈門溫州汕頭蘇州常州鎮江揚州定武昌常德南昌南通九江蕪湖安慶重慶成都徐州潮州新嘉坡西安梧州桂林昆明貴陽蘭州石家莊濟南張家口哈爾濱寧波

书名：实用修身教科书（高等小学校春季始业学生用） 1315
著者：北京教育图书社 / 编纂　郑朝熙、陈宝原、邓庆澜 / 校订
出版印行：商务印书馆
出版时间：民国四年（1915）初版
册数：六

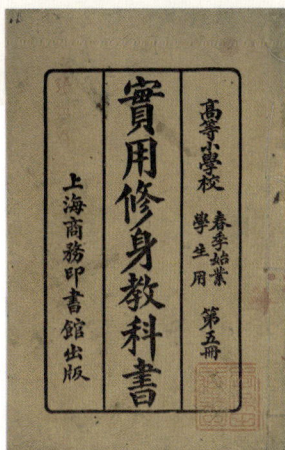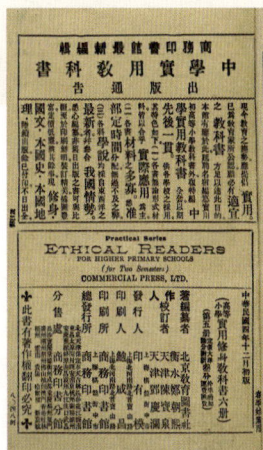

书名：实用修身教科书（国民学校春季始业学生用）
著者：北京教育图书社 / 编纂　郑朝熙、陈宝原、邓庆澜 / 校订
出版印行：商务印书馆
出版时间：民国四年（1915）初版
册数：八

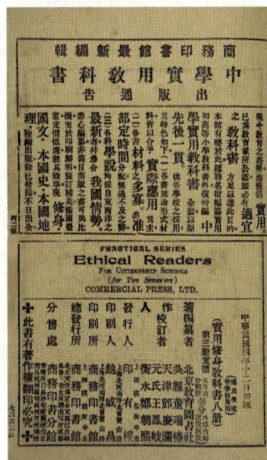

1316　书名：女子修身教科书（国民学校用）
　　　著者：沈颐、董文 / 编　范源廉 / 阅
　　　出版印行：中华书局
　　　出版时间：民国四年（1915）发行　民国十年（1921）14 版
　　　册数：八

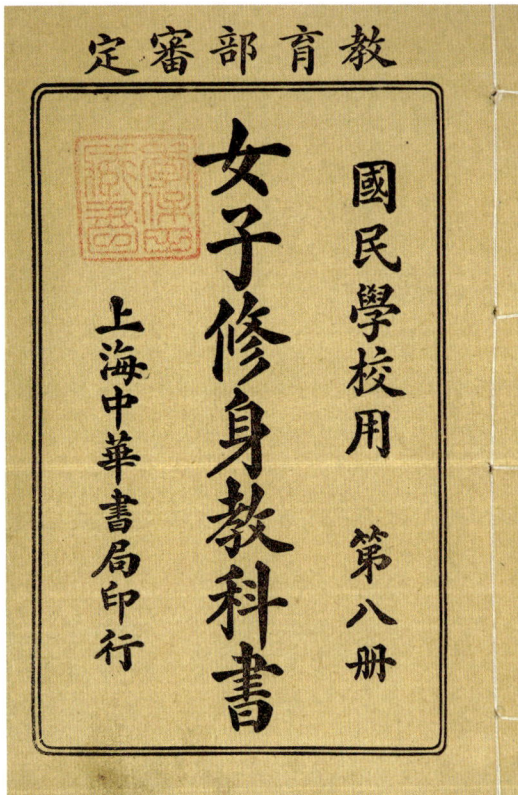

教育部審定

國民學校用　第八冊

女子修身教科書

上海中華書局印行

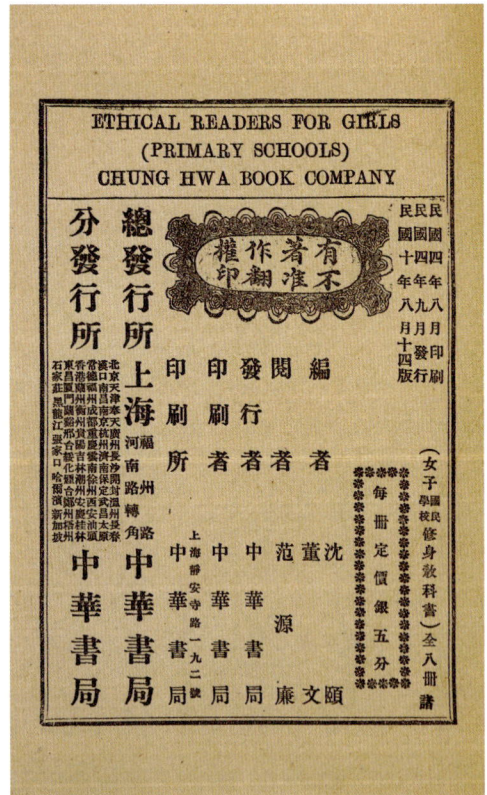

ETHICAL READERS FOR GIRLS
(PRIMARY SCHOOLS)
CHUNG HWA BOOK COMPANY

（女子國民學校修身教科書）全八冊　諸

每冊定價銀五分

民國四年九月發行
民國十四年八月十四版
民國四年八月印刷

有不
著准
作翻
權印
印

編　　著者　　沈頤　董文

閱　　者　　范源廉

發行者　　中華書局

印刷者　　中華書局
上海靜安寺路一九二號

印刷所　　中華書局

總發行所　上海河南路轉角　中華書局

分發行所　北京天津廣州長沙開封漢口保定太原濟南重慶成都杭州蘇州寧波溫州南昌無錫揚州紹興蕪湖安慶西安吉林奉天營口哈爾濱長春常德潮州汕頭梧州桂林蘭州張家口石家莊

上海福州路

书名：复式学级修身教科书（初等小学学生用）

著者：周维城、范祥善／编纂　杨保恒、庄俞／校订

出版印行：商务印书馆

出版时间：民国四年（1915）初版

册数：二

初等小學學生用　甲編

複式學級修身教科書

上海商務印書館發行

商務印書館出版

小兒語述義　定價三角

林紓著

呂近溪呂新吾父子所著小兒語以淺俗之言闡發至理最足感人林畏南先生詳加推闡語針對近今社會立言洵有裨世道人心之作用爲小學修身科材料最爲適當

伊索寓言　定價三角

林紓譯

是書籍草木鳥獸蟲等之言描寫人情世態俾人知所勸懲譯筆雋雅並逐課附加案語發明真意旨深詞藝附圖數十最資啓發

Single Grade Series

ETHICAL READERS

FOR LOWER PRIMARY SCHOOLS

COMMERCIAL PRESS, LTD.

中華民國四年四月十日印刷
中華民國四年四月廿四日初版發行
（復式學級修身教科書二冊）
（初等小學校用）
（甲編每冊定價大洋陸分）

著編纂者　太倉周維城　武進范祥善

校訂者　上海楊保恒　嘉定莊俞

發行人　鮑咸昌

印刷人　印有模

印刷所　上海商務印書館

總發行所　上海商務印書館

分售處　商務印書館

此書有著作權翻印必究

1318　书名：新法修身教科书（国民学校学生用）

　　　著者：刘宪、费焯 / 编纂　范祥善、庄俞、刘大绅 / 校订

　　　出版印行：商务印书馆

　　　出版时间：民国九年（1920）初版　民国十二年（1923）115版

　　　册数：八

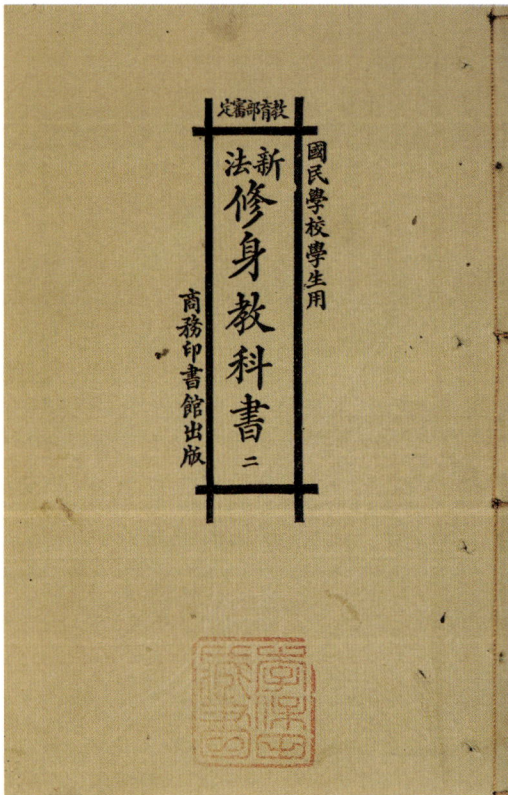

教育部審定

國民學校學生用

新法修身教科書 二

商務印書館出版

教育部審定批詞

國民學校學用

新法修身教科書及教授案

呈及新法修身教
科書並教授案各
一至四冊均悉當
將該書交付國語
統一籌備會審查
茲得該會呈稱教
科書教授案體例完
畫誠爲近日最新
之本等因查該會
審查此書尙屬允
洽應准予審定作
爲國民學校教科
及教授用書

九年七月二十九日

部又（351）

New Method Series
Ethical Readers
For Lower Primary Schools
Approved by the Board of Education
Commercial Press, Limited
All rights reserved

中華民國九年十二月初版

（新）修身教科書八冊
（國民學校學生用）
（第二冊定價大洋壹角分實售七折）
（外埠酌加運費匯兌）

編纂者　武進費焯　武進劉憲

校訂者　嘉定范祥善　丹徒劉大绅　武進庄俞

印刷所　商務印書館

發行者　商務印書館

總發行所　上海商務印書館

分售處　商務印書館分館

此書有著作權翻印必究

民國九年十二月八日裏部註册十年一月廿四日領興文字第一千零九十一號執照

一五四二

书名：新法修身教科书（高等小学学生用）

著者：丁晓先、吴研因、陈浚介、赵欲仁、沈锡琛、顾容川、江卓群 / 编纂　庄俞 / 校订

出版印行：商务印书馆

出版时间：民国九年（1920）初版　民国十一年（1922）45版

册数：六

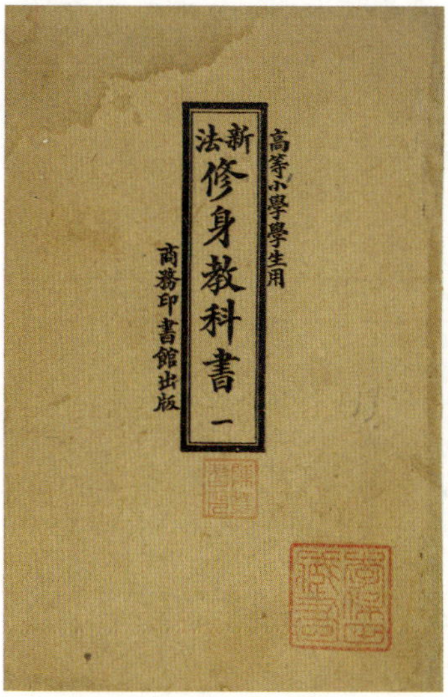

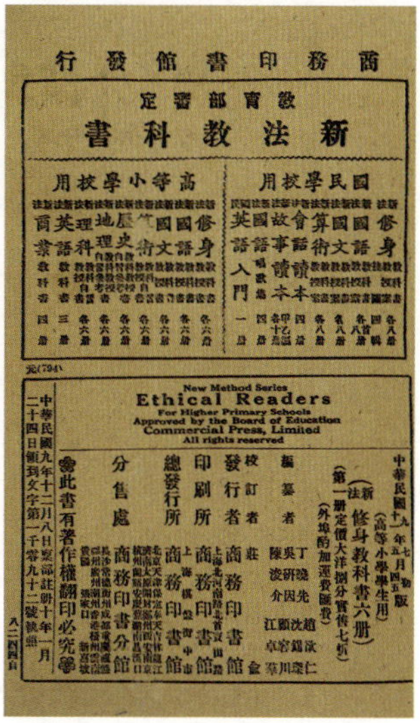

1320

书名：新教育教科书修身（高等小学校用）

著者：朱文叔、刘传厚、陆衣言、董文、陆费逵、戴克敦、张相／编辑及校阅

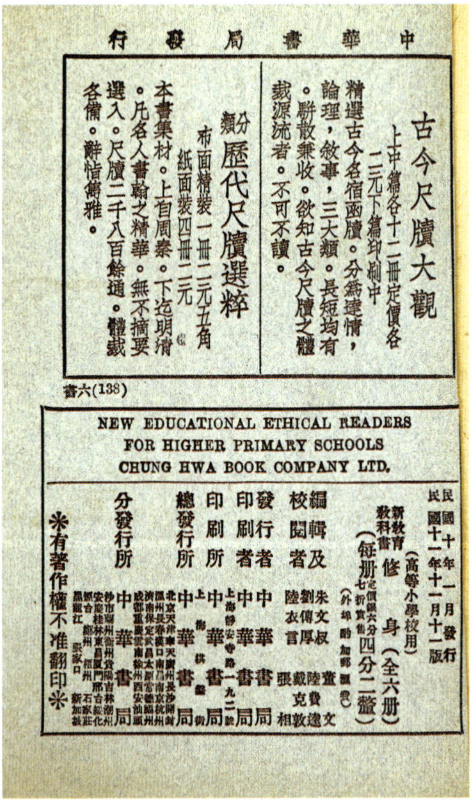

出版印行：中华书局

出版时间：民国十年（1921）发行　民国十一年（1922）11版

册数：六

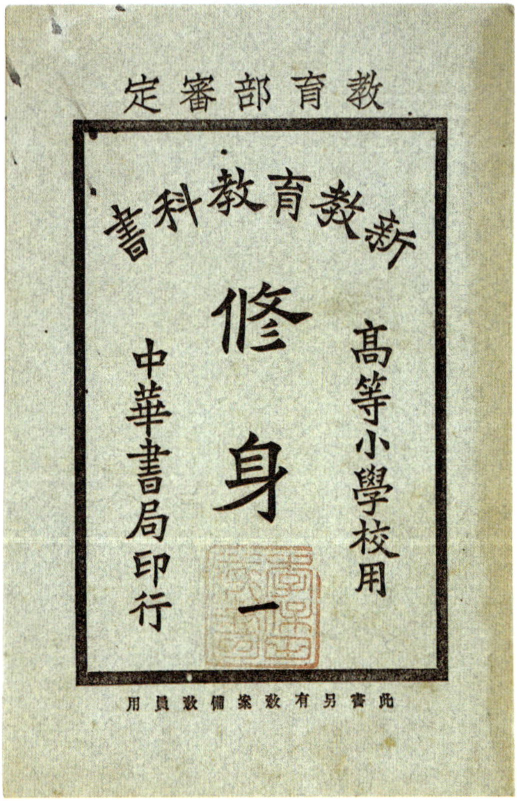

书名：新教育教科书修身（国民学校春秋季通用）

著者：杨敬勤、胡舜华、陆费逵、刘传厚、张相、戴克敦、董文／编辑及校阅

出版印行：中华书局

出版时间：民国十年（1921）发行　民国十一年（1922）12版

册数：八

新教育教科书

修身 六

國民學校 春秋季通用

中華書局印行

此書另有敬案敬備教員用

中華書局發行

國音普通字典

一册定價四角

本書選字約五千左右

足敷普通之用註解明

晰每字之下有國音有

音切舉一可以反三手

此一編無論讀書閱報

檢查便利

新六(639)

NEW EDUCATIONAL ETHICAL READERS
FOR LOWER PRIMARY SCHOOLS
CHUNG HWA BOOK COMPANY LTD.

編輯及校閱者：楊敬勤 胡舜華 陸費逵 劉傳厚 張相 戴克敦 董文

發行者：中華書局

印刷所：中華書局

總發行所：上海中華書局

分發行所：北京 天津 南京 漢口 成都 重慶 廣州 濟南 開封 杭州 西安 南昌 長沙 太原 安慶 蘭州 福州 桂林 貴陽 雲南 奉天 吉林 龍江 新加坡 香港 石家莊 蕪湖 郑州 徐州 沙市 宜昌 張家口 哈爾濱 常德

有著作權不准翻印

民國十年一月發行

民國十一年七月十二版

新教育教科書修身（全八冊）

國民學校用

浦

（每册定價銅六分四分二釐）

（外埠酌加郵費匯費）

1322 书名：新法修身教科书（新学制小学后期用）
著者：计志中／编纂
出版印行：商务印书馆
出版时间：民国十一年（1922）初版　民国十二年（1923）16版
册数：四

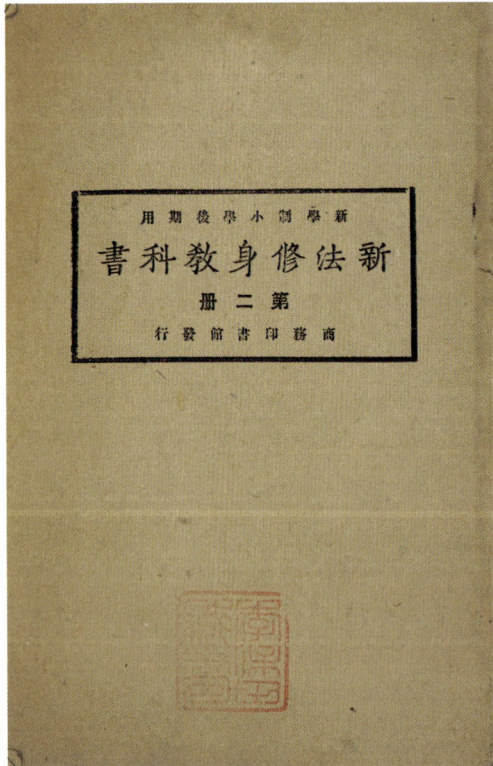

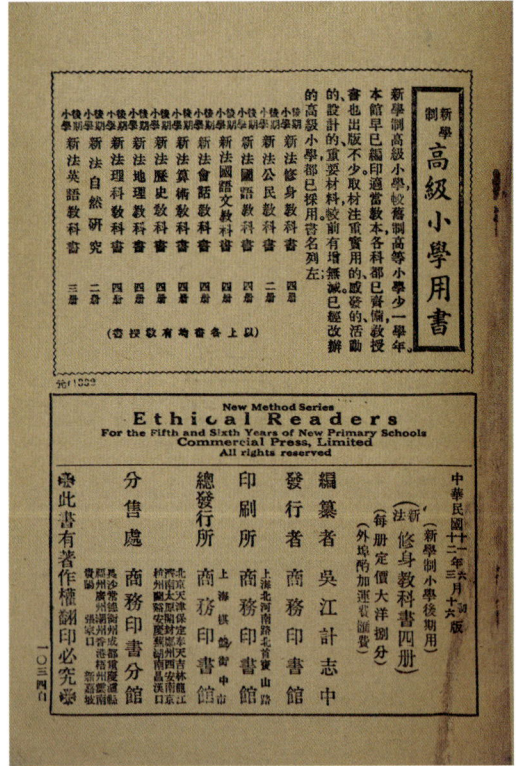

书名：简明修身教科书（初等小学用）　　　　　　　　　　　　　1323
著者：不详
出版印行：商务印书馆
出版时间：不详
册数：不详

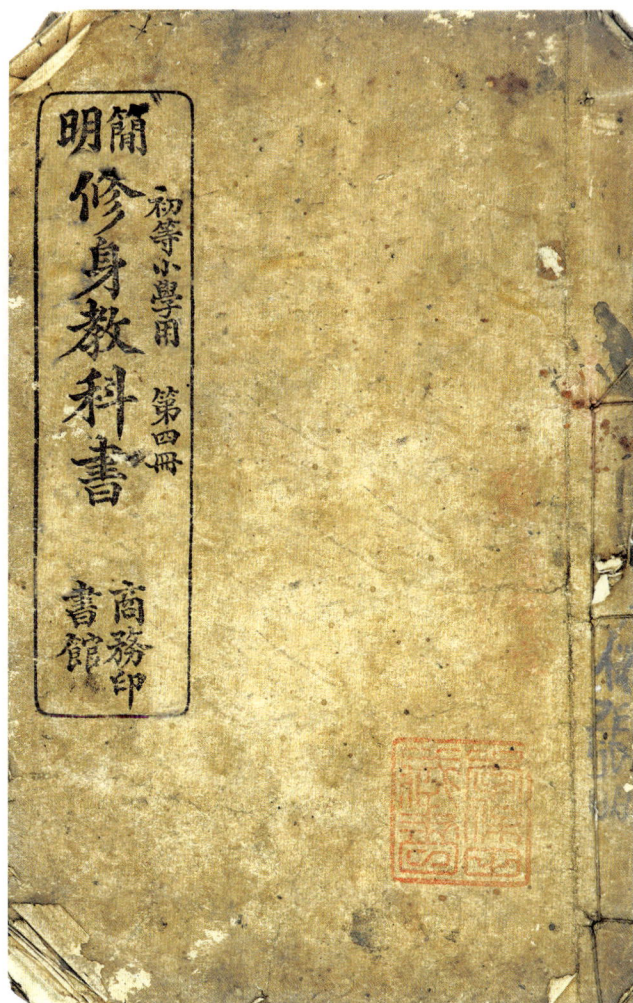

1324　书名：寻常小学修身教科书

著者：不详

出版印行：不详

出版时间：不详

册数：不详

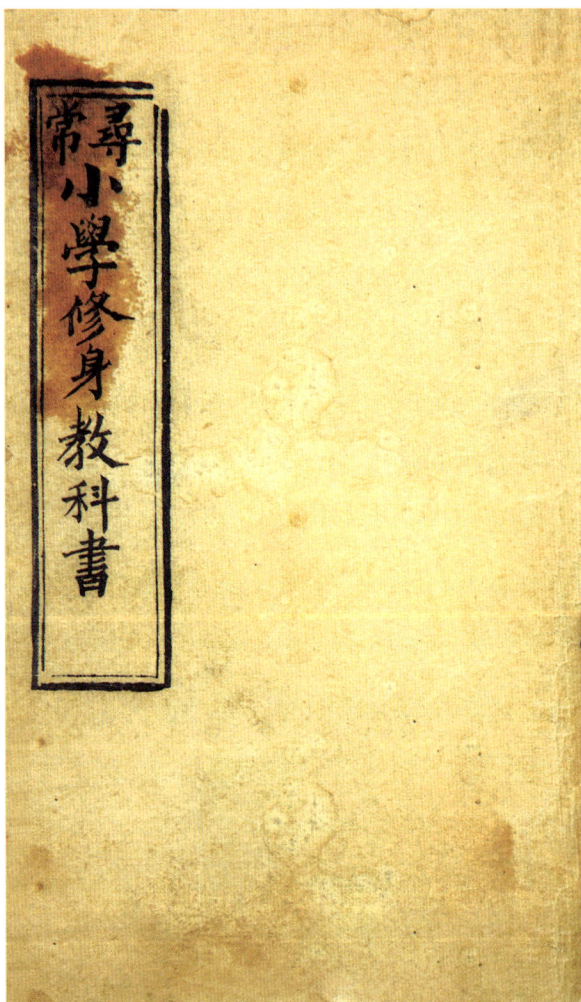

书名：中华中学修身教科书
著者：缪文功/编辑　姚汉章/校订
出版印行：中华书局
出版时间：民国元年（1912）初版
册数：四

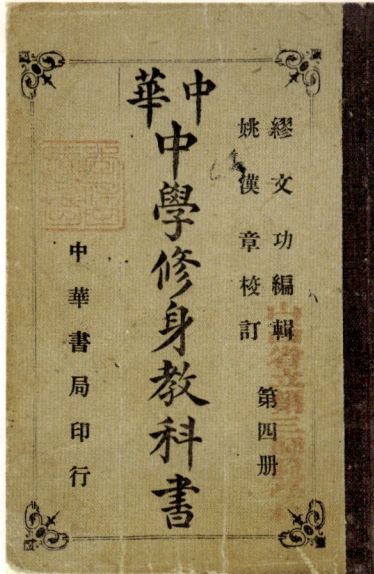

华中学修身教科书
缪文功编辑
姚汉章校订
第四册
中华书局印行

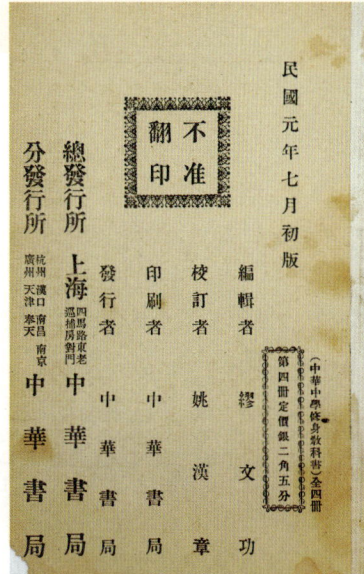

民國元年七月初版

不准翻印

編輯者　繆文功
校訂者　姚漢章
印刷者　中華書局
發行者　中華書局
總發行所　上海　四馬路東首巡捕房對門　中華書局
分發行所　杭州　漢口　廣州　天津　南昌　奉天　南京　中華書局

第四冊定價銀二角五分
（中華中學修身教科書全四冊）

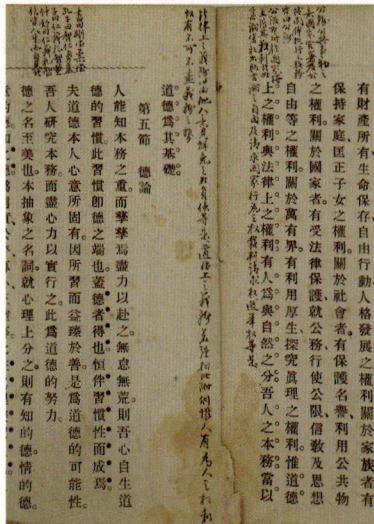

第五節　德論

道德為其基礎

人能知本務之當，而攀攀焉為靈力以赴之，無息無荒，則吾心自生道德之端也。蓋德者也恆伴習慣性而成焉。失道德本人心意所固有，因所習慣於善之力以實行之，此為道德的努力。吾人研究本務而盡心力以實行之，則有知的德情之德。德之名主美也本抽象之名詞，就心理學上分之，則有知的德、德情之德。

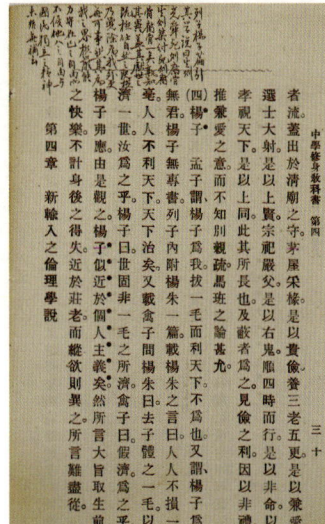

中學修身教科書　第四

第四章　新輸入之倫理學說

(四)楊子

楊子孟子謂楊子為我，拔一毛而利天下不為也。又謂楊子無君。楊子列子中附楊朱一篇，戴楊朱之言曰人不利天下，是以一毫而利天下治矣，又戴禽子間楊朱去子體之一毛以濟一世汝為之乎。楊子曰世固非一毛之所濟。禽子曰假濟為之乎。楊子弗應。由是觀之，楊子似近於個人主義。矣然所計身後之得失，近於莊生而縱欲則異之。見出於清廟之守者，屋爰椽是以貴儉登三老五更，是以兼愛。邁士大射是以上賢，宗祀配父是以右鬼，順四時而行是以非命，以孝視天下是以非禮。

三十

1326

书名：共和国教科书修身要义（中学校用）
著者：樊炳清 / 编纂　张元济、高凤谦、庄俞、蒋维乔 / 校订
出版印行：商务印书馆
出版时间：民国二年（1913）初版　民国三年（1914）4版
册数：二

教育部审定

中学校用　共和国　教科书　修身要义　卷上

商务印书馆出版

教育部审定批语

中学校共和国教科书
修身要义

卷上批词
是书按照中学校课程标准
分配材料适当条例分明精
义名言恺心厘理其针砭现
今流弊尤为鞭辟入墨文字
亦洁净畅朗适於中学之用
洵修身教科善本也

卷下批词
是书赓续上册编纂宗旨纯
正持论名通其中辨名理砭
末俗尤多独到之处近日末
学屑受开一二新名不求甚
解辄藉以自态而於我国固
有之道德不复问其精义所
在没德可迳毁得此书以为教
授凭可迳偏宕者於中正之
途示厥浅者以研幾之轨洶
中学修身书之善本也

部（21）

REPUBLICAN SERIES
Essentials of Ethics
FOR MIDDLE SCHOOLS
Approved by the Board of Education
COMMERCIAL PRESS, LTD.

中華民國三年七月四版
共和國修身要义一册（中學校用）
（卷上缺布面每册定價大洋肆角）

編纂者　紹興　樊炳清
校訂者　武進　張元濟　長樂　高鳳謙　海鹽　蔣維喬　庄俞
發行者　商務印書館
印刷所　商務印書館
總發行所　商務印書館
分售處　商務印書館

此書有著作權翻印必究

四七九二

书名：新制修身教本（师范学校适用）

著者：李步青 / 编　范源廉、姚汉章 / 阅

出版印行：中华书局

出版时间：民国三年（1914）初版　民国九年（1920）8版

册数：四

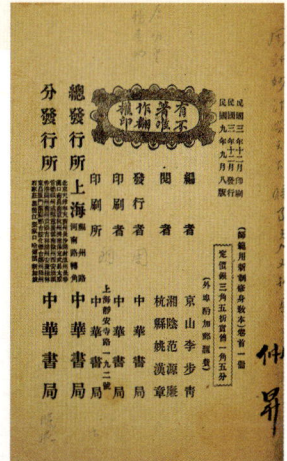
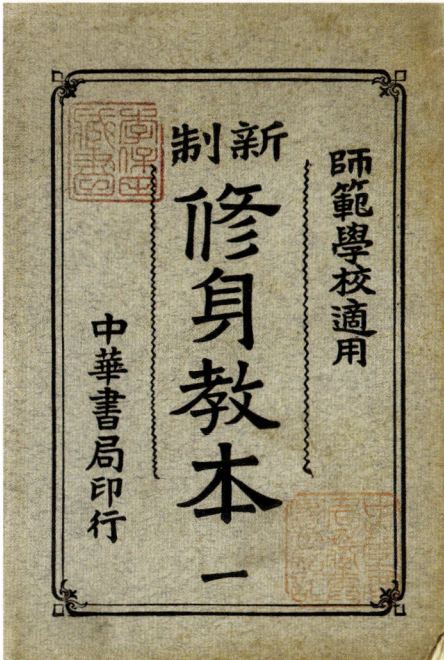
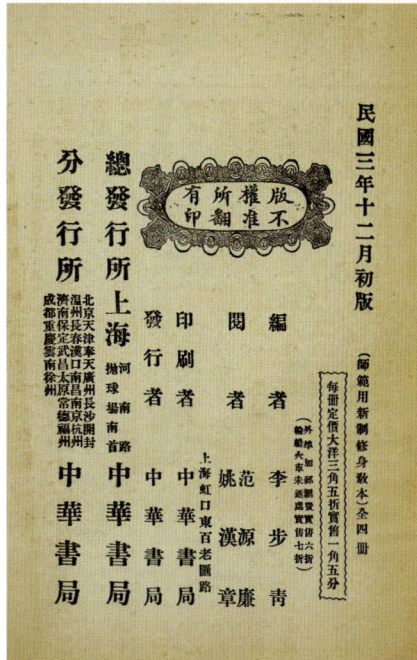

1328 | 书名：订正最新修身教科书教授法（初等小学用）
著者：商务印书馆编译所／编纂
出版印行：商务印书馆
出版时间：民国元年（1912）7版
册数：十

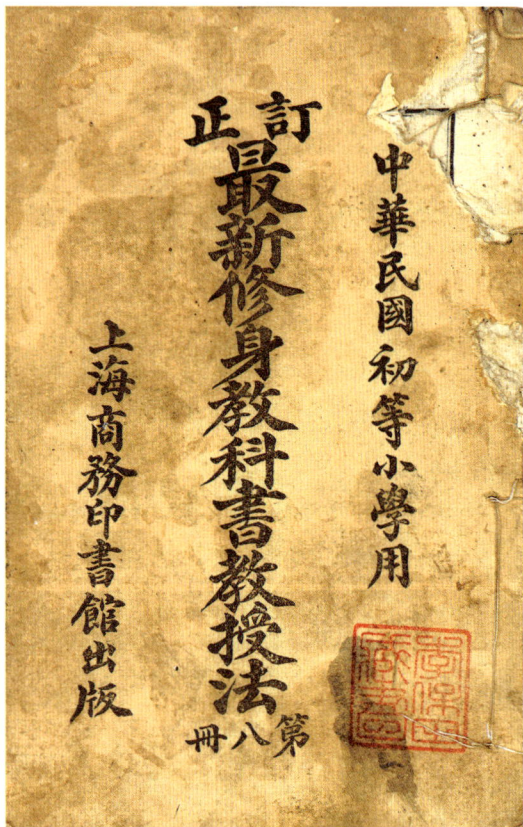

行發館書印務商

可歌可誦有興有味之新書

华航翠编

定價二角

共和國民唱歌集

唱歌足以激發志氣發揚精神苟有佳集民必以先親爲快也。

大學校以及種種社會家庭皆可適用。

唱詞歌曲集典明潤凡宗教正種共和國

事實集選一册凡有關共和君編成之航

琛特取譜有新歌共編正成之

定觀感一新華

共和之幸福國民既受共和體之

獲益匪淺今者民國告成立凡吾國民

本館圖書報彙函索寄贈

內地購書可用郵票代錢另有章程載彙報中

CHINESE PRIMARY SCHOOL
METHODS FOR TEACHING NEW ETHICAL READERS
(Revised Edition)
COMMERCIAL PRESS, LTD.

中華民國元年六月七版

（訂正初等小學最新修身教授法十册）

（第八册定價大洋壹角）

編纂者	商務印書館編譯所
發行者	商務印書館
印刷所	上海北河南路北首寶山路 商務印書館
總發行所	上海四馬路中市 商務印書館

分售處

京師 奉天 蕪江 天津 濟南
開封 太原 西安 成都 重慶
漢州 長沙 常德 漢口 南昌
衡陽 杭州 福州 廣州 潮州
商務印書分館

❀翻印必究❀

王六三五號

八方○八

书名：共和国教科书新修身教授法（高等小学校春季始业教员用）　　　　　　1329

著者：庄庆祥 / 编纂　庄俞 / 校订

出版印行：商务印书馆

出版时间：民国二年（1913）初版　民国二年（1913）5版

册数：六

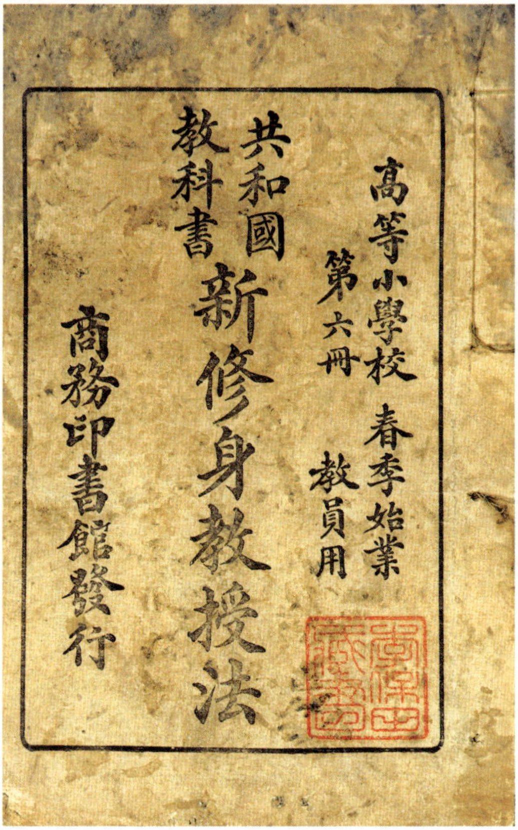

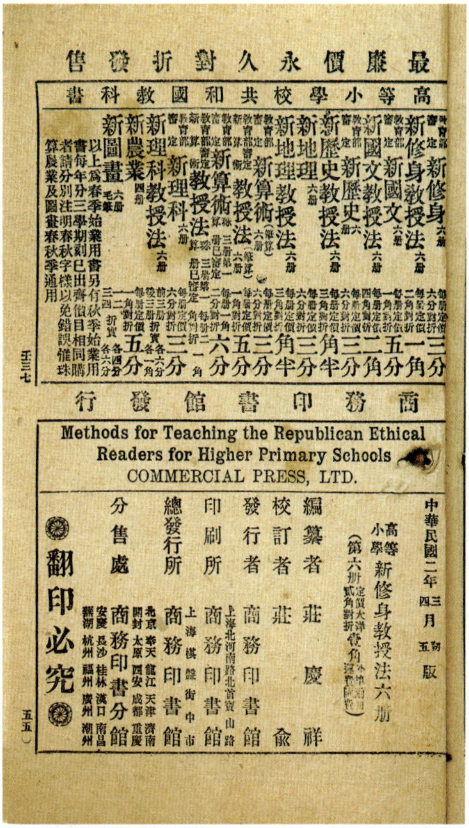

1330　书名：儿童礼法
　　　著者：中华书局/编辑
　　　出版印行：中华书局
　　　出版时间：民国十年（1921）发行　民国十二年（1923）3版
　　　册数：一

④其他教材

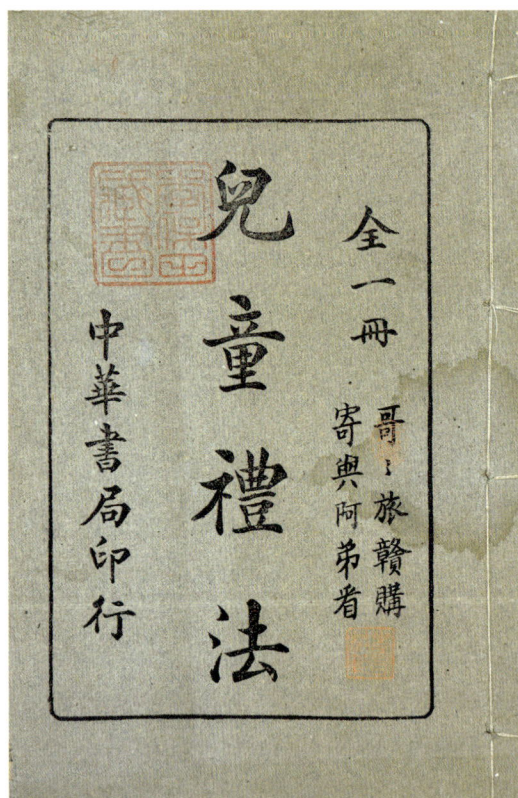

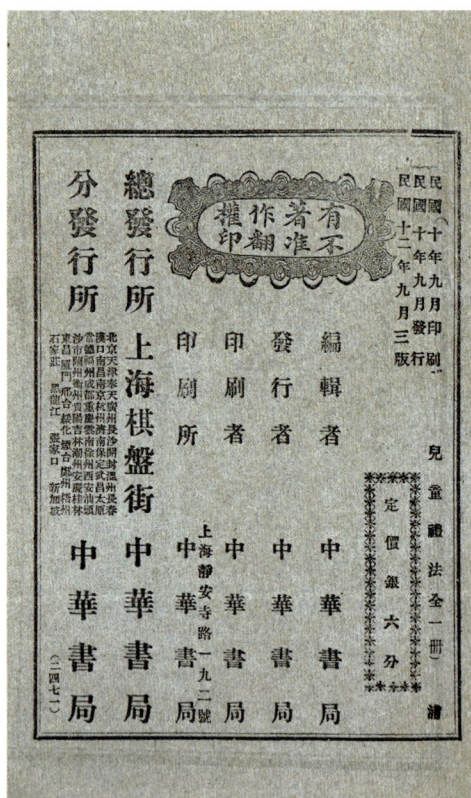

书名：男女必读纲常伦理大成
著者：不详
出版印行：上海沈鹤记书局
出版时间：不详
册数：一

12 自然类教材

书名：新学制自然科教科书（小学校初级用）

著者：凌昌焕 / 编纂　杜亚泉、王岫庐 / 校订

出版印行：商务印书馆

出版时间：民国十二年（1923）初版　民国十六年（1927）130版

册数：八

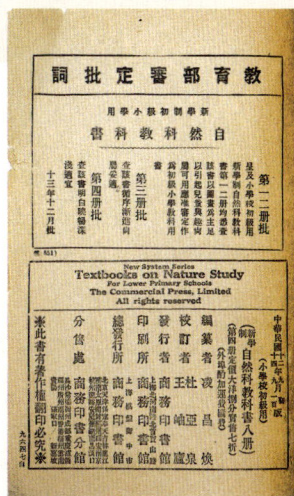

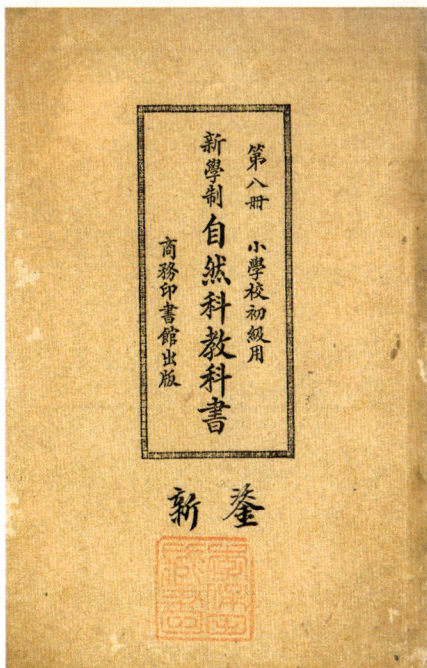

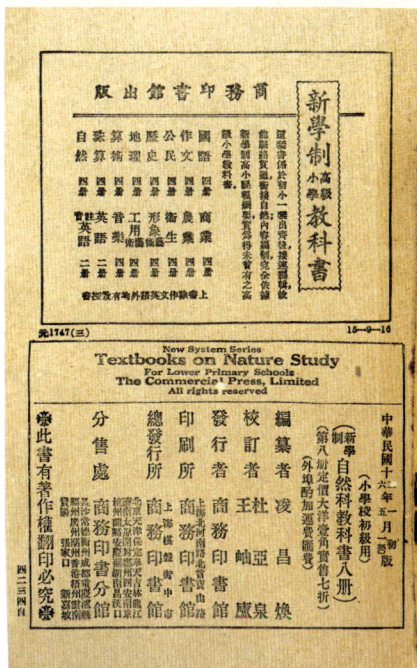

1336 书名：新小学教科书自然课本（新学制适用）

著者：糜赞治、杨卿鸿 / 编　陆费逵、陆衣言、戴克敦、华襄治 / 校

出版印行：中华书局

出版时间：民国十四年（1925）发行　民国十五年（1926）3版

册数：八

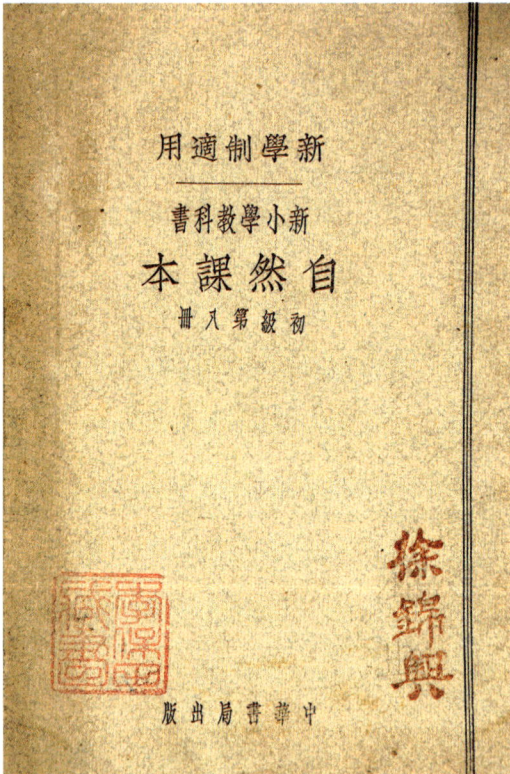

新學制適用

新小學教科書

自然課本

初級第八冊

中華書局出版

徐錦興

科學小叢書

中華書局發行

昆蟲研究法

糧草的方法

種樹的方法

全世界的爬行動物

風艷的蓄薇

較艷的蓄薇

冊　冊　冊　冊　冊　冊

角　角　角　角　角　角

這小車裏藏着多少書？

請看下邊的目錄！

華(2044)

NEW EDUCATIONAL SYSTEM

NATURAL SCIENCE READERS

FOR LOWER PRIMARY SCHOOLS

CHUNG HWA BOOK COMPANY LTD.

民國十四年九月發行

民國十五年一月三版

○第八冊定價依八分郵加購買加

○新小學教科書自然課本數（全八冊）

編　者　糜贊治　楊卿鴻

校　者　陸費逵　戴克敦　陸衣言　華襄治

發　行　者　中華書局

印　刷　者　中華書局

印　刷　所　中華書局

總發行所　中華書局

分發行所　中華書局

※有著作權不准翻印※

书名：新时代自然教科书（小学校初级用）
著者：凌昌焕／编
出版印行：商务印书馆
出版时间：民国十六年（1927）初版
册数：八

1338　书名：新中华教科书自然课本（小学校初级用）
　　　著者：杨卿鸿、糜赞治 / 编辑
　　　出版印行：新国民图书社
　　　出版时间：民国十八年（1929）13版
　　　册数：八

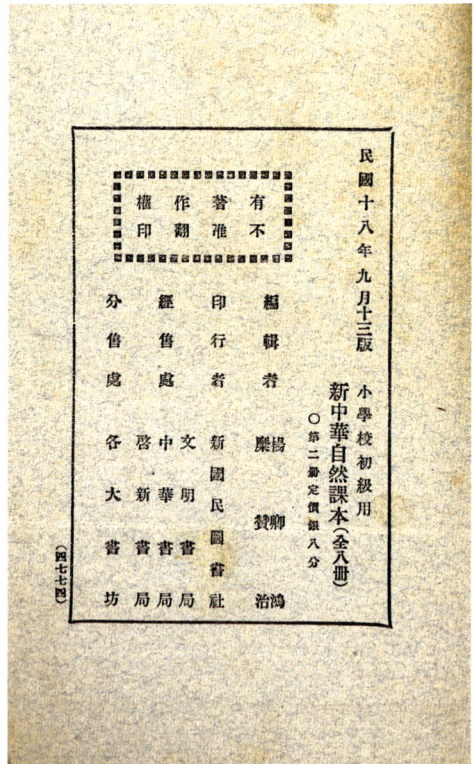

书名：新主义自然课本（小学初级学生用）
著者：董文、王剑星／编辑　魏冰心、范祥善／校订　于右任／校阅
出版印行：世界书局
出版时间：民国十九年（1930）审定　民国廿一年（1932）63版
册数：八

1339

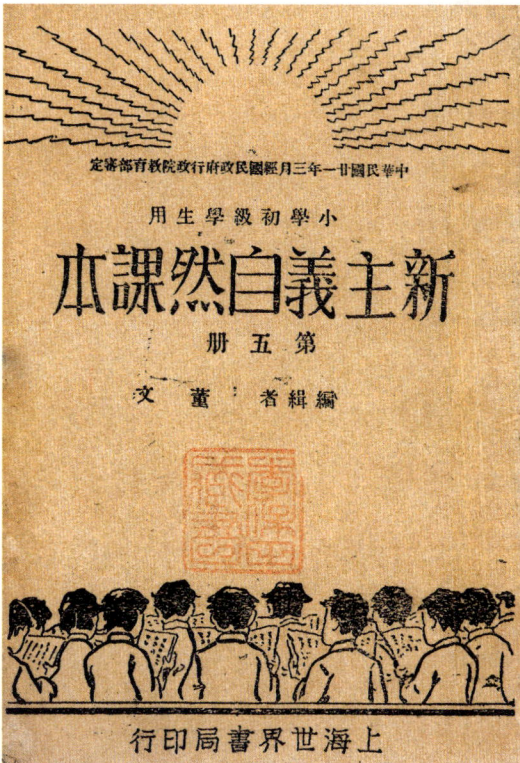

是作文的頂好助手

初小
文範

世界書局出版

新式作文範本三角半

三民主義勸教學生文範三角半
現代初小學生文範三角半
官文對照初學學生作文新範四角
官文對照初學論說新範三角
官文對照初學論說新範三角

一題到手容易做
並且做得很美妙
材料多　文法好
看一遍　就懂了

此書　有著作權　翻印必究　作者　校訂者　印刷者　發行者　總發行所　分發行所

新主義自然課本（全八冊）
（定價一冊至八冊每冊銀八分）
（外埠酌加郵費滙兑）

編輯者　王劍星　董文
校訂者　范祥善　魏冰心
校閱者　于右任
印刷者　世界書局
發行者　世界書局　上海大連灣路
總發行所　世界書局　上海四馬路中市
分發行所　世界書局

中華民國十九年三月審定
中華民國廿一年九月再版
前期小學

1340　书名：基本教科书自然（小学校初级用）
　　　　著者：贾祖璋、杜辉孙、许心芸、孙伯才 / 编辑　杜亚泉、凌昌焕 / 校订
　　　　出版印行：商务印书馆
　　　　出版时间：民国二十年（1931）初版
　　　　册数：八

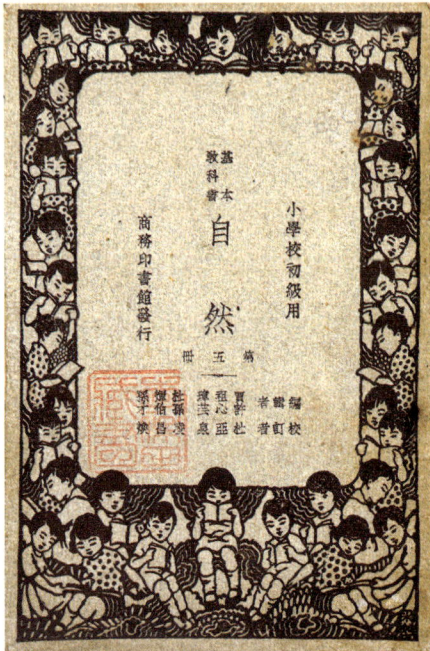
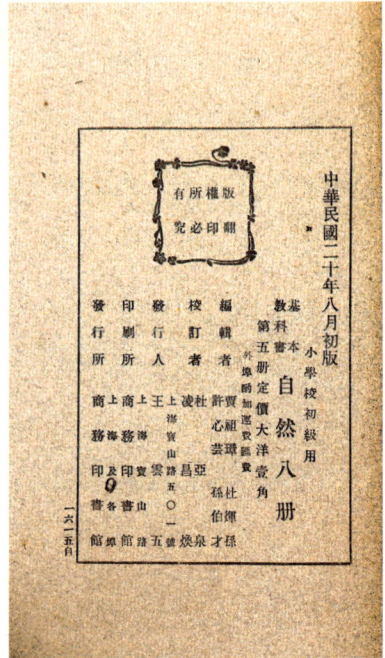

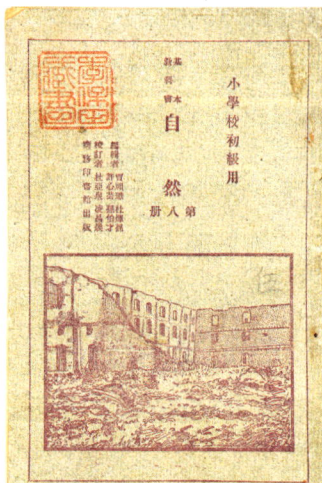
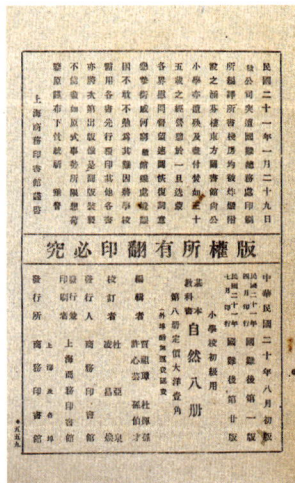

书名：新课程自然课本（小学初级学生用）　　　　　　　　　　1341
著者：王剑星、董文 / 编辑　范祥善 / 校订
出版印行：世界书局
出版时间：民国二十年（1931）初版　民国廿一年（1932）14版
册数：八

新課程小學教學科書
高級小學校用

教育部審定

世界書局出版

黨義讀本　國語讀本　說話課本　算術課本　社會課本　歷史課本　地理課本　自然課本　健康教本　體育課本　勞作教本　商業教本　美術教本　音樂教本

中華民國二十年十二月初版
初級小學校用

新課程自然課本（全八冊）
【一冊至六冊每冊售價八分】
（各埠酌加郵費匯費）

此書有著作權
翻印必究

編輯者　王劍星　董文
校訂者　范祥善
發行者　世界書局
印刷者　世界書局

總發行所　世界書局
　　　　　上海四馬路中市

分發行所　世界書局
　　　　　南京　北平　天津　濟南
　　　　　長沙　衡州　太原　宜昌
　　　　　漢口　廣州　杭州　蘇州
　　　　　廈門　汕頭　寧波　梧州

1342 | 书名：小学自然课本（新课程标准适用）
著者：韦息予、孙伯才 / 编　糜赞治、杨卿鸿 / 校
出版印行：中华书局
出版时间：民国二十二年（1933）发行　民国二十三年（1934）33版
册数：八

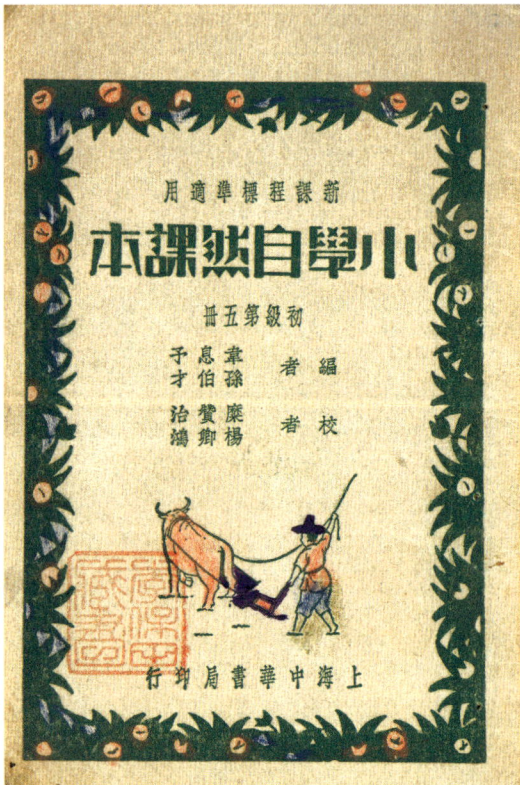

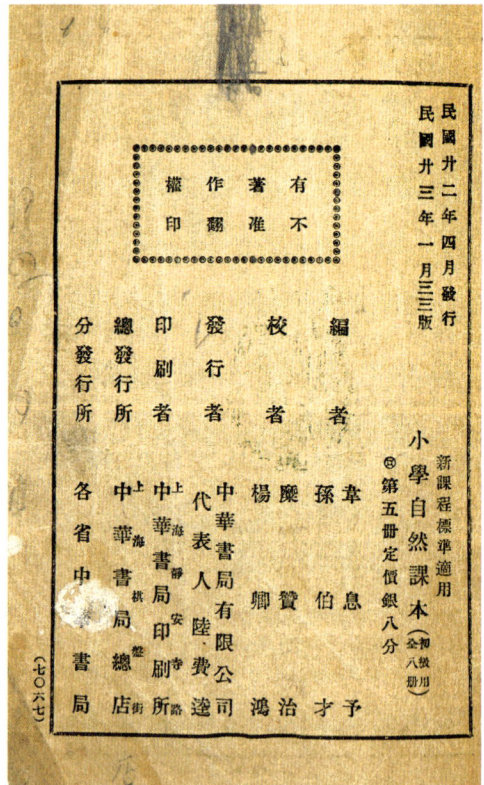

书名：复兴自然教科书
著者：周建人、宗亮寰、沈百英 / 编著　王云五、黄绍绪 / 校订
出版印行：商务印书馆
出版时间：民国二十二年（1933）初版　民国二十二年（1933）65 版
册数：八

1343

國民政府教育部審定
新課程標準適用
復興自然教科書
初 小 第 六 册
編著者 宗亮寰 周建人 沈百英
校訂者 王雲五 黄紹緒
商務印書館發行

1344 | 书名：新撰自然科教科书（新学制小学校高级用）
著者：杜亚泉／编纂
出版印行：商务印书馆
出版时间：民国三年（1914）初版　民国十四年（1925）20版
册数：四

② 高小教材

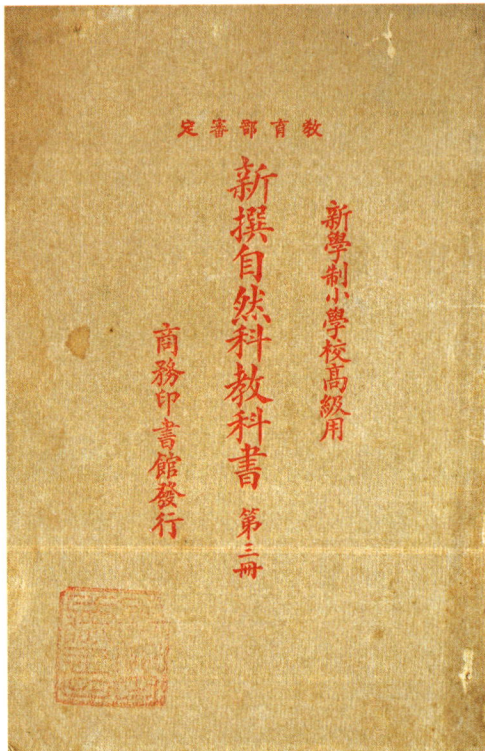

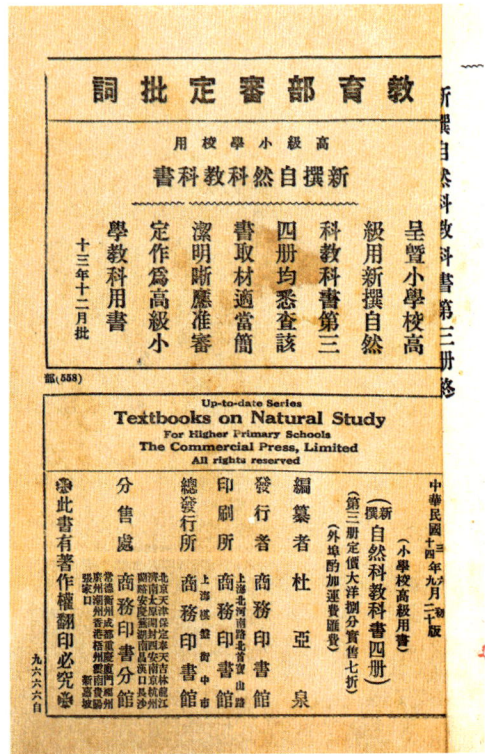

书名：新学制自然科教科书（小学校高级用）

著者：凌昌焕／编纂　王岫庐、杜亚泉／校订

出版印行：商务印书馆

出版时间：民国十三年（1924）初版　民国十六年（1927）75版

册数：四

第三册　小学校高级用

新學制自然科教科書

商務印書館出版

New System Series

TEXTBOOKS ON NATURE STUDY

For Higher Primary Schools

By

LING CH'ANG HUAN

Edited by

Y. W. WONG AND TU YA T'SIUAN

1st ed., July, 1924　75th ed., May., 1927

Price.) $0.12, postage extra

THE COMMERCIAL PRESS, LIMITED

SHANGHAI, CHINA

ALL RIGHTS RESERVED

中華民國十三年七月初版

中華民國十六年五月七五版

新學制自然科教科書四冊

（小學校高級用書）

（第三册定價大洋壹角貳分實售七折）

（外埠酌加運費匯費）

編纂者　凌昌焕

校訂者　王岫廬　杜亞泉

發行所　上海商務印書館

印刷所　上海商務印書館

總發行所　商務印書館　上海棋盤街中　衡中

分售處　商務印書館分館

北京　濟南　南京　吳淞　天津　太原　保定　安慶　開封　蕪湖　南昌　奉天　廣州　潮州　衢州　重慶　香港　漢口　杭州　昆明　貴陽　常德　潮州　梧州　成都　新嘉坡　廈門　九江　南寧　吉林

※此書有著作權翻印必究※

四三〇〇自

1346 书名：订正新学制自然科教科书（小学校高级用）
著者：凌昌焕／编纂　王云五、杜亚泉／校订
出版印行：商务印书馆
出版时间：民国十三年（1924）初版　民国十九年（1930）200版
册数：四

订正

新学制自然科教科书

第一册

小学校高级用

商务印书馆出版

新学制小学教科书

大學院審定

國語
□和級小學用
國語・作文・社會・自然
常識・算術・衛生・商
工用藝術・形象藝術・音樂
書畫奏育科・珠算二册・工藝
審畫二册注音英語二册・英

高級小學用
國語・作文・歷史・地理
算術・自然
衛生・商
形象
工藝
珠算二册・工藝
注音英語二册・英

珠算・二册

商務印書館出版

乙(中)—11　教(教科·小學)　20—8—18

New System Series
Textbooks on Nature Study
For Higher Primary Schools
The Commercial Press, Limited
All rights reserved

分售處

總發行所

印刷所

發行者
商務印書館

校訂者
王雲五
杜亞泉

編纂者
凌昌焕

新學
制自然科教科書四册
（小學校高級用）
（第一册定價大洋壹角）
（外埠酌加運費匯費）

中華民國十三年二月二〇〇版

N 二四六六白

书名：新学制小学教科书高级自然课本
著者：姜文洪、范广涛 / 编辑　魏冰心、范祥善 / 校订
出版印行：世界书局
出版时间：民国十四年（1925）初版　民国十五年（1926）10版
册数：四

教育部审定
新学制小学教科书
高级自然课本
第三册
世界书局出版

教育部审定
新学制初级小学教科书

新学制小学教科书教员用　初级算术教学法
新学制小学教科书　初级算术课本
新学制小学教科书教员用　初级常识教学法
新学制小学教科书　初级常识课本
新学制小学教科书　初级国文教学法
新学制小学教科书　初级国文读本
新学制小学教科书教员用　初级国语教学法
新学制小学教科书　初级国语读本

教育大家贡献编辑方法
全国小学教师供给教材
完全依照儿童的心理和环境而编成的
学生得读书之乐
教员免预备之劳

ELEMENTARY SCIENCE: BOOK I TO BOOK IV
Specially Compiled under the New System
For the Use of Higher Primary Schools
THE WORLD BOOK CO., LTD.
All Rights Reserved

编辑者　姜文洪　范广涛
校订者　魏冰心　范祥善　江苏省立第三师范　阳谷县立小学校
印刷者　世界书局
发行者　世界书局
供给教材者　世界书局
总发行所　上海　世界书局
分发行所　南京　北京　天津　保定　烟台　济南　武昌　长沙　常德　南昌　安庆　杭州　宁波　福州　广州　汕头　太原　重庆　吉林　徐州

中华民国十四年三月初版
中华民国十五年三月十版
新学制小学教科书高级自然课本四册
（一册至四册每册定价银一角）
（外埠酌加邮费汇费）

此书有著作权翻印必究

1348 | 书名：新中华自然课本（小学校高级用）
著者：杨卿鸿、糜赞治／编校
出版印行：中华书局
出版时间：民国十七年（1928）发行　民国廿一年（1932）31版
册数：四

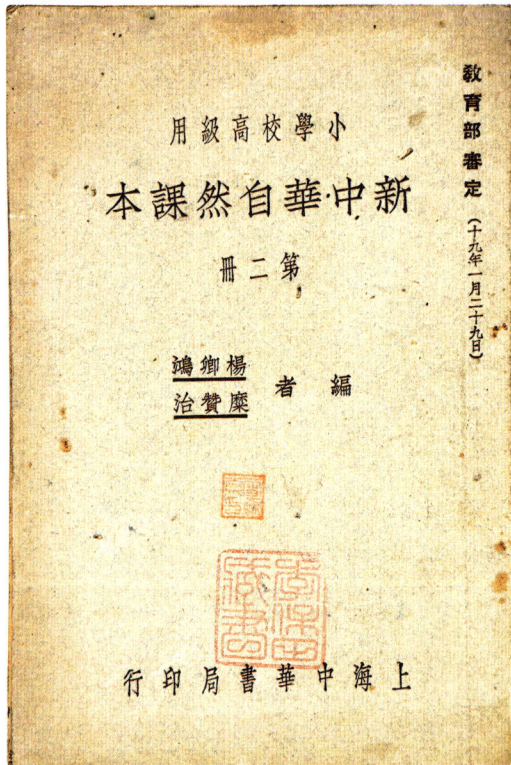

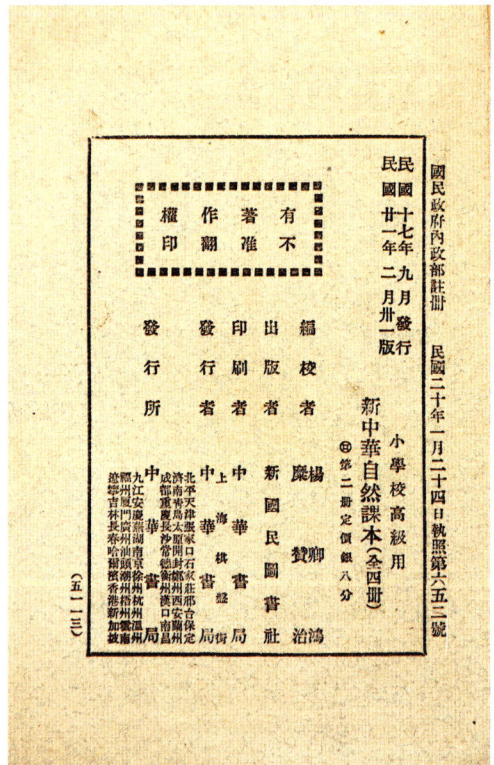

书名：新时代自然教科书（小学校高级用）

著者：杜若城／编纂　王云五、凌昌焕／校订

出版印行：商务印书馆

出版时间：民国十九年（1930）初版　民国十九年（1930）35版

册数：四

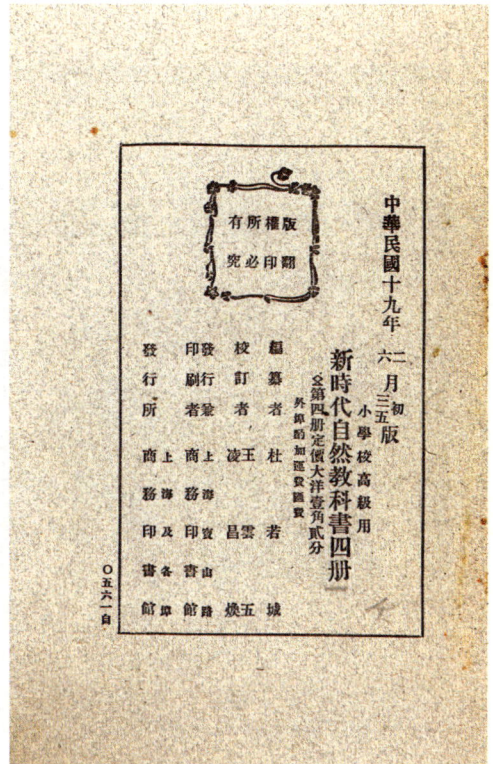

1350 书名：新生活教科书自然（小学校高级用）
著者：徐元昭、沈望之、张箴华 / 编辑
出版印行：大东书局
出版时间：民国二十二年（1933）初版
册数：四

中華民國二十二年七月初版

新生活教科書 高級自然（全四冊）

◎第三冊定價大洋一角八分
（外埠酌加郵費匯費）

編輯者　徐元昭　沈望之　張箴華

發行人　沈駿聲　上海北福建路三三一號

印刷所　大東書局　上海北福建路三三一號

總發行所　大東書局　上海四馬路九十九號

分發行所　大東書局

南京　長沙　徐州　汕頭
北平　濟南　南昌　廣州
天津　漢口　雲南　哈爾濱
梧州　瀋陽　杭州　新嘉坡
開封　重慶　廈門

版權所有　翻印必究

书名：小学自然课本（新课程标准适用）
著者：韦息予、孙伯才 / 编　糜赞治、杨卿鸿 / 校
出版印行：中华书局
出版时间：民国二十二年（1933）发行　民国二十二年（1933）4版
册数：四

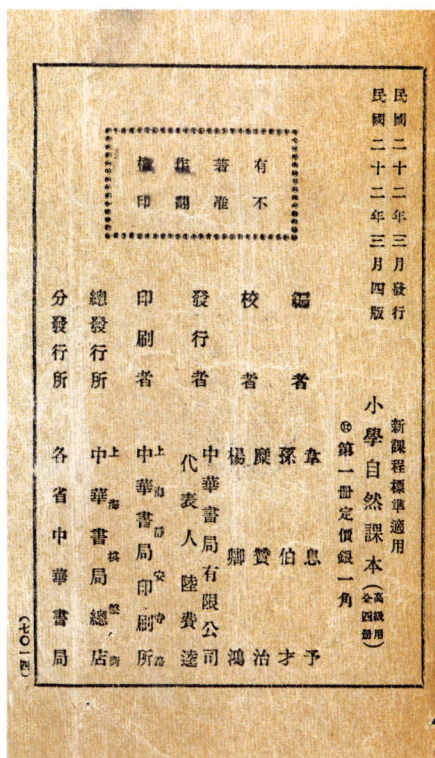

1352　书名：复兴高小自然教科书

著者：周建人、周颂久 / 编校　王云五 / 主编兼发行

出版印行：商务印书馆

出版时间：民国二十六年（1937）审定本第1版　民国三十四年（1945）连城第7版

册数：四

復興高小
自然教科書
第四册

國民政府教育部審定

商務印書館發行

本書經二十九年十二月
國民政府教育部審定
部定高級小學學費五十

小學校
高級用
自然教科書編輯大意

（一）本書遵照教育部修正小學自然課程標準編輯之用，最適高級小學校之用。

（二）本書取材以增進兒童利用自然的常識為主並於衛生、疾病等寫作注意，並述利用自然研究自然的興趣，並養自信的態度和愛護自然的習慣，也使各教材中注重實驗。

（三）本書的編輯除課文之外分加插圖和做的項目，使見實注意思考和實驗，造成兒童自動研究的能力。

（四）本書各册由淺入深前後貫通一貫。

（五）本書每册分二十課每課需多教學一星期留出一小部分，加入課外提示等作候之用。

（六）本書另編教學法一套，詳載各課的教學方法和參考資料，以備教師應用。

中華民國二十六年八月審定本第一版
中華民國三十四年十月連城第七版
（17022D）
第四册原定價國幣壹角五分
加入發售實售國幣壹角零捌厘
外加運費

復興
教科書　自然
四　册
小學校
高級用

編校者　周颂久　周建人

主行發人　王云五

印刷所　商務印書館

發行所　商務印書館

版權所有　翻印必究

书名：自然课本（小学高级学生用）
著者：王剑星 / 编辑　龚昂云 / 校订
出版印行：世界书局
出版时间：民国二十七年（1938）新12版
册数：四

教育部審定
新課程標準世界教科書
小學高級學生用

自然課本

第一册

王劍星編輯　龔昂雲校訂

世界書局印行

完全依照教育部最近頒布正課程標準修訂新編或改輯

注音符號讀本　魏冰心編　一册
初小國語第一級　朱翊新等　八册
初小國語新讀本　朱翊新編　八册
初小新算術　吳研因編　八册
初小新常識　朱翊新編　八册
初小新國語　朱翊新編　八册
初小新算術　吳研因編　八册
初小新常識　朱翊新編　八册
高小新國語　魏冰心編　八册
高小新算術　朱翊新編　八册
高小新公民　文元編　四册
高小新歷史　朱翊新編　四册
高小新地理　王剑星編　四册
高小自然課本　吳研因編　四册
高小國語新讀本　朱翊新編　四册

下列二種未經教育部審定者從略
内容最新　售價最廉　均有教學法

世界書局出版

新64.7

商務印書標準書不作印准

新課程標準教科書
高級小學學生用

自然課本（全四册）

（外埠酌加運費匯費）

每册實價國幣七分

編輯者　王劍星
校訂者　龔昂雲
發行人　陸高誼
　　　　上海大迎場路
印刷者　世界書局
總發行所　上海世界書局
分發行所　各省世界書局

中華民國二十七年十月新十二版

中華民國二十四年十一月二十五日教育部審定沪誊字第六十二號
中華民國二十五年四月三十日内政部出版警字第七二〇六號

1354 书名：高小自然课本（修正课程标准适用；秋季始业用）

著者：韦息予、孙伯才、徐天游、糜赞治 / 编　华汝成、华襄治 / 校

出版印行：中华书局

出版时间：民国二十九年（1940）89 版

册数：四

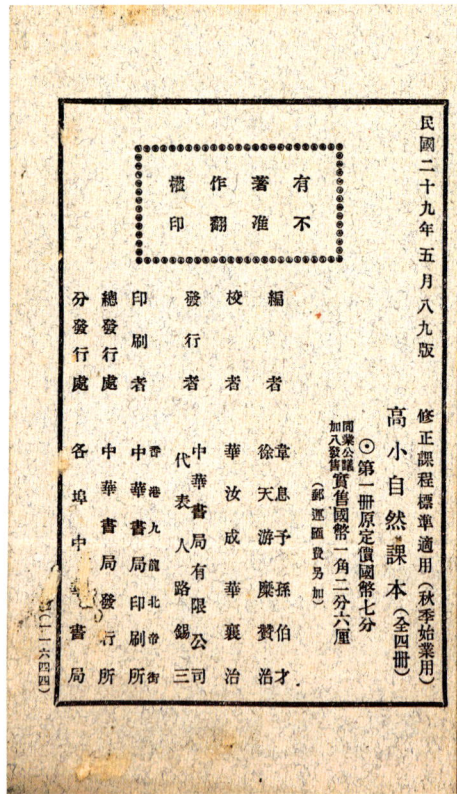

书名：开明自然课本（小学高级学生用）

著者：顾均正、贾祖璋 / 编纂　沈振黄 / 绘画

出版印行：成都兴华印刷所 / 印刷

出版时间：民国三十年（1941）初版

册数：四

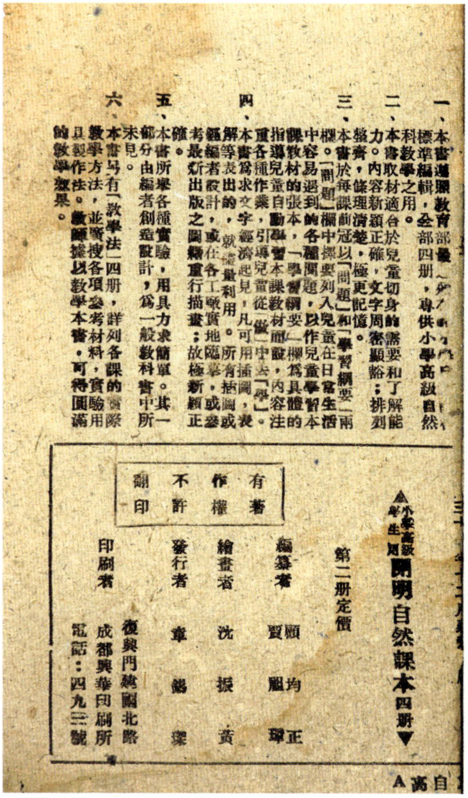

新课程标准适用

小学高级学生用

开明自然课本

第二册

顾均正
贾祖璋　编

第二册定价

有著作权　不许翻印

编纂者　顾均正　贾祖璋

绘画者　沈振黄

发行者　章锡琛

印刷者　成都兴华印刷所

复兴门新皇园北路

电话：四九三号

1356　书名：高级小学自然课本

著者：教育部 / 征选　正中书局、世界书局 / 应选　胡颜立、徐允昭、魏冰心 / 编辑　方洵、沈麓元、

　　　唐冠芳 / 绘图　国立编译馆 / 校订　白国栋、陈邦贤、郭继熙、许南明、程守泽、赵士乡 / 参阅

出版印行：国定中小学教科书七家联合供应处

出版时间：民国三十五年（1946）重庆道林纸本第1版

册数：四

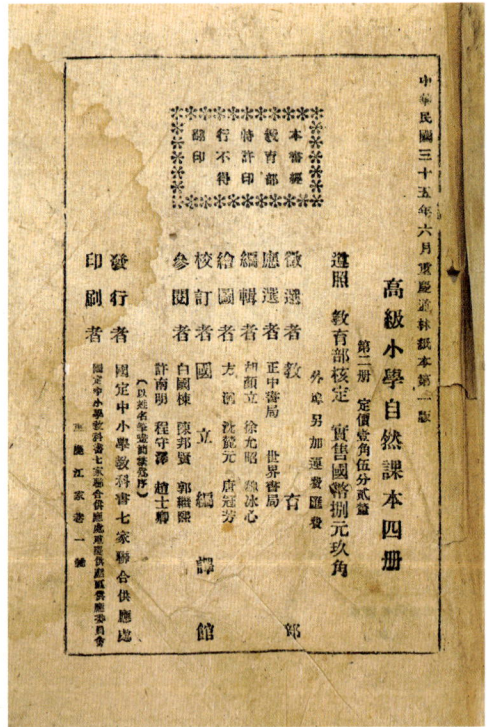

书名：高级小学自然
著者：国立编译馆 / 主编　胡颜立、徐允昭 / 编辑
　　　白国栋、陈邦贤、郭继熙、许南明、程守泽、赵士乡 / 校阅　方洞、沈麓元、唐冠芳 / 绘图
出版印行：正中书局
出版时间：民国三十六年（1947）第1版
册数：四

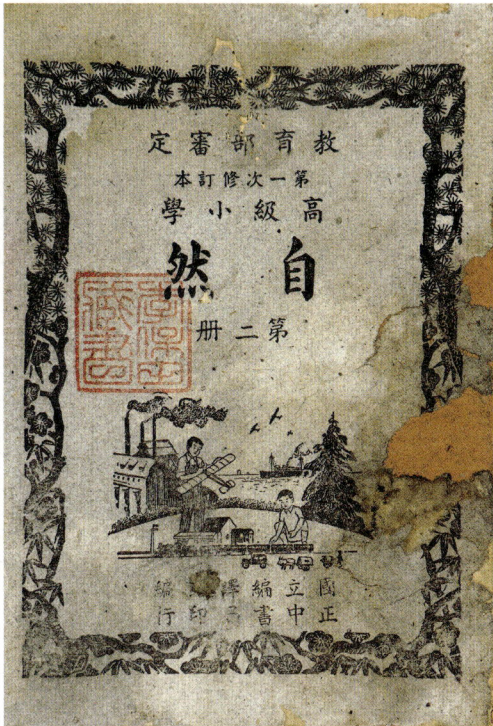

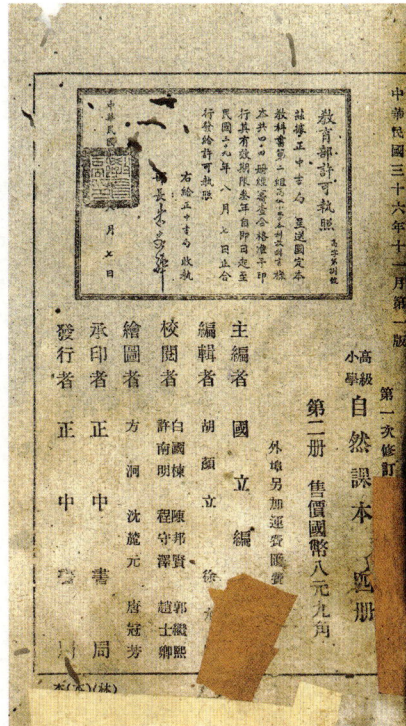

1358 | 书名：新学制自然科学教科书（初级中学用）
著者：杜亚泉 / 编辑
出版印行：商务印书馆
出版时间：民国十三年（1924）初版　民国十三年（1924）2版
册数：四

新　學　制
自然科學教科書
第　二　册
初　級　中　學　用

編輯者
杜亞泉　鄭貞文　高　銛

商務印書館印行

行發館書印務商

（定審部育教）

新學制初級中學用書

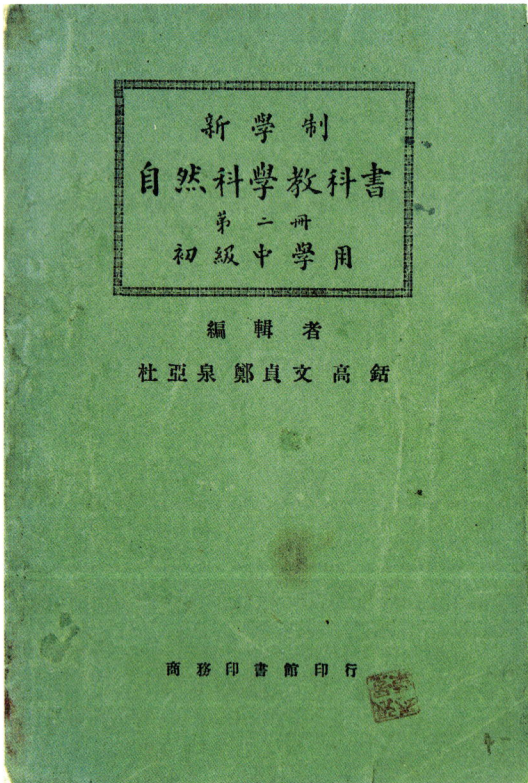

新學制初級中學的精神，在各科混合教授這『新學制初級中學教科書』一套卽係完全依照新學制課程綱要採用混合法編輯的，實爲初中最適用的敎本書名列下：

書名	册數
初學制 國語教科書	六册
初學制 公民教科書	三册
初學制 歷史教科書	二册
初學制 地理教科書	二册
初學制 自然科學教科書	四册
初學制 實用算學教科書	四册
初學制 混合算學教科書	六册
初學制 英語讀本文法	編

此外尚有音樂　樂理　鋼琴　圖畫　手工等教科書不及備載另印樣本及書目承索卽寄

定义（1540）

New System Series
General Science
Vol. II
For Junior Middle Schools
Commercial Press, Limited

中華民國十三年二月初版
中華民國十三年四月二版

（初級中學用）
新學制 自然科學教科書四册
（第二册定價大洋陸角）
（外埠酌加運費匯費）

編輯者　杜亞泉
發行者　商務印書館
印刷所　商務印書館
　　　　上海北河南路北首寶山路
總發行所　商務印書館
　　　　　上海棋盤街中市
分售處　商務印書館分館
北京天津保定奉天吉林龍江濟南太原開封西安安慶南昌漢口長沙常德衡州成都重慶昆明貴陽廣州潮州香港梧州南寧桂林張家口

※此書有著作權翻印必究※

书名：初中自然科学（初级中学学生用）

著者：郭任远 / 编著

出版印行：世界书局

出版时间：民国十八年（1929）初版　民国十八年（1929）再版

册数：六

1359

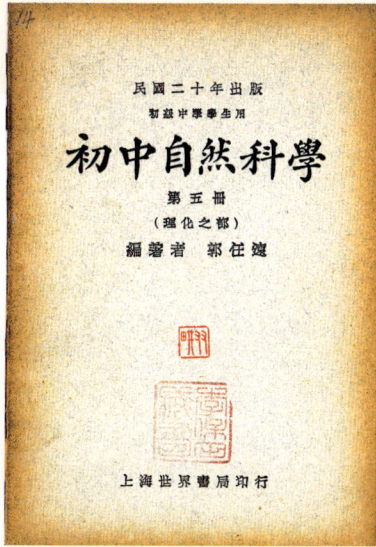

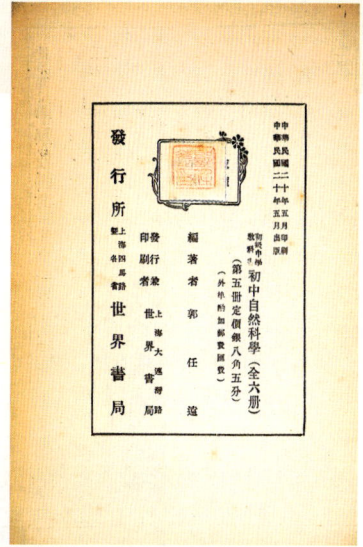

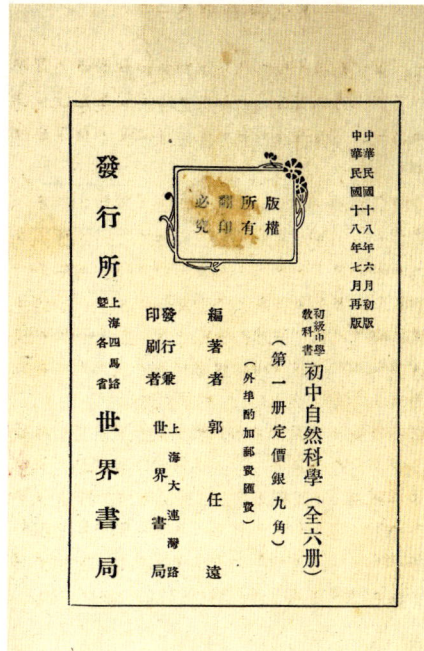

1360

书名：新中华自然科学（初级中学用）

著者：华文祺、华汝成／编　华襄治、糜赞治／校

出版印行：中华书局

出版时间：民国二十年（1931）初版

册数：一

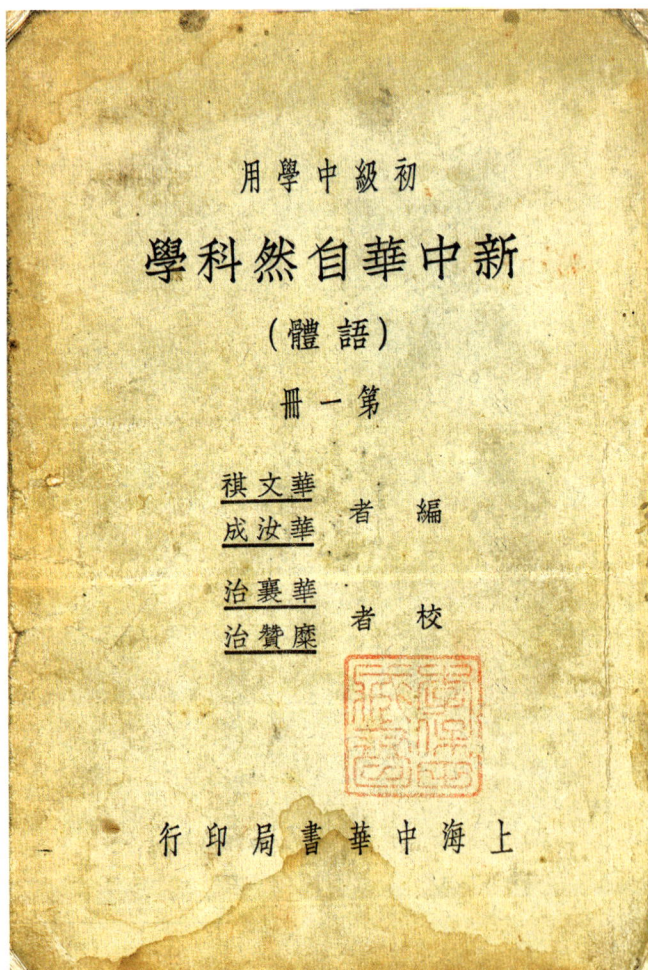

书名：建国教科书高级中学自然地理
著者：王益厓 / 编著
出版印行：正中书局
出版时间：民国二十四年（1935）京初版　民国三十六年（1947）沪23版
册数：一

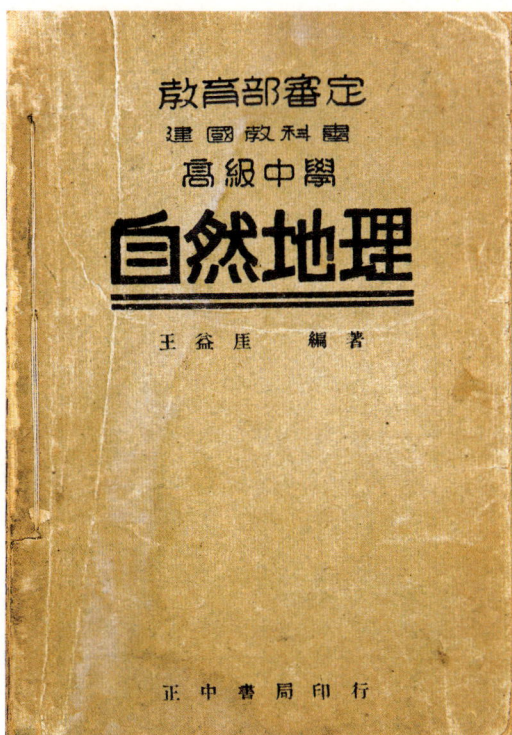

教育部審定

建國教科書

高級中學

自然地理

王益厓　編著

正中書局印行

審定執照中字第三十二號

版權所有
翻印必究

中華民國二十四年十二月京初版
中華民國三十六年七月滬二十三版

建國 高中自然地理

全一册　定價國幣一元六角五分
（外埠酌加運費匯費）

編 著 者	王 益 厓
發 行 人	吳 秉 常
印 刷 所	正 中 書 局
發 行 所	正 中 書 局

（203）

奎（奎）（協）　　　　3/6

1362 | 书名：高中自然地理（修正课程标准适用）
著者：丁绍桓 / 编
出版印行：中华书局
出版时间：民国三十年（1941）7版
册数：一

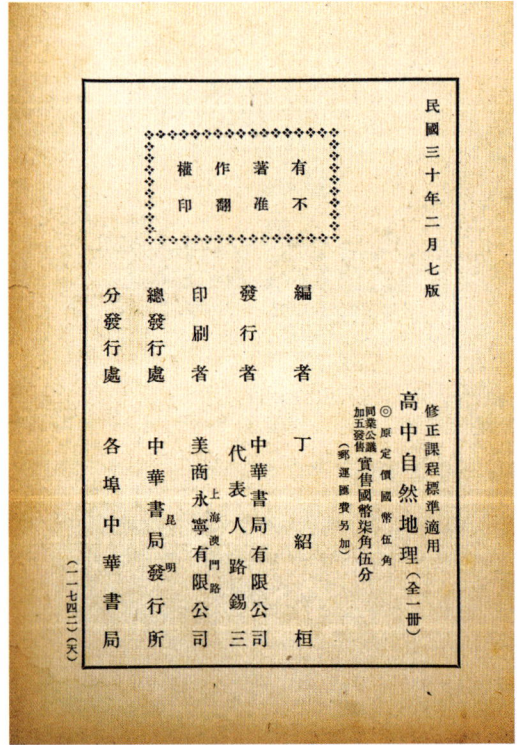

民國三十年二月七版

修正課程標準適用

高中自然地理（全一冊）

◎原定價國幣伍角
同業公議實售國幣柒角伍分
加五發售
（郵運匯費另加）

編　者　丁紹桓

發行者　中華書局有限公司
代表人　路錫三

印刷者　美商永寧有限公司
上海澳門路

總發行處　中華書局發行所
昆明

分發行處　各埠中華書局

有不准著作
權作翻印

（一一七四二）（天）

书名：新中华教科书自然课本教授书（小学校高级用）

著者：杨卿鸿、糜赞治、华襄治／编校

出版印行：新国民图书社

出版时间：民国十七年（1928）初版　民国十八年（1929）5版

册数：八

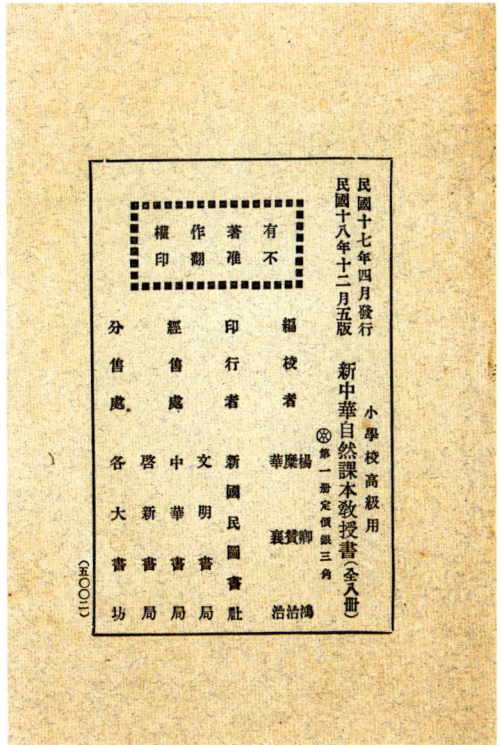

1364

书名：小学自然课本教学法（新课程标准适用）
著者：娄三立、赵体用 / 编　韦息予、糜赞治 / 校
出版印行：中华书局
出版时间：民国二十二年（1933）初版
册数：八

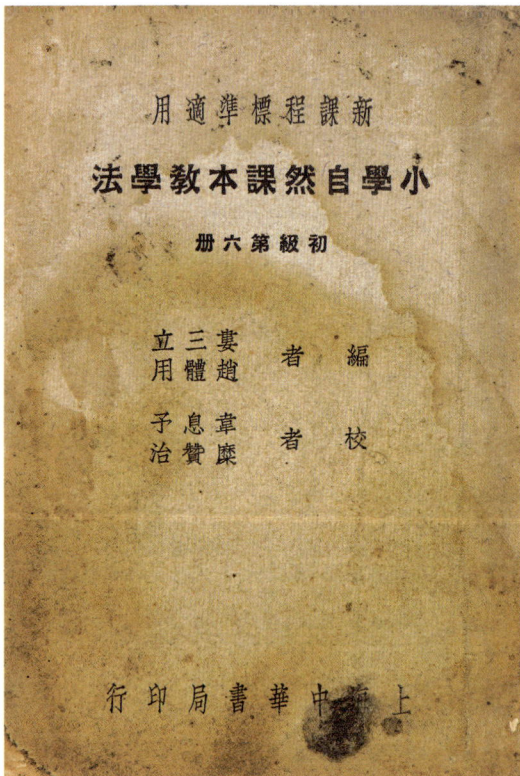

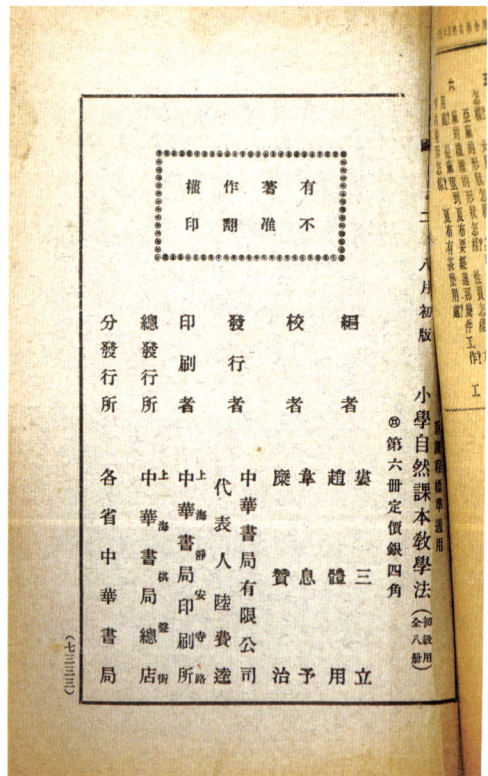

书名：共和国教科书自然地理（中学校用）
著者：傅运森/编纂　蒋维乔/校订
出版印行：商务印书馆
出版时间：民国三年（1914）再版
册数：一

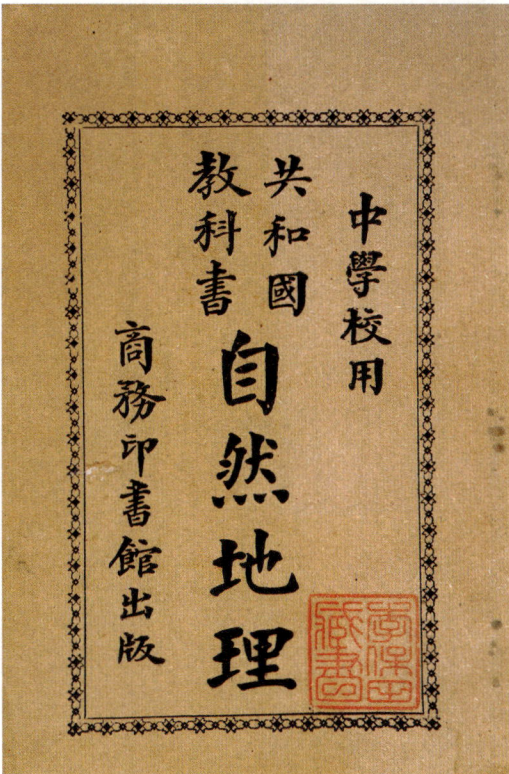

1366

书名：小学自然科学习图鉴
著者：春秋社 / 编绘
出版印行：新亚书店
出版时间：民国二十三年（1934）初版
册数：一

小學自然科學習圖鑑

春秋社編繪

上海新亞書店印行

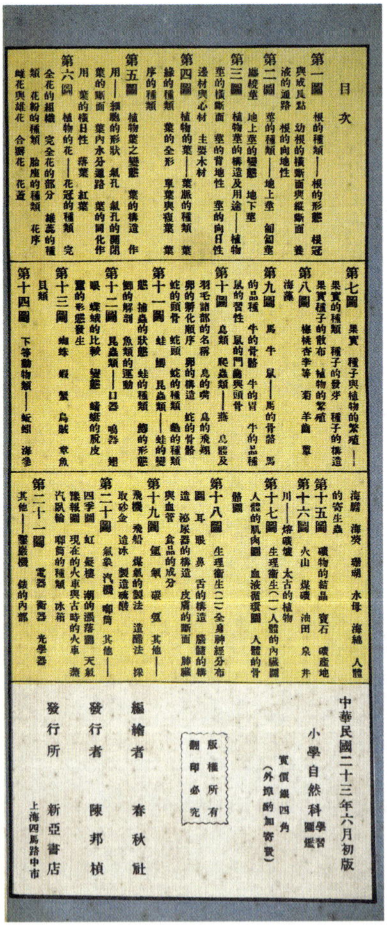

目次

中華民國二十三年六月初版

小學自然科圖鑑

實價每冊四角
（外埠酌加寄費）

版權所有
翻印必究

編繪者　春秋社
發行者　陳邦楨
發行所　新亞書店
　　　　上海四馬路市中

13 体育、武术及军事类教材

①小学教材
②中学教材
③师范教材
④教授法
⑤其他教材

书名：初等小学体操教科书

著者：[日]川瀬元九郎、[日]手岛义太郎 / 原著　黄元吉 / 翻译

出版印行：商务印书馆

出版时间：民国元年（1912）8版

册数：一

初等小學體操教科書

川瀬元九郎
手島儀太郎 原著

震澤黄元吉譯

上海商務印書館藏板

商務印書館發行

可歌可誦有興有味之新書

華航琛編

共和國民唱歌集　定價二角

唱歌足以激發志氣。發揚精神。苟有佳集。獲益匪淺。今者民國既成立。凡吾國民。胥受共和之幸福。共編成共和君體。歌詞典明潤。凡家庭社會。學校以及種種。大旨正共和國。唱歌集選譜一冊。事實深取特有關宗。觀感一新。民皆可適用。以先視爲快也。

CHINESE PRIMARY SCHOOL.

PHYSICAL CULTURE.

COMMERCIAL PRESS, LTD.

中華民國元年十月八版

（初等小學體操教科書一冊）

（每冊定價大洋肆角）

原著者　日本川瀬元九郎　手島義太郎

繙譯者　震澤黄元吉

發行者　商務印書館

印刷所　商務印書館　上海北河南路北首　寶山路

總發行所　商務印書館　上海棋盤街中市

分售處　商務印書館分館　京師　奉天　吉林　天津　濟南　開封　太原　西安　成都　重慶　德州　長沙　常德　漢口　南昌　蕪湖　杭州　福州　廣州　潮州

※ 翻印必究 ※

九四五一

1370　書名：小学体育教材
　　　著者：邹法鲁 / 编著
　　　出版印行：新夏图书公司
　　　出版时间：民国三十七年（1948）初版
　　　册数：不详

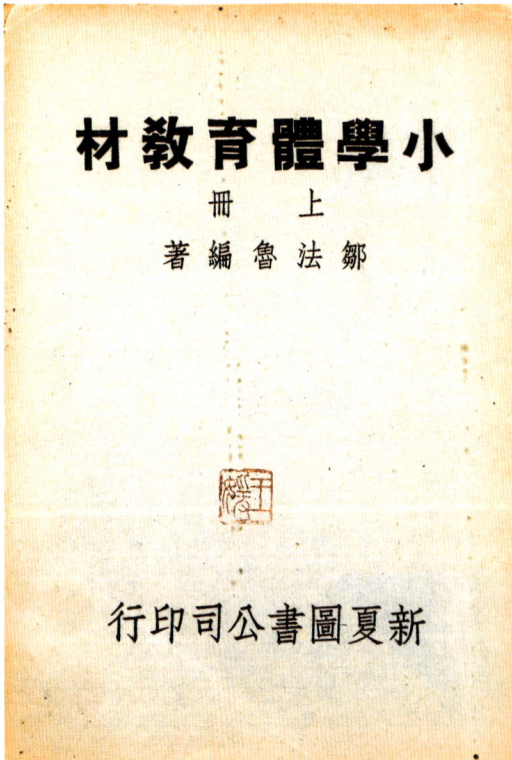

小學體育教材

上　冊

邹法魯　編著

新夏圖書公司印行

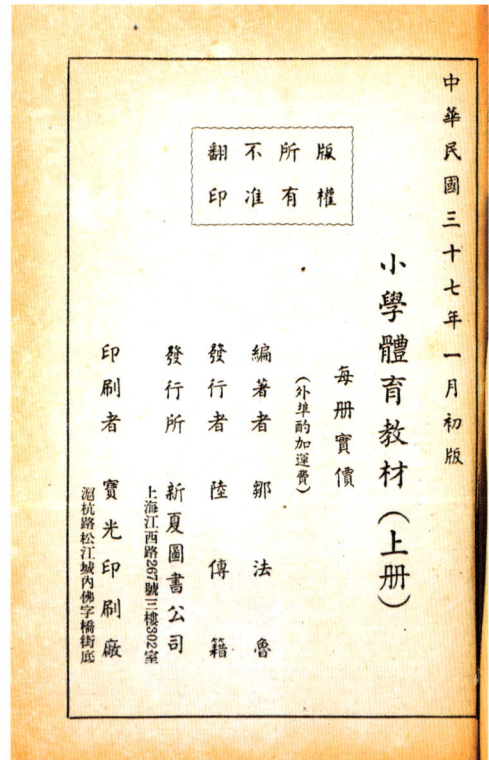

中華民國三十七年一月初版

小學體育教材（上冊）

每冊實價
（外埠酌加運費）

編著者　邹　法　魯

發行者　陸　傳　籍

發行所　新夏圖書公司
　　　　上海江西路267號三樓302室

印刷者　寶光印刷廠
　　　　泗杭路松江城內佛字橋街底

书名：体操教材（小学适用）

著者：赵光绍 / 编

出版印行：商务印书馆

出版时间：不详

册数：一

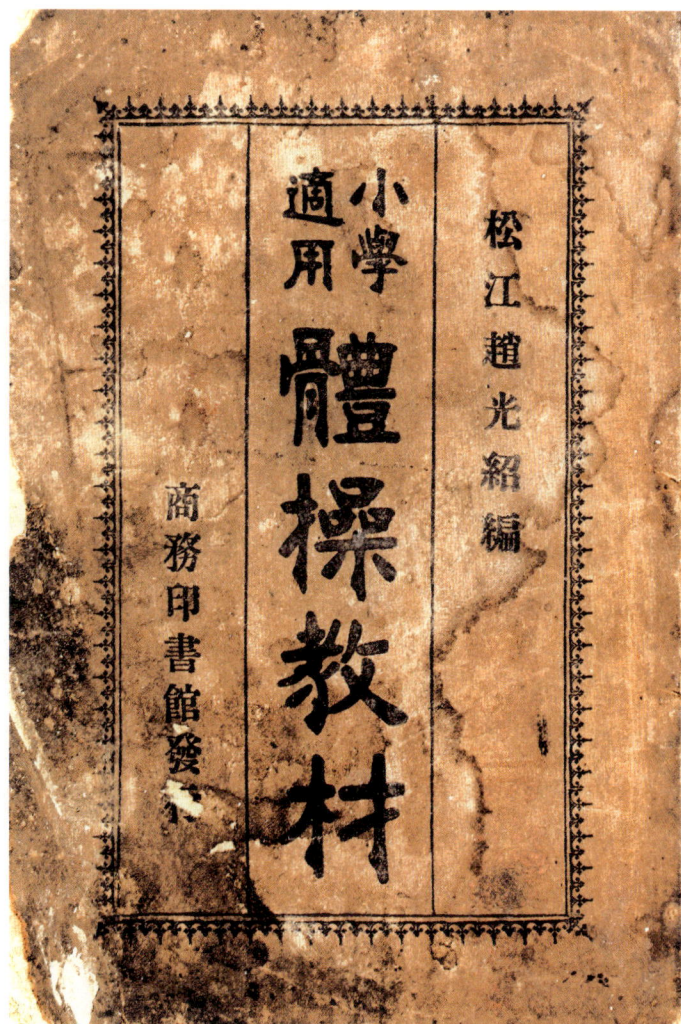

1372　书名：共和国教科书兵式教练（中学校用）
　　　　著者：徐傳霖 / 编纂
　　　　出版印行：商务印书馆
　　　　出版时间：民国二年（1913）
　　　　册数：一

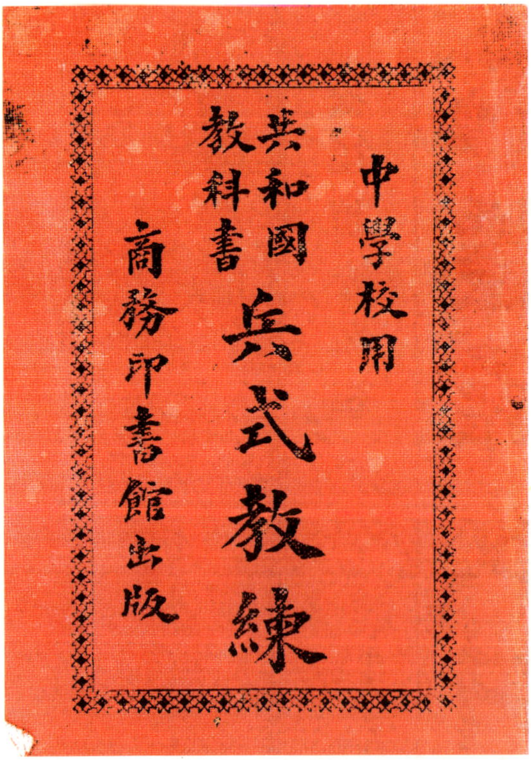

中學校用

共和國教科書

兵式教練

商務印書館出版

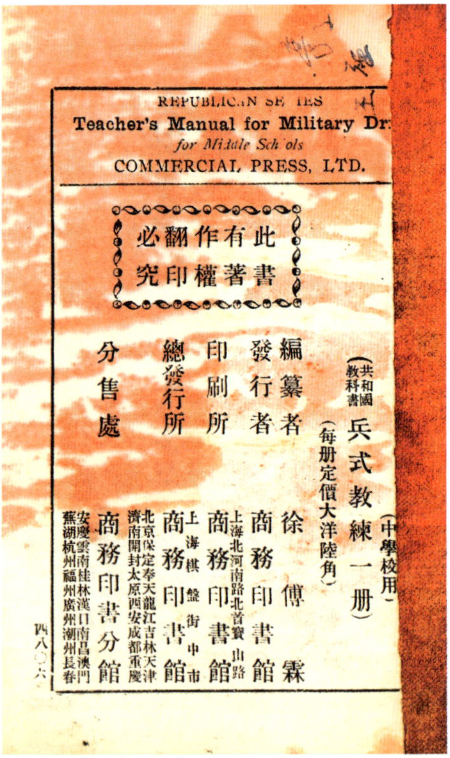

REPUBLICAN SE IES
Teacher's Manual for Military Dr
for Middle Sch ols
COMMERCIAL PRESS, LTD.

此書著作權印有
作翻必究

（共和國教科書）
兵式教練
（中學校用一冊）
（每册定價大洋陸角）

編纂者　徐傳霖
發行者　商務印書館
印刷所　上海北河南路北首寶山路商務印書館
總發行所　上海棋盤街中市商務印書館
分售處　北京保定奉天龍江吉林天津濟南開封太原西安成都重慶安慶雲南桂林南昌澳門蕪湖杭州福州廣州潮州長春
商務印書分館

四八〇六

书名：复兴高级中学体育教本

1373

著者：王毅成 / 编著　王云五 / 主编兼发行

出版印行：商务印书馆

出版时间：民国二十三年（1934）初版

册数：三

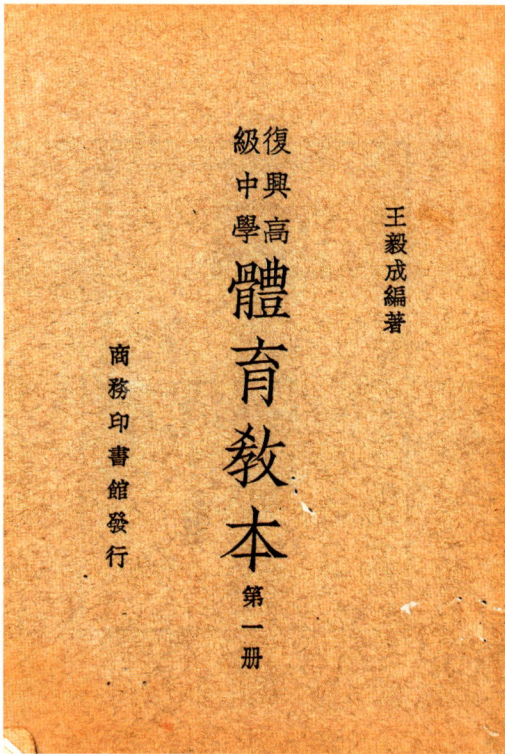

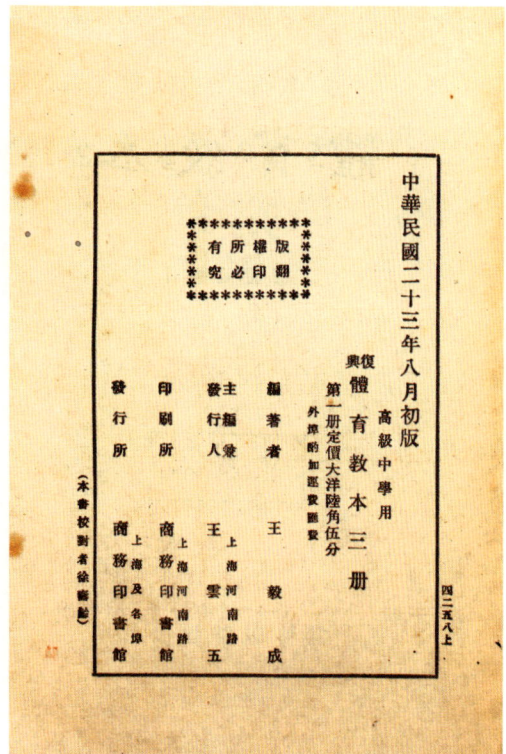

中華民國二十三年八月初版

高級中學用

復興體育教本　三冊

第一冊定價大洋陸角伍分

外埠酌加運費匯費

編著者　王毅成　上海河南路

主編兼發行人　王雲五　上海河南路

印刷所　商務印書館　上海

發行所　商務印書館　上海及各埠

版權所有　翻印必究

（本書校對者徐應起）

四二五八上

1374　书名：复兴初级中学体育教本
　　　著者：王复旦 / 编著　王云五 / 主编兼发行
　　　出版印行：商务印书馆
　　　出版时间：民国二十三年（1934）初版
　　　册数：三

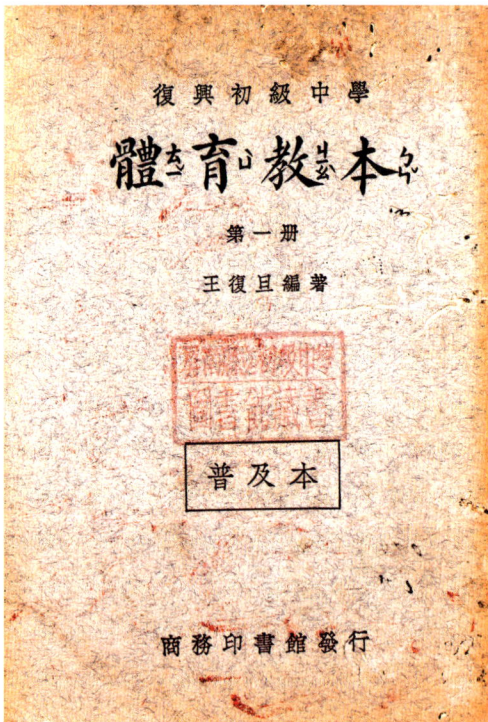

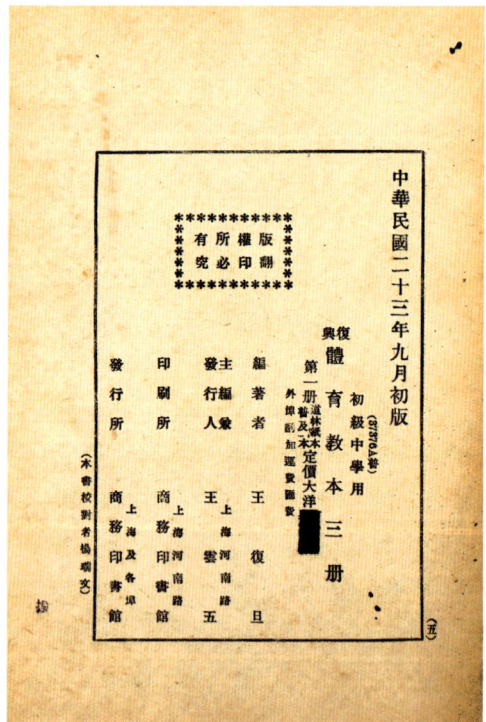

书名：课外运动——田径
著者：方万邦 / 编
出版印行：中华书局
出版时间：民国三十六年（1947）初版
册数：一

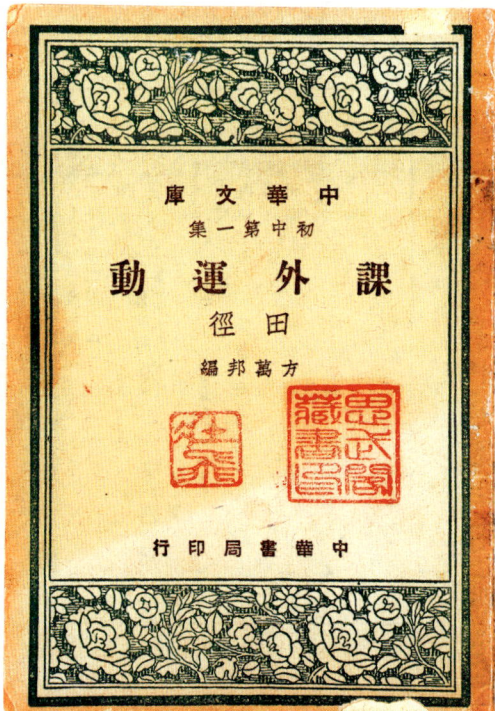

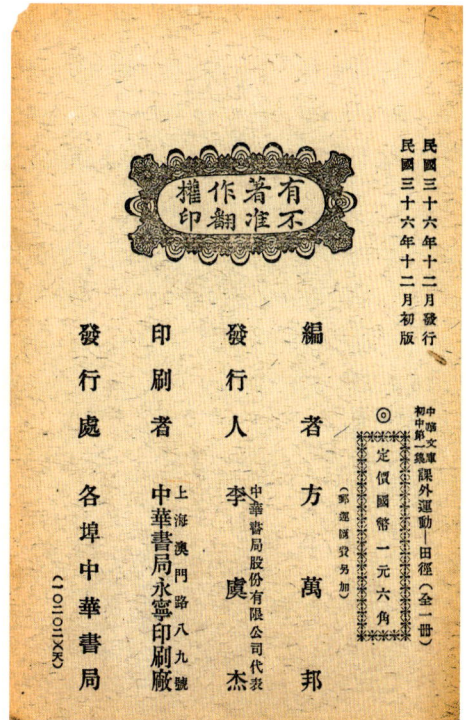

中華文庫
初中第一集 課外運動—田徑（全一冊）

民國三十六年十二月發行
民國三十六年十二月初版

有著作權 不准翻印

編 者 方萬邦

發行人 李 虞 杰

印刷者 中華書局永寧印刷廠

發行處 各埠中華書局

上海澳門路八九號 中華書局股份有限公司代表

（郵寄照貨另加）

定價國幣一元六角

（101011XXX）

1376 | 书名：简易师范学校教科书体育
著者：方万邦 / 编纂
出版印行：商务印书馆
出版时间：民国二十九年（1940）初版　民国三十八年（1949）3版
册数：四

③ 师范教材

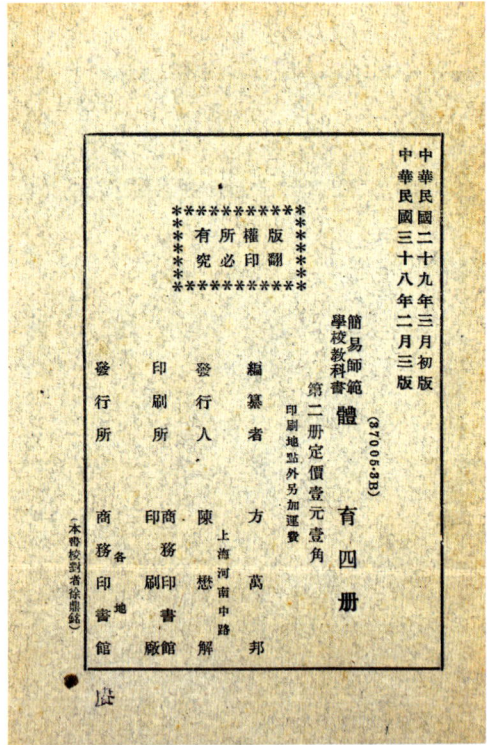

书名：共和国教科书新体操（初等小学教员用）

著者：徐傅霖 / 编纂　庄俞 / 校订

出版印行：商务印书馆

出版时间：民国元年（1912）初版　民国二年（1913）4版

册数：一

初等小學教員用

共和國教科書新體操

上海商務印書館出版

New Physical Exercises

COMMERCIAL PRESS, LTD.

翻印必究

中華民國元年五月初版
中華民國二年十月四版

初等小學新體操一册

（每册定價大洋壹角外埠的加運費匯費）

編纂者	徐傅霖
校訂者	莊俞
發行者	商務印書館
印刷所	商務印書館
總發行所	商務印書館
分售處	商務印書分館

北京　泰天　龍江　天津　濟南
開封　太原　西安　成都　重慶
安慶　長沙　桂林　漢口　南昌
蕪湖　杭州　福州　廣州　潮州

上海棋盤街中市

九四〇

1378 | 书名：中华高等小学体操教授书
著者：徐傅霖／编　戴克敦、沈颐、陆费逵／阅
出版印行：中华书局
出版时间：民国二年（1913）初版
册数：一

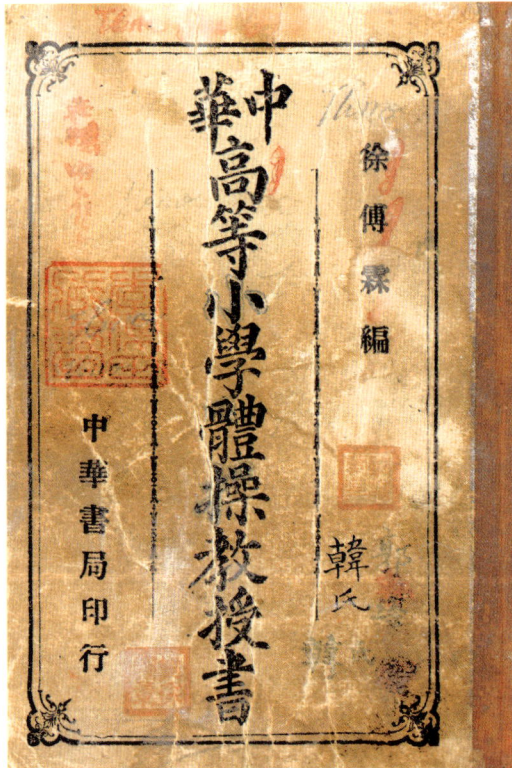

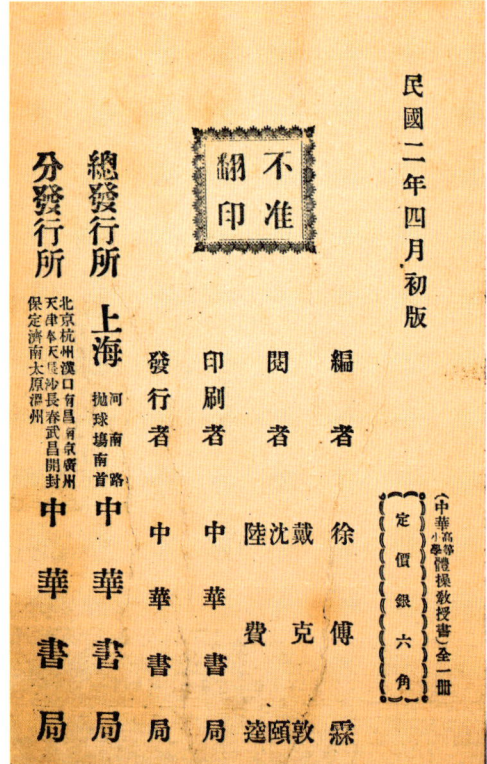

中華高等小學體操教授書

徐傅霖編

中華書局印行

韓氏

民國二年四月初版

不准翻印

編者　徐傅霖

閱者　戴克敦
　　　沈頤
　　　陸費逵

印刷者　中華書局

發行者　中華書局

總發行所　上海
河南路拋球場南首
中華書局

分發行所
北京　杭州　漢口　南昌　南京　貴州
天津　奉天　長沙　武昌　開封
保定　濟南　太原　澧州
中華書局

《中華高等小學體操教授書》全一冊

定價銀六角

书名：新制中华体操教授书（初等小学校用）

著者：徐傅霖 / 编　戴克敦、沈颐、陆费逵 / 阅

出版印行：中华书局

出版时间：民国二年（1913）初版　民国三年（1914）3版

册数：一

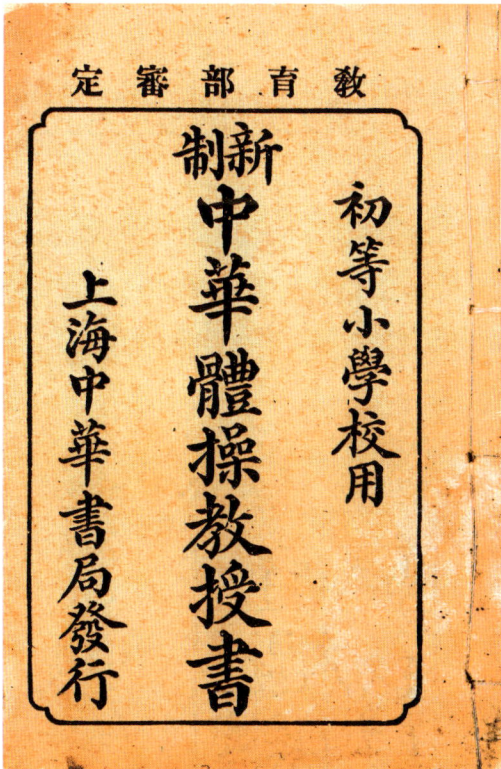

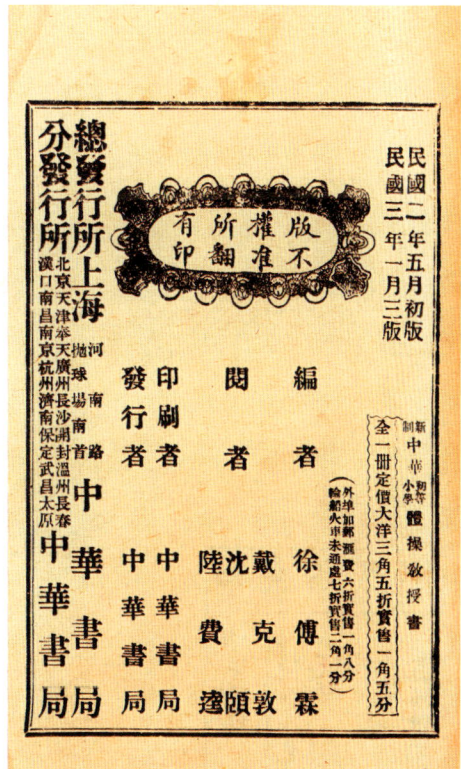

教育部審定

初等小學校用

新制中華體操教授書

上海中華書局發行

民國二年五月初版
民國三年一月三版

版權所有　不准翻印

總發行所上海　河南路拋球場南首

分發行所　北京　天津　廣州　長沙　漢口　南昌　南京　杭州　濟南　保定　武昌　太原　開封　溫州　長春

新制中華初等小學體操教授書

編者　徐傅霖

閱者　戴克敦　沈頤　陸費逵

印刷者　中華書局

發行者　中華書局

中華書局

全一冊定價大洋三角五折實售一角五分

（外埠如郵票代價六折實售一角八分，輪船火車未迎處七折實售二角一分）

书名：中华新武术拳脚科

著者：马良／创编　李毓琛、马庆云、王维翰、马祚春／助编

出版印行：商务印书馆

出版时间：民国六年（1917）初版　民国十二年（1923）6版

册数：四

备注：马良，民国时期武术家，热心推动传统武术。其所著中华新武术系列之《棍术科》《拳脚科》《剑术科》由黎元洪、段祺瑞、冯国璋及梁启超等题词作序。

⑤ 其他教材

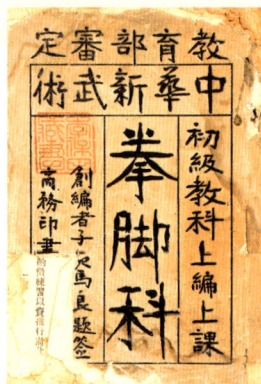

书名：中华新武术剑术科

著者：马良／创编

出版印行：商务印书馆

出版时间：民国七年（1918）

册数：四

书名：中华新武术棍术科

著者：马良／创编

　　　李毓琛、杨鸿修、王维翰、王永安／助编

出版印行：商务印书馆

出版时间：民国八年（1919）

册数：四

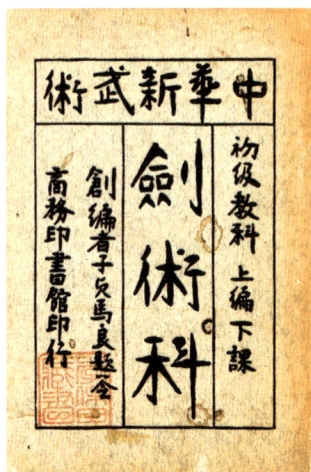
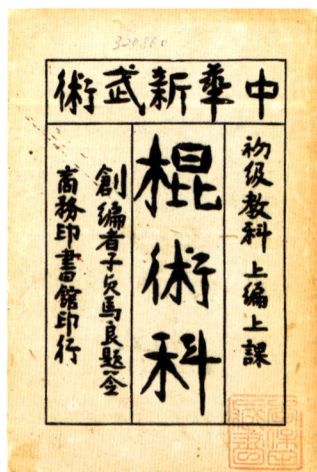

书名：战法学教科书

著者：不详

出版印行：北京武学书局

出版时间：民国七年（1918）

册数：不详

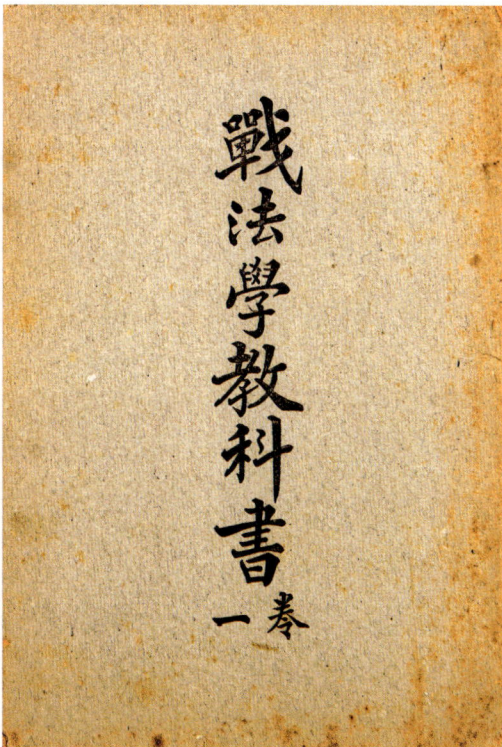

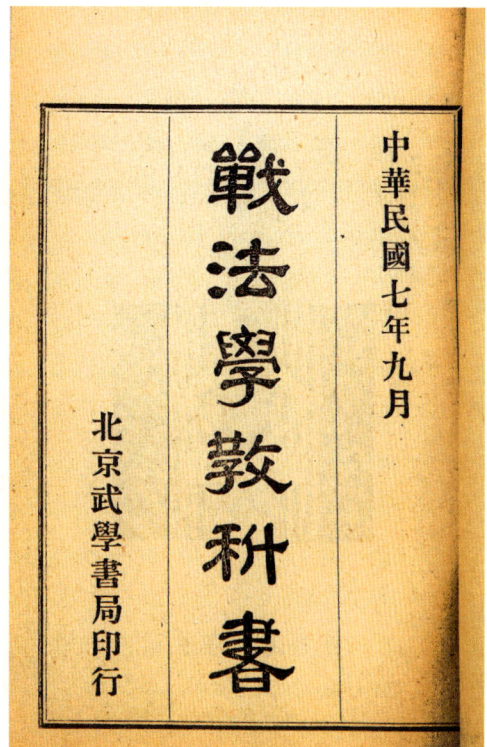

1382 　书名：米勒氏十五分钟体操
　　　　著者：米勒／原著　张谔／译述
　　　　出版印行：商务印书馆
　　　　出版时间：民国九年（1920）初版　民国二十年（1931）8版
　　　　册数：一

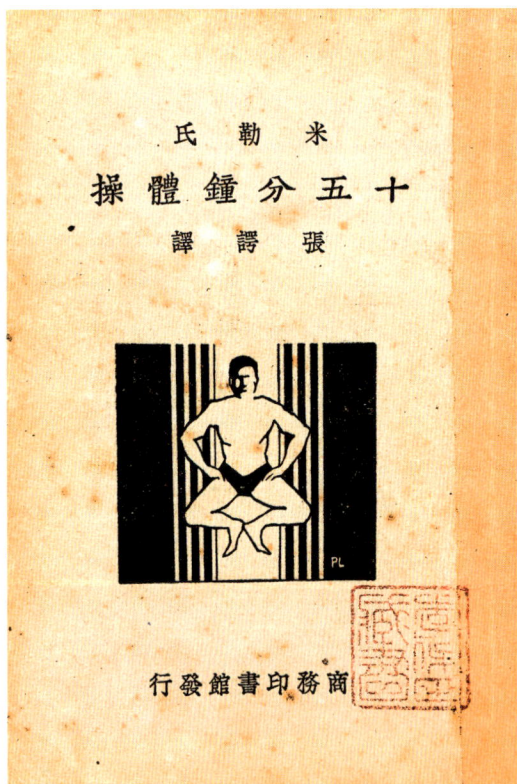

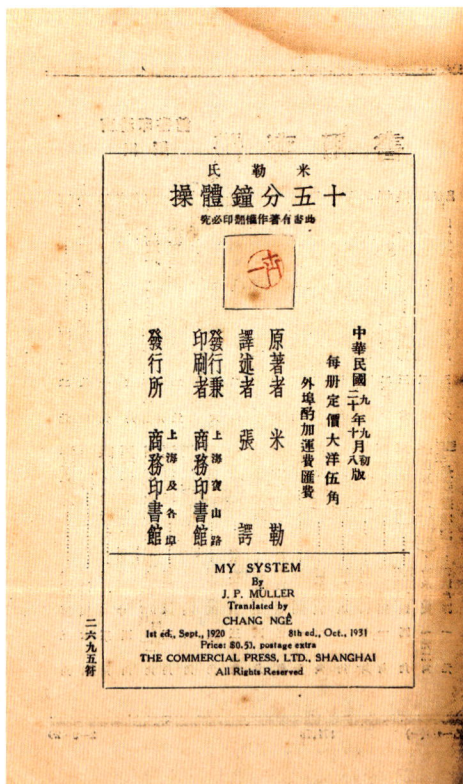

书名：中华新武术初级拳脚科

著者：马良 / 著

出版印行：商务印书馆

出版时间：民国十九年（1930）初版

册数：不详

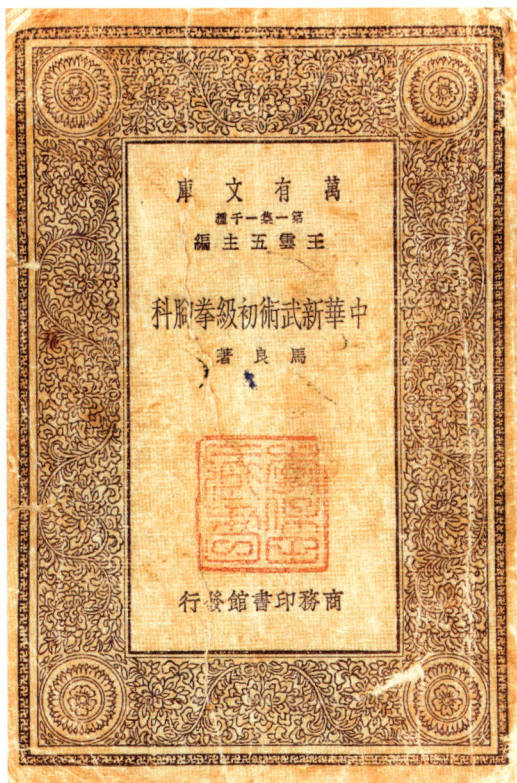

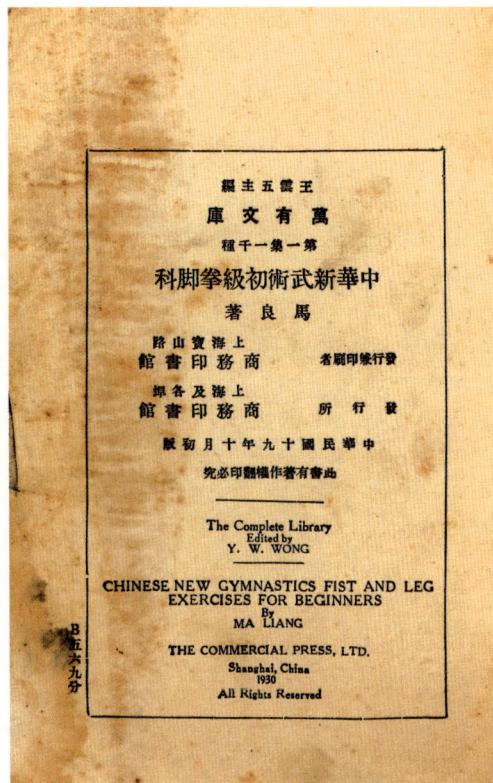

1384　书名：柔软体操与步法（万有文库）
　　　著者：萧百新 / 著
　　　出版印行：商务印书馆
　　　出版时间：民国二十二年（1933）初版
　　　册数：不详

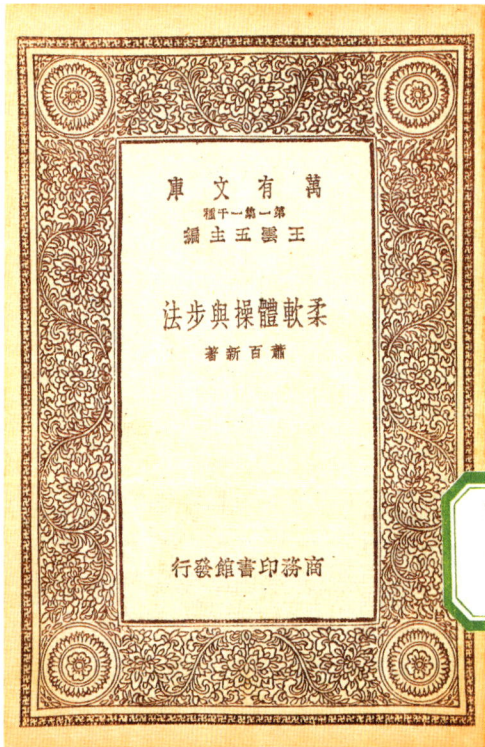

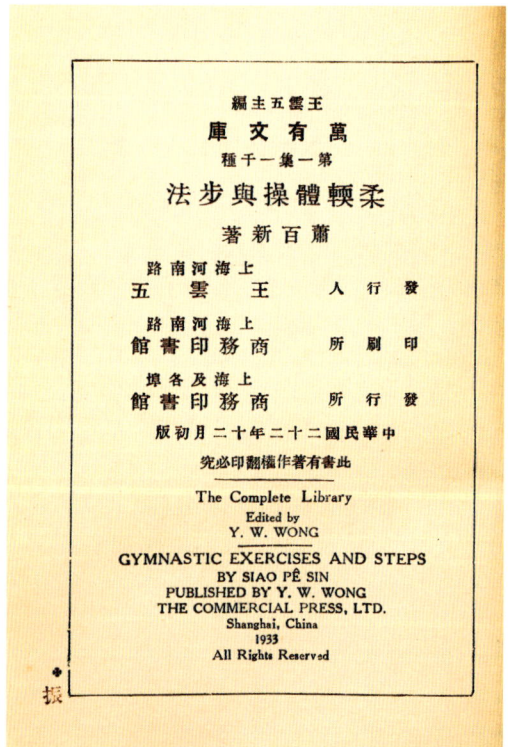

书名：最新篮球术

著者：董守义 / 著

出版印行：商务印书馆

出版时间：民国三十六年（1947）初版　民国三十八年（1949）再版

册数：一

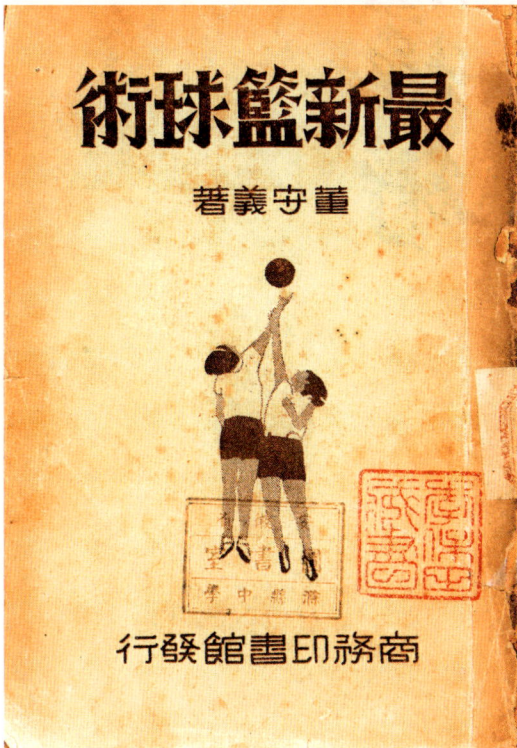

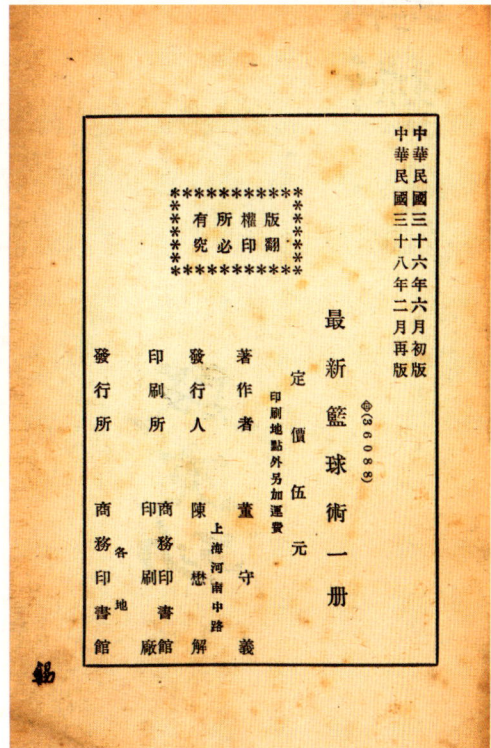

1386 书名：体操术

著者：不详

出版印行：不详

出版时间：不详

册数：不详

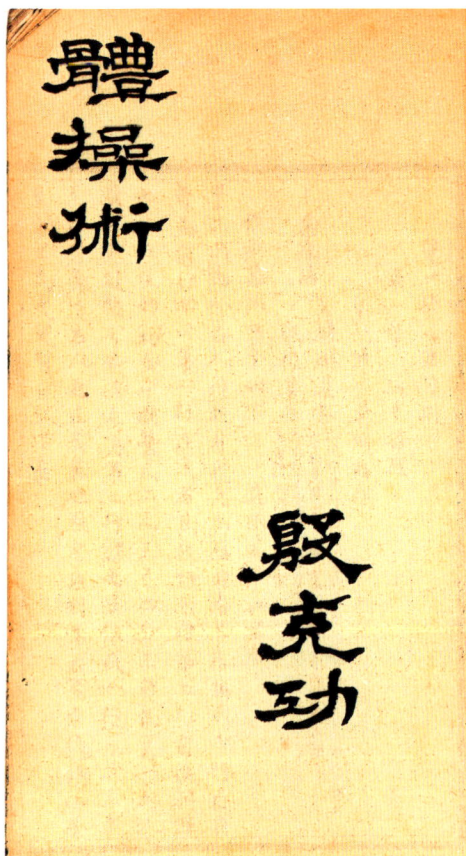

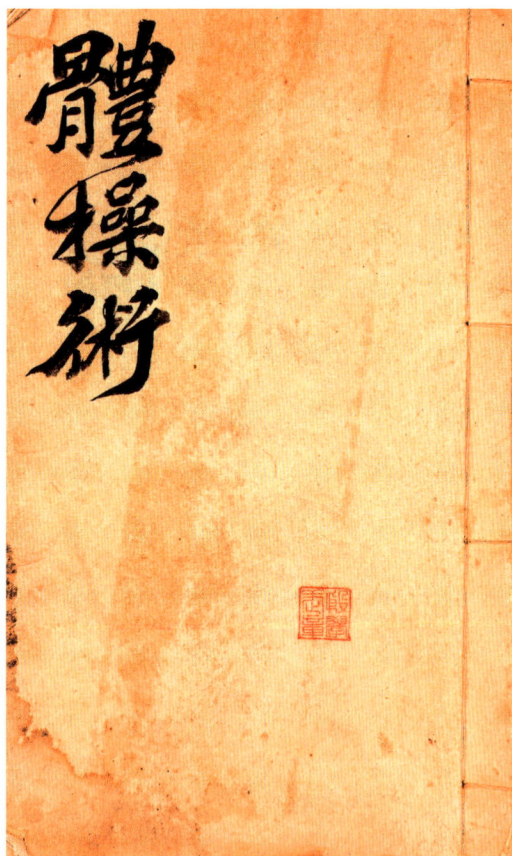

14 外语类教材

书名：新教育教科书英语读本（高等小学校用）
著者：沈彬 / 编
出版印行：中华书局
出版时间：民国九年（1920）发行　民国十一年（1922）11版
册数：三

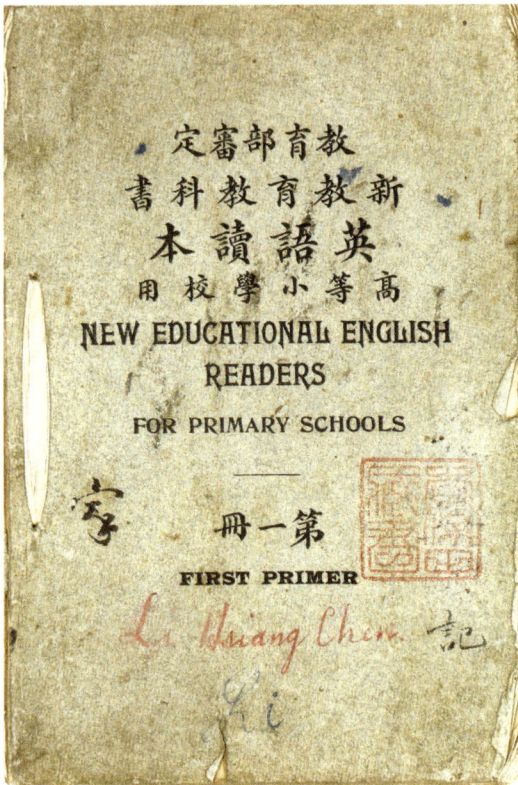

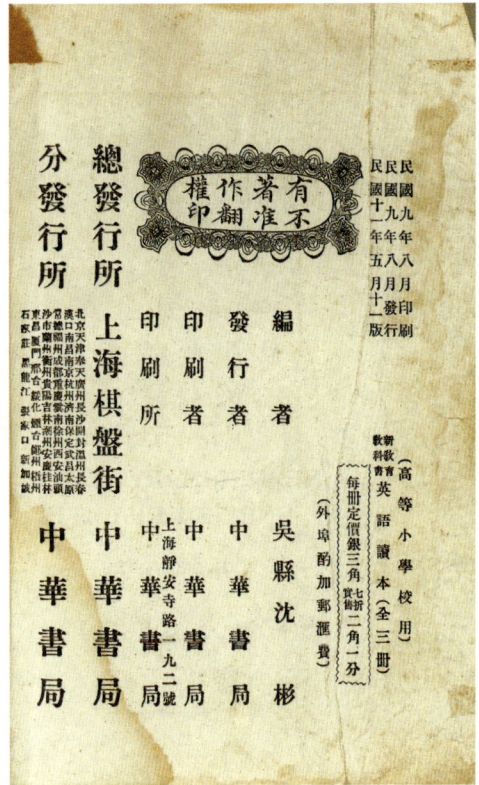

1390　书名：新小学教科书英语读本（新学制适用）

著者：沈彬／编辑

出版印行：中华书局

出版时间：民国十二年（1923）发行　民国十五年（1926）8版

册数：四

 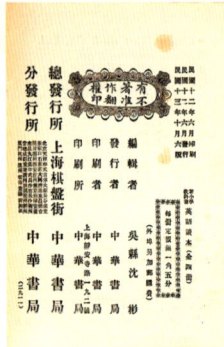  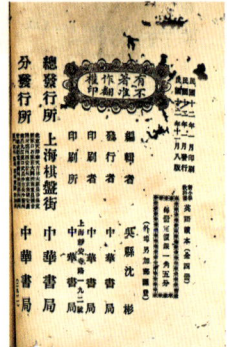

 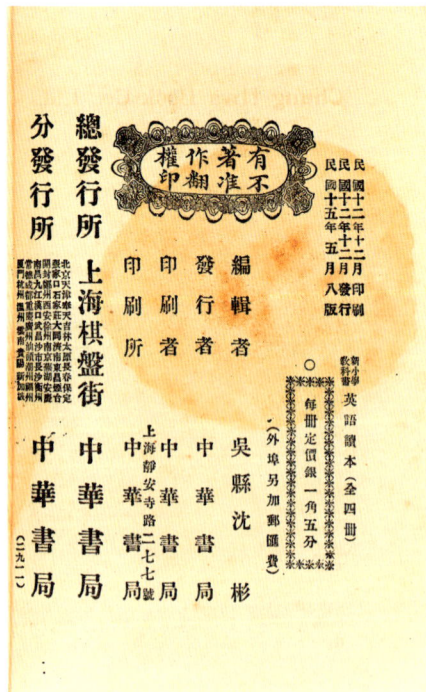

书名：新学制英语教科书（小学校高级用）

著者：周越然／编纂

出版印行：商务印书馆

出版时间：民国十二年（1923）初版　民国二十二年（1933）国难后第26版

册数：不详

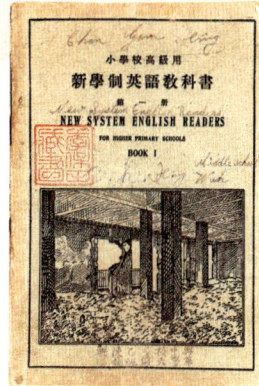

1392 书名：新学制高级小学注音英语教科书

著者：周越然 / 编纂

出版印行：商务印书馆

出版时间：民国十四年（1925）初版　民国二十一年（1932）国难后第4版

册数：不详

新學制高級小學註音英語教科書
第二册
NEW SYSTEM ENGLISH READERS
FOR HIGHER PRIMARY SCHOOLS
BOOK II
EDITION WITH CRAIGIE MARKS

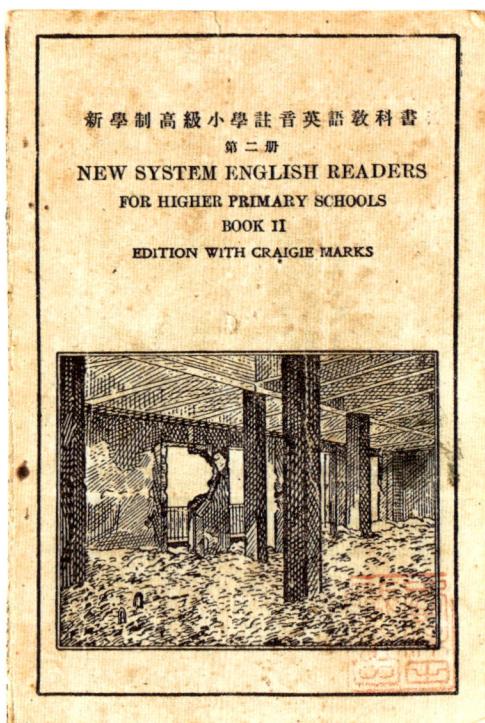

民國二十一年一月二十九日敝公司突遭國難總務處印刷所編譯所書棧房均被炸燬附設之涵芬樓東方圖書館尚公小學亦遭燬及盡付焚如三十五載之經營悉於一旦迭蒙各界慰問惄速隔詞意慇慇衛衡如何籌維館館難處境緩困不敢不勉爲其難因將各書先行覆印其他各書亦將次第出版惟是圖版裝製不能盡如原式事勢所限想荷鑒原諒布下忱統祈·垂詧

上海商務印書館謹啓

有所　[印] 版權

新學制
高級小學　註音英語教科書
第二册定價大洋貳角伍分
（外埠酌加運費匯費）
（一四五八）

編纂者　周越然
印刷兼發行者　上海商務印書館
發行所　上海及各埠　商務印書館

中華民國十四年十月初版
民國二十一年一月國難後第一版
十二月印行國難後第四版

◆二九○五

书名：新学制小学教科书高级英语读本
著者：芮听鱼、平海澜、程伯威 / 编辑　严独鹤、严畹滋 / 校订
出版印行：世界书局
出版时间：民国十四年（1925）初版　民国十四年（1925）再版
册数：二

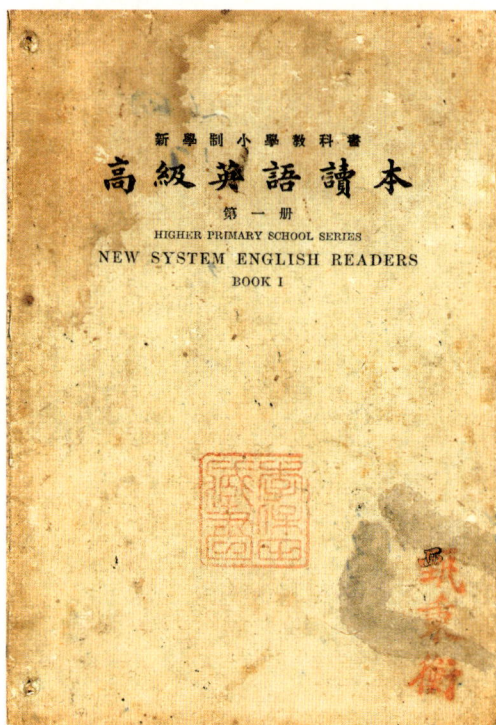

教育部審定

新學制初級小學教科書

初級國語讀本
初級國語教學法
初級國文讀本
初級國文教學法
初級常識課本
初級常識教學法
初級算術課本
初級算術教學法

教育大家貢獻編輯方法
全國小學教師供給教材
完全依照兒童的心理和環境而編成的
教材活潑　學生得課外之樂
教案周詳　教員免預備之勞

八 一至八各二角
五 一至八各四角
八册每册四角
八册每册四角
八册每册一角
八册每册一角
八册每册三角
八册每册三角

HIGHER PRIMARY SCHOOL SERIES
NEW SYSTEM ENGLISH READERS
BOOK I
THE WORLD BOOK CO., LTD.
SHANGHAI, CHINA
All Rights Reserved

中華民國十四年四月初版
中華民國十四年五月再版
新學制高級小學教科書《高級英語讀本一册》
（每册定價洋三角五分）
（外埠另加郵費匯費）

編輯者　芮聽魚　平海瀾　程伯威
校訂者　嚴獨鶴　嚴畹滋
印刷者　世界書局
發行者　世界書局
印刷所　世界書局上海棋盤街中市
總發行所　世界書局上海福州路
分發行所　北京　天津　濟南　煙台　長沙　杭州　常德　溫州　衡州　武昌　奉天　吉林　漢口　廣州　汕頭　南昌　宜昌　太原　徐州

▲此書有著作權翻印必究▼

1394 | 书名：新中华教科书英语课本（小学校高级用）
著者：王祖廉、陆费执／编
出版印行：新国民图书社
出版时间：民国十八年（1929）6版
册数：四

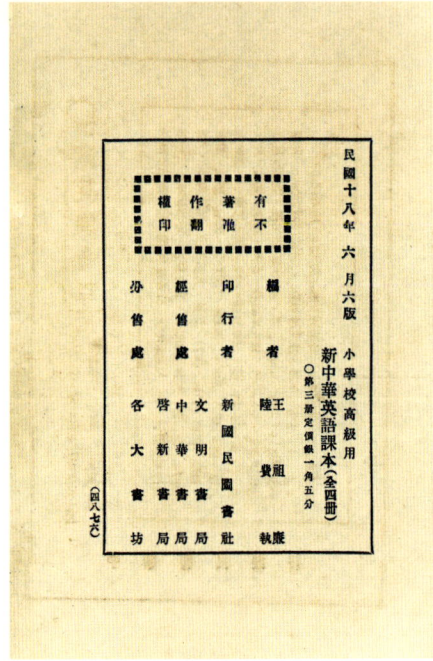

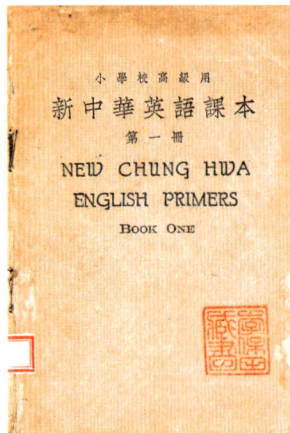

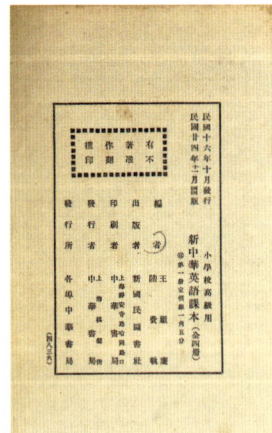

书名：新法英语教科书（高级小学校用）
著者：周越然 / 编
出版印行：商务印书馆
出版时间：民国二十一年（1932）国难后第1版　民国二十八年（1939）国难后第41版
册数：不详

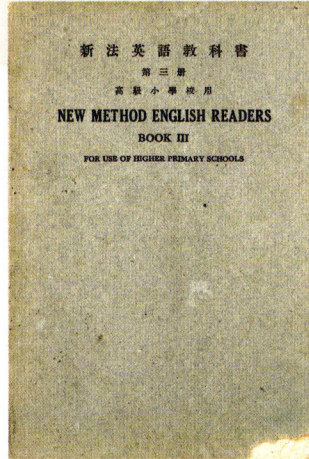

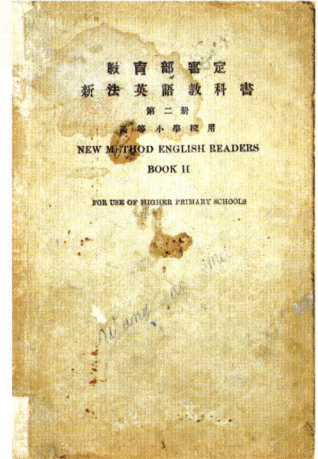

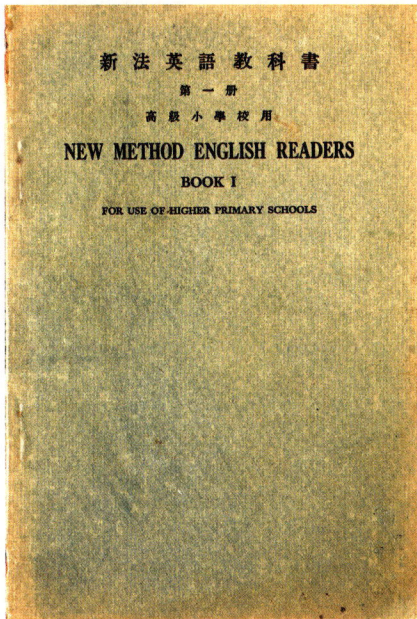

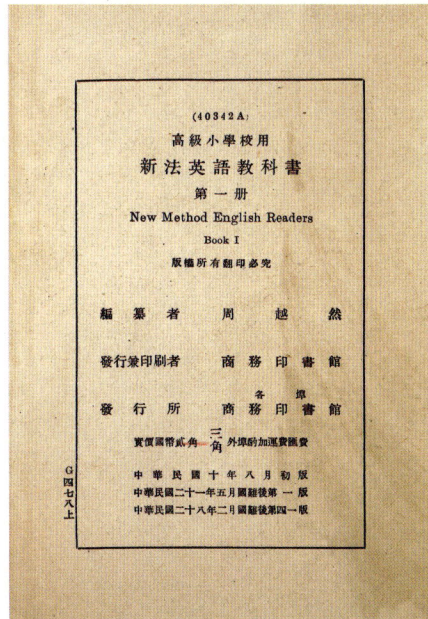

1396 书名：新中华英语课本（小学校高级用）

著者：王祖廉、陆费执 / 编

出版印行：新国民图书社

出版时间：民国廿八年（1939）18版

册数：四

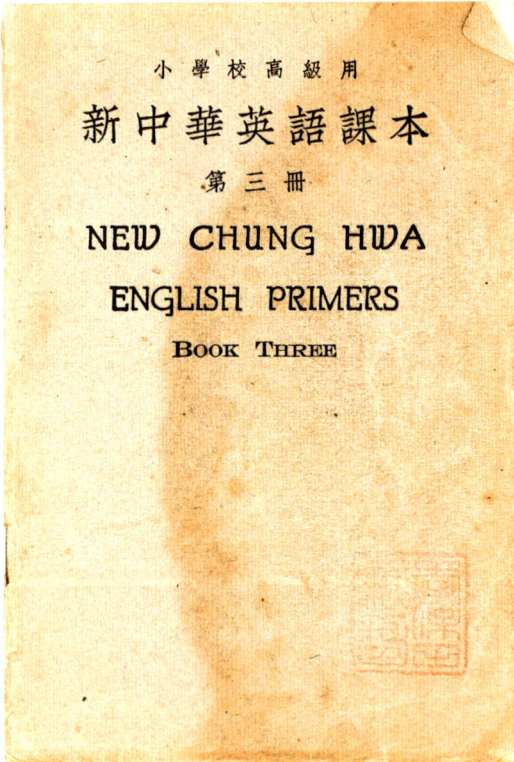

小學校高級用

新中華英語課本
第三冊

NEW CHUNG HWA

ENGLISH PRIMERS

BOOK THREE

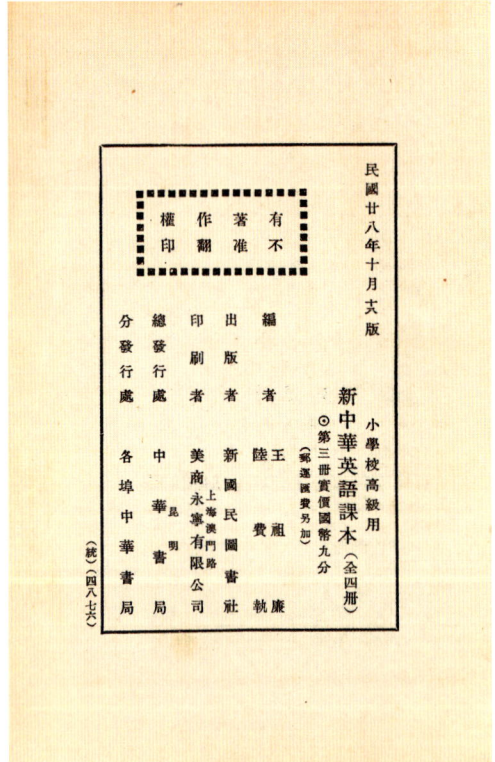

民國廿八年十月大版

小學校高級用

新中華英語課本（全四冊）

⊙ 第三冊實價國幣九分
（郵匯匯費另加）

編著者	王祖廉 陸費執
出版者	新國民圖書社
印刷者	美商永寧有限公司 上海澳門路
總發行處	中華書局 昆明
分發行處	各埠中華書局

（秩）（四八七六）

书名：初级英语读本
著者：商务印书馆编译所/编纂
出版印行：商务印书馆
出版时间：己酉年（1909）初版　民国九年（1920）30版
册数：四

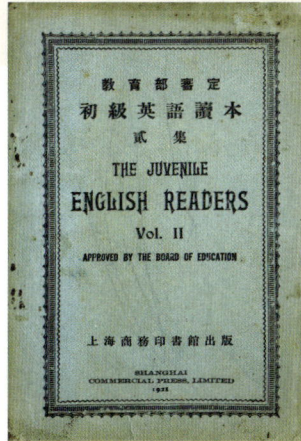

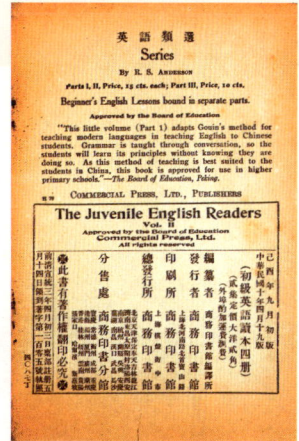

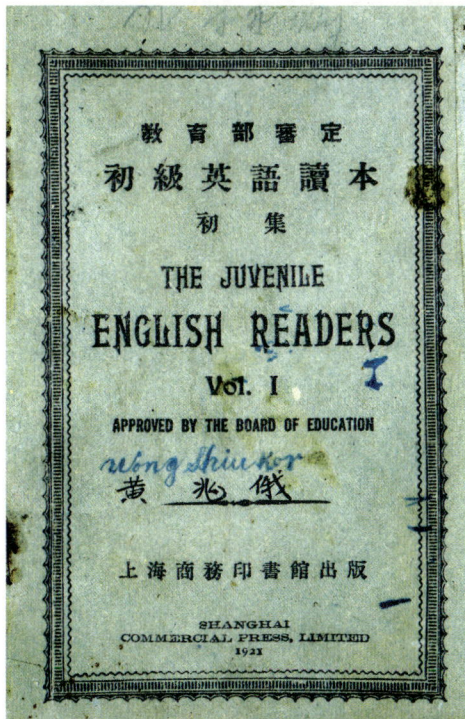

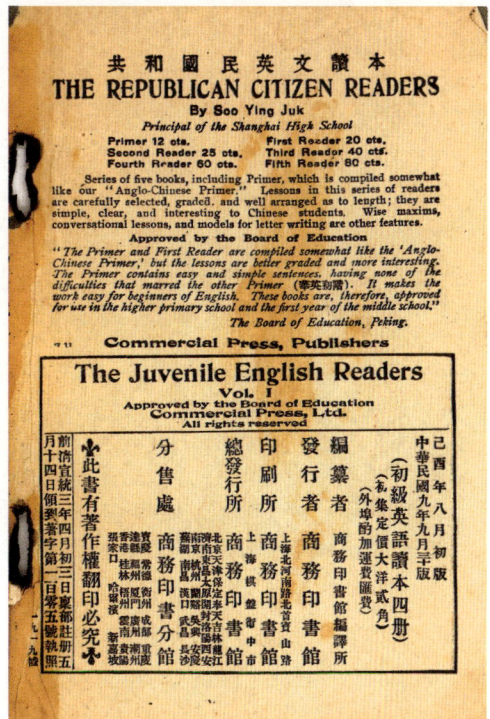

1398　书名：中华中学英文教科书
著者：李登辉、杨锦森 / 编辑
出版印行：中华书局
出版时间：民国二年（1913）4 版
册数：四

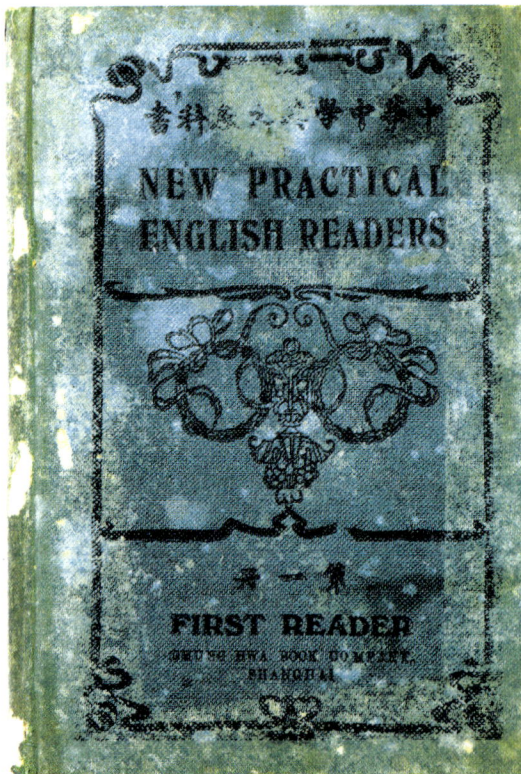

NEW PRACTICAL
ENGLISH READERS

书科教文英學中華中

第一集

FIRST READER

CHUNG HWA BOOK COMPANY,
SHANGHAI

民國二年七月四版

不准翻印

編輯•者　李登輝

印刷者　楊錦森

發行者　中華書局

中華書局

總發行所上海　河南路　拋球場南首路

中華書局

分發行所

北京　南京

廣州　杭州

漢口　天津

南昌　奉天

中華書局

（中華中學英文教科書）全四冊

第一冊定價銀並精裝七六角角

书名：初级英语读音教科书

著者：周越然 / 编纂

出版印行：商务印书馆

出版时间：民国七年（1918）初版　民国十五年（1926）10版

册数：不详

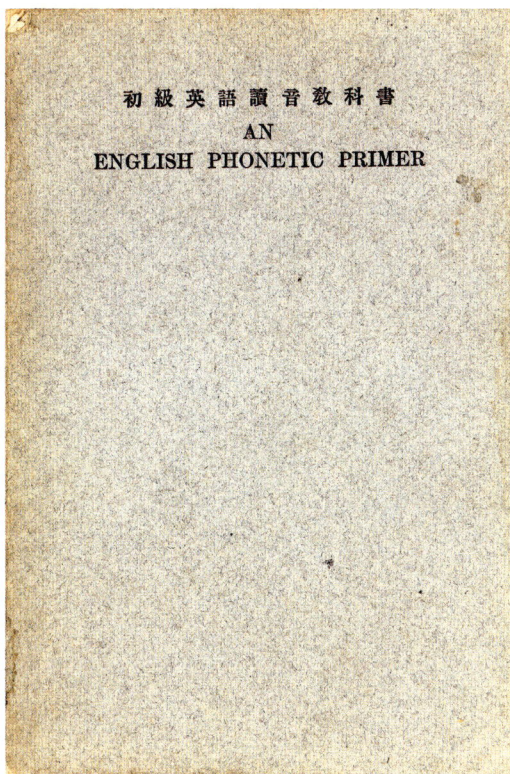

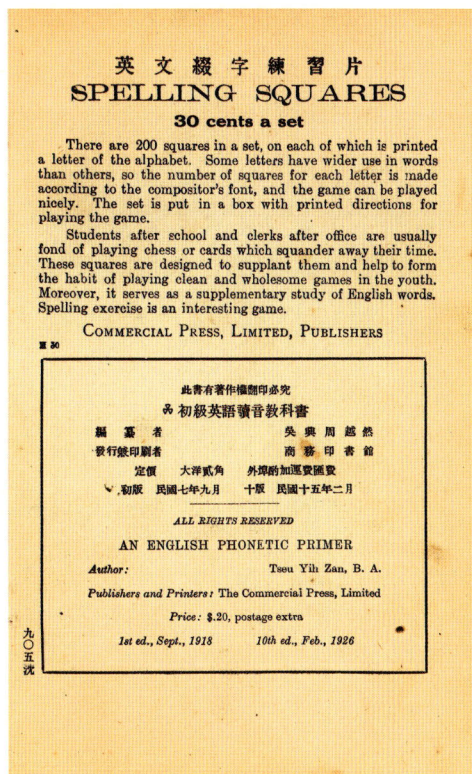

书名：现代初中英语教科书

著者：周越然 / 编纂

出版印行：商务印书馆

出版时间：民国十二年（1923）初版　　民国十六年（1927）42版

册数：三

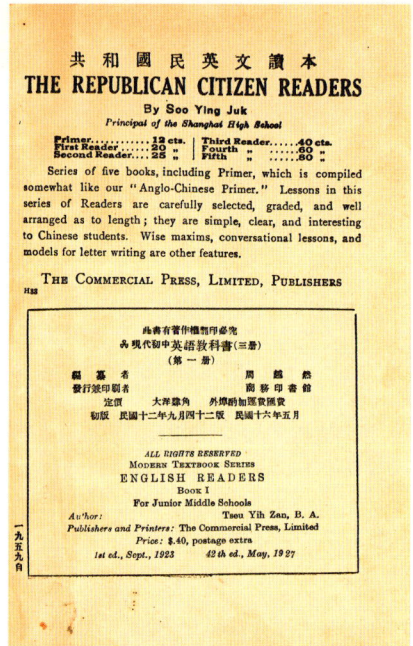

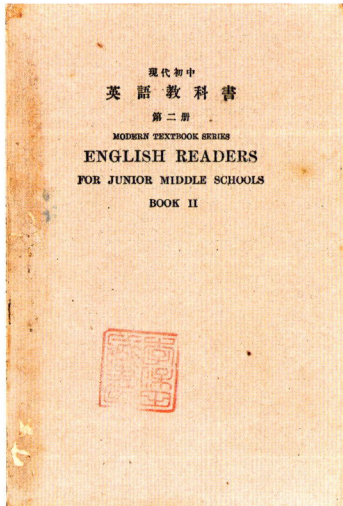

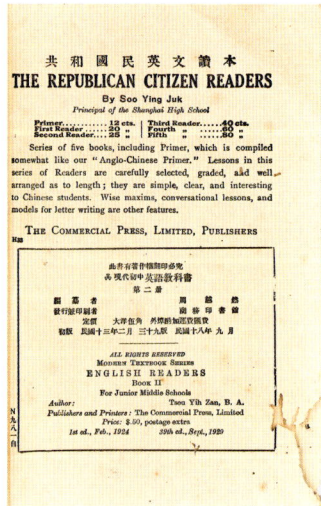

书名：初级英语读本

著者：盛谷人 / 编辑　严独鹤、严畹滋 / 参订

出版印行：世界书局

出版时间：民国十五年（1926）初版　民国廿二年（1933）27 版

册数：二

ELEMENTARY ENGLISH READERS

BOOK 1

初級英語讀本

第一冊

THE WORLD BOOK CO., LTD.
SHANGHAI, CHINA.

世界書局印行

初級英語讀本（全二冊）
賴要授受

編輯者　盛谷人
參訂者　嚴畹滋
　　　　嚴獨鶴
發行兼印刷者　平成集印

初級英語讀本

第一冊

ELEMENTARY ENGLISH READERS

BOOK I

兒童談話

練習口才
增長智識
富有趣味
兒童愛閱

（定價六角）

（訂二厚冊）

世界書局出版

ELEMENTARY ENGLISH READERS

BOOK I

THE WORLD BOOK CO., LTD.

All Rights Reserved

初級英語讀本（全二冊）

（每冊定價銀二角）

（外埠酌加郵費匯費）

編輯者　盛谷人

參訂者　嚴畹滋　嚴獨鶴

印刷者　世界書局

發行所　世界書局

總發行所　上海大連灣路四馬路　世界書局

分發行所　北平　天津　太原　濟南　南昌　漢口　長沙　衡州　南京　鎮江　重慶　廣州　杭州　無錫　廈門　溫州　蘇州　徐州　潮州　汕頭　燕湖　梧州　開封　世界書局

▲此書有著作權翻印必究▼

中華民國十五年四月初版

中華民國廿二年一月定版

1402 | 书名：英文中学植物学教科书
著者：威廉兹／编纂
出版印行：商务印书馆
出版时间：民国二十年（1931）初版
册数：不详

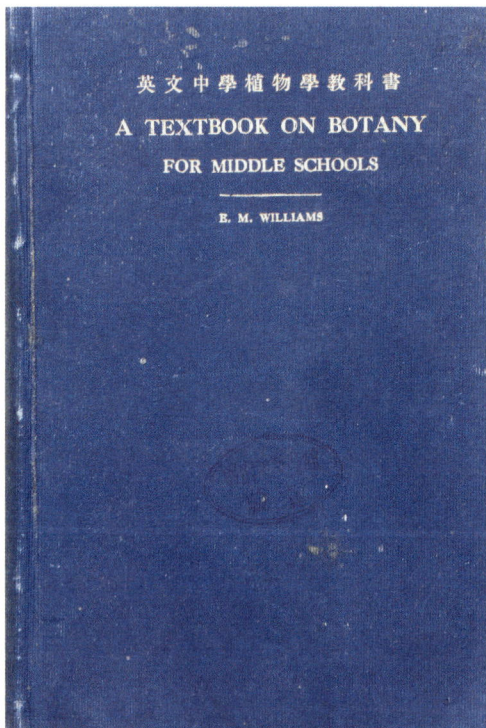

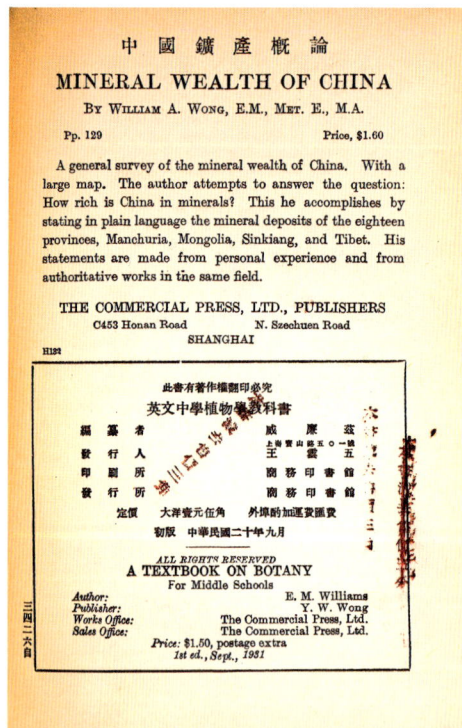

书名：国民英语读本（初级中学学生用）

1403

著者：陆步青 / 编著

出版印行：世界书局

出版时间：民国二十一年（1932）4 版

册数：六

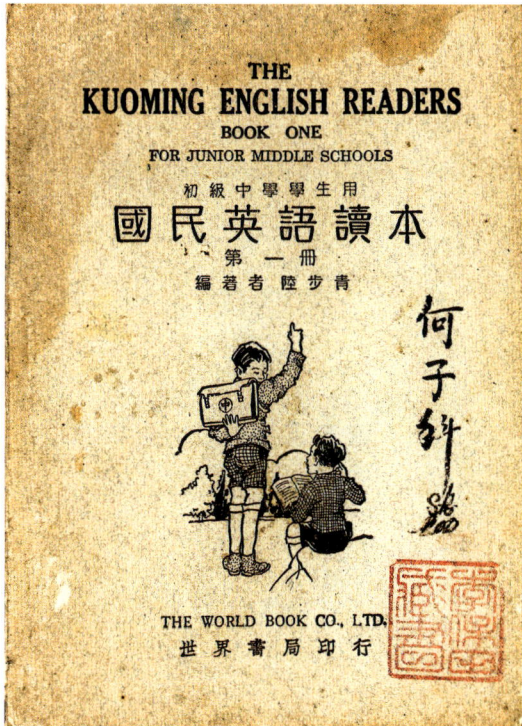

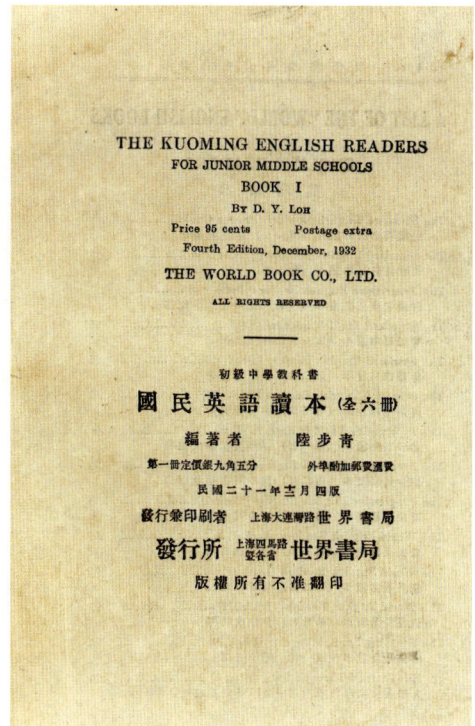

1404　书名：世界英语读本（初级中学学生用）
　　　著者：黄梁就明 / 编著
　　　出版印行：世界书局
　　　出版时间：民国廿二年（1933）6版
　　　册数：三

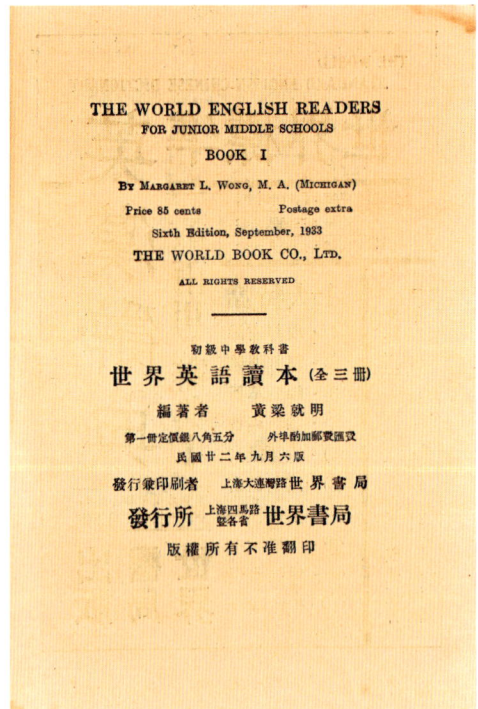

书名：初中英语读本（新课程标准适用）

著者：李唯建 / 编　舒新城、金兆梓 / 校

出版印行：中华书局

出版时间：民国二十三年（1934）再版

册数：六

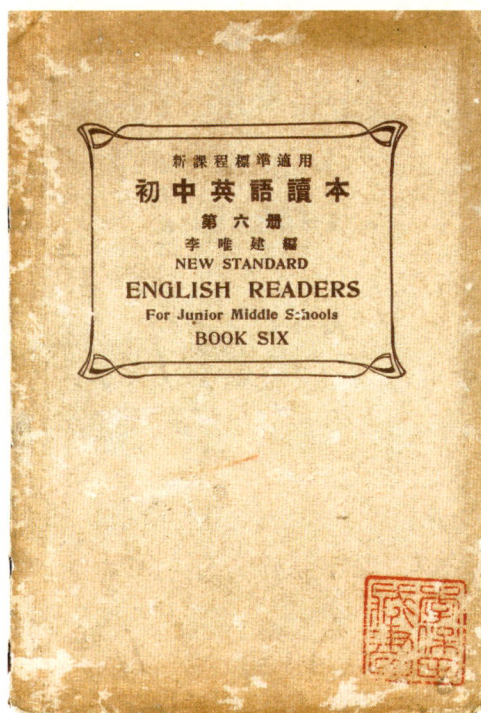

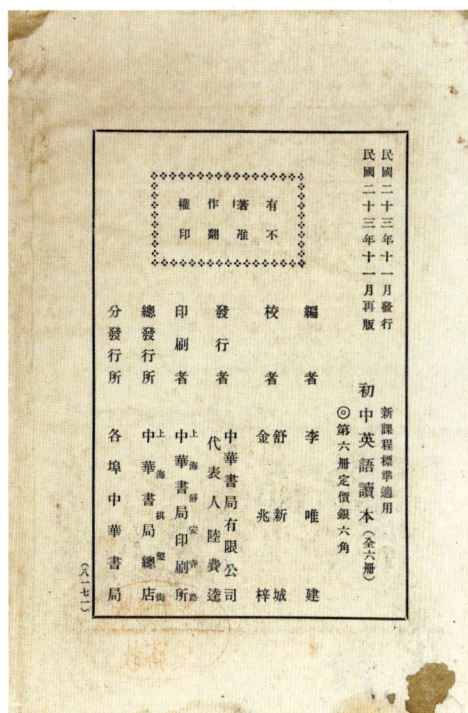

新課程標準適用

初中英語讀本

第 六 冊

李唯建編

NEW STANDARD

ENGLISH READERS

For Junior Middle Schools

BOOK SIX

民國二十三年十一月發行

民國二十三年十一月再版

新課程標準適用

初中英語讀本（全六冊）

◎第六冊定價銀六角

有著作權 不准翻印

編著者　　李唯建

校著者　　舒新城　金兆梓

發行者　　中華書局有限公司 代表人陸費達

印刷者　　中華書局印刷所 上海靜安寺路

總發行所　中華書局總店 上海河南路

分發行所　各埠中華書局

（七一八）

1406 书名：开明英文讲义

著者：林语堂、林幽 / 合编

出版印行：开明函授学校 / 出版　开明书店 / 印行

出版时间：民国廿四年（1935）初版　民国廿七年（1938）3 版

册数：不详

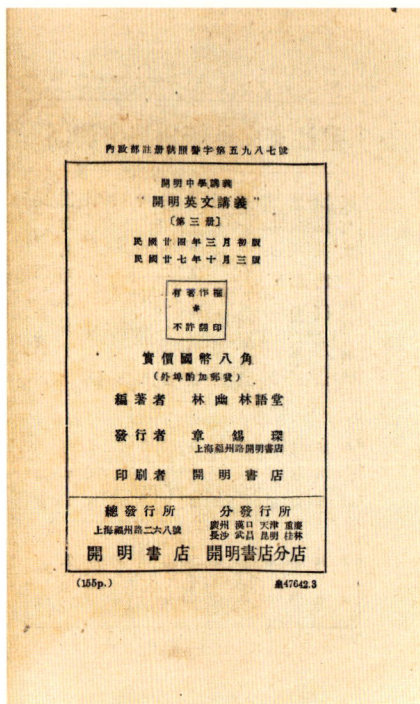

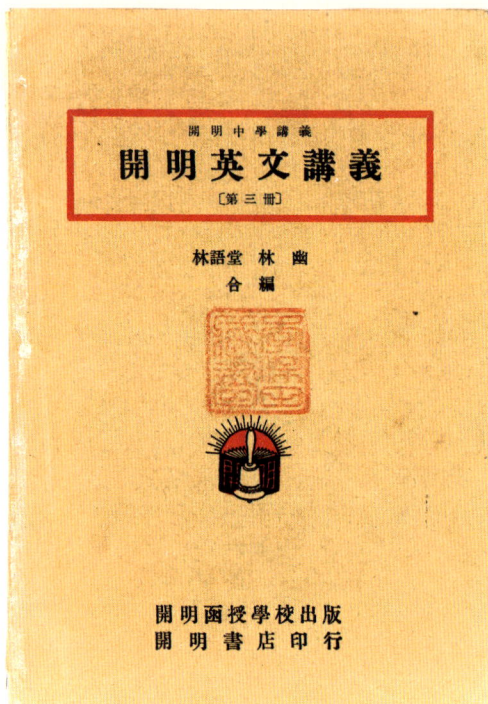

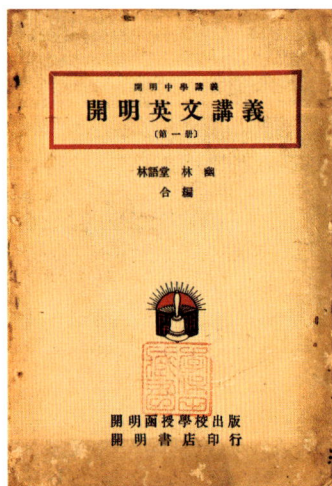

书名：标准英语（初中适用）

著者：林汉达 / 编著　庞亦鹏 / 绘图

出版印行：世界书局

出版时间：民国二十四年（1935）修正7版

册数：三

THE STANDARD ENGLISH

FOR JUNIOR MIDDLE SCHOOLS

BOOK I

初中適用

標準英語

第一冊

林漢達編著

上海世界書局印行

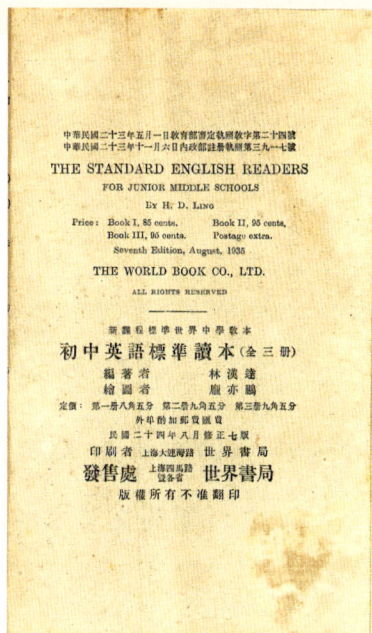

中華民國二十三年五月一日教育部審定執照教字第二十四號
中華民國二十三年十一月六日內政部註册執照第三九一七號

THE STANDARD ENGLISH READERS

FOR JUNIOR MIDDLE SCHOOLS

By H. D. LING

Price: Book I, 85 cents.　Book II, 95 cents.
Book III, 95 cents.　Postage extra.

Seventh Edition, August, 1935.

THE WORLD BOOK CO., LTD.

ALL RIGHTS RESERVED

新課程標準世界中學教本

初中英語標準讀本（全三冊）

編著者　林漢達

繪圖者　龐亦鵬

定價：第一冊八角五分　第二冊九角五分　第三冊九角五分

外埠酌加郵費滙費

民國二十四年八月修正七版

印刷者　上海大連灣路　世界書局

發售處　上海四馬路　世界書局

版權所有不准翻印

民國二十年四月教育部審定

THE STANDARD ENGLISH READERS

BOOK TWO

初級中學學生用

英語標準讀本

第二冊

林漢達編著

上海世界書局印行

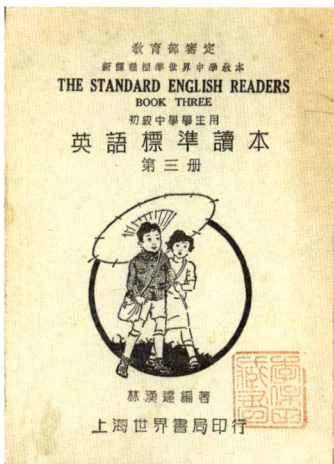

教育部審定

新課程標準世界中學敎本

THE STANDARD ENGLISH READERS

BOOK THREE

初級中學學生用

英語標準讀本

第三冊

林漢達編著

上海世界書局印行

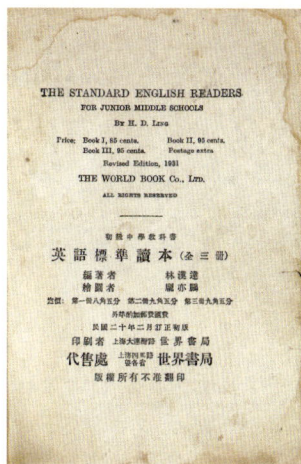

THE STANDARD ENGLISH READERS

FOR JUNIOR MIDDLE SCHOOLS

By H. D. LING

Price: Book I, 85 cents.　Book II, 95 cents.
Book III, 95 cents.　Postage extra.

Revised Edition, 1931.

THE WORLD BOOK CO., LTD.

ALL RIGHTS RESERVED

初級中學敎科書

英語標準讀本（全三冊）

編著者　林漢達

繪圖者　龐亦鵬

定價：第一冊八角五分　第二冊九角五分　第三冊九角五分

外埠酌加郵費滙費

民國二十年二月訂正制版

印刷處　上海大連灣路　世界書局

代售處　上海四馬路　世界書局

版權所有不准翻印

1408　书名：六百个英文基本成语（初中学生文库）
著者：桂绍旴 / 编
出版印行：中华书局
出版时间：民国二十四年（1935）发行　民国二十七年（1938）4 版
册数：一

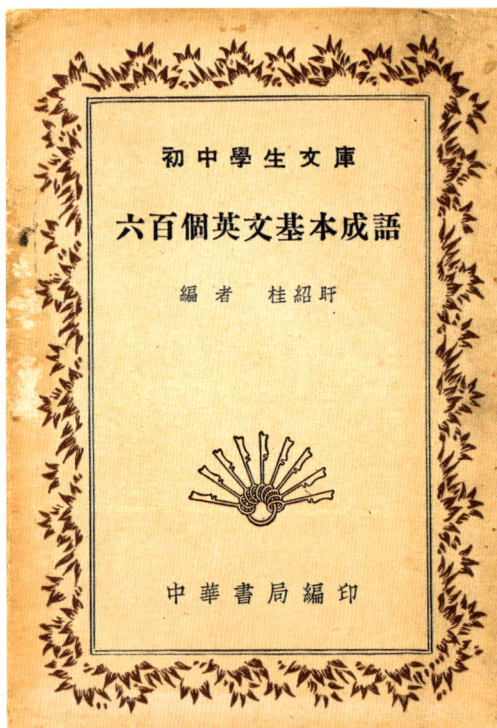

初中學生文庫

六百個英文基本成語

編者　桂紹旴

中華書局編印

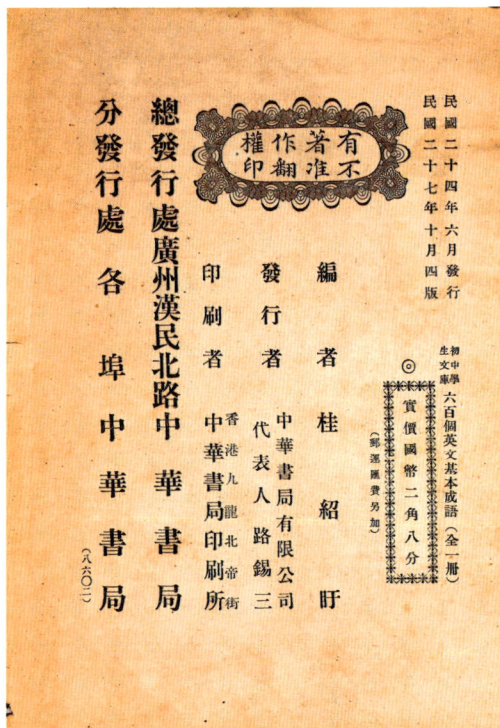

民國二十四年六月發行
民國二十七年十月四版

有著作權不准翻印

編　著　桂紹旴

發行者　中華書局有限公司
代表人路錫三

印刷者　香港九龍北帝街
中華書局印刷所

總發行處廣州漢民北路中華書局

分發行處各埠中華書局

（八六〇二）

初中學生文庫
六百個英文基本成語（全一冊）

實價國幣二角八分
（郵運匯費另加）

书名：初级中学英语

著者：陆殿扬 / 编著

出版印行：正中书局

出版时间：民国二十五年（1936）初版

册数：六

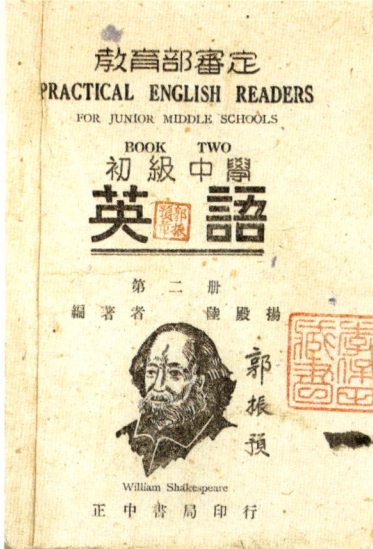

书名：开明第一英文读本（初级中学学生用）　　书名：开明第二英文读本（初级中学学生用）

著者：林语堂／编著　　　　　　　　　　　著者：林语堂／编著

出版印行：开明书店　　　　　　　　　　　出版印行：开明书店

出版时间：不详　　　　　　　　　　　　　出版时间：民国廿六年（1937）初版

册数：一　　　　　　　　　　　　　　　　　　　　　　民国卅六年（1947）20版

　　　　　　　　　　　　　　　　　　　　　册数：一

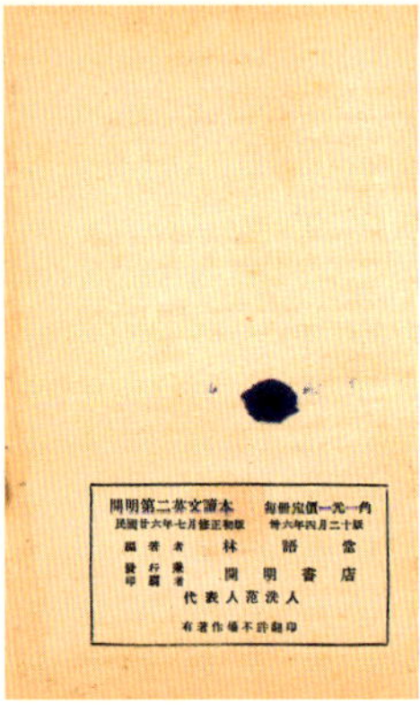

书名：开明第三英文读本（初级中学学生用）

著者：林语堂／编著

出版印行：开明书店

出版时间：民国廿六年（1937）修正初版　民国卅五年（1946）15版

册数：一

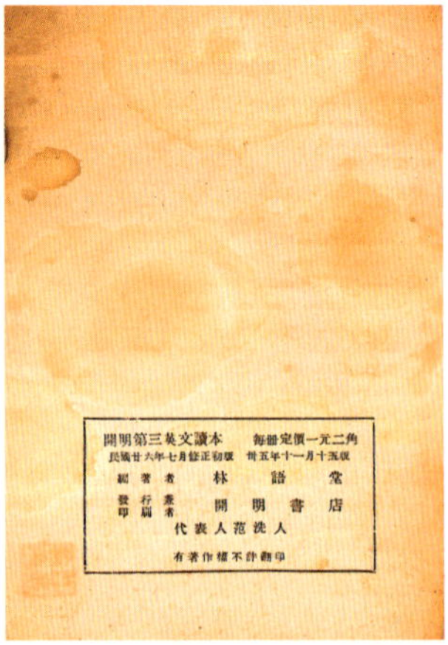

书名：初中新英语（根据修正课程标准新编）
著者：林汉达 / 编著　庞亦鹏 / 绘图
出版印行：世界书局
出版时间：民国二十六年（1937）改编　民国卅八年（1949）重排新6版
册数：三
备注：原名《英语标准读本》。

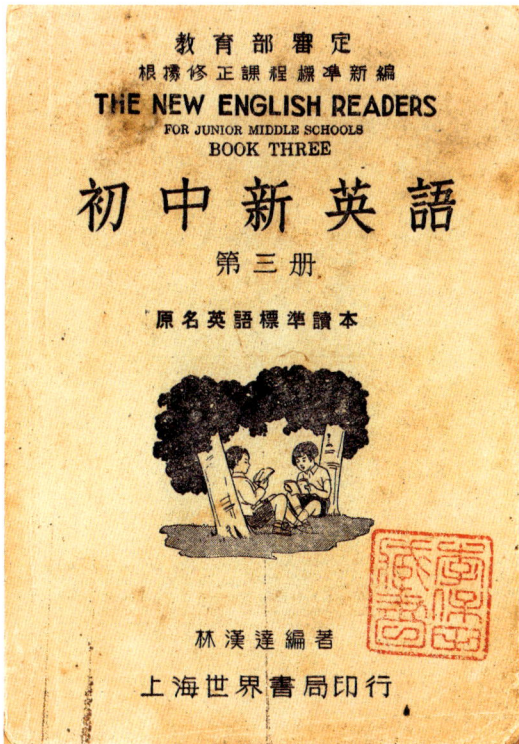

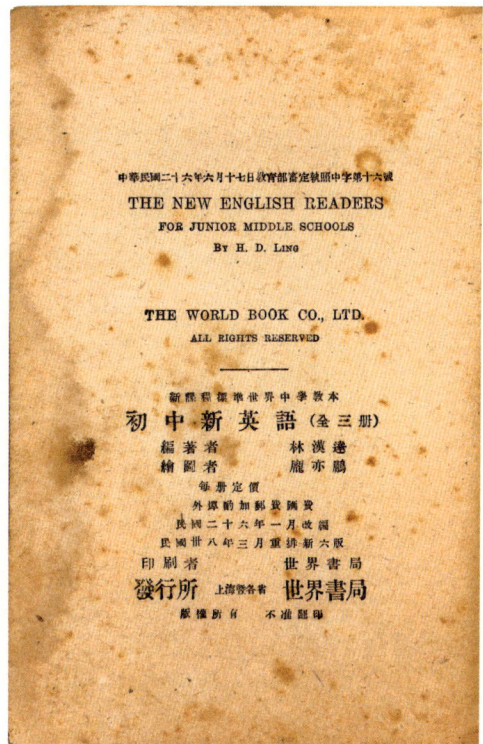

教育部審定
根據修正課程標準新編
THE NEW ENGLISH READERS
FOR JUNIOR MIDDLE SCHOOLS
BOOK THREE

初中新英語

第三册

原名英語標準讀本

林漢達編著

上海世界書局印行

中華民國二十六年六月十七日教育部審定轉照中學第十六課
THE NEW ENGLISH READERS
FOR JUNIOR MIDDLE SCHOOLS
BY H. D. LING

THE WORLD BOOK CO., LTD.
ALL RIGHTS RESERVED

新課程標準世界中學教本
初中新英語（全三册）

編著者　　　　林漢達
繪圖者　　　　龐亦鵬

每册定價
外埠酌加郵費匯費
民國二十六年一月改編
民國卅八年三月重排新六版

印刷者　　　　世界書局

發行所　上海暨各埠　世界書局

版權所有　不准翻印

1412 书名：综合英语课本（初级中学用）

著者：王云五、李泽珍 / 编纂

出版印行：商务印书馆

出版时间：民国二十七年（1938）修订初版　民国三十五年（1946）修订83版

册数：六

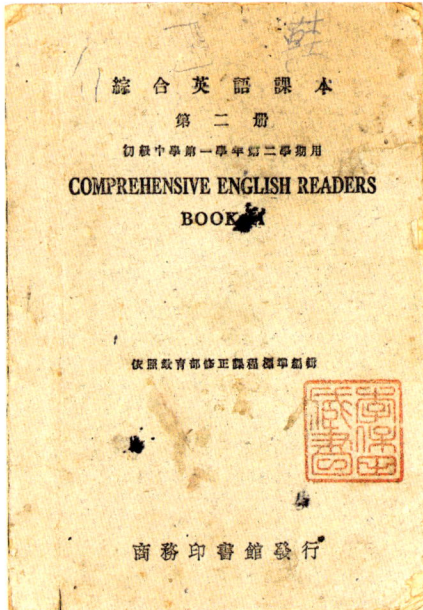

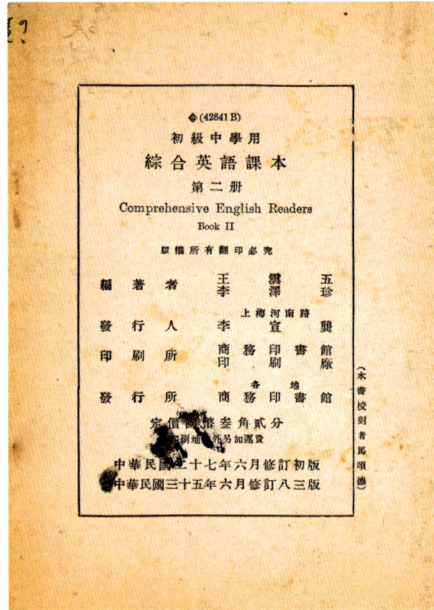

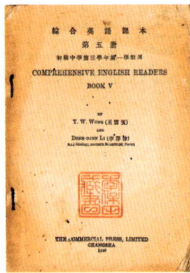
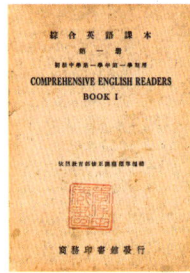

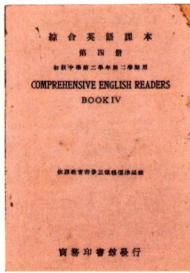
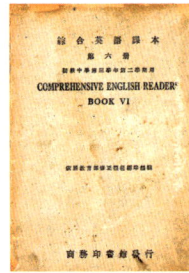

书名：初学英语读本
著者：江大湧
出版印行：老德和昶
出版时间：民国三十四年（1945）印刷
册数：不详

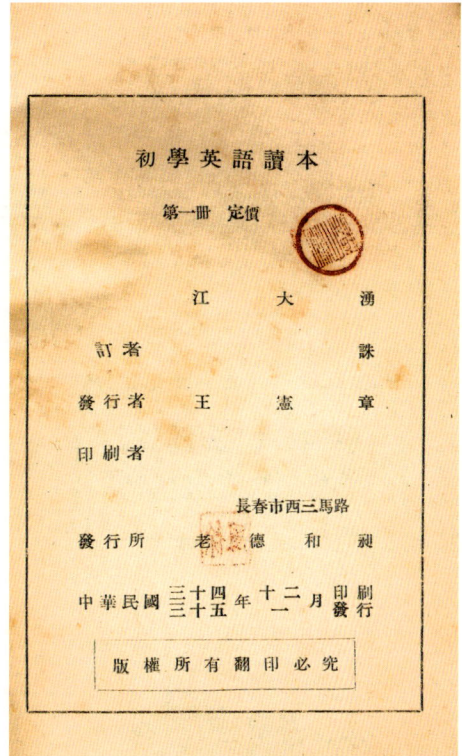

1414 　书名：初中英语读本（修正课程标准适用）
　　　　著者：李唯建、张慎伯 / 编　金兆梓、舒新城 / 校
　　　　出版印行：中华书局
　　　　出版时间：民国三十五年（1946）51版
　　　　册数：六

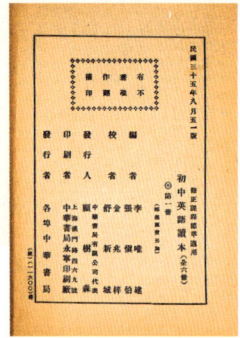

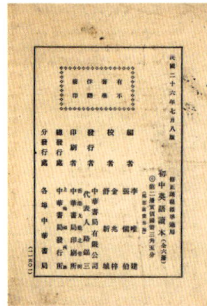

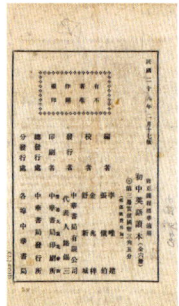

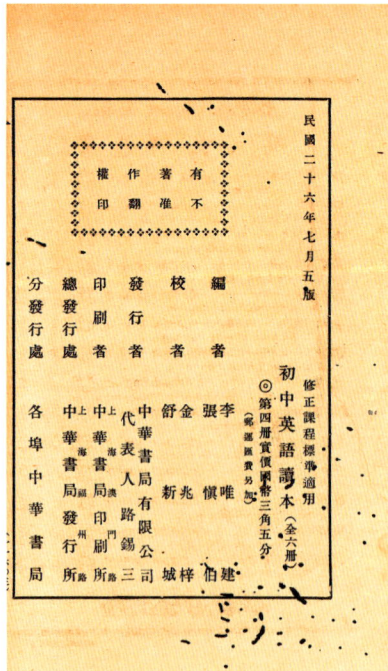

書名：新课程标准世界中学教本初中活用英语读本　　　　　　1415
著者：詹文浒／编著
出版印行：世界书局
出版时间：民国三十七年（1948）新8版
册数：不详

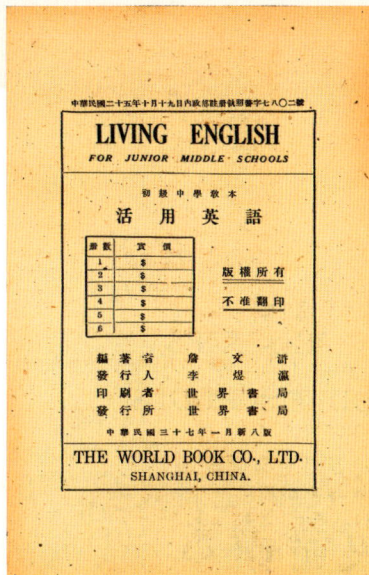

書名：小学补充教材活用英语
著者：詹文浒／编著
出版印行：世界书局
出版时间：不详
册数：八

书名：新课程标准世界中学教本高中英语读本

著者：林汉达 / 编著

出版印行：世界书局

出版时间：民国二十四年（1935）修正　民国三十七年（1948）新15版

册数：三

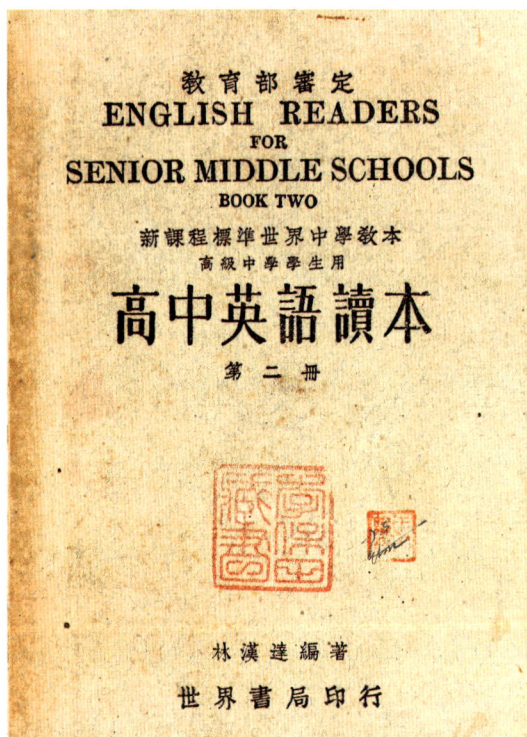

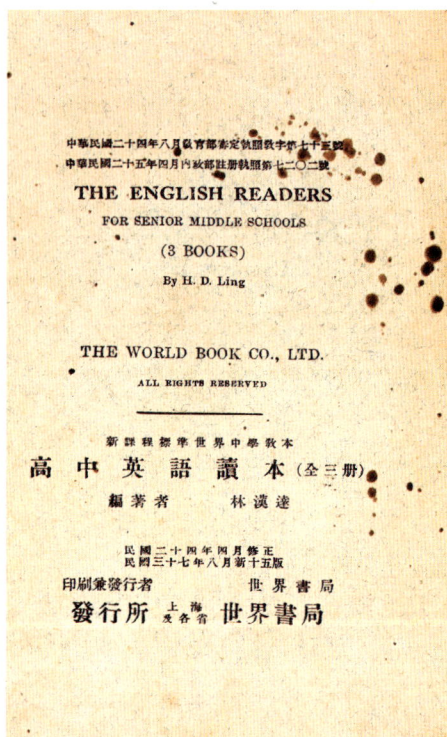

书名：高中综合英语课本

著者：王学文、王学理 / 编著

出版印行：商务印书馆

出版时间：民国二十四年（1935）初版　民国二十六年（1937）订正9版

册数：不详

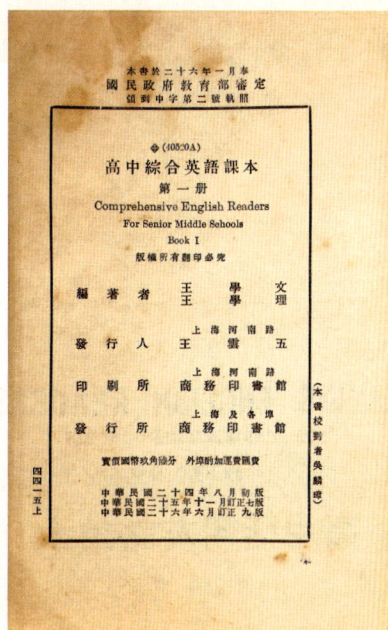

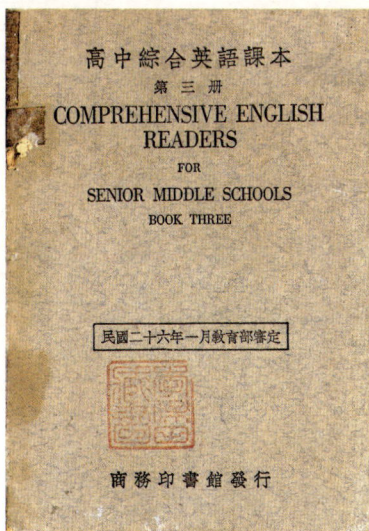

1418　书名：新课程标准世界中学教本高中活用英语读本
著者：詹文浒、邵鸿矗 / 编著
出版印行：世界书局
出版时间：民国二十六年（1937）初版　　民国三十六年（1947）新7版
册数：三

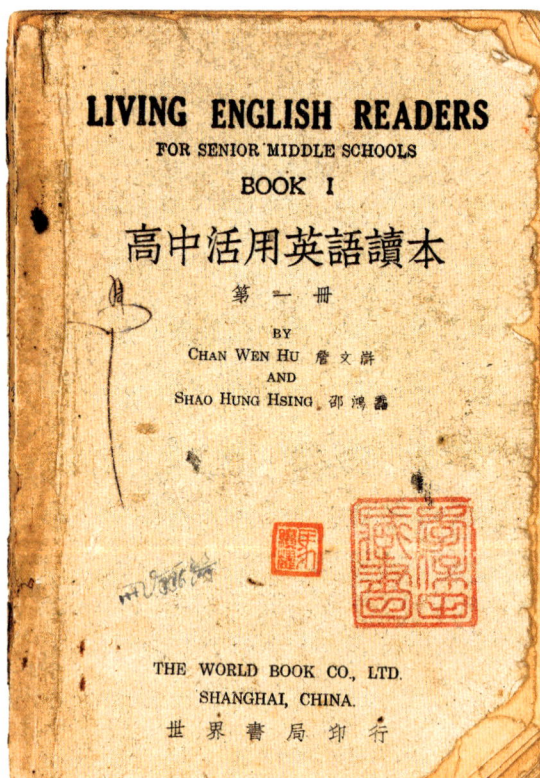

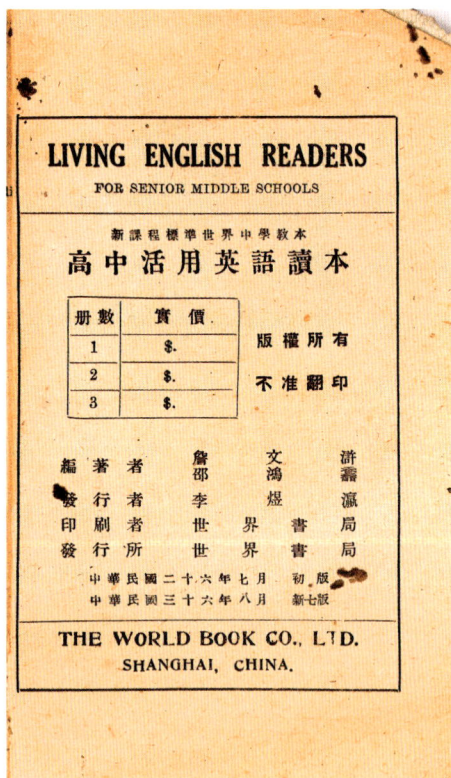

书名：高中英语读本（新课程标准适用）
著者：李儒勉／编著
出版印行：中华书局
出版时间：民国二十七年（1938）10版
册数：三

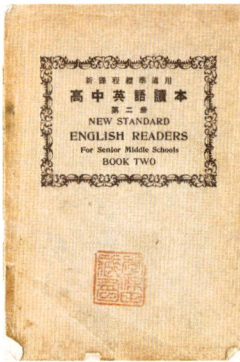

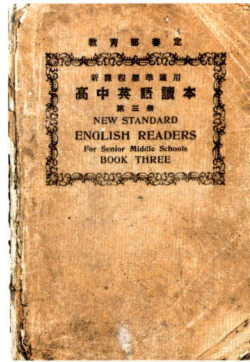
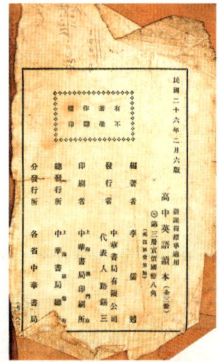

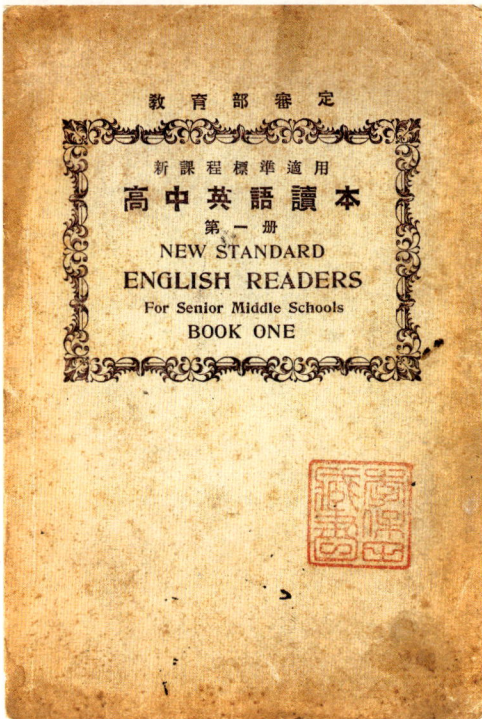
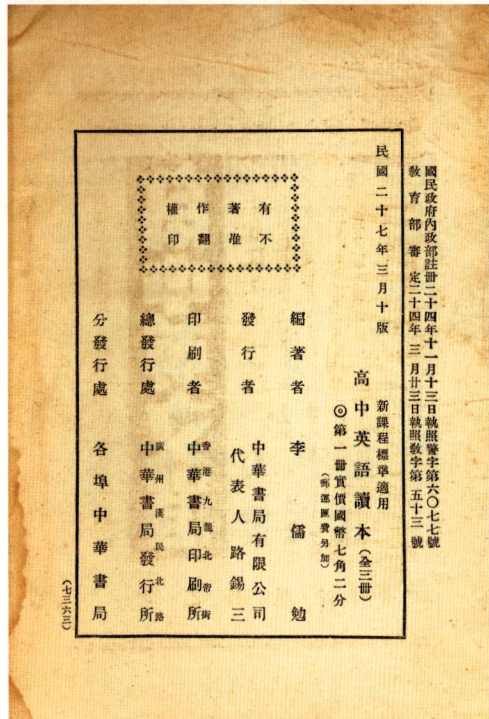

1420

书名：高中建设英语读本

著者：苏颖杰 / 主编　张维新、黄穉澜 / 编纂

出版印行：上海书店

出版时间：民国三十年（1941）初版

册数：不详

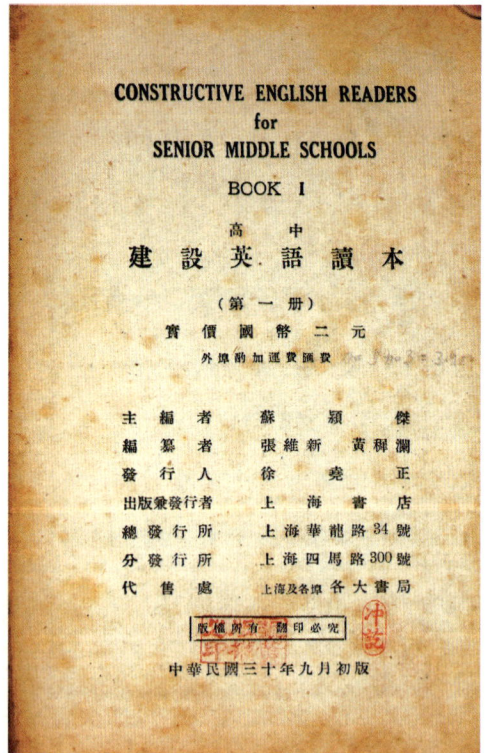

书名：新中国教科书高级中学英语
著者：林天兰 / 编著
出版印行：正中书局
出版时间：民国三十三年（1944）初版　民国三十四年（1945）沪1版
册数：不详

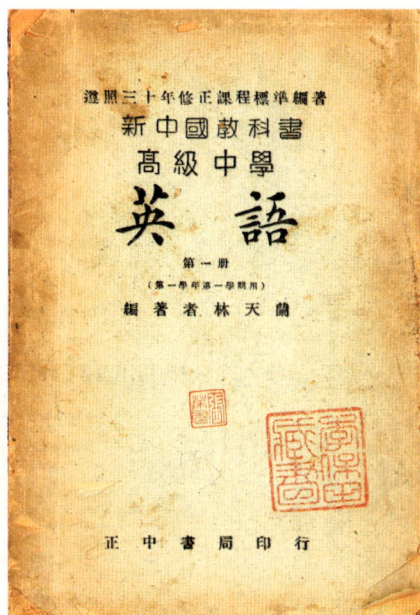
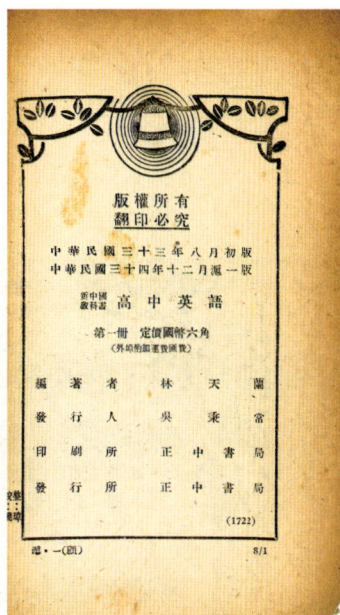
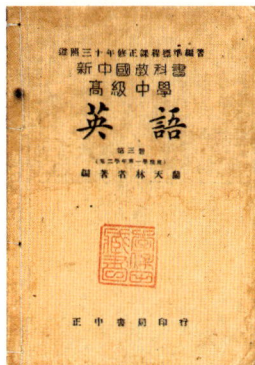

1422 | 书名：增广英文法教科书
著者：G.L.Kittredge S.L. Arnold/ 原著　徐铣 / 译订　王蕴章、甘永龙 / 校勘
出版印行：商务印书馆
出版时间：己酉年（1909）初版　民国七年（1918）12版
册数：一

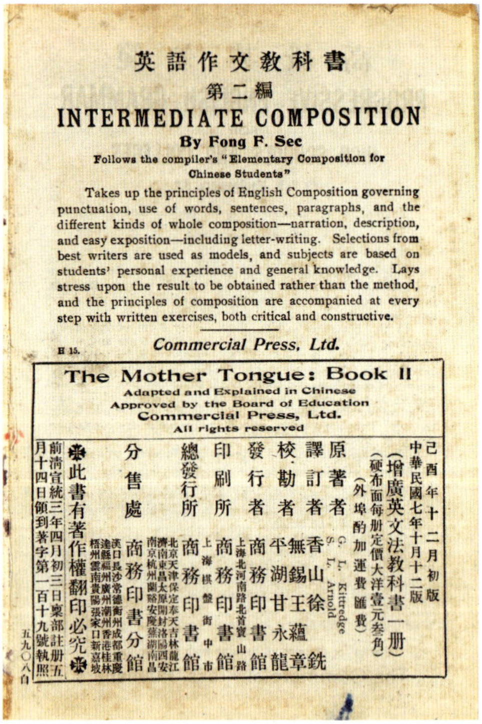

④英文法

教育部審定
增廣英文法教科書
附華文釋義

THE MOTHER TONGUE

BOOK II

REVISED EDITION

ADAPTED
AND
EXPLAINED IN CHINESE

Approved by the Board of Education

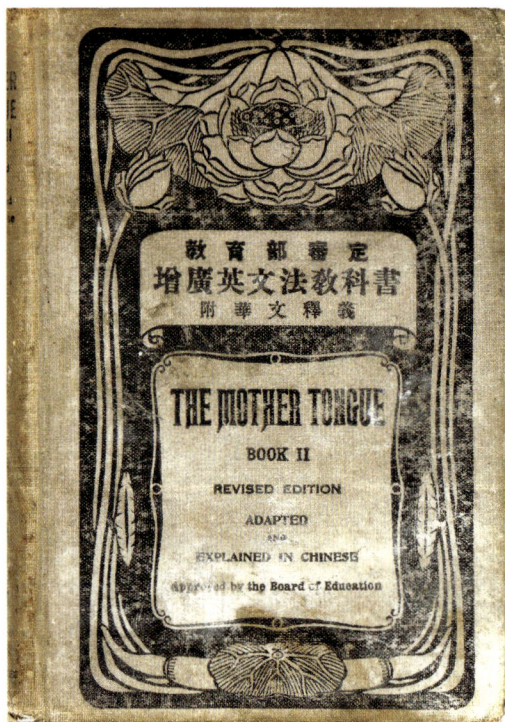

英 語 作 文 教 科 書
第 二 編
INTERMEDIATE COMPOSITION
By Fong F. Sec
Follows the compiler's "Elementary Composition for Chinese Students"

Takes up the principles of English Composition governing punctuation, use of words, sentences, paragraphs, and the different kinds of whole composition—narration, description, and easy exposition—including letter-writing. Selections from best writers are used as models, and subjects are based on students' personal experience and general knowledge. Lays stress upon the result to be obtained rather than the method, and the principles of composition are accompanied at every step with written exercises, both critical and constructive.

Commercial Press, Ltd.

H 15.

The Mother Tongue: Book II
Adapted and Explained in Chinese
Approved by the Board of Education
Commercial Press, Ltd.
All rights reserved

己酉年十二月初版
中華民國七年十月十二版
（增廣英文法教科書一冊）
（硬布面每冊定價大洋壹元叁角
（外埠酌加運費匯費）

原著　G. L. Kittredge S. L. Arnold
譯訂　香山徐　銑
校勘　無錫王蘊章
　　　平湖甘永龍
總發行所　上海棋盤街中市　商務印書館
發行所　北京天津保定奉天營口濟南開封漢口長沙太原西安南京杭州常德衢州安慶南昌成都廣州梧州潮州桂林南寧張家口嘉峪關香港福州吉林龍江　商務印書館分館
印刷所　上海　商務印書館
分售處　商務印書館分館

此書有著作權翻印必究
前清宣統三年四月初三日稟到本部註冊五月十四日領到�字第一百十九號執照
五九〇八〇白

书名：简要英文法教科书

著者：Newsom / 著

出版印行：商务印书馆

出版时间：庚戌年（1910）初版　民国二十六年（1937）国难后第6版

册数：不详

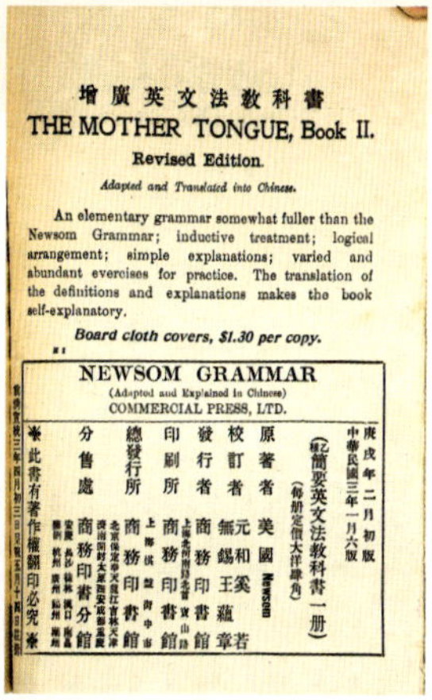

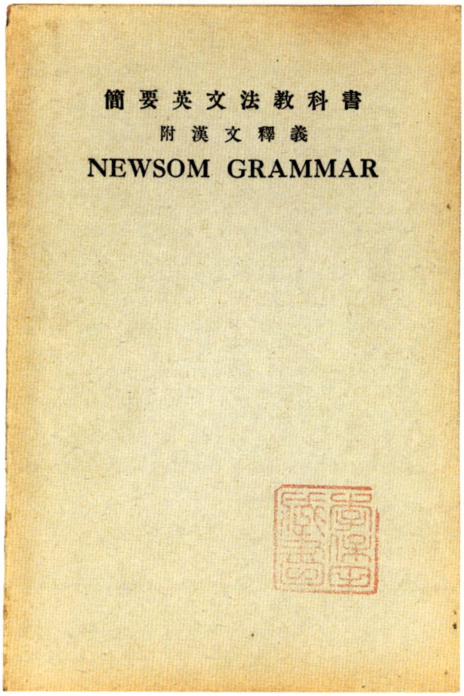

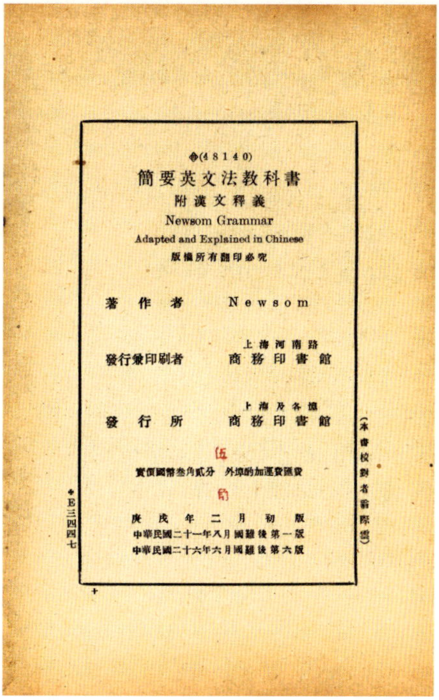

1424 | 书名：英文法程初集
著者：C.D.Tenney，LL.D. / 著
出版印行：麦克米伦出版社
出版时间：1911年
册数：不详

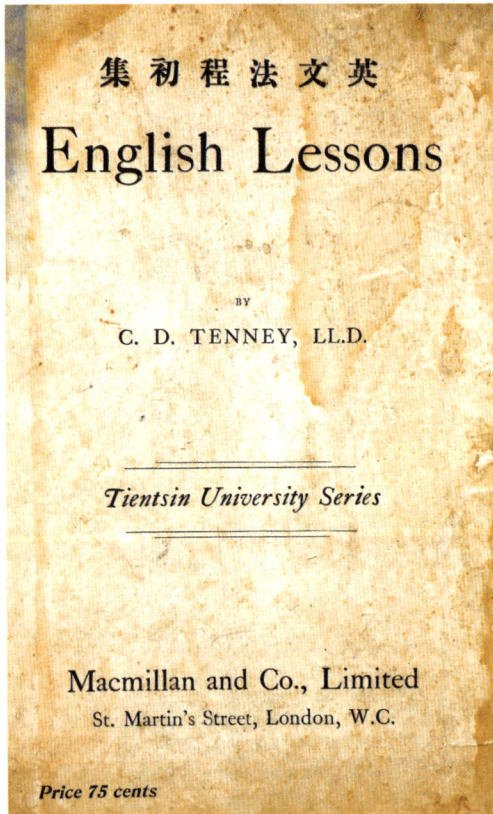

英文程法初集

English Lessons

BY

C. D. TENNEY, LL.D.

Tientsin University Series

Macmillan and Co., Limited

St. Martin's Street, London, W.C.

Price 75 cents

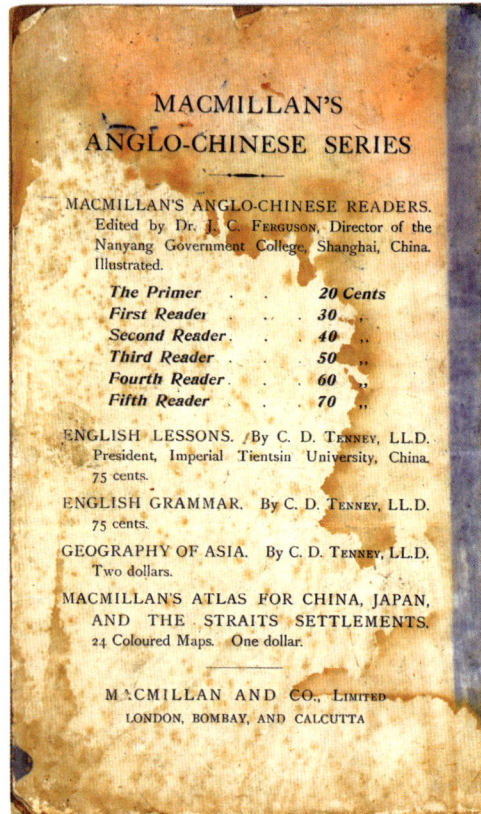

MACMILLAN'S ANGLO-CHINESE SERIES

MACMILLAN'S ANGLO-CHINESE READERS.
Edited by Dr. J. C. Ferguson, Director of the Nanyang Government College, Shanghai, China. Illustrated.

The Primer	20 Cents
First Reader	30 ,,
Second Reader	40 ,,
Third Reader	50 ,,
Fourth Reader	60 ,,
Fifth Reader	70 ,,

ENGLISH LESSONS. By C. D. Tenney, LL.D. President, Imperial Tientsin University, China. 75 cents.

ENGLISH GRAMMAR. By C. D. Tenney, LL.D. 75 cents.

GEOGRAPHY OF ASIA. By C. D. Tenney, LL.D. Two dollars.

MACMILLAN'S ATLAS FOR CHINA, JAPAN, AND THE STRAITS SETTLEMENTS. 24 Coloured Maps. One dollar.

MACMILLAN AND CO., LIMITED
LONDON, BOMBAY, AND CALCUTTA

书名：英文文法易解

著者：温宗尧 / 编纂

出版印行：商务印书馆

出版时间：民国元年（1912）初版　民国十九年（1930）24版

册数：不详

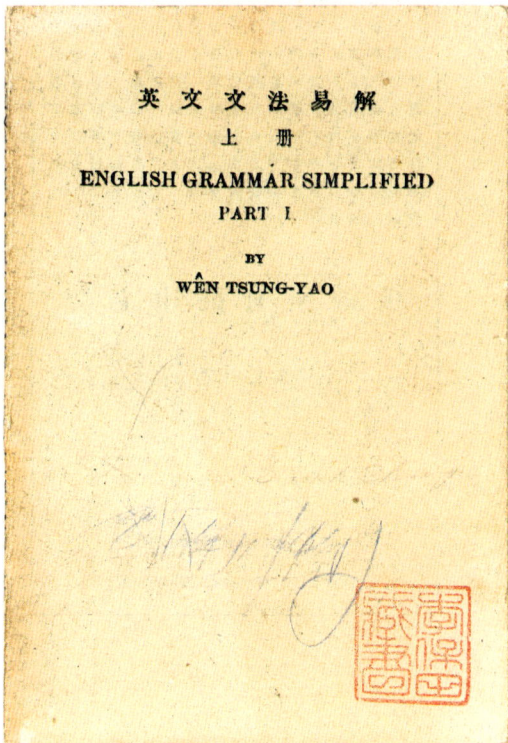

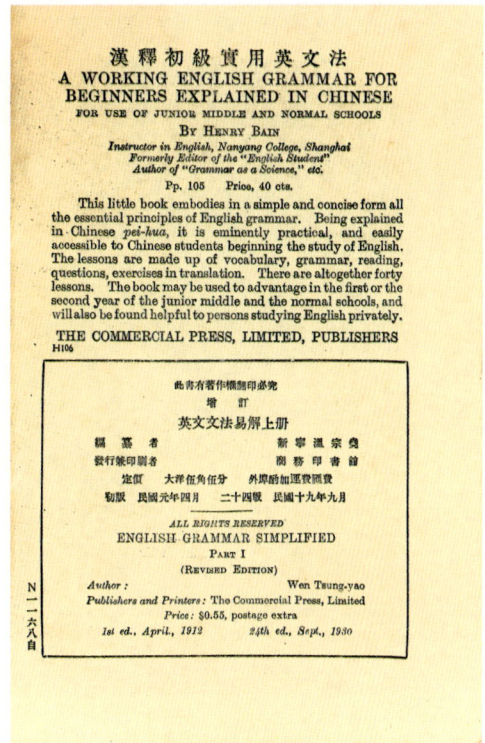

英 文 文 法 易 解

上　册

ENGLISH GRAMMAR SIMPLIFIED

PART I

BY

WÊN TSUNG-YAO

漢 釋 初 級 實 用 英 文 法

A WORKING ENGLISH GRAMMAR FOR
BEGINNERS EXPLAINED IN CHINESE

FOR USE OF JUNIOR MIDDLE AND NORMAL SCHOOLS

BY HENRY BAIN

Instructor in English, Nanyang College, Shanghai
Formerly Editor of the "English Student"
Author of "Grammar as a Science," etc.

Pp. 105   Price, 40 cts.

This little book embodies in a simple and concise form all
the essential principles of English grammar. Being explained
in Chinese *pei-hua*, it is eminently practical, and easily
accessible to Chinese students beginning the study of English.
The lessons are made up of vocabulary, grammar, reading,
questions, exercises in translation. There are altogether forty
lessons. The book may be used to advantage in the first or the
second year of the junior middle and the normal schools, and
will also be found helpful to persons studying English privately.

THE COMMERCIAL PRESS, LIMITED, PUBLISHERS

H106

此書有著作權翻印必究

增　訂

英文文法易解上册

編　纂　者　　　　新寧　溫宗堯
發行兼印刷者　　　　商務印書館
定價　大洋伍角伍分　外埠酌加運費匯費
勒版　民國元年四月　二十四版　民國十九年九月

ALL RIGHTS RESERVED

ENGLISH GRAMMAR SIMPLIFIED

PART I

(REVISED EDITION)

Author :　　　　　　Wen Tsung-yao
Publishers and Printers: The Commercial Press, Limited
Price: $0.55, postage extra

1st ed., April, 1912　　24th ed., Sept., 1930

N
一
一
六
八
白

1426　书名：英文云谓字规范

　　　著者：陈登瀣 / 编纂

　　　出版印行：商务印书馆

　　　出版时间：民国元年（1912）初版　　民国二十二年（1933）国难后第1版

　　　册数：一

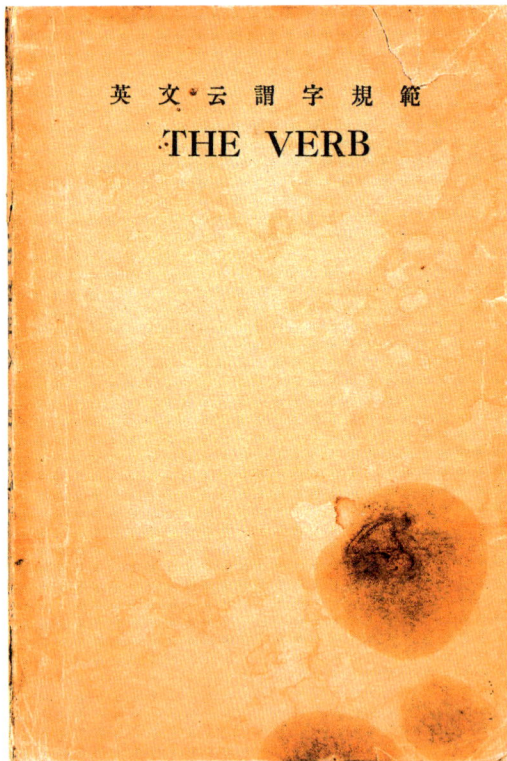

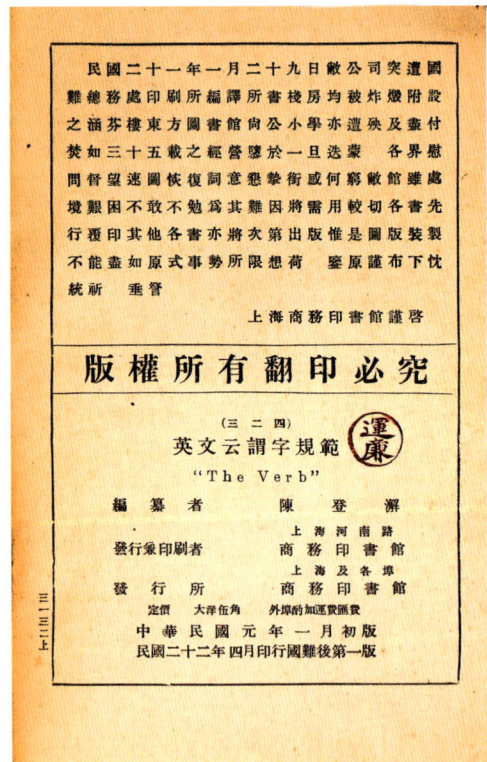

书名：英文法阶梯

著者：邝富灼 / 编著

出版印行：商务印书馆

出版时间：民国二年（1913）初版　民国二十一年（1932）国难后第1版

册数：不详

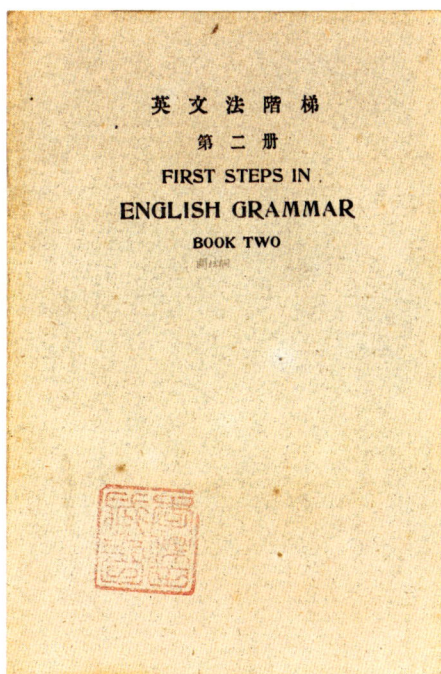

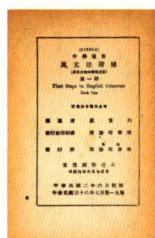

1428 | 书名：共和国教科书中学英文法

著者：邝富灼 / 编纂

出版印行：商务印书馆

出版时间：民国二年（1913）发行　民国十三年（1924）15 版

册数：四

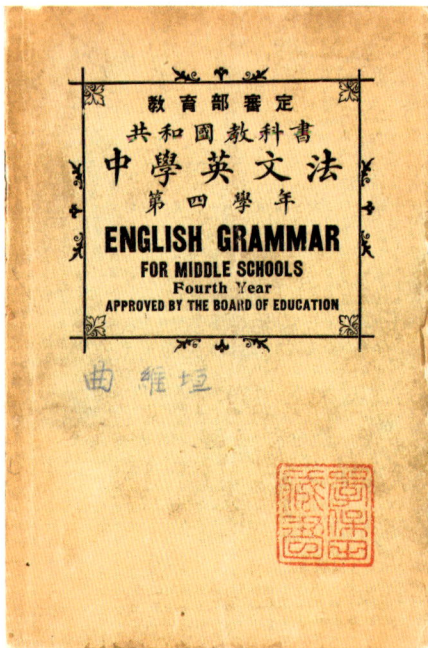

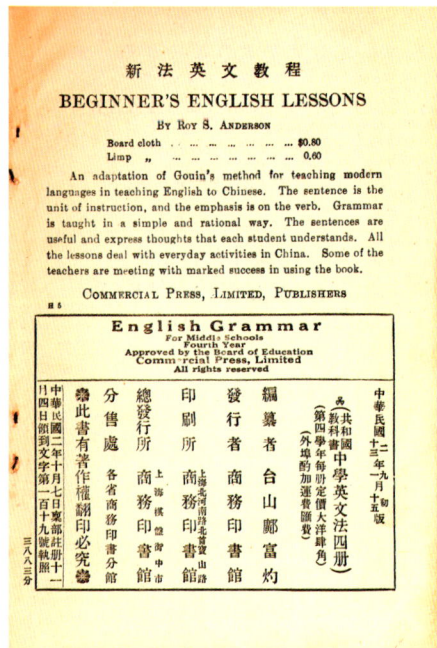

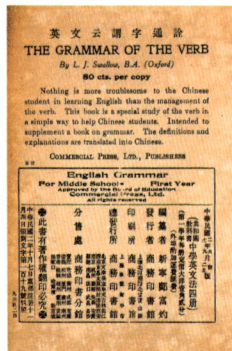

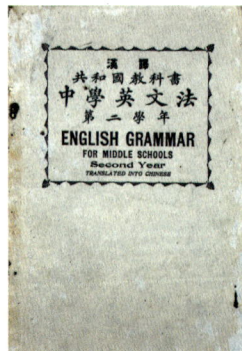

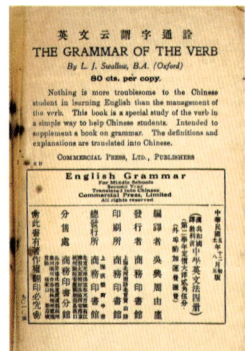

书名：英文造句法

著者：周越然 / 编纂

出版印行：商务印书馆

出版时间：民国三年（1914）初版　民国十五年（1926）16版

册数：一

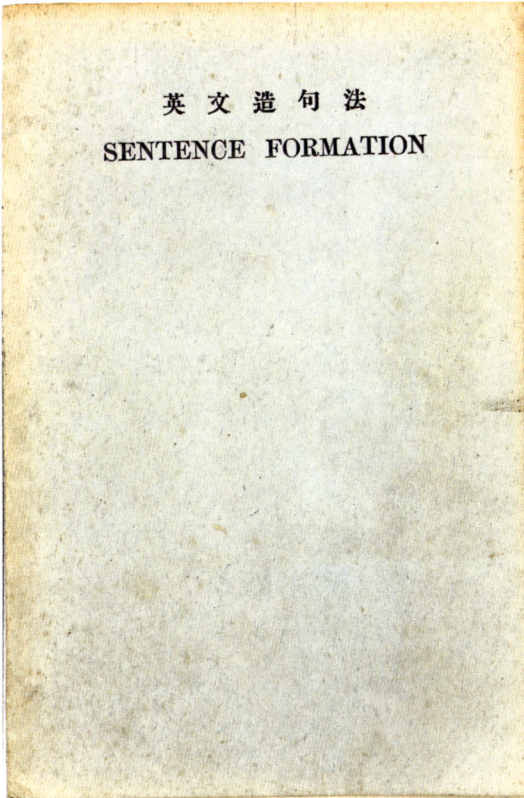

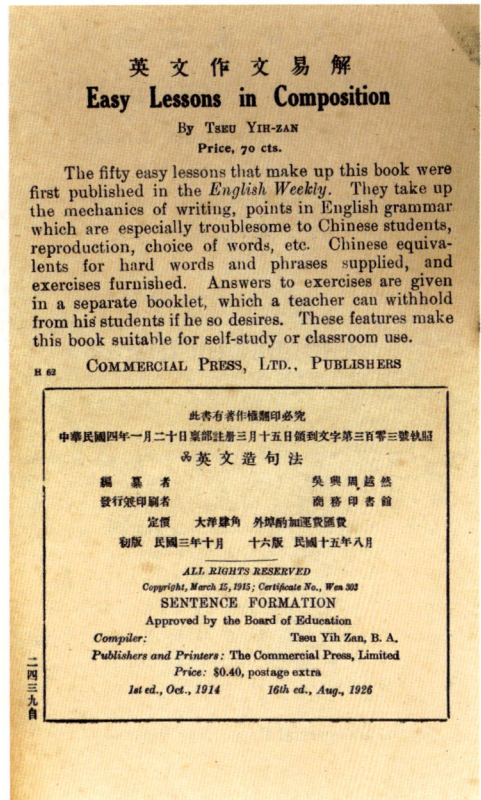

英 文 作 文 易 解
Easy Lessons in Composition
By Tseu Yih-zan
Price, 70 cts.

The fifty easy lessons that make up this book were first published in the *English Weekly*. They take up the mechanics of writing, points in English grammar which are especially troublesome to Chinese students, reproduction, choice of words, etc. Chinese equivalents for hard words and phrases supplied, and exercises furnished. Answers to exercises are given in a separate booklet, which a teacher can withhold from his students if he so desires. These features make this book suitable for self-study or classroom use.

H 62　COMMERCIAL PRESS, LTD., PUBLISHERS

二四三九自

1430　书名：初等英文法

　　　著者：刘崇荣 / 著　［英］梅殿华 / 校阅

　　　出版印行：中华书局

　　　出版时间：民国四年（1915）发行　民国十九年（1930）43 版

　　　册数：一

初等英等法

ELEMENTS·OF

ENGLISH GRAMMAR

有不
著准
作翻
權印
印

民國四年三月印刷
民國四年四月發行
民國十九年十月粤版

初等英文法（全一冊）

定價銀二角
（外埠另加郵匯費）

著作者　閩縣劉崇荄

校閱者　英國梅殿華

發行者　中華書局

印刷者　中華書局
上海靜安寺路哈同路口

印刷所　中華書局
上海靜安寺路哈同路口

總發行所　上海棋盤街　中華書局

分發行所　中華書局

北平天津漢口石家莊保定
濟南青島開封鄭州西安
平江蘇省太原長沙安慶
九成都貴陽蕪湖徐州合肥
恩州江門廣州汕頭杭州嘉興
吉拉松州漳州廈口蘭州
長壽州松潘紹興南昌昌州
故南州雲南州加城

（八九一）

书名：初级英文法 / 英作文合编
著者：吴献书 / 编纂　邝富灼 / 校订
出版印行：商务印书馆
出版时间：民国四年（1915）初版
册数：一

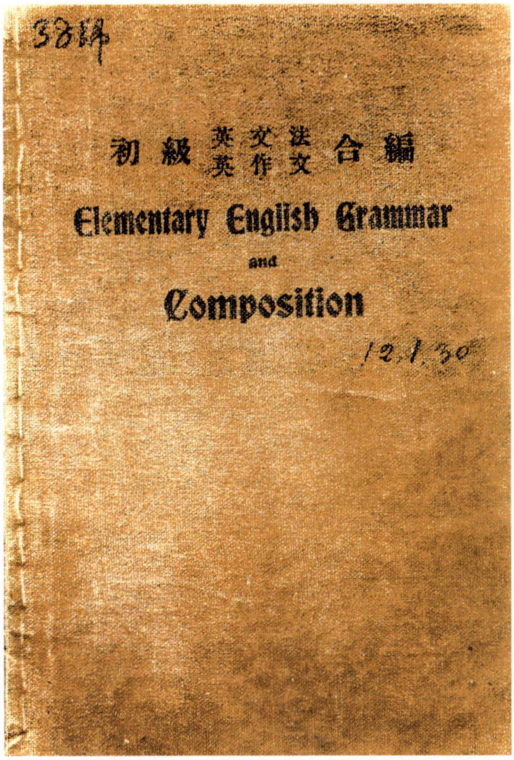

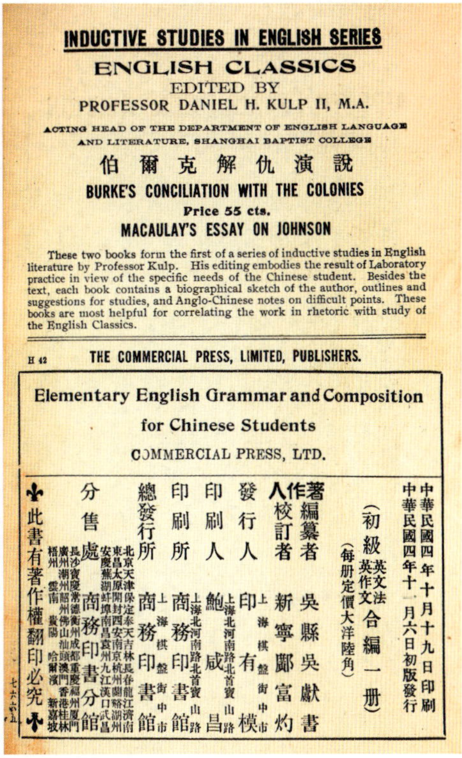
INDUCTIVE STUDIES IN ENGLISH SERIES

ENGLISH CLASSICS

EDITED BY

PROFESSOR DANIEL H. KULP II, M.A.

ACTING HEAD OF THE DEPARTMENT OF ENGLISH LANGUAGE AND LITERATURE, SHANGHAI BAPTIST COLLEGE

伯爾克解仇演說

BURKE'S CONCILIATION WITH THE COLONIES

Price 55 cts.

MACAULAY'S ESSAY ON JOHNSON

These two books form the first of a series of inductive studies in English literature by Professor Kulp. His editing embodies the result of Laboratory practice in view of the specific needs of the Chinese student. Besides the text, each book contains a biographical sketch of the author, outlines and suggestions for studies, and Anglo-Chinese notes on difficult points. These books are most helpful for correlating the work in rhetoric with study of the English Classics.

H 42　THE COMMERCIAL PRESS, LIMITED, PUBLISHERS.

Elementary English Grammar and Composition

for Chinese Students

COMMERCIAL PRESS, LTD.

中華民國四年十月十九日印刷
中華民國四年十一月六日初版發行

（初級英文法英作文合編一冊）
（每冊定價大洋陸角）

著作人
編纂者　吳縣吳獻書
校訂者　新寧鄺富灼
發行人　上海棋盤街中市　印有模
印刷人　上海北河南路北首寶山路　鮑咸昌
印刷所　上海北河南路北首寶山路　商務印書館
總發行所　上海棋盤街中市　商務印書館
分售處　北京　天津　保定　奉天　吉林　長春　龍江　濟南　東昌　太原　開封　西安　南京　杭州　蘭谿　湖州　安慶　蕪湖　蚌埠　南昌　袁州　九江　漢口　武昌　長沙　寶慶　常德　衡州　成都　重慶　福州　廈門　廣州　潮州　韶州　佛山　汕頭　澳門　香港　桂林　梧州　雲南　貴陽　哈爾濱　新嘉坡　商務印書分館

此書有著作權翻印必究

1432　书名：英语用法正义
　　　著者：Josephine Turck Baker / 著
　　　出版印行：商务印书馆
　　　出版时间：1915年
　　　册数：不详

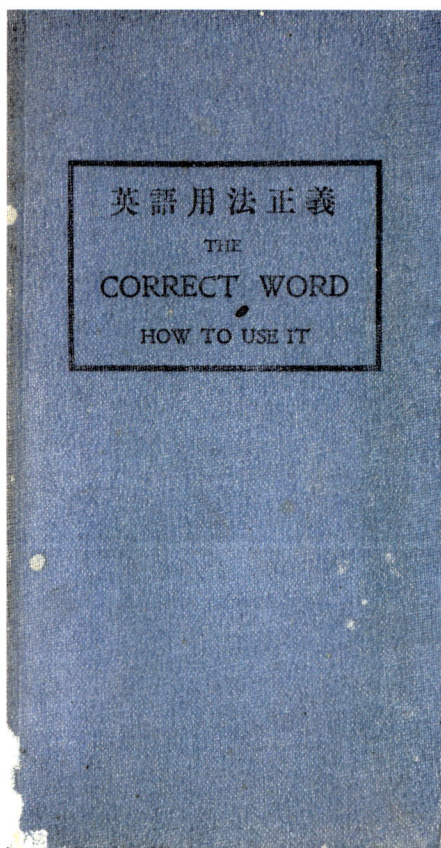

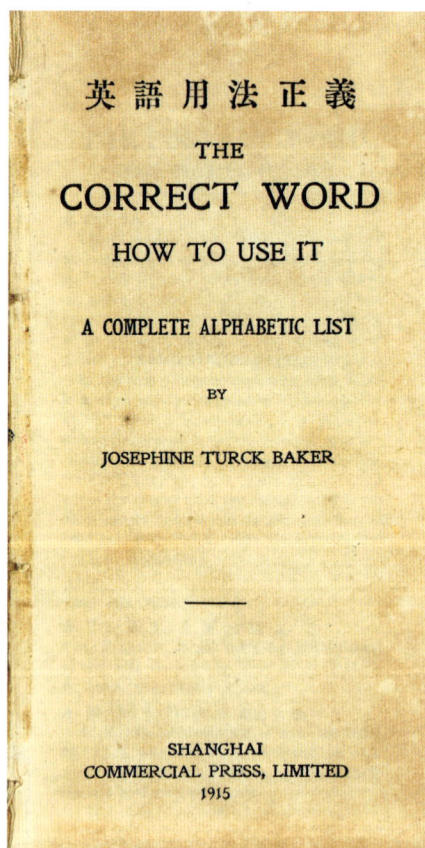

书名：英文造句教科书
著者：张季源 / 编纂
出版印行：商务印书馆
出版时间：民国六年（1917）初版　民国二十四年（1935）国难后第5版
册数：一

英文造句教科書
A TEXT-BOOK OF
SENTENCE FORMATION

（44033）
英文造句教科書
附答案
A Textbook of Sentence Formation
版權所有翻印必究

編纂者　吳季源
發行兼印刷者　上海河南路　商務印書館
發行所　上海及各埠　商務印書館

定價大洋參角　外埠的加運費滙費

中華民國六年二月初版
中華民國二十一年七月國難後第一版
中華民國二十四年三月國難後第五版

教育部審定
英文造句教科書
A TEXT-BOOK OF
SENTENCE FORMATION
APPROVED BY THE BOARD OF EDUCATION

英語作文要略
HINTS ON ENGLISH COMPOSITION
BY TSEU YIH-ZAN
Price, 40 cts.

The twelve chapters of this book deal with the Choice and Number of Words, Kinds and Qualities of Sentences, Division and Development of Paragraphs, The Whole Composition, The Outline, The Kinds of Composition—Exposition, Argumentation, Narration, and Description. The Appendix contains directions regarding Manuscripts and Correction Marks, also a useful Bibliography.

The chapters first appeared in a series of articles in Vol. I of the English Student. At the urgent request of teachers and students, they are issued in book form. Nothing has been changed, except that the appendices and the bibliography are added.

Simple style, easy diction, up-to-date method, practical exercises, and helpful suggestions characterize this little book.

COMMERCIAL PRESS, LTD., PUBLISHERS

A Textbook of Sentence Formation
Commercial Press, Limited
All rights reserved

分售處　商務印書館分館
總發行所　商務印書館
印刷所　商務印書館
發行者　商務印書館
校訂者　張世鎏
編纂者　吳縣張季源

（英文造句教科書一冊）
（每冊定價大洋叁角）
（外埠酌加運費滙費）

中華民國十六年三月初版

1434 书名：实用英文法教科书

著者：赵本善 / 编纂　邝富灼 / 校订

出版印行：商务印书馆

出版时间：民国七年（1918）初版　民国十一年（1922）6版

册数：一

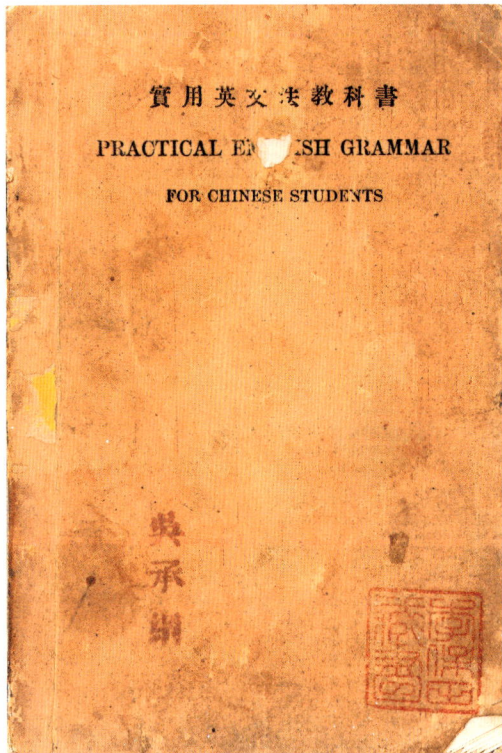

實用英文法教科書

PRACTICAL ENGLISH GRAMMAR

FOR CHINESE STUDENTS

英承鑄

英語捷徑前後編

English Conversation-Grammar

Vol. I, 40 cts.　　Vol. II, 40 cts.

These books revolutionized the teaching of English in Japan—in making the appeal to the ear rather than to the eye. The first part of the lessons is made up of questions and answers bearing on the point of grammar under consideration. A rule of grammar and its explanation follows, then the vocabulary, and finally a number of exercises.

H 65　COMMERCIAL PRESS, LTD., PUBLISHERS

Practical English Grammar
For Chinese Students
Commercial Press, Ltd.
All rights reserved

此書有著作權翻印必究	分售處	總發行所	印刷所	發行者	校訂者	編纂者	（實用英文法教科書一册）
	商務印書館分館	商務印書館	商務印書館	商務印書館	新寧邝富灼	上海趙本善	中華民國七年五月初版（每册定價大洋玖角）（外埠酌加運費滙費）

漢口長沙常德宜昌
潮州梧州南寧桂林
雲南貴陽重慶成都
廣州汕頭香港新嘉坡

北京天津保定東
南京杭州開封太原
濟南奉天吉林
黑龍江

上海棋盤街中市

上海北河南路北首寶山路

书名：新中学教科书初级英文法

著者：王宠惠 / 著

出版印行：中华书局

出版时间：民国十二年（1923）发行　民国十三年（1924）8版

册数：二

备注：作者曾任中华民国外交部长、代总理、国务总理，为我国在海牙国际法庭任职的第一人，获我国第一张新式大学文凭。

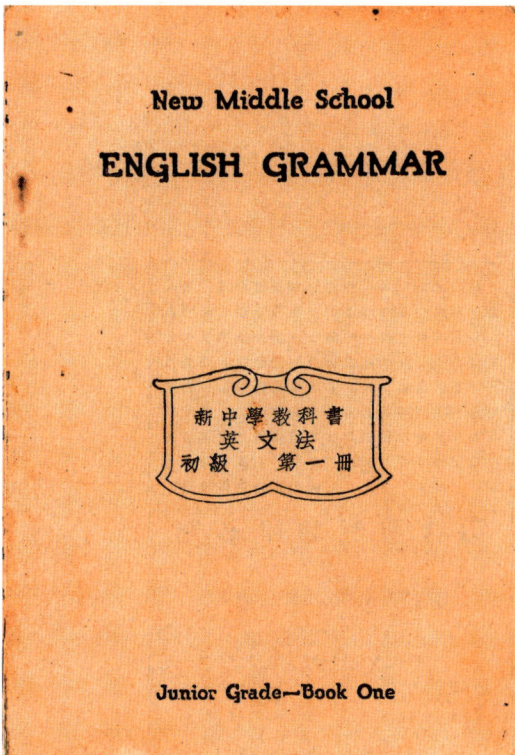

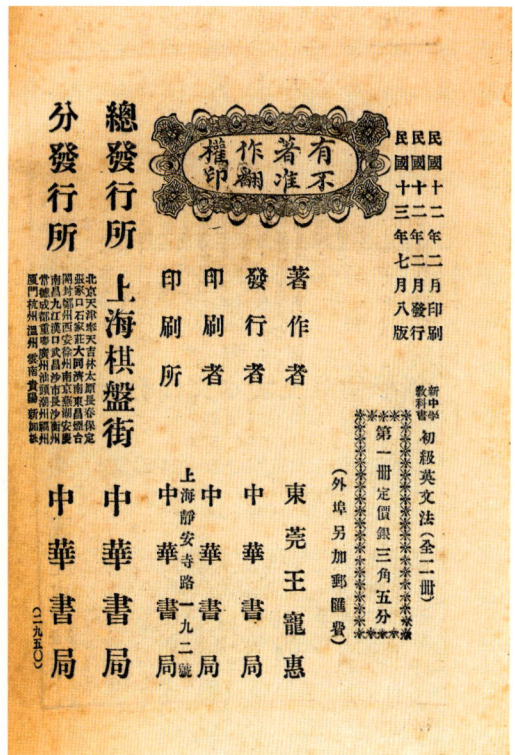

1436　书名：新学制英文读本文法合编（初级中学用）

著者：胡宪生 / 编纂

出版印行：商务印书馆

出版时间：民国十二年（1923）初版　　民国二十二年（1933）国难后第32版

册数：不详

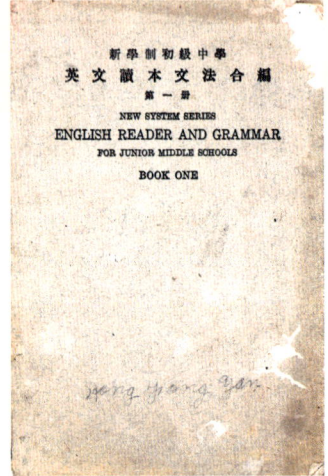

新學制初級中學
英 文 讀 本 文 法 合 編
第 一 册
NEW SYSTEM SERIES
ENGLISH READER AND GRAMMAR
FOR JUNIOR MIDDLE SCHOOLS
BOOK ONE

民國十八年三月八日經
教 育 部 審 定
領訂審字第十四號軌照
初 級 中 學 用
新學制英文讀本文法合編
第一册(訂正本)
NEW SYSTEM SERIES
ENGLISH READER AND GRAMMAR
FOR JUNIOR MIDDLE SCHOOLS
BOOK I (REVISED EDITION)

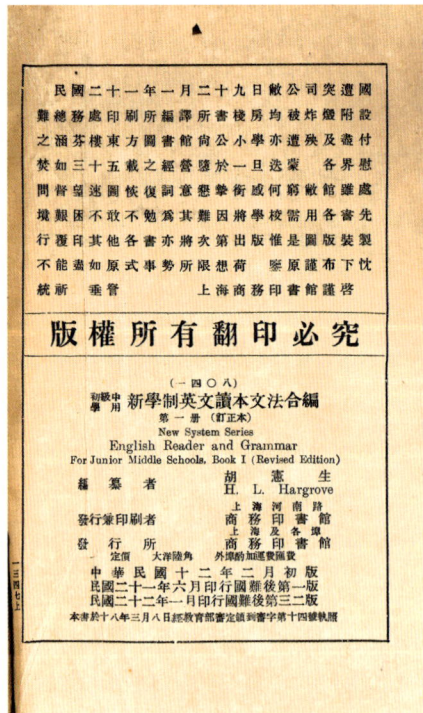

國設附燬炸被均房棧書譯所編所刷印處務總遭突公司敝日九十二月一年一十二國民
慰界各　殃及遭亦學小公於隨營經之藏五十三如樊焚之樓芬涵之
處難館敝何或衡擊詞慰恢復詞恢園逖望督問
先審各囑校學將因難其勉不敢不困艱境
製裝版圖是惟版出第次將亦書他其印覆行
忱下布謹原鑒荷所限勢事式原如盡能不
啟謹館書印務商海上　詧垂　祈統

版 權 所 有 翻 印 必 究

(一四〇八)
初級中學用　新學制英文讀本文法合編
第一册 (訂正本)
New System Series
English Reader and Grammar
For Junior Middle Schools, Book I (Revised Edition)
編纂者　胡　憲　生
　　　　H. L. Hargrove
　　　　　　上海河南路
發行兼印刷者　商務印書館
　　　　　　上海及各埠
發 行 所　商 務 印 書 館
　定價　大洋陸角　外埠酌加運費匯費
中華民國十二年二月初版
民國二十一年六月印行國難後第一版
民國二十二年一月印行國難後第三二版
本書於十八年三月八日經教育部書定領到審字第十四號軌照

书名：英文句语分析与图解
著者：李振南 / 编纂　勃里特 / 校订
出版印行：商务印书馆
出版时间：民国十四年（1925）初版　民国十六年（1927）5版
册数：一

漢釋初級實用英文法
A WORKING ENGLISH GRAMMAR FOR
BEGINNERS EXPLAINED IN CHINESE
FOR USE OF JUNIOR MIDDLE AND NORMAL SCHOOLS
BY HENRY BAIN
Instructor in English, Nanyang College, Shanghai
Formerly Editor of the "English Student"
Author of "Grammar as a Science," etc.
Pp. 105　Price, 40 cts.

This little book embodies in a simple and concise form all the essential principles of English grammar. Being explained in Chinese *pei hua*, it is eminently practical, and easily accessible to Chinese students beginning the study of English. The lessons are made up of vocabulary, grammar, reading, questions, exercises in translation. There are altogether forty lessons. The book may be used to advantage in the first or the second year of the junior middle and the normal schools, and will also be found helpful to persons studying English privately.

THE COMMERCIAL PRESS, LIMITED, PUBLISHERS

此書有著作權翻印必究
英文句語分析與圖解

編纂者	李　振　南
校訂者	勃　里　特
發行兼印刷者	商務印書館

定價　大洋貳角伍分　外埠酌加運費滙費
初版 民國十四年二月　五版 民國十六年七月

ALL RIGHTS RESERVED
SENTENCE ANALYSIS AND DIAGRAM

Author: 　　　Longfellow C. N. Li
Editor: 　　　A. Brede
Publishers and Printers: The Commercial Press, Limited
Price: $0.25, postage extra
1st ed., Feb., 1925　5th ed., July, 1927

1438　书名：新学制初级中学教科书英文法

著者：胡宪生 / 著

出版印行：商务印书馆

出版时间：民国十五年（1926）初版　　民国三十一年（1942）渝1版

册数：一

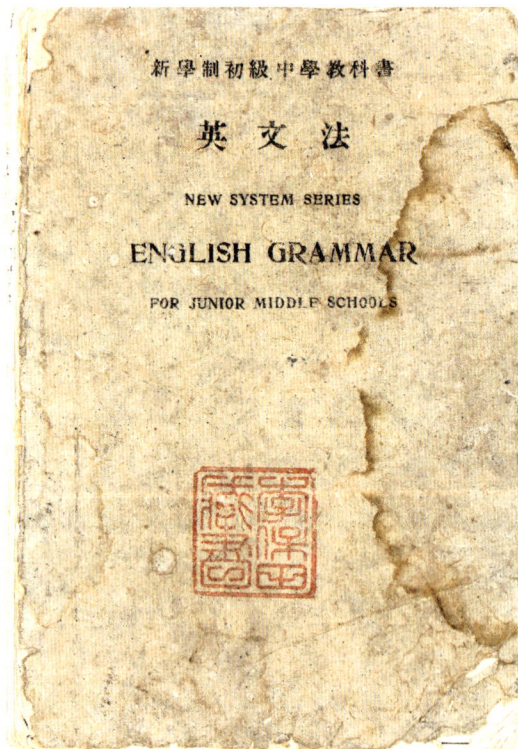

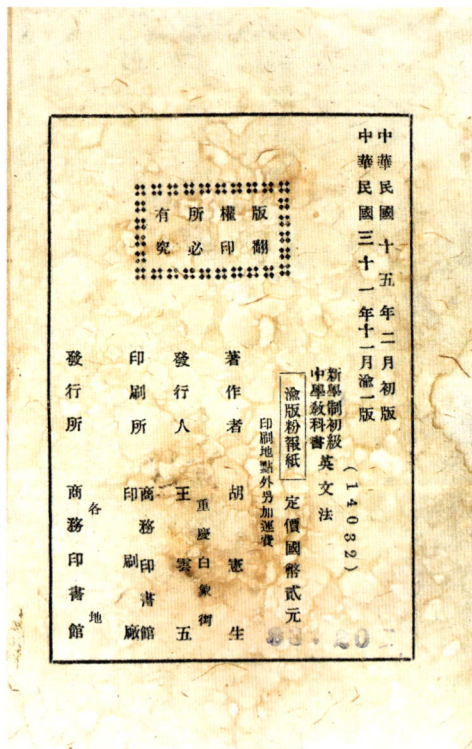

书名：新学制初中英文法教科书

著者：胡宪生 / 编纂

出版印行：商务印书馆

出版时间：民国十五年（1926）初版　民国十五年（1926）5版

册数：一

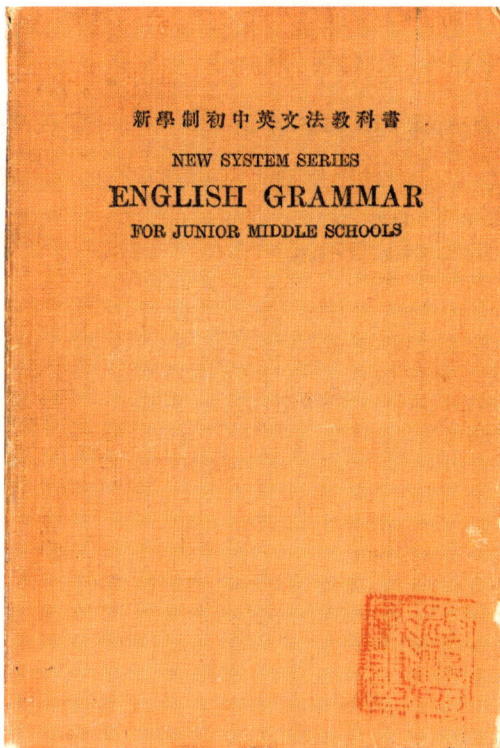

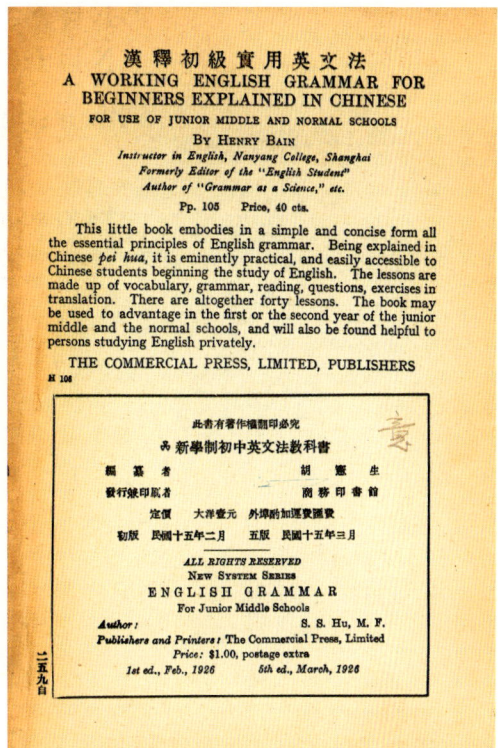

1440 书名：李氏英语修词作文合编
著者：李登辉
出版印行：商务印书馆
出版时间：民国十五年（1926）初版
册数：一

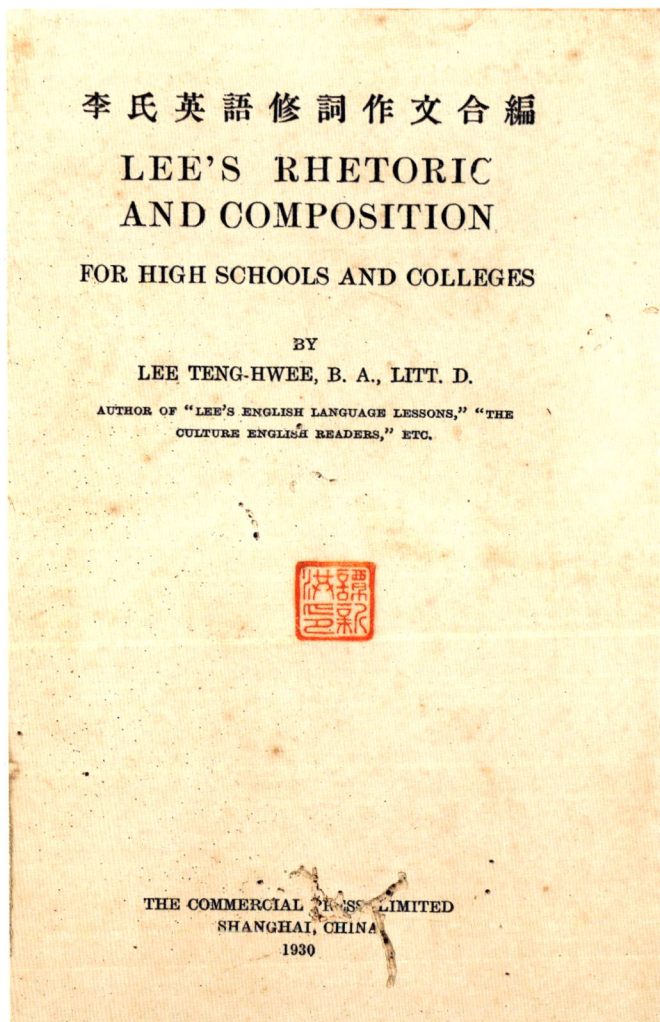

书名：注音英文读本文法合编(新学制初级中学)
著者：胡宪生、哈亨利/编纂
出版印行：商务印书馆
出版时间：民国十五年(1926)初版　民国十九年(1930)10版
册数：不详

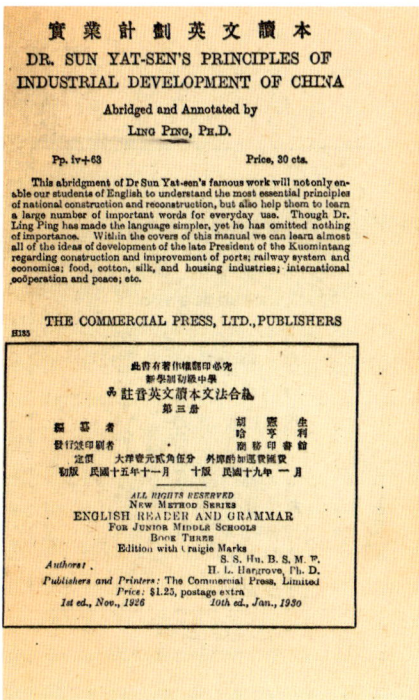

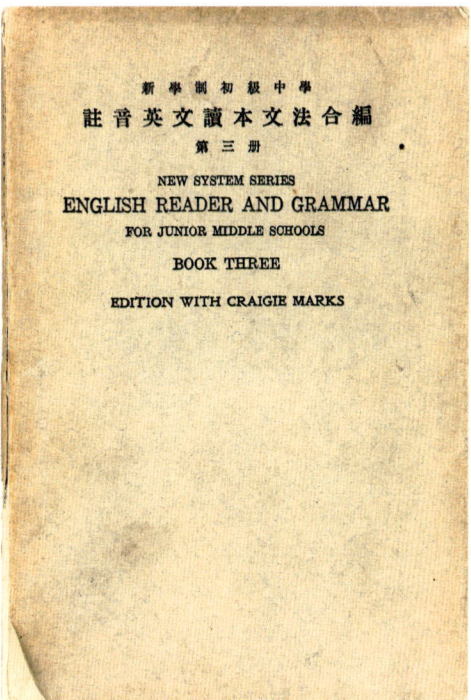

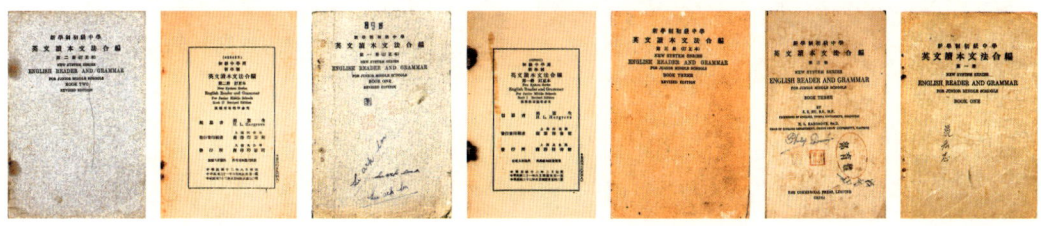

實業計劃英文讀本

DR. SUN YAT-SEN'S PRINCIPLES OF
INDUSTRIAL DEVELOPMENT OF CHINA

Abridged and Annotated by
LING PING, PH.D.

Pp. iv+63　　　　　　Price, 30 cts.

This abridgment of Dr Sun Yat-sen's famous work will notonly en-
able our students of English to understand the most essential principles
of national construction and reconstruction, but also help them to learn
a large number of important words for everyday use.　Though Dr.
Ling Ping has made the language simpler, yet he has omitted nothing
of importance.　Within the covers of this manual we can learn almost
all of the ideas of development of the late President of the Kuomintang
regarding construction and improvement of ports; railway system and
economics; food, cotton, silk, and housing industries; international
coöperation and peace; etc.

THE COMMERCIAL PRESS, LTD., PUBLISHERS

此書有著作權翻印必究
新學制初級中學
註音英文讀本文法合編
第三冊

編纂者　　　　　胡　憲　生
　　　　　　　　哈　亨　利
發行兼印刷者　　商務印書館
定價　　大洋壹元貳角伍分　外埠酌加運費匯費
初版　民國十五年十一月　十版　民國十九年一月

ALL RIGHTS RESERVED
New Method Series
ENGLISH READER AND GRAMMAR
FOR JUNIOR MIDDLE SCHOOLS
BOOK THREE
Edition with Craigie Marks

Authors:　　　　　　　　　S. S. Hu, B. S. M F.
　　　　　　　　　　　　　H. L. Hargrove, Ph. D.
Publishers and Printers: The Commercial Press, Limited
Price: $1.25, postage extra
1st ed., Nov., 1926　10th ed., Jan., 1930

新學制初級中學
註音英文讀本文法合編
第三冊

NEW SYSTEM SERIES
ENGLISH READER AND GRAMMAR
FOR JUNIOR MIDDLE SCHOOLS

BOOK THREE

EDITION WITH CRAIGIE MARKS

1442 | 书名：修辞学（新学制高级中学参考用书）
著者：王易 / 著
出版印行：商务印书馆
出版时间：民国十五年（1926）初版　民国十六年（1927）再版
册数：不详

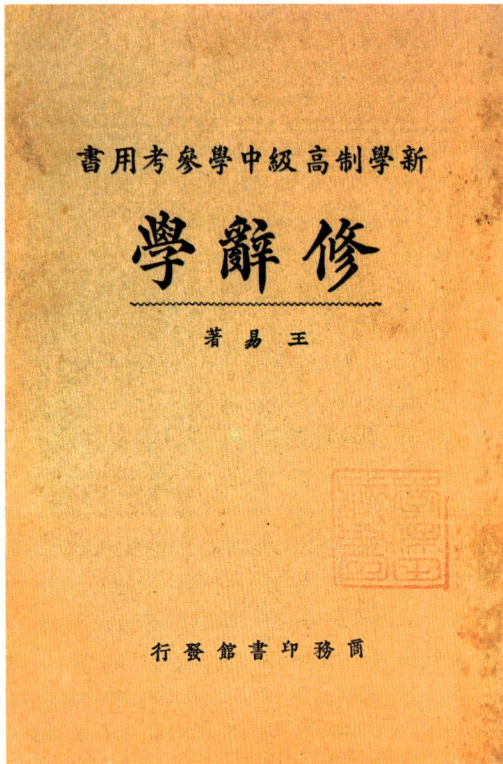

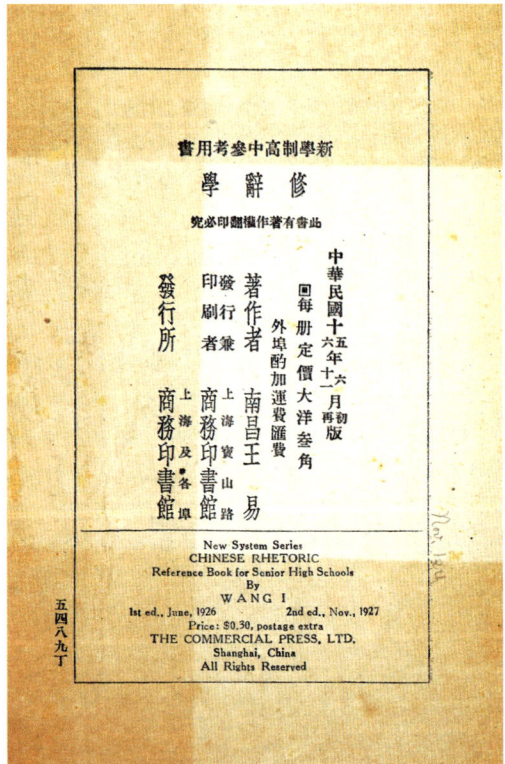

书名：实验英文文法读本

著者：吴献书 / 著　　Joseph Whiteside/ 校订

出版印行：世界书局

出版时间：民国十九年（1930）订正再版

册数：三

ENGLISH LEARNED THROUGH DRILL

FOR JUNIOR MIDDLE SCHOOLS

BOOK II

初級中學學生用

實驗英文文法讀本

第二冊

編輯者　吳獻書

上海世界書局印行

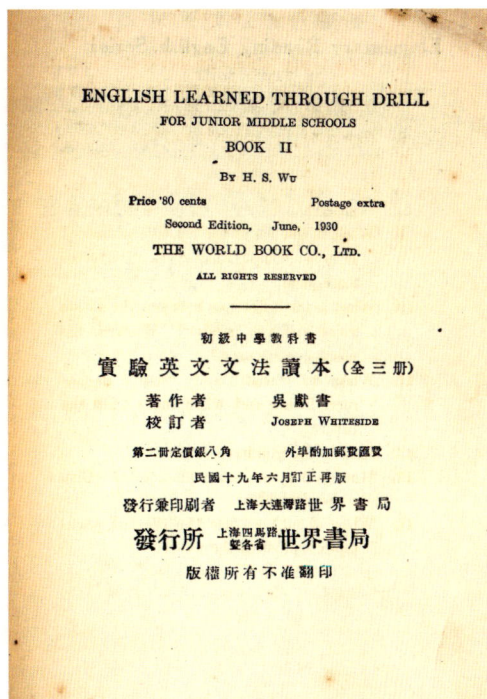

ENGLISH LEARNED THROUGH DRILL

FOR JUNIOR MIDDLE SCHOOLS

BOOK II

By H. S. Wu

Price '80 cents　　　　Postage extra

Second Edition,　June, 1930

THE WORLD BOOK CO., LTD.

ALL RIGHTS RESERVED

初級中學教科書

實驗英文文法讀本 (全三冊)

著作者　　吳獻書

校訂者　　JOSEPH WHITESIDE

第二冊定價銀八角　　外埠酌加郵費匯費

民國十九年六月訂正再版

發行兼印刷者　上海大連灣路世界書局

發行所　上海四馬路暨各省世界書局

版權所有不准翻印

1444　书名：英文文法 ABC（活用英文 ABC 丛书）

著者：林汉达 / 编著

出版印行：世界书局

出版时间：民国十九年（1930）初版　民国三十五年（1946）新20版

册数：二

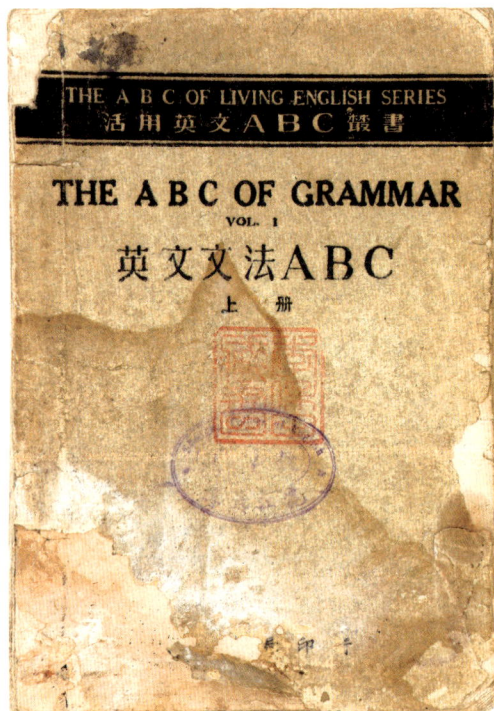

书名：英文成语用法 ABC（活用英文 ABC 丛书）
著者：李厚康 / 编著
出版印行：世界书局
出版时间：民国二十年（1931）初版
册数：一

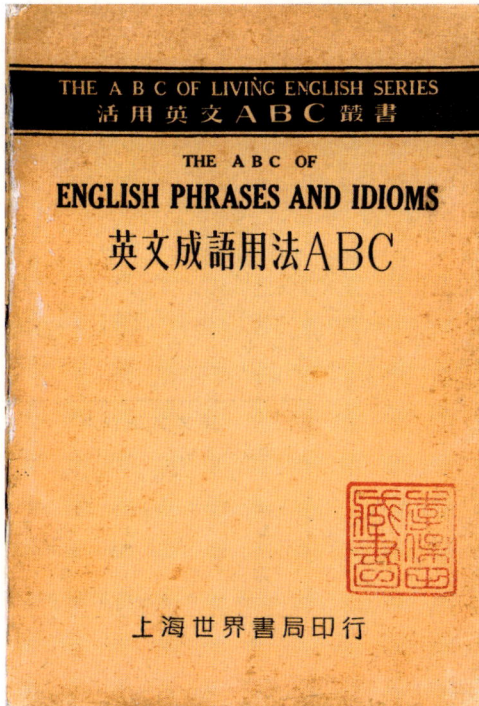

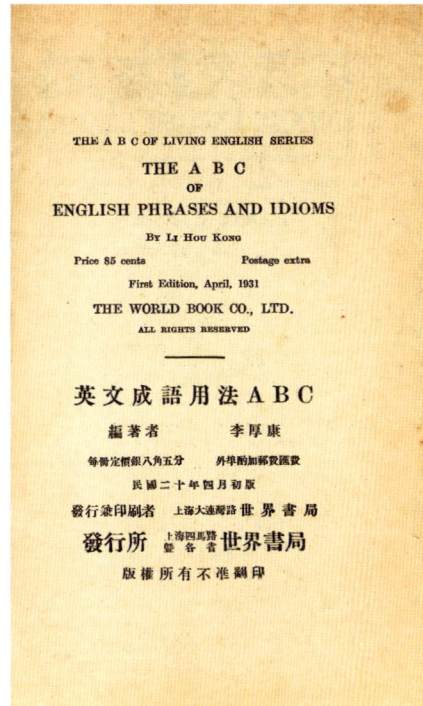

1446　书名：英文文法精义
著者：葛传规 / 编著
出版印行：开明书店
出版时间：民国二十年（1931）初版　民国三十六年（1947）6版
册数：一

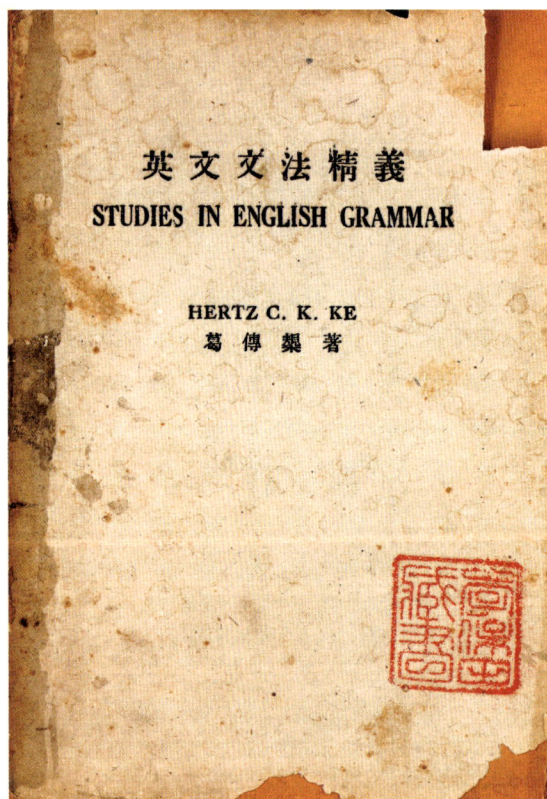

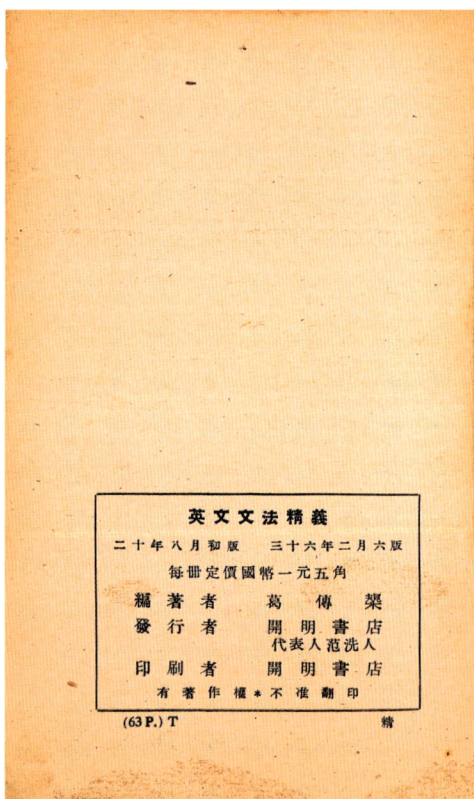

书名：初级中学北新英文法
著者：石民 / 编
出版印行：北新书局
出版时间：1932年初版　1936年8版
册数：一

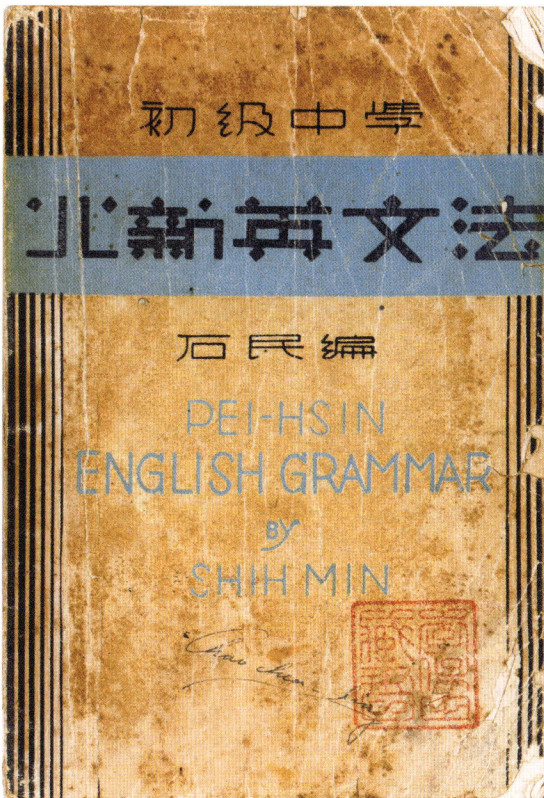

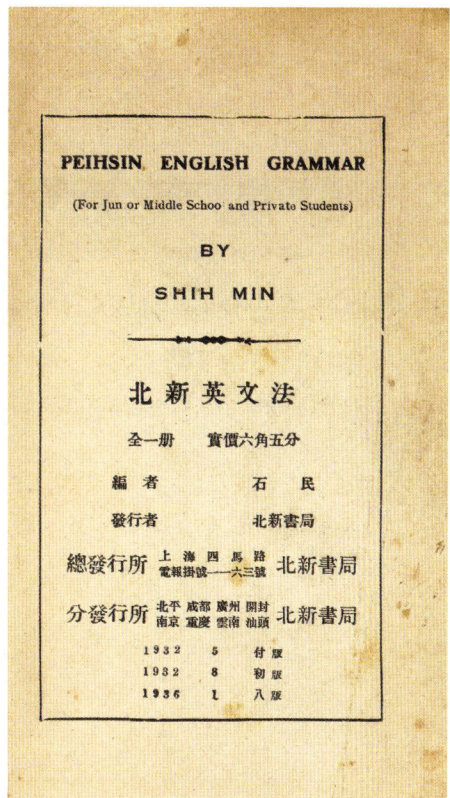

PEIHSIN ENGLISH GRAMMAR

(For Jun or Middle Schoo and Private Students)

BY

SHIH MIN

北 新 英 文 法

全一册　實價六角五分

編　者　　　　石　民

發行者　　　　北新書局

總發行所　上海四馬路　北新書局
　　　　　電報掛號——六三號

分發行所　北平 成都 廣州 開封　北新書局
　　　　　南京 重慶 雲南 汕頭

1932　　5　　付版
1932　　8　　初版
1936　　1　　八版

1448　书名：实用标准英文翻译法
　　　著者：程豫生 / 著
　　　出版印行：南京书店
　　　出版时间：民国二十一年（1932）再版
　　　册数：一

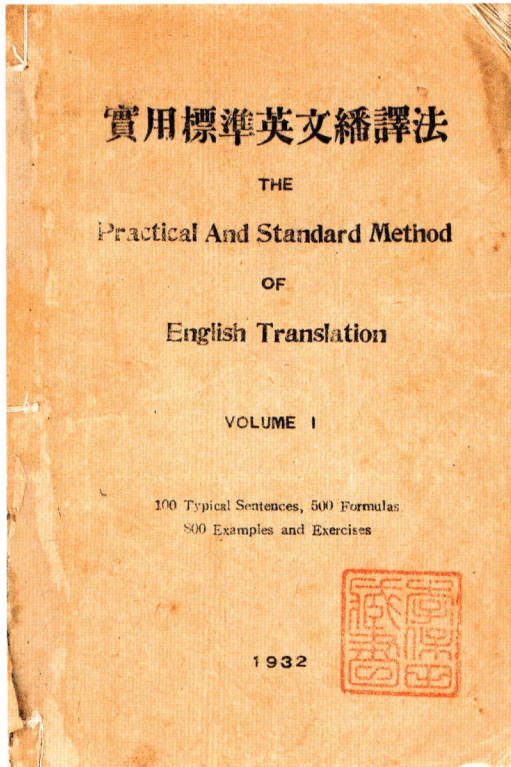

實用標準英文繙譯法

THE

Practical And Standard Method

OF

English Translation

VOLUME I

100 Typical Sentences, 500 Formulas
800 Examples and Exercises

1932

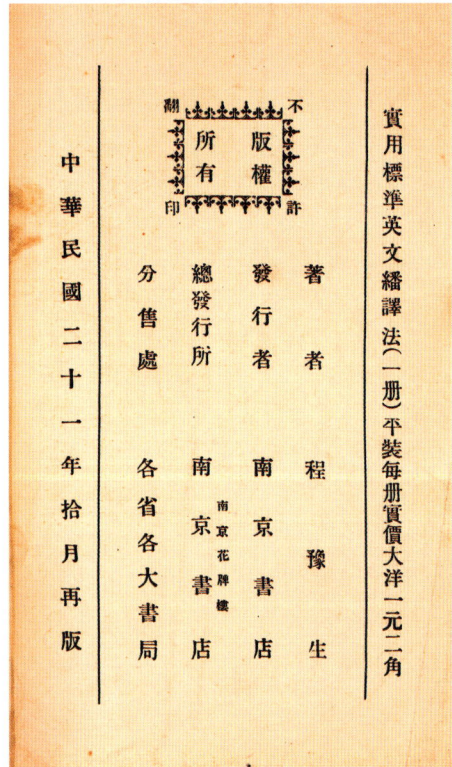

實用標準英文繙譯法（一册）平裝每册實價大洋一元二角

著　者　程　豫　生

發行者　南京書店

總發行所　南京書店
　　　　南京花牌樓

分售處　各省各大書局

不許　版權所有　翻印

中華民國二十一年拾月再版

书名：英文法初步

著者：范允臧 / 编著

出版印行：开明书店

出版时间：民国二十一年（1932）初版　民国三十五年（1946）15版

册数：不详

1449

英文法初步

FIRST STEPS TO
ENGLISH GRAMMAR

范允臧編

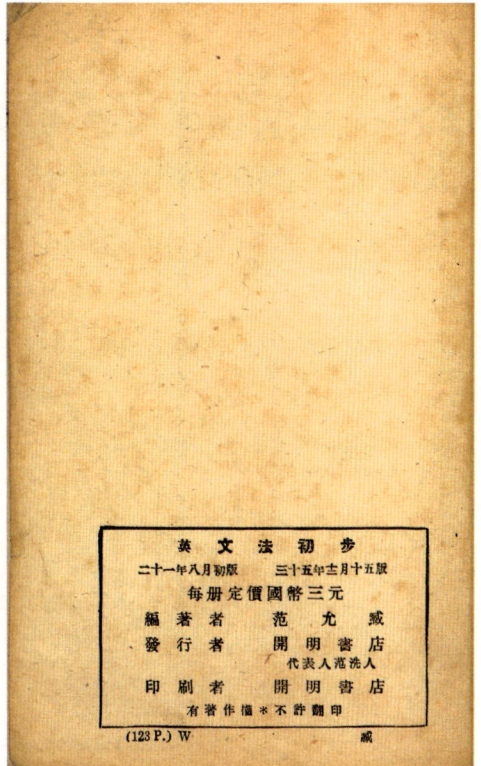

英文法初步

二十一年八月初版　三十五年十二月十五版

每册定價國幣三元

編著者　范允臧

發行者　開明書店
　　　　代表人范洗人

印刷者　開明書店

有著作權 ＊ 不許翻印

(123 P.) W　　　　臧

1450　书名：英文造句法正误详解
　　　著者：倪明材 / 编
　　　出版印行：知新书局
　　　出版时间：1932年
　　　册数：一

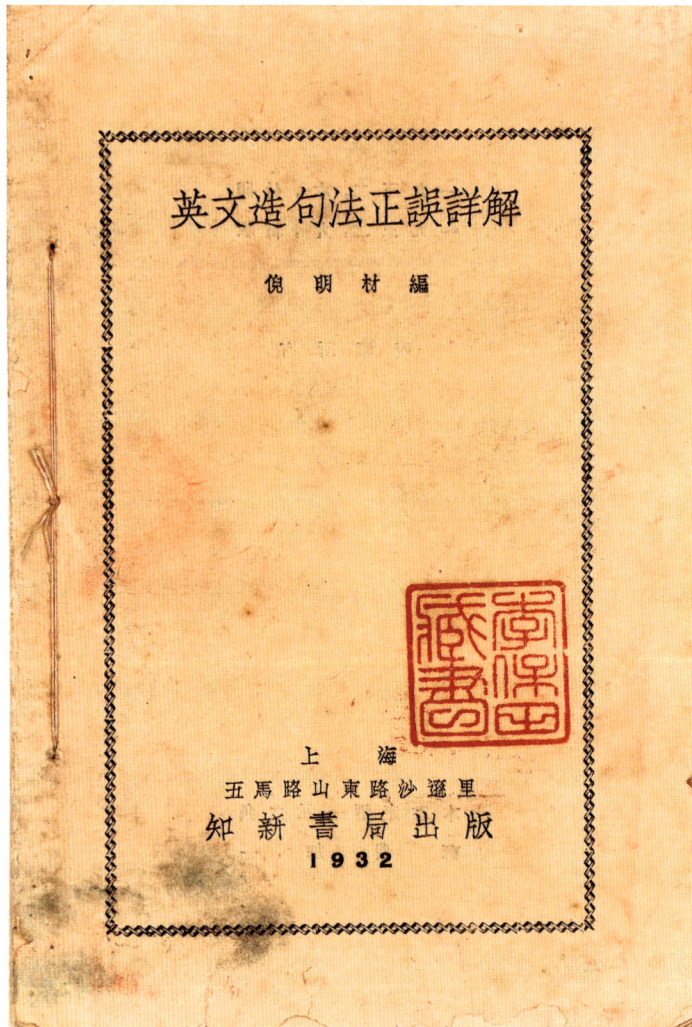

英文造句法正误详解

倪 明 材 編

上　海
五馬路山東路沙遜里
知新書局出版
1932

书名：中学英文文法教本
著者：史雨文 / 编著
出版印行：神州书局
出版时间：民国二十一年（1932）4版
册数：四

93

中學英文文法教本
A TEXT BOOK OF ENGLISH
GRAMMAR
FOR JUNIOR MIDDLE SCHOOLS

第一冊

BOOK I

史雨文碩士編
BY
Y. V. SZE, M. A.

上海東方文學社發行
PUBLISHED BY
EASTERN LITERATURE SOCIETY
SHANGHAI

21. 12. 15.

中華民國二十一年八月四版

中學英文文法教本

◀全四冊▶

第一冊　端典桃林紙印　實價三六角五分
第二冊　端典桃林紙印　實價六大洋七角
第三冊　端典桃林紙印　實價二五角五分
第四冊　端典桃林紙印　實價三六角五分

編著者　　史雨文碩士

出版者　　神州書局

（上海溫州路三戒里）

總發行所　東方文學社

1452 　书名：自修英文文法大全

著者：山崎贞 / 原著　金则人 / 编译

出版印行：世界书局

出版时间：民国二十二年（1933）初版　民国二十三年（1934）再版

册数：一

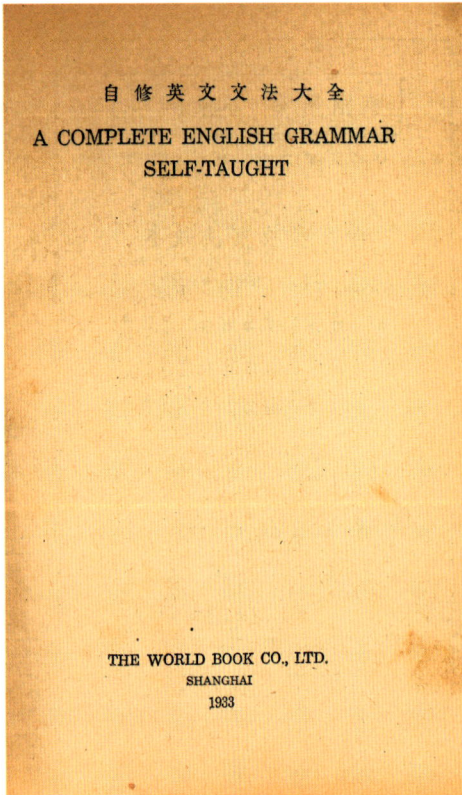

自 修 英 文 文 法 大 全

A COMPLETE ENGLISH GRAMMAR

SELF-TAUGHT

THE WORLD BOOK CO., LTD.

SHANGHAI

1933

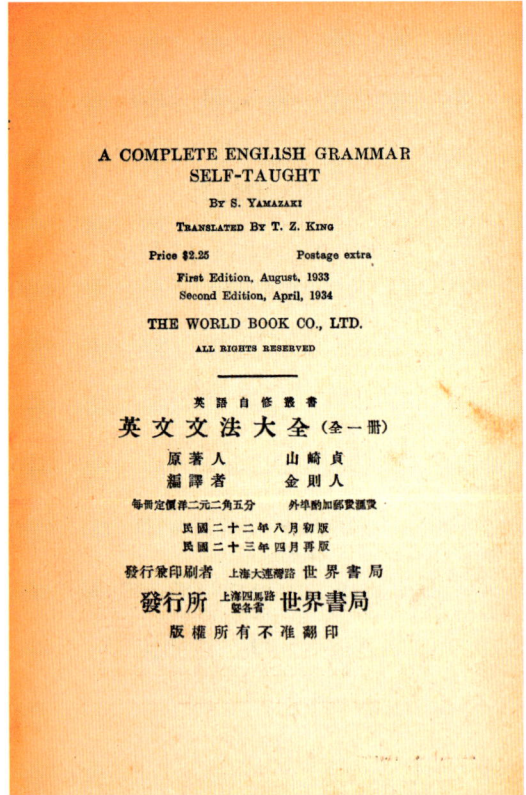

A COMPLETE ENGLISH GRAMMAR
SELF-TAUGHT

BY S. YAMAZAKI

TRANSLATED BY T. Z. KING

Price $2.25　　　　Postage extra

First Edition, August, 1933
Second Edition, April, 1934

THE WORLD BOOK CO., LTD.

ALL RIGHTS RESERVED

英 語 自 修 叢 書

英 文 文 法 大 全（全一册）

原 著 人　　　山崎貞
編 譯 者　　　金 則 人

每册定價洋二元二角五分　　外埠酌加郵費匯費

民國二十二年八月初版
民國二十三年四月再版

發行兼印刷者　上海大連灣路 世界書局

發行所　上海四馬路　世界書局
　　　　望各省

书名：开明英文文法（高级中学教科适用）
著者：林语堂／编著
出版印行：开明书店
出版时间：民国廿二年（1933）合订初版　民国三十年（1941）普及桂1版
册数：二

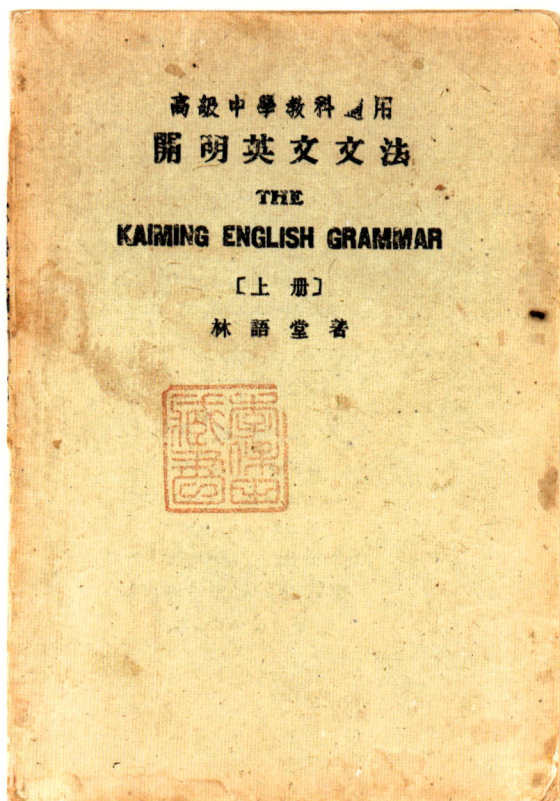

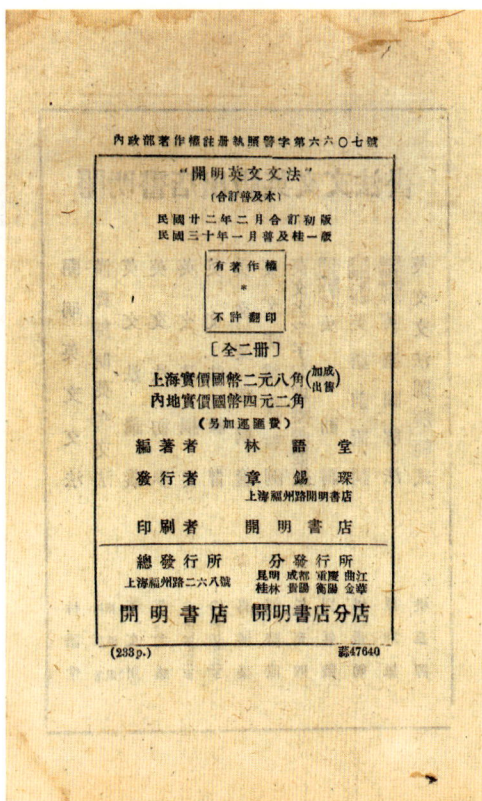

1454 书名：英文拼法 ABC（活用英文 ABC 丛书）

著者：张仕章 / 编著

出版印行：世界书局

出版时间：民国廿二年（1933）4 版

册数：不详

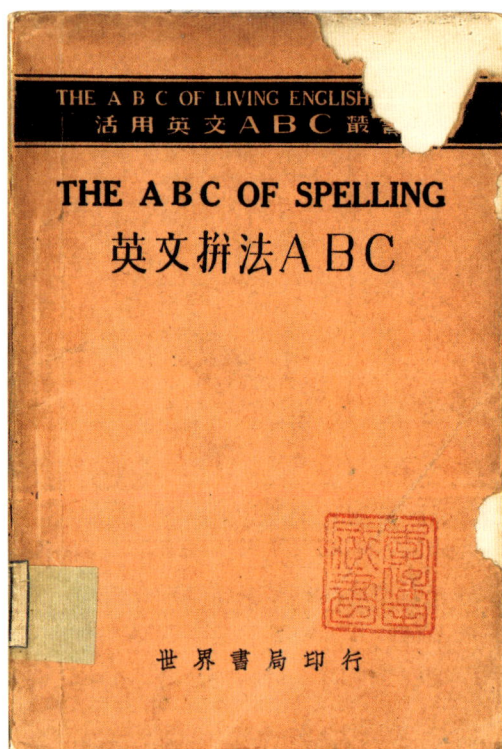

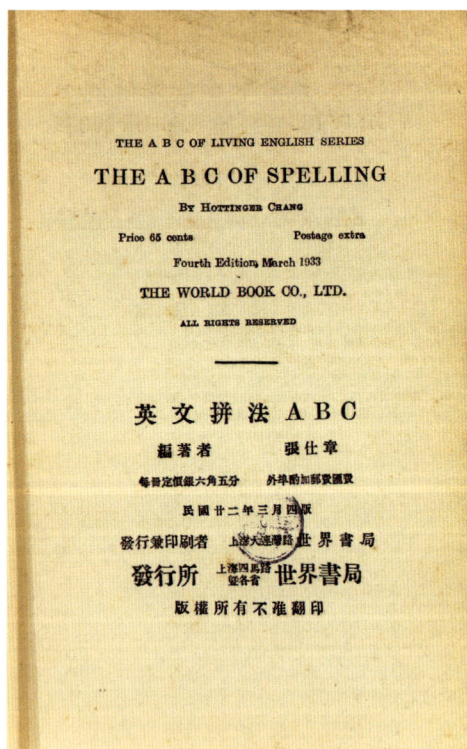

书名：实验高级英文法
著者：邓达澄 编
出版印行：商务印书馆
出版时间：民国二十二年（1933）
册数：一

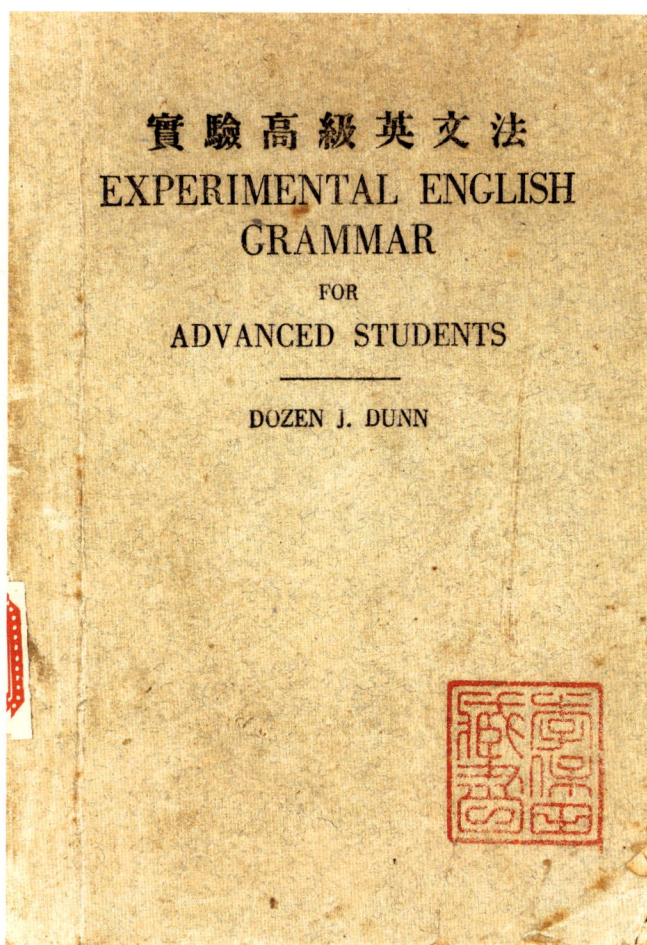

實 驗 高 級 英 文 法
EXPERIMENTAL ENGLISH
GRAMMAR

FOR

ADVANCED STUDENTS

DOZEN J. DUNN

1456 | 书名：英文法讲议
　　　 著者：王文川 / 编著
　　　 出版印行：开明书店
　　　 出版时间：民国廿三年（1934）初版　民国廿八年（1939）6版
　　　 册数：不详

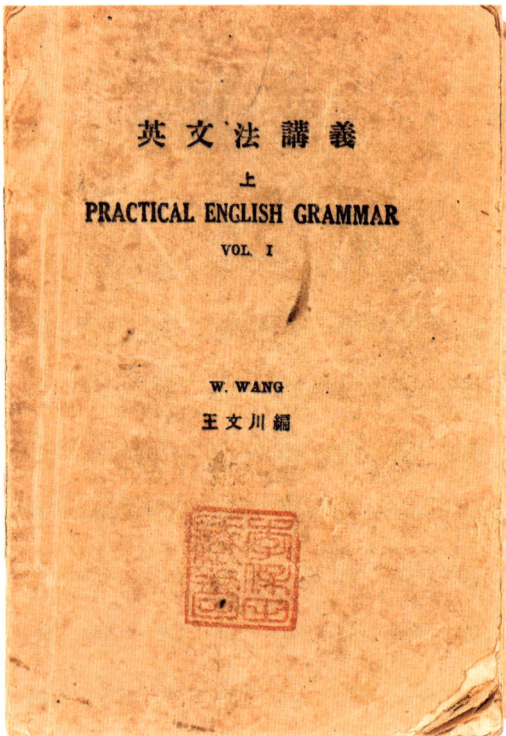

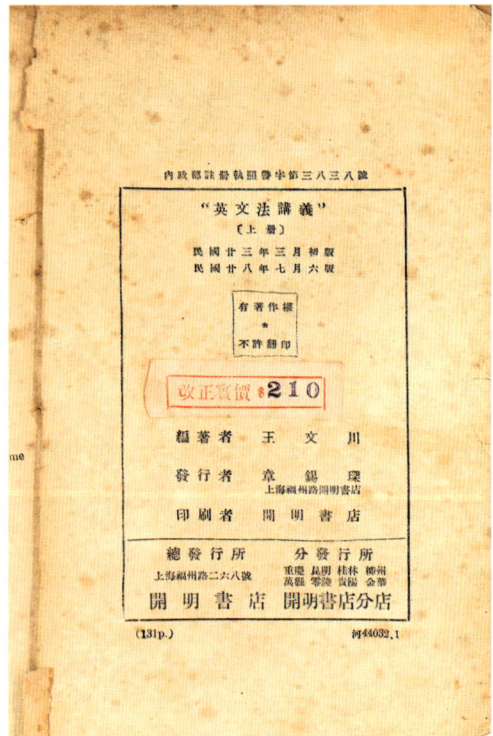

书名：余氏英文法
著者：余天希
出版印行：世界书局
出版时间：民国二十三年（1934）初版
册数：一

YÜ'S NEW ENGLISH GRAMMAR

FOR CHINESE STUDENTS

余氏英文法

THE WORLD BOOK CO., LTD.

世界書局印行

书名：英文成语（开明青年英语丛书）

著者：林幽 / 编

出版印行：开明书店

出版时间：不详

册数：一

书名：英语动词（开明青年英语丛书）

著者：刘延陵 / 编

出版印行：开明书店

出版时间：民国二十四年（1935）初版　民国三十七年（1948）7版

册数：不详

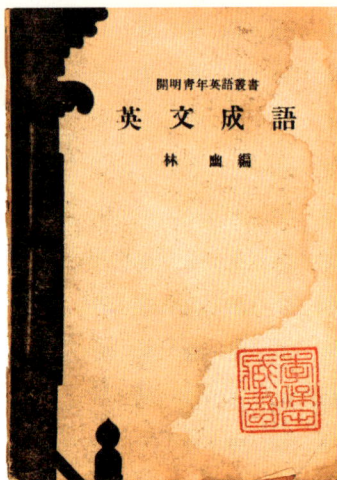  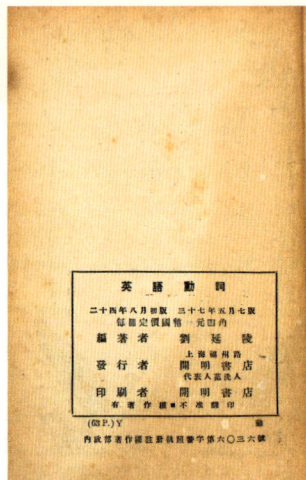

书名：英语前置词（开明青年英语丛书）

著者：杨彦劬 / 编

出版印行：开明书店

出版时间：民国二十四年（1935）初版　民国三十七年（1948）8版

册数：一

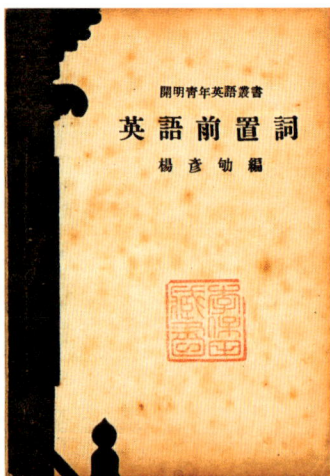 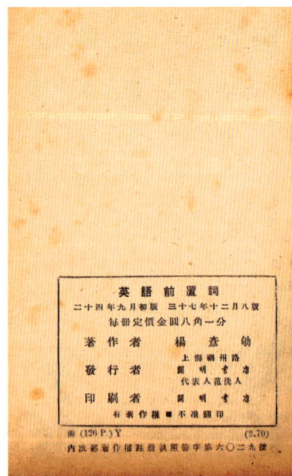

书名：职业英语文法

1459

著者：梁忠源 / 编

出版印行：职业英语研究社

出版时间：民国廿四年（1935）初版　民国廿四年（1935）再版

册数：不详

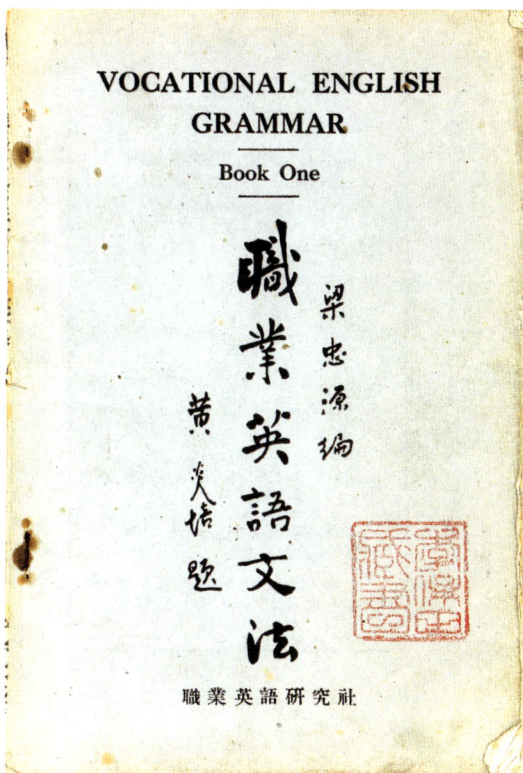

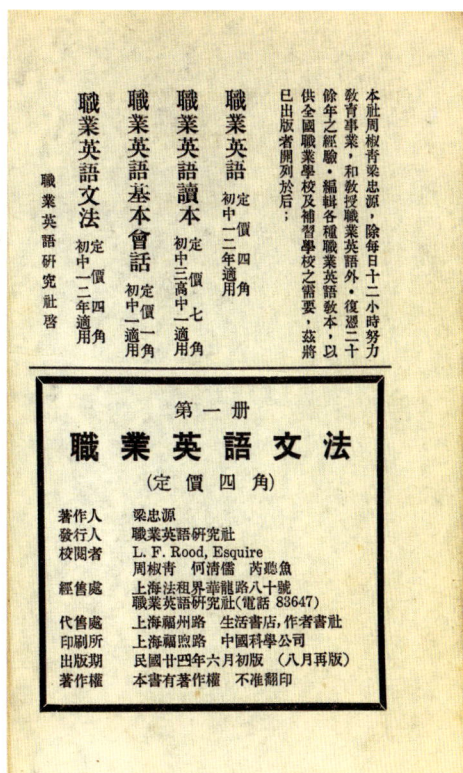

1460 书名：中学英文法教科书
著者：E.M.Williams / 编纂
出版印行：商务印书馆
出版时间：民国二十四年（1935）初版　民国二十五年（1936）4版
册数：不详

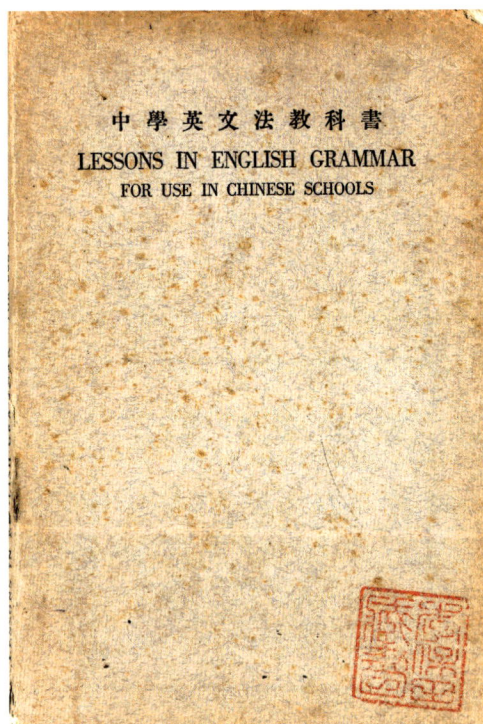

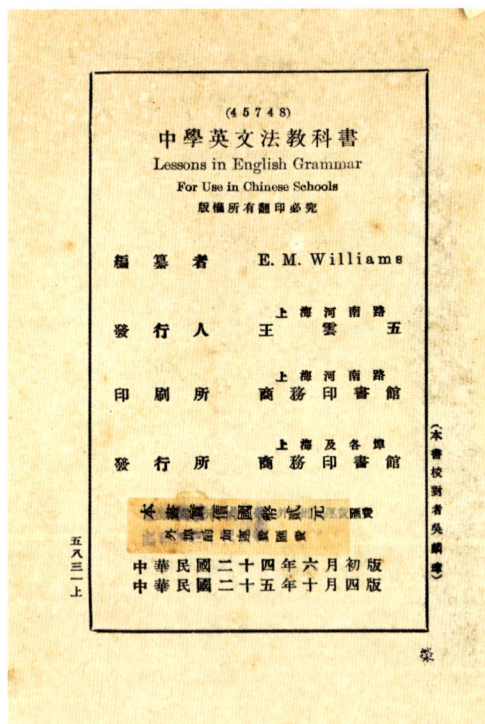

书名：高级英文法（中学适用）

著者：张普安 / 编纂

出版印行：商务印书馆

出版时间：民国二十四年（1935）初版　民国三十七年（1948）12版

册数：一

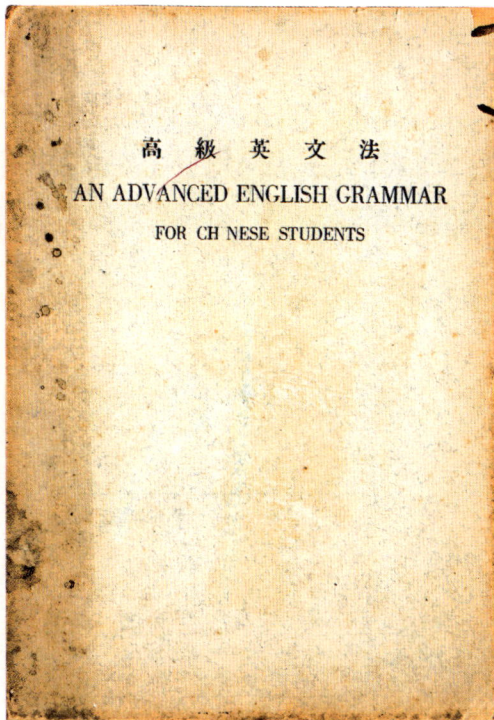

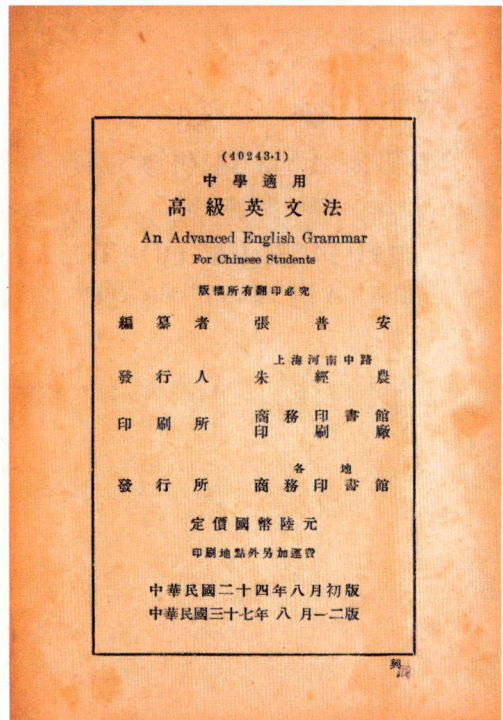

书名：渡船——英文动词研究
著者：龙志霍 / 编著
出版印行：开明书店
出版时间：民国二十四年（1935）初版　民国三十六年（1947）3版
册数：一

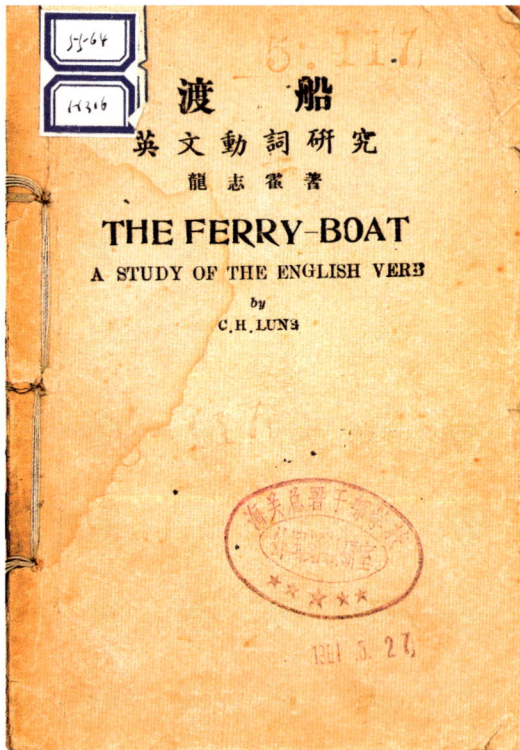

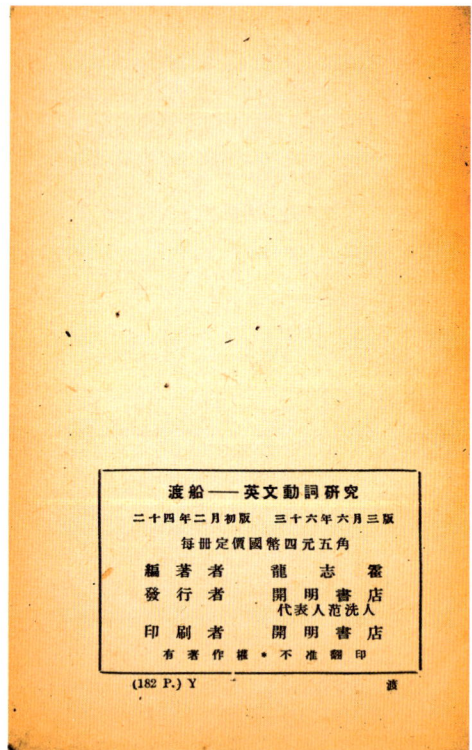

书名：英文改作详解

著者：葛传规 / 批改

出版印行：竞文书局

出版时间：民国二十五年（1936）初版

册数：一

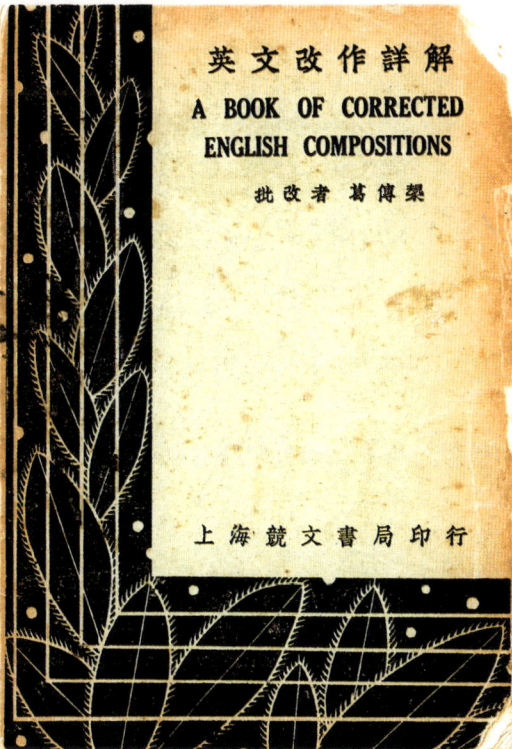

英文改作詳解

A BOOK OF CORRECTED
ENGLISH COMPOSITIONS

批改者 葛傳槼

上海 競文書局 印行

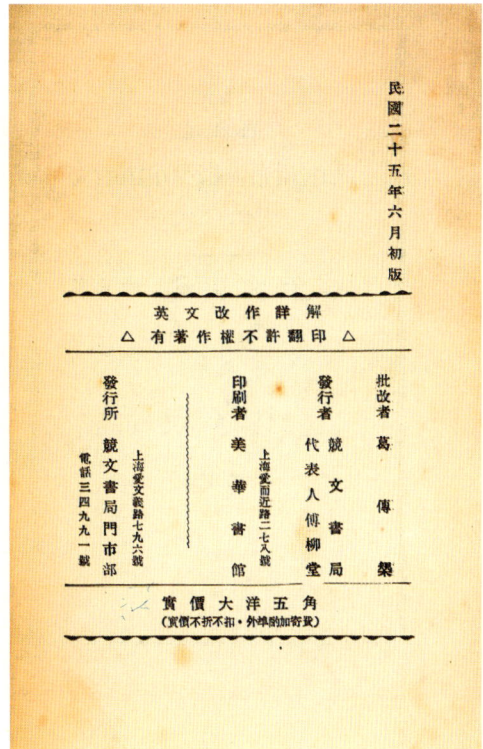

民國二十五年六月初版

英文改作詳解

△ 有著作權 不許翻印 △

批改者　葛　傳　槼

發行者　競文書局　代表人傅柳堂

印刷者　上海愛而近路二七八號　美華書館

發行所　競文書局門市部　上海愛文義路七九六號　電話三四九九一號

1464　书名：陈氏实用英文法
著者：陈冰慧／编著
出版印行：实用英文研究社
出版时间：民国二十五年（1936）初版　民国二十九年（1940）4版
册数：不详

Chen's
Practical
English Grammar
Part Two

陈氏实用英文法

编 贰

析元达

Shin Yuan Dai.

P. W. Chen

陳氏實用英文法
貳編
Chen's Practical
English Grammar
Part Two

版權所有不准翻印

著作者　　　　陳　　冰　　慧
發行印者　　　實用英文研究社
通訊處上海姚主教路新明村11號
　　　　　　中國圖書服務社
　　　　　　上海福州路二八一號
定價　　實價國幣壹圓貳角
民國二十五年九月初版
民國二十七年八月再版
民國二十八年八月三版
民國二十九年六月四版
通訊處及寄售處
南洋模範中小學
上海姚主教路二〇〇號電話七三二七八號
寄售處
蘇　新　書　社
上海格路虹橋路口店
蓬　萊　書　局
上海威海衛路慕爾鳴路口
博　覽　書　局
上海霞飛路馬斯南路東首
文　化　者　書　社
上海四馬路望平街口
作　者　書　局
上海四馬路河南路口
啟　新　書　局
上海河南路交通路口
各　大　書　局

书名：英文语句正误法
著者：姚慕谭 / 编纂
出版印行：商务印书馆
出版时间：民国二十六年（1937）初版　民国二十七年（1938）再版
册数：一

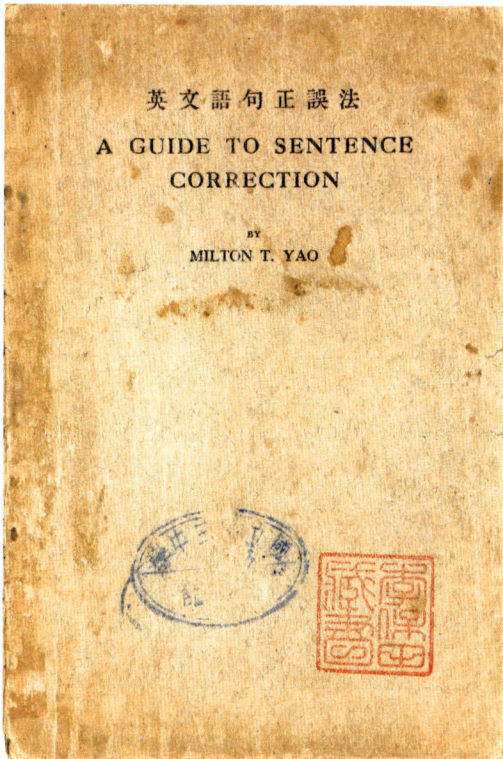

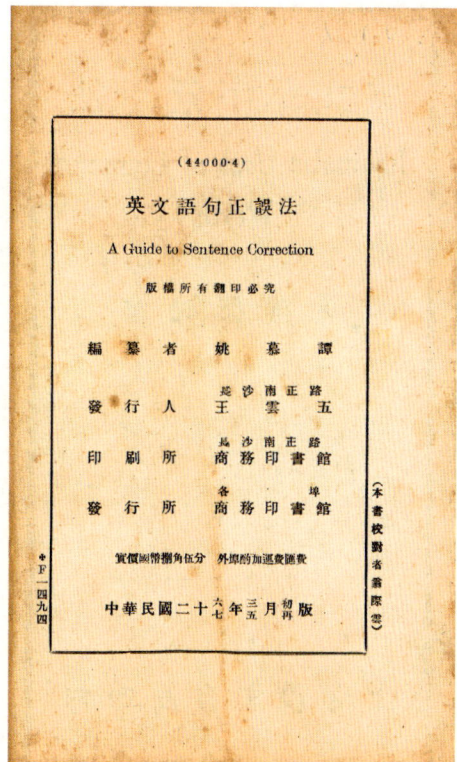

1466 | 书名：英文单字活用法
著者：葛传规 / 编著
出版印行：竞文书局
出版时间：民国二十六年（1937）
册数：一

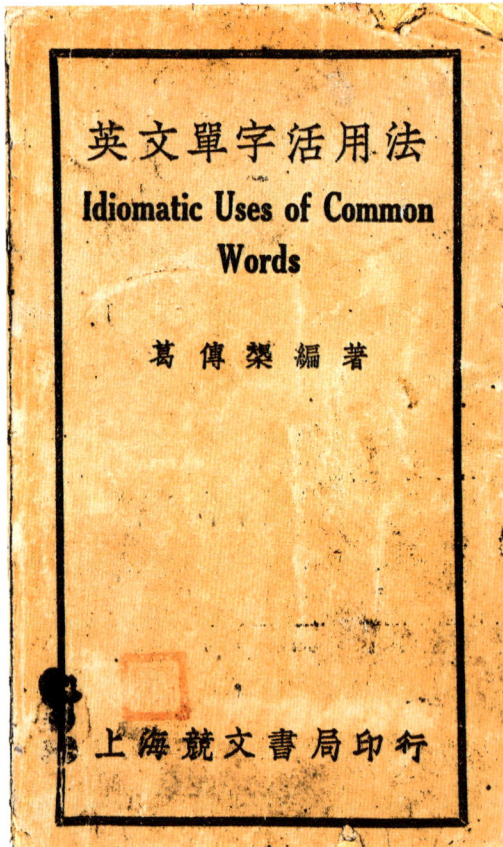

英文單字活用法

Idiomatic Uses of Common Words

葛傳槼編著

上海競文書局印行

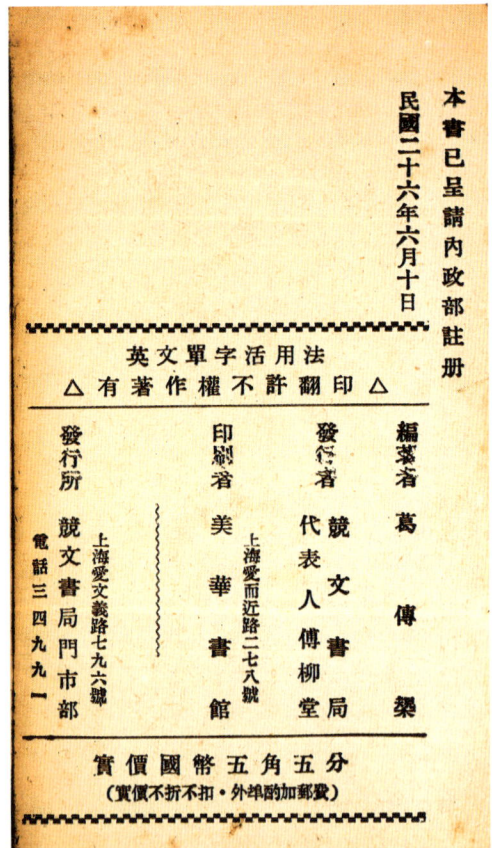

本書巳呈請內政部註冊

民國二十六年六月十日

英文單字活用法
△ 有著作權不許翻印 △

編纂者　葛　傳　槼

發行者　競文書局
代表人　傅柳堂
上海愛而近路二七八號

印刷者　美華書館

發行所　競文書局門市部
上海愛文義路七九六號
電話三四九九一

實價國幣五角五分
（實價不折不扣·外埠酌加郵費）

书名：英文字句用法
著者：葛理佩 / 著
出版印行：上海伊文思图书有限公司
出版时间：1937年再版
册数：不详
备注：本书为《英文津逮》第四册。

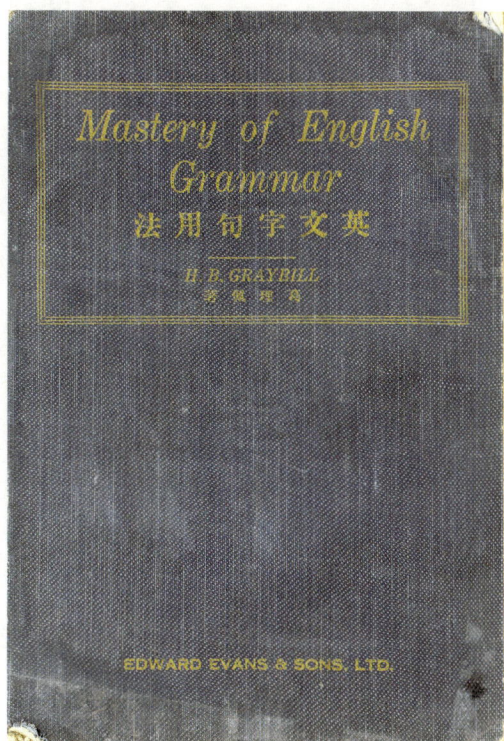

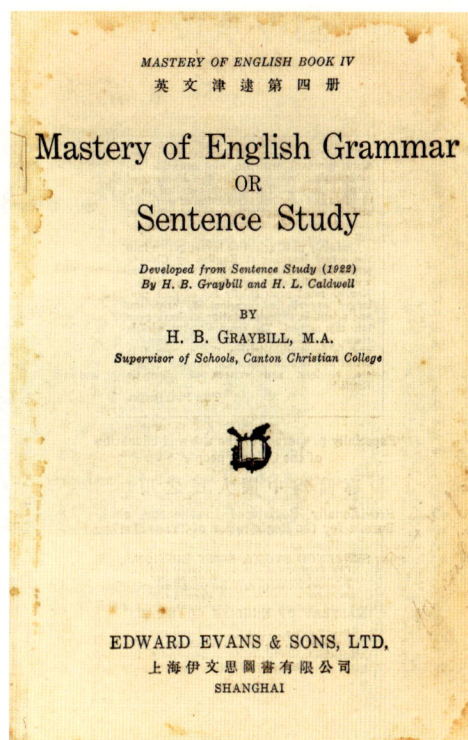

Mastery of English Grammar

英文字句用法

H. B. GRAYBILL

葛理佩 著

EDWARD EVANS & SONS. LTD.

MASTERY OF ENGLISH BOOK IV

英文津逮第四册

Mastery of English Grammar
OR
Sentence Study

Developed from Sentence Study (1922)
By H. B. Graybill and H. L. Caldwell

BY

H. B. GRAYBILL, M.A.
Supervisor of Schools, Canton Christian College

EDWARD EVANS & SONS, LTD.
上海伊文思图书有限公司
SHANGHAI

1468　书名：活用英文法

　　　著者：刘道昇 / 编著

　　　出版印行：启明书局

　　　出版时间：民国二十七年（1938）初版　民国二十九年（1940）3版

　　　册数：不详

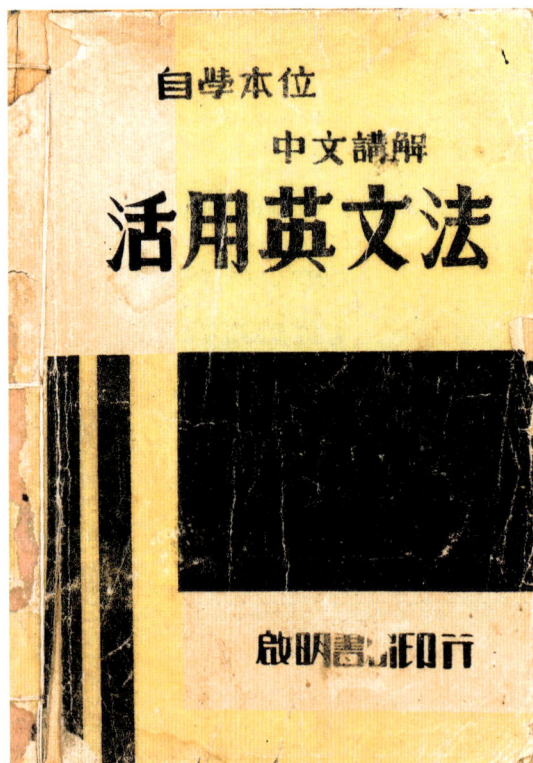

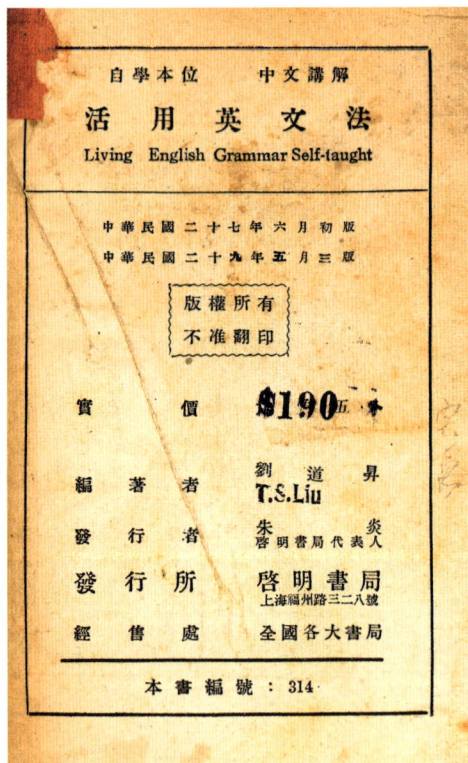

书名：英文文法讲话

著者：曹吴械 / 编纂

出版印行：世界图书局

出版时间：民国二十七年（1938）初版

册数：不详

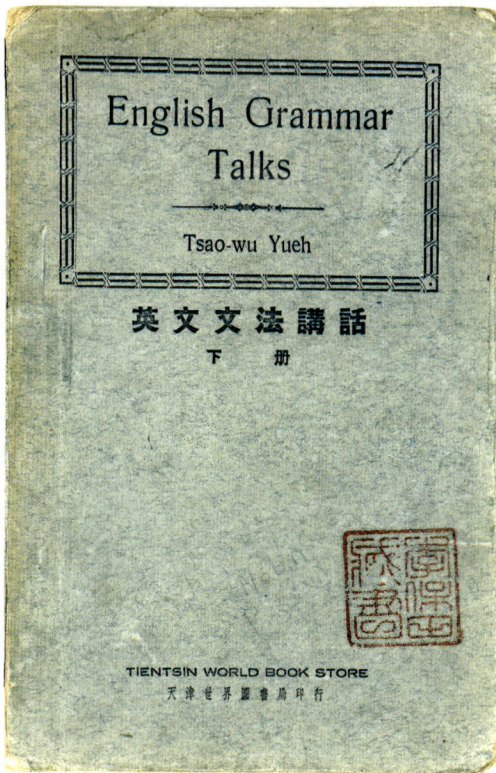

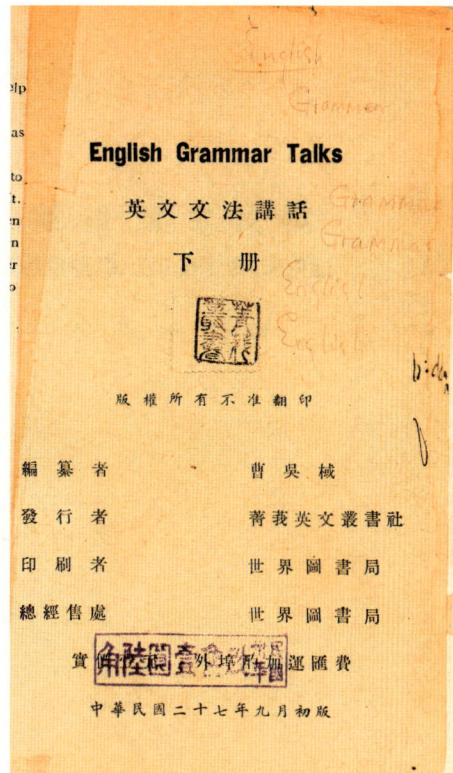

1470

书名：英文正误例解

著者：邹朝潜 / 编著　葛传规 / 校阅

出版印行：竞文书局

出版时间：民国二十八年（1939）初版

册数：不详

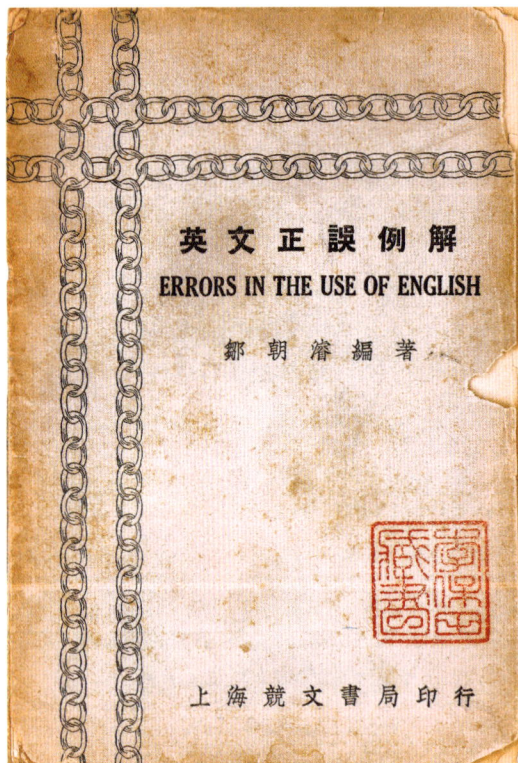

英文正误例解
ERRORS IN THE USE OF ENGLISH

邹朝潜編著

上海競文書局印行

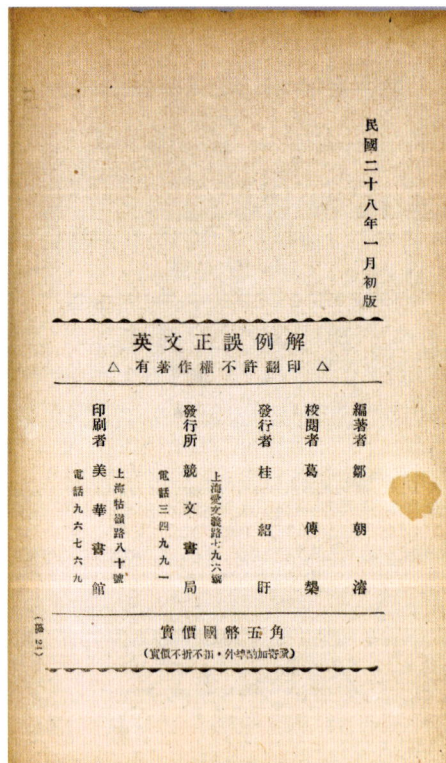

民國二十八年一月初版

英文正誤例解
△ 有著作權不許翻印 △

編著者	校閱者	發行者	發行所	印刷者
鄒朝潜	葛傳槼	桂紹旰	上海愛文義路十九六號　競文書局　電話三四九九一	上海牯嶺路八十號　美華書館　電話九六七六九

（陈 24）

實價國幣五角
（實價不折不扣·外埠酌加寄費）

书名：英文成语用法详解
著者：樊兆庚 / 编
出版印行：中华书局
出版时间：民国二十八年（1939）
册数：一

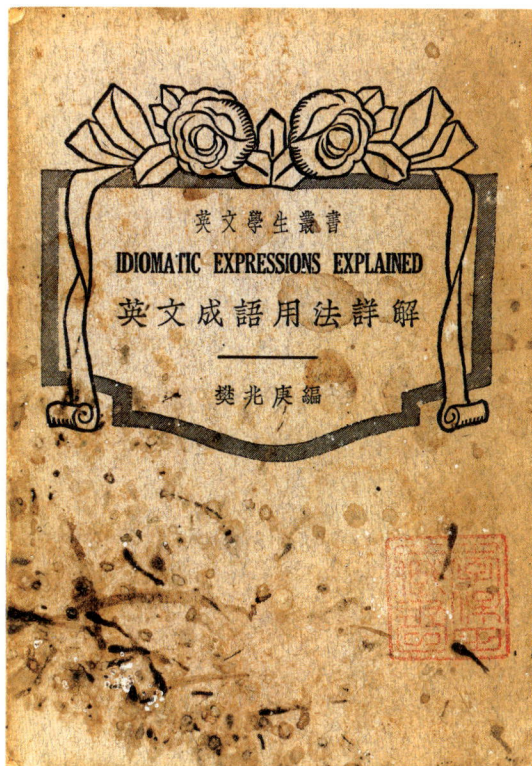

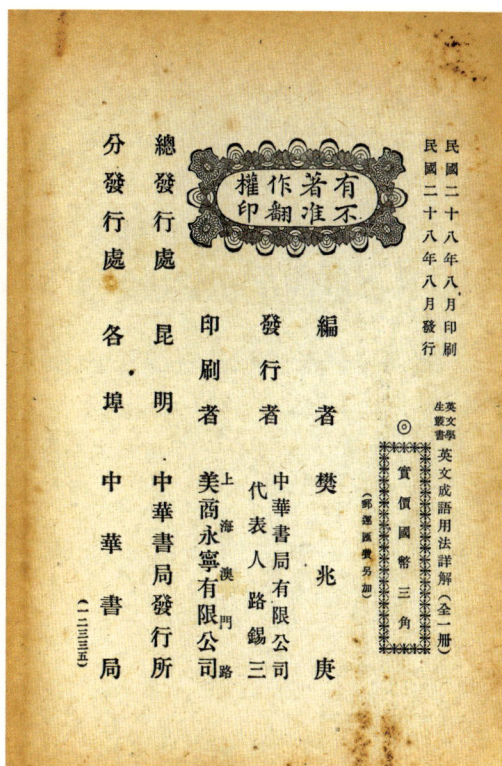

英文學生叢書

IDIOMATIC EXPRESSIONS EXPLAINED

英文成語用法詳解

樊兆庚編

民國二十八年八月印刷
民國二十八年八月發行

英文學生叢書
英文成語用法詳解（全一冊）

實價國幣三角
（郵運匯費另加）

有不准翻印　著作權

編　者　樊兆庚
發行者　中華書局有限公司　代表人路錫三
印刷者　上海澳門路　美商永寧有限公司
總發行處　中華書局發行所
分發行處　各埠　中華書局
昆明

1472　书名：实用英文文法（中英对照）
著者：徐立三／编译
出版印行：艺文书社
出版时间：民国三十四年（1945）出版　民国三十七年（1948）4版
册数：一

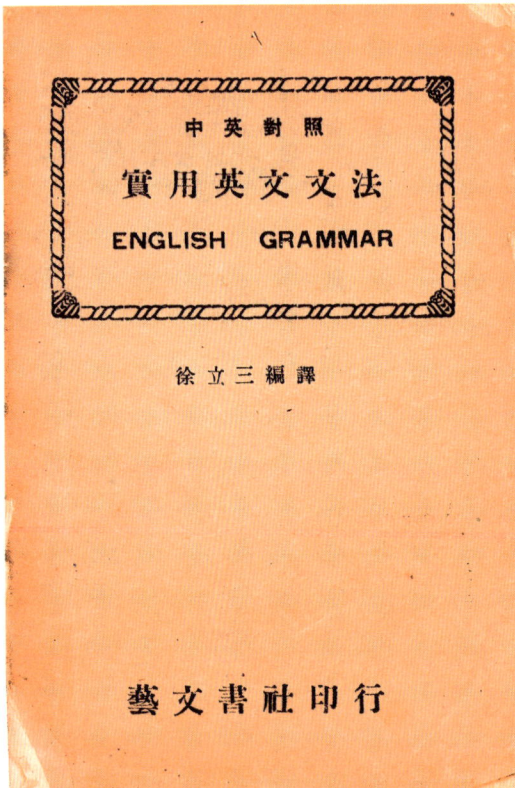

中英對照

實用英文文法

ENGLISH GRAMMAR

徐立三編譯

藝文書社印行

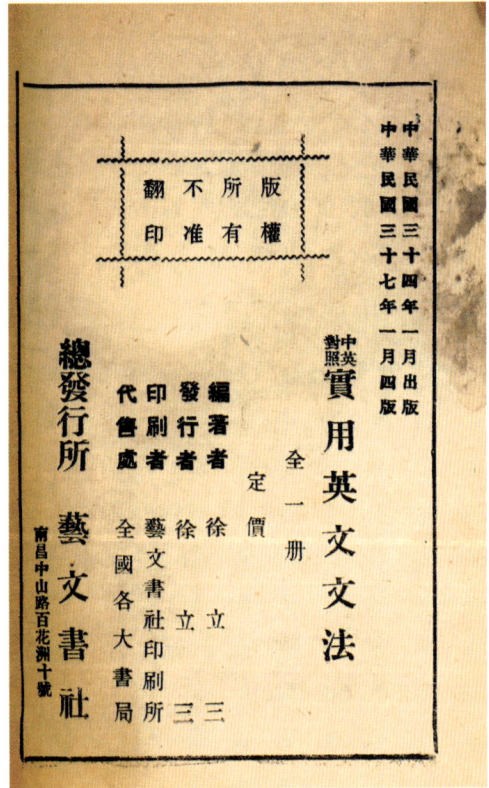

中英對照　實用英文文法

中華民國三十四年一月出版
中華民國三十七年一月四版

全一冊　定價

編著者　徐立三
發行者　徐立三
印刷者　藝文書社印刷所
代售處　全國各大書局

總發行所　藝文書社
南昌中山路百花洲十號

版所有　翻印不准

书名：英文拼字法（英文研究小丛书）
著者：钱歌川／编著
出版印行：中华书局
出版时间：民国三十五年（1946）初版
册数：一

书名：英文重音法（英文研究小丛书）
著者：钱歌川／编著
出版印行：中华书局
出版时间：民国三十二年（1943）渝第1版
册数：不详

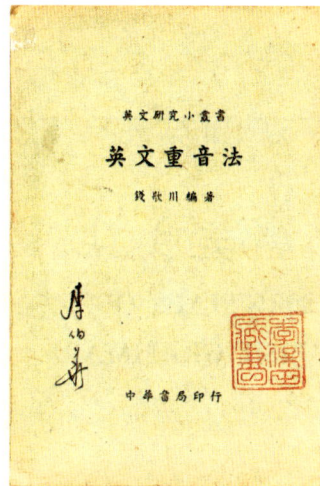

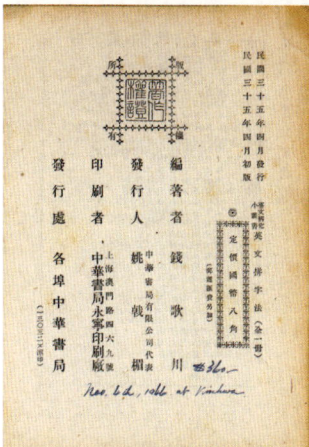

1474 | 书名：中等英文法
著者：刘崇岝 / 著 ［英］梅殿华 / 校阅
出版印行：中华书局
出版时间：民国三十五年（1946）48版
册数：一

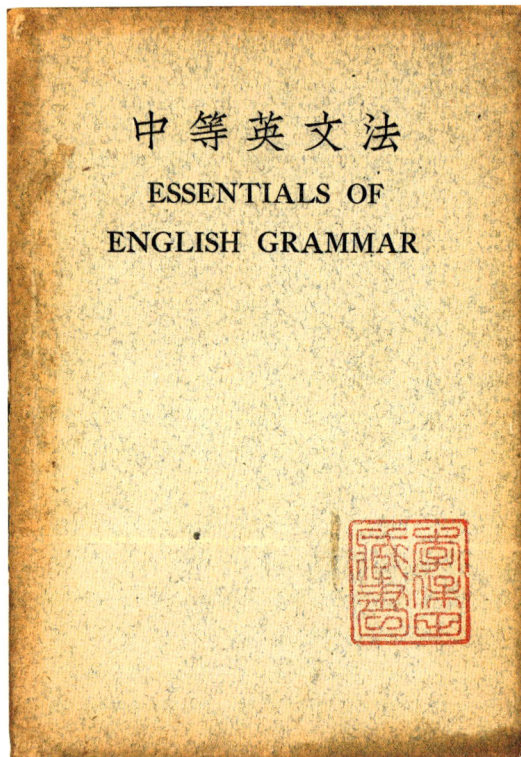

中 等 英 文 法
ESSENTIALS OF
ENGLISH GRAMMAR

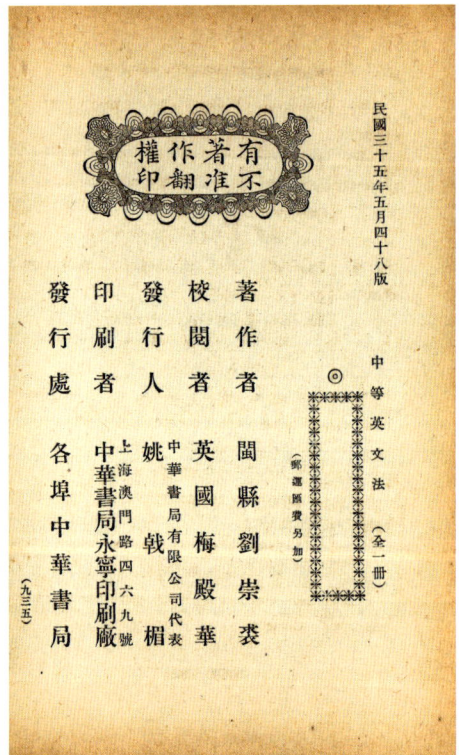

民國三十五年五月四十八版

有著作權不准翻印

中 等 英 文 法 （全一册）

（郵運匯費另加）

著作者 閩縣劉崇岝

校閱者 英國梅殿華

發行人 中華書局有限公司代表 戟楯

印刷者 上海澳門路四六九號 中華書局永寗印刷廠

發行處 各埠中華書局

（九三五）

书名：汉译实验高级英文法
著者：Dozen J.Dunn/ 著　刘士骧 / 译　陆朱琦 / 校对
出版印行：成都外北清华中学
出版时间：民国三十五年（1946）
册数：一

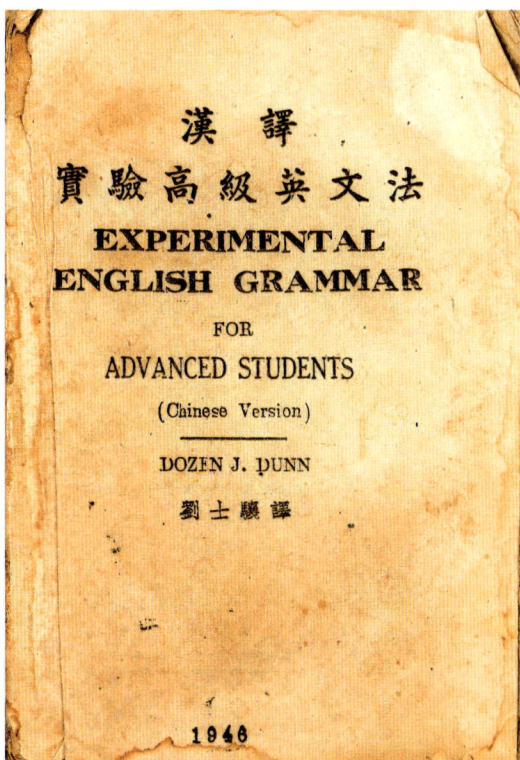

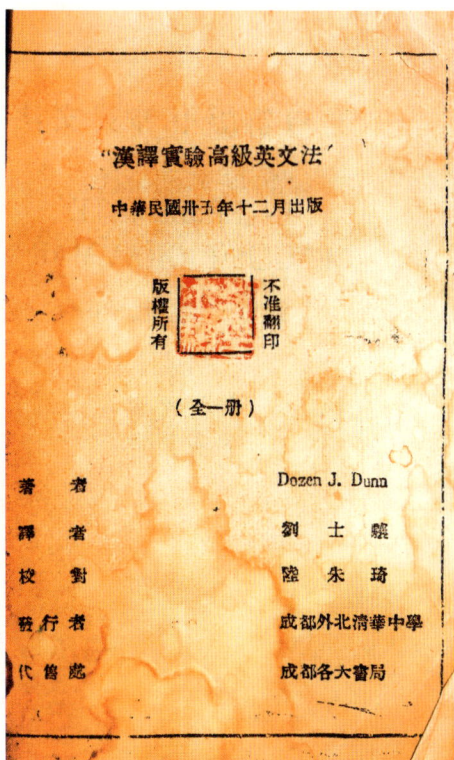

1476 　书名：开明新编中等英文法
　　　　著者：吕叔湘 / 著
　　　　出版印行：开明书店
　　　　出版时间：民国三十六年（1947）初版
　　　　册数：不详

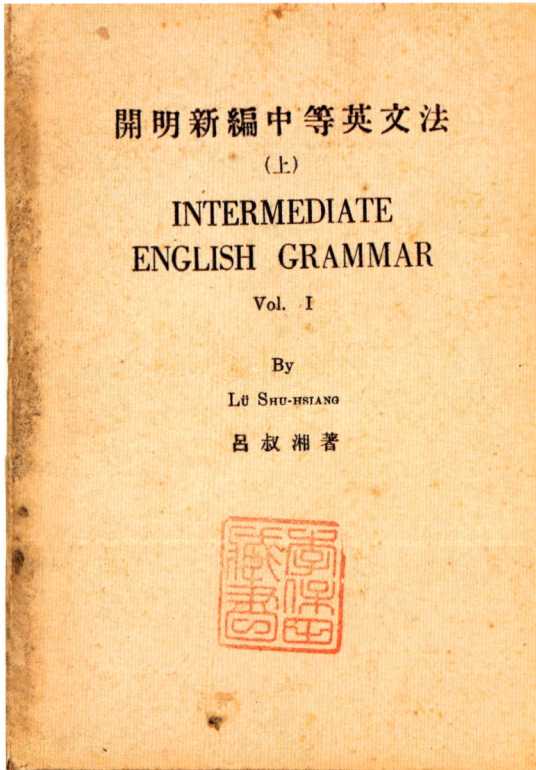

開明新編中等英文法
（上）
INTERMEDIATE
ENGLISH GRAMMAR
Vol. I

By

Lü Shu-hsiang

呂 叔 湘 著

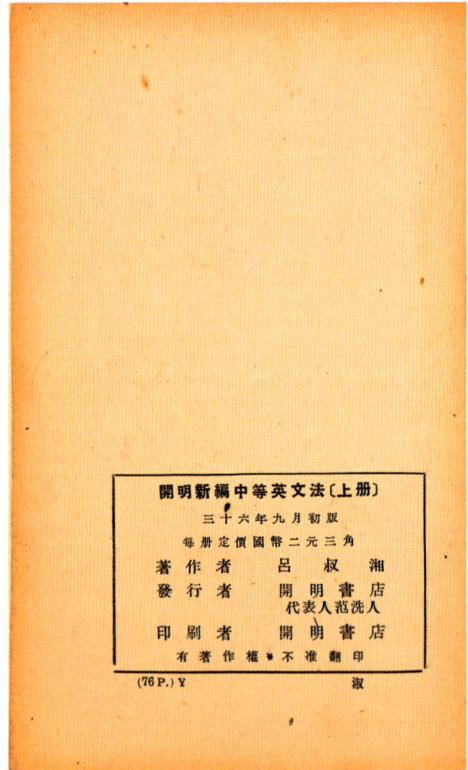

開明新編中等英文法〔上冊〕
三十六年九月初版
每冊定價國幣二元三角
著 作 者　　呂　叔　湘
發 行 者　　開 明 書 店
代表人范洗人
印 刷 者　　開 明 書 店
有著作權✕不准翻印
(76 P.) Y　　　　　　　淑

书名：简明高级英文法

1477

著者：闻天声 / 编著

出版印行：世界书局

出版时间：民国三十六年（1947）3版

册数：不详

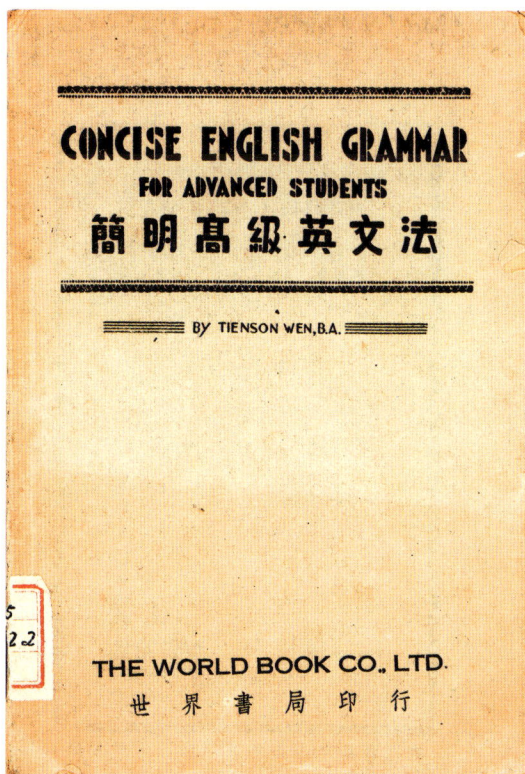

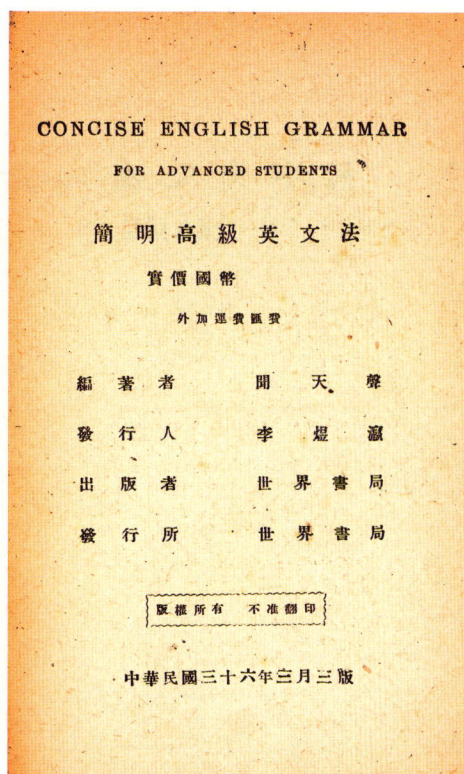

1478 书名：初中英文法

著者：邵松如、戴骅文 / 编纂　沈步洲 / 订正

出版印行：文化学社

出版时间：民国三十六年（1947）30版

册数：一

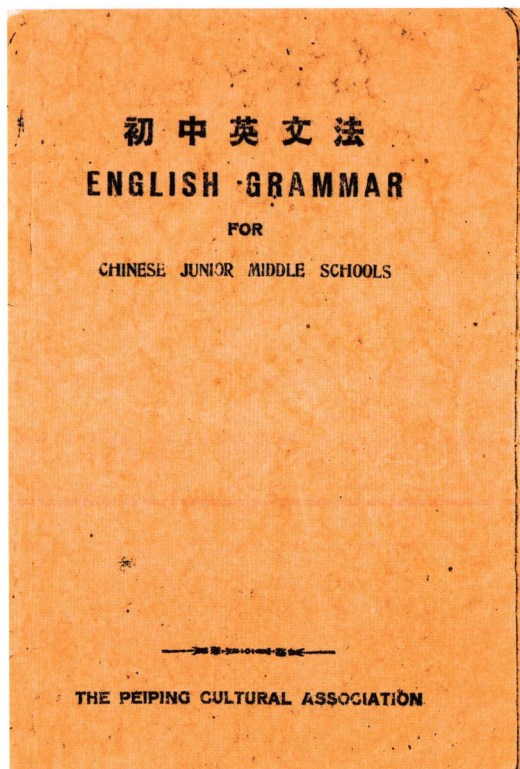

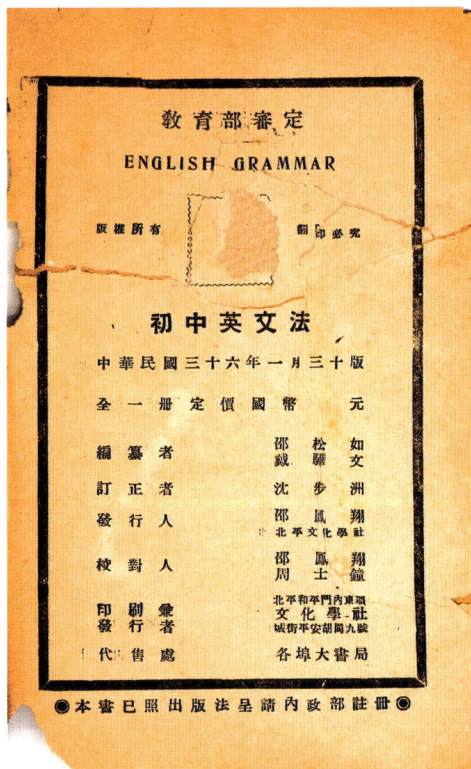

书名：英文改错详解（修订本）
著者：吴慰曾、柴景昕 / 编著
出版印行：文化学社
出版时间：民国三十七年（1948）修订8版
册数：一

1479

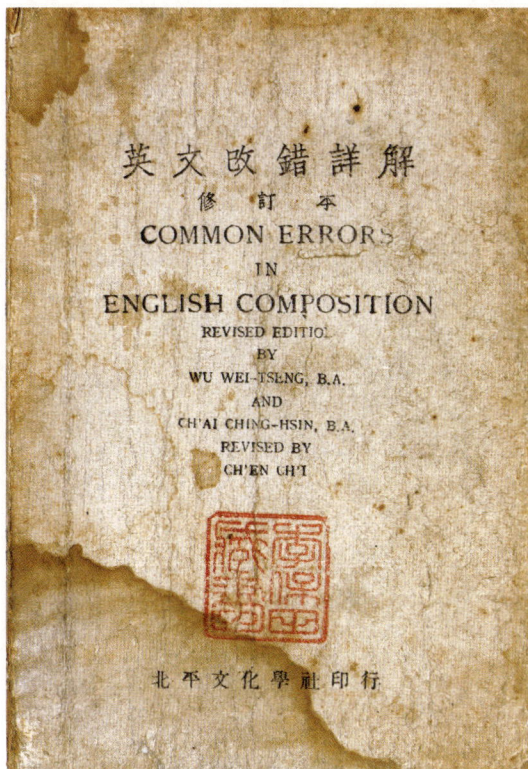

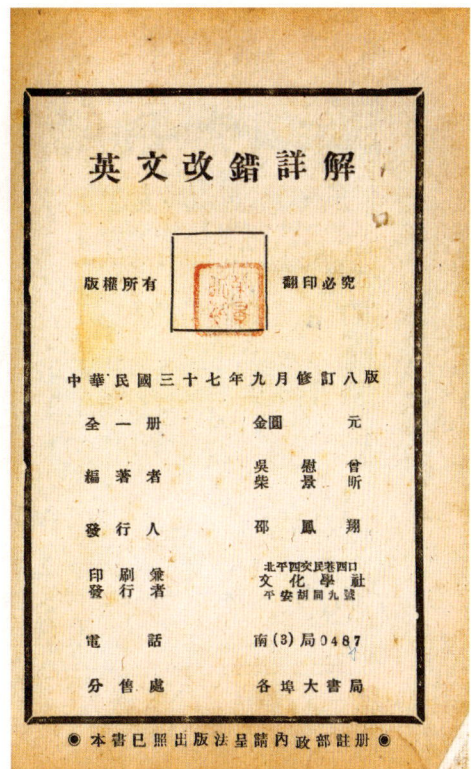

1480　书名：纳氏英文法讲义

　　　　著者：陈嘉 / 编译

　　　　出版印行：群益书社

　　　　出版时间：不详

　　　　册数：一

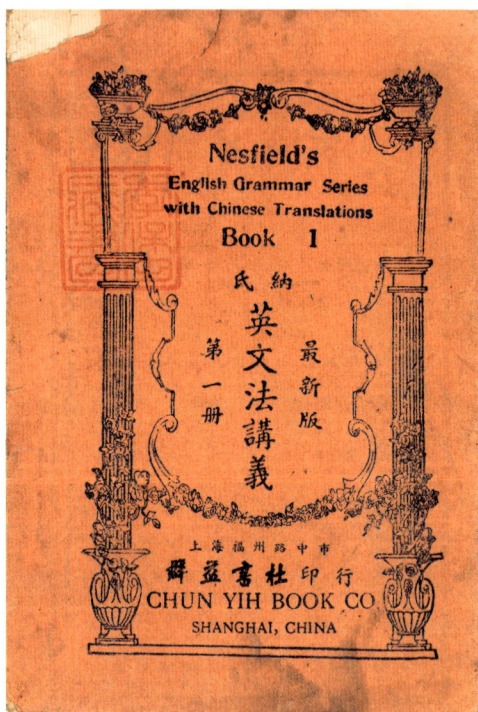

Nesfield's
English Grammar Series
with Chinese Translations

Book 1

納氏英文法講義
第一册

最新版

上海福州路中市
群益書社印行
CHUN YIH BOOK CO.
SHANGHAI, CHINA

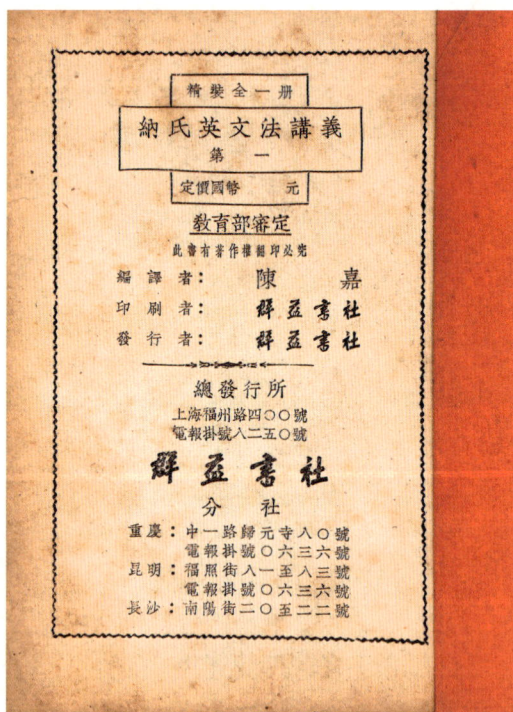

精裝全一册

納氏英文法講義
第　一

定價國幣　　元

教育部審定

此書有著作權翻印必究

編譯者：　　陳　　嘉
印刷者：　　群益書社
發行者：　　群益書社

總發行所

上海福州路四〇〇號
電報掛號八二五〇號

群益書社

分　社

重慶：中一路歸元寺八〇號
　　　電報掛號〇六三六號
昆明：福照街八一至八三號
　　　電報掛號〇六三六號
長沙：南陽街二〇五二二號

书名：英文造句法

著者：姚尔玉 / 编著

出版印行：胜业兄弟印刷社、商务印书馆 / 印刷

出版时间：不详

册数：一

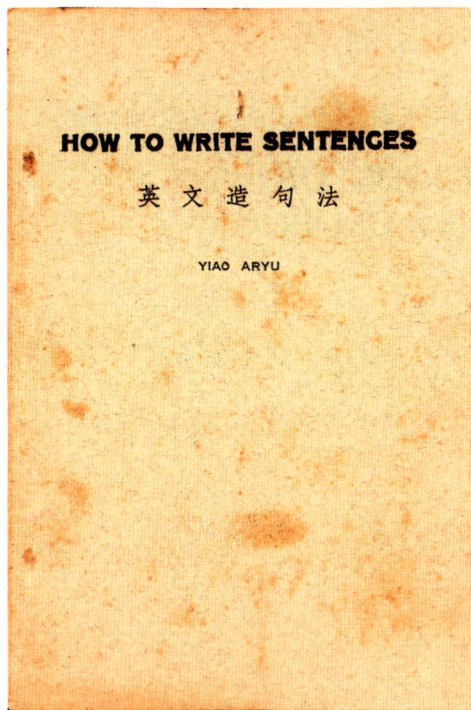

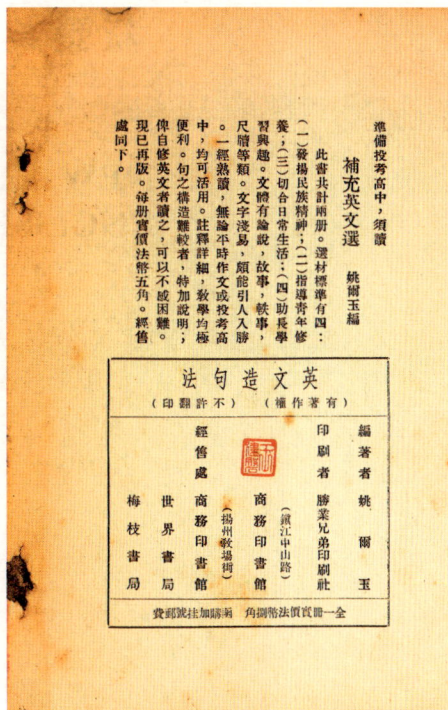

HOW TO WRITE SENTENCES

英文造句法

YIAO ARYU

准备投考高中，须读

补充英文选

姚尔玉编

此书共计两册。选材标准有四：（一）发扬民族精神。（二）指导青年修养。（三）切合日常生活。（四）助长学智兴趣。文体有论说、故事、轶事、尺牍等类。文字浅易，颇能引人入胜。一经熟读，无论平时作文或投考高中，均可活用。句之构造难较者，注释详细，特加说明，俾自修英文者读之，可以不感困难。每册实价法币五角。经售现已再版。藏同下。

英文造句法
（不许翻印）（有著作权）

编著者 姚尔玉

印刷者 胜业兄弟印刷社（镇江中山路）

印刷者 商务印书馆（扬州教场街）

经售处 商务印书馆
世界书局
梅枝书局

全一册实价法币八角 另加挂号邮费

1482 书名：新体英文法教科书（中学校用）
著者：商务印书馆编译所
出版印行：商务印书馆
出版时间：不详
册数：不详

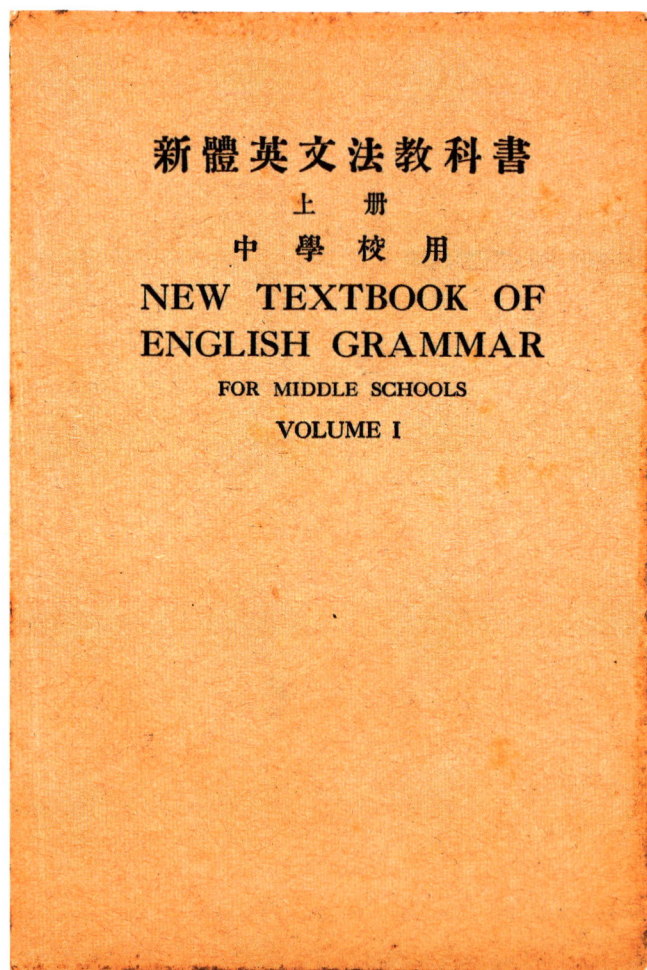

书名：英文动词用法 ABC（活用英文 ABC 丛书）
著者：祝介如 / 编
出版印行：世界书局
出版时间：不详
册数：不详

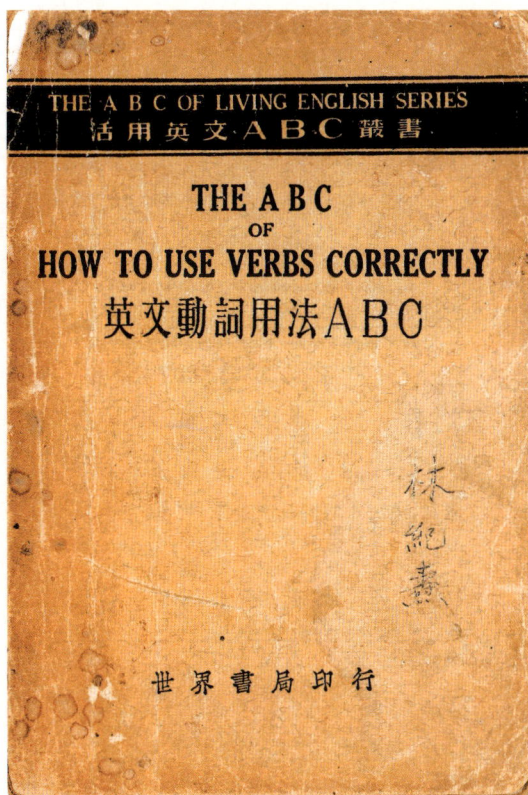

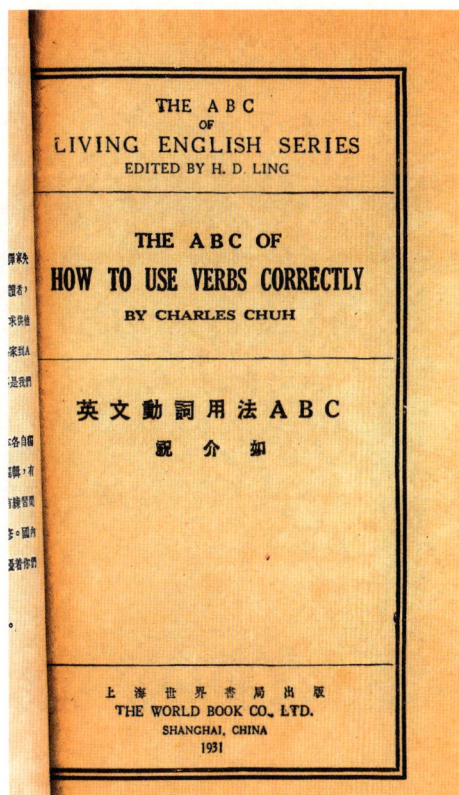

1484

书名：英语会话教科书
著者：邝富灼 / 编纂
出版印行：商务印书馆
出版时间：戊申年（1908）初版　民国十年（1921）16版
册数：一

⑤英语会话

教育部審定
英語會話教科書
A
CLASS-ROOM
CONVERSATION BOOK
Approved by the Board of Education

漢譯英文會話
The New Method Conversation Book
By L. NEWTON HAYES

Price, 15 cts.

The twenty-five lessons are arranged in the form of dialogues, making it possible for students to take the parts of persons in the dialogues. Mr. Hayes has used this method with success, in the English classes of the Chengtu Y. M. C. A. School. The conversations are easy, useful, and natural. The Chinese translation is put at the end of the book.

Approved by the Board of Education, Peking

H 60　COMMERCIAL PRESS, LTD., PUBLISHERS

A Class-Room Conversation Book
(Revised Edition)
Approved by the Board of Education
Commercial Press, Ltd.
All rights reserved

戊申年九月初版
中華民國十年十月尖版
（正訂）英語會話教科書一册
（外埠酌加運費匯費）
紙面每册定價大洋陸角伍分

編纂者　新寧邝富灼
發行者　商務印書館
印刷所　上海北河南路北首寶山路　商務印書館
總發行所　商務印書館
分售處　上海棋盤街中市
※此書有著作權翻印必究
前清宣統三年四月三日東部註冊五月十四日領到著字第一百三十二號執照

六一九七丁

书名：最新英华会话大全
著者：李登辉、杨锦森 / 编
出版印行：中华书局
出版时间：民国二年（1913）发行　民国七年（1918）12版
册数：一

NEW PRACTICAL
ANGLO-CHINESE
CONVERSATION

著作翻印權　有著作權　不准翻印

民國二年十二月印刷
民國二年十二月發行
民國七年九月十二版

（最新英華會話大全）全一冊定價銀壹圓

編者　　厦門縣楊錦森　李登輝

發行者　吳縣楊錦森

印刷所　上海靜安寺路　中華書局

總發行所　上海福州路　中華書局

分發行所　北京天津漢口南京長沙成都　常德衡州廣州漢陽開封濟南　石家莊東昌潮州安慶溫州長沙　黑龍江迪化城台程化公公油新加坡　哈爾濱　中華書局

（四六）

New Practical
Anglo-Chinese Conversation

BY

Lee Teng Hwee, B.A. (Yale),
President of Fuh Tan College,

AND

Young Chinson, M.A.
(University of Pennsylvania)

REVISED EDITION

CHUNG HWA BOOK COMPANY, LTD.
SHANGHAI

1486

书名：中华英文会话教科书

著者：辜景华 / 编　李登辉、杨锦森 / 校订

出版印行：中华书局

出版时间：民国三年（1914）初版　民国四年（1915）3版

册数：四

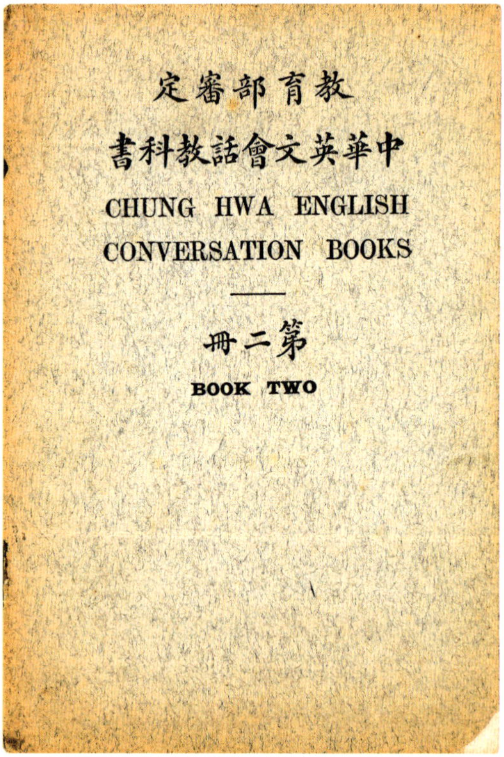

教育部審定

中華英文會話教科書

CHUNG HWA ENGLISH

CONVERSATION BOOKS

——

第二冊

BOOK TWO

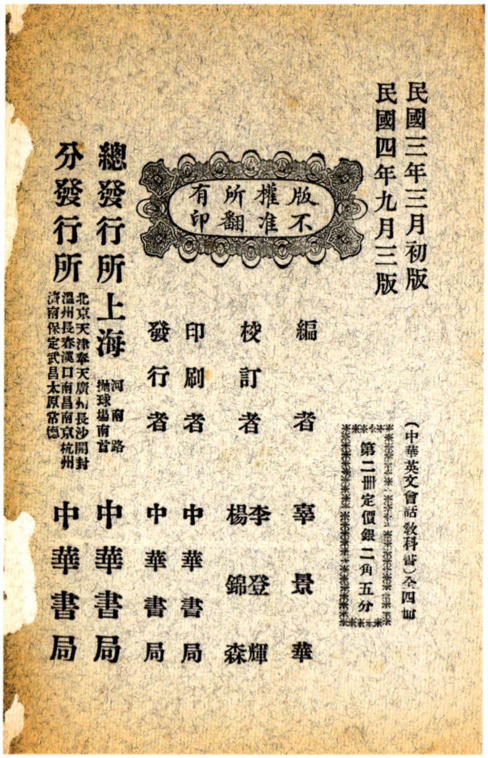

民國三年三月初版
民國四年九月三版

版權所有不准翻印

總發行所上海　河南南首路地球場
分發行所　北京天津奉天廣州漢口長沙開封温州長春濟南保定武昌南京杭州常德

編者　辜景華
校訂者　李登輝
印刷者　楊錦森
發行者　中華書局
　　　　中華書局

（中華英文會話教科書）全四冊
第二冊定價銀二角五分

书名：高级英语会话教科书

著者：沈竹贤 / 编纂

出版印行：商务印书馆

出版时间：民国四年（1915）初版　民国二十二年（1933）国难后第3版

册数：二

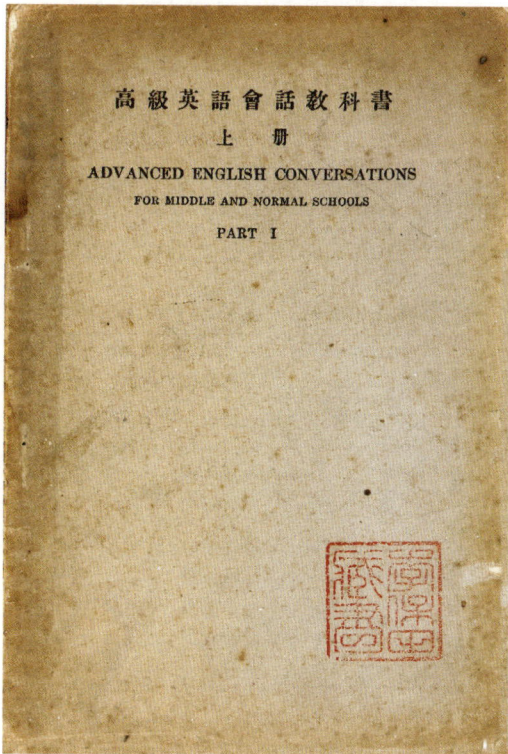

高級英語會話教科書

上　册

ADVANCED ENGLISH CONVERSATIONS

FOR MIDDLE AND NORMAL SCHOOLS

PART I

民國二十一年一月二十九日

敝公司突遭國難總務處印刷

所紹鐸所書棧房為被炸燬附

設之涵芬樓東方圖書館尚公

小學亦遭殃及盡付焚如三十

五載之經營墮於一旦迻錄

各界慰問督望速圖恢復詞意

懇摯衔感何窮敝處境艱艱

困不敢不勉爲其難因將學校

需用各書先行遒印其他各書

亦將次第出版惟是圖版裝製

不能盡如原式事勢所限想

鑒原謹布下忱統祈　垂詧

上海商務印書館謹啓

版權有所翻印必究

中華民國四年十二月初版

民國二十一年七月印行國難後第一版

民國二十二年三月印行國難後第三版

（三九四）

高級英語會話教科書二册

上册定價大洋陸角

外埠酌加運費匯費

編纂者　　沈　竹　賢

發行兼印刷者　　上海河南路　商務印書館

發行所　　上海及各埠　商務印書館

1488 书名：高级英语会话教科书

著者：沈竹贤 / 编纂　邝富灼、吴继杲 / 校订

出版印行：商务印书馆

出版时间：民国四年（1915）初版　民国五年（1916）3版

册数：二

教育部審定

高級英語會話教科書

Advanced English Conversations

for

Middle and Normal Schools

PART I

Approved by the Board of Education

An Anglo-Chinese Conversational Dictionary

for Study and Reference

Translated and Edited by

P. S. Yie

520 pages, printed on good paper. $1.00

The book is adapted for the general use of both Chinese and Westerners, especially for a tourist. It is divided into five parts. (1) Weights and Measures, Moneys, Common Vocabulary; (2) General Conversation; (3) Commercial Conversation; (4) Letter-writing; (5) A Miscellany, comprising Proverbs, Commercial, Biographical and Geographical Abbreviations, etc. Mr. Yie's name is a guarantee that the translation has been well done.

H 14. **Commercial Press, Ltd., Publishers**

Advanced English Conversations

Part I

FOR MIDDLE AND NORMAL SCHOOLS

Approved by the Board of Education

COMMERCIAL PRESS, LTD.

編纂者　嘉定沈竹賢

校訂者　新寧吳繼杲　吳縣鄺富灼

發行者　商務印書館

印刷所　商務印書館

總發行所　上海北河南路商務印書館

分售處　商務印書分館 各省各埠

中華民國四年七月初版
中華民國五年十月三版

《高級英語會話教科書二册》

（上册定價大洋陸角）

（外埠酌加運費匯費）

书名：汉译英文会话
著者：嘿兹 / 编纂　甘永龙 / 校订
出版印行：商务印书馆
出版时间：民国六年（1917）初版　民国十八年（1929）17版
册数：不详

漢譯英文會話
THE NEW METHOD
CONVERSATION BOOK

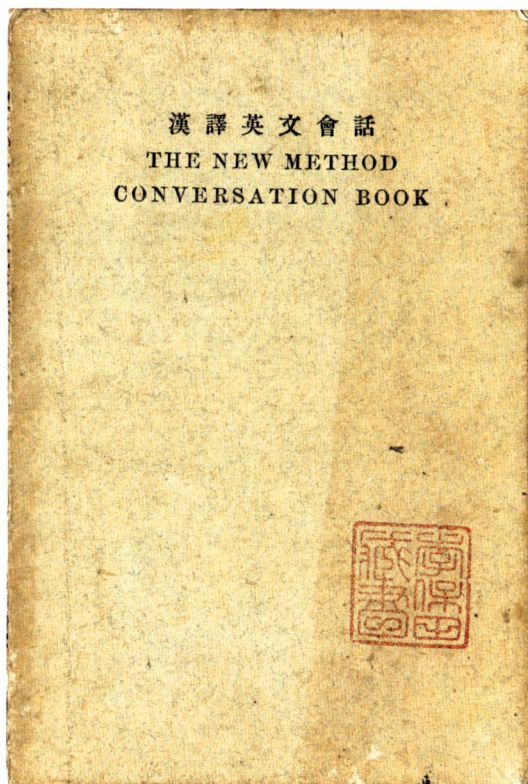

日 用 英 語 會 話 教 本
THE ENGLISH ECHO
BY J. INGRAM BRYAN, M.A., M.LITT., B.D., PH.D.
Price, 35 cts.

This book aims to supplement the work of the English teacher with conversational forms as nearly natural and life-like as is possible in the printed page. The work is based on the latest methods of linguistic instruction as practiced in the best language schools of Europe and America. It supplies the student with a comprehensive vocabulary of words and expressions in common use among the English-speaking people, and aids him in obtaining command of the idioms of the language. It furnishes material for intelligent, correct, and varied expression in the English language.

THE COMMERCIAL PRESS, LIMITED, PUBLISHERS

此書有著作權翻印必究
漢譯英文會話

編纂者　　嘿　　茲
校訂者　　平湖甘永龍
發行兼印刷者　商務印書館
定價　大洋壹角伍分　外埠酌加運費匯費
初版　民國六年五月　十七版　民國十八年一月
ALL RIGHTS RESERVED
THE NEW METHOD CONVERSATION BOOK
Author:　　　L. Newton Hayes
Editor:　　　Kan Yung Lung
Publishers and Printers: The Commercial Press, Limited
Price: $0.15, postage extra
1st ed., May, 1917　17th ed., Jan., 1929

1490

书名：日用英语会话教本

著者：J. Ingram Bryan/ 编纂　商务印书馆编译所 / 校订

出版印行：商务印书馆

出版时间：民国六年（1917）初版　民国九年（1920）5版

册数：一

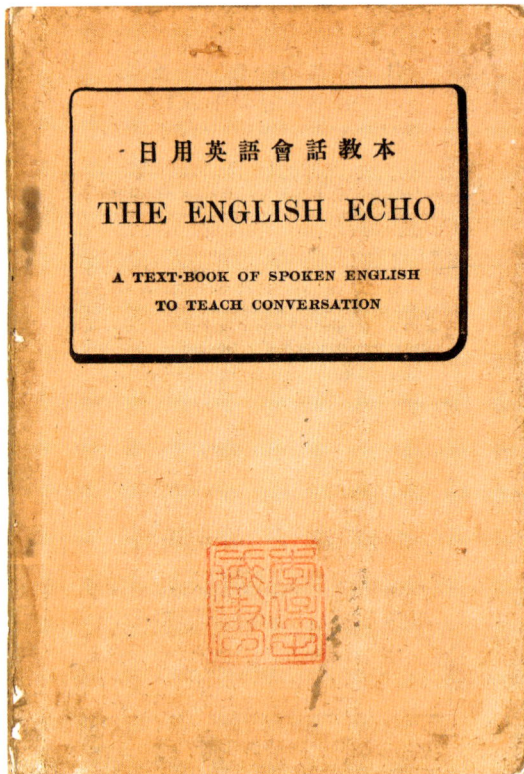

日用英語會話教本

THE ENGLISH ECHO

A TEXT·BOOK OF SPOKEN ENGLISH
TO TEACH CONVERSATION

英華會話合璧

FIFTY LESSONS IN ENGLISH CONVERSATION

with Chinese translations

By Chang Sze-yi

Instructor in English, Nanyang University

70 cts. per copy

The lessons in this book are easy and are selected from
a large number of dialogues that Mr. Chang has used in his
classes. The dialogues are natural, give the student a good
variety of colloquial phrases, and show him how to ask
questions and give answers. The Chinese translations are in
Peking Mandarin, and form a separate section of the book.
Blank spaces for Notes are provided for in the book.

The Commercial Press, Publishers

H 26

The English Echo
A Text-book of Spoken English to Teach Conversation
Commercial Press, Limited
All rights reserved

中華民國六年九月初版
九　年十月五版

《日用英語會話教本一册》
（每册定價大洋叁角伍分）
（外埠酌加運費匯費）

編纂者　J. Ingram Bryan

校訂者　商務印書館編譯所

發行者　商務印書館
　　　上海北河南路北首寶山路

印刷所　商務印書館
　　　上海棋盤街中市

總發行所　商務印書館

分售處　商務印書分館
北京 天津 保定 奉天 吉林 龍江
濟南 南昌 太原 開封 西安
南京 杭州 廣州 梧州 潮州 南昌 安慶
榕縣 福州 汕頭 貴陽 昆明
漢口 馬沙 常德 衡州 成都 重慶
渝口 宜昌 廣州 良鄉 財政
来口 蕪湖 桂林 牧

此書有著作權翻印必究

书名：英语会话教科书

著者：John Ellis / 编纂

出版印行：商务印书馆

出版时间：民国七年（1918）初版　民国九年（1920）4 版

册数：一

英語會話教科書

新大陸探風談

A TRIP TO AMERICA

IN THE FORM OF EXERCISES

IN ENGLISH CONVERSATION

英華會話合璧

FIFTY LESSONS IN ENGLISH CONVERSATION

With Chinese Translations

By Chang Sze-yi

Instructor in English, Nanyang University

70 cts. per copy

The lessons in this book are easy and are selected from a large number of dialogues that Mr. Chang has used in his classes. The dialogues are natural, give the student a good variety of colloquial phrases, and show him how to ask questions and give answers. The Chinese translations are in Peking Mandarin, and form a separate section of the book. Blank spaces for Notes are provided for in the book.

The Commercial Press, Publishers

H 26

A Trip to America

Commercial Press, Ltd.

中華民國九年五月四版

中華民國七年三月初版

（英語會話教科書一冊）

（新大陸探風談）

（每册定價大洋伍角）

（外埠酌加運費匯費）

編纂者　John Ellis

發行者　商務印書館

印刷所　商務印書館

上海北河南路北首寶山路

總發行所　商務印書館

上海棋盤街中市

分售處　商務印書分館

北京天津保定泰安南京濟南太原開封洛陽江寧杭州蕪湖安慶南昌漢口長沙常德成都重慶貴陽廣州潮州香港桂林福州蕪州福福州蕪州新嘉坡

此書有著作權翻印必究

1492

书名：汉文译注商业英语会话
著者：张毓良 / 编纂　李培恩 / 校订
出版印行：商务印书馆
出版时间：民国九年（1920）初版
册数：一

漢文譯註
商業英語會話
COMMERCIAL CONVERSATION
FOR
CHINESE STUDENTS AND BUSINESS MEN

英文商業文牘備要
A MANUAL OF COMMERCIAL CORRESPONDENCE
AND
COMMERCIAL FORMS
Price, 80 cts.
By LI UNG BING
(Author of "Translation Exercises" and
"A Guide to Letter Writing")

This book is intended as a supplement to "A Guide to Letter Writing." It consists of two parts: Part I comprising some 120 examples of well-written commercial letters, carefully selected, adapted, and annotated, and Part II Commercial Forms. These forms are not only intended as illustrations of the letters contained in Part I but also as a guide to young Chinese who enter for the first time upon a commercial life. With this end in view, the forms are carefully explained, and some legal business forms, such as power of attorney, agreement, etc., are included. Trade terms and phrases are explained in the appendices.

H 36　The Commercial Press, Publishers

Commercial Conversation
For Chinese Students and Business men
Commercial Press, Ltd.
All rights reserved

中華民國九年四月初版

（漢文譯註）
商業英語會話一册
（每册定價大洋伍角）
（外埠酌加運費匯費）

編纂者　崇明張毓良
校訂者　杭縣李培恩
發行者　商務印書館
印刷所　上海北河南路北首寶山路商務印書館
總發行所　上海棋盤街中市商務印書館
分售處　商務印書分館

此書有著作權翻印必究

书名：南武英语会话

著者：W. J. B. Fletcher / 编纂

出版印行：商务印书馆

出版时间：民国十一年（1922）初版　民国十三年（1924）5版

册数：一

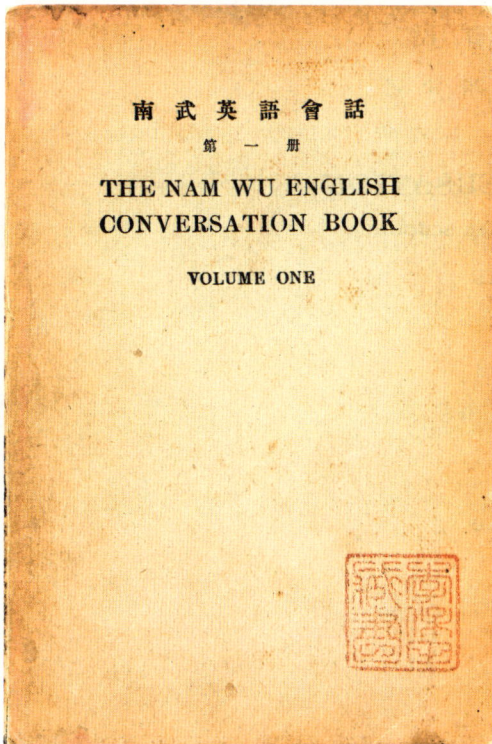

南 武 英 語 會 話

第 一 册

THE NAM WU ENGLISH
CONVERSATION BOOK

VOLUME ONE

複式英語會話
A Coat of Many Colors

Price, 70 cts.

This book is a classification of the different phrases in the English language which are synonymous in meaning. At the end of each chapter, explanations of the difficult phrases and sentences are given for reference. This book will help students to know the special uses of current phrases and sentences used in ordinary conversation.

H 16　COMMERCIAL PRESS, LTD., PUBLISHERS

The Nam Wu English Conversation Book
The Commercial Press, Limited

中華民國十一年四月初版
十三年十月五版

（南 武 英 語 會 話）
（第一册定價大洋貳角伍分）
（外埠酌加運費匯費）

編纂者　W. J. B. Fle'sher

發行者　商務印書館

印刷所　商務印書館
上海北河南路北首寶山路

總發行所　商務印書館
上海棋盤街中市

分售處　各省商務印書分館

1494   书名：中等英语会话（中学校及师范学校用）

著者：周越然

出版印行：商务印书馆

出版时间：1923年

册数：不详

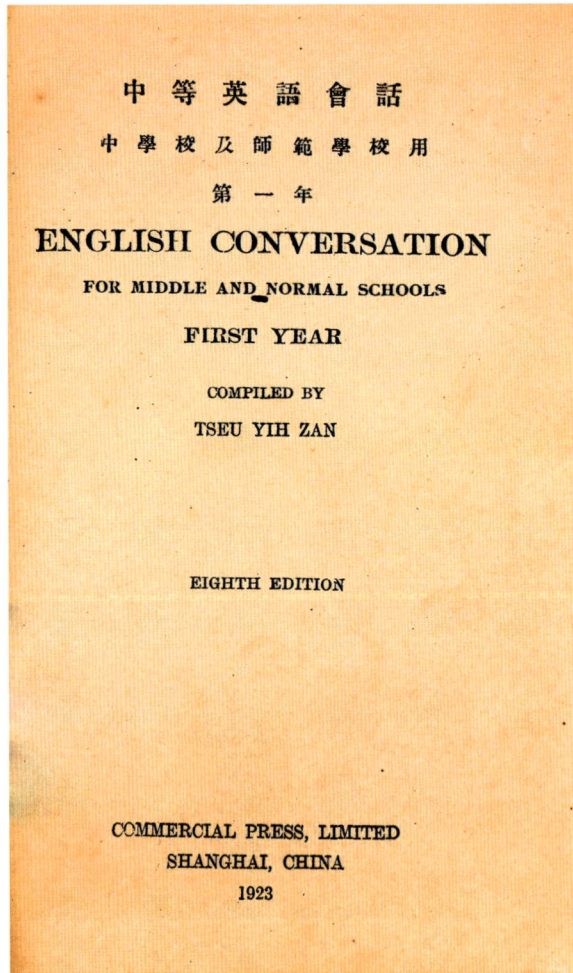

书名：英语会话范本

著者：王步贤 / 编纂

出版印行：商务印书馆

出版时间：民国十二年（1923）初版　民国二十二年（1933）国难后第1版

册数：不详

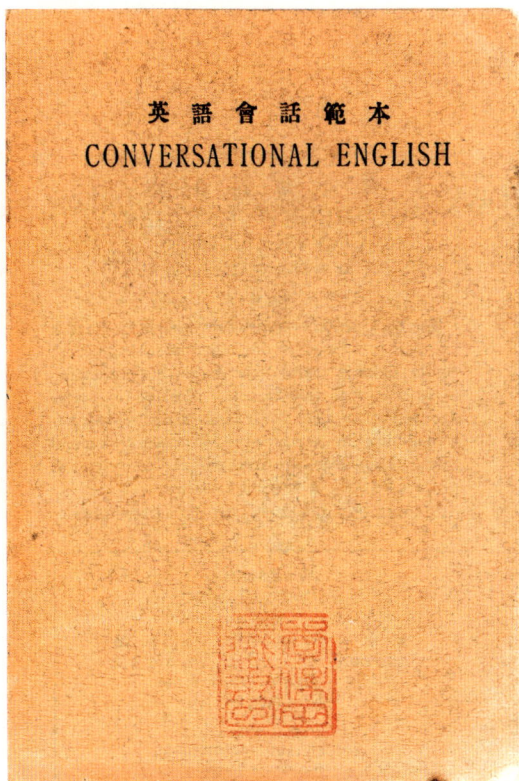

英語會話範本

CONVERSATIONAL ENGLISH

1496　书名：中学英语会话读本
　　　著者：布赖安 / 编纂
　　　出版印行：商务印书馆
　　　出版时间：民国十六年（1927）初版
　　　册数：不详

中學英語會話讀本第二冊
CONVERSATIONAL READERS
FOR MIDDLE SCHOOLS
BOOK II

中學英語會話讀本第三冊
CONVERSATIONAL READERS
FOR MIDDLE SCHOOLS
BOOK III

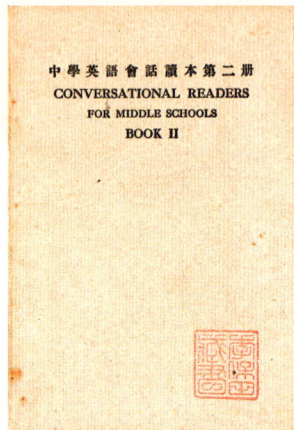

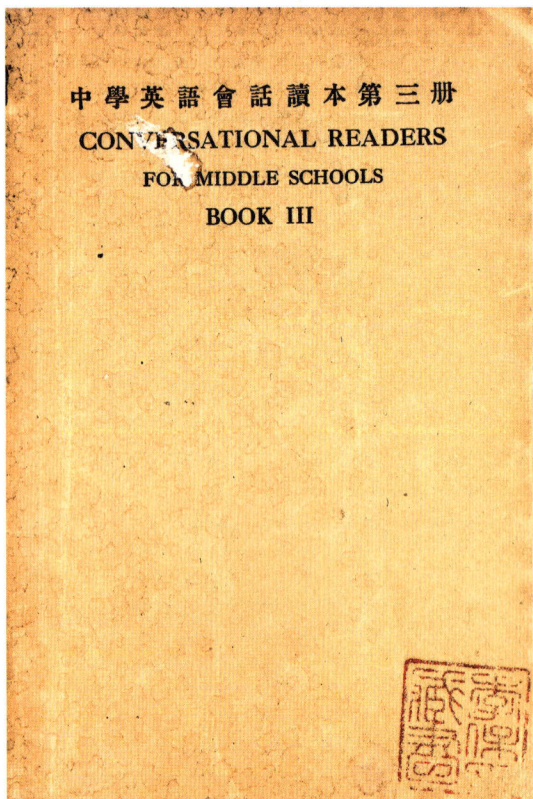

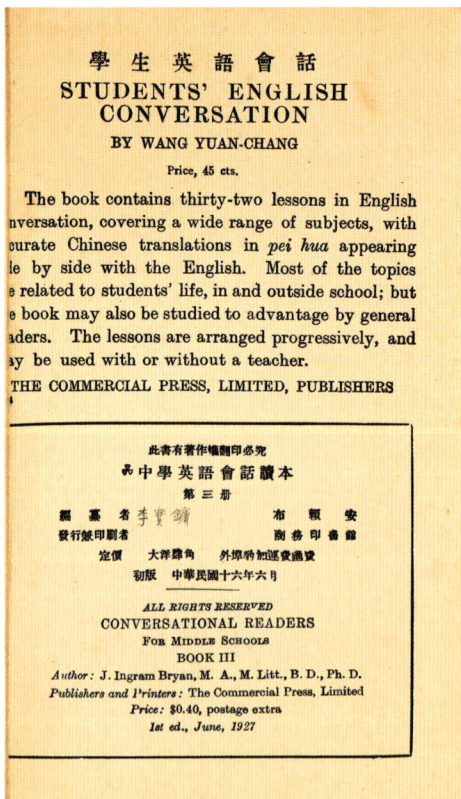

學生英語會話
STUDENTS' ENGLISH
CONVERSATION
BY WANG YUAN-CHANG

Price, 45 cts.

The book contains thirty-two lessons in English
conversation, covering a wide range of subjects, with
accurate Chinese translations in *pei hua* appearing
side by side with the English. Most of the topics
are related to students' life, in and outside school; but
the book may also be studied to advantage by general
readers. The lessons are arranged progressively, and
may be used with or without a teacher.

THE COMMERCIAL PRESS, LIMITED, PUBLISHERS

此書有著作權翻印必究
中學英語會話讀本
第三冊

編纂者 李寶鑑　　　　　布頼安
發行兼印刷者　　　　　商務印書館
定價　大洋壹角　外埠照碼酌匯費滙費
初版　中華民國十六年六月

ALL RIGHTS RESERVED
CONVERSATIONAL READERS
FOR MIDDLE SCHOOLS
BOOK III
Author: J. Ingram Bryan, M. A., M. Litt., B. D., Ph. D.
Publishers and Printers: The Commercial Press, Limited
Price: $0.40, postage extra
1st ed., June, 1927

书名：模范英汉会话
著者：陆费执 / 编
出版印行：中华书局
出版时间：民国十六年（1927）发行　民国廿九年（1940）8 版
册数：一

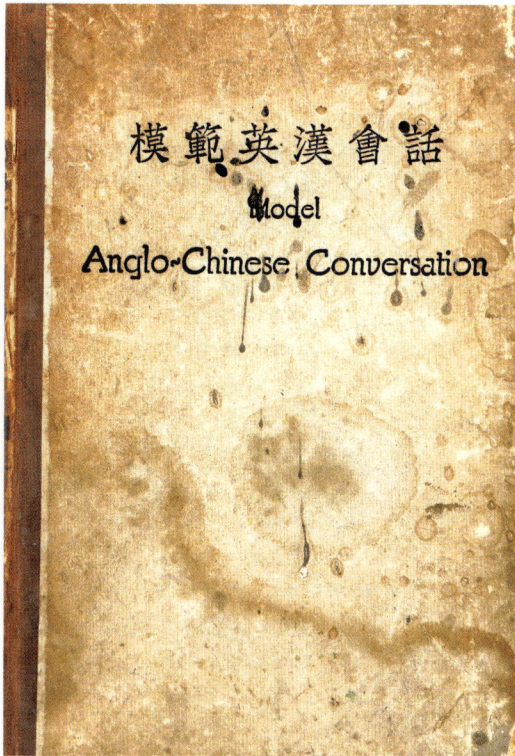

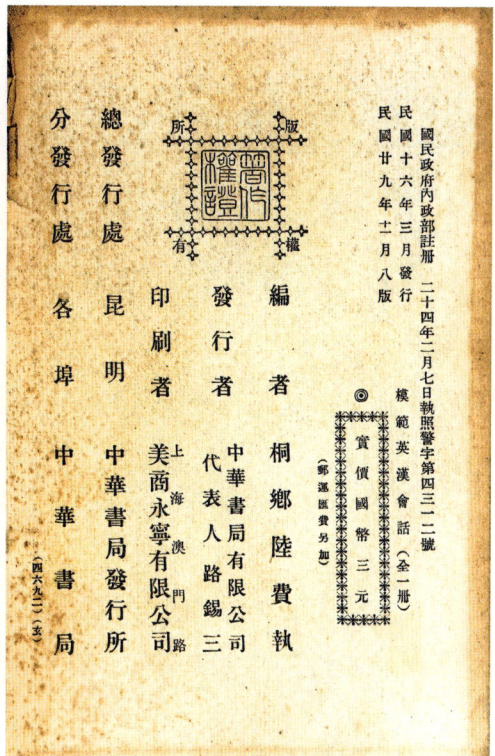

國民政府內政部註冊　二十四年二月七日執照警字第四三一二號

民國十六年三月發行
民國廿九年十二月八版

版權所有　翻印必究

模範英漢會話（全一冊）

實價國幣三元
（郵運匯費另加）

編　　者　桐鄉陸費執

發　行　者　中華書局有限公司
　　　　　　代表人　路錫三

印　刷　者　上海澳門路
　　　　　　美商永寧有限公司

總發行處　昆明
　　　　　　中華書局發行所

分發行處　各埠　中華書局

（四六九二）（玄）

1498   书名：英文会话 ABC（活用英文 ABC 丛书）

著者：余天歆 / 编著

出版印行：世界书局

出版时间：民国廿二年（1933）6 版

册数：一

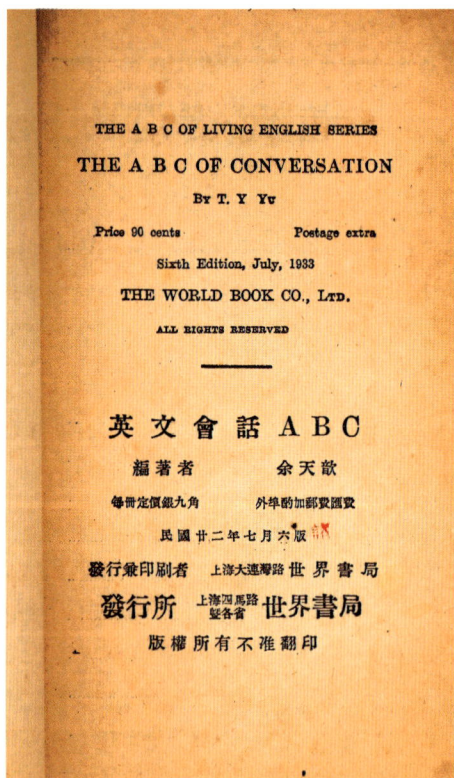

书名：活用英文会话
著者：由稚吾 / 编著　詹文浒 / 校订
出版印行：世界书局
出版时间：民国二十三年（1934）初版　民国三十七年（1948）10版
册数：一

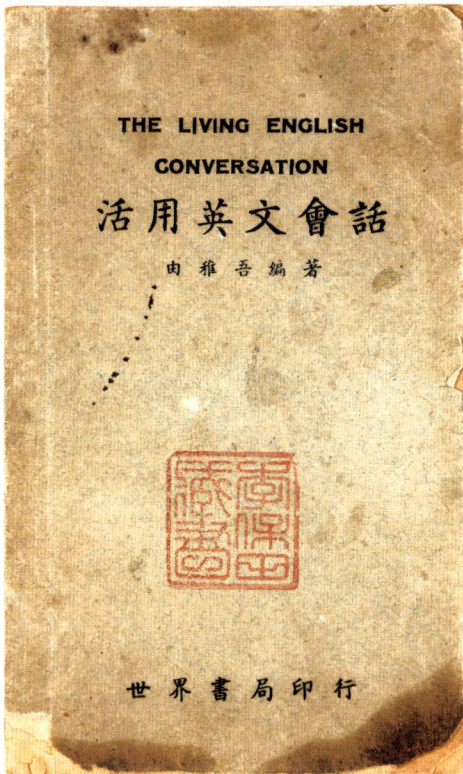

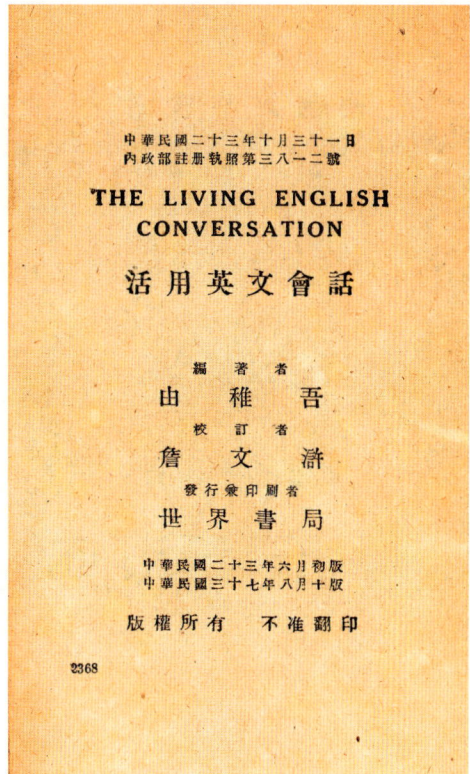

1500　书名：简易英华会话（初中学生文库）
著者：张慎伯 / 编
出版印行：中华书局
出版时间：民国廿四年（1935）发行　民国三十年（1941）5 版
册数：一

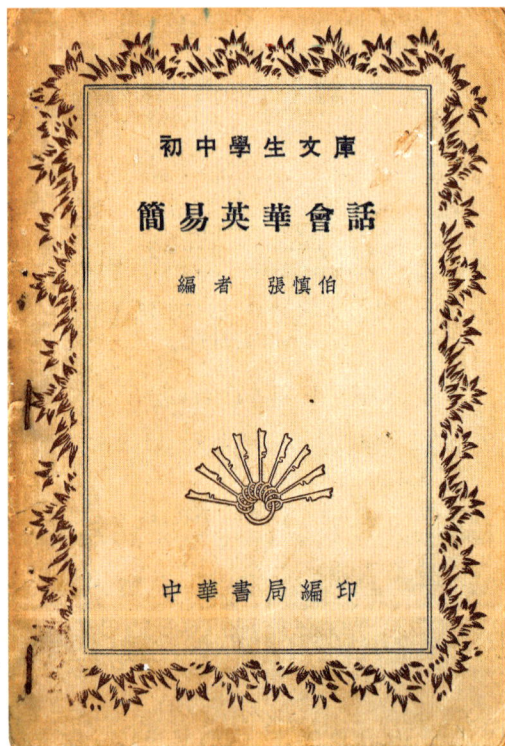

初中學生文庫

簡易英華會話

編者　張慎伯

中華書局編印

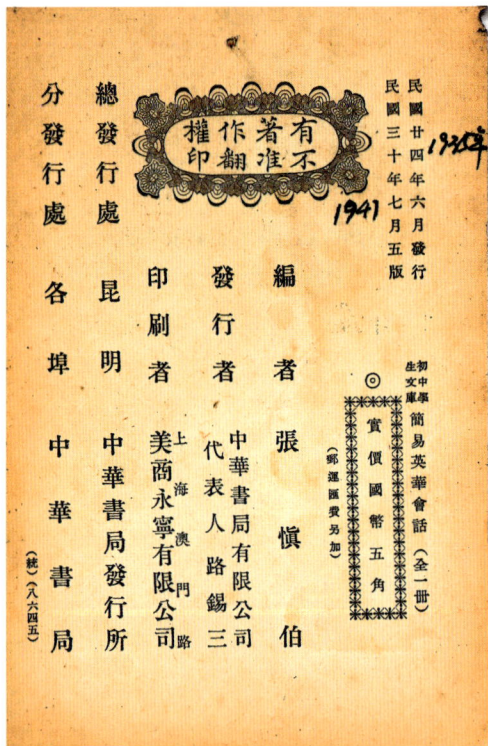

民國廿四年六月發行
民國三十年七月五版

1941

有不
權作著
印翻准

初中學
生文庫
簡易英華會話（全一冊）
⊙
實價國幣五角
（郵運匯費另加）

編　者　張　慎　伯

發行者　中華書局有限公司
　　　　代表人路錫三

印刷者　上海澳門路
　　　　美商永寧有限公司

總發行處　中華書局發行所

分發行處　昆明
　　　　　中華書局

各埠　中華書局
（統）（八六四五）

书名：现代英文会话

著者：J. L. Howe, Jr. / 著

出版印行：世界书局

出版时间：民国二十四年（1935）初版

册数：不详

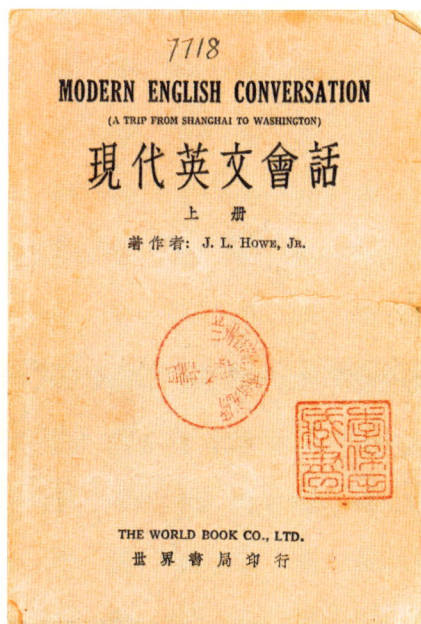

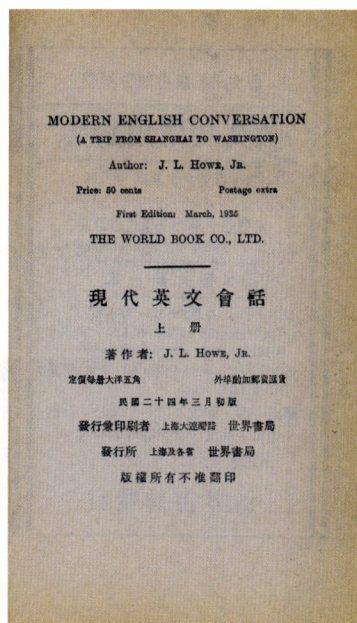

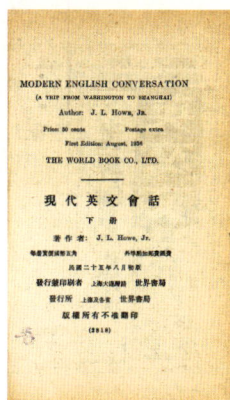

1502 书名：英语会话（开明青年英语丛书）
著者：袁克行 / 编著
出版印行：开明书店
出版时间：民国二十五年（1936）初版　民国三十八年（1949）14版
册数：一

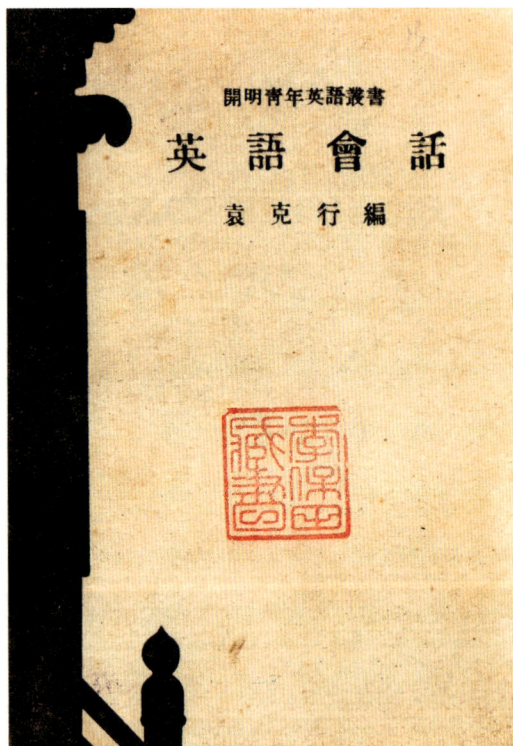

书名：英文会话全程（英文学生丛书）
著者：陈东林／编
出版印行：中华书局
出版时间：民国二十八年（1939）发行　民国三十年（1941）再版
册数：一

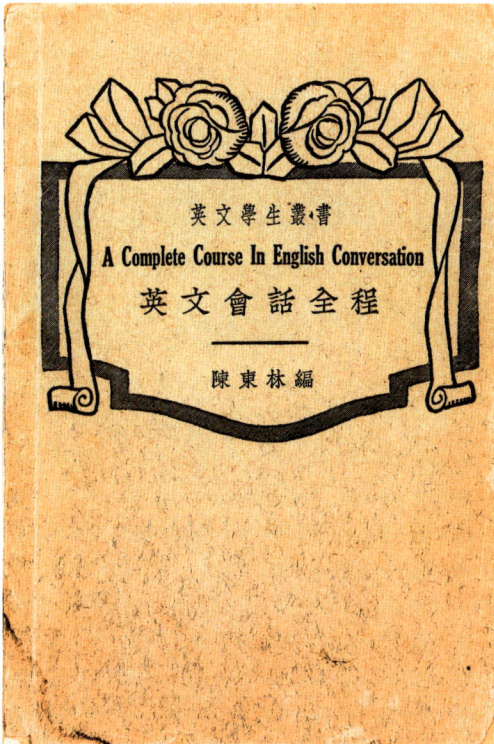

英文學生叢書

A Complete Course In English Conversation

英文會話全程

陳東林編

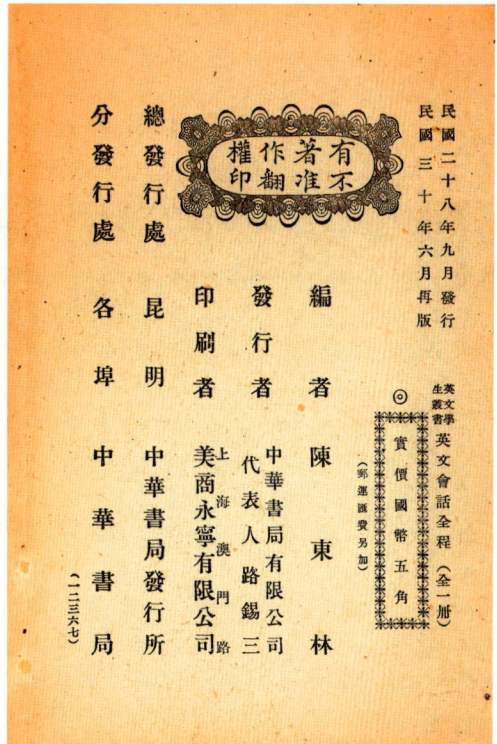

民國二十八年九月發行
民國三十年六月再版

有不
著准
作翻
權印

英文學生叢書英文會話全程（全一冊）

◎

實價國幣五角
（郵運匯費另加）

編　者　陳　東　林

發行者　中華書局有限公司
　　　　代表人路錫三
　　　　上海澳門路

印刷者　美商永寧有限公司

總發行處　中華書局發行所

分發行處　昆明　中華書局

各埠　中華書局

（二三六七）

1504 书名：剑桥最新日用会话
著者：陈庆善/编著
出版印行：上海剑桥英专
出版时间：民国三十年（1941）初版
册数：一

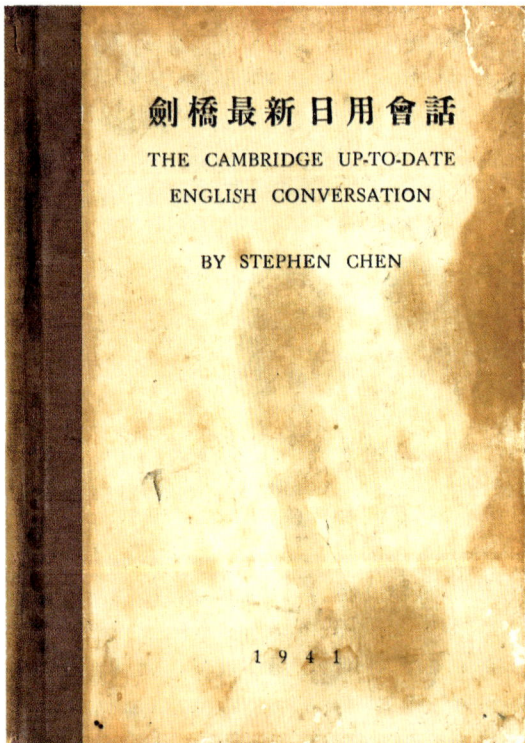

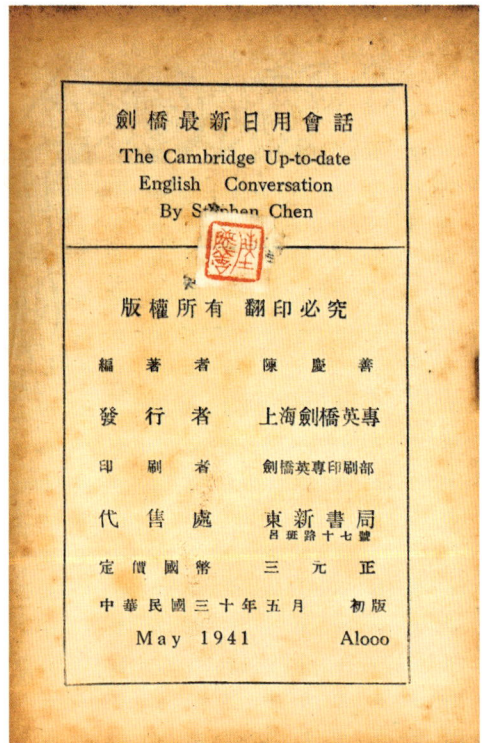

书名：初级英语会话（华英对照；自修适用）　　　　　　　　　　　　1505
著者：徐慰慈／编著　陈慧如／校阅
出版印行：春明书店
出版时间：民国三十五年（1946）
册数：一

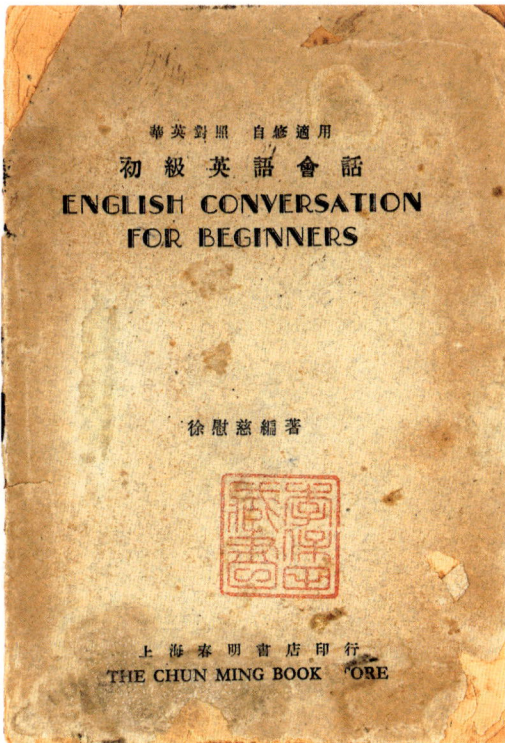

華英對照　自修適用

初級英語會話

ENGLISH CONVERSATION
FOR BEGINNERS

徐慰慈編著

上海春明書店印行
THE CHUN MING BOOK ﹝ST﹞ORE

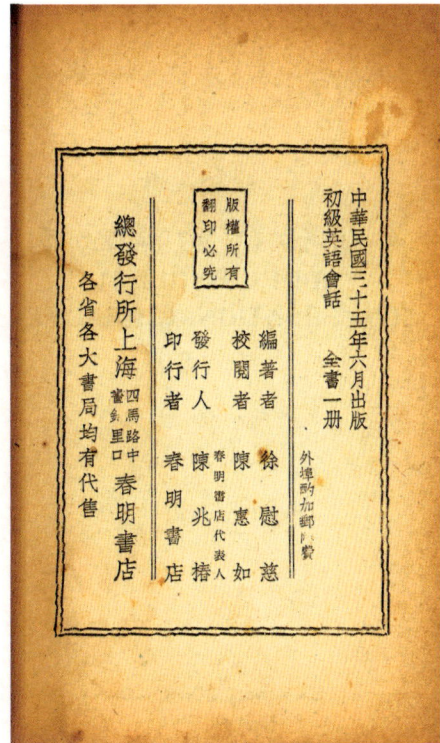

中華民國三十五年六月出版

初級英語會話　全書一冊

外埠酌加郵匯費

版權所有　翻印必究

編著者　徐慰慈
校閱者　陳慧如
發行人　春明書店代表人　陳兆椿
印行者　春明書店

總發行所上海四馬路中衖釣里口　春明書店

各省各大書局均有代售

1506 书名：英语模范会话读本（华英对照）
著者：徐培仁／编著
出版印行：三民图书公司
出版时间：民国卅五年（1946）新1版
册数：一

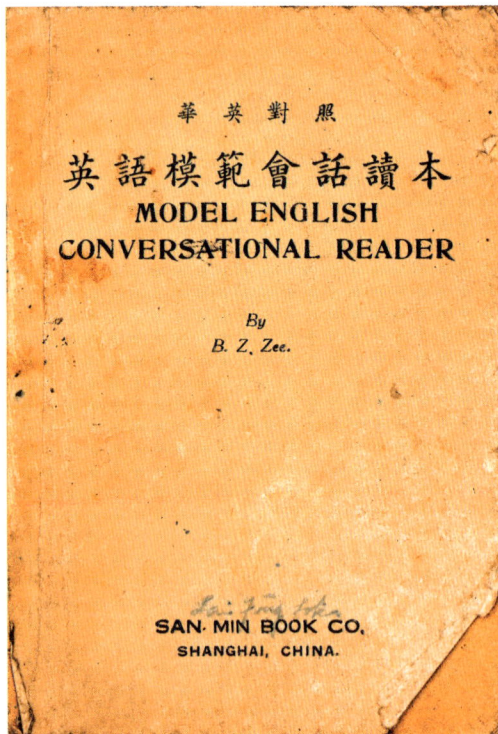

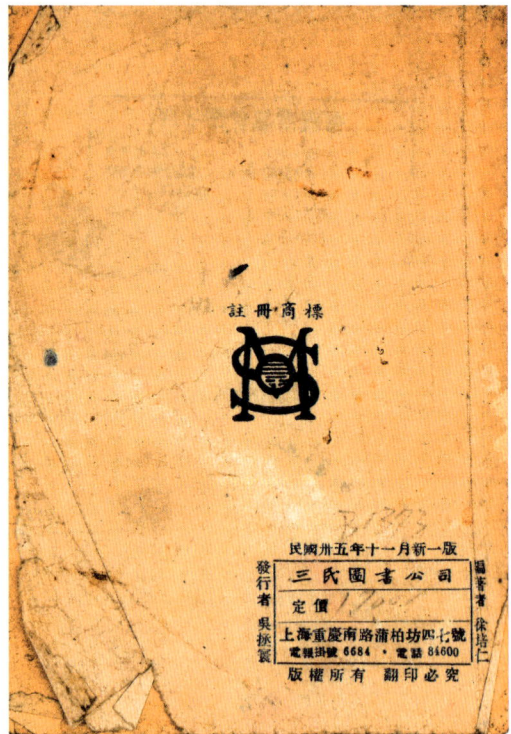

书名：日常英语阅读及会话
著者：李儒勉／编著
出版印行：中华书局
出版时间：民国三十六年（1947）初版
册数：不详

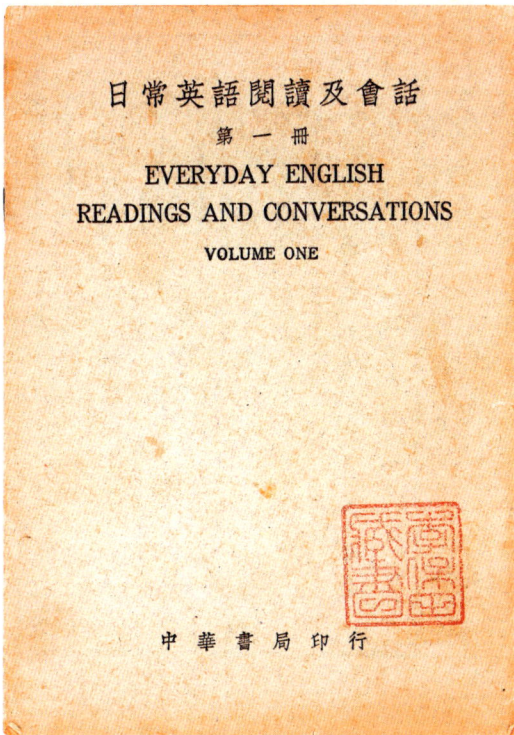

日常英語閱讀及會話

第 一 冊

EVERYDAY ENGLISH
READINGS AND CONVERSATIONS

VOLUME ONE

中華書局印行

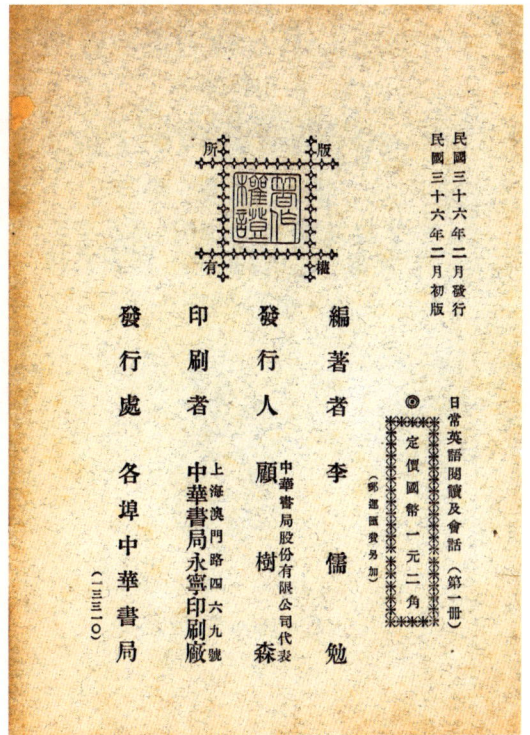

版權所有

民國三十六年二月發行
民國三十六年二月初版

編著者　李儒勉

發行人　顧　樹　森
中華書局股份有限公司代表

印刷者　中華書局永寧印刷廠
上海澳門路四六九號

發行處　各埠中華書局
（1111110）

日常英語閱讀及會話（第一冊）

定價國幣一元二角
（郵匯匯費另加）

1508 书名：英文常识会话（华英对照；学生读本）
著者：奚惠廉／编著　奚楚明／校阅
出版印行：春明书店
出版时间：民国三十六年（1947）再版
册数：一

ENGLISH CONVERSATION
ON
COMMON KNOWLEDGE

華英對照　學生讀本

英文常識會話

奚惠廉編著

上海春明書店印行

CHUN MING BOOK STORE
SHANGHAI CHINA

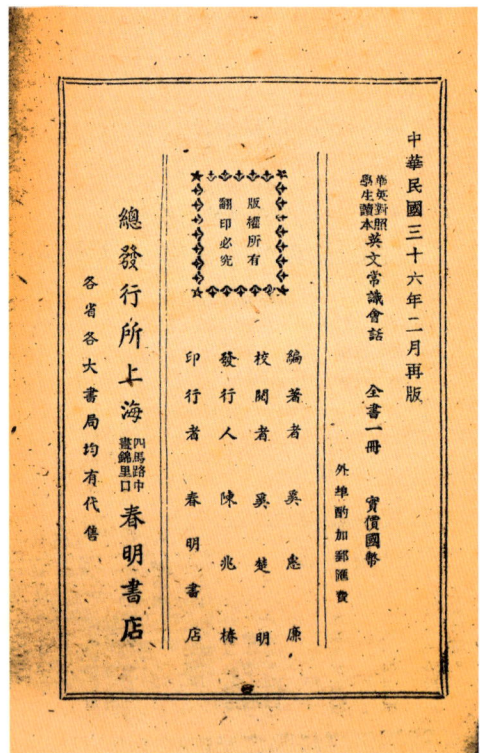

中華民國三十六年二月再版

華英對照
學生讀本英文常識會話　全書一冊

實價國幣

外埠酌加郵匯費

版權所有
翻印必究

編著者　奚惠廉

校閱者　奚楚明

發行人　陳兆椿

印行者　春明書店

總發行所上海
四馬路中
藏鋙里口　春明書店

各省各大書局均有代售

书名：护士应用华英会话

著者：何美贞 / 编辑　中国护士学会 / 审订

出版印行：上海广协书局

出版时间：民国三十六年（1947）15版

册数：一

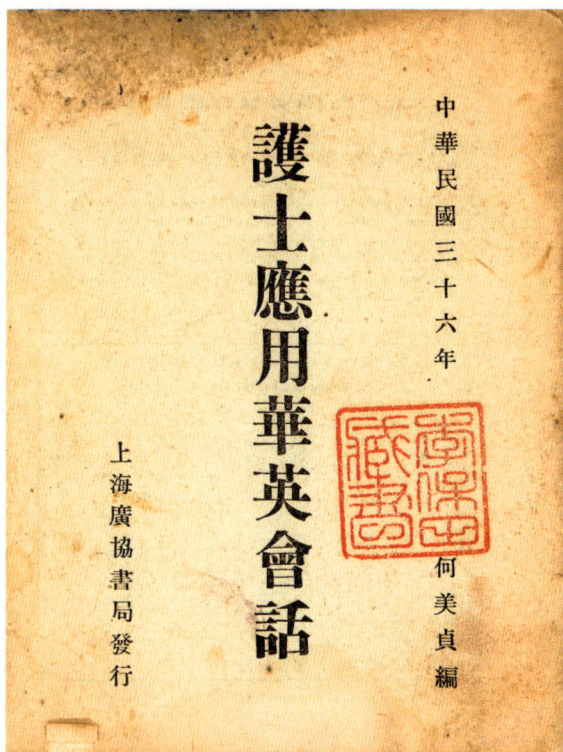

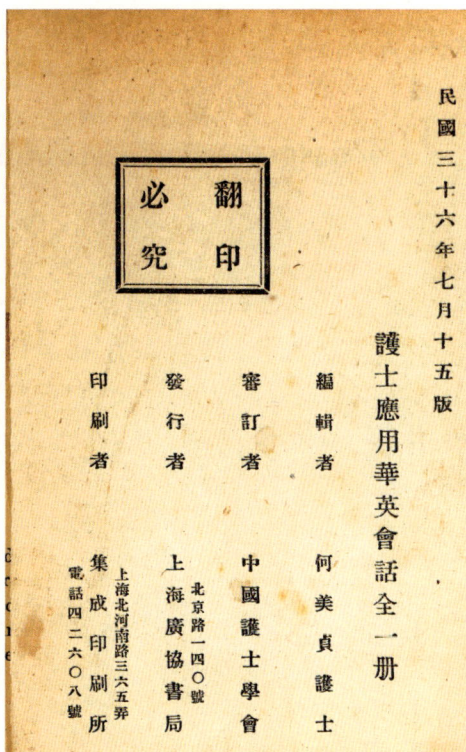

中華民國三十六年

護士應用華英會話

何美貞編

上海廣協書局發行

民國三十六年七月十五版

護士應用華英會話全一冊

編輯者　何美貞護士

審訂者　中國護士學會

發行者　上海廣協書局
　　　　北京路一四〇號

印刷者　集成印刷所
　　　　上海北河南路三六五界
　　　　電話四二六〇八號

1510 | 书名：英文范纲要
著者：伍光建 / 编纂
出版印行：商务印书馆
出版时间：戊申年（1908）初版　民国十二年（1923）9版
册数：一

英 文 範 綱 要

OUTLINES OF ENGLISH GRAMMAR

英 文 漢 詁

English Grammar Explained in Chinese

By DR. YEN FUH

Approved by the Board of Education, Peking

Price, $1.20

This book is prepared especially to meet the requirements of Chinese students. As the author excels in both the English and the Chinese language, he is able to explain the English idioms better than most people. In this book the rules and principles of the English language are made clear and easy by quoting numerous Chinese sentences for examples.

COMMERCIAL PRESS, LIMITED, PUBLISHERS

H ‖

Outlines of English Grammar

Commercial Press, Limited

All rights reserved

戊申年四月初版
中華民國十二月九版

《英文範綱要一册》
（每册定價大洋伍角）
（外埠酌加運費匯費）

編纂者　新會伍光建

發行者　商務印書館

印刷所　上海北河南路北首寶山路　商務印書館

總發行所　上海棋盤街中市　商務印書館

分售處　上海棋盤街中市　商務印書分館

分售處
北京天津保定奉天
濟南太原開封洛陽
漢口蕪湖長沙南昌
杭州鎮江安慶南京
廣州汕頭桂林梧州
昆明常德成都重慶
貴陽蘭州西安漢口
雲南新嘉坡

此書有著作權翻印必究

前清宣統三年四月三日領到著字第一百二十六號執照
十四日禀部註册五月

书名：英语作文教科书
著者：邝富灼 / 编纂
出版印行：商务印书馆
出版时间：己酉年（1909）初版　民国元年（1912）6版
册数：一

英語作文教科書

第 一 編

文科進士邝富灼編纂

Elementary Composition

for Chinese Students

By

FONG F. SEC, M.A.

(Teachers College, Columbia University)

Author of "A Class-Room Conversation"

FIFTH AND REVISED EDITION

上海商務印書館出版

SHANGHAI
COMMERCIAL PRESS, LTD.
—
1912

英語作文教科書

第二編

INTERMEDIATE COMPOSITION

By Fong F. Sec

Follows the compiler's "Elementary Composition for Chinese Students"

Takes up the principles of English Composition governing punctuation, use of words, sentences, paragraphs, and the different kinds of whole composition—narration, description, and easy exposition—including letter-writing. Selections from best writers are used as models, and subjects are based on students' personal experience and general knowledge. Lays stress upon the result to be obtained rather than the method, and the principles of composition are accompanied at every step with written exercises, both critical and constructive.

Commercial Press, Ltd.

本館圖書彙報函索即寄暨
內地可購用郵票代錢另有章程載彙報中

ELEMENTARY COMPOSITION

(For Chinese Students)

COMMERCIAL PRESS, LTD.

己酉年十二月初版
中華民國元年五月六版

（英語作文教科書第一編一册）
（軟布面每册定價大洋壹元）

翻印必究

分售處	總發行所	印刷所	發行者	編纂者
京師 奉天 龍江 開封 太原 濟南 漢口 西安 成都 重慶 溫州 長沙 常德 福州 杭州 福州 衢州 南昌 潮州 商務印書館分館	上海四馬路中市 商務印書館	上海北河南路北首寶山路 商務印書館	商務印書館	新寧邝富灼

八三五一

1512　书名：英语作文示范
　　　　著者：William C. Booth / 编纂
　　　　出版印行：商务印书馆
　　　　出版时间：民国五年（1916）初版　民国二十四年（1935）国难后第2版
　　　　册数：不详

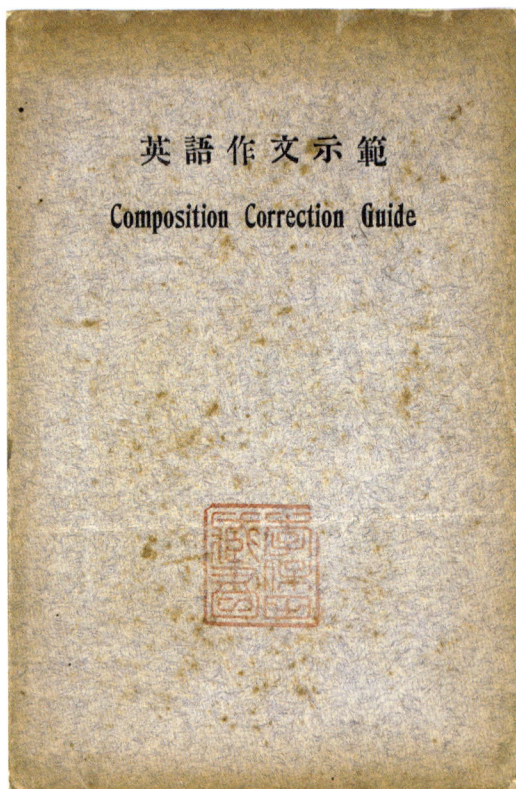

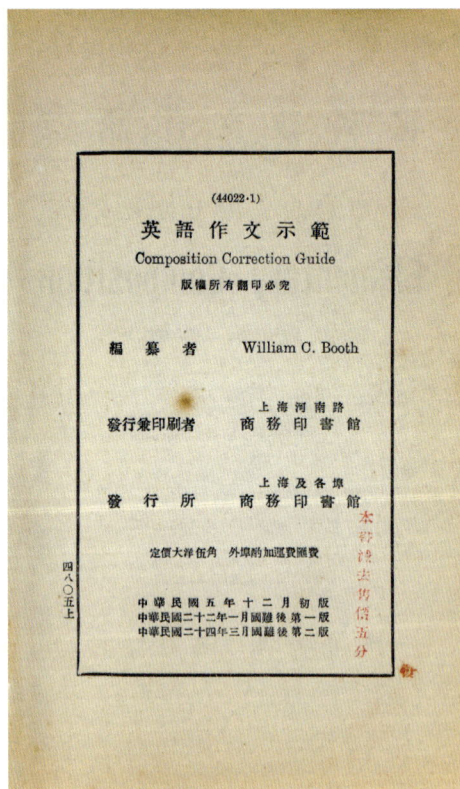

书名：英语作文要略

著者：周越然 / 编纂

出版印行：商务印书馆

出版时间：民国五年（1916）初版　民国十五年（1926）13版

册数：不详

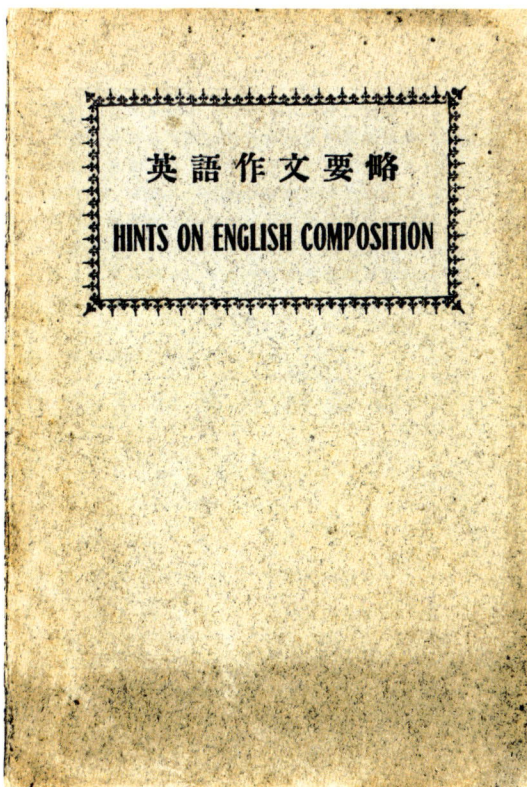

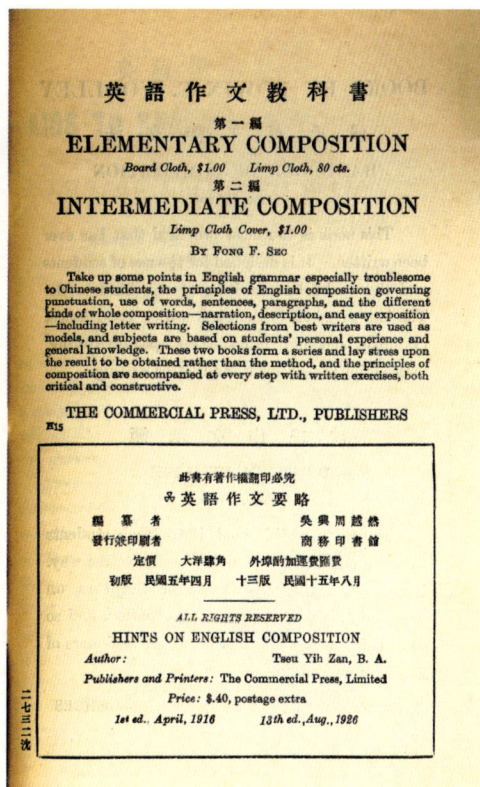

1514　书名：高等英文选

著者：林天兰、林承鹄 / 编纂

出版印行：商务印书馆

出版时间：民国十年（1921）初版　民国二十二年（1933）国难后第2版

册数：不详

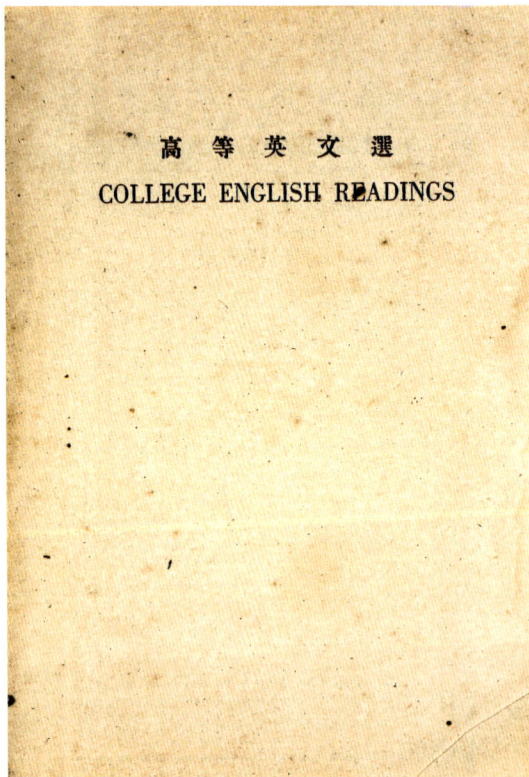

高 等 英 文 選

COLLEGE ENGLISH READINGS

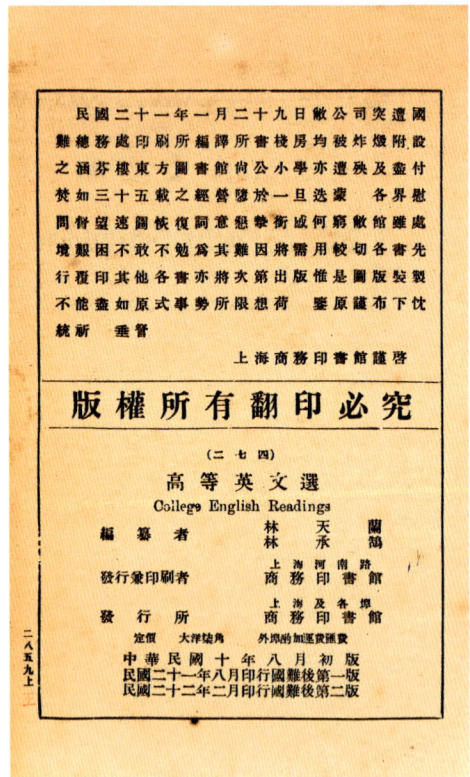

民國二十一年一月二十九日敝公司突遭國
難總務處印刷所編譯所書棧房均被炸燬附設
之涵芬樓東方圖書館尙公小學亦遭殃及盡付
焚如三十五載之經營燬於一旦迭蒙　各界慰
問督望速闢恢復同意懇摯衡成何窮敝敝館雖處
境艱困不敢不勉爲其難因將需用較切各書先
行覆印其他各書亦將次第出版惟是圖版製製
不能盡如原式事勢所限想荷　鑒原謹布下忱
統祈　垂詧

上海商務印書館謹啓

版權所有翻印必究

（二 七 四）

高 等 英 文 選

College English Readings

編 纂 者　　林　天　蘭
　　　　　　　林　承　鵠

發行兼印刷者　　上 海 河 南 路
　　　　　　　商 務 印 書 館

發 行 所　　上 海 及 各 埠
　　　　　　商 務 印 書 館

定價　大洋壹角　外埠酌加運費匯費

中華民國十年八月初版
民國二十一年八月印行國難後第一版
民國二十二年二月印行國難後第二版

书名：英语论说文范初集

著者：周由廑 / 编纂

出版印行：商务印书馆

出版时间：民国十三年（1924）初版　民国二十一年（1932）国难后第1版

册数：不详

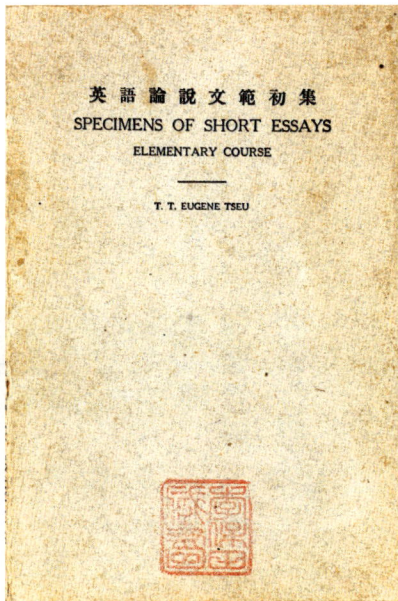

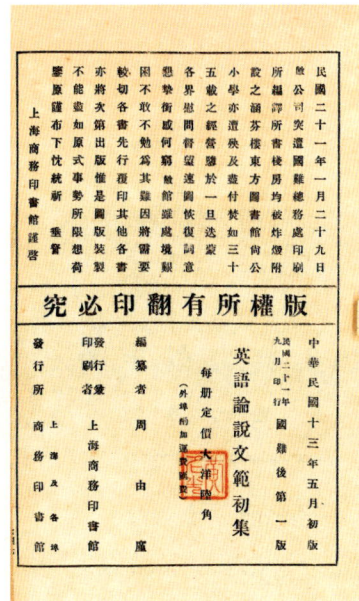

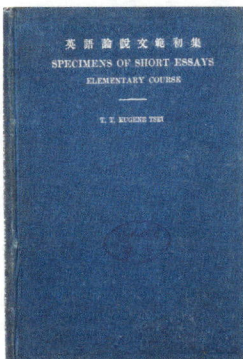

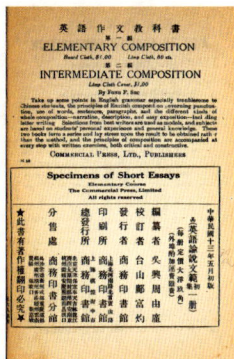

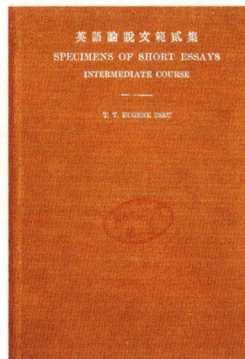

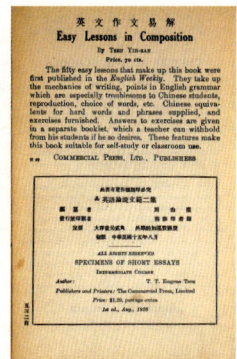

1516　书名：学生英文创作集
　　　著者：英文周报读者 / 著
　　　出版印行：中华书局
　　　出版时间：民国十四年（1925）
　　　册数：不详

學生英文創作集

第一集

English Essays

By Chinese Students

SERIES I

The Miseries of War

My Conception of an Ideal Wife

The War between Kiangsu

and Chekiang

民國十四年三月印刷
民國十四年三月發行

有不　著准　作翻　權印

著作者　　英文週報讀者

發行者　　中華書局

印刷者　　中華書局

印刷所　　中華書局
　　　　　上海靜安寺路二七號

總發行所　上海棋盤街
　　　　　中華書局

分發行所　北京　天津　保定　張家口
青島　太原　開封　西安　南京　濟南
徐州　杭州　蕪湖　安慶　蘭溪　南昌
漢口　武昌　長沙　衡州　常德　九江
重慶　梧州　廈門　潮州　汕頭　成都
貴陽　桂林　梧州　韶關　雲南
奉天　吉林　哈爾濱　新加坡
　　　　　中華書局

學生英文創作集（第一集）

定價銀三角
（外埠另加郵匯費）

（一七七七五）

书名：李氏英语文范

著者：李登辉 / 编纂

出版印行：商务印书馆

出版时间：民国十四年（1925）初版　民国三十七年（1948）第11版

册数：不详

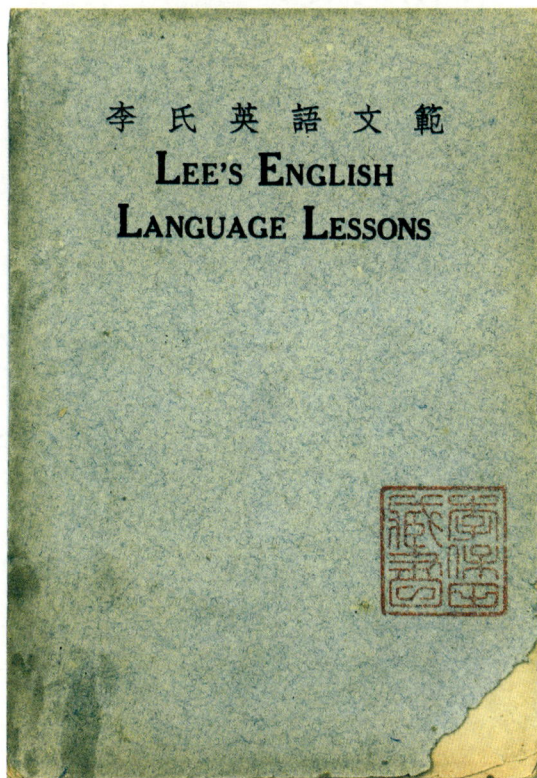

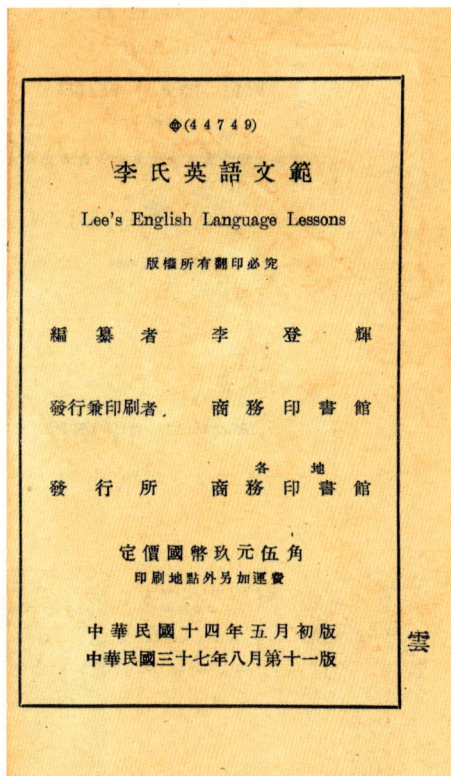

1518

书名：英语模范读本

著者：周越然 / 编纂

出版印行：商务印书馆

出版时间：民国十九年（1930）初版　民国二十一年（1932）国难后第50版

册数：不详

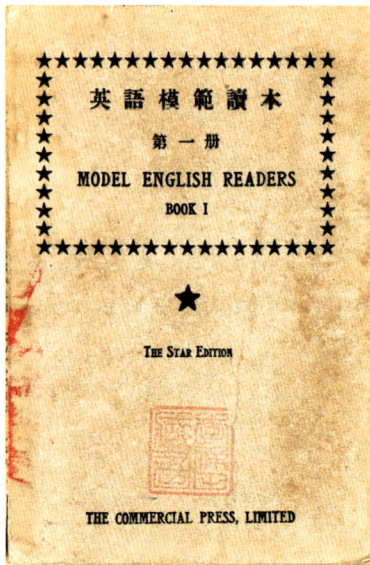

英語模範讀本

第一册

MODEL ENGLISH READERS

BOOK I

★

THE STAR EDITION

THE COMMERCIAL PRESS, LIMITED

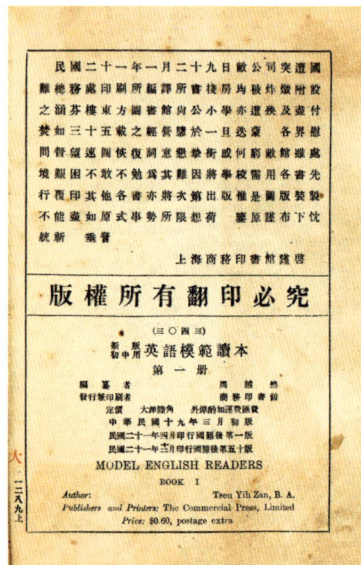

民國二十一年一月二十九日敵公司突遭國難總務處印刷所編譯所書棧房均被炸燬附設之涵芬樓東方圖書館向公小學亦遭殃及蕩付燹如三十五載之經營燬於一旦迭蒙各界慰問督促速還同快復同意懇摯衡感何前歉敝館遠處增懇困不敢不勉爲其難因將各校需用各書先行覆印其他各書亦將次第出版權是圖版裝製不能盡如原式事勢所限惟荷 鑒原謹布下忱統希 諒詧

上海商務印書館謹啓

版權所有翻印必究

（四○三）

新學制中用 英語模範讀本

第一册

編纂者　周越然
發行兼印刷者　商務印書館
定價　大洋陸角　外埠的加運費滙費
中華民國十九年三月初版
民國二十一年四月印行國難後第一版
民國二十一年三月印行國難後第五十版

MODEL ENGLISH READERS

BOOK I

Author: Tsen Yih Zan, B. A.
Publishers and Printers: The Commercial Press, Limited
Price: $0.60, postage extra

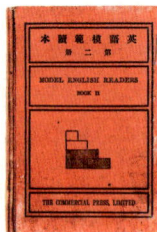

书名：世界高中英文选（高级中学学生用）

著者：黄梁就明 / 编著

出版印行：世界书局

出版时间：民国二十一年（1932）初版

册数：三

1519

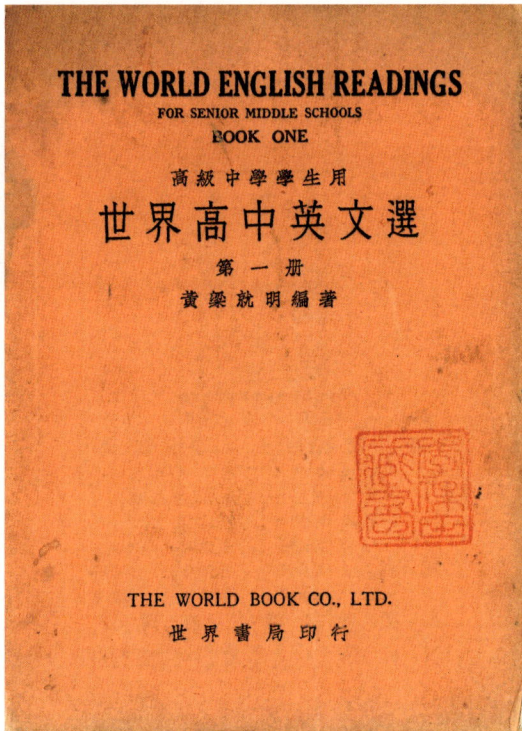

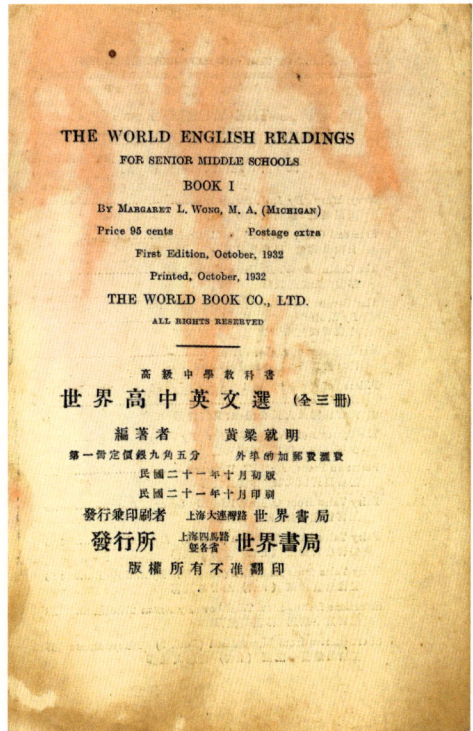

1520   书名：高级中学英文选

著者：力谢盐、吴定绍、李野愚、郝圣符、徐弼光、焦树藩、赵海天、刘世华、戴骅文 / 编

出版印行：英文丛刊社

出版时间：民国二十二年（1933）初版　民国二十五年（1936）3版

册数：三

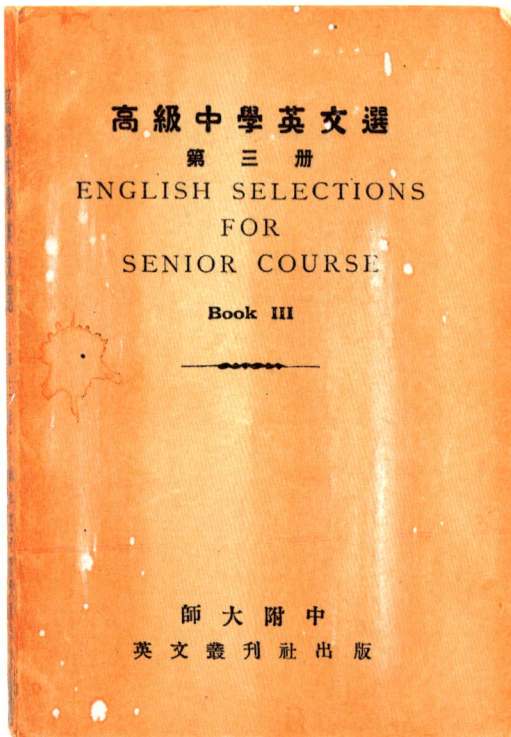

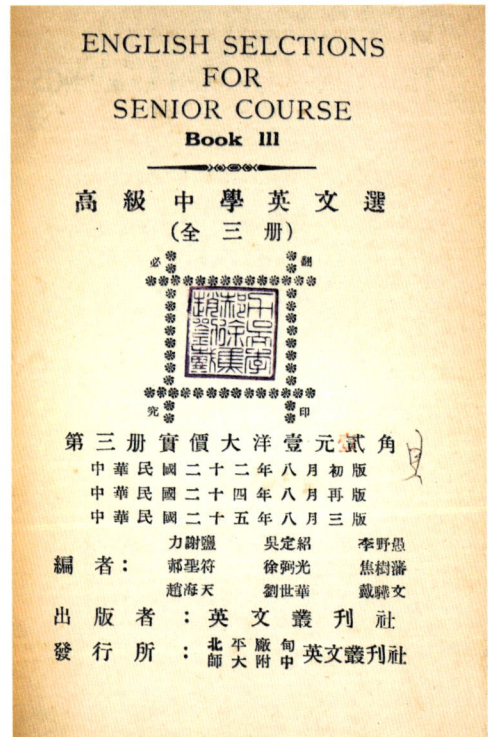

书名：标准高级英文选

著者：李儒勉 / 选辑

出版印行：商务印书馆

出版时间：民国二十二年（1933）初版　民国三十七年（1948）19版

册数：不详

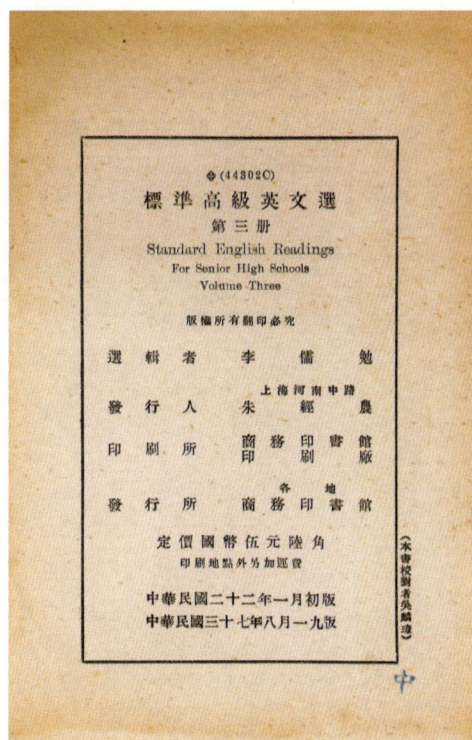

1522　书名：英文文法作文合编（高一初三适用）

著者：吴献书／编纂

出版印行：商务印书馆

出版时间：民国二十三年（1934）初版　民国二十七年（1938）6版

册数：不详

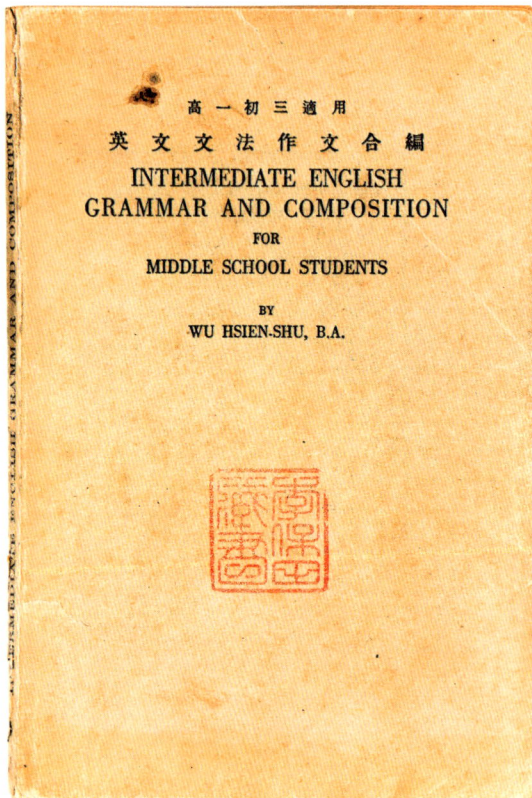

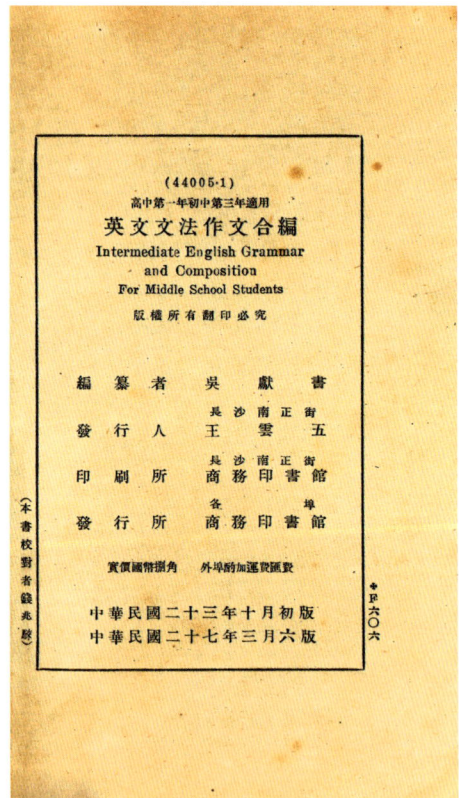

书名：初中英文背诵文选

著者：吴献书 / 编注

出版印行：竞文书局

出版时间：民国二十四年（1935）初版　民国三十六年（1947）8版

册数：不详

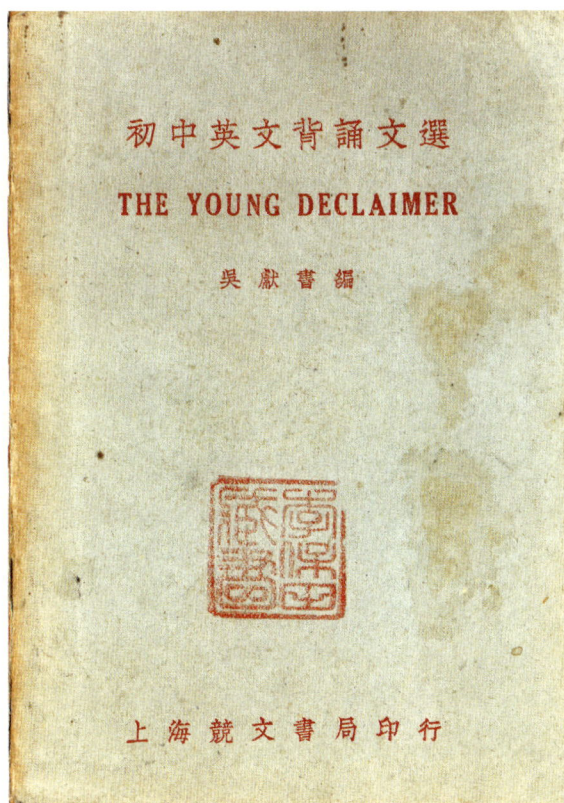

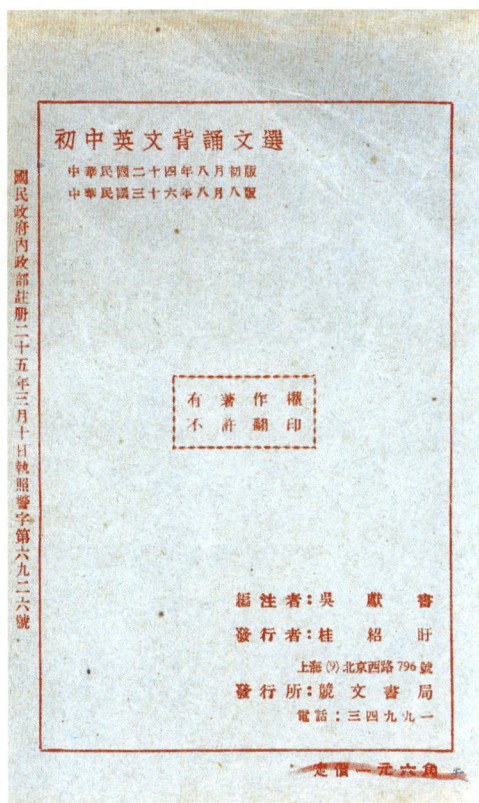

1524 　书名：模范英文选（新标准英汉对照自修读物）
　　　著者：储菊人 / 编译　陈冠英 / 校订
　　　出版印行：春明书店
　　　出版时间：民国二十五年（1936）3版
　　　册数：一

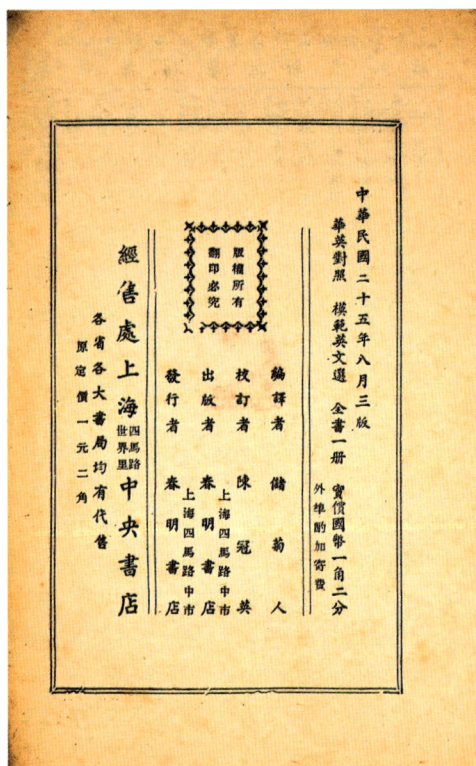

书名：英语作文入门

著者：陆贞明 / 著

出版印行：中华书局有限公司

出版时间：民国二十六年（1937）发行　民国二十九年（1940）3版

册数：一

1525

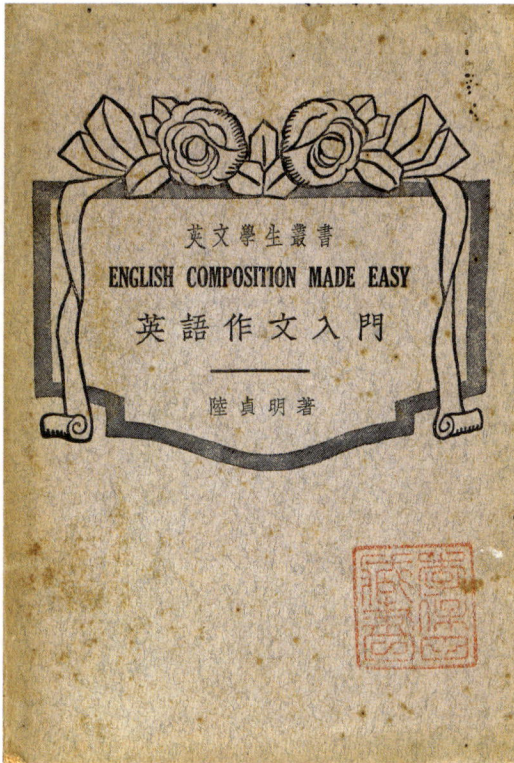

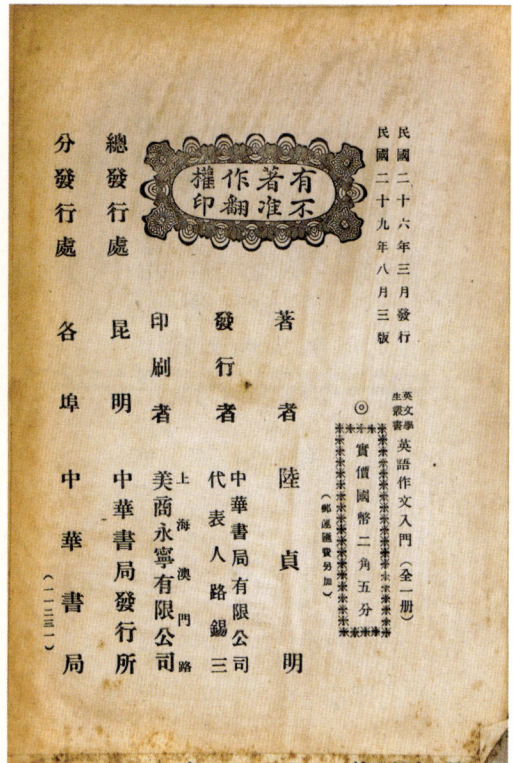

英文學生叢書

ENGLISH COMPOSITION MADE EASY

英語作文入門

陸貞明著

民國二十六年三月發行
民國二十九年八月三版

著作權有不准翻印

英文學生叢書 英語作文入門 （全一冊）

實價國幣二角五分

（郵遞匯費另加）

著　者　陸　貞　明

發行者　中華書局有限公司　代表人路錫三

印刷者　上海澳門路　美商永寧有限公司

總發行處　昆明　中華書局發行所

分發行處　各埠　中華書局

（一三二）

1526

书名：短篇英语背诵文选（英文补充教材）

著者：张云谷、姚志英

出版印行：作者书社

出版时间：民国二十九年（1940）改订版

册数：不详

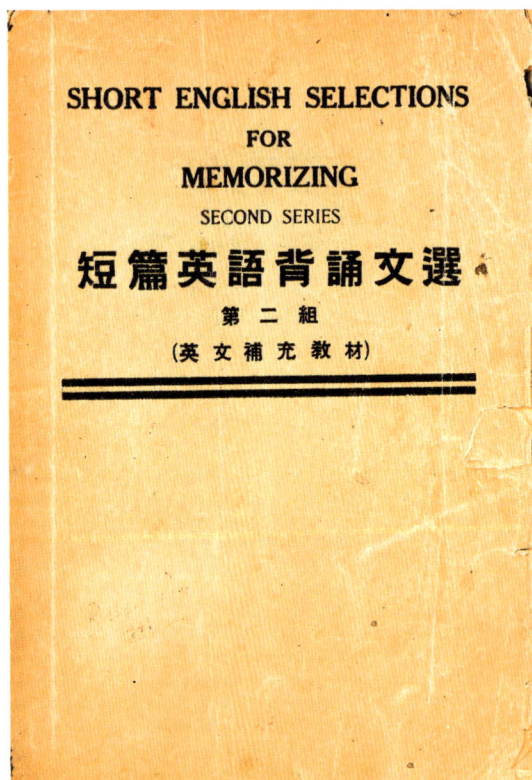

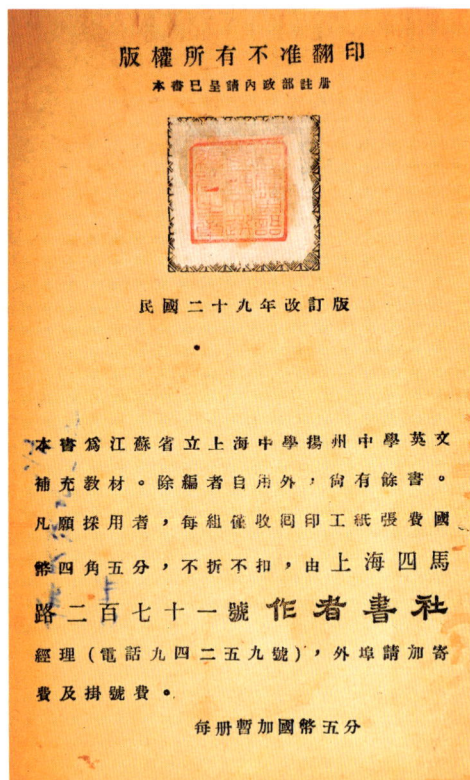

SHORT ENGLISH SELECTIONS

FOR

MEMORIZING

SECOND SERIES

短篇英語背誦文選

第 二 組

（英文補充教材）

民國二十九年改訂版

·

本書爲江蘇省立上海中學揚州中學英文
補充教材。除編者自用外，尚有餘書。
凡願採用者，每組僅收印工紙張費國
幣四角五分，不折不扣，由上海四馬
路二百七十一號 作者書社
經理（電話九四二五九號），外埠請加寄
費及掛號費。

每冊暫加國幣五分

书名：浅易英文选
著者：葛传规、桂绍盱 / 编辑
出版印行：竞文书局
出版时间：民国三十二年（1943）初版　民国三十七年（1948）改订本初版
册数：一

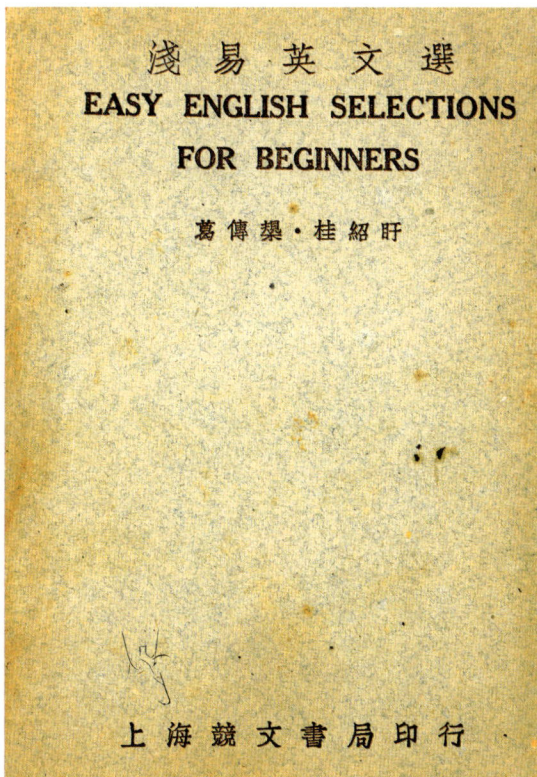

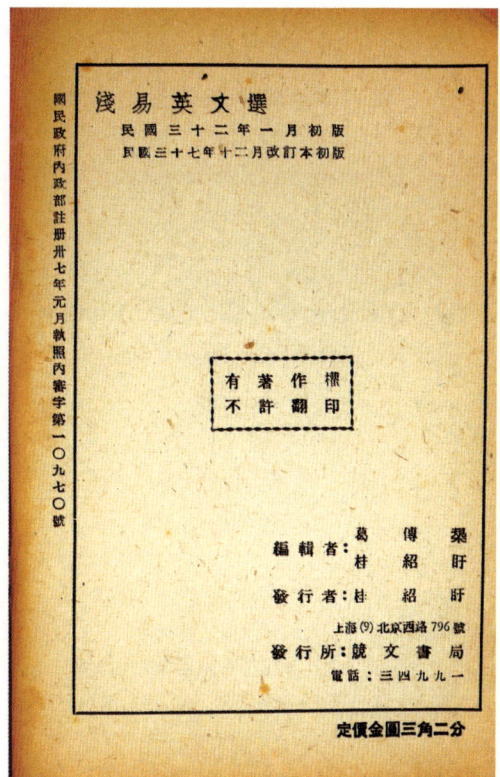

1528　书名：进步高级英文选
　　　著者：黄稤澜 / 编著
　　　出版印行：世界书局
　　　出版时间：民国三十五年（1946）
　　　册数：三

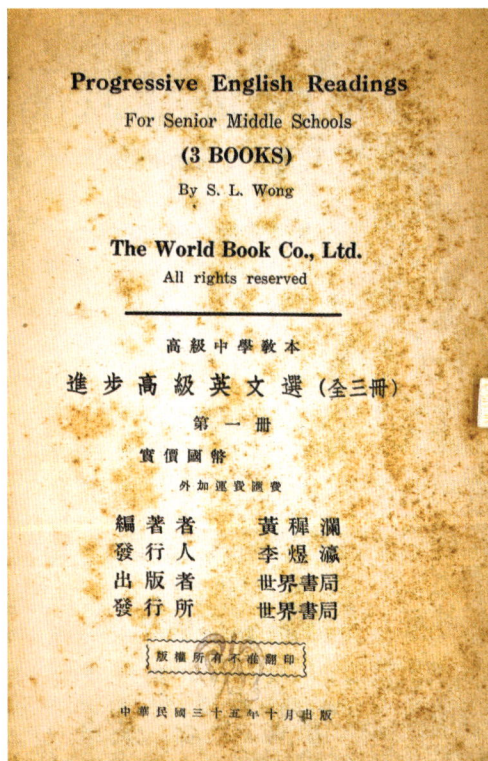

书名：英语作文范本
著者：姚慕谭 / 编纂
出版印行：商务印书馆
出版时间：民国三十五（1946）重庆、上海初版
册数：一

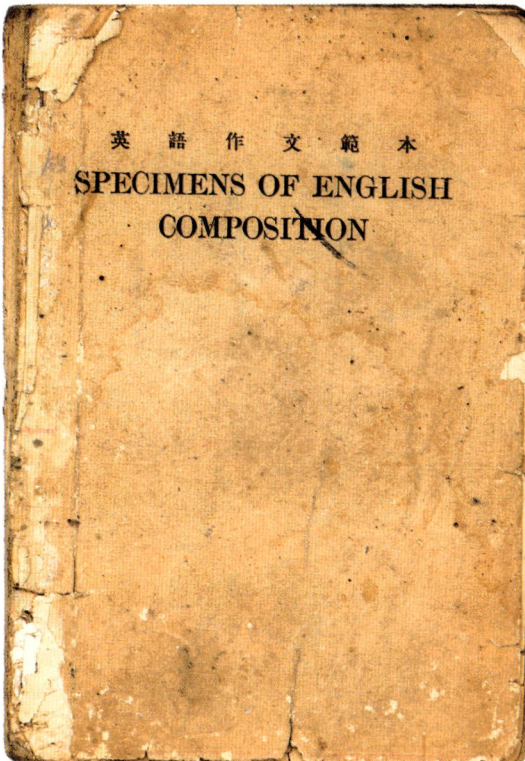

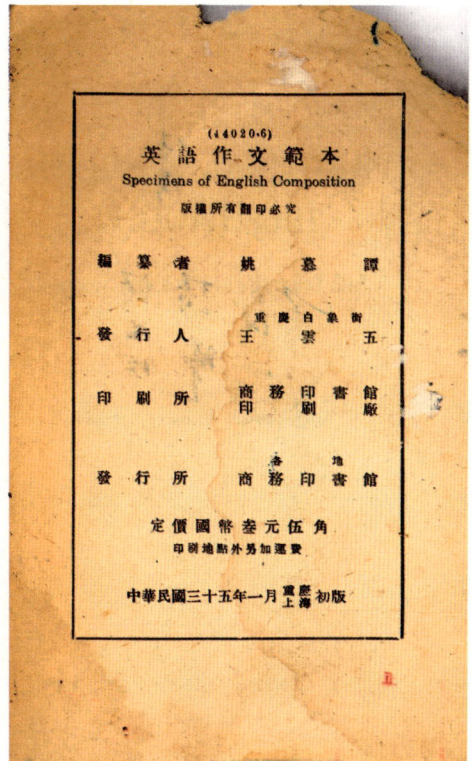

1530 | 书名：英文文法作文典
著者：秦鹤皋、刘思训、金析声 / 编译
出版印行：合众书店
出版时间：民国三十五年（1946）5版
册数：不详

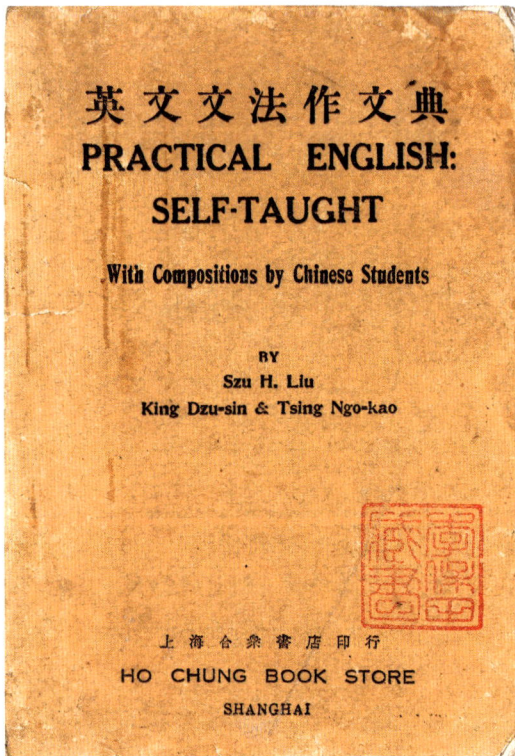

英 文 文 法 作 文 典
PRACTICAL ENGLISH:
SELF-TAUGHT

With Compositions by Chinese Students

BY
Szu H. Liu
King Dzu-sin & Tsing Ngo-kao

上海合衆書店印行
HO CHUNG BOOK STORE
SHANGHAI

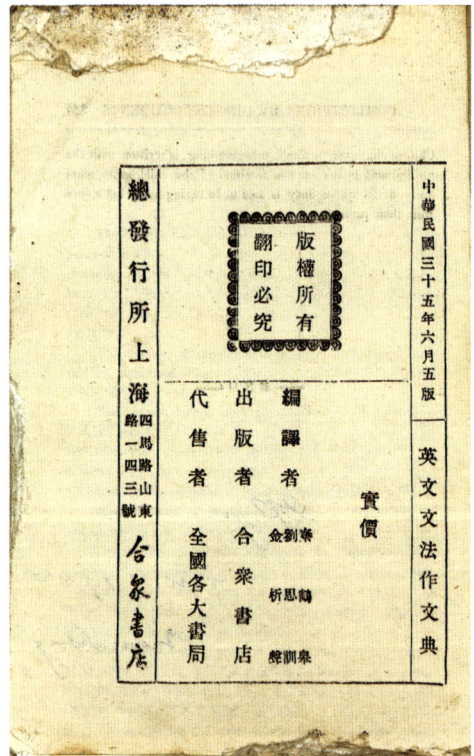

中華民國三十五年六月五版

英文文法作文典

版權所有
翻印必究

總發行所上海
四馬路山東路一四三號
合衆書店

代售者 全國各大書局

出版者 合衆書店

編譯者 秦鶴皋 劉思訓 金析聲

實價

书名：高中英文选

著者：苏州中学教员英文研究会 / 编纂　沈彬、吴达人、吕叔湘、沈同洽、汪毓周 / 校阅

出版印行：中华书局

出版时间：民国三十六年（1947）37 版

册数：三

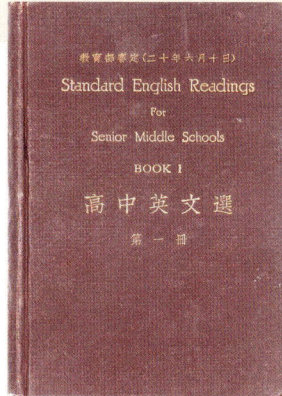

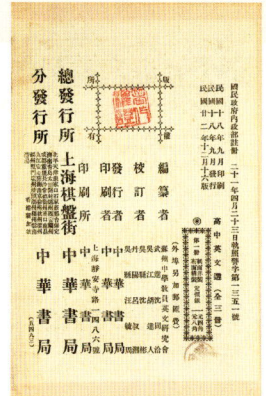

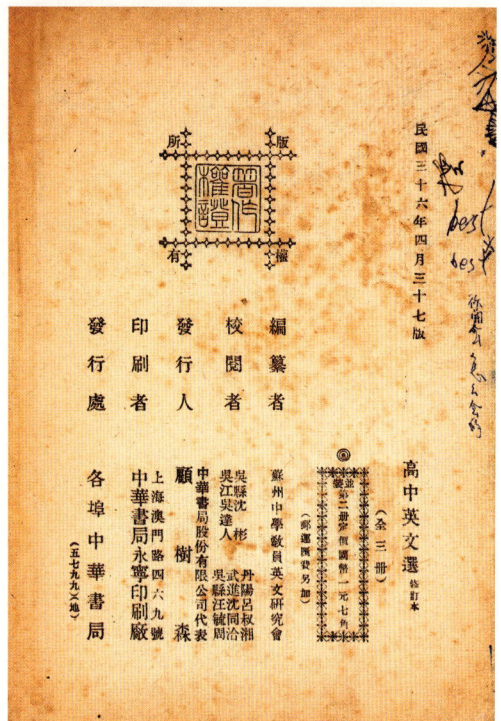

1532　书名：中学英文选

　　　　著者：赵溪乐、戴骅文、郝圣符、吴文仲 编纂

　　　　出版印行：文化学社

　　　　出版时间：民国三十八年（1949）11版

　　　　册数：一

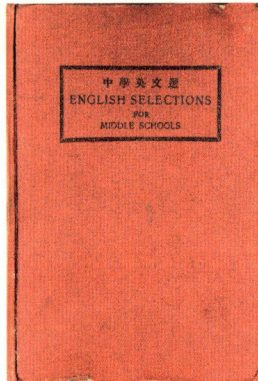

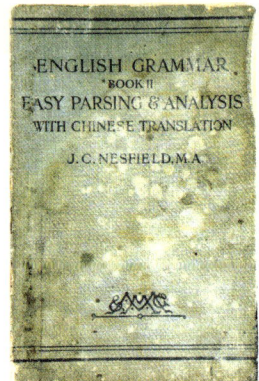

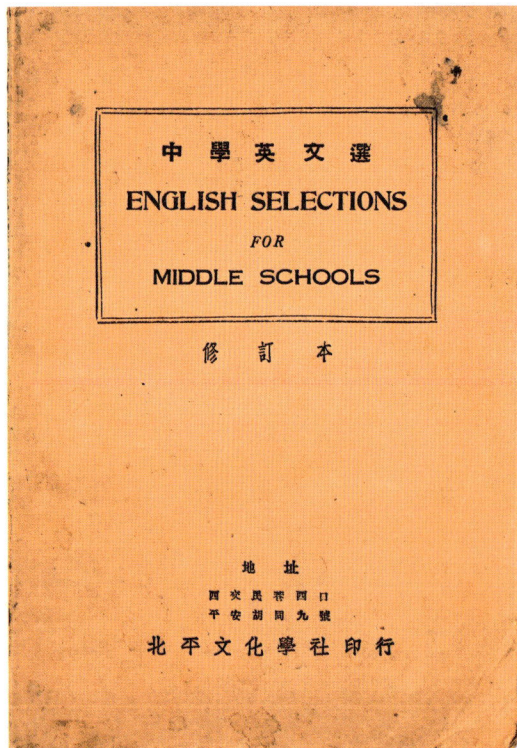

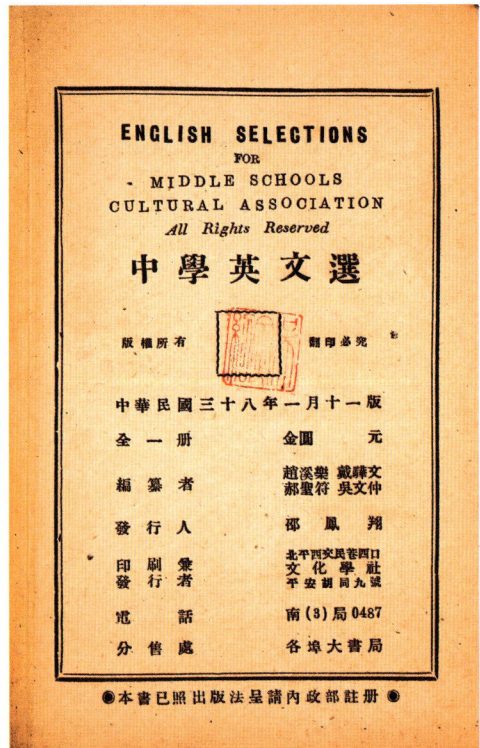

书名：短篇英文背诵选

著者：不详

出版印行：进步英文出版社

出版时间：不详

册数：不详

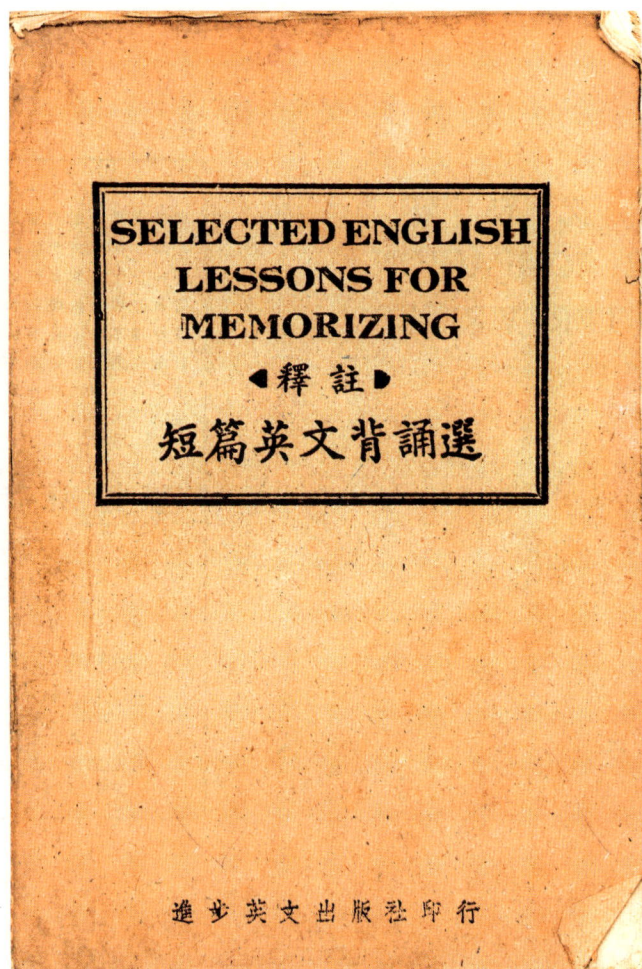

SELECTED ENGLISH
LESSONS FOR
MEMORIZING

◀釋 註▶

短篇英文背誦選

進步英文出版社印行

1534 | 书名：英文尺牍
著者：商务印书馆编译所 / 参订
出版印行：商务印书馆
出版时间：丁未年（1907）初版　民国二十二年（1933）国难后第3版
册数：不详

⑦尺牍

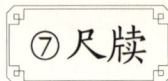

英 文 尺 牍
THE COMPANION
LETTER WRITER

國遭突公司敝日九十二月一年一十二國
設附燬炸被均房棧書所譯編所刷印處務總難
付盡及殃遭亦學小公倘館書圖方東樓芬涵之
處避館敝何咸衡意惎墜營經之載五十三如焚
先書各切需用較將因難其爲勉不敢不困艱問
製裝版圖是惟版出第次將亦書各他其印覆行
忱下布謹原鑒　荷所限勢事式原如盡能不
督　祈　統

上海商務印書館謹啓

版權所有翻印必究

（一五二）
英 文 尺 牍
The Companion Letter-Writer
參　訂　者　　　　商務印書館編譯所
　　　　　　　　　上　海　河　南　路
發行兼印刷者　　　商務印書館
　　　　　　　　　上　海　及　各　埠
發　行　所　　　　商務印書館
　定價　大洋肆角　　外埠酌加運費匯費
丁　未　年　七　月　初　版
民國二十一年七月印行國難後第一版
民國二十二年二月印行國難後第三版

二四二〇上

书名：新增英华尺牍

著者：商务印书馆编译所 / 编纂

出版印行：商务印书馆

出版时间：戊申年（1908）初版　民国二十四年（1935）国难后第2版

册数：一

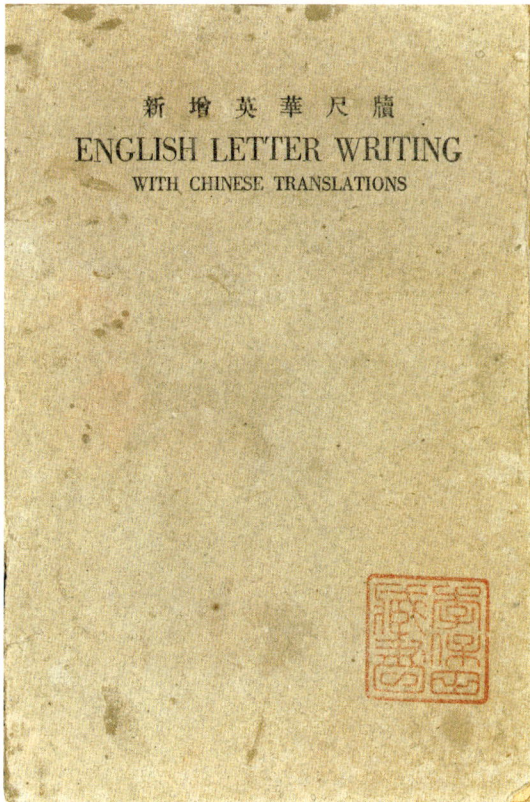

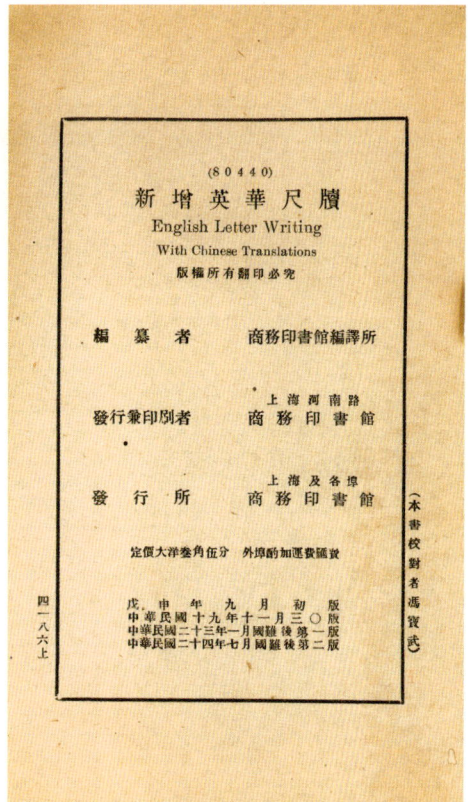

1536 | 书名：英文尺牍教科书
　　　著者：张士一 / 编纂
　　　出版印行：商务印书馆
　　　出版时间：民国三年（1914）初版　民国二十二年（1933）国难后第 4 版
　　　册数：一

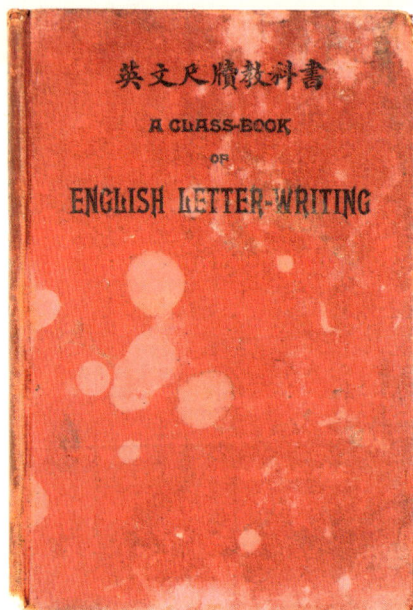
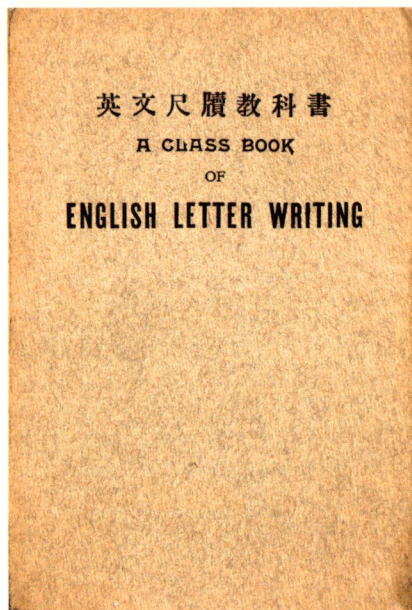
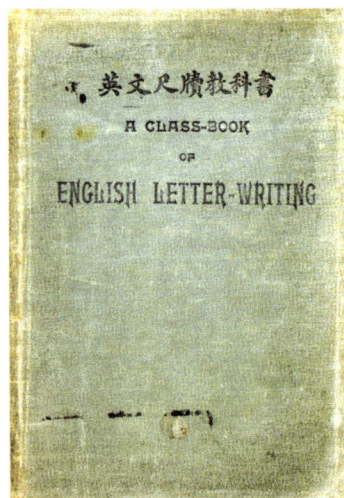
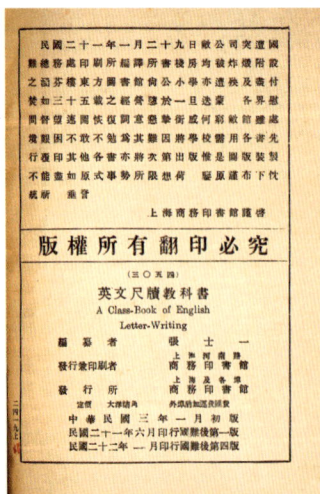

书名：英华尺牍范本

著者：程承祖 / 编辑　［英］梅殿华 / 阅

出版印行：中华书局

出版时间：民国六年（1917）发行　民国十八年（1929）28版

册数：一

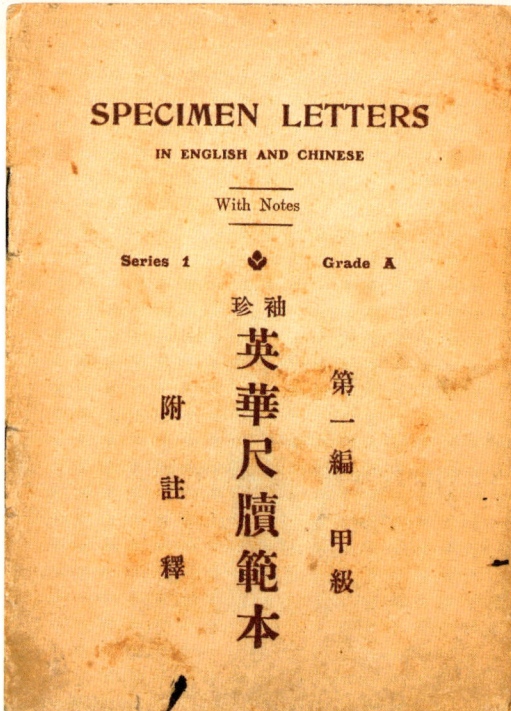

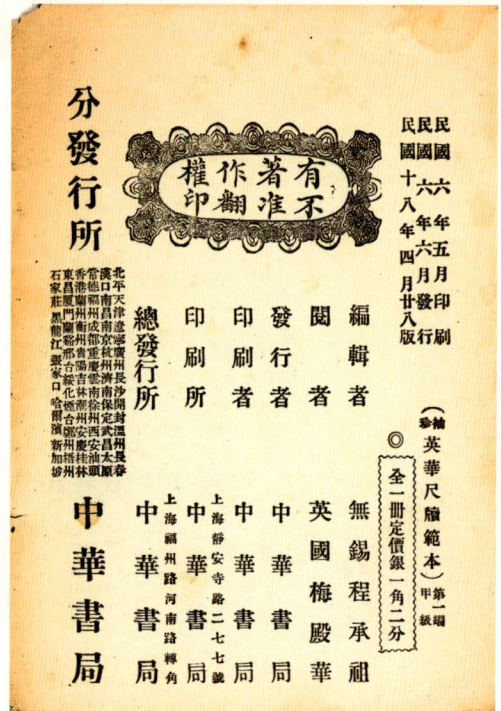

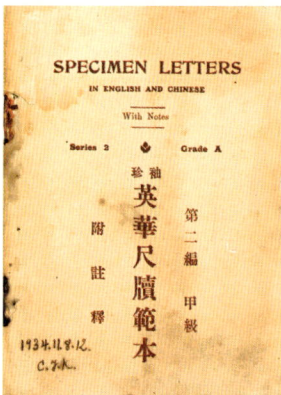

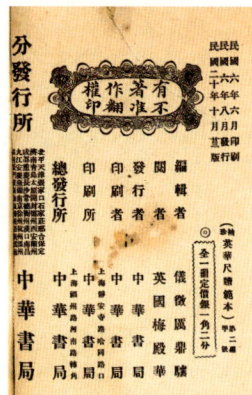

1538　书名：汉文译解英文商业尺牍
　　　著者：冯新五
　　　出版印行：商务印书馆
　　　出版时间：民国九年（1920）
　　　册数：不详

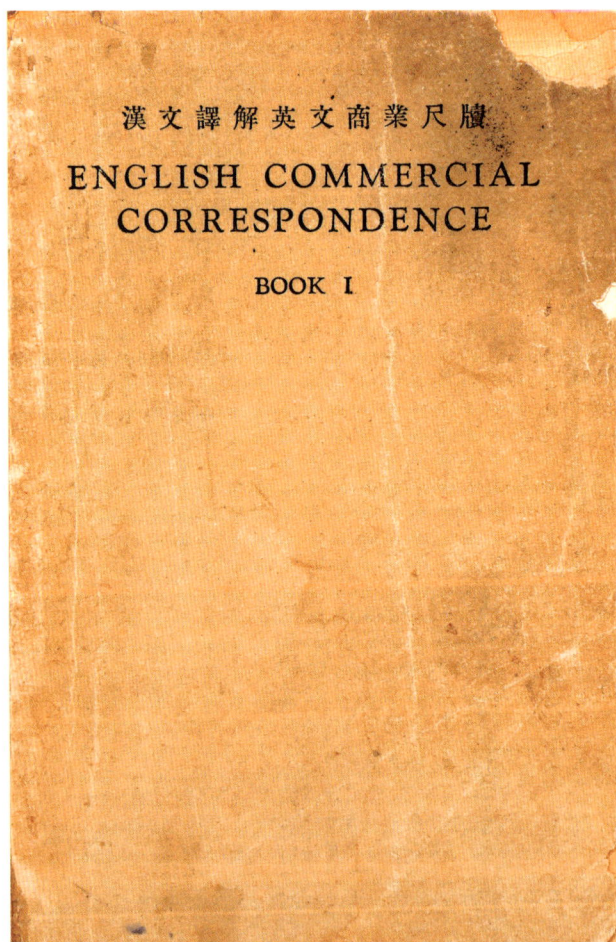

书名：增注英语尺牍选
著者：顾如荣 / 编纂
出版印行：商务印书馆
出版时间：民国十二年（1923）初版　民国十四年（1925）再版
册数：一

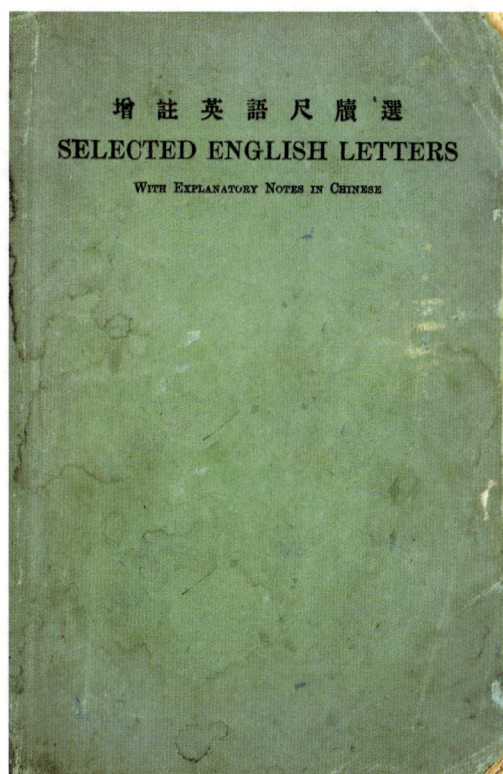

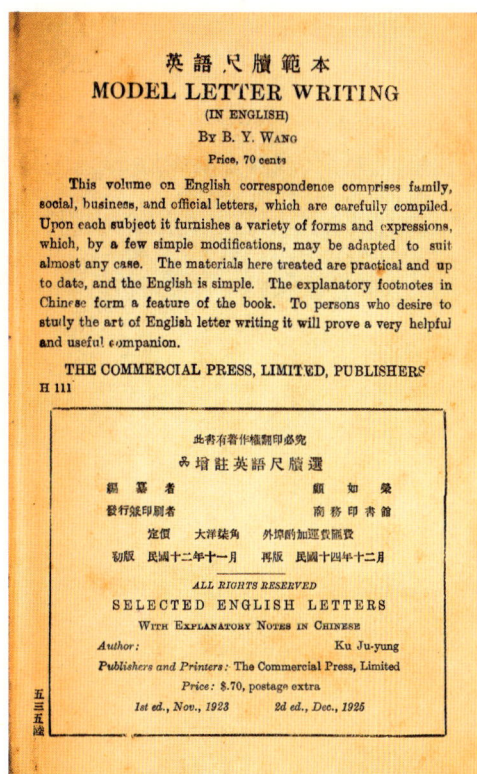

1540　书名：英语尺牍范本
　　　著者：王步贤／编纂
　　　出版印行：商务印书馆
　　　出版时间：民国十三年（1924）初版　民国二十二年（1933）国难后第3版
　　　册数：一

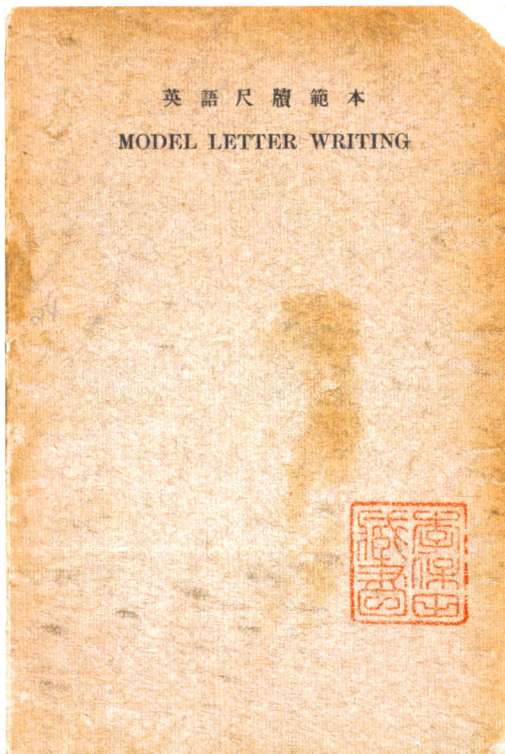

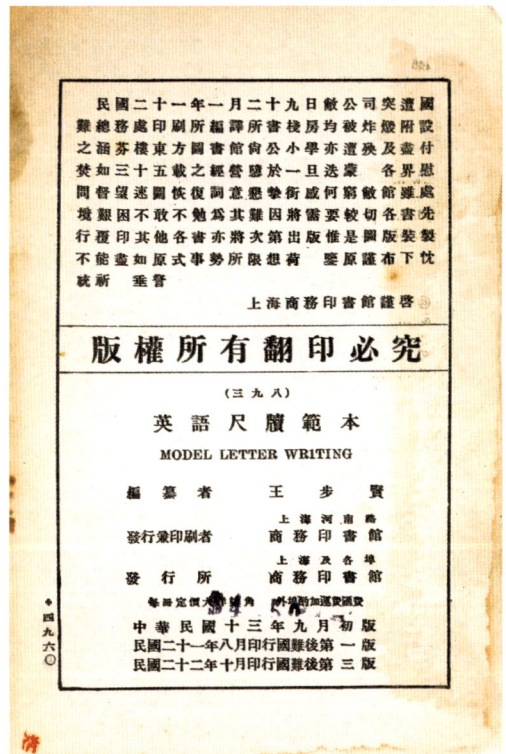

书名：英文尺牍大全（英汉对照）

著者：严畹滋 / 主编　谢福生、严独鹤、盛谷人、周树培 / 编著　秦理齐、钟屺云、章济时 / 翻译

出版印行：世界书局

出版时间：民国二十四年（1935）3版

册数：一

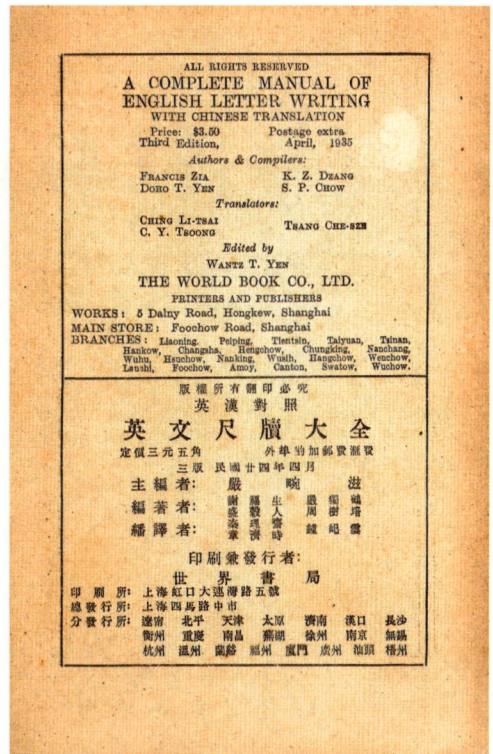

1542　书名：英文尺牍全书

　　　著者：葛传椝 / 编著

　　　出版印行：竞文书局

　　　出版时间：民国二十九年（1940）初版　民国三十七年（1948）重版

　　　册数：一

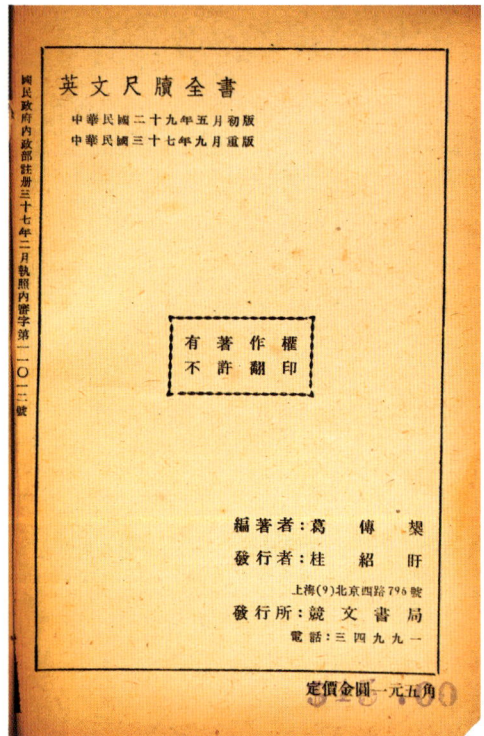

书名：英文书牍入门（中华文库）
著者：张慎伯 / 编
出版印行：中华书局
出版时间：民国三十七年（1948）初版
册数：一

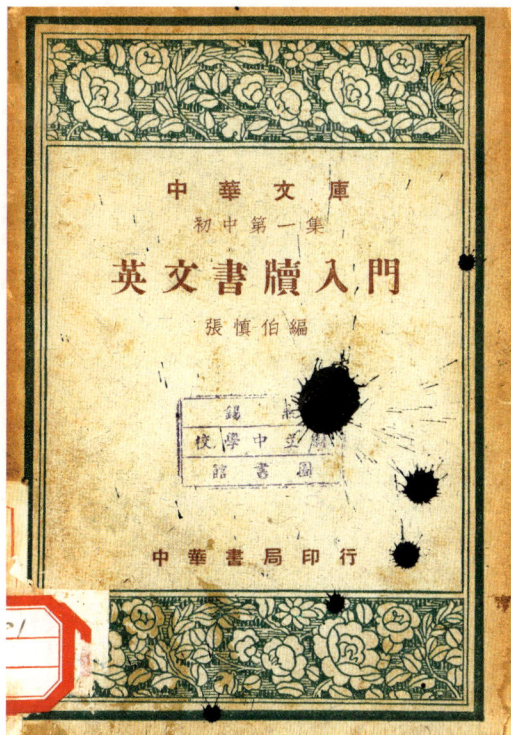

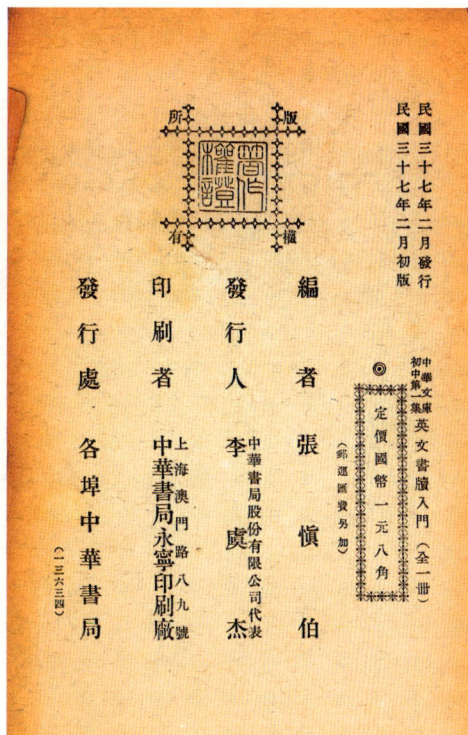

1544 书名：高等英文典（中学适用）
著者：［日］神田乃武／原著　商务印书馆编译所／译述
出版印行：商务印书馆
出版时间：戊申年（1908）初版　民国三十六年（1947）12版
册数：一

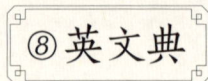

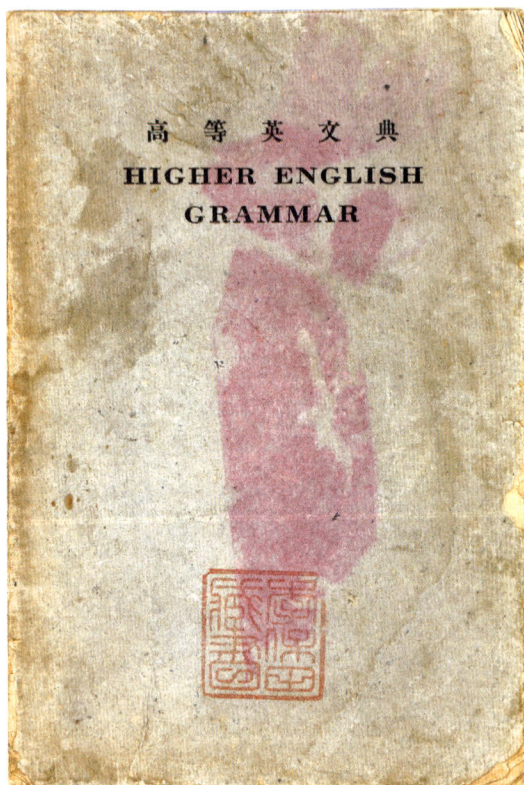

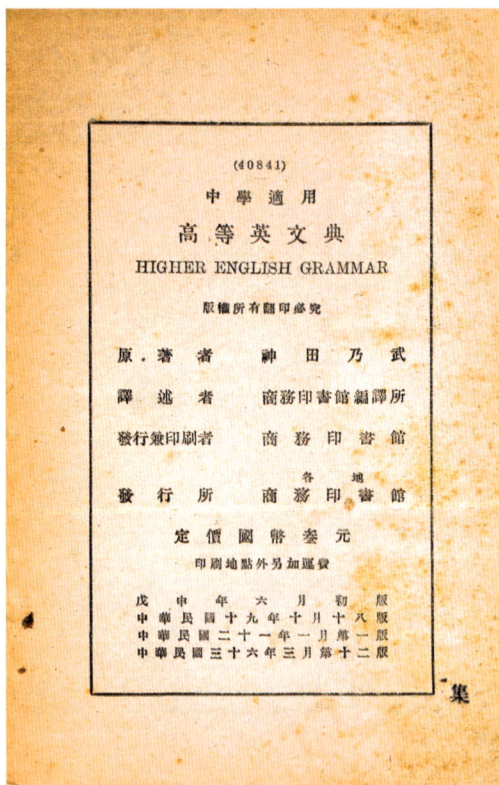

书名：汉译纳氏初等英文典

著者：陈宏／译述

出版印行：会文译书社

出版时间：己酉年（1909）初版　壬子年（1912）4版

册数：一

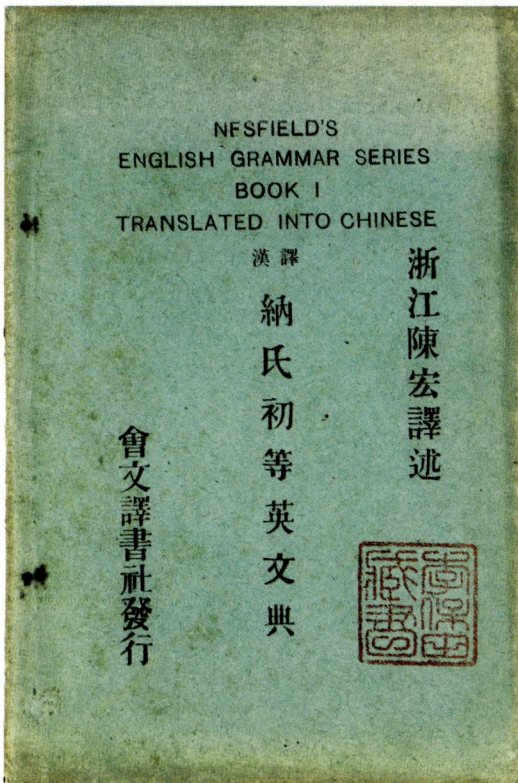

1546 书名：初等英文典

著者：［日］神田乃武／原著　商务印书馆编译所／译述

出版印行：商务印书馆

出版时间：民国元年（1912）初版　民国十八年（1929）26版

册数：一

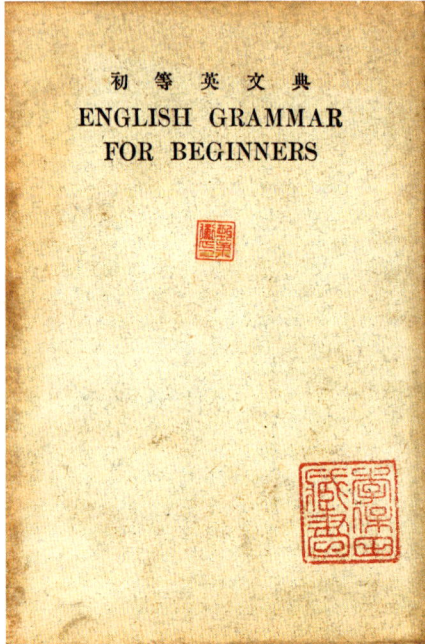

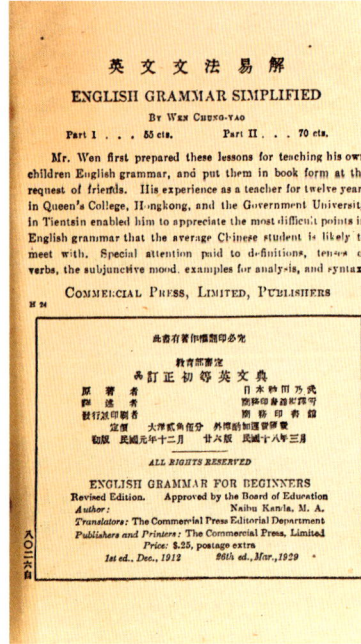

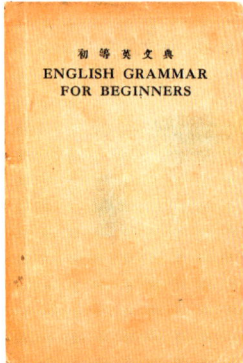

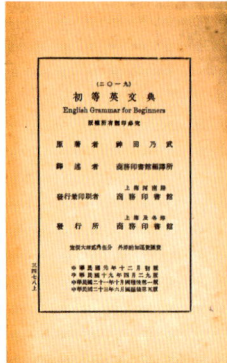

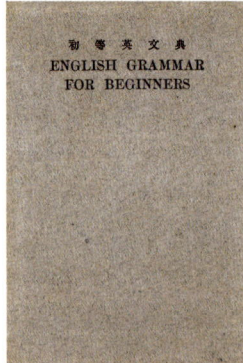

书名：英文典大全（中学适用）

著者：David Lattimore / 编纂

出版印行：商务印书馆

出版时间：民国十二年（1923）初版　民国三十七年（1948）第31版

册数：一

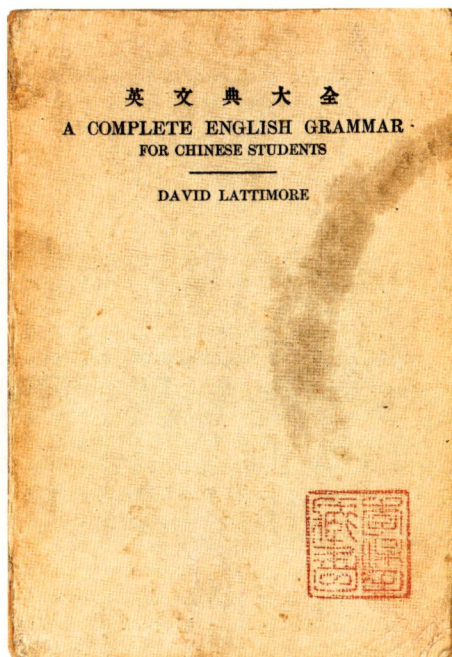

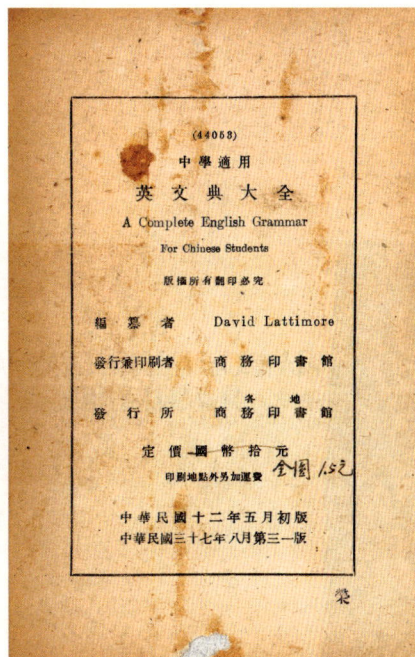

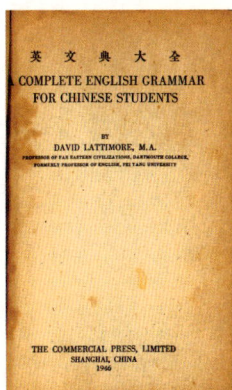

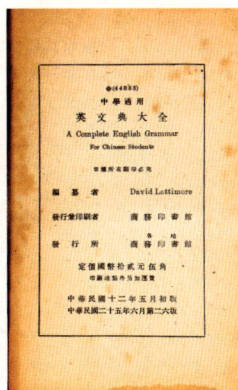

1548 | 书名：自修高等英文典
著者：詹文浒 / 编著
出版印行：世界书局
出版时间：民国二十六年（1937）初版　民国二十八年（1939）新1版
册数：一

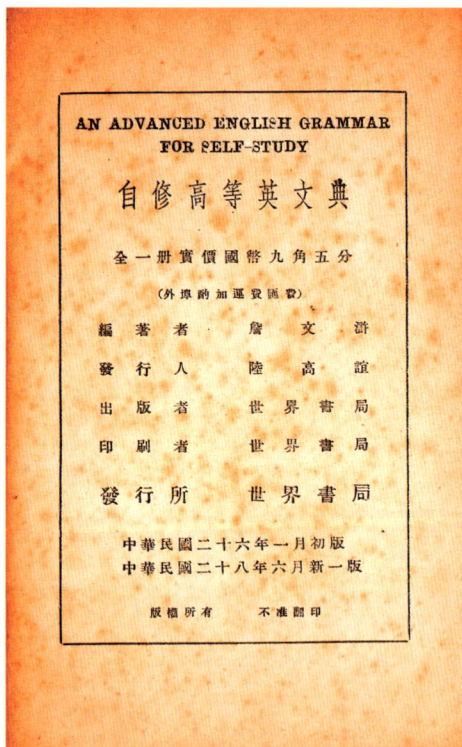

书名：汉译英文典大全（高中学生自修适用）
著者：David Lattimore / 著　林国绪 / 编译
出版印行：广东文化事业公司
出版时间：民国三十四年（1945）初版　民国三十七年（1948）再版
册数：不详

高中學生自修適用

漢譯英文典大全

A COMPLETE ENGLISH GRAMMAR
FOR CHINESE STUDENTS

BOOK I

原著者　　DAVID LATTIMORE

編譯者　林國緒

廣東文化事業公司印行

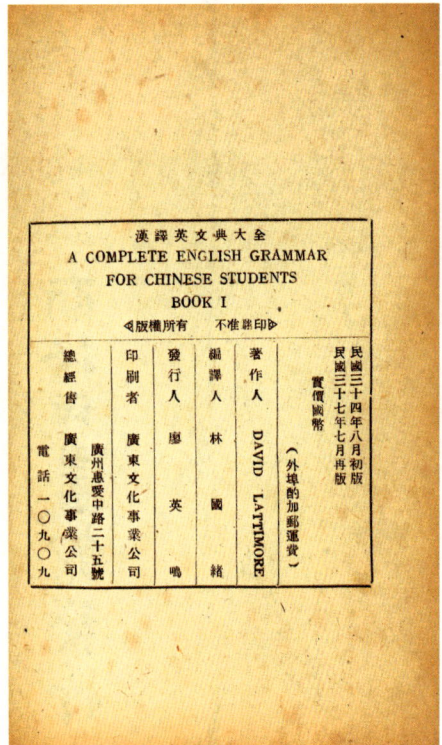

漢譯英文典大全

A COMPLETE ENGLISH GRAMMAR
FOR CHINESE STUDENTS

BOOK I

◁版權所有　　不准翻印▷

著作人	編譯人	發行人	印刷者	總經售	實價國幣	民國三十四年八月初版 民國三十七年七月再版
DAVID LATTIMORE	林國緒	廖英鳴	廣東文化事業公司	廣東文化事業公司 電話一〇九〇九 廣州惠愛中路二十五號	（外埠的加郵運費）	

1550　书名：英华合解辞汇
　　　著者：翁良、唐澄、杨士熙、童镕 / 合编
　　　出版印行：商务印书馆
　　　出版时间：民国四年（1915）
　　　册数：一

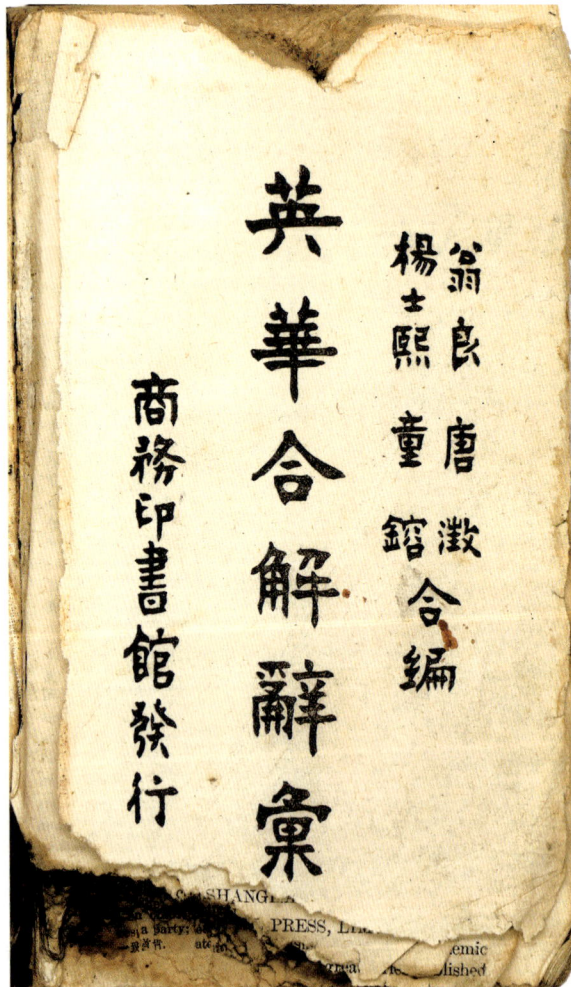

书名：英汉双解英文成语辞典
著者：伍光建 / 编纂
出版印行：商务印书馆
出版时间：民国六年（1917）初版　民国二十九年（1940）国难后第6版
册数：一

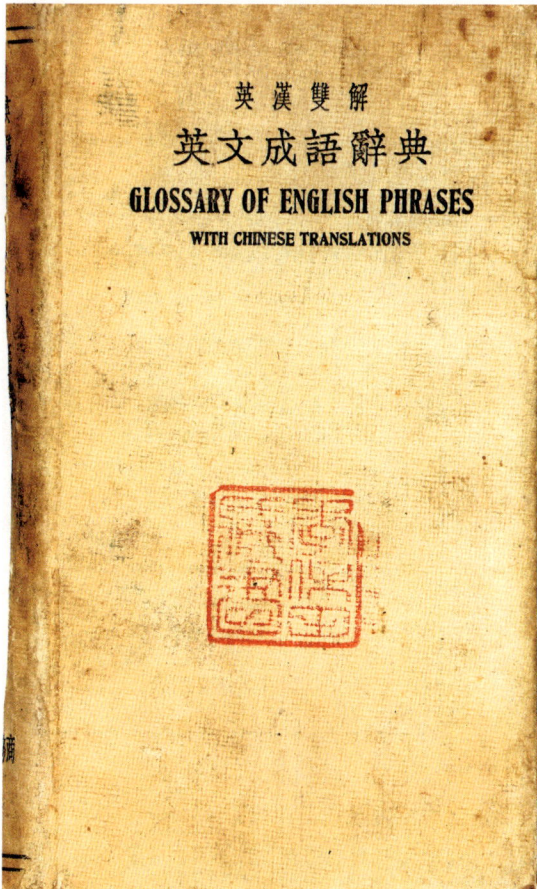

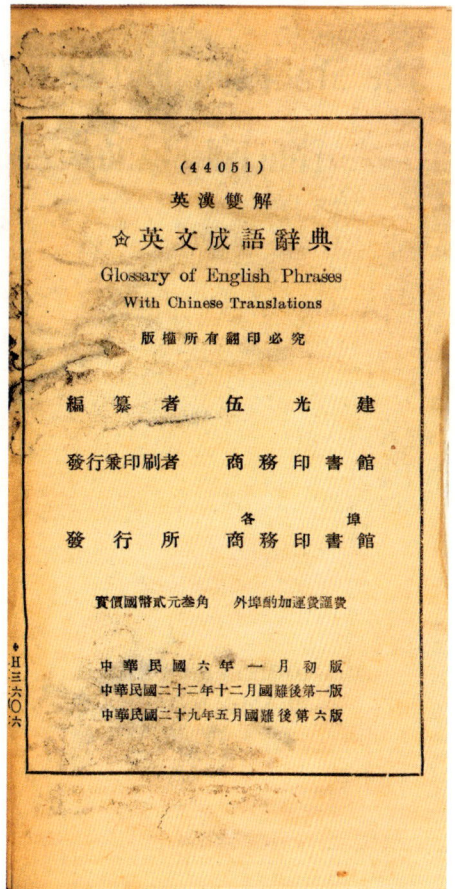

（44051）

英漢雙解

☆英文成語辭典

Glossary of English Phrases

With Chinese Translations

版權所有翻印必究

編纂者　　伍　光　建

發行兼印刷者　　商務印書館

　　　　　　　　　各　　　　埠
發　行　所　　商務印書館

實價國幣式元參角　外埠酌加運費匯費

中華民國六年一月初版
中華民國二十二年十二月國難後第一版
中華民國二十九年五月國難後第六版

1552 书名：双解标准英文俚语辞典
著者：翁文涛 / 编辑
出版印行：商务印书馆
出版时间：民国十八年（1929）初版
册数：一

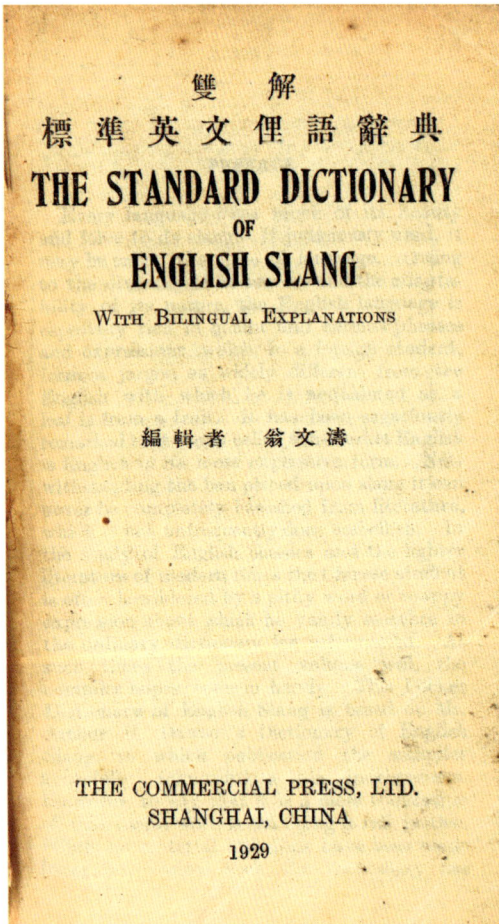

雙　解
標準英文俚語辭典
THE STANDARD DICTIONARY
OF
ENGLISH SLANG
WITH BILINGUAL EXPLANATIONS

編輯者　翁文濤

THE COMMERCIAL PRESS, LTD.
SHANGHAI, CHINA
1929

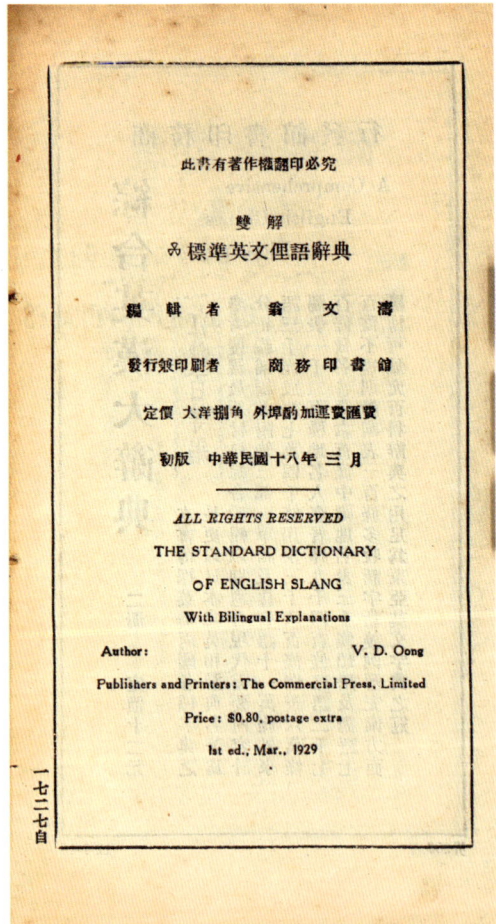

雙　解
標準英文俚語辭典

編　輯　者　　翁　文　濤

發行兼印刷者　　商務印書館

定價　大洋捌角　外埠酌加運費匯費

初版　中華民國十八年　三月

THE STANDARD DICTIONARY

OF ENGLISH SLANG

With Bilingual Explanations

Author:　　　　　　　　V. D. Oong

Publishers and Printers: The Commercial Press, Limited

Price: $0.80, postage extra

1st ed.; Mar., 1929

一七二七自

书名：英汉模范字典（求解作文两用）

著者：张世鎏、平海澜、厉志云、陆学焕 / 编辑

出版印行：商务印书馆

出版时间：民国十八年（1929）初版　民国廿四年（1935）国难后增订第33版

册数：一

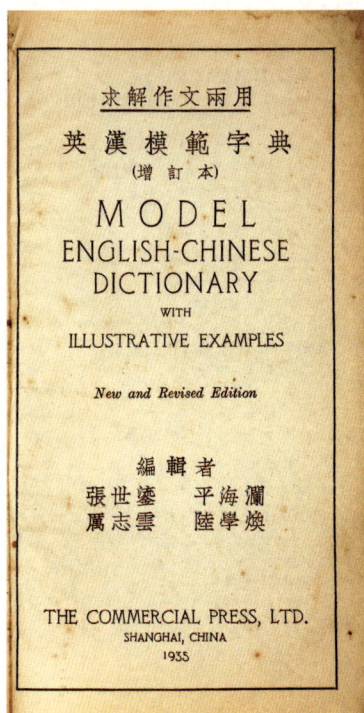

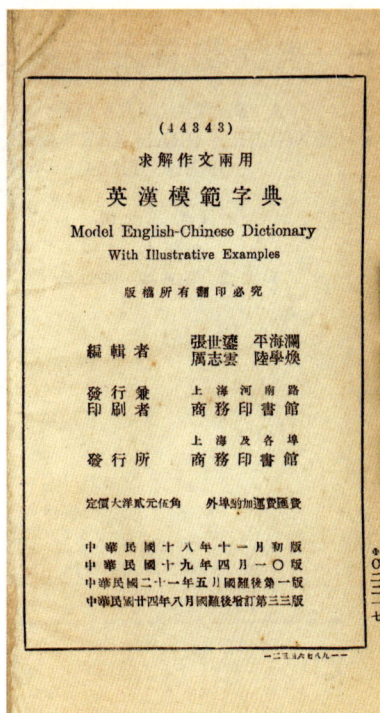

1554 　書名：英文文法／作文两用辞典

　　　　著者：詹文滸／主编　苏兆龙、葛传规、朱生豪／编辑

　　　　出版印行：世界书局

　　　　出版时间：民国二十三年（1934）再版

　　　　册数：一

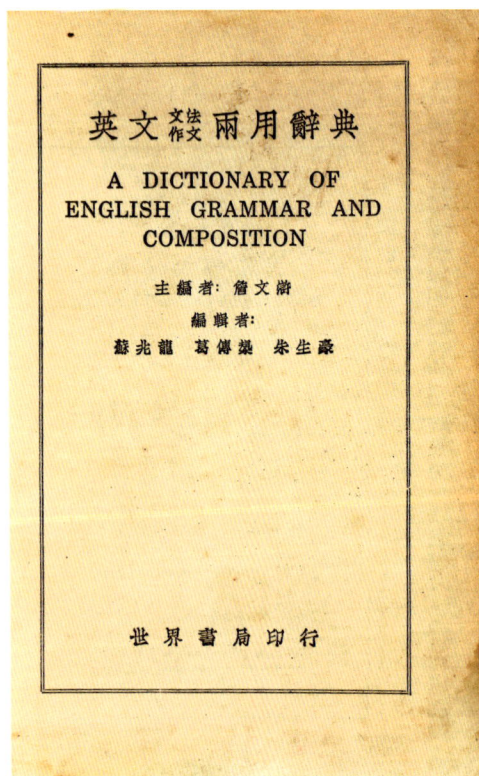

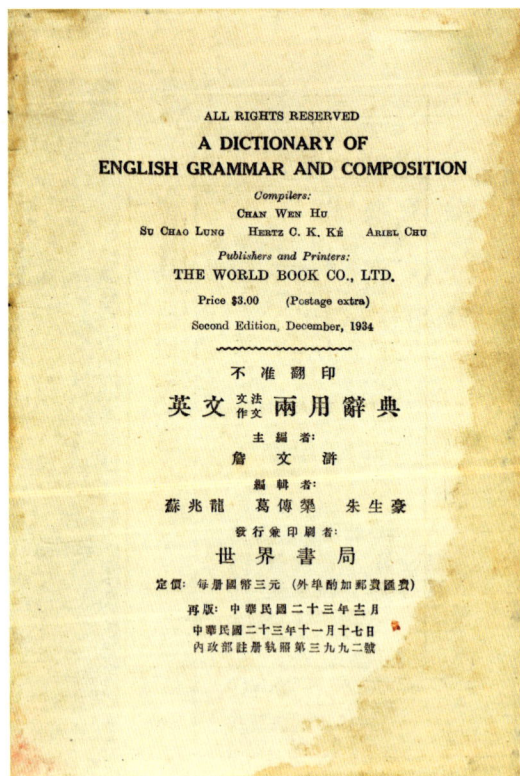

书名：英汉军用语词典
著者：田世英 / 编　汪世铭 / 校订
出版印行：商务印书馆
出版时间：民国三十三年（1944）重庆初版　民国三十六年（1947）上海再版
册数：一

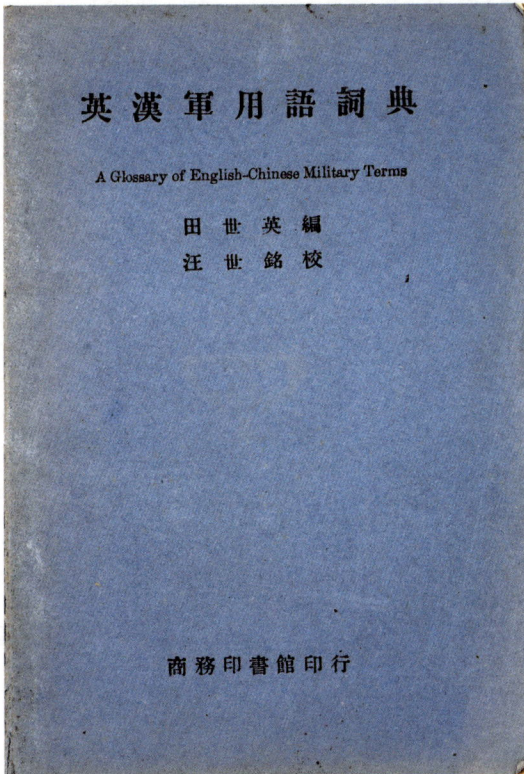

英漢軍用語詞典

A Glossary of English-Chinese Military Terms

田世英編

汪世銘校

商務印書館印行

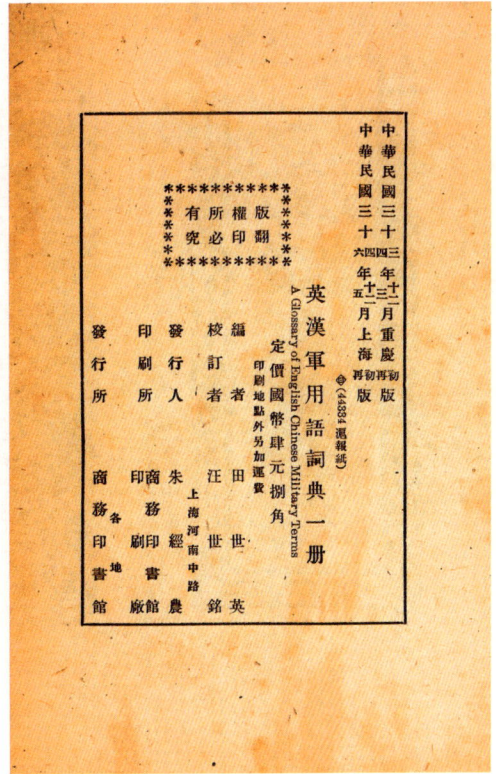

中華民國三十三年十二月重慶初版

中華民國三十六年五月上海再版

英漢軍用語詞典一册

A Glossary of English Chinese Military Terms

定價國幣肆元捌角

印刷地點外另加運費

★★★★★★★★★★
版權所有　翻印必究
★★★★★★★★★★

編　　者　　田世英

校　訂　者　　汪世銘

發　行　人　　朱經農

印　刷　所　　商務印書館上海河南中路

發　行　所　　商務印書館各地

(44334 渥報紙)

1556　　书名：英汉求解／作文／文法／辨义四用辞典
　　　　　著者：詹文浒／主编　苏兆龙、葛传规、朱生豪、邵鸿霦、赵鸿隽、陈徐堃、史亦山、凌善森／编辑
　　　　　出版印行：世界书局
　　　　　出版时间：民国三十五年（1946）11版
　　　　　册数：一

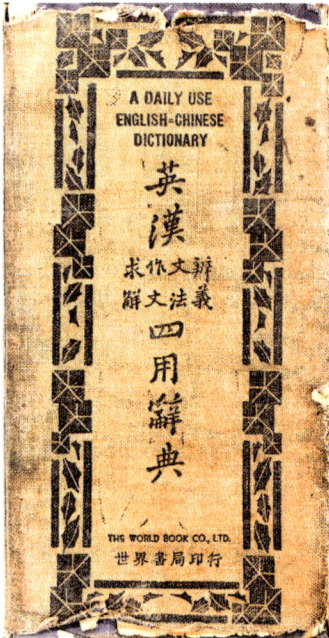

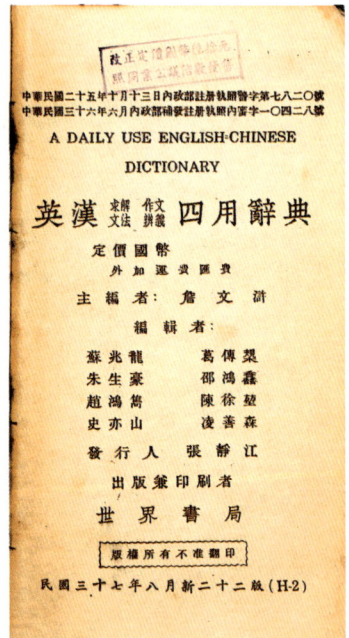

书名：远东新袖珍英汉辞典
著者：梁实秋 / 主编　远东图书公司编审委员会 / 编辑
出版印行：远东图书公司
出版时间：不详
册数：不详

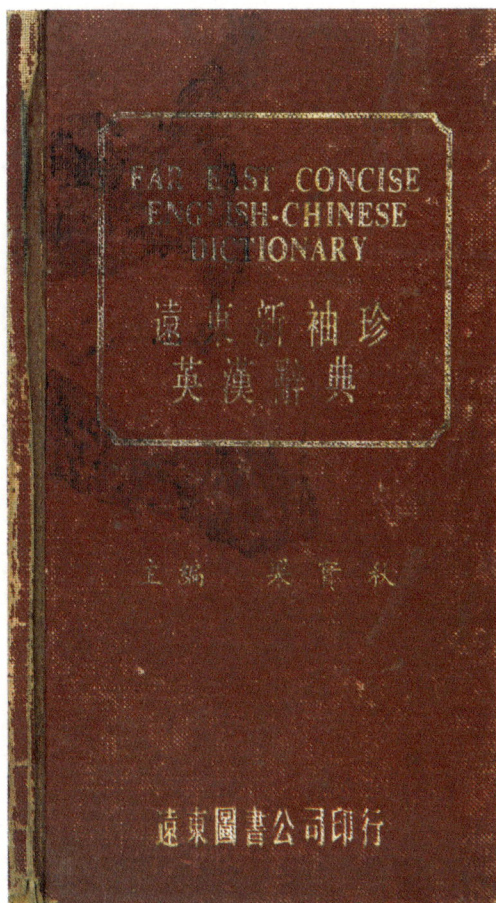

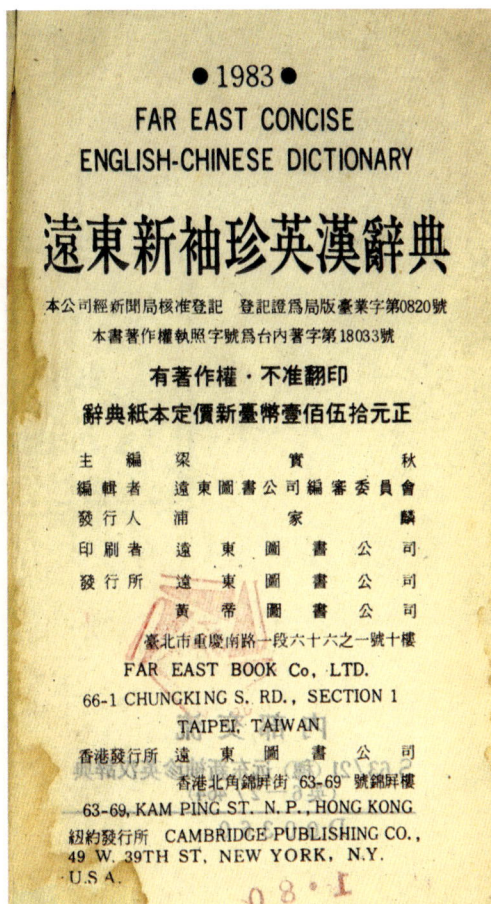

1558　书名：华英通用要语
　　　　著者：商务印书馆编译所
　　　　出版印行：商务印书馆
　　　　出版时间：光绪甲辰年（1904）初版　1934年国难后第2版
　　　　册数：一

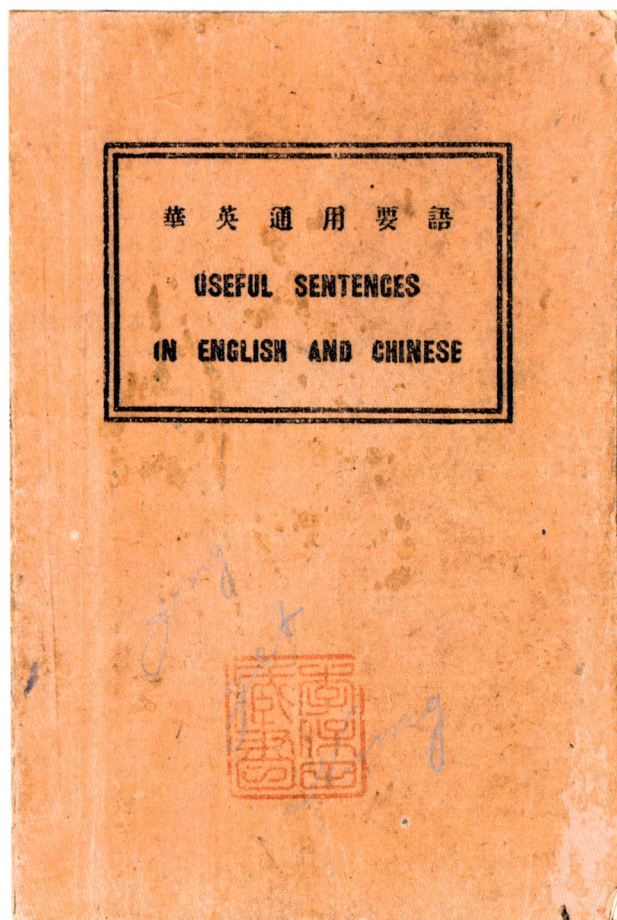

華 英 通 用 要 語

USEFUL SENTENCES

IN ENGLISH AND CHINESE

书名：英语撮要

著者：商务印书馆编译所／编纂

出版印行：商务印书馆

出版时间：丙午年（1906）初版　民国十三年（1924）34版

册数：一

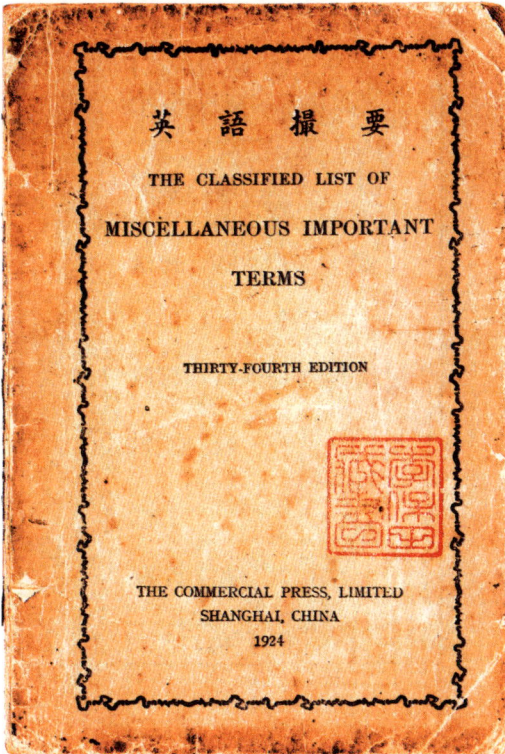

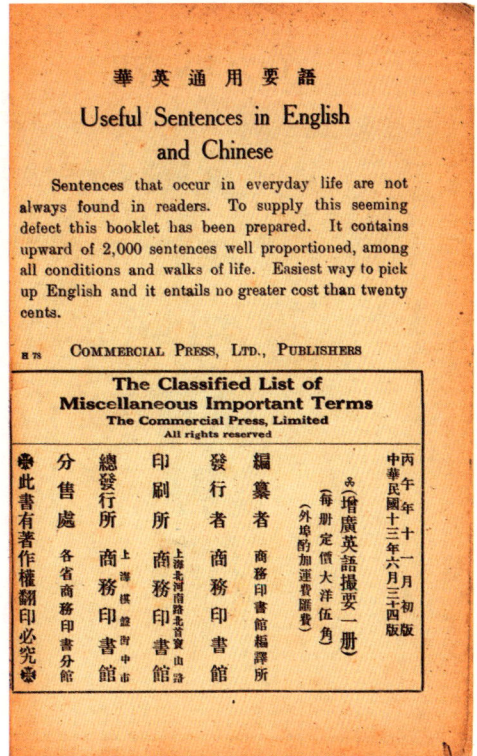

1560　书名：袖珍分类英语

著者：徐维绘／编纂

出版印行：商务印书馆

出版时间：丙午年（1906）初版　民国五年（1916）12版

册数：一

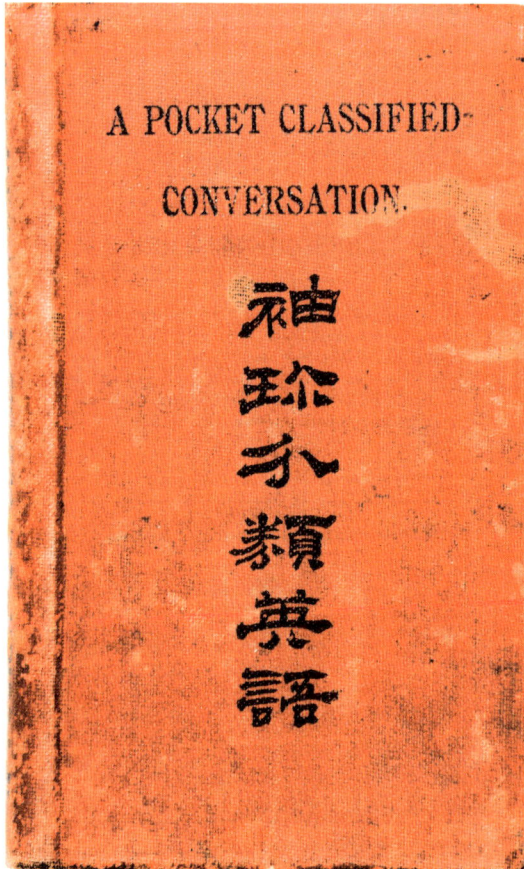

A POCKET CLASSIFIED-

CONVERSATION.

袖珍分類英語

A Pocket Classified Conversation

(*Revised Edition*)

Commercial Press, Ltd.,

此書有著作權翻印必究

丙午年四月初版
中華民國五年八月十二版
（增袖珍分類英語一冊）
（每冊定價大洋肆角）
（外埠酌加運費匯費）

編纂者　四明徐維繪

發行者　商務印書館

印刷所　上海北河南路北首寶山路商務印書館

總發行所　上海棋盤街中市商務印書館

分售處

北京天津保定奉天吉林長春西安春杭龍江九江漢口

濟南東昌太原開封洛陽

商務印書館分館

蘭谿安慶燕湖南昌袁州

武昌長沙寶慶常德衡州韶州成都重慶

福州厦門廣州潮州汕頭澳門香港

桂林梧州雲南貴陽陽州哈爾濱新嘉坡

六五三

书名：华英要语类编

著者：商务印书馆编译所 / 编纂

出版印行：商务印书馆

出版时间：丙午年（1906）初版　民国十一年（1922）38版

册数：一

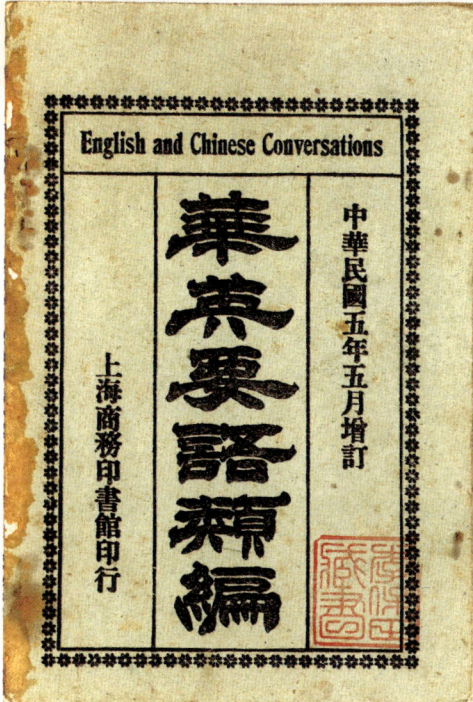

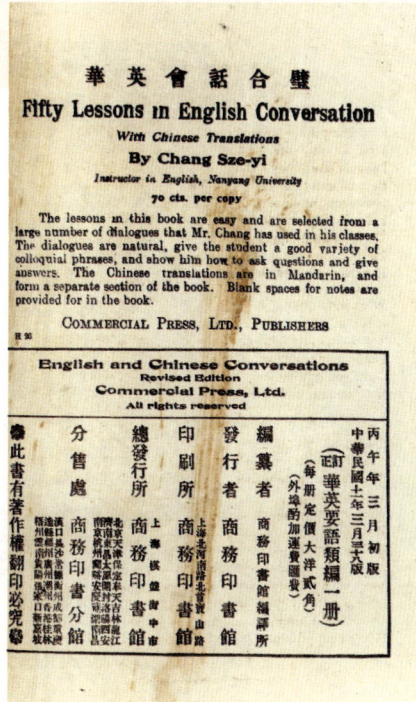

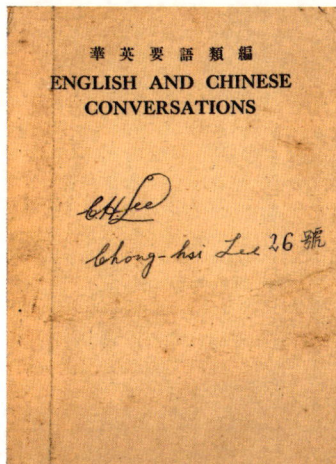

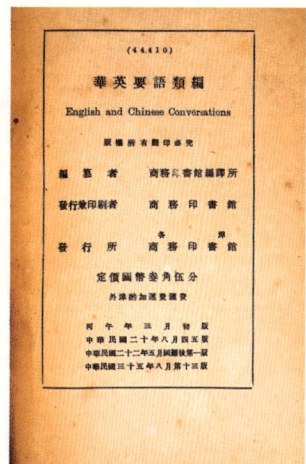

1562 | 书名：英文习字帖
著者：Jose Martlnho Marques/ 著　邝富灼 / 订正
出版印行：商务印书馆
出版时间：丁未年（1907）初版　民国十八年（1929）18版
册数：八

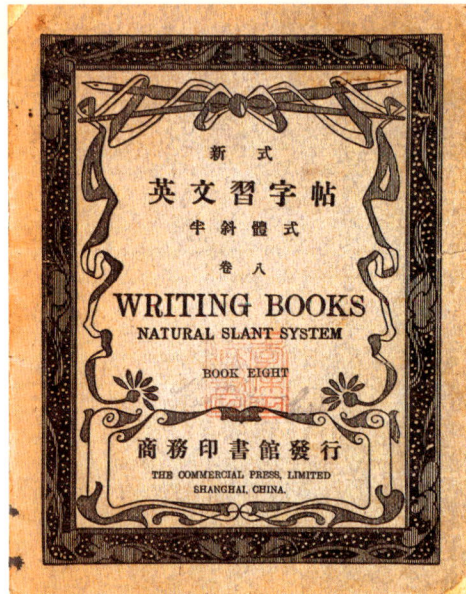

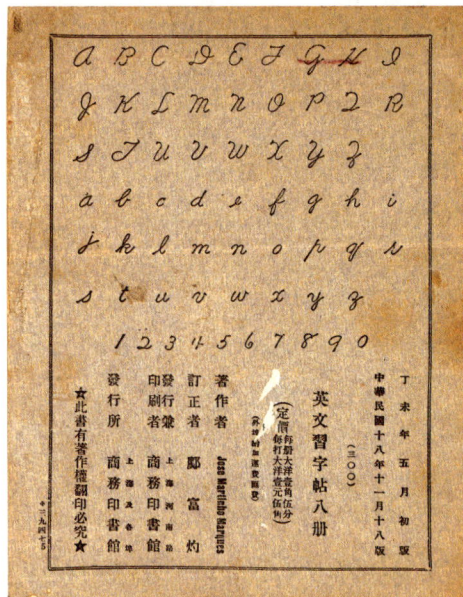

书名：初学英文轨范

著者：邝富灼、徐铣 / 编纂

出版印行：商务印书馆

出版时间：己酉年（1909）初版　民国十二年（1923）27版

册数：一

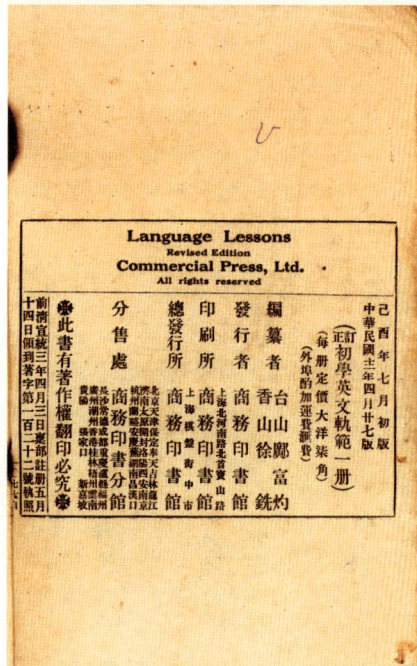

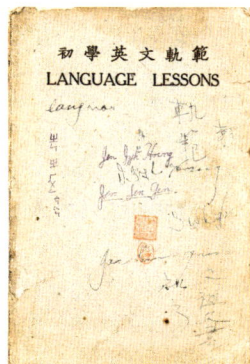

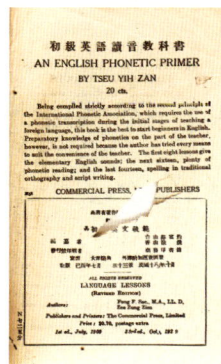

1564 　书名：日语读本
　　　　著者：［日］内堀维文／著
　　　　出版印行：商务印书馆
　　　　出版时间：己酉年（1909）初版　　民国十一年（1922）11版
　　　　册数：四

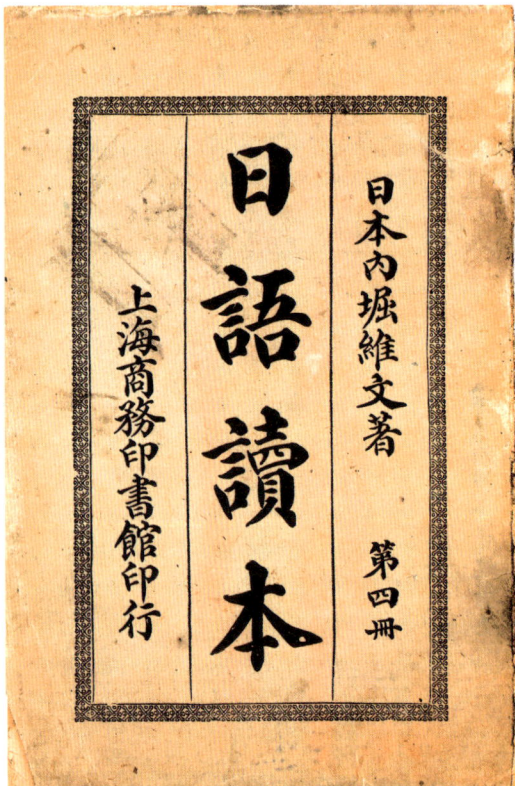

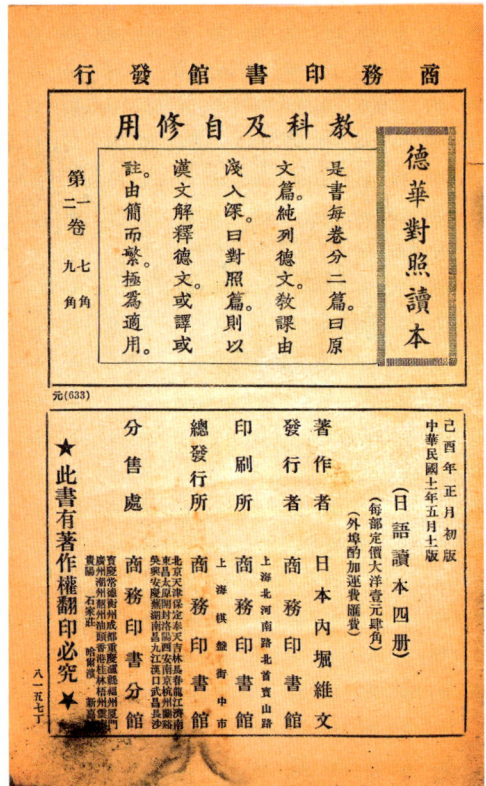

书名：商务印书馆英文新读本

著者：［美］Roy S. Anderson / 编纂　邝富灼 / 校订

出版印行：商务印书馆

出版时间：己酉年（1909年）初版　民国三年（1914）4版

册数：六

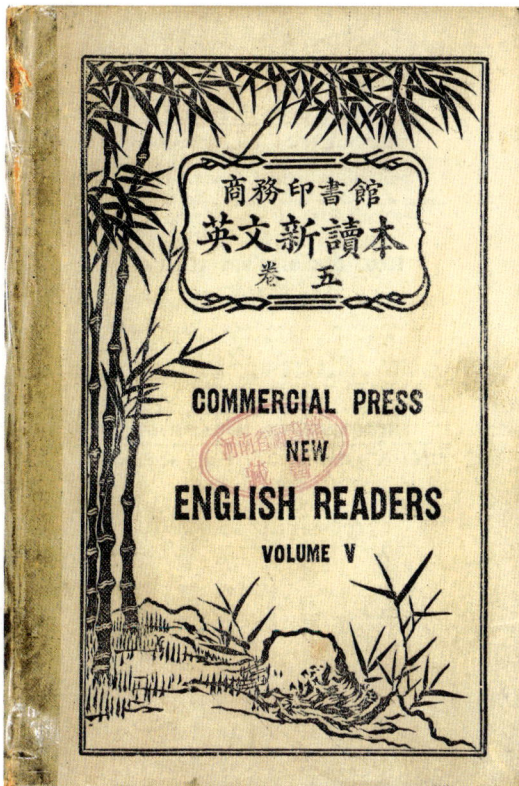

商務印書館
英文新讀本
卷　五

COMMERCIAL PRESS
NEW
ENGLISH READERS
VOLUME V

英　華　會　話　合　璧

FIFTY LESSONS IN ENGLISH CONVERSATION

with Chinese translations

By Chang Sze-yi

Instructor in English, Nanyang University

70 cts. per copy

The lessons in this book are easy and are selected from a large number of dialogues that Mr. Chang has used in his classes. The dialogues are natural, give the student a good variety of colloquial phrases, and show him how to ask questions and give answers. The Chinese translations are in Peking mandarin, and form a separate section of the book. Blank spaces for Notes are provided for in the book.

The Commercial Press, Publishers

H 26

COMMERCIAL PRESS
NEW ENGLISH READERS
Vol. V
COMMERCIAL PRESS, LTD.

己酉年十一月初版
中華民國三年四月四版
（商務印書館英文新讀本六冊）
（卷五硬布面定價大洋壹元貳角）

編纂者　美國 Roy S. Anderson

校訂者　新寧鄺富灼

發行者　商務印書館

印刷所　上海北河南路北寶山路　商務印書館

總發行所　上海棋盤街中市　商務印書館

分售處　北京保定天津濟南開封太原西安成都重慶安慶長沙桂林漢口南昌蕪湖杭州福州廣州雲南香港　商務印書分館

※ 此書有著作權翻印必究 ※

前清宣統三年四月初三日呈報五月十四日註冊

1566　书名：新世纪英文读本

著者：邝富灼、李广成／编纂

出版印行：商务印书馆

出版时间：庚戌年（1910）初版　民国五年（1916）6版

册数：六

教育部審定

新世紀英文讀本

卷肆

China's New Century Readers

FOURTH READER

Approved by the Board of Education

COMMERCIAL PRESS, LIMITED

PUBLISHERS

INDUCTIVE STUDIES IN ENGLISH SERIES

ENGLISH CLASSICS

EDITED BY

PROFESSOR DANIEL H. KULP II, M.A.

ACTING HEAD OF THE DEPARTMENT OF ENGLISH LANGUAGE
AND LITERATURE, SHANGHAI BAPTIST COLLEGE

伯爾克解仇演說

BURKE'S CONCILIATION WITH THE COLONIES

Price 55 cts.

MACAULAY'S ESSAY ON JOHNSON

These two books form the first of a series of inductive studies in English literature by Professor Kulp. His editing embodies the result of Laboratory practice in view of the specific needs of the Chinese student. Besides the text, each book contains a biographical sketch of the author, outlines and suggestions for studies, and Anglo-Chinese notes on difficult points. These books are most helpful for correlating the work in rhetoric with study of the English Classics.

THE COMMERCIAL PRESS, LIMITED, PUBLISHERS.

China's New Century Readers

Fourth Reader

Approved by the Board of Education

COMMERCIAL PRESS, LTD.

庚戌年三月初版

中華民國五年五月六版

（新世紀英文讀本六冊）

（卷四定價大洋伍角）

編纂者　新寧　李鄺廣成富灼

發行者　商務印書館

印刷所　上海北河南路北首寶山路　商務印書館

總發行所　上海棋盤街　商務印書館

分售處　商務印書分館

此書有著作權翻印必究

书名：英文书札指南

著者：李文彬 / 编纂

出版印行：商务印书馆

出版时间：庚戌年（1910）初版　民国十三年（1924）14版

册数：一

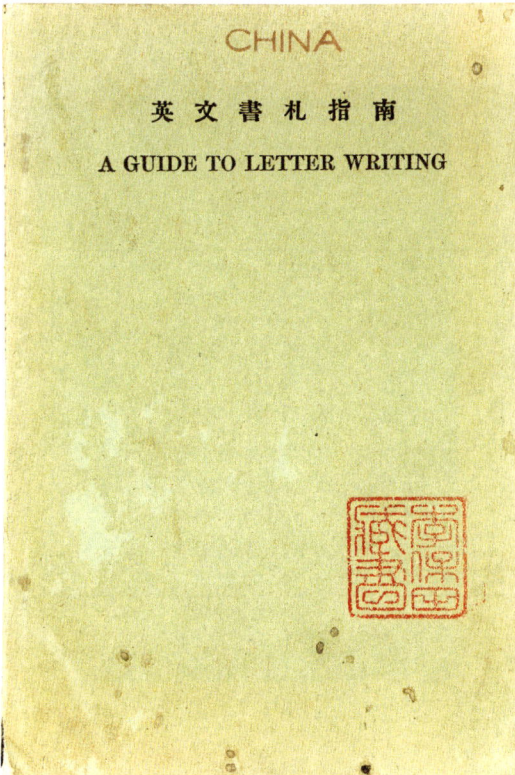

CHINA

英 文 書 札 指 南

A GUIDE TO LETTER WRITING

華 英 文 件 指 南

English and Chinese Complete Letter Writer

Price, 60 cts.

"This is one more of the books which the Commercial Press has prepared for the use of the Chinese in learning English, and will be a great help. more particularly by way of illustration and example It contains 188 pages, and is well printed with fine paper."

COMMERCIAL PRESS. LIMITED. PUBLISHERS

H 9

A Guide to Letter Writing

The Commercial Press, Limited

All rights reserved

庚戌年三月初版
中華民國十三年四月古出版

（英文書札指南一册）
（每册定價大洋柒角）
（外埠酌加運費匯寄）

編纂者　閩縣李文彬

發行者　商務印書館

印刷所　商務印書館
上海北河南路北首寶山路

總發行所　商務印書館
上海棋盤街中市

分售處　各省商務印書分館

此書有著作權翻印必究

前清宣統三年四月初三日豪部註册五月十四日領到著字第二百三十五號執照

四九五五張

1568 书名：英文云谓字通诠
著者：［英］L. J. Swallow, B. A. / 编纂　许善祥、王蕴章 / 校订
出版印行：商务印书馆
出版时间：辛亥年（1911）初版　民国十二年（1923）九版
册数：一

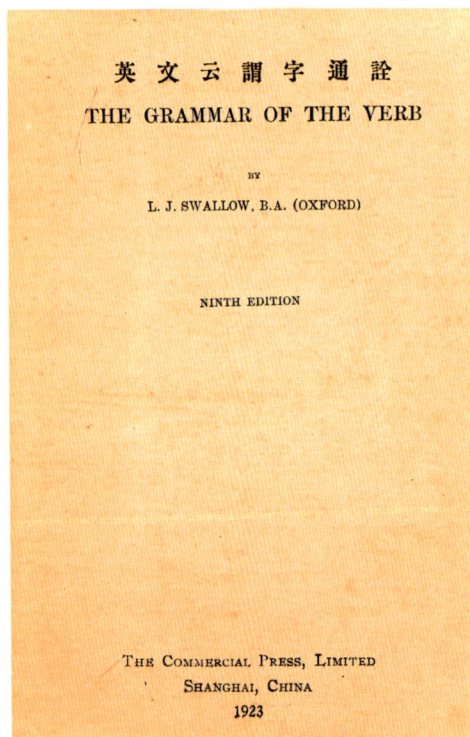

英文云謂字通詮

THE GRAMMAR OF THE VERB

BY

L. J. SWALLOW, B.A. (OXFORD)

NINTH EDITION

THE COMMERCIAL PRESS, LIMITED
SHANGHAI, CHINA
1923

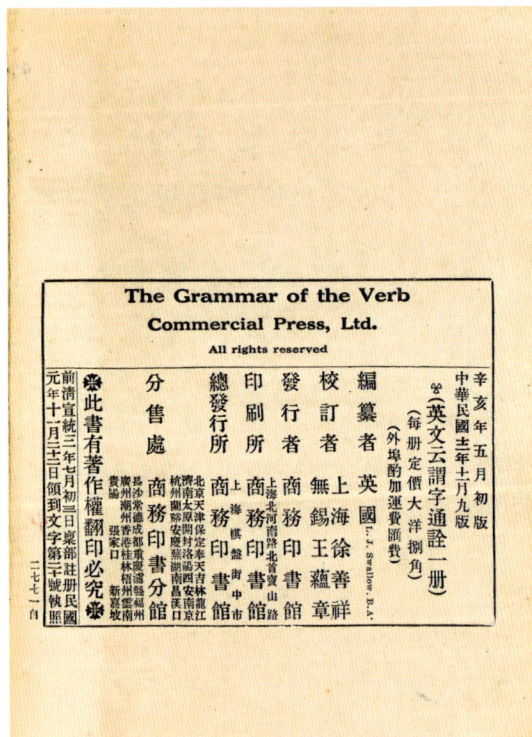

The Grammar of the Verb
Commercial Press, Ltd.
All rights reserved

辛亥年五月初版
中華民國壬年十月九版
《英文云謂字通詮一册》
（每册定價大洋捌角）
（外埠酌加運費匯費）

編纂者　英國 L. J. Swallow, B.A.

校訂者　上海　無錫　徐善祥　王蘊章

發行者　商務印書館

印刷所　商務印書館　上海棋盤街中市

總發行所　商務印書館

分售處　商務印書分館　北京天津保定濟南開封太原上海南京蘇州杭州武昌長沙南昌安慶成都重慶廣州潮州汕頭香港桂林梧州雲南貴陽張家口奉天吉林龍江新嘉坡

★此書有著作權翻印必究★
前清宣統三年七月初三日禀部註册民國元年十一月三十三日領到文字第二十號執照

二七七一甲

书名：日用英语读本
著者：［美］H. B. Graybill
出版印行：商务印书馆
出版时间：民国元年（1912）4 版
册数：一

1569

Canton Christian College Series

日 用 英 語 讀 本

前 編

EVERY-DAY ENGLISH

Book I

A Book of Classified Sentences

COMMERCIAL PRESS, LIMITED
SHANGHAI
1912

英 文 文 法 易 解
English Grammar Simplified
BY
WEN CHUNG-YAO

Part I . . . 50 cts.   Part II . . . 70 cts.

Mr. Wen first prepared these lessons for teaching his
own children English Grammar, and put them in book
form at the request of friends. His experience as a
teacher for twelve years in Queen's College, Hongkong,
and the Government University in Tientsin enabled him
to appreciate the most difficult points in English Grammar
that the average Chinese student is likely to meet with.
Special attention paid to definitions, tenses of verbs, the
subjunctive mood, examples for analysis, and syntax.

Commercial Press, Publishers

EVERY-DAY ENGLISH.
Book I.
COMMERCIAL PRESS, LTD.

編纂者　美國 H. B. Graybill
（日用英語讀本前編一册）
（每本定價大洋肆角）
中華民國元年 七月 四版

發行者　商務印書館
印刷所　上海北河南路北首寶山路
商務印書館
總發行所　上海棋盤街中市
商務印書館
分售處　京師 奉天 龍江 天津 濟南
開封 太原 西安 成都 重慶
漢州 長沙 南昌 南京
蕪湖 杭州 常德 漢口
蘇州 廣州 潮州
商務印書館分館

翻印必究

1570 | 书名：英语易通
著者：商务印书馆编译所／编纂
出版印行：商务印书馆
出版时间：民国元年（1912）初版　民国二十二年（1933）国难后第1版
册数：一

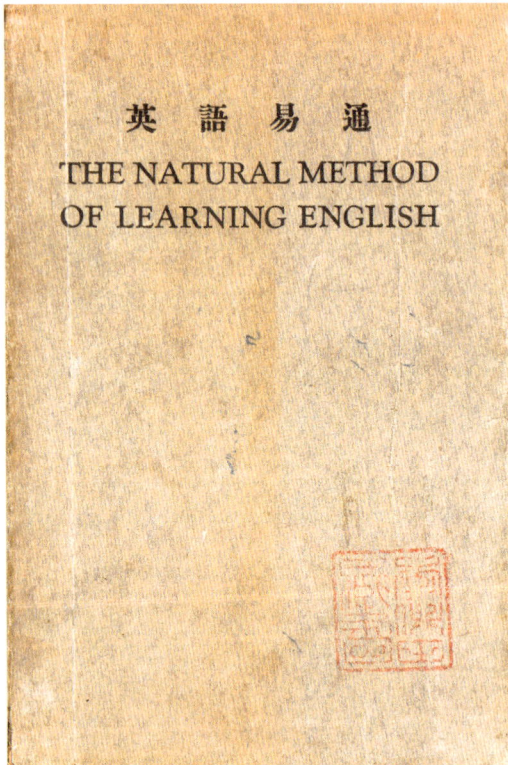

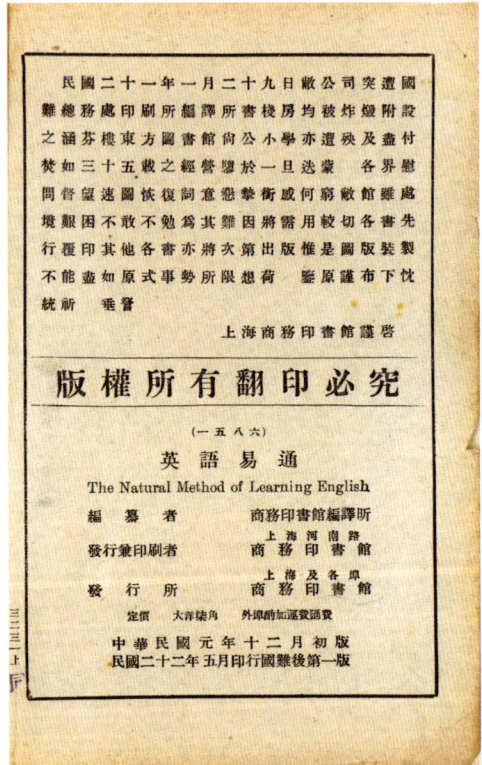

民國二十一年一月二十九日敝公司突遭國難總務處印刷所編譯所書棧房均被炸燬附設之涵芬樓東方圖書館尚公小學亦遭殃及盡付燬如三十五載之經營燬於一旦迭蒙各界慰問啓籲速圖恢復詢意懇摯衡感何窮敝館雖處境艱困不敢不勉爲其難因將需用較切各書先行覆印其他各書亦將次第出版版權是圖版裝製不能盡如原式事勢所限想荷　鑒原謹布下忱統祈　垂詧
上海商務印書館謹啓

（一五八六）

英語易通
The Natural Method of Learning English

編纂者	商務印書館編譯所
發行兼印刷者	上海河南路 商務印書館
發行所	上海及各埠 商務印書館

定價　大洋柒角　外埠酌加運費匯費

中華民國元年十二月初版
民國二十二年五月印行國難後第一版

书名：共和国民英文读本（中学校及师范学校用）

著者：苏本铫 / 编纂　邝富灼 / 校订

出版印行：商务印书馆

出版时间：民国二年（1913）初版　民国四年（1915）3版

册数：五

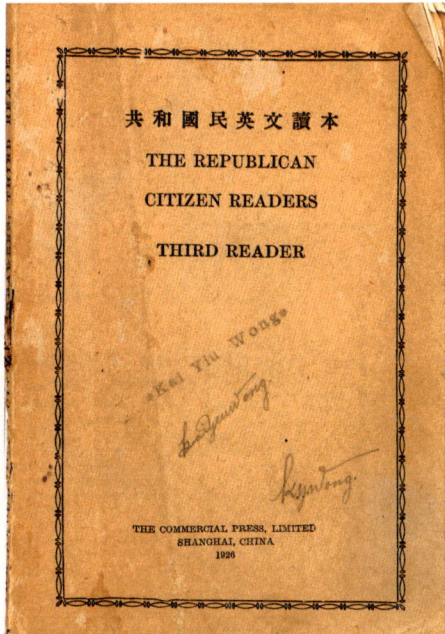

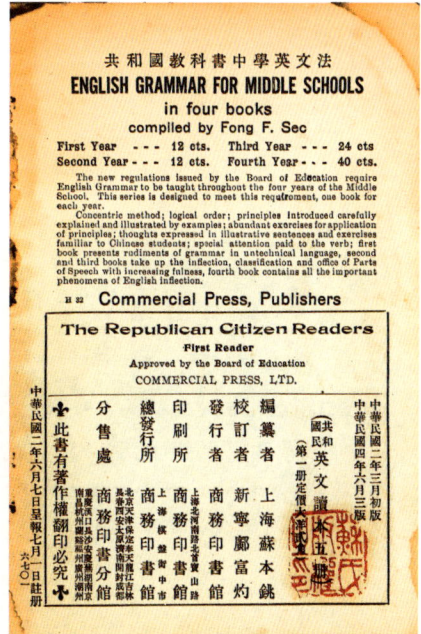

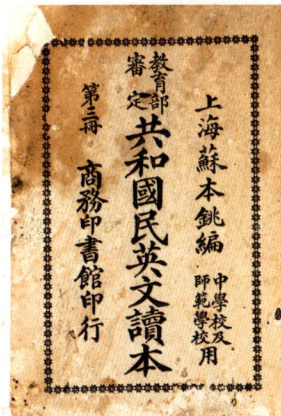

1571

共和國民英文讀本

THE REPUBLICAN

CITIZEN READERS

THIRD READER

THE COMMERCIAL PRESS, LIMITED
SHANGHAI, CHINA
1926

共和國教科書中學英文法

ENGLISH GRAMMAR FOR MIDDLE SCHOOLS

in four books

compiled by Fong F. Sec

First Year --- 12 cts.　Third Year --- 24 cts.
Second Year --- 12 cts.　Fourth Year --- 40 cts.

The new regulations issued by the Board of Education require English Grammar to be taught throughout the four years of the Middle School. This series is designed to meet this requirement, one book for each year.

Concentric method; logical order; principles introduced carefully explained and illustrated by examples; abundant exercises for application of principles; thoughts expressed in illustrative sentences and exercises familiar to Chinese students; special attention paid to the verb; first book presents rudiments of grammar in untechnical language, second and third books take up the inflection, classification and office of Parts of Speech with increasing fulness, fourth book contains all the important phenomena of English inflection.

B 32　**Commercial Press, Publishers**

The Republican Citizen Readers

First Reader

Approved by the Board of Education

COMMERCIAL PRESS, LTD.

編纂者　上海　蘇本銚

校訂者　新寧　廓富灼

發行者　商務印書館

印刷所　商務印書館

總發行所　商務印書館

分售處　商務印書分館

共和國民英文讀本（第一册）

中華民國二年三月初版

中華民國四年六月三版

此書有著作權翻印必究

中華民國二年六月七日呈報七月一日註册　六七〇

教育部審定　第三册

上海蘇本銚編　中學校及師範學校用

共和國民英文讀本

商務印書館印行

1572　书名：英语作文捷径

著者：［英］A. G. Beaumont / 编纂

出版印行：商务印书馆

出版时间：民国四年（1915）初版　民国八年（1919）6版

册数：一

教 育 部 審 定

英 語 作 文 捷 徑

AIDS TO ENGLISH COMPOSITION

FOR CHINESE STUDENTS

APPROVED BY THE BOARD OF EDUCATION

英語作文教科書

第二編

INTERMEDIATE COMPOSITION

By Fong F. Sec

Follows the compiler's "Elementary Composition for Chinese Students"

Limp Cloth Cover　　$1.00

Takes up the principles of English composition governing punctuation, use of words, sentences, paragraphs, and the different kinds of whole composition—narration, description, and easy exposition—including letter writing. Selections from best writers are used as models, and subjects are based on students' personal experience and general knowledge. Lays stress upon the result to be obtained rather than the method, and the principles of composition are accompanied at every step with written exercises, both critical and constructive.

Commercial Press, Ltd.

Aids to English Composition

For Chinese Students

Approved by the Board of Education

Commercial Press, Ltd.

All rights reserved

分售處	印刷所	發行者	編纂者	中華民國八年十月初版
商務印書館分館	商務印書館	商務印書館	英國 A.G.Beaumont	（英語作文捷徑一冊）（每冊定價大洋叁角伍分）（外埠酌加運費匯費）（六版）

530

书名：华英百家姓合璧　　　　　书名：英语捷径

著者：么文荃 / 编译　　　　　　著者：钟焯臣 / 著

出版印行：天津法租界联昌号　　出版印行：天津法租界发兴号

出版时间：民国四年（1915）初版　出版时间：1916年

册数：不详　　　　　　　　　　册数：不详

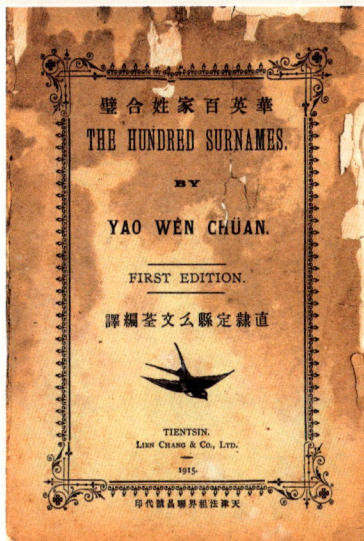

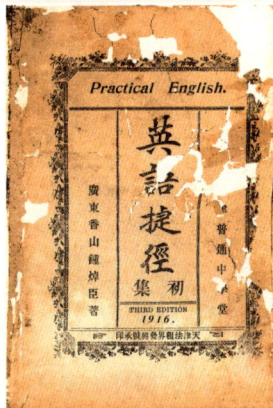

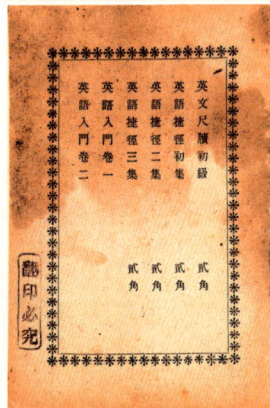

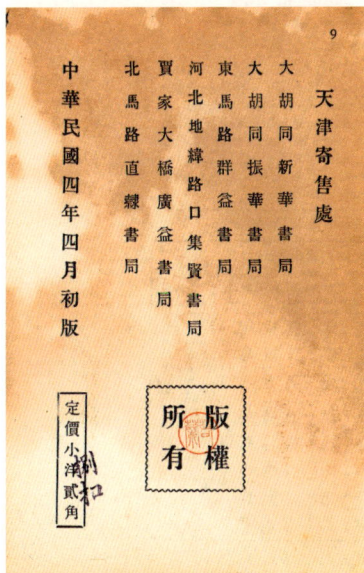

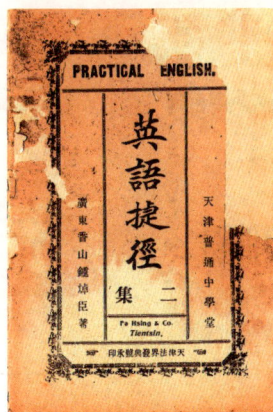

1574　书名：英文商业读本

著者：吴继杲 / 编纂　邝富灼 / 校订

出版印行：商务印书馆

出版时间：民国四年（1915）初版　民国十年（1921）7版

册数：四

英文商業讀本

第三冊

COMMERCIAL READERS

THIRD READER

英文工業讀本

Scientific and Technological Reader

Compiled by Jinsun K. Hwoo

Technical College, Chengtu

65 cts.

This is an advanced reader aiming to enable Chinese students to become familiar with important English scientific and technological terms. Mr. Hwoo is lecturer in mechanical engineering, and selected the materials bearing on modern industries from various technical books and magazines. The technical terms are explained in Chinese. It is an excellent book for industrial and vocational schools.

Commercial Press, Ltd., Publishers

Commercial Readers
Third Reader
Commercial Press, Limited
All rights reserved

英文商業讀本

第二冊

COMMERCIAL READERS

SECOND READER

英文工業讀本

Scientific and Technological Reader

Compiled by Jinsun K. Hwoo

Technical College, Chengtu

65 cts.

This is an advanced reader aiming to enable Chinese students to become familiar with important English scientific and technological terms. Mr. Hwoo is lecturer in mechanical engineering, and selected the materials bearing on modern industries from various technical books and magazines. The technical terms are explained in Chinese. It is an excellent book for industrial and vocational schools.

The Commercial Press, Ltd., Publishers

Commercial Readers
Second Reader
Commercial Press, Limited
All rights reserved

书名：实习英语教科书

著者：［美］盖葆耐 / 编纂　吴继杲 / 注释

出版印行：商务印书馆

出版时间：民国四年（1915）初版　民国四年（1915）4版

册数：五

教育部審定

實習英語教科書

第　一　册

語言練習上

ENGLISH LEARNED BY USE

BOOK I

FIRST LESSONS IN SPEAKING

PART I

Approved by the Board of Education

共和國教科書中學英文法

ENGLISH GRAMMAR FOR MIDDLE SCHOOLS

in four books

compiled by Fong F. Sec

First Year --- 12 cts.	Third Year --- 24 cts.
Second Year --- 12 cts.	Fourth Year --- 40 cts.

The new regulations issued by the Board of Education require English Grammar to be taught throughout the four years of the Middle School. This series is designed to meet this requirement, one book for each year.

Concentric method; logical order; principles introduced carefully explained and illustrated by examples; abundant exercises for application of principles; thoughts expressed in illustrative sentences and exercises familiar to Chinese students; special attention paid to the verb; first book presents rudiments of grammar in untechnical language, second and third books take up the inflection, classification and office of Parts of Speech with increasing fulness, fourth book contains all the important phenomena of English inflection.

H 52　**Commercial Press, Publishers**

ENGLISH LEARNED BY USE

BOOK I

FI ST LESSONS IN SPEAKING

PART I

Approved by the Board of Education

COMMERCIAL PRESS, LTD.

中華民國四年一月十五日印刷

中華民國四年二月十二日初版發行

中華民國四年九月廿八日四版發行

（實習英語教科書五册）

（第一册語言練習上定價大洋陸角）

著編纂者　　美國盖葆耐

作註釋者　　吳縣吳繼杲

發行人　　上海棋盤街中市

印刷人　　鮑咸昌

印刷所　　上海北河南路北首寶山里

　　　　　商務印書館

總發行所　　上海棋盤街中市

　　　　　商務印書館

分售處　　　北京天津保定奉天營口長春吉林　太原西安開封濟南南京　重慶漢口長沙安慶　南昌杭州廣州汕頭潮州　福州梧州蕪湖

此書有著作權翻印必究

七四一八

1576　书名：中德对照汉译德文文法

著者：秦文中／编译

出版印行：北平歇庐

出版时间：民国五年（1916）初版　民国十九年（1930）3版

册数：不详

增訂叁版

中德對照

漢譯德文文法

前編

Deutsche Grammatik

mit

chinesischen Uebersetzungen

von

T'sin Wen Chung

I. Band

Laut-und Wortlehre

III. Verbesserte und vermehrte Auflage

北平京華印書局代印

Gedruckt in der COMMERCIAL PRESS WORK, Ltd.

PEIPING.

1930.

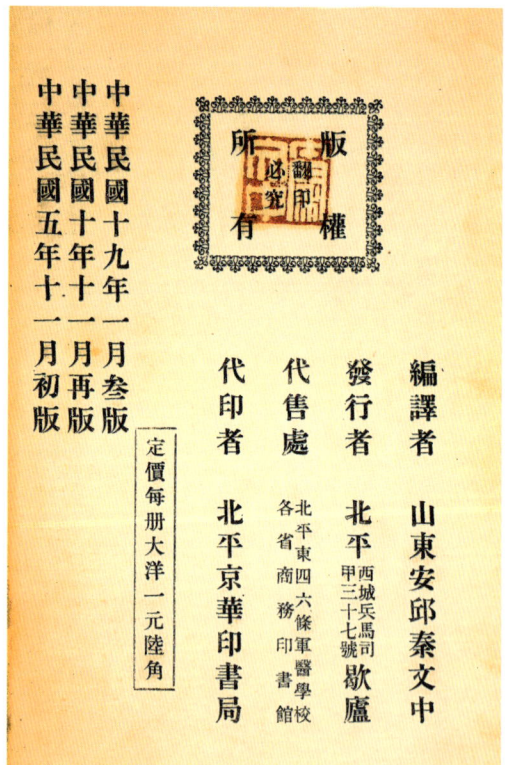

編譯者　山東安邱秦文中

發行者　北平西城兵馬司甲三十七號歇廬

代售處　北平東四六條軍醫學校各省商務印書館

代印者　北平京華印書局

定價每冊大洋一元陸角

中華民國十九年一月叁版

中華民國十年十一月再版

中華民國五年十一月初版

书名：德文轨范

著者：梁广恩 / 编纂　寿彬 / 校订

出版印行：商务印书馆

出版时间：民国六年（1917）初级　民国二十七年（1938）国难后第 4 版

册数：不详

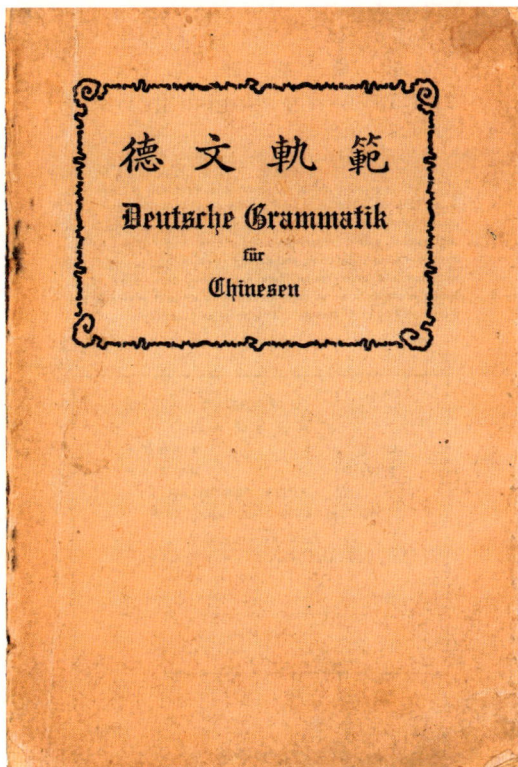

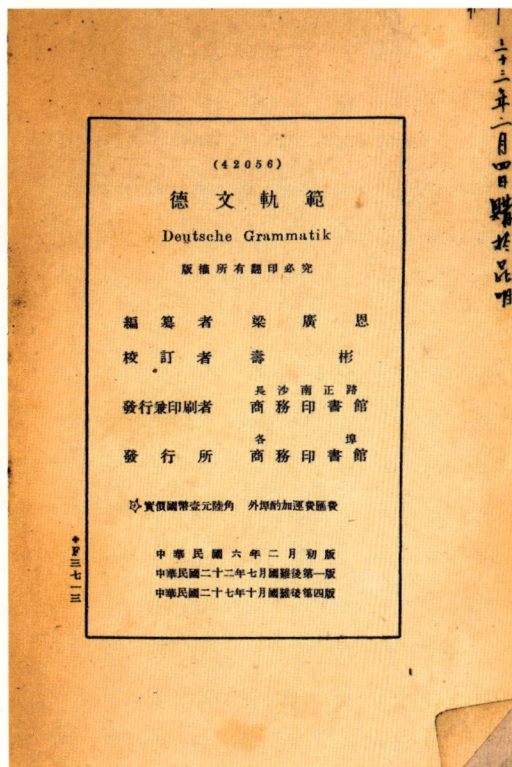

1578　书名：国民英语入门

著者：周越然 / 编纂

出版印行：商务印书馆

出版时间：民国十年（1921）初版　民国十五年（1926）7版

册数：不详

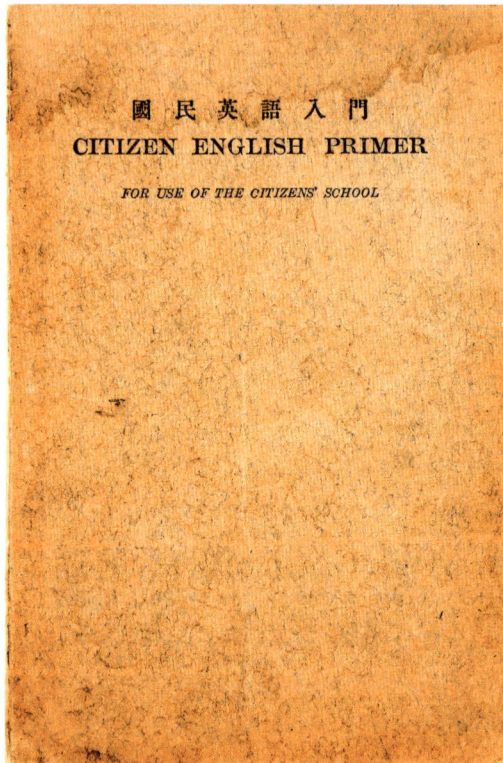

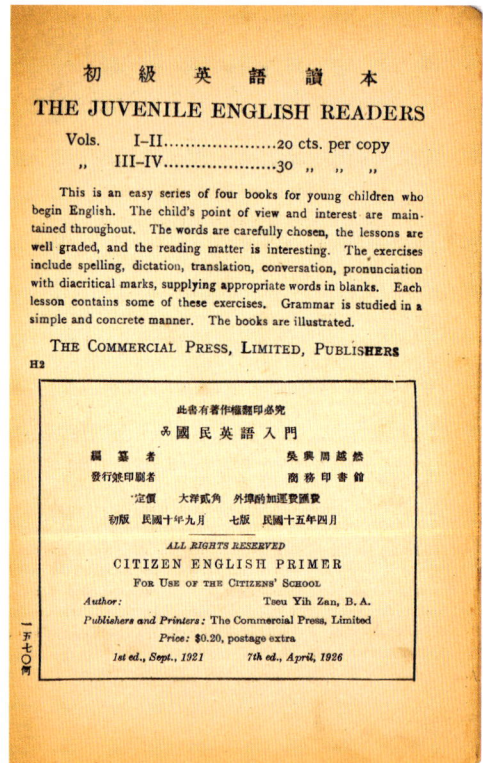

书名：读者第三级第一种读本　　　　　　　　　　　　　　　　　　1579
著者：不详
出版印行：商务印书馆附设函授学社英文科
出版时间：1923年
册数：不详
备注：商务印书馆附设函授学社用。

READER

(THIRD GRADE)

SECTION VI

種一第　級三第

讀　本

FEBRUARY, 1923

COMMERCIAL PRESS

CORRESPONDENCE SCHOOL

ENGLISH COURSE

設附館書印務商路山寶海上

科文英社學授函

I-VI

C—I

1580 | 书名：英文最常用四千字表

著者：[美]桑戴克 / 原著　张士一 / 改编

出版印行：中华书局

出版时间：民国十二年（1923）　民国廿四年（1935）18版

册数：一

英文最常用四千字表

美國　桑戴克氏　原著

中國　張士一　改編

上海中華書局印行

The Four Thousand Commonest Words in English
According to Thorndike
Rearranged by Sze-yi Chang M A. (Columbia)
Chung Hwa Book Co.,
Shanghai

國民政府內政部註冊

民國十八年七月十六日執照第一五八號

英文最常用四千字表（全一冊）

定價銀三角

（外埠另加郵匯費）

民國十二年六月印刷
民國十二年六月發行
民國廿四年八月十八版

版權所有　印刷所　發行者　改編者　原著者

發行者　張士一　中華書局

原著者　美國桑戴克

印刷者　中華書局

上海靜安寺路一四八六號　中華書局

總發行所　上海棋盤街　中華書局

分發行所　各埠

Gn110R

书名：新制英语课本

著者：尹鸿方 / 著　陈天纪、李士渠 / 校阅

出版印行：私立第一学校消费合作社

出版时间：民国十三年（1924）初版　民国廿一年（1932）8版

册数：一

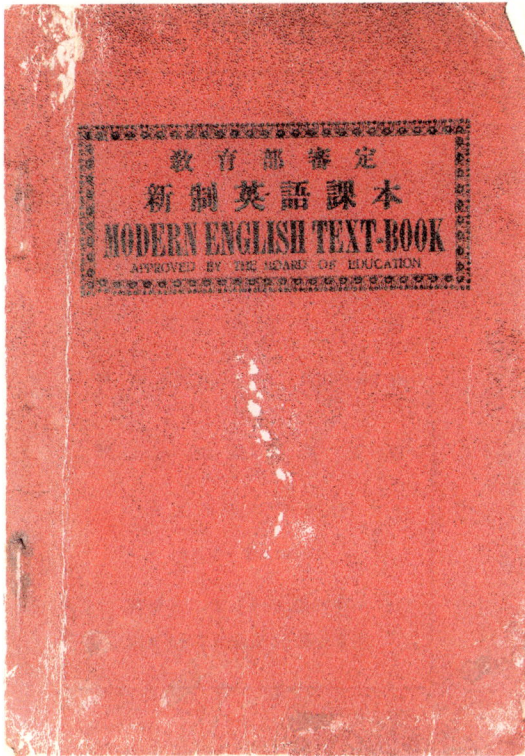

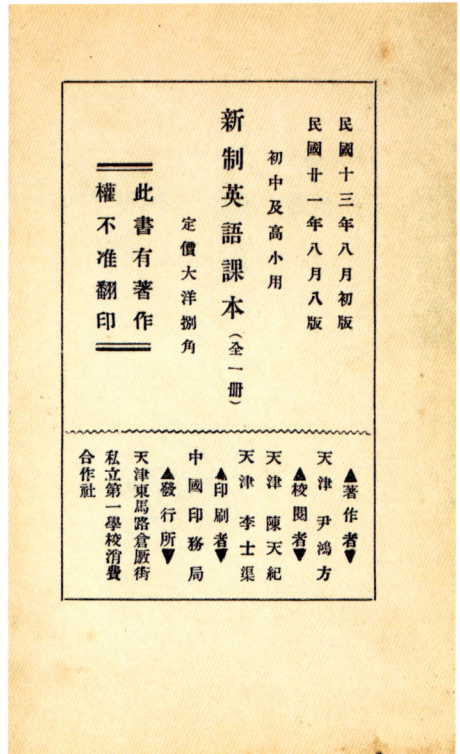

1582　書名：职业学校教科书商业英文

　　　　著者：邝富灼 / 编著

　　　　出版印行：商务印书馆

　　　　出版时间：民国十四年（1925）初版　民国三十五年（1946）第9版

　　　　册数：一

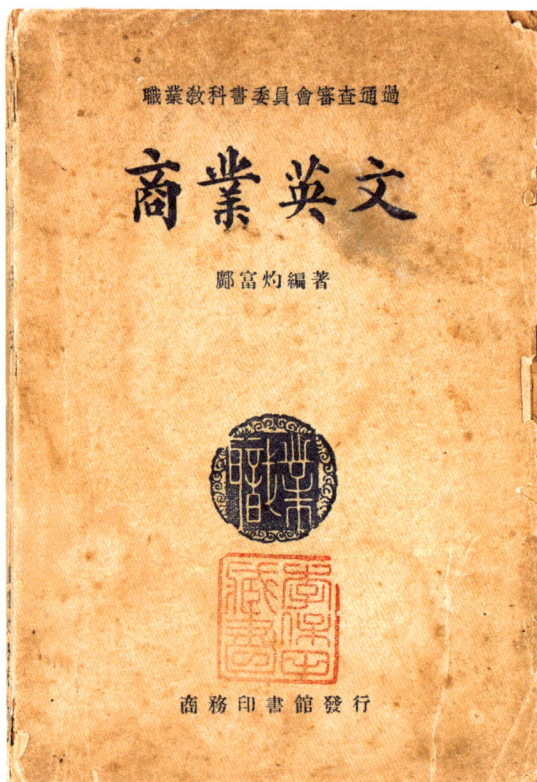

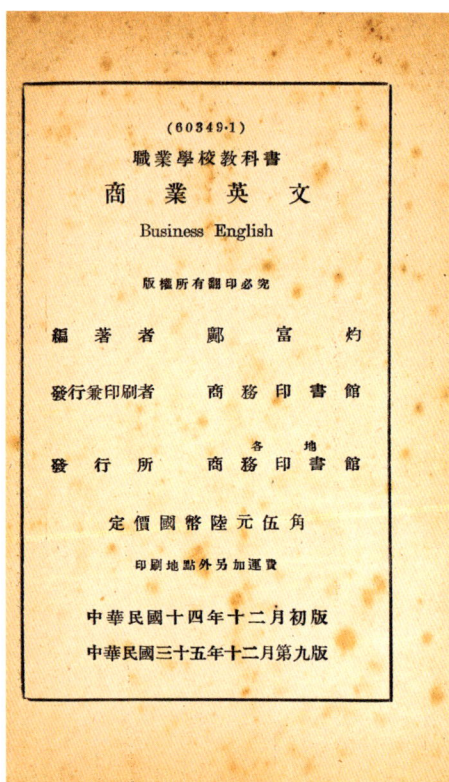

书名：英文基础读本
著者：谭安丽 / 编纂
出版印行：商务印书馆
出版时间：民国十五年（1926）初版
册数：不详

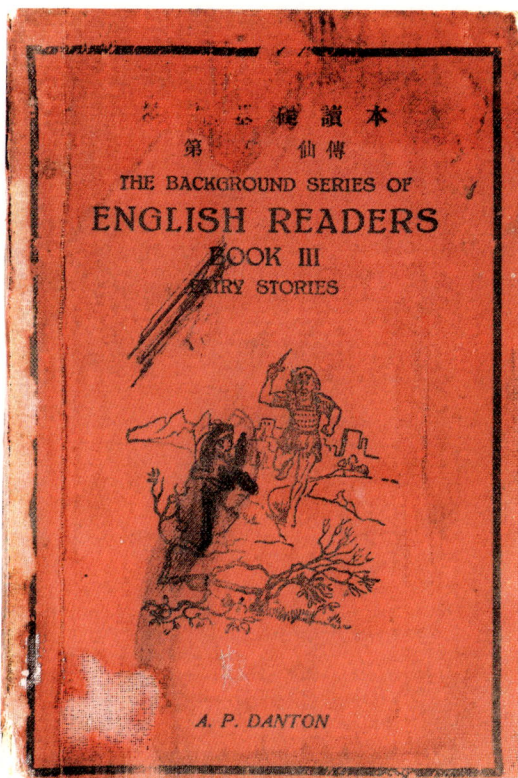

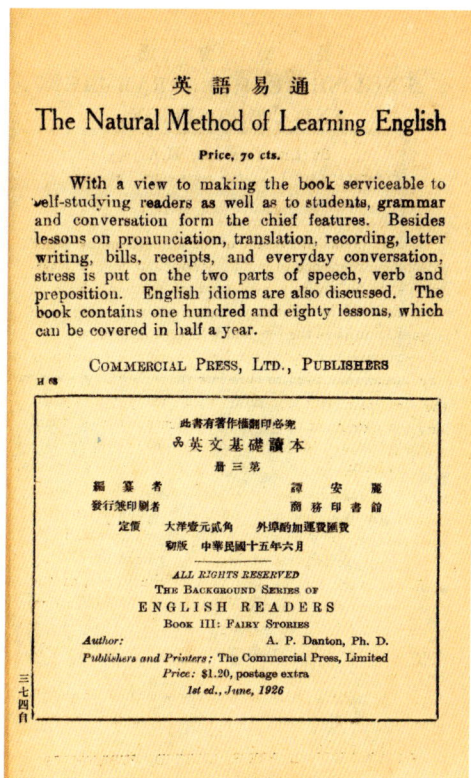

1584　书名：三民主义英文读本

著者：李培恩 / 编纂

出版印行：商务印书馆

出版时间：民国十七年（1928）初版　民国十九年（1930）14 版

册数：一

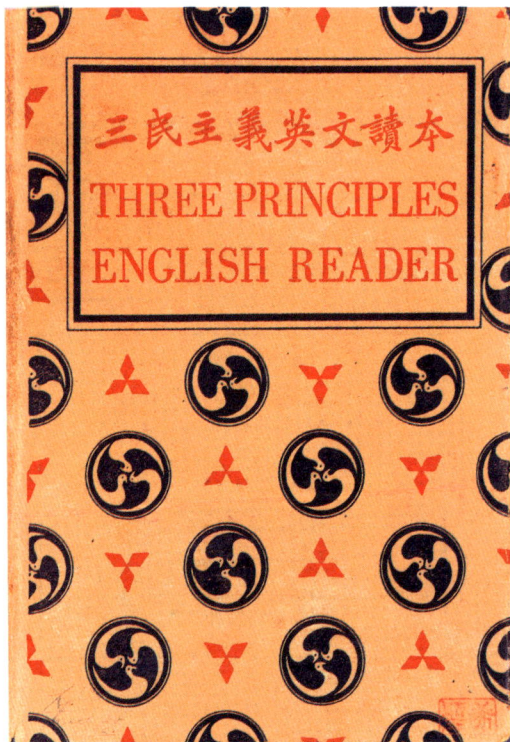

三民主義英文讀本

THREE PRINCIPLES

ENGLISH READER

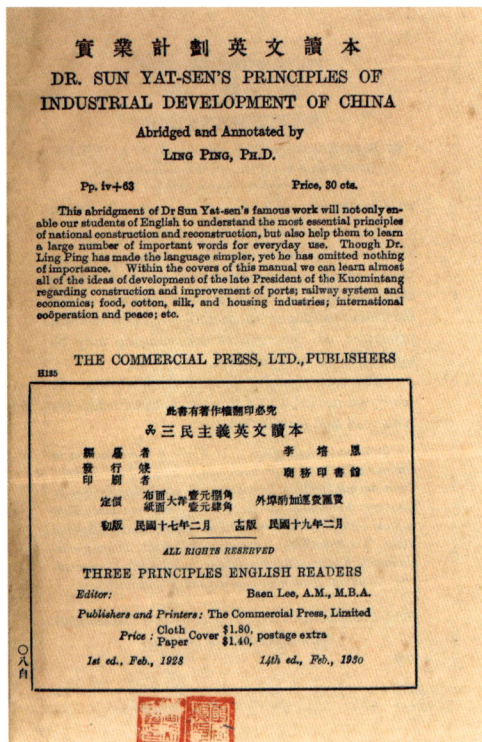

實業計劃英文讀本

DR. SUN YAT-SEN'S PRINCIPLES OF
INDUSTRIAL DEVELOPMENT OF CHINA

Abridged and Annotated by
LING PING, PH.D.

Pp. iv+63　　　　　　　　　Price, 30 cts.

This abridgment of Dr Sun Yat-sen's famous work will not only en-
able our students of English to understand the most essential principles
of national construction and reconstruction, but also help them to learn
a large number of important words for everyday use.　Though Dr.
Ling Ping has made the language simpler, yet he has omitted nothing
of importance.　Within the covers of this manual we can learn almost
all of the ideas of development of the late President of the Kuomintang
regarding construction and improvement of ports; railway system and
economics; food, cotton, silk, and housing industries; international
coöperation and peace; etc.

THE COMMERCIAL PRESS, LTD., PUBLISHERS

此書有著作權翻印必究

三民主義英文讀本

ALL RIGHTS RESERVED

THREE PRINCIPLES ENGLISH READERS

Editor:　　　　　　　Baen Lee, A.M., M.B.A.

Publishers and Printers: The Commercial Press, Limited

Price : Cloth Cover $1.80, postage extra
　　　　　Paper Cover $1.40,

1st ed., Feb., 1928　　　　14th ed., Feb., 1930

书名：英语活用读本
著者：［美］福司德 / 编纂
出版印行：商务印书馆
出版时间：民国十七年（1928）初版
册数：不详

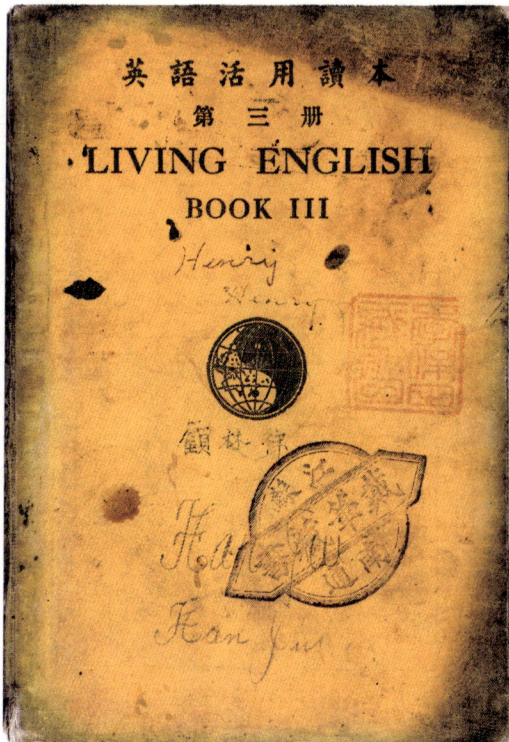

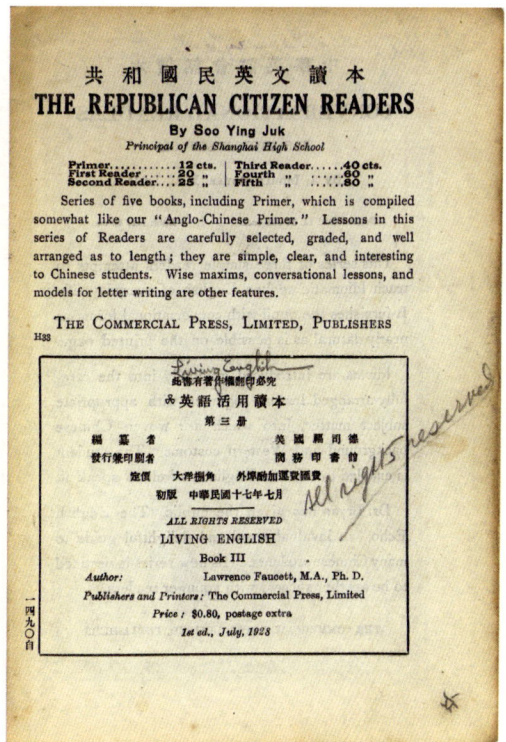

共和國民英文讀本
THE REPUBLICAN CITIZEN READERS
By Soo Ying Juk
Principal of the Shanghai High School

Primer............12 cts.	Third Reader......40 cts.
First Reader......20 "	Fourth " ......60 "
Second Reader....25 "	Fifth " ......80 "

Series of five books, including Primer, which is compiled somewhat like our "Anglo-Chinese Primer." Lessons in this series of Readers are carefully selected, graded, and well arranged as to length; they are simple, clear, and interesting to Chinese students. Wise maxims, conversational lessons, and models for letter writing are other features.

THE COMMERCIAL PRESS, LIMITED, PUBLISHERS

H33

勒德有著作權印必究
英語活用讀本
第三册

編纂者	美國 福司德
發行兼印刷者	商務印書館
定價	大洋四角 外埠酌加運費匯費
初版	中華民國十七年七月

LIVING ENGLISH
Book III

Author: Lawrence Faucett, M.A., Ph.D.
Publishers and Printers: The Commercial Press, Limited
Price: $0.80, postage extra
1st ed., July, 1928

一四九〇自

1586 | 书名：英语发音学
著者：魏肇基 / 著
出版印行：商务印书馆
出版时间：民国十七年（1928）初版　民国廿二年（1933）国难后第1版
册数：一

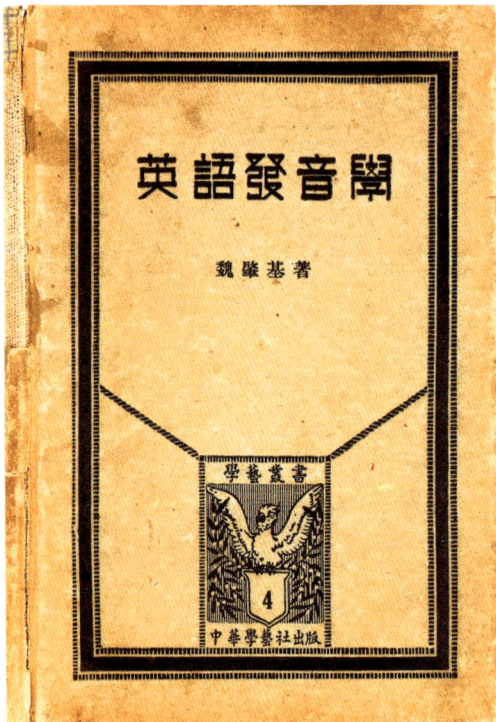

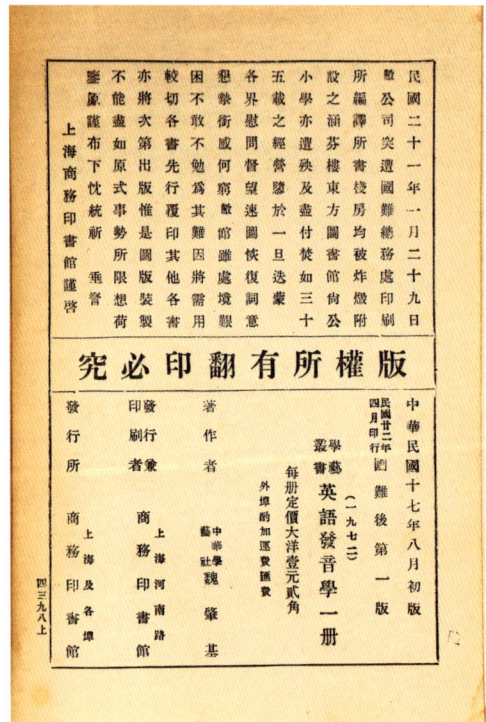

鑒諒謹布下忱統祈
不能盡如原式事勢所限想
亦將次第出版惟是圖版裝製
較切各書先行覆印其他各書
困難不敢不勉爲其難因將需用
懇懇衛街或何窮斂館雕處境報
各界慰問督望速圖恢復詞意
五載之經營盡於一旦迷蒙
小學亦遭燬及盡付焚如三十
設之涵芬樓東方圖書館倘公
所編譯所書棧房均被炸燬附
暫公司突遭國難總務處印刷
民國二十一年一月二十九日

上海商務印書館謹啓

民國廿二年
四月印行國難後　第　一　版

中華民國十七年八月初版

學藝叢書
英語發音學一冊
（一九七二）

每冊定價大洋壹元式角
外埠酌加運費匯費

著
作
者
中華學藝社魏肇基

發
行
者
商務印書館
上海河南路

印
刷
者
商務印書館
上海河南路

發
行
所
商務印書館
上海及各埠

四三九八上

书名：文化英文读本
著者：李登辉 / 编纂
出版印行：商务印书馆
出版时间：民国十八年（1929）初版　民国三十六年（1947）第21版
册数：不详

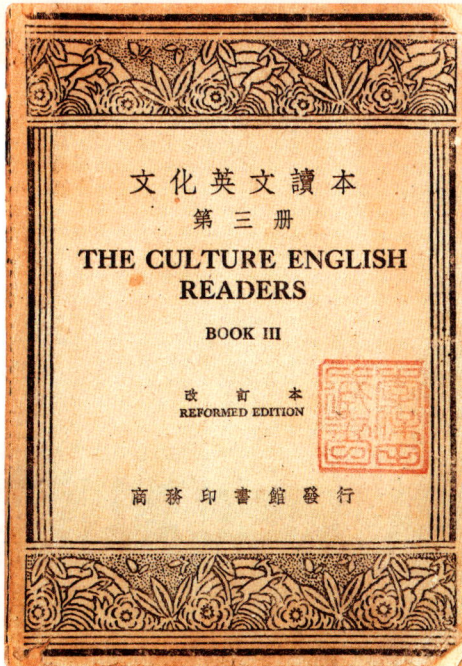

文化英文讀本
第三册
THE CULTURE ENGLISH READERS
BOOK III

改訂本
REFORMED EDITION

商務印書館發行

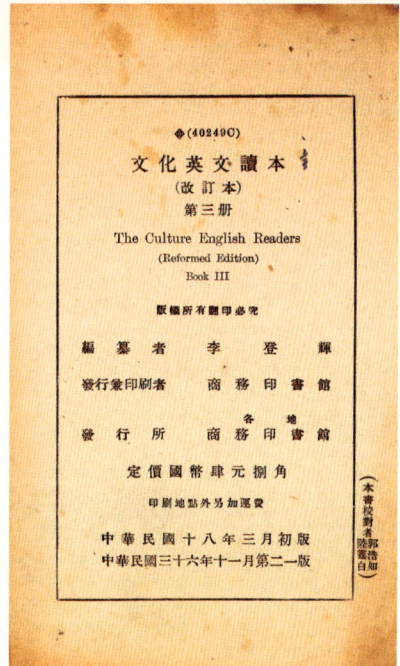

◆(40249C)

文化英文讀本
（改訂本）
第三册
The Culture English Readers
(Reformed Edition)
Book III

版權所有翻印必究

編纂者　　李　登　輝

發行兼印刷者　　商務印書館

各　地

發行所　　商務印書館

定價國幣肆元捌角

印刷地點外另加運費

中華民國十八年三月初版
中華民國三十六年十一月第二一版

（本書校對者郭浩如
陳霆白）

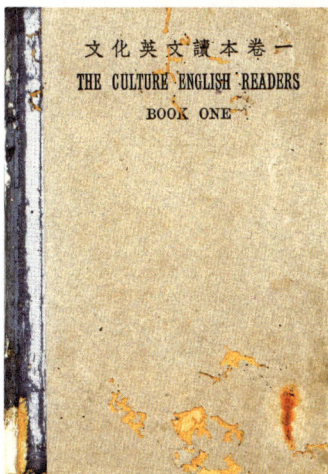

文化英文讀本卷一
THE CULTURE ENGLISH READERS
BOOK ONE

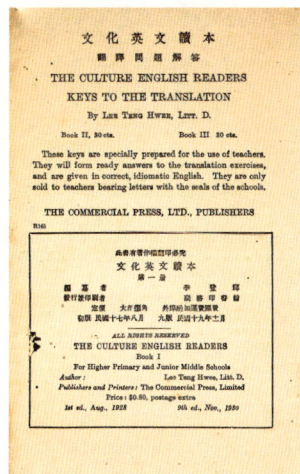

文化英文讀本
翻譯問題解答
THE CULTURE ENGLISH READERS
KEYS TO THE TRANSLATION
By Lee Teng Hwee, Litt. D.

Book II. 30 cts.　　Book III. 30 cts.

These keys are specially prepared for the use of teachers.
They will form ready answers to the translation exercises,
and are given in correct, idiomatic English. They are only
sold to teachers bearing letters with the seals of the schools.

THE COMMERCIAL PRESS, LTD., PUBLISHERS

版權所有翻印必究
文化英文讀本
第一册

編纂者　　李　登　輝
發行兼印刷者　　商務印書館
定價　大洋國角　　　　另售加運寄費
初版 民國十七年八月　　六版 民國十九年十二月

ALL RIGHTS RESERVED
THE CULTURE ENGLISH READERS
Book I
For Higher Primary and Junior Middle Schools
Author :　　Lee Teng Hwee, Litt. D.
Publishers and Printers : The Commercial Press, Limited
Price : $0.80, postage extra
1st ed., Aug., 1928　　　5th ed., Nov., 1930

1588

书名：现代日语

著者：蒋韫 / 作者兼发行　大冈延时、周毓莘、金嵘轩 / 校正

出版印行：不详

出版时间：民国十九年（1930）初版　民国廿七年（1938）35版

册数：二

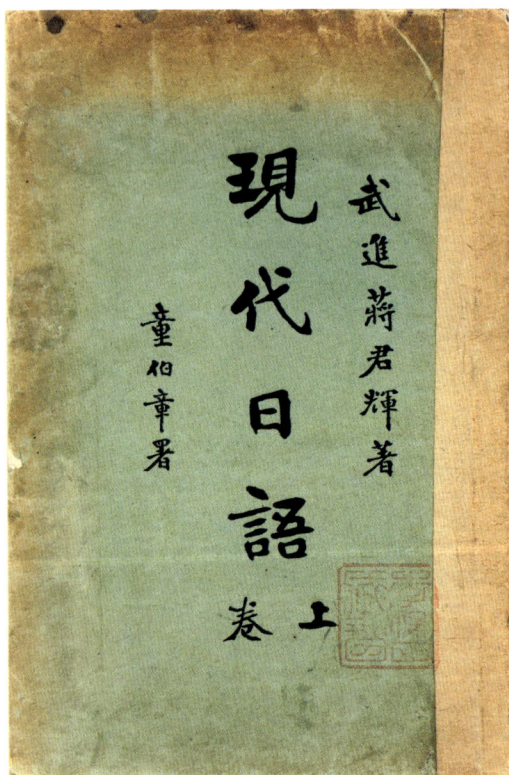

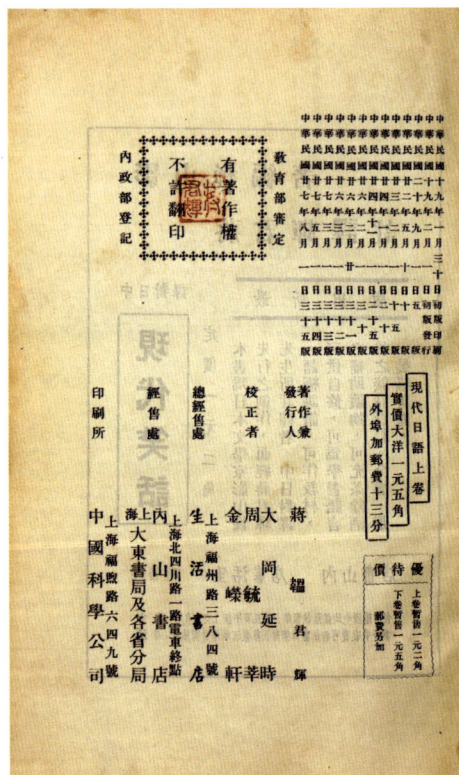

书名：英文津逮

著者：葛理佩

出版印行：上海伊文思图书有限公司

出版时间：1930年

册数：不详

1589

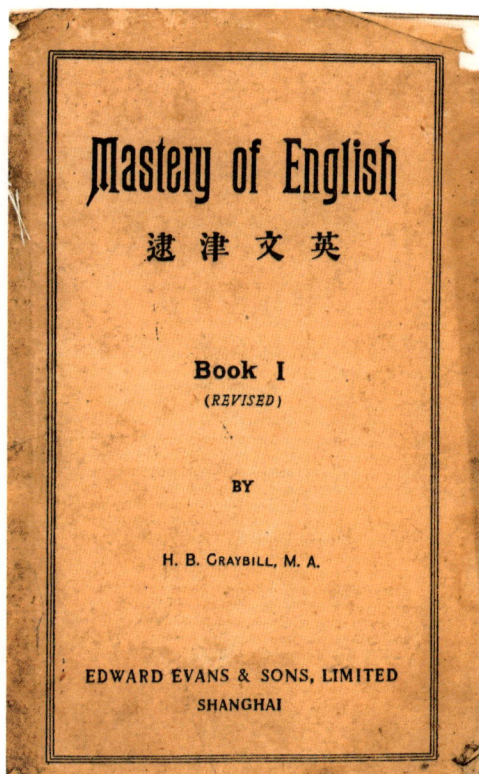

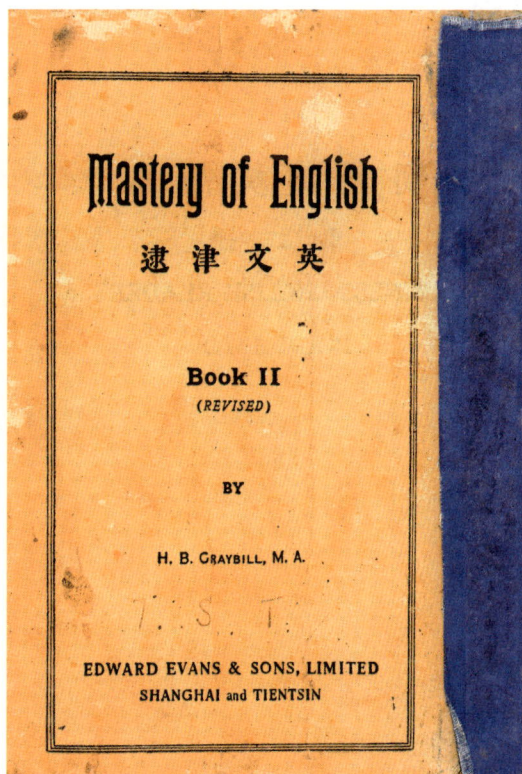

1590　书名：商业英文读本
著者：余天韵 / 编著　马润卿 / 校阅
出版印行：中华书局
出版时间：民国二十年（1931）
册数：三

商業英文讀本

第 二 冊

BUSINESS ENGLISH READERS

BOOK TWO

有不

著准

權作

印翻

民國二十年七月印刷
民國二十年七月發行

商業英文讀本（全三冊）

第二冊定價銀 七角

（外埠另加郵匯費）

編著者　余天韻

校閱者　馬潤卿

發行者　中華書局

印刷者　中華書局　上海靜安寺路一四八六號

印刷所　中華書局

總發行所　上海棋盤街　中華書局

分發行所　中華書局

北平天津漢口石家莊保定
濟南青島太原開封鄭州
九江蕪湖長沙安慶南昌
成都重慶常德衡州徐州
南京蘇州杭州溫州寧波
福州廈門汕頭潮州桂林
梧州南寧貴陽昆明重慶
蘭州西安宜昌沙市
哈爾濱瀋陽吉林長春
香港廣州汕頭
（六三四）

书名：基本英语课本
著者：张梦麟、钱歌川 / 合编
出版印行：中华书局
出版时间：民国二十二年（1933）
册数：三

BASIC ENGLISH READERS

BOOK TWO

基本英語課本
第 二 册

錢歌川 張夢麟
合 編

上海中華書局發行

民國廿二年八月再版
民國廿二年七月印刷
民國廿二年七月發行

著作權所有不准翻印

編 者
張 夢 麟
錢 歌 川

發 行 者
中華書局有限公司
代表人 陸費逵

印 刷 者
上海靜安寺路
中華書局印刷所

總發行所
上海棋盤街
中華書局

分發行所
清縞 九江 成都 北平 天津 張家口 石家莊 保定
灨州 漢口 濟南 江門 太原 開封 合保定
潮陽 安慶 德州 沙市 南昌 宜昌 濟南
梧州 南京 衡州 西安 安東
台南 蘇州 柳州 溫州 昆明
廈門 杭州 南寧
汕頭

基本英語課本（全三册）
第三册定價銀三角
（外埠另加郵匯費）

BASIC ENGLISH READERS

BOOK ONE

基本英語課本
第 一 册

錢歌川 張夢麟
合 編

上海中華書局發行

1592　书名：活用英文习语八百句

　　　　著者：陈徐堃 / 编辑　詹文浒 / 校订

　　　　出版印行：世界书局

　　　　出版时间：民国二十三年（1934）初版　民国二十八年（1939）新2版

　　　　册数：不详

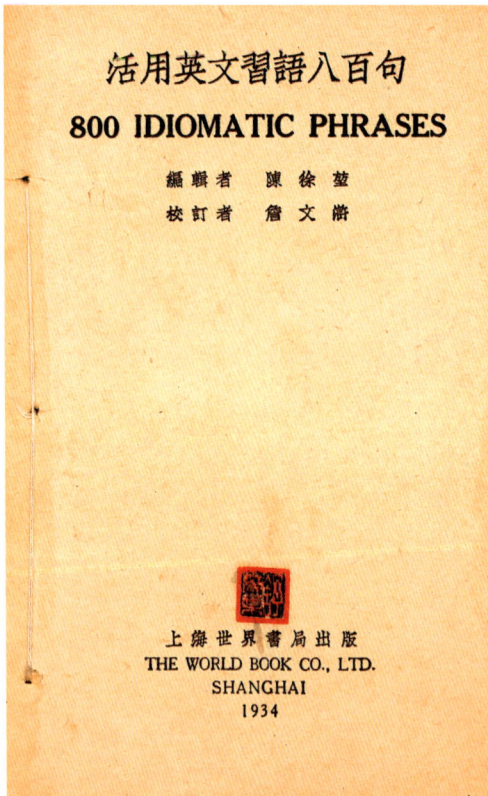

活用英文習語八百句

800 IDIOMATIC PHRASES

編輯者　陳徐堃

校訂者　詹文滸

上海世界書局出版

THE WORLD BOOK CO., LTD.

SHANGHAI

1934

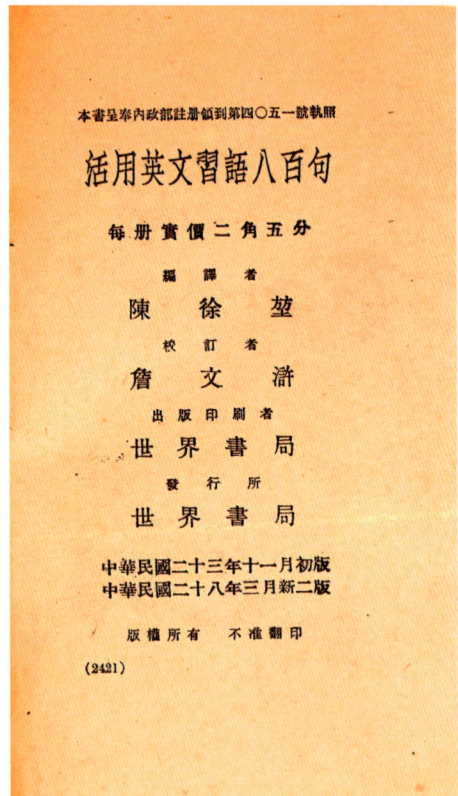

本書呈奉內政部註冊頒到第四〇五一號執照

活用英文習語八百句

每冊實價二角五分

編譯者

陳徐堃

校訂者

詹文滸

出版印刷者

世界書局

發行所

世界書局

中華民國二十三年十一月初版

中華民國二十八年三月新二版

版權所有　不准翻印

(2421)

书名：英文最常用二千字表

著者：省立苏女师初中升学指导委员会 / 编著　葛传规 / 校阅

出版印行：竞文书局

出版时间：民国二十四年（1935）初版　民国三十五年（1946）12版

册数：不详

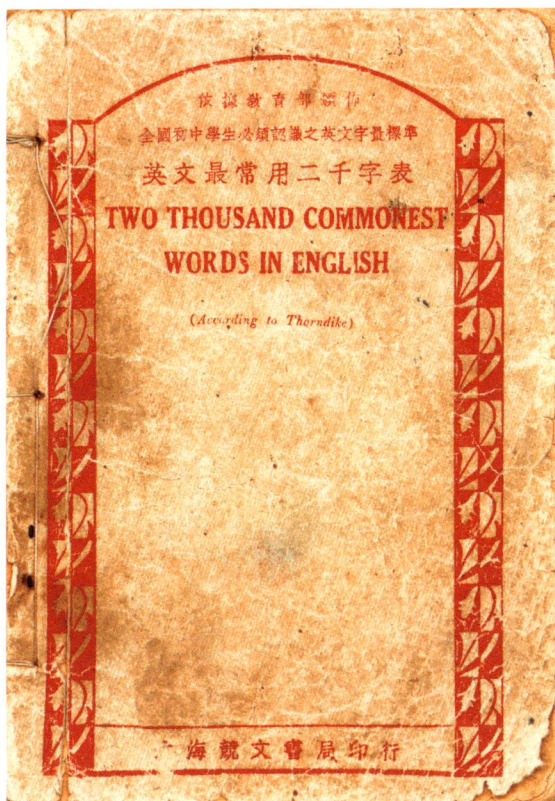

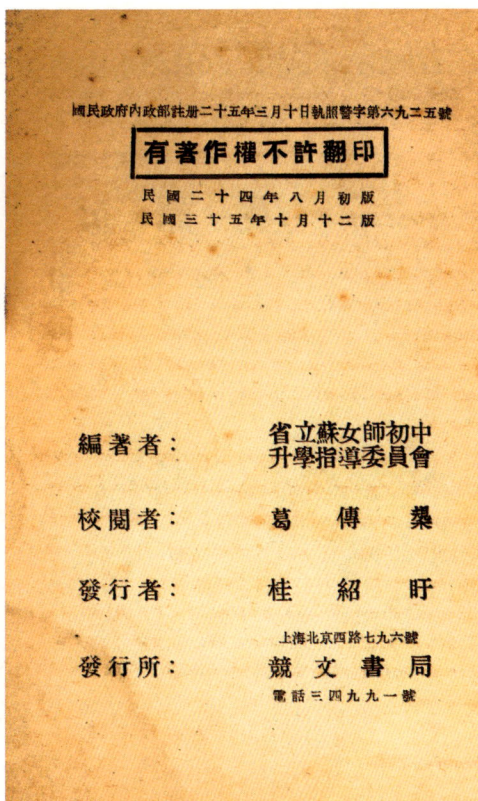

1594　书名：英语发音
　　　著者：张沛霖 / 编著
　　　出版印行：开明书店
　　　出版时间：民国廿四年（1935）初版　民国三十五年（1946）5版
　　　册数：一

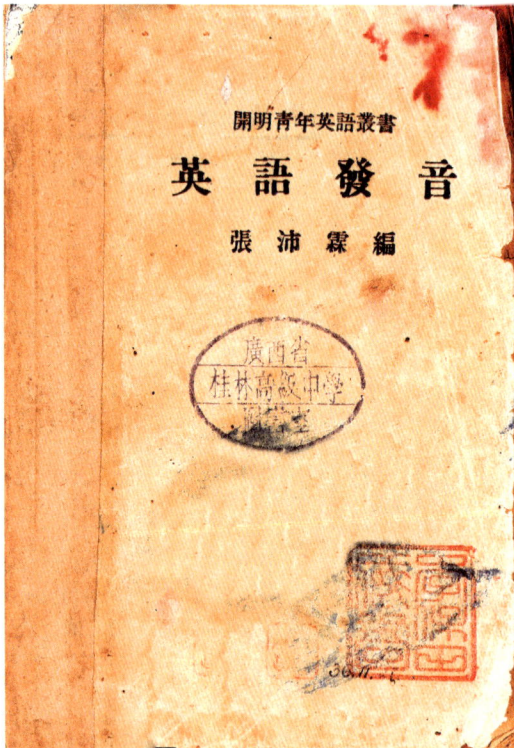

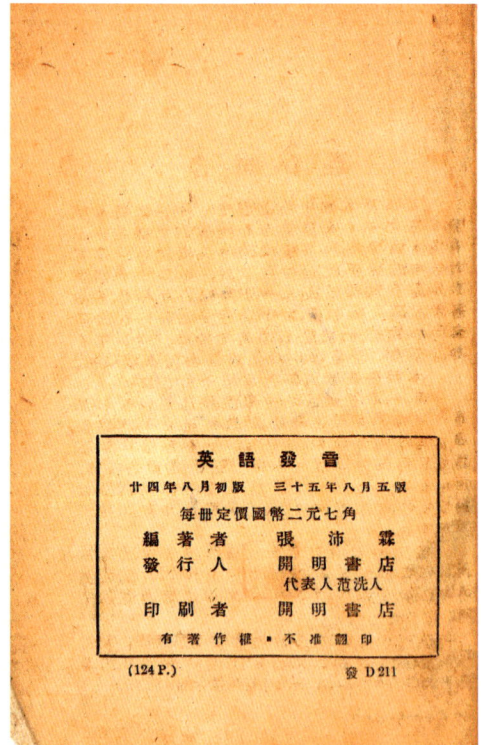

书名：循序英文读本

著者：邝富灼 / 编著

出版印行：商务印书馆

出版时间：民国二十四年（1935）初版　民国二十九年（1940）22版

册数：不详

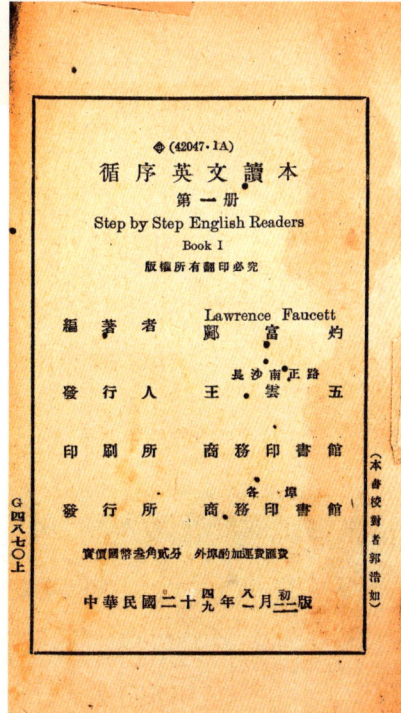

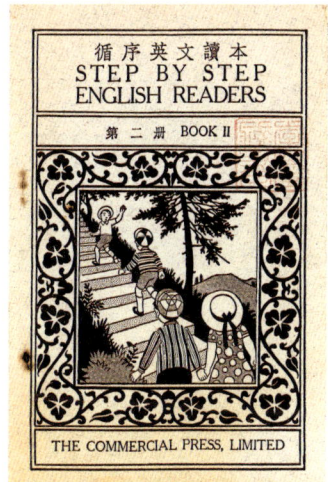

1596 书名：大学初级法文（大学丛书）
著者：Jacques Reclus / 著
出版印行：商务印书馆
出版时间：民国二十五年（1936）初版
册数：一

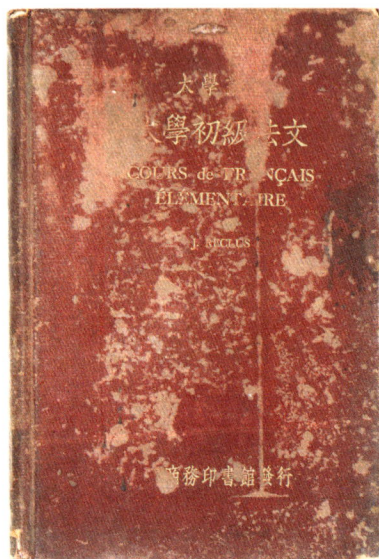

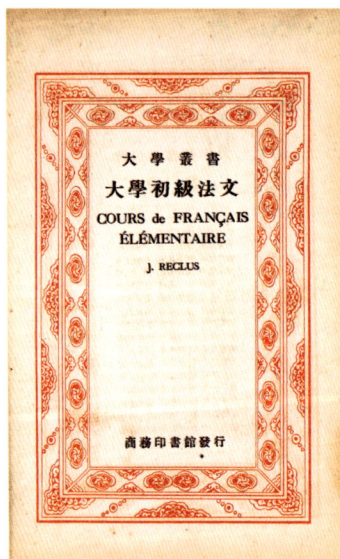

大學叢書
大學初級法文
COURS de FRANÇAIS
ÉLÉMENTAIRE
J. RECLUS

商務印書館發行

书名：李氏社交英语
著者：李维新 / 著　Dennis Mooney、沈新蝉 / 校阅
出版印行：沪海英文学校
出版时间：民国二十五年（1936）初版　民国三十五年（1946）5 版
册数：一

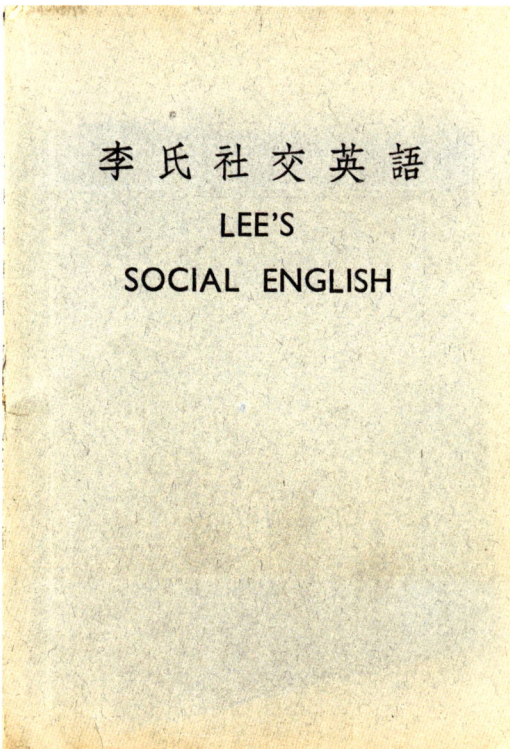

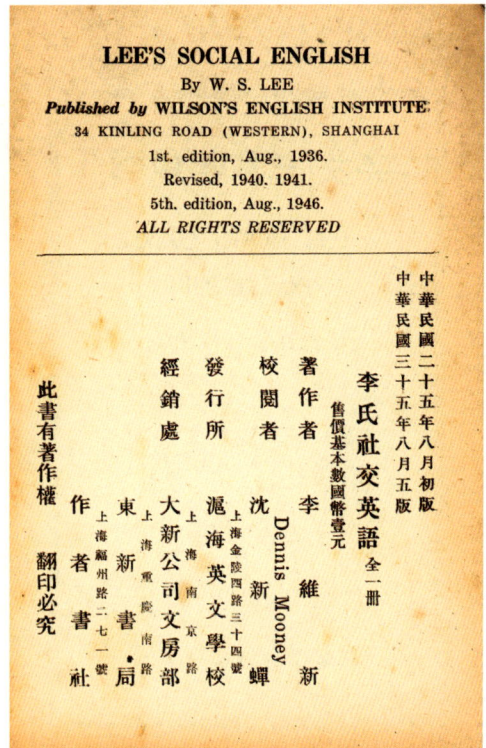

LEE'S SOCIAL ENGLISH
By W. S. LEE
Published by WILSON'S ENGLISH INSTITUTE
34 KINLING ROAD (WESTERN), SHANGHAI
1st. edition, Aug., 1936.
Revised, 1940. 1941.
5th. edition, Aug., 1946.
ALL RIGHTS RESERVED

李氏社交英語 全一冊

中華民國二十五年八月初版
中華民國三十五年八月五版

售價基本數國幣壹元

著作者　李　維　新
校閱者　Dennis Mooney　沈　新　蟬
發行所　滬海英文學校（上海金陵西路三十四號）
經銷處　大新公司文房部（上海南京路）　新書局（上海重慶南路）　東方書社（上海福州路二七一號）
作者書社

此書有著作權　翻印必究

1598 　书名：英文一月无师通
　　　　著者：外语编译社 / 编纂　周家桢 / 校阅
　　　　出版印行：上海外语编译社
　　　　出版时间：1937年
　　　　册数：一

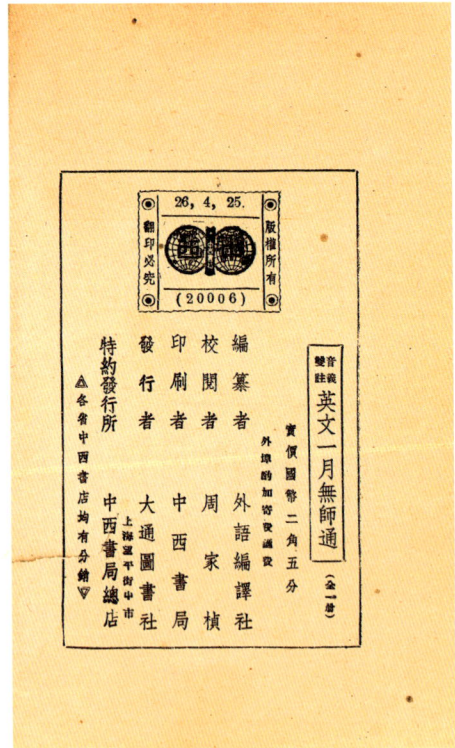

书名：英语读音一助（英文学生丛书）

著者：谢大任 / 编著

出版印行：中华书局

出版时间：民国二十六年（1937）

册数：一

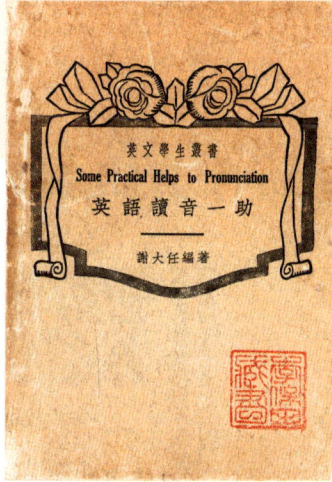 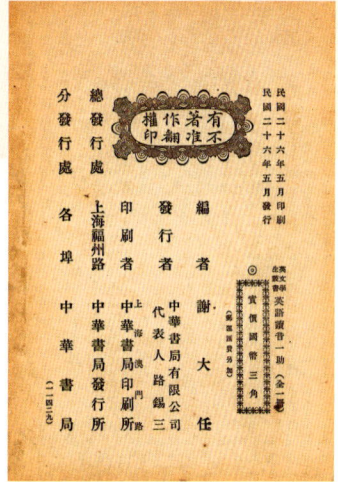

书名：英语读音一助（中华文库）

著者：谢大任 / 编著

出版印行：中华书局

出版时间：民国三十六年（1947）初版

册数：一

 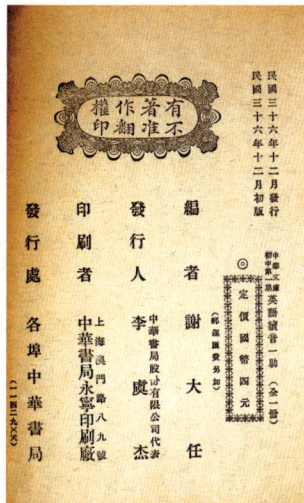

书名：英文最常用成语650

著者：谢克任 / 编著

出版印行：启明书局

出版时间：民国二十七年（1938）初版　民国二十八年（1939）3版

册数：不详

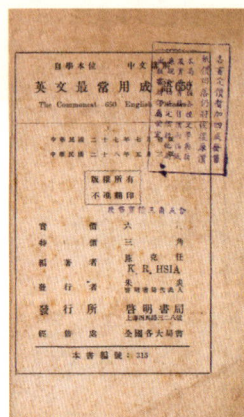

书名：英文造句与作文

著者：王天放 / 编著

出版印行：启明书局

出版时间：民国二十七年（1938）初版
　　　　　民国二十八年（1939）3版

册数：不详

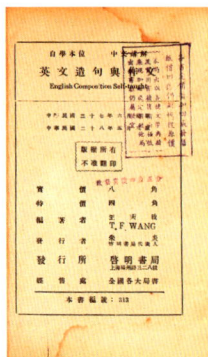

书名：英语之门

著者：林东生 / 编著

出版印行：启明书局

出版时间：民国二十七年（1938）初版
　　　　　民国二十八年（1939）3版

册数：不详

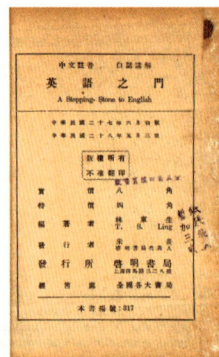

书名：英文问答百日通

著者：春明书店编辑部 / 编辑

出版印行：春明书店

出版时间：民国二十七年（1938）16版

册数：一

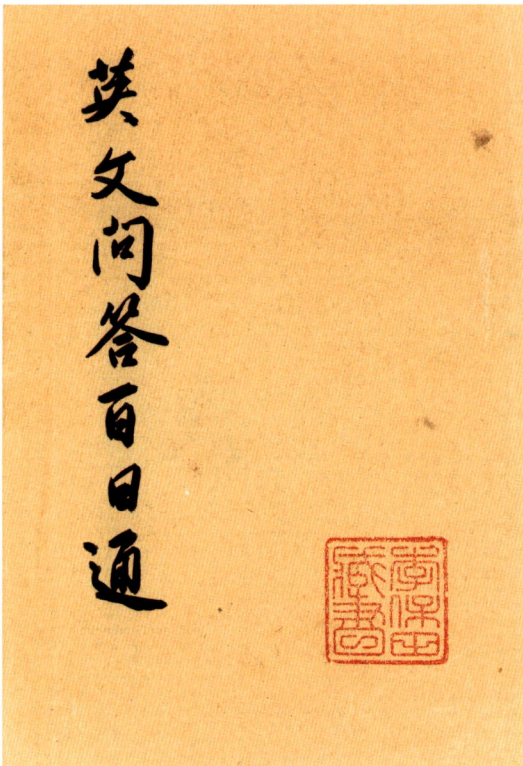

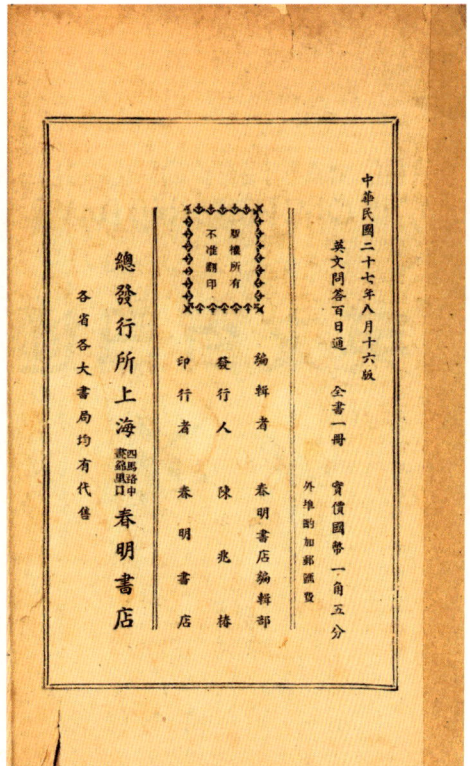

英文問答百日通

中華民國二十七年八月十六版

英文問答百日通　全書一冊　實價國幣一角五分

外埠酌加郵匯費

編輯者　春明書店編輯部

發行人　陳兆梅

印行者　春明書店

版權所有　不准翻印

總發行所上海四馬路中望福開口　春明書店

各省各大書局均有代售

1602 书名：英文百日通
著者：不详
出版印行：国光书店
出版时间：1939年
册数：一

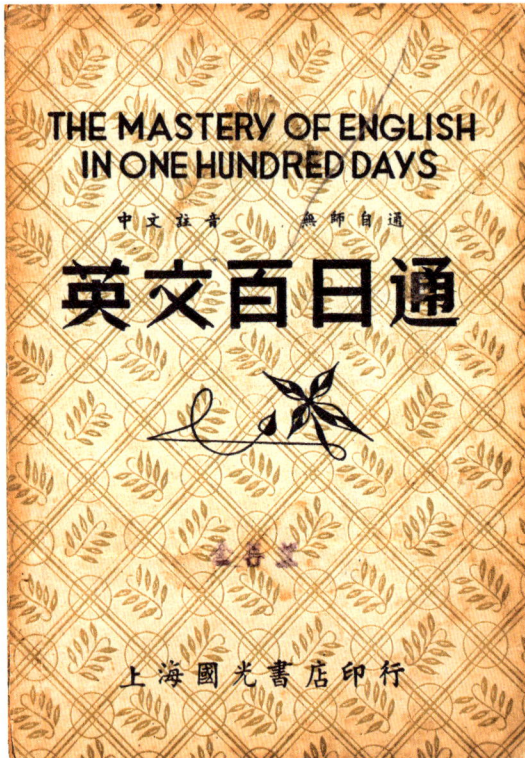

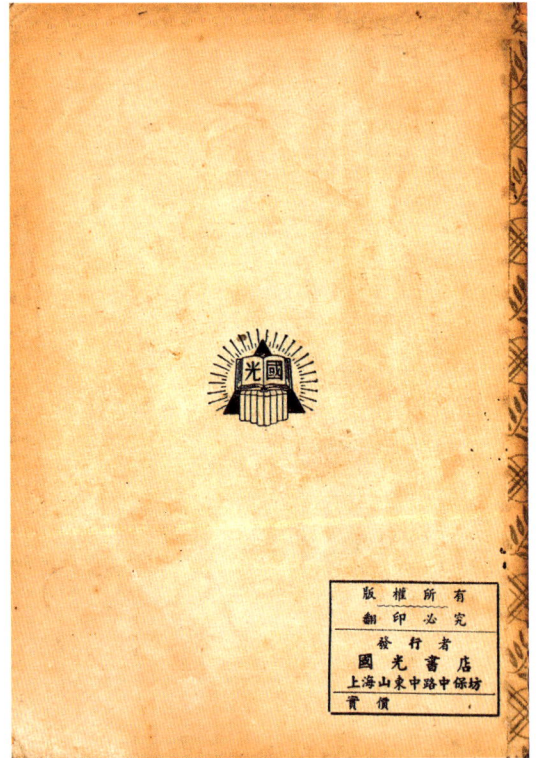

书名：英文成语用法详解
著者：樊兆庚 / 编
出版印行：中华书局
出版时间：民国二十八年（1939）发行　民国三十年（1941）再版
册数：一

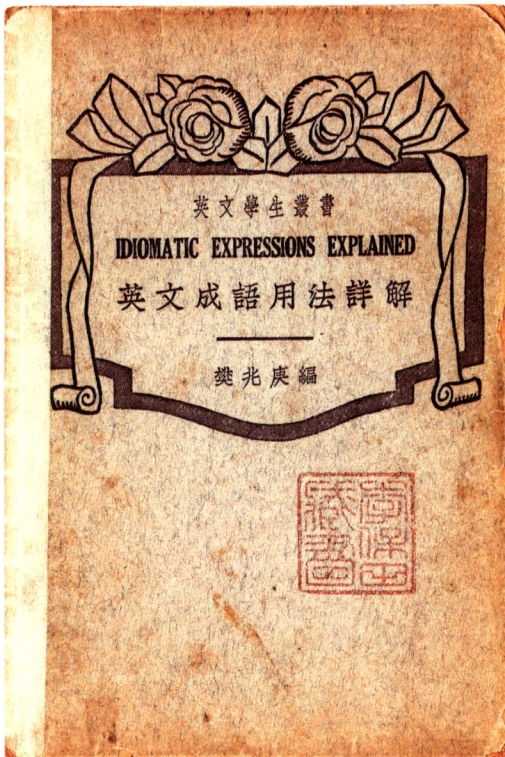

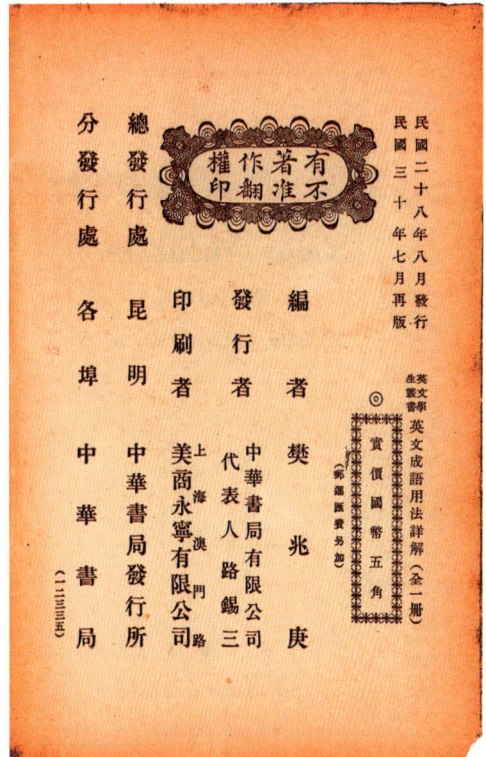

1604　书名：英语成语八千句
　　　　著者：谢楚音 / 著　陈冠英 / 重校
　　　　出版印行：春明书店
　　　　出版时间：民国二十八年（1939）改版后8版
　　　　册数：一

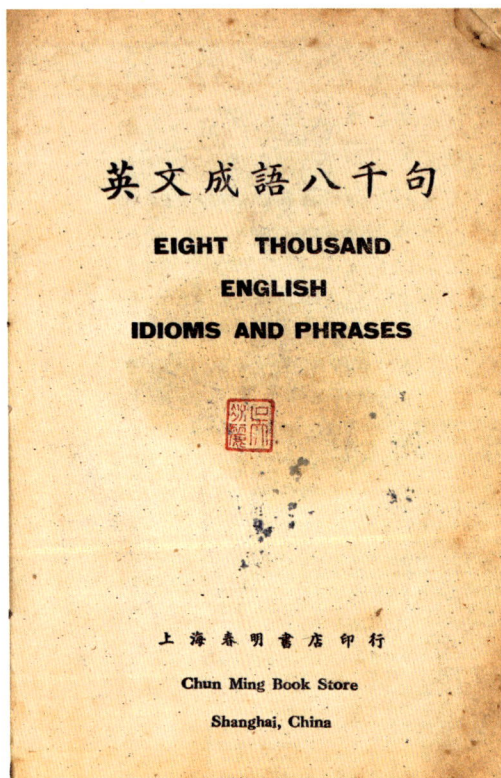

英文成語八千句

EIGHT THOUSAND
ENGLISH
IDIOMS AND PHRASES

上海春明書店印行

Chun Ming Book Store

Shanghai, China

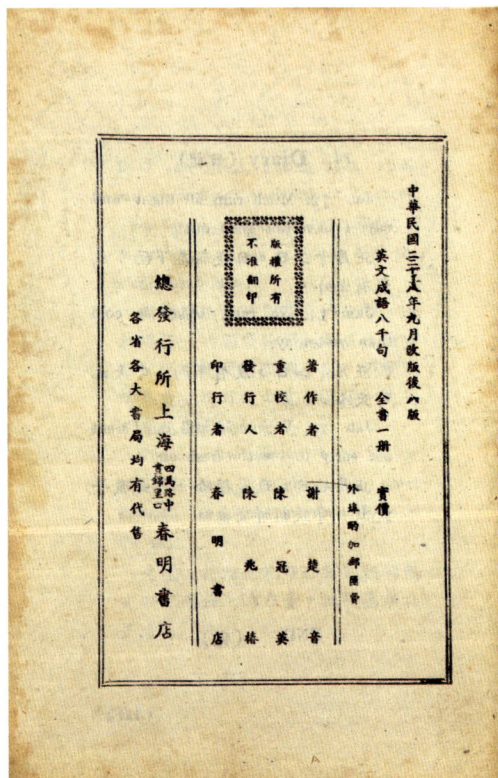

中華民國三十五年九月改版後八版

英文成語八千句　全書一冊

外埠酌加郵匯費

實價

著作者　謝　楚　音

重校者　陳　冠　英

發行人　陳　光　椿

印行者　春　明　書　店

總發行所上海四馬路中春明書店

各省各大書局均有代售

版權所有　不准翻印

书名：正则日本语读本译解

著者：日语研究社／编译兼发行

出版印行：和记印书馆

出版时间：民国二十八年（1939）3版

册数：不详

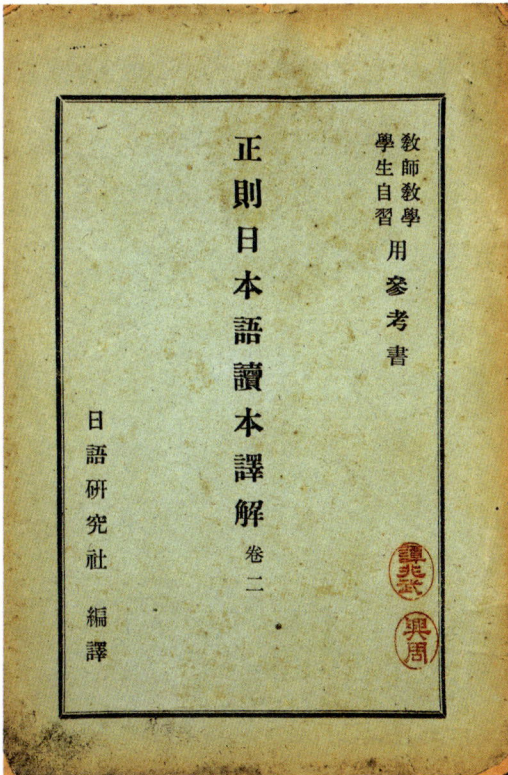

教師教學
學生自習用參考書

正則日本語讀本譯解
卷二

日語研究社編譯

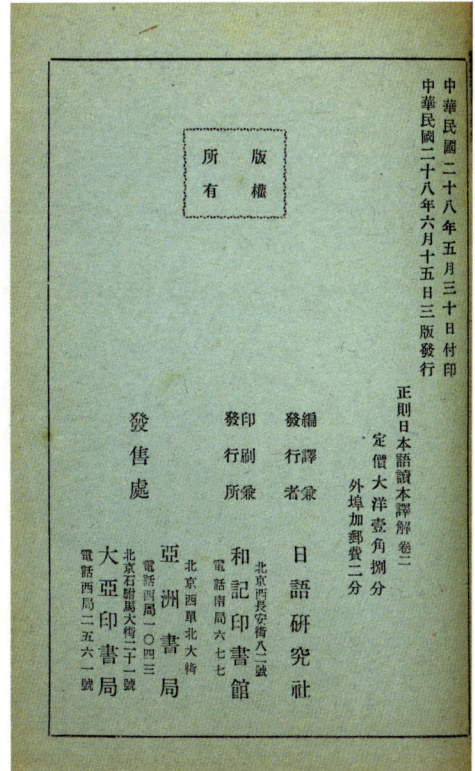

版權所有

中華民國二十八年五月三十日付印
中華民國二十八年六月十五日三版發行

正則日本語讀本譯解卷二

定價大洋壹角捌分
外埠加郵費二分

編譯兼發行者　日語研究社
北京西安橋八二號
電話西局一〇四三

印刷所　和記印書館
電話南局六七七

發行兼　北京西單北大街
亞洲書局
電話西局一〇四三

發售處　大亞印書局
北京石附馬大街二十一號
電話西局二五六一號

1606 书名：简易英语日记（英文学生丛书）
著者：陈东林 / 编
出版印行：中华书局
出版时间：民国二十八年（1939）发行　民国三十六年（1947）3版
册数：一

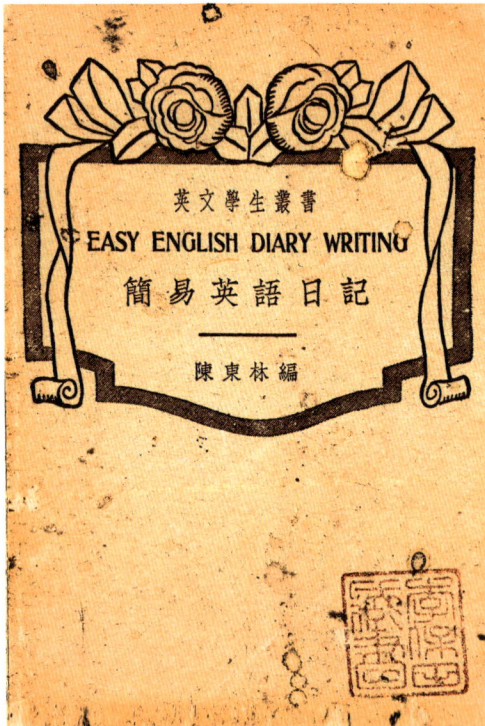

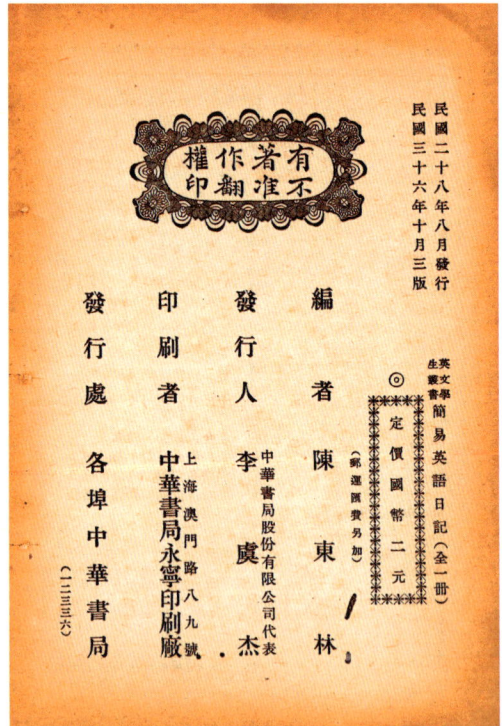

书名：英语捷径前编
著者：商务印书馆编译所
出版印行：商务印书馆
出版时间：1940年
册数：不详

英 語 捷 徑

前 編

ENGLISH

CONVERSATION-GRAMMAR

VOL. I

THE COMMERCIAL PRESS, LIMITED
CHINA
1940

1608

书名：英文日记作法（英语文库）

著者：英语周刊社 / 编纂

出版印行：商务印书馆

出版时间：民国二十九年（1940）初版

册数：一

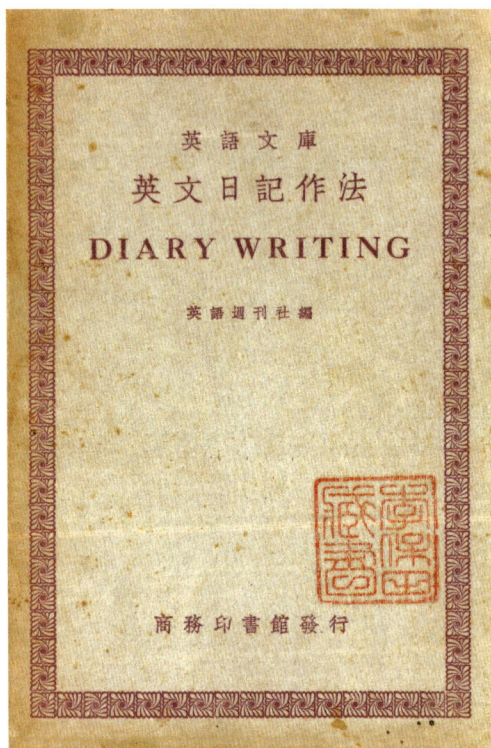

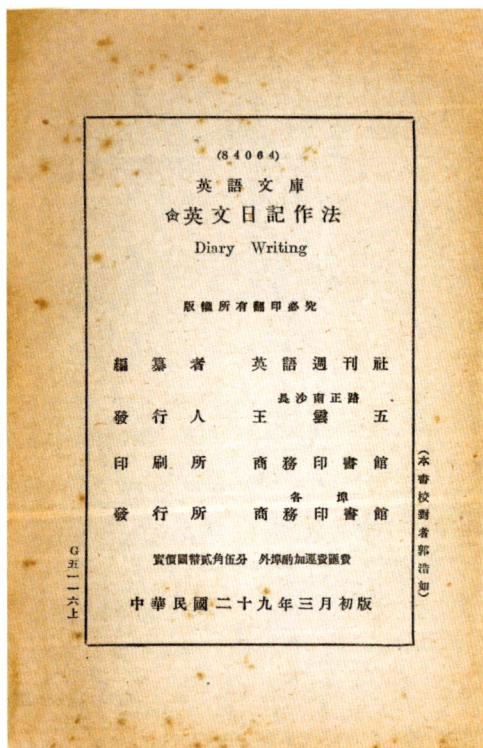

书名：直接法英语读本
著者：文幼章 / 编著
出版印行：中华书局
出版时间：民国二十九年（1940）17版
册数：不详

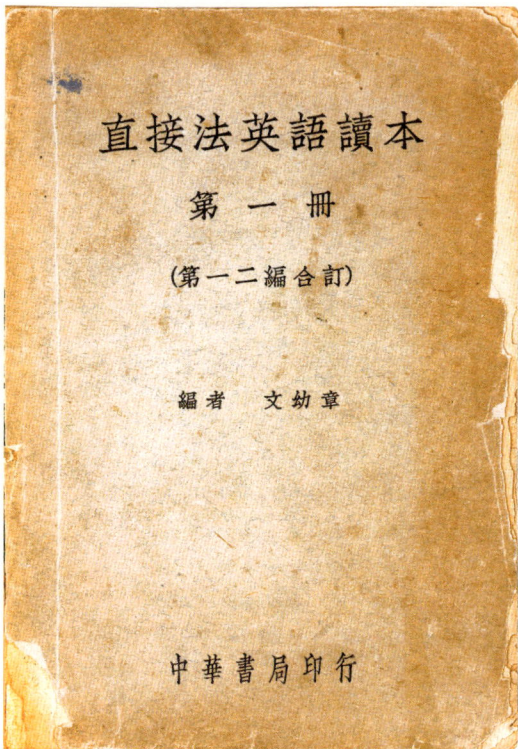

直接法英語讀本

第 一 冊

（第一二編合訂）

編者　文幼章

中華書局印行

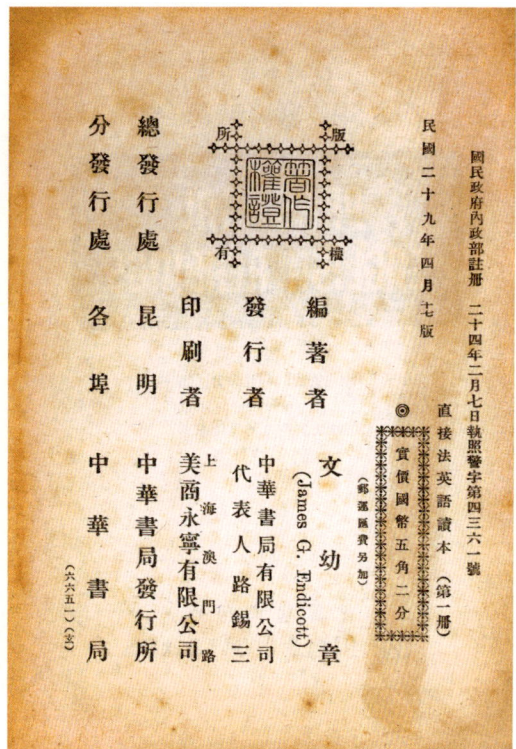

國民政府內政部註冊
二十四年二月七日執照警字第四三六一號

直接法英語讀本（第一冊）

民國二十九年四月七版

（郵匯費另加）
實價國幣五角二分

編著者　文幼章
（James G. Endicott）

發行者　中華書局有限公司
代表人路錫三

印刷者　美商永寧有限公司
上海澳門路

總發行處　中華書局發行所
昆明

分發行處　中華書局
各埠

（六六五一）（英）

版權所有　翻作權證

1610   书名：大学实用英文（1941年增订本）

著者：Ethelwyn Colson Day / 编著

出版印行：世界书局

出版时间：民国二十九年（1940）初版　民国卅五年（1946）再版

册数：不详

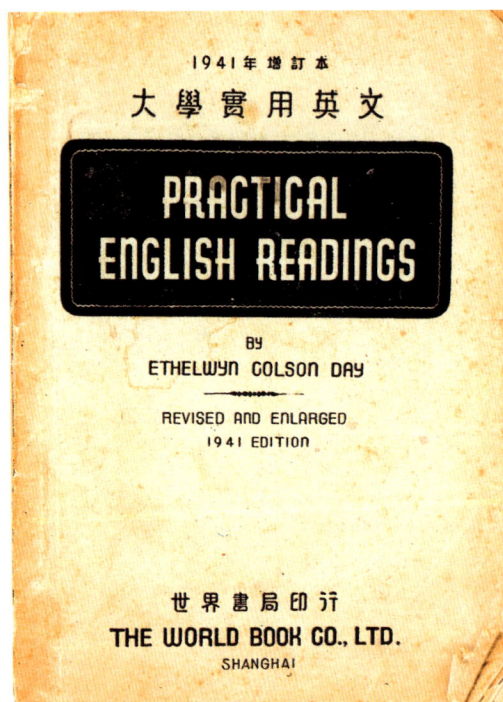

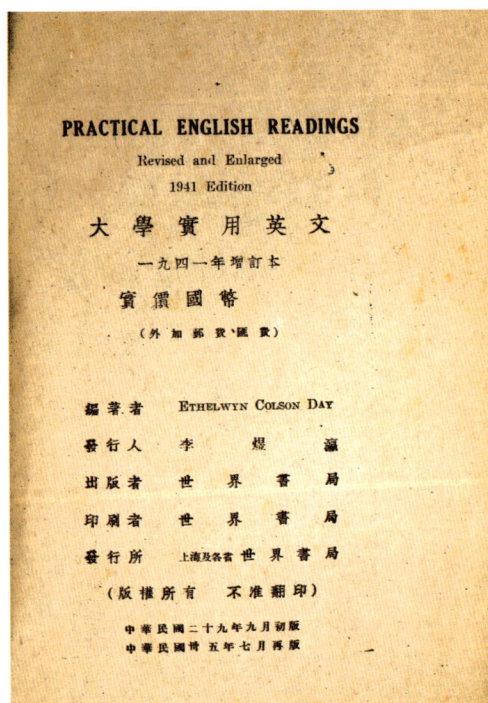

书名：日本语初步

著者：山口喜一郎、益田信夫 / 编

出版印行：新民印书馆

出版时间：民国二十九年（1940）初版　民国卅一年（1942）21版

册数：不详

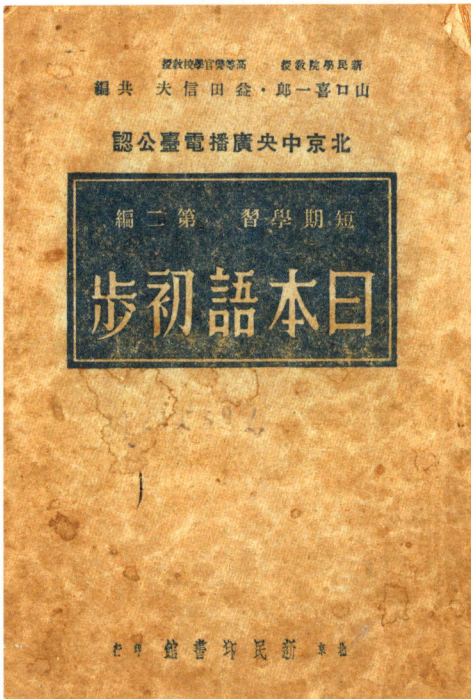

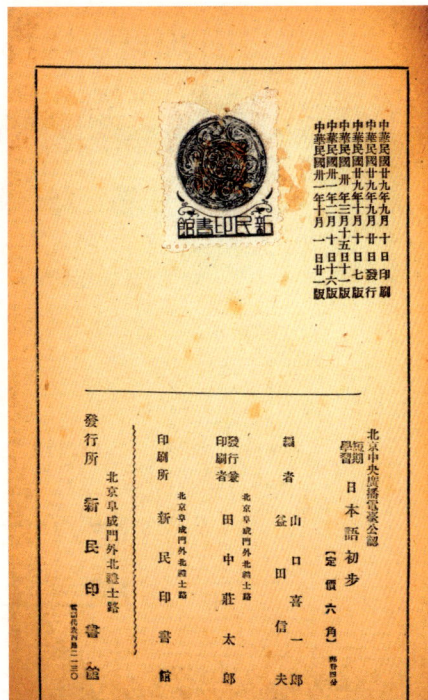

1612 | 书名：世界语战时读本
著者：不详
出版印行：世界语函授学社
出版时间：1940年
册数：不详

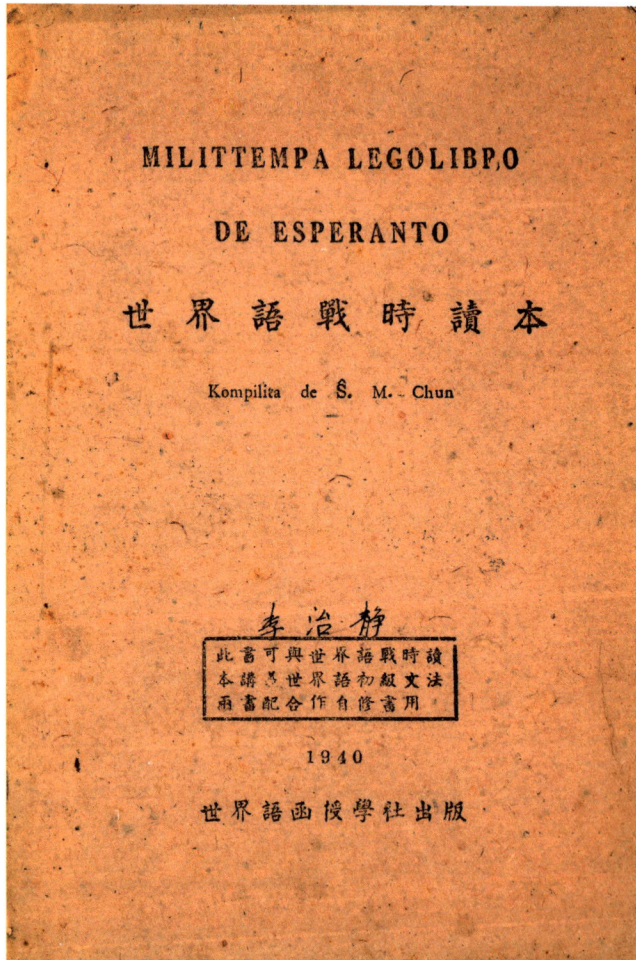

MILITTEMPA LEGOLIBRO

DE ESPERANTO

世 界 語 戰 時 讀 本

Kompilita de S. M. Chun

李治靜

此書可與世界語戰時讀
本講為世界語初級文法
兩書配合作自修書用

1940

世界語函授學社出版

书名：英文单字记忆法
著者：陈楚良 / 编著
出版印行：普益图书馆
出版时间：民国三十年（1941）成都再版
册数：不详

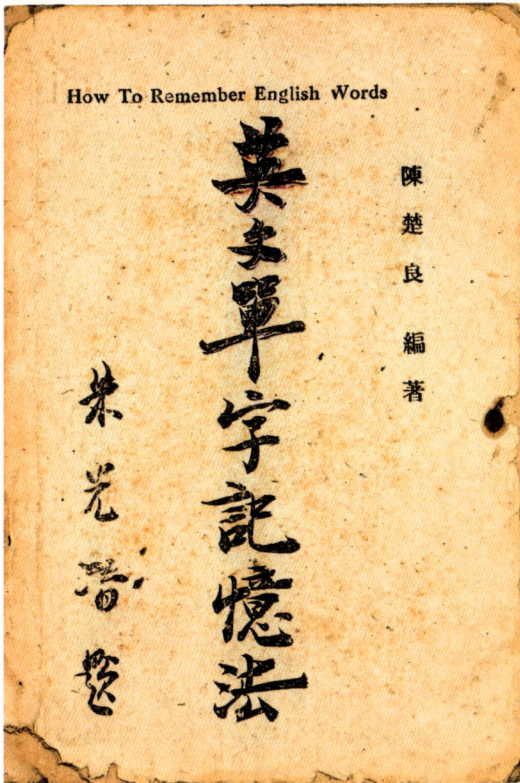

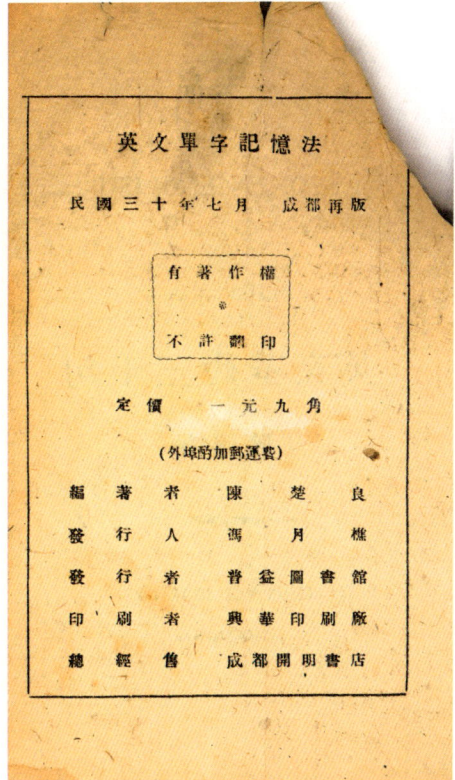

英文單字記憶法

民國三十年七月　成都再版

有著作權

不許翻印

定價　一元九角

（外埠酌加郵運費）

編　著　者	陳　楚　良
發　行　人	馮　月　樵
發　行　者	普益圖書館
印　刷　者	興華印刷廠
總　經　售	成都開明書店

How To Remember English Words

英文單字記憶法

陳楚良　編著

1614　书名：英文基础三千句
　　　著者：陈嘉 / 编译
　　　出版印行：群益书店
　　　出版时间：民国三十二年（1943）
　　　册数：一

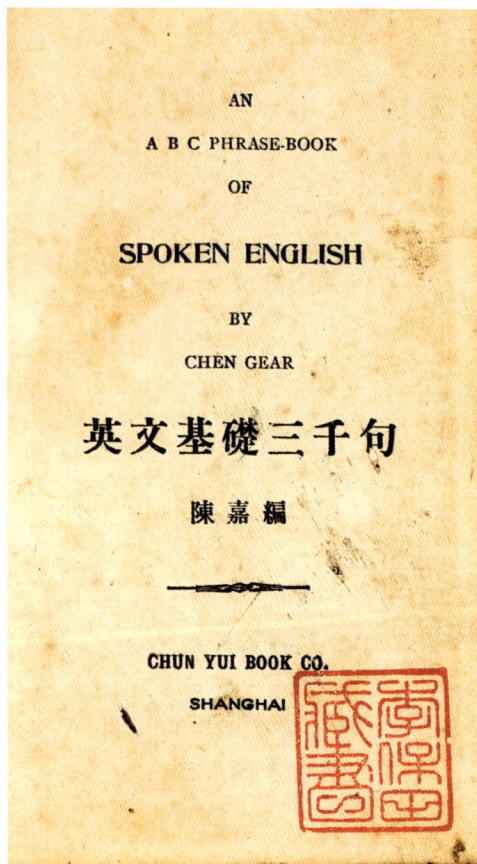

AN

A B C PHRASE-BOOK

OF

SPOKEN ENGLISH

BY

CHEN GEAR

英文基礎三千句

陳嘉編

CHUN YUI BOOK CO.

SHANGHAI

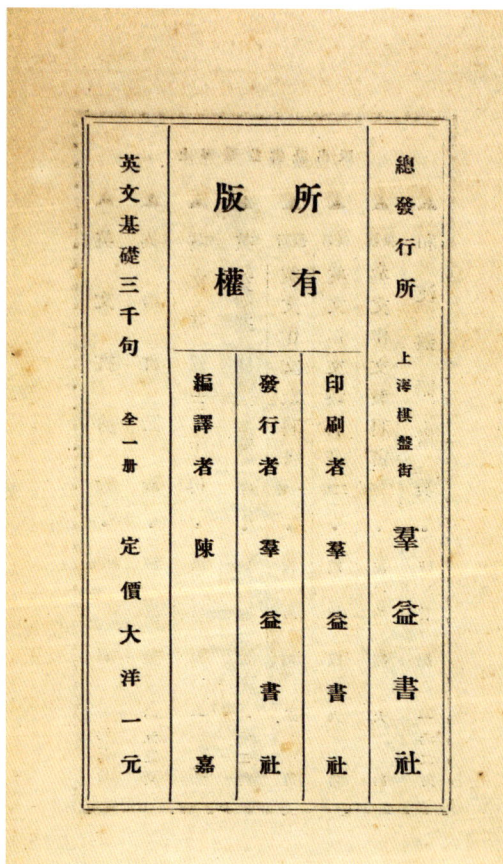

總發行所

上海棋盤街

群益書社

所有

版權

印刷者　群益書社

發行者　群益書社

編譯者　陳嘉

英文基礎三千句

全一册

定價大洋一元

书名：基本英语（职业学校适用）
著者：詹文浒 / 编著
出版印行：世界书局
出版时间：民国三十二年（1943）新1版
册数：不详

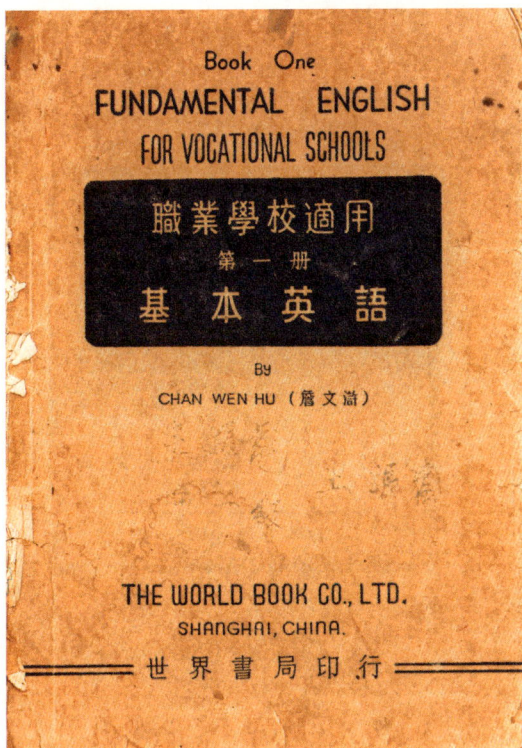

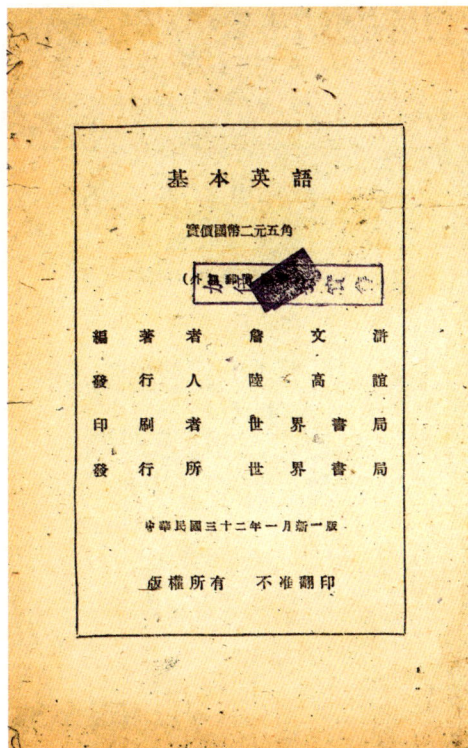

1616 | 书名：实用英文
著者：叶德光 / 编著
出版印行：实学书局
出版时间：1944年再版　1945年渝版
册数：不详

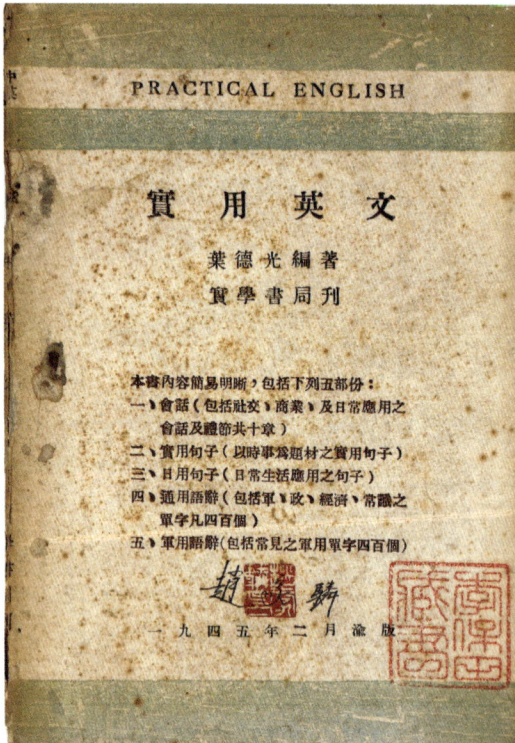

PRACTICAL ENGLISH

實 用 英 文

葉德光編著

實學書局刊

本書內容簡易明晰，包括下列五部份：
一、會話（包括社交、商業、及日常應用之會話及禮節共十章）
二、實用句子（以時事為題材之實用句子）
三、日用句子（日常生活應用之句子）
四、適用語辭（包括軍、政、經濟、常識之單字凡四百個）
五、軍用語辭（包括常見之軍用單字四百個）

一九四五年二月渝版

一九四四年十月再版

實 用 英 文

編著者： 葉 德 光

發行者： 實 學 書 局
重慶興隆街二十七號
成都祠堂街牌坊巷十五號
貴陽中華路三九〇號

印刷者： 說 文 社 出 版 部
重慶中一路八十六號

版權所有 ★ 翻印必究

书名：现代英语
著者：柳无忌、张镜潭、李田意 / 编
出版印行：开明书店
出版时间：民国三十四年（1945）渝初版　民国三十七年（1948）沪7版
册数：不详

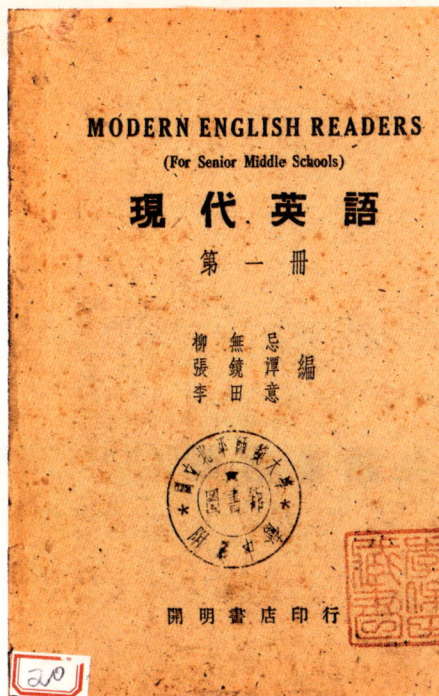
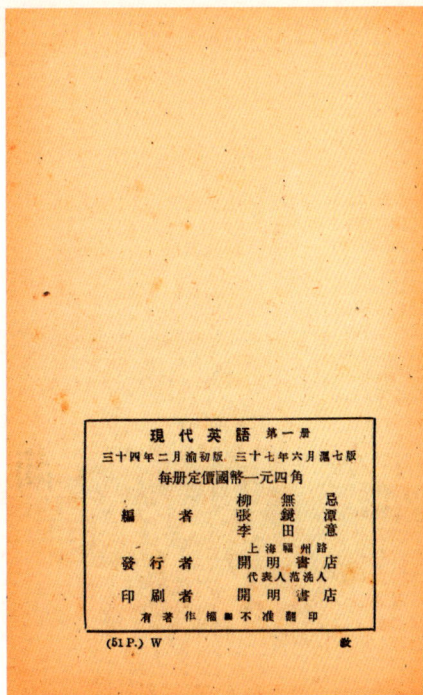
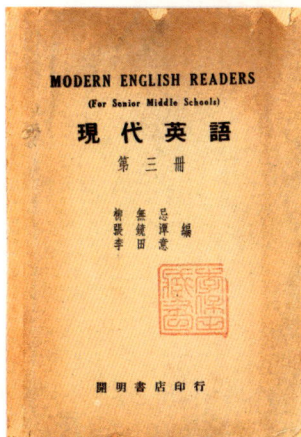
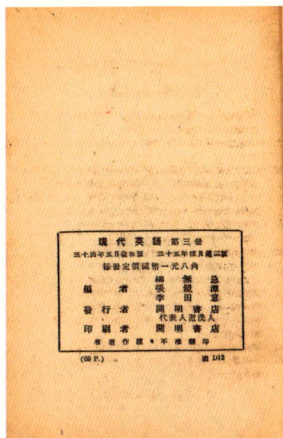

1618　书名：简易英语书信集（简易英语丛书）
　　　　著者：陆殿扬 / 编
　　　　出版印行：开明书店
　　　　出版时间：民国三十四年（1945）
　　　　册数：一

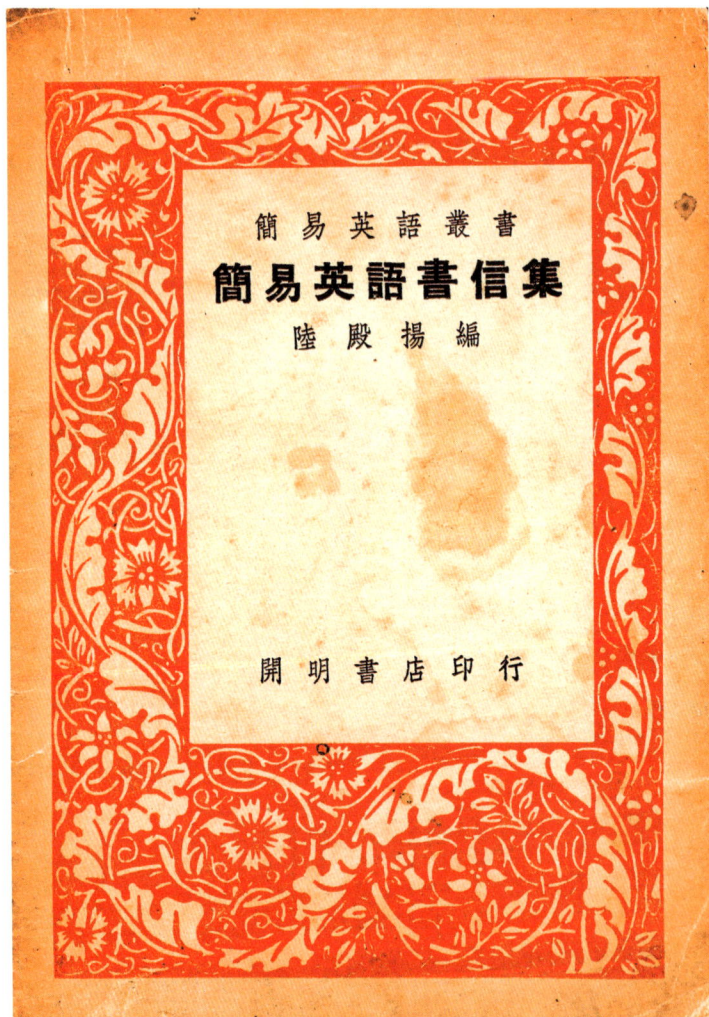

簡易英語叢書

簡易英語書信集

陸殿揚編

開明書店印行

书名：模范英语书信读本（华英对照）
著者：伍鹤鸣 / 编著
出版印行：三民图书公司
出版时间：民国卅六年（1947）新 2 版
册数：不详

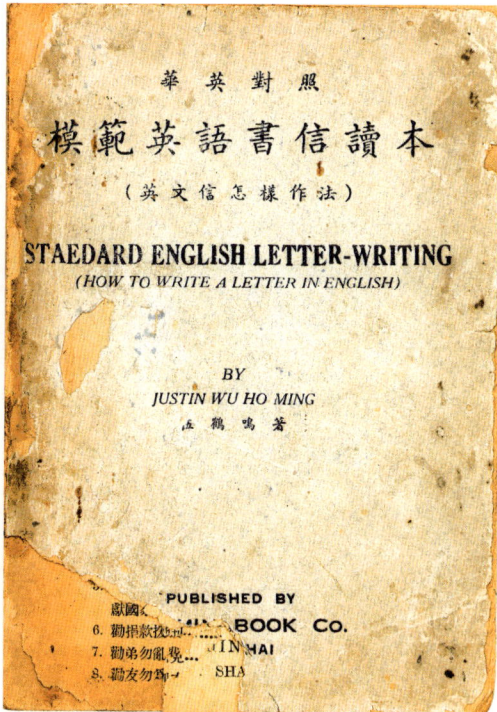

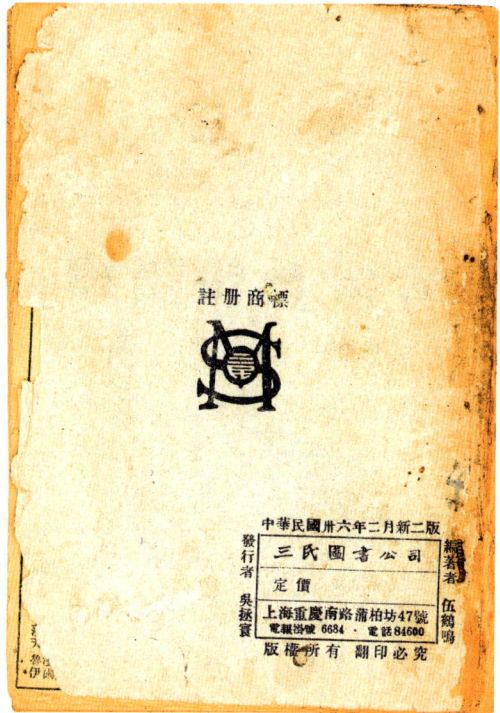

華英對照

模範英語書信讀本

（英文信怎樣作法）

STAEDARD ENGLISH LETTER-WRITING

(HOW TO WRITE A LETTER IN ENGLISH)

BY

JUSTIN WU HO MING

伍鶴鳴著

PUBLISHED BY

獻國⋯⋯
6. 勸捐款授⋯ ⋯ BOOK CO.
7. 勸弟勿亂覽⋯ ⋯ IN HAI
8. 勸友勿⋯ ⋯ SHA

註冊商標

中華民國卅六年二月新二版

發行者 **三民圖書公司**
吳拯寶 定價

編著者 伍鶴鳴

上海重慶南路蒲柏坊47號
電報掛號 6684 · 電話 84600

版權所有 翻印必究

书名：大众英语读本
著者：储纮 / 编著
出版印行：大众书局
出版时间：民国三十六年（1947）再版
册数：不详

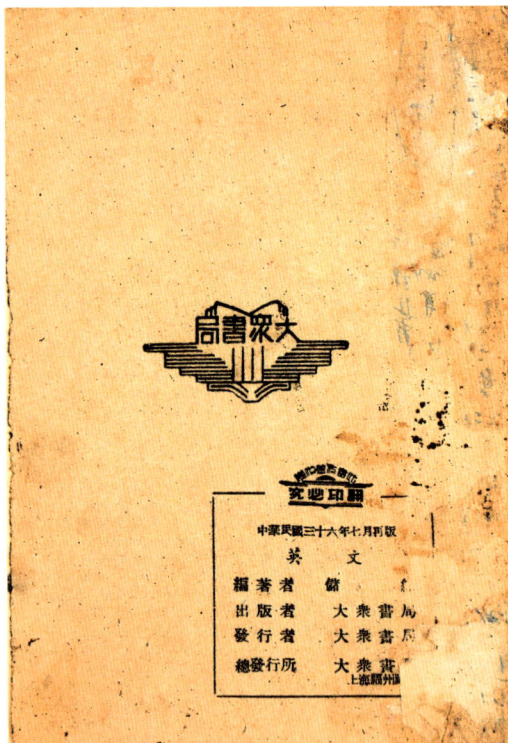

书名：最新英文读本

著者：陈鹤琴 / 编著

出版印行：立达图书服务社

出版时间：民国三十六年（1947）新1版

册数：不详

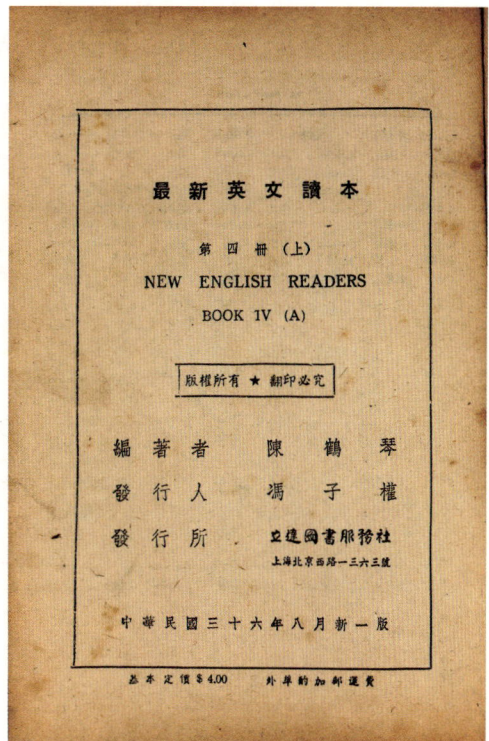

1622 　书名：文通英语初阶
著者：陆殿扬 / 编
出版印行：不详
出版时间：1947年
册数：不详

THE WEN TUNG ENGLISH COURSE

A PRIMER

(Part One)

文 通 英 語 初 階

上 册

陸 殿 揚 編

By

D. Y. Loh

Formerly Professor of English, Seutheastern University, Nanking; the University of Chekiang, Hangchow; Author of Practical English Readers, the Kueming English Readers, Selections From Best Authors, etc.

The Wen Tung Book Co.

1947

书名：新编华俄话本合璧
著者：不详
出版印行：不详
出版时间：不详
册数：不详

Н. Н. ДОБРОВИДОВЪ.

КИТАЙСКІЙ ТЕКСТЪ

къ пособію для изученія

китайскаго разговорнаго языка.

ХАРБИНЪ,
Типографія газеты «Юань-дунъ-бао».
1906.

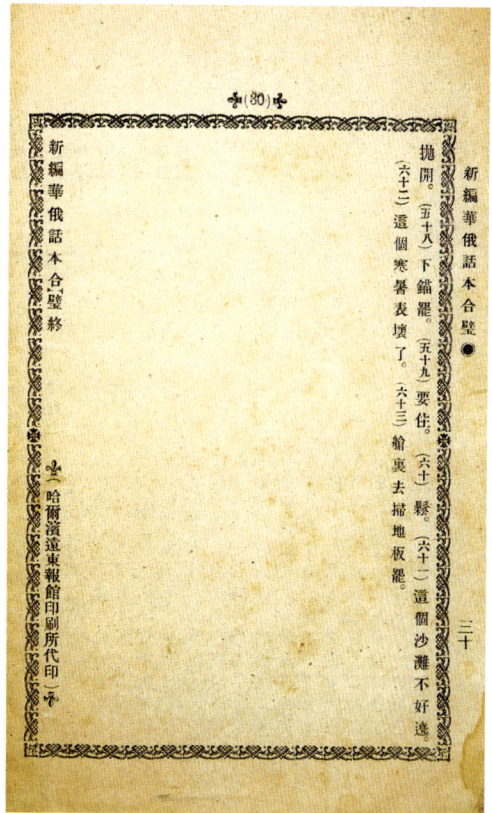

✠(30)✠

新編華俄話本合璧 ●

抛開。(五十八)下錨罷。(五十九)要住。(六十)鬆。(六十一)這個

(六十二)這個寒暑表壞了。(六十三)船裏去掃地板罷。(六十一)這個沙灘不好逸

三十

新編華俄話本合璧 終

哈爾濱遠東報館印刷所代印

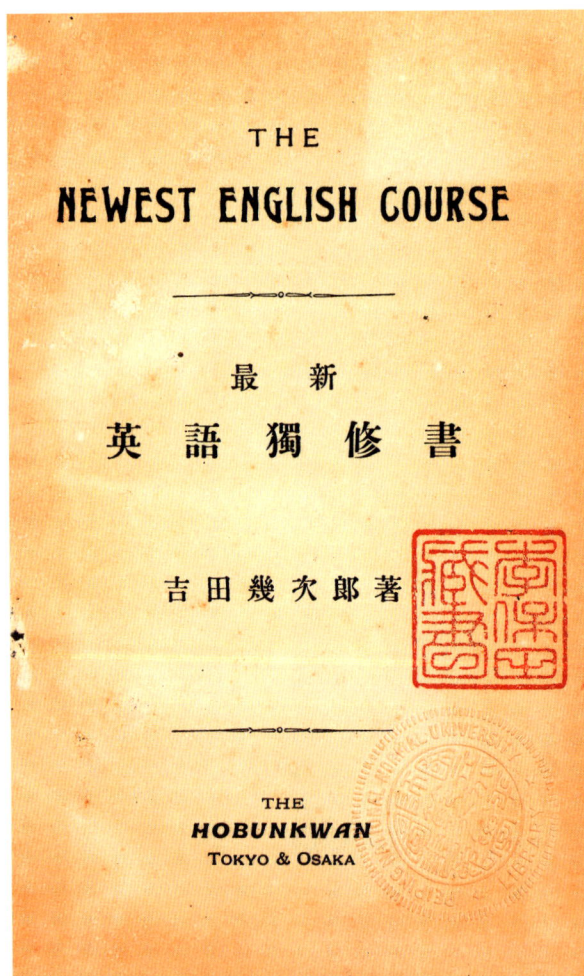

THE

NEWEST ENGLISH COURSE

最　新

英　語　獨　修　書

吉　田　幾　次　郎　著

THE
HOBUNKWAN
TOKYO & OSAKA

书名：英语补充读本
著者：不详
出版印行：不详
出版时间：不详
册数：不详

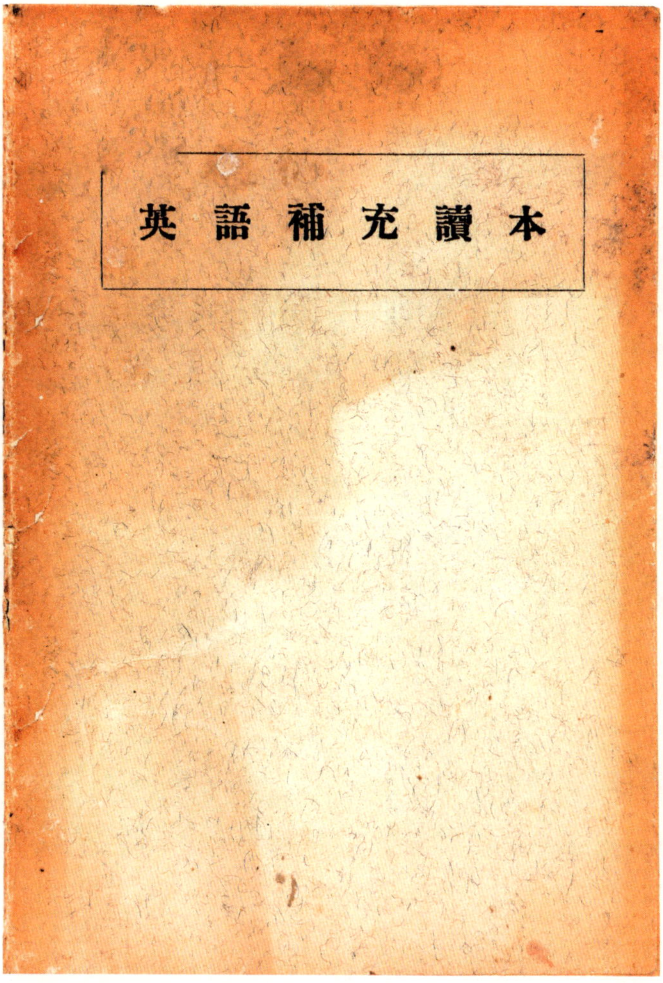

英語補充讀本

1626

书名：日语读本
著者：内堀维文 / 著
出版印行：商务印书馆
出版时间：不详
册数：不详

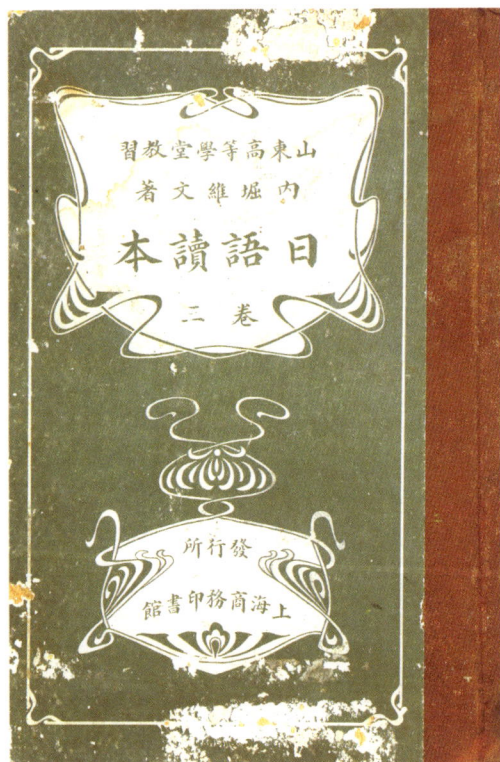

书名：法语读本

著者：不详

出版印行：不详

出版时间：不详

册数：不详

备注：原件封面有"徐汇课本（法文科）"字样，有可能是徐汇中学当年用课本。

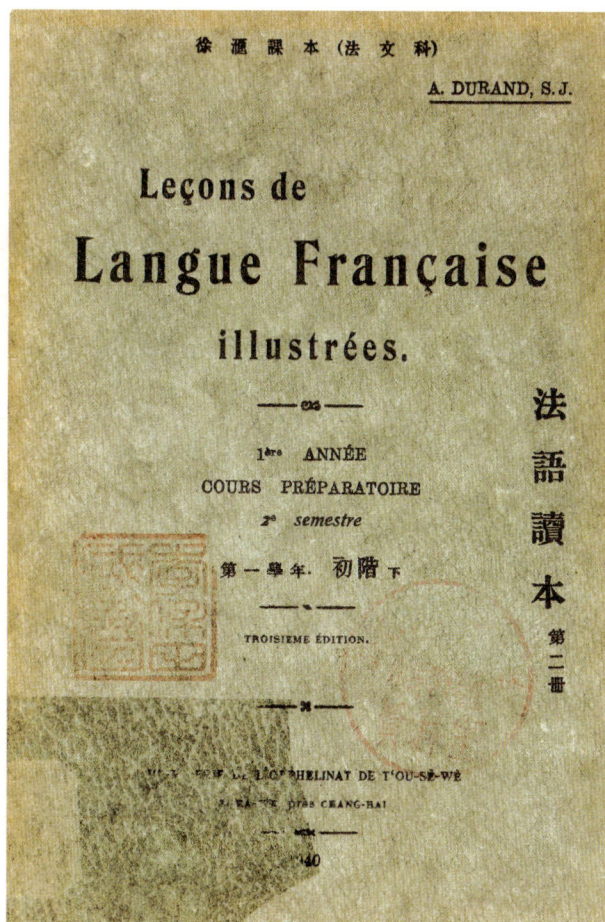